E. Huschke

Das alte Römische Jahr und seine Tage

E. Huschke

Das alte Römische Jahr und seine Tage

ISBN/EAN: 9783741158186

Hergestellt in Europa, USA, Kanada, Australien, Japan

Cover: Foto ©Lupo / pixelio.de

Manufactured and distributed by brebook publishing software
(www.brebook.com)

E. Huschke

Das alte Römische Jahr und seine Tage

Das alte Römische Jahr

und

seine Tage.

———

Eine

chronologisch-rechtsgeschichtliche Untersuchung

In zwei Büchern.

Von

Ph. E. Huschke.

Ferdinand Hirt,
Königliche Universitäts-Buchhandlung in Breslau.
1869.

Vorwort.

Die Bedeutung der Zeit, wie sie ein Volk aufgefasst hat, ist nicht blos für die Chronologie seiner Geschichte, sondern auch für die Institutionen desselben so gross, dass man namentlich bei rechtsgeschichtlichen Studien immer wieder auf sie zurückgeführt wird. So hat mich das Römische Jahr und der Römische Kalender schon vor mehr als dreissig Jahren in meiner Verfassung des Königs Servius Tullius lebhaft beschäftigt. Ich habe aber auch hier die Erfahrung gemacht, dass es der Untersuchung eines Gegenstandes nicht förderlich zu sein pflegt, wenn man ihn nur gelegentlich behandelt. Obgleich einige Grundgedanken, die ich damals entwickelt, sich mir immer mehr bewährt haben, und namentlich das über das Verhältniss des Römischen Kalenders zur Verfassung des Servius Tullius Gesagte im Ganzen mir auch jetzt noch richtig zu sein scheint, so muss ich doch auch vieles Einzelne für verfehlt und das Ganze für unvollständig erklären.

In der vorliegenden Schrift habe ich das Römische Jahr und dessen Tage nach gereifter Einsicht und mit bessern Mitteln, wie sie namentlich die inzwischen so sehr geförderte Inschriftenkunde darbot, zum Vorwurfe einer selbständigen und möglichst alle Seiten des Gegenstandes umfassenden Untersuchung gemacht. Ich hoffe, dass sie nun auch sicherere und fruchtbarere Resultate für die Rechtsgeschichte und Alterthumswissenschaft geliefert hat und dass sie jedenfalls dazu beitragen wird, die jetzt, wie es scheint, sehr abgeschwächte Ueberzeugung zu befestigen, dass sich auch in die politischen Institutionen der Römer, namentlich die der ältern Zeit, keine gründliche Einsicht gewinnen lässt, wenn man nicht deren Zusammenhang mit den religiösen vollständig berücksichtigt, was aber voraussetzt, dass man auch in deren Sinn und Verstand nach der Denkweise und dem Culturzustand der Zeit ihres Ursprungs einzudringen sucht und nicht über unverdächtige Zeugnisse blos deshalb abspricht, weil sie mit modernen Anschauungen nicht harmonieren.

Der ganze Stoff zerfällt naturgemäss in die beiden Theile:
das Römische Jahr und die Tage des Römischen Jahres, von
denen der craiere überwiegend für die Chronologie, der letztere
für das Römische Rechtsleben Bedeutung hat. Doch greifen beide
Theile auch wieder in einander und muss häufig die Untersuchung
des einen von der des andern Licht und Bestätigung entlehnen,
was allein schon eine scharfe Sonderung unmöglich und ein
häufiges Verweisen nothwendig macht. Das über die Römische
Jahreseintheilung und Zeitbestimmung gelagerte Dunkel und die
Fremdartigkeit der Gedanken, welche ihr zu Grunde liegen, für
unser gegenwärtiges Bewusstsein bringen aber auch mit sich,
dass nur eine allmähliche sichere Aufhellung derselben nach den
auf anderen Seiten desselben Gegenstandes weiter erlangten
Erkenntnissen möglich ist, was dann ein häufiges Zurückkommen
auf dieselben Tage, Feste, Opfer u. s. w. erfordert. Es ist mir
nicht verborgen geblieben, wie sehr hierunter die Uebersichtlich-
keit der gewonnenen Resultate leidet. Aber ich wollte lieber
die Forschungen selbst in ihrer Genesis vorlegen, damit der
Leser über den Grad der ihnen beiwohnenden Evidenz sich ein
Urtheil bilden könne, als der leichteren Gruppirung zu Gefallen
mit Resultaten operiren, die als fertige hingestellt nur den Eindruck willkührlicher Präsumtionen machen und dadurch zurück-
stossen. Haben sie einmal Anerkennung gefunden, dann wird es ein
Leichtes sein, sie in übersichtlicherer Ordnung zusammenzustellen.

Breslau, am 15 Juli 1868.

Der Verfasser.

Inhalts-Uebersicht.

Zweites Buch: Die Tage des Römischen Jahrs.

Erstes Buch.

— — —

Das alte Römische Jahr.

— — —

Erstes Buch.

I. Das alte Römische Jahr.

Die Kalender gehören zu den civilrechtlichen Institutionen der
Völker: sie messen die Zeit in ihrer Länge und ihrem Verlauf nach den
Satzungen des Staats für das, was in ihm civilrechtlich vorgeht oder
gehandelt wird. Wie alles Civilrecht das natürliche Recht zu seiner
Voraussetzung hat, dessen Normen es nur nach den Bedürfnissen und
Zwecken des Staats modificiert, so auch in dieser Anwendung. Es ist
für den Menschen schon natürlich Zeit vorhanden d. h. concret gedacht, Zeitabschnitte (denn *tempus* kommt von *τέμνειν* her); sie liegen
vor Allem in den thatsächlichen regelmässigen Bewegungen der grossen
Himmelskörper, welche den Wechsel von Tag und Nacht, der Jahreszeiten, der Mondphasen bewirken (1. Mos. 1, 14) und es giebt daher
natürliche Tage, Jahre, Monden, die in der jedesmaligen, wirklichen
Vollendung einer scheinbaren Umdrehung der Sonne um die Erde,
ihres Laufes durch die Thierkreisbilder und des Mondlaufs um die
Erde bestehen. In diesen Zeitabschnitten gehen auch von selbst alle
natürlichen Entwickelungen der irdischen Natur und alle Handlungen
der Menschen vor sich. Wie aber die Zeit so von Natur ist, genügt
sie dem in den vollendeten Staat eintretenden Menschen als Zeitmaass
für diesen nicht — so wenig wie zur Bestimmung der körperlichen
Längen der natürliche Menschenfuss oder Ellenbogen, zur Bestimmung
der Sachenwerthe natürliche Viehhäupter u. s. w. Die natürlichen
Zeitabschnitte haben in ihrem beständigen keine fixierten
Anfangs- und Endpunkte[1], theils sind sie, namentlich die Mondumläufe,
in sich selbst und im Verhältnis zum Sonnenumlauf zu ungleichmässig; sowohl jener festen Gränzen als der Gleichmässigkeit bedarf
aber der endliche Geist des Menschen, um die Zeit für die civilen
Handlungen und Vorgänge messen und bestimmen zu können, und so

---

[1] Censorin. de die nat. 19. *Annus vertens* (den er nachher *naturalis* nennt) *est
natura, dum sol percurrens duodecim signa eodem, unde profectus est, redit. Hoc
tempus quot dierum esset, ad certum nondum astrologi reperire potuerunt* — Was,
wenn man das ad certum betont, auch jetzt noch und für immer gilt. Ebenso
mit Monat und Tag.

entstehen nothwendig civile Tage, Jahre, Monden[*]). Diese verhalten
sich zu den natürlichen, wie z. B. der bei einem Volk als Maass angenommene Fuss zu einem natürlichen oder die ausgebildete civile
Sprache Jedes Volkes zu der natürlichen Gedankenäusserung und
Ursprache des noch nicht in Völker zertheilten Menschengeschlechts
(1. Mos. 11, 1). Sie heben einerseits die natürlichen für das, was
natürlich vorgeht, und für alle Menschen, mithin auch für die Bürger
des Staats, soweit sie Menschen sind, geltenden Zeiten nicht auf, indem sie bloss für das staatliche Leben als solches bestimmt sind;
und sie weichen andererseits auch in sich selbst nicht völlig von den
natürlichen Zeiten ab, indem sie dieselben nur in gewisser Art ver-
geistigen: so wie z. B. die Agnation oder *civilis cognatio* immer auch
Cognation bleibt (wenn auch, wie die in Folge einer Adoption oder
in *manum conventio* eintretende, nur fictiv), so bleibt auch das civile
Jahr, der civile Mond immer noch Jahr und Mond. Der verschiedene
Geist der Völker bedingt aber die Verschiedenheit jener Abweichungen
und damit auch die Verschiedenheit ihrer Kalender untereinander.

Es wird allgemein anerkannt, dass das vorcäsarische Römische
Jahr ein Mondsonnenjahr — wir sagen lieber ein Sonnenmondjahr —
war, in dem Sinne, dass es zugleich nach dem Lauf der Sonne und
den während desselben sich vollziehenden Mondumläufen sich bestimmte, mochten diese auch längst nicht mehr die natürlichen,
sondern nur die davon entlehnten kalendermässigen sein.

Hinsichtlich seiner Geschichte und zwar über den ursprünglichen
Jahres, aus dem das spätere vorcäsarische hervorging, ist der Gedanke sicher nicht richtig, den Th. Mommsen (Röm. Chronol. S. 8)
ohne ausgeführten Beweis an die Spitze seiner hypothesenreichen
Untersuchungen darüber stellt: die Messung der Zeit nach dem Monde
sei einfacher und älter als das Sonnenzeitmaass[*]), und selbstverständlich ist es dann auch nicht die Folgerung, welche er daraus
zieht: das zugleich dem Mond- und dem Sonnenlauf congruente
Mondsonnenjahr sei älter als das freie Sonnenjahr, indem jenes die

[*] Censorin. 19. 20. 21. Der Tag als Sonnenumlauf gefasst und also abgesehen davon, dass im eigentlichen Sinne nur die Zeit zwischen Sonnenaufgang und Untergang so heisst, liegt so sehr über alle menschliche
Bestimmung hinaus — wie denn auch sein Begriff für das Römische
Sprachgefühl im Wortstamm unmittelbar mit der Bezeichnung des Göttlichen zusammenfällt (*dies, Diovis, dij*) — dass bei ihm die civile Einwirkung sich nur auf die Fixirung des Anfangs- und Endpunkts jenes
Sonnenlaufs beziehen kann. Sein Jahr und Monat bezieht sie sich auch
auf deren Länge.

[*] Dieser Gedanke findet sich nur scheinbar auch in Idelers bekannten
chronologischen Illüchern; denn dieser versteht unter dem freien Mondjahr,
welches er für das ältere erklärt, doch immer ein zwölfmonatliches, also
doch ein (nur unvollkommenes) Sonnenjahr. Im Alterthum hat jener Gedanke schwerlich einen Vertreter, auch nicht einmal Lyd. de mens. 1, 16,
nach dem 'von den Zeiten des Saturnus bis zur Erbauung Roms das Jahr
nach dem Mondlauf eingerichtet blieb.' Auch er legt doch das Jahr
d. h. den Sonnenlauf zu Grunde.

frühere Rechnung nach Mondmonaten nicht aufgebe, sondern sie dem
neuen System einfüge. Auch abgesehen vom Tage, der doch das
ursprünglichste Zeitmaass ist (1. Mos. 1, 5) und sich für den Menschen lediglich nach der Sonne bestimmt, ist gerade das umgekehrte
wahr. Die Sonne, nach ihrer Schöpfung nicht bloss die Urquelle des
irdischen Lichts, sondern als einige Spenderin der Wärme auch die
Verursacherin des irdischen Lebens und seiner Entwickelungsstufen
in den Jahreszeiten, weshalb auch die heidnischen Völker vor Allem
in ihrem Bilde die Gottheit mit Anbetung und Dankopfern verehrten,
musste nicht nur dadurch, sondern auch durch die Regelmässigkeit
ihres in etwa 365¼ Tagen mit den Abschnitten des niedrigsten und
höchsten Sonnenstandes und der beiden Nachtgleichen sich vollen-
denden Kreislaufs zuerst und mit Naturnothwendigkeit den Menschen
als Zeitmaass sich aufdringen. Der Mond verändert mit seinem Laufe
in den allgemeinen irdischen Lebensbedingungen des Menschen, worauf
zunächst Staat und natürliche Religion beruhen, wenigstens auffälliger
Weise nichts, sondern hat nur für den Menschen selbst, besonders
in der analogen Periode der weiblichen Reinigung, eine grosse physische Bedeutung[4]. Er musste zwar theils hierdurch, theils überhaupt
als Königin der Gestirne des dunkeln Himmels, die sich frei durch
diese bewegt und so ein himmlisches Urbild des Menschen als Hauptes
der irdischen Animalien darstellt, im Verhältniss zur Wirksamkeit
der Sonne von vornherein den Eindruck machen, dass er mit seinem
Laufe das menschliche Leben und Handeln innerhalb des Sonnenlaufs — besonders die menschliche Reinheit und Unreinheit, das
physisch-moralische Princip eines zweiten, aber doch auch nur se-
cundären Haupttheils aller natürlichen Religion — abbilde und be-
stimme (vgl. Ps. 104, 19) und überhaupt zum Sonnenlauf sich verhalte,
wie der Mensch zum ganzen irdischen Dasein; er konnte aber, da seine
sichtbaren Phasen bekanntlich nicht bloss durch seinen Umlauf um
die Erde, sondern auch durch das gleichzeitige Fortrücken der Erde
in ihrer Bahn bestimmt und dadurch ungleichmässig werden, erst in
einer späteren Zeit, wo der Mensch mit seinen Handlungen mehr und
mehr über die Gesetze der irdischen Natur sich erhob, ein mit-
bestimmendes Zeitmaass innerhalb des Sonnenlaufs werden. Und auch
da war naturgemäss, da der Mensch das geistigere Anomalo oder
Ungleichmässige z. B. auch in der Sprache, immer erst später auffasst und gelten lässt, die erste Rücksicht auf den Mond gewiss nur
die, dass man nach ihm, wie auch Plin. N. H. 2, 9, 6. § 45 bemerkt,
zwölf Maasse zur Eintheilung des Sonnenumlaufs annahm, weil so viel
ganze Mondlichtwechselperioden in das Sonnenjahr fallen, hinsichtlich
deren Länge aber sich von der (wenigstens angenommenen) Gleichmässigkeit des nur durch sich selbst bestimmten Laufes der Sonne

---

[4] Die Grundanschauung der antiken Völker Arischer Zunge, namentlich der
Römer, vom Monde ist, dass er eine weibliche, feuchte, auflösende, also auch
lustrierende Natur habe. Plin. N. H. 2, 101. § 223. Macrob. 7, 16. § 24 ... 32.

1*

durch die Ekliptik noch nicht entfernte, was denn bei Annahme der
nächsten runden Zahl auf durchgängig 30 tägige Monate oder Monate
führte[*]) — ein Entwickelungsstadium, über welches der überwiegend
naturgesetzliche Orient und besonders auch das im Thierdienst (am
Himmel wie auf Erden) befangene Aegypten mit seinem vielgeprie-
senen ekliptisch bestimmten Sonnenjahre niemals hinausgekommen ist[*]).
Nur die sittlicher angelegten Völker, im Ganzen also die des Occidents,
und diese auch erst in der Zeit der eigentlichen Staatenbildung, wo
das Menschengeschlecht zur völligen Unterwerfung der Natur durch
den Geist fortschreitet, konnten dem Monde für das von hauptsächlich von der Religion aus bestimmte menschliche Leben im Staat
einen weiter gehenden Einfluss verstatten, so dass man wagte, nicht
blos auch die Länge jener Masse mit Rücksicht auf ihn ungleichmässig zu bestimmen, sondern auch das menschliche Handeln in jedem
'Mondo' von dessen Phasen abhängig zu machen. Aus dem Gesichtspunkt der Religion aufgefasst lag aber darin der Fortschritt von der
überwiegend physischen Religion, die sich in den Kategorien des
Segens oder der Gewährung der Naturgaben und daher der Bitte
und des Danks bewegt, zu der moralischen, welche die Idee der
menschlichen Befleckung und Verschuldung und daher auch der Sühne
hinzubringt und selbst an die Spitze stellt, und nur vornehmlich in
dieser Art religiös gestimmte Völker werden auch auf den Mondlauf
früher Gewicht gelegt haben.

Nach einer den Römern geläufigen Vorstellungsweise kann man
also sagen: das Sonnenjahr war *iuris naturalis s. gentium (quod apud
omnes populos peraeque custoditur* und als *cum ipso genere humano
prodita* antiquius est *iure civili* Gai. 1, 1. l. 1 pr. D. de aeq. rer.
dom. 41, 1), das Sonnenmondjahr dagegen *iuris civilis*, erst von den
eigentlichen Staaten eingeführt, mithin später und bei den verschie-

---

[*] Monate in diesem Sinne und ein so nach dem Monde bestimmtes zehnmonatliches Kalender(jahr) von 300 Tagen bezeichnet Ovid F. 3, 119 mit
den Worten:

> Annus erat, decimum cum luna repleverat orbem,
> Mensibus egerunt lustra minora decem.

[*]) Griechenland macht in diesem Stücke wie in allen andern den Uebergang
vom Orient zum Occident. Der alte Grieche beachtete, wie Homer und
Hesiod zeigen (Ideler Lehrb. der Chronol. S. 131), auch den Auf- und
Niedergang des Sirius, Orion, Arkturus, der Plejaden und später überhaupt die orientalischen Thierkreis- und sonstigen Sternbilder. Dem alten
Latium waren diese fremd. Ovid. F. 3, 105 ... 114. Vgl. Cic. de rep. 1, 16.
Nur die (den Frühling zum Sommer weitertreibenden) *vergiliae* (= Plejaden)
bestimmen Jahreszeiten, der Hundsstern auch ein altes Augurium und
Opfer (Plin. N. H. 18, 3, 3. Fest. v. Catularia. Rutilae p. 45, 285); nur einige
andre, wie die *septemtriones* oder das *plaustrum*, das *vhas Parilicium* d. h. die
um die Zeit der Parilien aufgehenden Hyaden (Plin. N. H. 18, 26, 66) und
die *jugula* (Orion) haben vielleicht auch alt-einheimische Namen, ohne dass
aber an ihren Auf- und Untergang etwas geknüpft wurde. Vgl. Preller
Röm. Myth. S. 290.

denen Völkern verschieden [7]). Ein blosses oder z. g. freies Mondjahr
aber d. h. ein irgendwelcher Complex von Mondumläufen ohne Rücksicht auf den Sonnenumlauf ist als ursprüngliches oder überhaupt nur
ein Phantom [8]).

Diese Auffassung entspricht auch der Geschichte, worüber man
nur Censorinus c. 19 und c. 20 init. nebst den dazu von den Herausgebern gegebenen Nachweisungen zu lesen braucht. Nach ihm
nannte man z. B. die alten Arkader προσέληνοι, weil sie das Jahr
ohne Rücksicht auf das auch in Griechenland erst später aufgekommene Sonnenmondjahr nur in drei gleiche Abschnitte (Jahreszeiten)
theilten, wie es ähnlich auch bei andern ältesten Völkern mehr oder
weniger solche — von manchen Alten z. B. selbst Plin. 7, 48 nur
aus Missverstand 'Monate' genannte — ὧραι gab (Ideler Handb. der
Chron. I. S. 248. Lehrb. 8. 103), wovon dieses Wort noch späthin
die Bedeutung gleichmässiger durch die Sonne bestimmter Zeitabschnitte
behalten hat. Auch stellt Censorinus c. 20 mit richtigem historischem
Sinn dieses ohne Rücksicht auf den Mond bestimmte Jahr überhaupt
als das uralte dar (hos annos caligine inm profundae vetustatis obductos)
im Gegensatz zu den überwiegend nach dem Sonnen- oder nach dem
Mondlauf sich richtenden Sonnenmondjahren der historischen Staaten
(qui sunt recentioris memoriae et ad cursum lunae vel solis instituti).
Weiter sagt aber von diesen Gemina (clem. astr. 6. p. 34): οἱ μὲν
ἀρχαῖοι τοὺς μῆνας τριακονθημέρους ἦγον, welche 30 tägigen Monate daher auch als abstrakte Zeitmaasse für das menschliche Handeln im Staat bei fast allen gebildeten Völkern vorkommen, so dass
man sie auch noch fast iuris gentium nennen kann.

Was aber die Römer insbesondere betrifft, so muss Mommsen
selbst zugeben, dass der alte Römische Bauer sich nur nach der
Sonne richtete, gewiss aber doch nicht, weil prophetisch schon ein
Stück Julius Cäsar in ihm steckte, der einst das natürliche Jahr zum
bürgerlichen machen sollte, aber auch nicht, weil er durch Eudoxos
Studien etwas von dem Aegyptischen Sonnenjahr erfahren hatte [9]) —
das zeigen genügend die blos noch nach Jahreszeiten und Sonnenwenden gemachten Bestimmungen bei Cato (do r. r. 17. 44. 50. 155.

---

[7]) Es gilt also davon hinsichtlich der Zeitfolge dasselbe, was Censorin. 22.
von den beiden Arten von Monaten sagt: Civiles menses sunt numeri quidam
dierum, quos unusquisque civitas suo instituto observat, ut sunt Romani a Kalendis
ad Kalendas. Naturales et antiquiores et omnium gentium communes sunt. Civiles
et posterius instituti et unicuique pertinent civitatem.

[8]) Selbst das gewöhnlich z. g. freie Mondjahr, welches aus zwölf synodischen Mondumläufen besteht, ist dem Alterthum unbekannt und kommt
nur bei den Mohamedanischen Völkern vor. Ideler Lehrb. der Chronol. S. 34.

[9]) Dieses scheint in der That Mommsens Ansicht in dem Abschnitt über das
Bauernjahr. Chronol. S. 64 ff. Gegen seine aus Varro und Columella ent-
nommenen Beweise ist aber zu erinnern, dass, wenn zu deren Zeit allerdings auch der rationelle Betrieb des Landbaus von Griechischer Wissenschaft beeinflusst wurde, es ganz unhistorisch ist, dieses auf viel frühere
Zeiten zu übertragen.

161. vgl. Serv. ad Georg. 1, 100), der damit zugleich bestätigt, dass die orientalischen Sternbilder dem damaligen Latium unbekannt waren — sondern einfach, weil der Landbau ihn lediglich auf die Natur wies, was denn nur die schon zu Anfang hervorgehobene Wahrheit bestätigt, dass wie in allen andern Instituten auch in der Zeitrechnung das *ius civile* das *ius gentium* nicht völlig abschafft, sondern nur für gewisse Seiten des Lebens im Staat zu ihm hinzutritt, so dass letzteres für die übrigen fortgilt. Ueberdies bezeichnet der Lateinische Ausdruck *annus* nach seinem etymologischen Zusammenhange mit *annulus* und mit *an-* — *circum* (vgl. Varr. 6, 8. Macrob. 1, 14, 5. Serv. ad Aen. 1, 269. 6, 46) ursprünglich nur den natürlichen Umlauf der Sonne *(annus vertens* Censor. 19. Macrob. 1, 14, 4.) als den Alles bedingenden Umlauf schlechthin[10]). Ursprüngliche Ausdrücke sind auch dessen vom Mondlauf völlig absehende Eintheilungen einerseits durch das *solstitium* — weil die Sonne in Ihrem höchsten Stande eine Zeitlang stille zu stehen scheint — und die *bruma (aus brevima)* den kürzesten Tag oder die Winterwende, andrerseits durch das doppelte *aequinoctium* in die vier Jahreszeiten, *hiems*, die stürmische Regenzeit *(χειμών, χεῖμα), ver,* der Frühling (= *Ϝεαρ, ἦϱ* und verwandt mit *ἦϱι, vestas,* die Zeit der Hitze (von *αἴϑω, αἴϑοσω)* und *auctumnus,* die Zeit der Mehrung des Vermögens durch den verkäuflichen Jahresertrag *(annona* von *annus* und *uenum* vgl. *ὠνεῖσϑαι* sich etwas verkaufen lassen). Auch zeigen die Ausdrücke *annua, bima, trima [die]* letztere beide nehmlich von *dui-ter-* und *hiems* — dass der Römer von jeher wie den Tag von Mitternacht, so das natürliche Jahr vom Wintersolstitium und also ganz unbekümmert um den Mond rechnete.

Mommsen hat nun seinen grundlegenden Sätzen entsprechend auch ein älteres Jahr eigener Erfindung aufgestellt, aus welchem das 'historische' vorcäsarische Jahr sich entwickelt haben soll, und dagegen die Nachrichten der alten Schriftsteller über das wirklich älteste Römische Jahr, die freilich seinen Vordersätzen widersprechen, als völlig ungeschichtlich beseitigt. Nach Beleuchtung der letzteren wird es genügen, mit Uebergehung der Einzelheiten anzuführen, dass dieses hypothetische Jahr, ziemlich übereinstimmend mit einem Griechischen (welches er aber auch erst selbst construirt!) und von diesem angeblich entlehnt, ebenso wie das vorcäsarische nach einem vierjährigen Cyclus abwechselnd aus je einem gemeinen und einem Schaltjahr bestanden haben soll. Das gemeine von 355 Tagen habe in Zahl und Länge der Monate mit dem vorcäsarischen ganz übereingestimmt, ebenso das Schaltjahr hinsichtlich des Schaltmonats von 27 Tagen; dagegen habe der alte Kalender dem Februar, der nach dem vorcäsarischen im ersten Schaltjahr 24, im zweiten 23 Tage gezählt,

---

[10]) Ein übertragener Ausdruck der späteren Wissenschaft ist *annus lunaris* für einen natürlichen Mondumlauf (synodischen Monat) Macrob. 1, 14, 4. In Somn. Sc. 2, 11, 6. Serv. ad Virg. Aen. 3, 284, wie man andererseits auch gewisse grössere astronomische Cyclen einen *annus magnus* nannte.

dort 29 hier 28 Tage gegeben, so dass das erste Schaltjahr nach ihm 383, das zweite 382 Tage hatte. Es ist aber völlig unmöglich, sich bei diesen Aufstellungen zu beruhigen. Schon die Angaben für den historischen vorcäsarischen Kalender sind willkürlich selbstgemachte und den Zeugnissen widersprechende: dessen Schaltmonat soll stets 27 Tage gehabt haben — die Alten bezeugen einstimmig für ihn abwechselnd 22 und 23 Tage; der Februar soll 21 oder 23 Tage gezählt haben — die Alten sagen: stets 23 + 5 Tage, wovon nur im Schaltjahr die 5 letzten dem Schaltmonat beigefügt wurden. Sieht man sich aber ferner jenes vermeintliche älteste Jahr für sich an, so ist der Mommsen'sche alte Februar von abwechselnd 29 und 28 Tagen nicht bloss eine unbegründete, sondern auch eine ganz unglaubliche Hypothese, indem damit einem ordentlichen benannten Festmonat eine veränderliche, dem Schaltmonat dagegen eine unveränderliche Grösse gegeben wird. Eben so schwer ist es zu glauben, dass man im zweiten Jahr der Periode anstatt mit Einschaltung von nur 20 Tagen das wirkliche Jahr wieder zu erreichen, 8 (7 + 1) mehr hinzugethan haben soll — als wäre die Einschaltung dazu bestimmt, die Incongruenz des Kalenderjahres mit dem wirklichen zu erhalten statt sie aufzuheben. Denn nach diesem ersonnenen Schaltsystem kommen auf vier Jahre 1475 Tage anstatt der 1461 der wirklichen Sonnenumläufe, wonach denn das Römische Jahr schon vor Ablauf eines Jahrhunderts alle Jahreszeiten durchwandelt haben würde, um einmal wieder mit dem natürlichen Jahre zusammenzutreffen. Die Länge eines Schaltmonats von 27 und eines Februars von 28 oder 29 Tagen wird wohl der Theorie zu Gefallen beliebt worden sein, dass der Mond, dessen Umlaufzeit sich diesen Längen wenigstens nähern, das ältere Zeitmaass gewesen sei. Aber nach näherer Prüfung dieses seines ältesten Römischen Jahres kommt Mommsen selbst doch zu dem Geständniss, dass dasselbe 'ziemlich unbekümmert um Mond und Sonne seinen eigenen Weg gegangen sei' (S. 15) und hebt damit einen Hauptgrund seiner Erfindung wieder auf. Der Calcül mit den angenommenen Zahlen ist freilich richtig und die Absurdität, ein Sonnenjahr von 368¾ Tagen anzunehmen, worauf sie führen, giebt auch gute Gelegenheit auf die Schlechtigkeit dieses ältesten Kalenders zu schelten, die eben dessen baldige Abschaffung durch einen verbesserten erkläre. Da sich aber mit leichter Mühe unbeschadet des Calculs zwanzig noch schlechtere und darum doch wohl nicht wahrscheinlichere Kalender ausdenken lassen, so dürfte dieser doch auch nicht ausreichen, dem Luftschloss eine solide Grundlage zu verleihen.

Nicht besser steht es mit den Gründen, aus denen einerseits das ursprünglich Römische Jahr unserer Quellen d. h. das Jahr mit 10 Sonnenmonaten zu 30 Tagen und 4 Zusatztagen abgeläugnet und der vermeintlichen Priorität der Mondrechnung zu Liebe zu einem Jahr von 10 Kalendermondmonaten umgestempelt, andrerseits die Einführung des vorcäsarischen Kalenders, welche nach unseren Quellen auf Numa zurückgeht — was auch alle richtig erkannten inneren

Gründe bestätigen — den Decemvirn beigelegt wird. Es wird nicht nothwendig sein, hierauf näher einzugehen, da dem Allen schliesslich doch nur das Belieben zu Grunde liegt, Alles was die Alten selbst auf Romulus und Numa zurückführen, schlechthin mit diesen Königen selbst für unglaubwürdigen Mythus zu erklären, wenn es auch wie z. B. die *auspicato* gegründete Palatinische Roma selbst und so viele andere Institutionen durch diese selbst aufs sicherste beglaubigt ist, so dass man einen Romulus oder Numa dafür erfinden müsste, wenn die geschichtliche Tradition von solchen nichts berichtete. Ohnehin wird Alles doch davon abhängen, ob die Nachrichten der Alten eine Auffassung gestatten, nach der sie einen befriedigenderen Zusammenhang in die Geschichte des Römischen Kalenders bringen, als die neuen Gebilde, welche eine mit Unrecht so genannte kritische Geschichtsforschung auf der leer gemachten Stelle aufbaut, und dazu wenden wir uns jetzt.

Erste Periode. Königszeit.

1. Das Romulische Jahr.

Fast alle und darunter die bewährtesten Schriftsteller — Censorinus (c. 20) nennt z. B. Junius Gracchanus, Fulvius Nobilior, Varro und Suetonius — stimmen darin überein, dass Romulus oder die von den Albanern ausgegangenen Römer ein Jahr von 10 Monaten hatten in der Folge und mit den Namen Martius, Aprilis, Maius, Junius, Quintilis, Sextilis, September, October, November, December, wovon 4, die s. g. vollen Monate März, Mai, Quintilis und October mit 31, die übrigen s. g. hohlen Monate mit 30 Tagen, so dass also das ganze Jahr 304 Tage zählte. Es wäre Ueberhebung, zu behaupten, dass jene Schriftsteller für so specielle Nachrichten, die einer spätern Zeit obendrein sonderbar erscheinen müssten, keine andern Quellen, als welche uns noch zu Gebote stehen, gehabt haben könnten und demnach nur ins Blaue hinein phantasiert oder gerathen hätten[1]). Ohnehin wird die Hauptsache ihrer Darstellung, dass der März das Jahr anfing, der December es beschloss und dass Januar und Februar noch ausserhalb dieses Monatsystems

---

[1]) Abgesehen von den Sacralbüchern der Albaner (Liv. 1, 31.) und anderer Latiner, besonders der Laurenter, welche ihnen wie eigene zu Gebote standen und woraus ohne Zweifel ihre Nachrichten über die Monatsnamen bei diesen Völkern herstammten (zusammengestellt von Mommsen Chronol. S. 218) konnten auch in Rom selbst die Bücher der Luperci, deren Collegium aus zwei Albanischen Geschlechtern, den Fabiern und den seit Albas Zerstörung auch nach Rom versetzten Quintiliern, hervorgegangen war, kaum ohne Nachrichten über die ältesten Albanischen Monate sein, da das Lupercalische Sühnungsopfer, das in Rom im Februar gefeierte *amburbium*, seit jener Verdoppelung, die eben die Uebernahme des Albanischen *amburbium* von Seiten Roms bedeutet, um damit in die Rechte Alba Longa's als *urbs* zu succediren, aus Albanischen und Römischen *sacris* zusammengesetzt war.

lagen, durch die Thatsache, dass die *Calendae Martiae* als Neujahr noch spätbin ein hoher Festtag mit den alterthümlichsten Festgebräuchen waren und durch die Zahlennamen der Monate vom fünften an bestätigt. Dass aber dieses Jahr nach seiner ursprünglichen Anlage auch mit dem December abschloss, beweist die unmöglich erfundene Nachricht (Macrob. 1, 15, 18), dass man in Laurentum, der ursprünglichen Mutterstadt aller Latiner, mit denen daher auch Rom dort seine *sacra principia* gemein hatte (Liv. 8, 11. Orell. 2275), eine Juno Kalendaris verehrte, welcher an allen Kalenden vom März bis zum December suppliciert wurde. Offenbar war das alte heilige Recht dieser zehn Monate, deren Namen allem Anschein nach mit den Römischen ganz übereinstimmten, auf die später dort auch hinzugekommenen Mondmonate (in Rom Januar und Februar) nicht mit erstreckt worden. Da nehmlich Laurentum wenigstens später mit Lavinium Ein Gemeinwesen bildete, so müssen wir auch auf jenes die Notiz des Augustin. de civ. Dei 15, 12 beziehen, dass sein Jahr dreizehnmonatlich war; die überschiessende Zeit war also dort später in drei Monate statt wie in Rom in zwei gefasst worden, und da diese gewiss auch Mondmonate waren[11]), so wird der Laurento-Lavinische *Junonius* (Ovid. F. 6, 60. 61) einer von ihnen, wahrscheinlich entsprechend dem römischen Monat des *Janus Junonius*, d. h. dem Januar, der erste gewesen sein[12]), wie denn überhaupt das öftere Vorkommen des Monatsnamens Junonius in Latinischen Städten (Aricia, Tibor, Praeneste Ovid. F. 6, 59. 62. Macrob. 1, 12, 30) nach der Bedeutung der Juno auf eine Ergänzung der ursprünglichen zehn Sonnenmonate mit Mondmonaten hindeutet; denn die Vermengung des *Junonius* mit dem *Junius* bei alten und neueren Gelehrten zeugt sachlich wie sprachlich von wenig Einsicht. Auch lassen die Namen jener 10 Monate sie als Sonnenmonate in unserm obigen Sinne und den eigentlichen Grund, weshalb nur 10 Monate waren[13]), deutlich erkennen. Denn sie bezeichnen offenbar die positive Wirksamkeit der Sonne auf das irdische Naturleben, welches nach der Winterwende erst im dritten vollen Mondmonlauf, in den das Frühlingsäquinoetium fällt, beginnt und im zwölften mit deren nie-

---

[11]) Den alten Laurentern würde daher die Behauptung, sie hätten '13 Monate' — eine seltsame Zahl — (statt 10 Sonnen- und 3 Mondmonate), noch unverständlich gewesen sein.

[12]) Man muss daher auch bei Ovid. F. 8, 83., wo er vom *Martius* spricht,
Quintum Laurentes, bis quinium Aequiculus asper,
A tribus hunc primum turba Curensis habet.
mit der einen Handschrift des Puteanus *Quartum* statt der ersten *Quintum* lesen, zumal es die weit schwierigere Lesart und das *quinium* der übrigen Handschr. offenbar nach dem folgenden *bis quinium* daraus erst gemacht worden ist, wie auch jener Puteanus umgekehrt *his quorum* gesetzt hat. Da nehmlich in Lavinium früher der *Martius* der erste, *December* der zehnte und letzte Monat war, so konnte, nachdem drei Monate dazwischen gesetzt waren, der *Martius* nur der vierte werden.

[13]) Die mancherlei anderen Gründe, welche man später dafür anführte (Ovid. F. 8, 121—134) liegen nicht in der Sache selbst.

drigsten Stande schliesst. Und zwar ist das aufsteigende Naturleben
in den vier ersten bis zur Sommerwende noch mit bedeutungsvollen,
das absteigende in den sechs letzten mit blossen Zahlennamen bezeichnet. Unter den ersteren trägt wieder nur der anhebende März
einen göttlichen Namen, den des Mars, der aber nach seiner Bedeutung für das Landleben und den Krieg und nach der wahrscheinlichsten Ableitung von *mar-* (vgl. *mas, maritus*) eben noch auf die
zeugende und zum Auszuge wider den Feind auffordernde Naturkraft
der Sonne überhaupt sich bezieht; nach ihm öffnen sich im April
(aperiuntur) die Pflanzen zum Blühen; der Mai mehrt ihr Wachsthum
(maiere, wovon *maietus)* und übergiebt es zur Fruchterzeugung der
jugendlichen Vollkraft der Sonne *(Ju-piter)* im Juni. Die beiden folgenden Monate sind wenigstens noch von Ordinalzahlen *(quint-, sext-,)*
mit dem das Hervorgegangensein oder die Gleichartigkeit anzeigenden
pronominalen Suffix *-tis* genannt und drücken also aus, dass sie insofern
noch zu der bisherigen Ordnung der Monate gehören, als das in ihnen
erwachsene Naturleben sich noch in Kraft erhält. Die vier übrigen
beruhen dagegen auf der kleo der Passivität und daher der Abnahme
durch die ferneren Sonnenläufe, indem *-ber*[14]) unser *-bar* (z. B. in
mannbar, sonderbar u. s. w.) = tragend (vgl. abd. *beran,* Lat. *ferre)*
und daher auch beschwert *(βαρ-ύς)* ausdrückt, dass das sieben, acht
u. s. w. (Sonnenläufe) alte Naturleben daran bis zur endlich völligen
Entkräftung zu tragen hat.

Man würde nun aber dieses zehnmonatliche Jahr überhaupt völlig
missverstehen, wenn man dem Volk und der Zeit, die es bildete,
den modernen Gedanken eines Kalenderjahres unterlegte, d. h. dass
man damit das ganze natürliche Sonnenjahr kalendermässig darzustellen gemeint und also gleich nach dem letzten December wieder
den März mit seinen Frühlingsfeiern hätte folgen lassen. Eine solche
Absurdität fällt auf die zurück, welche sie Andern zutrauen[15]). Monatliche Zeitmaasse bilden hiess ursprünglich weiter nichts, als eine
Anzahl von fixierten Mondsonnenläufen den natürlichen Jahres, für
die das Bedürfnis es erforderte — und das wichtigste war die staatliche Feier stehender Feste, daneben aber auch die Regelung von
andern Handlungen des anhebenden bürgerlichen Lebens — aus dem

---

14) Man vergleiche *cre-ber* von *cre-scere, fa-ber* von *fac-ere, cru-ber* von *cruc-ere,
ru-ber* von *ru-ere, mulci-ber* von *mulc-ere, f(m)-ber* von *fuis, glaber, paber,
luber, saluber* u. s. w., wenn auch in einigen von diesen *b* nur aus *r* mit
autretendem Suffix *er* umgelautet sein mag. Ebenso das Neutrum *-brum*
z. B. in *candela-brum,* was eine *candela* trägt, *cre-brum,* was das Sieben
trägt, gestattet u. a. w. Aus dem Begriff des schweren Tragens ergiebt
sich aber auch der der Abnahme, Verminderung in *βρόν, βροτός, brevis* und
βαρέος, wovon ich früher (Serv. Tull. S. 325) die Sühe *ber* unmittelbar
abgeleitet habe.

15) Ich habe hiervon schon in der Verf. des Serv. Tull. S. 315, ausführlich
gehandelt; es scheint aber für Gelehrte nichts schwerer, als sich von
Vorurtheilen loszumachen, die in hergebrachten Begriffen einer ausgebildeten abstracten Wissenschaft liegen.

ganzen Sonnenjahr hervorheben. Man hätte so das ganze Sonnenjahr erschöpfen können; man konnte aber auch, wie man z. B. nicht den ganzen Arm, sondern nur den vom Ellenbogen an zu dem Maasse nahm, das die Italiener doch *braccio* nennen, oder von erobertem Lande selbst später noch zuerst meistens nur einen Theil in die *centuriatio, divisio* und *assignatio* begriff und damit dem Quiritischen Rechte unterwarf, das übrige noch *in soluto* liess[16], auch beim Jahr nur einen Theil davon in civilrechtliche Zeitmaasse für civilrechtliche Handlungen einfassen, das Uebrige noch dem *ius naturale* d. h. dem blossen Ablaufe des natürlichen Jahres überlassen, und dieses geschah nach der jenem zehnmonatlichen Jahr zu Grunde liegenden religiösen Idee, welche, der ältern Zeit entsprechend, nur erst das active Sonnenleben in der Natur in ihren vom Staat anerkannten Festen und politischen Thätigkeiten berücksichtigte. Ich habe schon früher bemerkt (Serv. Tull. u. s. O.), dass die alten Schriftsteller zwar nicht so unvernünftig sind, einen Wiederanfang des März dicht hinter dem December und zehnmonatlichen Jahres anzunehmen, aber doch auch insofern spätere Begriffe in frühere Zeiten verkehrt übertragen, als sie jenes Ablaufenlassen der noch nicht in civile Monate gefassten Zeit des Jahres ein *intercalare* nennen, das dann schon dem Romulus zugeschrieben wird (Serv. ad Georg. 1, 43. Licinius Macer bei Macrob. 1, 13, 20. vgl. 1, 12, 39).

Uebrigens kann gar wohl auch bei den alten Albanern und in Roms Anfängen die Zeit vom December bis zum März schon in zwei Monate getheilt gewesen sein und können diese auch die Namen Januar und Februar geführt haben, jedoch nur in verwandter Art, wie in späterer Zeit der Römische Schaltmonat Mercedonius oder Mercedinus hiess (Plut. Num. 18. Caes. 59), d. h. nicht civilrechtlich und öffentlich, sondern nur so, wie auch das civilrechtlich noch nicht abgegränzte Land doch schon aus der Zeit des *ius gentium* seine *'termini agris positi'* zu haben pflegt (L. 5. D. de institia 1, 1). Es ist dieses sogar sehr wahrscheinlich. Nur so erklärt sich das doch auch unverwerfliche Zeugniss des Licinius Macer und Fenestella, dass der *annus vertens* d. h. das tropische Jahr in Rom von Anfang an zwölfmonatlich gewesen sei (Censorin. 20). Auch waren die Namen *Januarius* und *Februarius* nicht etwa erst von Numa aus der Sabinischen Sprache gebildet, sondern, wie auch Varro bezeugt[17]), eben so gut

<hr/>

[16]) Es entspricht ganz und gar sowohl den Nachrichten über die gleichzeitigen Entwickelungen des alten Römischen Kalenders als dem Bildungsgesetz der aufkeimenden Staaten, wenn die Tradition meldete, erst Numa habe den unblutigen Cult des Grünzgottes eingeführt und auch das von Romulus eroberte Land, welches dieser noch nicht in die Fessein fester Staatsgränzen habe einschliessen wollen, von Staatswegen abgränzen und vereinzeln lassen. Plut. Num. 16.

[17]) Censorin. 22. aus Varro: *Januarius et Februarius postea quidem additus, sed nominibus iam a Latio sumptis.* Vom Januar auch Vorr. Fl. ad Fast. Praen. Januar. Dass auch Janus zu den schon unter Romulus verehrten, nicht

Lateinisch und schon vorhandene Monatsnamen wie die zehn übrigen.
Dass sie aber auf einem ganz andern Princip beruhen wie diese,
bezeugen sie selbst. Sie sind nicht von dem irdischen Naturleben
im Verhältniss zur Sonne benannt, sondern von etwas Sacralem, dem
sich diese Mondsonnenläufe fügen (-arius), d. h. wozu sie sich eignen,
und dieses Sacrale bezieht sich nicht auf die Sonne, sondern auf den
Mond in seinem Verhältniss zur Sonne, von der er sein Licht empfängt.
Der erste heisst so von einer rein theologischen Abstraction, die gar
nichts sinnerlich Lebendiges wirkt, dem Janus, dem Erzeuger und
Anfänger des Lichts, hier des Lichts des Monats und mit dem ersten
Monat[18]) auch des natürlichen Jahres[19]), der andre von *februu*, den
Reinigungsmitteln zu der grossen Sühne, die in diesem Monat stattfand. Bedenkt man nun, dass diese Sühne, die Lupercalien, vor
Allem der Juno, der Göttin des Mondes, mit besonderer Beziehung
auf das weibliche Geschlechtsleben[20]) (vgl. oben S. 3) gefeiert (Fest.
ep. v. Februarius p. 85. Lyd. de mens. 4, 20. fin.) und wie in Alba
so auch im ältesten Rom nicht vom Staat, sondern nur von Geschlechtern, den Quintiliern und den Fabiern, nach ausländischem Ritus besorgt wurden[21]), womit sich Todtenopfer verbanden, im Januar aber,

zu den Sabinischen Gottheiten gehörte, sagt Augustin. de civ. Dei 4, 23.,
ohne Zweifel nach Varro.

[18]) Als den vornehmsten und ersten Monat betrachtete man sacral den Januar ohne Zweifel, theils allerdings deshalb, weil der Mond nun zuerst
von der sich wieder hebenden Sonne sein Licht empfängt, theils und
besonders aber auch, weil, nachdem die Sonne zum niedrigsten Stande
herabgesunken und der Tag am kürzesten geworden ist, der Mond als
Königin des Himmels der langen Nächte in seine volle Kraft und Bedeutung tritt, wie er sich denn auch um diese Zeit am raschesten bewegt. Lyd. de mens. 3, 7.

[19]) Mit Recht bemerkt Ideler (Handb. der Chronol. II. S. 123), dass, wenn
Cäsar seinen Januar nicht mit der Bruma selbst, damals dem 24. December, sondern acht Tage später beginnen liess, dieses sich nur daraus
erklären lasse, dass er den Anfang seines wiederherzustellenden Jahrs aus
Achtung für die uralten, von ihm so viel als möglich beibehaltenen
Kalendereinrichtungen auf den ersten Neumond nach der Bruma habe
bringen wollen. Daraus folgt aber, dass der Januar nach seiner ursprünglichen Bedeutung nicht auf dem Sonnenlauf als solchen, sondern
auf dem Mondlauf in jenem, der eben mit dem Neumond beginnt, beruhte
und nicht das Sonnenjahr, sondern das Sonnenmondjahr eröffnete. Cäsar
führte nur auf die Natur selbst (den wirklichen damals so fallenden
ersten Neumond) zurück, was ursprünglich ein priesterliches Princip
gewesen war, welches wir gleich kennen lernen werden.

[20]) Vgl. Preller Röm. Mythol. S. 345. Bekannt ist der Gebrauch, dass die
Luperci nach dargebrachtem Sühnopfer die Weiber zur Bewirkung der
Fruchtbarkeit mit Riemen von den geschlachteten Böcken (dem eigent-
lichen *februum*) in die flache Hand schlugen.

[21]) Das Lupercal befand sich ausserhalb des alten Roms und die Quintilier
erscheinen in der Sage als Verbündete des Romulus Ovid. F. 2, 376.
Ebenso stand diese Lustration in Iguvium nur einem ausländischen Ge-
schlechte, den Atiediern, zu und in der ältesten Zeit Italiens mögen alle
solche religiösen Reinigungen, wie später noch die von Sclaven be-

der noch im Kalender des Numa nur sehr wenig öffentliche Feste
(*Agonia* und *Carmentalia*) hat, ursprünglich nur an den Kalenden das
bekannte dürftige Sühnopfer des *Janual* an den *Janus Junonius* d. h.
an den durch die Jano (den erleuchteten Mond) bestimmten Janus,
also als Anfänger des Monats (Macrob. 1, 9, 16), welcher sich deshalb auch auf die Kalenden aller Monate erstreckte (Preller Röm.
Myth. S. 159) stattgefunden haben wird, so begreift man, wie diese
beiden Monate einem nach einheimischer Weise noch im lebendigen
Naturdienst der Sonne beharrenden Volke nicht würdig erscheinen
konnten, öffentlich gleich berücksichtigt zu werden. Mit Recht nannte
man denn auch nach Lyd. de mens. 3, 16. 4, 63 das zehnmonatliche
Jahr vom 1 März an das einheimische *(πάτριος)* oder Staats- *(πο-
λιτικός)*, das zwölfmonatliche vom 1 Januar an das priesterliche Jahr.

Dass aber auch priesterlich von jeher der Jahresanfang von der
Bruma an gerechnet wurde, kann man daraus schliessen, dass in dem
uralten und wahrscheinlich auch aus einem gottheitlichen Priesterthum
hervorgegangenen Collegium der Arvalbrüder das Magisterium am
17 December wechselte und nach zwei Wochen vom 3 Januar ab
seine Thätigkeit mit Indiction des Jahresopfers begann (Marquardt
Röm. Alt. IV. S. 610ff.). Auch hatte es ohne Zweifel einen uralten
sacralen Grund, dass man das benannte oder kalendarische neue Sa-
craljahr nicht mit der Bruma selbst, sondern bei schon zunehmendem
Tage (Lyd. de mens. 3,15) acht Tage später mit dem Sühnnet des
Janual anfangen liess. Es war der, dass der Neugeborene, dem hier
das Jahr verglichen wurde, nicht sofort, sondern erst am achten Tage,
wo er lustriert wurde, einen Namen empfing (Preller Röm. Myth.
S. 579). Dieses bestätigt das uralte auf den 23 December, den
ursprünglich wirklich achten Tag *ante Cal. Jan.*[**], gelegte Fest der

sorgten natürlichem, gegen die übrigen Sacra in geringer Achtung gestanden haben. Auch hatten diese Geschlechter die Kunst solcher
umbarbia und ähnlicher Lustrationen wahrscheinlich aus dem Auslande
von den durch dieselben überhaupt berühmten Etruskern, von denen
sie auch schon zu den Sabinern (Varr. 6, 13. 54) wie zu den Umbrern
gelangt waren und von denen das Recht der Gründung von *urbes* selbst
stammte, entlehnt, wenn es wahr ist, was Anyalus hei Lyd. de mens. 4, 29
ganz glaublich berichtet, dass in der Etruskischen Sprache Februus den
Gott der Unterwelt bezeichnete (wie Janus den Gott des Himmels, Varro
bei Lyd. 4, 2) und die Laporei ihm für das Gedeihen der Früchte opferten.
Ursprünglich nahmen also die Lupercalien des Februars dieselbe Stelle
bei den Latinern, Römern und Sabellern ein, wie später die Sühnung
der Dilitur, die man auch nach ausländischem Ritus durch bezahlte meist
Etruskische Streifertarien und Haruspices besorgen liess.

[**]) Im Kalender des Julius Cäsar, der dem damals 29 tägigen December am
Ende zwei Tage zugelegt hatte, ist es der X Cal. Jan. Da aber vor
Numa der December nach 30 Tage hatte, so war damals das von ihm
ohne Zweifel schon vorgefundene Fest der Larentalien auch wirklich
der achte Tag vor dem Januar (nach Römischer Datirungsweise IX Cal.
Jan.). seit der Verkürzung des Decembers um einen Tag in Numa's Mondjahr fiel es auf den siebenten Tag, der bei Mädchen der *dies lustricus* ist.

Larentalien, dessen eigenthümliche Sacra und Name die Feier der
vollendeten Bruma als des Sterbetags des alten und des Geburtstags
des neuen Jahres nicht verkennen lassen[22]. Denn es vereinigte die
scheinbaren Widersprüche eines Festtages des Sonnengotts (*Joris feriae*,
auch nach Cal. Praenest.) und einer vorgängigen Parentation der
Acca Larentia, wie es scheint, einer Personification des nun verkom-
menen und erstorbenen, aber auch zur Erneuerung durch Jupiter
sich erhebenden Erdlebens. Als aber Julius Cäsar den December
verlängert hatte, behielt er doch das sacrale Princip bei, dass das
Neujahr erst auf den achten (erst später siebenten) Tag nach der
Sonnenwende fallen dürfe und legte daher die vollendete Bruma nun
auf den 25 December (*sol novus* Serv. ad Aen. 7, 720. *ut a bruma mox
novus annus est* Auson. eclog. 377, 24. vgl. Mommsen 1. L. A. p. 410).

Hinsichtlich der Länge der Monate und damit auch des Jahrs
waren jene zehn, beziehungsweise zwölf, ursprünglich ohne Zweifel
allmonatlich dreissigtägig und hatte also das in Monate gefasste Jahr
politisch 300, priesterlich 360 Tage. Das auf Numa zurückgeführte
Bild des zugleich zeitlichen und lokalen *Janus geminus* auf dem Forum
transitorium sonderte noch die 300 Tage des alten politischen Jahres
dadurch, dass es mit der Rechten diese Zahl, mit der Linken 65
anzeigte[23], und wenn Plutarch sagt (Num. 18), zu Romulus Zeit
hätte man noch ungeordnete Monate gehabt, theils von nicht einmal
20, theils von 35 Tagen, und ohne der Discrepanz zwischen dem
Mond- und Sonnenlauf Aufmerksamkeit zu schenken, nur das festgehalten, dass das Jahr 360 Tage zähle, so enthält zwar die erstere
Notiz nur eine irrige Uebertragung der bei den Latinern (von denen
Romulus ausgegangen war) später üblichen Monate auf das Romulische Jahr[24], um so (wie aus Qu. Rom. 19 und Lyd. de mens. 1, 16
hervorgeht) durch Annahme sehr langer Monate ein zehnmonatliches
Jahr mit 360 Tagen erklärlich zu machen, die zweite wird aber den
Auctoren entlehnt sein, welche dem Romulischen Jahr 12 Sonnenmonate zuschrieben. Dass diese aber auch durchgängig 30 Tage
hatten, folgt nicht bloss aus ihrer Natur als Sonnenmonate, sondern
auch aus der späteren Ansetzung des abstracten Monatsmaasses auf
30 Tage. Denn die gewöhnliche Meinung der Neueren (auch Mommsens),
dass man auf diese Zahl als $\frac{1}{12}$ von 365 Tagen mit Weglassung des
Bruches gekommen sei, ist ein ganz moderner, dem Alterthum fremder Gedanke und ein starker Verstoss gegen das Princip, dass alle
antiken abstrakten Maasse nur von concreten Naturgrössen entlehnt
sind, so dass, gleichwie z. B. der *pes* von dem menschlichen Fusse,
die *centuria* von dem concreten Ackeranteile von 100 Männern, der

---

[22] S. Beilage A.

[23] Plin. N. H. 34, 7, 33 (über die richtige Lesart Mommsen Chronol. S. 341.
Macrob. 1, 9, 10 mit den weiteren Nachweisungen von Jan.

[24] Die Albaner hatten z. B. einen März von 36, einen Mai von 22, einen
Sextilis von 18, einen September von 16 Tagen. Censorin. 22.

ortus von einem Ochsentriebe genannt sind, auch der abstrakte mensis nur von einem concreten Zeitmaass dieser Länge hergenommen sein kann.

Schwierigkeit scheint nun aber zu machen theils ein zu viel, theils ein zu wenig. Ein zu viel bei dem Jahr von 300 Tagen, statt deren 304 wegen der vier vollen Monate mit 31 Tagen angegeben werden. Ein zu wenig bei den 360 Tagen des priesterlichen Jahres, wozu noch 5 Tage fehlen, um das natürliche Jahr zu erfüllen. Doldes lässt sich aber leicht auf genügende Weise erklären.

Was das erstere betrifft, so gehen jene einzelnen 4 Tage, die ursprünglich nur fictive, civiliter nicht gerechnete Zusatztage zum 30 sten des vorangehenden Monats gewesen sein können, und die darauf beruhenden vollen Monate jedenfalls nicht das ursprüngliche Albanische oder Romulische Jahr und dessen Sonnenmonate als solche an; sie hängen offenbar mit dem Umstande zusammen, den sie selbst erst sacral möglich machen sollten, dass eben diese Monate s. g. solare d. h. auf den 15ten fallende Idus und ihnen entsprechende Nonae septimanae hatten, gleichsam potenziierte Voll- und Halbmonde, die doch auch, weil noch innerhalb der kleineren ersten Hälfte (beziehungsweise des ersten Viertels) des Monats sich haltend, bis zum Ende des Tages hin noch jugendlich zunehmend sind[14]), gegen die s. g. lunaren d. h. auf den 13. fallenden (weniger vollkommenen) Idus und Nonae quintanae der übrigen Monate. Eben damit betreffen sie aber die in jene Sonnenmonate fallenden Mondumläufe in sich selbst oder die dreissigtägigen Monate, sofern sie Mondmonate sind (oben Anm. 5) und es geschah wohl zur Erinnerung an dieses auf dem Mondumlauf beruhende Princip der 4 Tage, dass, nachdem sie in Numas Kalender wirkliche Tage desselben geworden waren, der 31 März als der erste unter ihnen zum dies natalis der Luna als Königin der Monate gemacht wurde[2]). So gut wie nun priesterlich

---

[14]) Genauer, wiewohl nicht sehr deutlich entwickelt die Sache Lyd. de mens. 3, 7. Er will aber Folgendes sagen: In dem die Natur nachahmenden Kalender erreicht der Mond nach seiner eigenen Natur als Körper (der Bewegung nach) die Hälfte und Mitte seines Laufs oder des Monats (wird Vollmond) schon am 13. Tage (der den 14. mit vertritt, weil die Idus auf einen ungeraden Tag fallen müssen); denn die geringste Dauer des Mondumlaufs ist 27 Tage und einige Stunden. Aber nach seiner höhern göttlichen Natur als Lichtgestalt im Verhältniss zum Sol — und diese kommt in den Monaten höherer Dignität in Betracht — erreicht er erst am 15. die volle Monatsmitte (wird Vollmond), indem seine volle Umlaufszeit beinahe 30 Tage dauert; damit aber die Idus am 15. gegen Ende des Tages nicht schon einen wieder abnehmenden Mond darstellen, sondern sich immer noch innerhalb der Hälfte des wirklichen längsten Mondumlaufs halten, muss ein Monat, der diesen Umlauf darstellt, 31 Tage zählen. Deswegen nennt auch Lydus die Monatsnichttage der Nonen am 5. und Idus am 13. Tage lunare, die der vier längeren Monate dagegen solare.

[2]) Ovid. F. 3, 883:

Luna regit menses, huius quoque tempora mensis
Finit Aventino Luna colenda jugo.

auch schon bei den Albanern und unter Romulus der Januar und
Februar als Monate betrachtet wurden, weil sie ebenfalls Mondumläufe im priesterlichen Jahre enthielten, so werden priesterlich
auch die Mondphasen in allen Monaten d. h. die Kalendä, Idus und
Nonä schon berücksichtigt worden sein, wie denn auch in der Tradition wirklich schon unter Romulus von Kalendä und Idus die Rede
ist (Plut. Rom. 23. 24. 25. 27. Cic. de rep. 1, 16), während civilrechtlich der durchgängig dreiszigtägige Monat wahrscheinlich, wie
bei den Athenern, in drei Theile von 10 Tagen zerfiel, woraus allein
sich die Frist von 10 Tagen erklärt, welche im Römischen Staats-
und Rechtsleben als bewegliches Zeitmaass eben so häufig und wichtig
ist, wie die Monatsfrist von 30 Tagen. Einen blos priesterlichen
Grund hatte es aber auch, dass die ungleiche Zahl als die des männ-
lichen Geschlechts, des Sol, der Oberwelt u. s. w., zugleich auch als
kräftig, rein und heilbringend gegenüber der geraden (der Zweiheit)
als der des schwachen weiblichen Geschlechts, des an sich dunkeln
Mondkörpers, der Unterwelt u. s. w. betrachtet wurde[2]), und wenn
aus diesem Grunde nachher im ascraten Kalender des Numa alle
Monate ungerade Zahlen erhielten[3]), so müssen schon vor ihm
Gründe vorhanden gewesen sein, weshalb man sacral jenen vier
Monaten einen Tag zulegte, um sie als volle männliche Monate erscheinen zu lassen, während dem Latinischen Staatswesen dieser
Vorzug der ungeraden Zahl völlig fremd war (wie auch Mommsen
Chronol. S. 15 anerkennt). Hatten nun bei den Albanern selbst noch
späterhin alle Monate eine gerade Zahl von Tagen[4]), so können auch
früher manche ihrer Monate nicht zugleich civilrechtlich und wirklich, sondern höchstens nur nach priesterlicher Berechnung der Idus
u. a. w. 31 Tage gezählt haben, und wenn also die Schriftsteller
die vier Tage der vollen Monate mit in das Romulische Jahr einzählen, so ist das nur ebenso anzusehen, wie die Angabe anderer
Schriftsteller, dass das Albanisch-Romulische Jahr aus zwölf Monaten
bestanden habe, d. h. man nahm, was nur priesterlich richtig war,
allgemein an. Wahrscheinlich verband sich damit aber noch ein
anderer eben so leicht erklärlicher Irrthum. Die Athener hatten
bekanntlich abwechselnd dreiszig- und neunundzwanzigtägige Monate,
nannten aber nach alter Griechischer Sitte auch in den letzteren
zwecks der allgemeinen Durchführung der Eintheilung in je 3 Dekaden
den letzten Tag τριακάς (Hesiod. op. et dies 814. Gemin. 6. p. 31. 34.)
und es bezog sich wohl auf die Doppelzählung dieses letzten eigentlich

Vgl. das Calend. Praenest. ad Mart. 31. Der Stifter war Servius Tullius
aus einer erst später zu erklärenden Veranlassung. Tacit. A. 15, 41.

[2]) Vgl. darüber Virgil. ecl. 8, 75 mit Servius. Plin. N. H. 28, 2, 23. Sohn. 1.
Plut. qu. Rom. 102. Fest. ep. v. Imparem p. 109. Macrob. comm. in
somn. Sc. 1, 2, 1. 2, 2, 17. Sat. 1, 13, 5. Lyd. de mens. 3, 7.

[3]) Censorin. 20. Solin. 1. Macrob. 1, 13, 5.

[4]) Was wenigstens alle erhaltenen Beispiele, diese aber auch beim März
und Mai ergeben; s. Anm. 23.

nur 29 sten Tages der bekannte Ausdruck Ἴνη καὶ νέα des s. g. So-
lonischen Kalenders (Plut, Solon. 25. Proclus in Plat. Tim. l. p. 26),
indem er als 'einer und' vom Wiedererscheinen des neuen Mondes
an noch als ein 'neuer' Tag angesehen wurde (Varro de r. r. 1, 37, 1.
de L. L. 6, 10)⁸¹). Aehnlich werden nun auch die Priester im ältesten
Rom sich der Fiction bedient haben, den 30 März, Mai, Quintilis
und October gleichsam nach Tag und Nacht (Sonne und Mond) doppelt zu rechnen²¹), um nach der für die Mondphasen angenommenen
Monatseintheilung möglich zu machen, dass die Idus gerade in die
Mitte und doch auch entschieden noch in die jugendliche und zuneh-
mende erste Hälfte dieser bevorzugten Monate fielen, bis später Numa
aus jener Fiction eine Wahrheit machte, welche dann die späteren
Schriftsteller schon für das Jahr vor Numa annahmen, weil sie auch
da schon Idus am 15 ten und Nonae septimanae fanden.

Ueber den Grund, weshalb gerade jene vier Monate so bevor-
zugt wurden, geben uns die Alten keine befriedigende Auskunft³³)
und doch liegt diese nahe genug. Wir werden später sehen, dass
in die drei aufsteigenden Monate März, Mai und Quintilis die auspicierenden Hauptfeste der drei Stämme des Romulischen Staats, der
Ramnes, Tities und Luceres fielen, und der October, der 'Sautmonat'
(Lyd. de mens. 4, 93.) nehmlich für die Hauptnahrung des Römischen
Volks, nach Auson. eclog. 376, 10. Tritico October fenore didal agros,
und später auch für seinen Haupterwerb 377, 10: sementis per tempora,

⁸¹) Die umgekehrte Erscheinung, dass — auch abgesehen von Einschaltungen — zwei Tage für einen gezählt wurden, bietet der später auch in
Rom viel gebrauchte Chaldäische Kalender dar. Er hatte wie der Römische nur Monate (eigentlich Zeichen) mit 29 bis 31 Tagen (dort Theile
genannt); damit nun der einzige Stiermonat mit seinen eigentlich
32 Theilen keine Ausnahme machte, rechnete man, vermuthlich erst in
Rom, wo ihm der Mai entsprach, auf die Cal. Mai. und den folgenden
Tag nur Einen (den 15.) Theil. Colum. 11, 2, 39. An sich liesse es sich
nun wohl denken, dass auch die vier dem Romulischen Kalender beigelegten Tage ursprünglich jeder mit dem vorangehenden Datum ein
wirkliches nur für Einen Tag gerechnetes .... gewesen wären, welches
erst Numa in je zwei Tage aufgelöst hätte; denn ähnliche Fictionen,
dass zwei Dinge eins seien, zeigen uns auch aus älterer Zeit z. B. die
Ramnes, Tities, Luceres priores und posteriores (vgl. meine Inzv. Tafeln
S. 319 ff.). Das Romulische Jahr hätte dann schon wirklich 304 Tage
gezählt. Doch würde dieses schon eine staatlich anerkannte Einwirkung
des priesterlichen Jahres auf das civile voraussetzen, die für diese Zeit
nicht wahrscheinlich ist.
³²) Meine frühere Erklärung (Serv. Tull. S. 335ff.) aus dem Mageren Ver-
weilen der Sonne in vier Thierkreiszeichen nehme ich damit zurück.
Sie setzt voraus, dass man in Italien ursprünglich eigentliche d. h.
Thierkreis-Sonnenmonate gehabt habe, was unwahrscheinlich ist, und
hebt doch die Schwierigkeit nicht wahrhaft. Dagegen werden jene
vier Tage allerdings die ursprünglichen dies intercalares gewesen sein,
wie ich schon früher angenommen hatte, da in diesem Ausdruck selbst
die bloss fictive Natur solcher Tage liegt.
³³) Ueber die ganz ungenügende Erklärung des Unterschiedes bei Macrob.
1, 15, 6. aus dem blossen Zufall u. Serv. Tull. S. 319.

fenore laetus, October cupidi spem fovet agricolae, war wieder durch das im Gegenbilde zum März dem Mars an den Iden für das Gedeihen der Wintersaaten gebrachte ebenso uralte Opfer des Octoberpferdes (Preller Röm. Myth. S. 323) und durch das *Armilustrium* am 19ten, an welchem man auch die alsdann reponierten Waffen für den Anzug des nächsten Jahrs lustrierte (Preller S. 324), ein für alle Büranne ebenso wichtiger Monat; daher auch der Triumph des Romulus als Urtypus aller späteren Triumphe auf die Idus des October gelegt wurde (Plut. Rom. 25). So war es denn offenbar diese besondere Wichtigkeit der Feste dieser Monate, welche 'volle Monate' und Idus gerade in der Mitte derselben erforderte. Daraus geht aber auch hervor, dass selbst die Rechnung von 31 Tagen auf diese Monate noch nicht in Alba stattgefunden haben kann, sondern erst in dem unter Romulus sich bildenden Dreistämmestaate und da ohne Zweifel durch den priesterlich-Sabinischen Einfluss des T. Tatius eingetreten ist. Das Resultat unserer Untersuchung ist aber, dass das civile Jahr des Romulus in der That nur 300tägig war und dass, wenn später nach einem zehnmonatlichen Jahr gerechnet wird, auch darunter nur 300 Tage verstanden werden können [24].

Was zweitens die überschlessenden 5 Tage betrifft, so fielen diese im Romulischen Jahr mit in die Zeit, welche nicht in die 10 civilen Monate gefasst war. Eine sichere Spur aber, dass als damals priesterlich neben den auch 30tägigen Monaten Januar und Februar schon ebensowohl wie diese selbst und zwar als gleichsam vom Februar zum nächsten Jahr überleitende Tage beachtet worden, hat sich darin erhalten, dass Numa sein Jahr mit dem 23 Februar, den *Terminalia* abschloss, so dass die 5 übrigen Tage eigentlich keinem Monate angehörten. Sie entsprechen daher im ältesten Kalender den 5 Epagomenen des Aegyptischen zwölfmonatlichen Jahres (Herodot. 2, 4. Diodor. 1, 50. Gemin. 6. p. 19), was aber bei einer Sache, welcho unter gleichen Voraussetzungen sich so sehr von selbst ergiebt, natürlich nicht berechtigt, an eine Entlehnung von da zu denken [25]. Auch

---

[24] Mommsens Meinung (Chronol. S. 34), man sei auf die 304 Tage des Romulischen Jahres als 10/12 von 365 Tagen (also eigentlich statt 304 1/6 Tage) gekommen, weshalb er darin den sichersten Beleg finden will, dass man das Sonnenjahr stets zu 365 Tagen angenommen habe, lässt nicht nur den bezeugten und offenbaren Ursprung der vier überschlessenden Tage aus den vier bevorzugten Monaten ganz bei Seite liegen, sondern ist auch an sich ein ebenso moderner und für das Alterthum unzulässiger Gedanke, wie die Erklärung des abstracten Monatsmaasses von 30 Tagen aus $\frac{365}{12} = 30(1/6)$. Er würde auch auf einen Widerspruch mit diesem letzteren führen, indem danach die in unsere Quellen unläugbar vorliegende Gleichsetzung des Jahrs der Schwangerschaft, der Trauer, der ... (bina, trina) dies mit 10 Monaten, d. h. 300 Tagen, unmöglich wäre.

[25] Augustin. de civ. Dei 15, 12 verwechselt mit ihnen die 5 Epagomenen, die bei den Römern selbst später wohl oft mit diesen Tagen verglichen wurden, wenn er sagt, die Römer hätten die 5 Tage über 360 des *intercalares* genannt.

werden wir sehen, dass sie in Rom nicht als Zusatztage zum alten
Jahr, sondern als Eingangstage zum neuen betrachtet wurden, welches
also eigentlich schon mit ihnen begann.

Das Albanische Jahr mit seinen 300 Tagen und 10
dreissigtägigen Monaten hat in Rom nicht lange bestanden. Sobald die
junge Colonie zu voller Selbstständigkeit erstarkt war, trat eine Modifica-
tion desselben in der Gestalt des Jahres des Numa für alle politischen
und sacralen Interessen an seine Stelle, so dass wir dieses eigentlich
als das der ersten Periode des Römischen Staats oder der Königszeit betrachten müssen. Inzwischen hatte aber das erstere schon
eine Anwendung abgesetzt, welche selbst durch die Abschaffung dessen,
wovon sie gemacht war, nicht mit betroffen wurde, nehmlich die zu
dem abstracten Zeitmaass des annus von 300 und des mensis von
30 Tagen. Nächst der Uebereinstimmung in der Grösse selbst beweisen zwei Momente unwiderleglich diese Herkunft der gedachten
Zeitmaasse: 1) dass alle solche Maasse concrete Vorbilder haben, von
denen sie entlehnt sind und nach deren Wegfall sie sich doch selbstständig
erhalten [36]); 2) dass diese Vorbilder in die ältesten Zeiten der Völker
hinaufzureichen pflegen. Es kommt noch hinzu, dass auch die Institute,
bei denen namentlich der annus von zehn Monaten sich erhielt, uralt-
väterliche und auf die Familie bezügliche sind. So namentlich das
Jahr oder die zehn Monate, welche von jeher und nach den zwölf
Tafeln als normal längste Zeit für die Geburt der Leibesfrucht gerechnet wurden [37]), das Trauerjahr und die nach den Lebensjahren
unterzehnjähriger Kinder dekadisch in Monaten abgestufte Trauerzeit [38]),
die später durch Gesetze bestätigte Sitte, dass eine in Quantitäten
(χρήματα bei Polybius) bestehende Dos, wenn sie ex bono et
aequo oder als res uxoria geschuldet wurde d. h. entweder vor der
Ehe vom Vater oder der Braut dem Bräutigam diciert oder nach

---

[36]) Am verwandtesten sind in dieser Hinsicht die Altrömischen Ackermaasse,
welche ausgehend von der Lateinischen decempeda auch neben den auf der
Sabinischen perrica beruhenden sich erhielten. Vgl. meine Ονk. Spr. S. 185
und einen Aufsatz über die neu gefundenen Oskischen Inschriften, welcher
zum Abdruck in Fleckeisens Jahrbüchern für Philologie abgesandt ist.

[37]) Ovid. F. 1, 33. Quod satis est, utero matris dum prodeat infans. Hoc anno
statui (Romulus) temporis sui satis. Zehn Monate erwähnen die Docemvirn
nach (Gell. 3, 16, 12. Aquilius Gallus L. 29 pr. D. de lib. et post. (28, 2).
Ulpian L. 9. § 11. D. de suis (38, 16).

[38]) Fr. Vat. 321. Legendi autem erunt parvuli anno, item liberi maiores X annorum
deque anno, quem communi decem mensium esse Pomponius ait. Nec lex argumentum
est, annum X mensium esse, cum minoris liberi tot mensibus elegantur, quod annorum
decennium, usque ad trimestre. Dasselbe sagt Paul. 1, 21, 13 mit dem Zusatz:
maritus decem mensibus et cognati proximiores grade sexto octo. Vgl. auch l'hut.
Num. 12. Coriol. 39, der diese Vorschrift dort dem Numa beilegt, während
die Juristen (Fr. Vat. 320. 321) sie richtiger auf sus zurückführen. Anstatt
der Wittwentrauer von 10 Monaten, welche auch Cic. pro Cluent. 12, 35.
Ovid. F. 1, 35. 3, 134. Senec. de consol. ad Helv. 16, 1. angeben, setzen ein
Jahr Liv. 2, 7. Senec. ep. 63; 13. Als Hinderniss der Wiederverheirathung
debaten erst die Kaiser (381) das Trauerjahr der Wittwe auf ein damals
gewöhnliches aus. L. 1. Th. C. de sec. nupt. (3, 8).

2*

Auflösung der Ehe nach den Regeln der *rei uxoriae actio* der Frau
zurückzugeben war, je ein Drittheil in drei Jahresziclern (annua,
bima, trima die resp. von der Eingehung oder Auflösung der Ehe an),
wovon aber vor Cäsar[39]) das erste zu zehn Monaten berechnet wurde,
beziehungsweise dem Ehemann wegen der Frau hin- oder an diese
zurückgegeben und nur (was blos auf Sitte beruhte) der nöthige Haus-
und Vorrath zu ihrem Unterhalt auf die ersten zehn Monate (natürlich mit Anrechnung auf das ganze Capital) vorweggegeben werden
musste[40]). Da man aber noch zu Cato's Zeit, wenn nicht gegen so-
fortige Zahlung des Kaufgeldes verkauft wurde, zehn Monate Credit
zu geben pflegte (de r. r. 146), so wird auch in der ganzen älteren
Zeit die Redeweise *annua*, *bima*, *trima die* für den ersten Termin ein
zehnmonatliches Jahr bedeutet haben und sie mag bei der ursprünglichen Sitte, Vectigalien im März d. h. doch wohl vom 1 März oder
vom Neujahr an zu locieren[41]), daher entstanden sein, dass dann bei

[39]) Dass nehmlich seitdem diese Jahreszieler sämmtlich zu 12 Monaten gerechnet wurden, beweist deren Herabsetzung auf neun neuem die im
Falle geringer Unsitte des Mannes, worunter offenbar die Hälfte der
sonstigen Fristen zu versteben ist. Ulp. 6, 13.

[40]) Von der Rückzahlung Ulp. 6, R. zunächst von der Hinzahlung Polyb. 32, 13.
Dieser spricht nehmlich von den Mitgiften, welche der ältere Scipio Africanus für seine beiden Töchter zugesagt d. h. nicht promittiert, sondern,
was als ehrenvoll bei einem Vater zumal in jener Zeit stets angenommen
werden muss, dictert (jedenfalls aber nicht, wie M. Voigt die Lex Minia
S. 17 es darstellt, legiert) und deren Wittwe und Erbin wahrscheinlich
zur Hälfte als *debitum legatum* sogleich gezahlt hatte, so dass von ihrem
Sohne, dem jüngeren Africanus, nur noch die andere Hälfte nach dem
Recht der ursprünglichen *dotis* zu entrichten war, und sagt bei dieser
Gelegenheit: Κατὰ δὲ τοὺς Ῥωμαίων νόμους δίον ἐν τρισὶν ἔτεσιν ἀποδοῦναι
τὰ προσωπιλόμενα χρήματα τῆς φερνῆς ταῖς γυναιξί, προδοδότων πρώτον
τῶν ἐπίπλων εἰς δύας μήνας κατὰ τὸ παρ' ἐκείνοις ἔθος. Das letztere übersetzt man vielfach irrig: *prosibile primum ex eodem lege supellectilibus ante
decimum mensem*. (Voigt a. a. O. ebenso irrig: so dass die Supellex nach
der Sitte in der ersten Rate gewährt wurde.) Vielmehr kann εἰς δύας
μήνας nur heissen: in decem menses. Unter den ἔπιπλα aber versteht
Polybius *supellex* und *penus*, die auch in Testamenten jahrweise hinterlassen und wenn nichts hinzugefügt war, für ein Jahr verstanden zu
werden pflegten. L. 1. L. 4. § 2. D. de penu leg. (33, 9). Nur mit diesen
vier Zahlungen wird denn auch das alte Dotalrecht von dem Vorwurf
der Härte befreit, die Frau im ersten Jahr nach Eingehung oder nach
Aufhebung der Ehe persönlich und für ihre erste (resp. posthume)
Schwangerschaft unversorgt gelassen zu haben. Indem aber Polybius
weiter erzählt, dass Scipio nach Ablauf der 10 Monate gleich das ganze
Capital (statt des ersten Drittheils) gezahlt habe, beweist die Stelle
allerdings, dass das erste der *tria fin* zehnmonatlich war. Uebrigens
geben auf die Dos mit den drei Zielern auch Cic. ad Attic. 11, 4, 2.
11, 23, 3. und L. 40. § 3. D. de pact. dot. (2, 14), hier mit der Inter-
polation *promisi* statt *dixi*. Doch ahmte man diese Fristen später auch
im Falle der *promissio* häufig durch ausdrückliche Festsetzung nach.
Vgl. L. 19. D. de pact. dot. (23, 4).

[41]) Macrob. 1, 12, 7. Vgl Becker Röm. Alt. II. 2. S. 231, 241. Dass auch
später noch Grundstücke so verpachtet zu werden pflegten, zeigt L. 7.
§ 2. D. sol. matr. (24, 3).

Locationen auf mehrere Jahre die zweite Frist eben kein bürgerlicher *annus* mehr war, sondern mit der damals civilrechtlich monatslosen Winterzeit *(dui-hiem-)* d. h. dem 1 Januar begann und ein volles priesterliches Jahr begriff, welches nur ursprünglich eben kein *annus*, sondern nur eine Zeit von Winter zu Winter war, wie auch die alten Scandinavier in ähnlichem Gegensatze mit Winter volle Jahre bezeichneten. Auch darf das Angehen dieser Wortbildung mit *quadrima die*[*] als ein sicheres Beweisthum gelten, dass solche mehrjährigen Locationen in den früheren Jahrhunderten nur auf vier Jahre üblich waren, worauf wir später zurückkommen. Die gewöhnliche Meinung aber, dass jene Redeweise ursprünglich durchgängig drei oder vier 10 monatliche Jahre bezeichnet habe, ist nicht nur völlig beweislos, sondern widerspricht auch der verschiedenen Wortbildung *annua* und *bima* u. s. w. die. Auch unter einem *bimus*, *trimus homo*, *bos* u. s. w. konnte man von jeher nur einen verstehen, der schon zwei, drei Winter d. h. volle natürliche Jahre zählte[*].

Ueberhaupt ist es mir zweifelhaft, ob ausser in dieser Redensart *annua bima trima die*, wo der Gegensatz von *bima* die Bedeutung bestimmte, der Ausdruck *annus* auch in der eigentlich officiellen Rechtssprache für ein abstractes Zeitmaass von 300 Tagen festgehalten worden sei, obgleich ihn auch die späteren Juristen einige Male, aber doch nur in Anwendung auf das Trauerjahr, wo er aus uralten Ritualbüchern sich erhalten haben mochte, gebrauchen (Anm. 38). Die meisten Stellen setzen dafür *decem menses*, insbesondere sagten so auch die zwölf Tafeln (Anm. 37) und es liegt auf der Hand, wie missverständlich die erstere Ausdrucksweise war, da sonst *annus* später auch als Jahr mit willkürlichem Anfangstage regelmässig entweder ein natürliches Jahr oder — bei civilrechtlichen Instituten — ein Kalenderjahr bis zur Wiederkehr desselben Datums (genauer des Tages vorher) bedeutet, wie z. B. der *annus* der Usucapion[*]; auch lag dieses in dem Ausdruck selbst, der einen Kreislauf bezeichnet (ohne S. 6). Niebuhr (Röm. Gesch. I. S. 313 ff.) hat zehnmonatliche Jahre auch in den auf eine Reihe von *anni* geschlossenen Waffenstillständen Roms mit verschiedenen umliegenden Völkerschaften angenommen. Die Beweise aber, meistens den berichteten Wiederanfängen der Feindseligkeiten vor Ablauf der bestimmten Zahl gewöhnlicher

---

[*] Dieses beweist besonders L. 19. D. de pact. dot. (23, 4) ... *si pater pro filia dotem promisit, ut annua bima trima die quinto anno a se redderetur* ...

[*] Dass auch der Sold nach dem zehnmonatlichen Jahre berechnet worden sei, hat man zwar nach Niebuhr häufig angenommen. Dagegen spricht aber nicht blos der äussere Grund, dass die beiden Hauptarten *annua* und *semestra* (nicht *quinquemestre*) *stipendia* unterschieden werden (Becker Röm. Alt. II. 2. S. 74), sondern auch der innere, dass der Sold erst auf der spätern Verfassung beruhte.

[*] Wie aus dessen Berechnung in Anwendung auf die Manns bei Gell. 3, 2, 12. 13. hervorgeht. Ebenso hinsichtlich des Amtsjahrs der Römischen Magistrate aus Liv. 8, 34. vgl. 36.

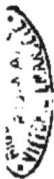

Jahre, ohne dass deshalb ein Vorwurf gebrochener Eidestreue gemacht wird[44]), entnommen, sind keineswegs überzeugend; sie beruhen grösstentheils auf der falschen Voraussetzung, dass bewilligte
Waffenruhe *(induciae datae)* wie Friedensschlüsse beschworen worden
seien, während dabei doch nur von einer *fides parti rupta* (Liv. 8, 37.
9, 40. 30, 24. 25. 42, 43. Gell. 1, 25.), deren Schuld bei zufälligen
Plänkeleien oft zweifelhaft war, die Rede sein konnte. Nach Römischen Rechtsbegriffen können aber Jahre in völkerrechtlichen, also
auf dem *ius gentium* beruhenden Verträgen unmöglich civilrechtliche,
sondern nur natürliche sein.

Ganz anders als mit dem *annus* verhält es sich mit dem *mensis*
des Romulischen Jahrs. Er hat sich als abstractes Zeitmaass von
30 Tagen für immer erhalten. Denn einerseits war ein solches bei
der verschiedenen Länge der Numanischen Kalendermonate dringendes
Bedürfniss[46]), andererseits trat dem auch nicht die Besorgniss eines
Missverständnisses entgegen, da die Verwechselung mit einem Kalendermonat kaum möglich war[47]), der, wenn man nicht etwas die
Abstraction wieder Aufhebendes hinzufügt (z. B. *hoc mense*), eben
nicht abstract *mensis* hiess, sondern in allen Daten einen lebensvollen
Eigennamen führte und auch ausserdem wegen der verschiedenen

---

[44]) In einem Falle, auf den der Hauptbeweis gegründet wird, soll allerdings
Liv. 4, 58. selbst im achtzehnten Jahr sagen, dass der nach 4, 35. auf
zwanzig Jahr geschlossene Waffenstillstand mit Veii schon abgelaufen
sei. Aber die dabei angenommene Lesart *Eo anno, quia tempus induciarum
cum populo Vejenti exierat, per legatos feridesque res repeti coepiae* entspricht
weder den Handschriften noch dem Sinne. Statt *quia tempus* haben jene
qui (oder *quod*) *ante tempus*, wonach mit richtiger Deutung und Zurück-
versetzung eines einmal ausgefallenen *e* an seinem Ort zu lesen sein wird
Eo anno ante quam tempus u. s. w., was Livius hinzufügt, weil, wenn die
Zeit des Waffenstillstandes schon zu Ende gewesen wäre, ohne Weiteres
die Feindseligkeiten wieder hätten eröffnet werden können.

[46]) In vielen Fällen konnte man sich allerdings der Bezeichnung durch Tage
bedienen, z. B. *XXX, LX dies*, was auch häufig geschah; aber sie war
bei grösseren Zeiträumen nicht übersichtlich genug und bei partiliv gedachten monatlichen Fristen überhaupt nicht ausreichend. Doch bediente
sich dann die genaue Gesetzessprache wohl auch in Rom lange Zeit
ausschliesslich ähnlicher Ausdrücke, wie wir sie auf der tab. Bantina
Z. 12. 18. 20 (Osk. Spr. S. 97) finden: *menstrio ostrio = menstrui spatii*
statt *mensis*. Die Bildungssilbe diese Adjectivs *(-ter-)* drückt die Gleichstellung in der Zweiheit aus (Hartung über die Casus S. 233, meine
Iguv. Taf. S. 590. 632) und nivellirt also auch eigentlich den Begriff
des *mens-* zu einem stets gleichen Abstractum, wonach z. B. *ni menstruos
medius dare* schon an sich nicht auf concrete Kalendermonate gehen kann.
Nur selten kommt der Ausdruck später auch wohl in Anwendung auf
concrete Monate vor. Bei *dies* und *annus* (nachdem das letztere in der
Mehrzahl auch stets auf natürliche Weise verstanden werden musste)
bedurfte man einer solchen nivellirenden Adjectivbildung selbe nicht.

[47]) Erst in der Kaiserzeit, wo die Kalendermonate schon in todte Zeitabschnitte übergegangen waren, konnte der Zweifel entstehen, ob *das mensis*
in einer Verordnung die nächsten beiden Kalendermonate bezeichne. L. 2.
Th. C. de decurion. (12, 1) mit J. Gothofredus.

Länge der einzelnen Kalendermonate, der verschiedenen Lage der
Nonä und Idus und dem üblichen Rückwärtszählen *a. Cal. Nov. Id.*
beim Datieren den Gedanken an die Berechnung eines Monats von
Datum zu Datum (wie beim Jahre) ganz unmöglich machte [48]). Dass
aber *mensis* als Zeitmaass wirklich im Civilrecht überall 30 Tage
bedeutet, kann keinem gegründeten Zweifel unterliegen [49]). Selbst
aber auch die *menses* in den Altitalischen völkerrechtlichen Verträgen
sind sicher ebenso zu verstehen [¹]), da dieses Zeitmaass, wie schon
bemerkt worden, gleichsam *iuris gentium* war und der natürliche
Monat sich sehr schlecht zur sichern Bestimmung von Fristen geeignet
haben würde.

2. Das Quiritische Jahr.

Ehe wir zum Jahr des Numa Pompilius übergehn, drängt sich
noch die Frage auf: hatte denn die mit Romulus' Albanisch-Latinischer
Stadt vereinte Quiritische Ansiedlung des T. Tatius gar keine Bedeutung für den Kalender? In der uns überlieferten wissenschaftlichen Geschichte des Römischen Kalenders ist davon mit keiner Silbe
die Rede. Daraus darf aber, da doch auch die Quiriten ihren Kalender gehabt haben müssen und dieser bei der sonstigen grossen
Verschiedenheit des Sabinischen und Latinischen Stammes nicht zufällig gerade auch der Albanische gewesen sein wird, nur geschlossen
werden, dass derselbe gegen den Romulischen in der späteren Erinnerung völlig zurücktrat, so dass auch der Numanische Kalender
bloss noch in seinem Verhältnisse zum Romulischen dargestellt wurde.
Im Uebrigen haben sich auch von diesem Quiritischen Jahre unabwei-
sliche Spuren erhalten. Man unterschied noch spät ein uraltes Hirtenjahr, welches mit dem 21 April, dem Palilienfeste, begann [51]), indem
nach dieser ländlichen Weise auch der Frühling, der überall die erste
Jahreszeit ist, von eben diesem Tage an gerechnet wurde (Dionys. 1, 88).

[48]) Alles dieses ist von Mommsen nicht bedacht, wenn er in seiner Neigung
moderne Gedanken ins Alterthum zu übertragen auch die Vermuthung
ausspricht, die Römer hätten wohl wie wir mitunter 30tägige oder
Monatsfristen von Datum zu Datum gerechnet.

[49]) Obgleich viel darüber gestritten ist. Vgl. z. B. Arndts Pandekten § 89.
Böcking Pand. § 121. a. E. Wegen L. 101. D. de verb. sign. (50, 16)
aber Giessener Zeitschr. f. Civilr. N. F. 11. S. 166ff. Dass schon Cato
so rechnete, zeigt z. B. de r. r. 57.

[50]) Das deutet auch Liv. 6, 43 an, wenn er sagt, dass *XXX dierum induciae*
durch *bimestre stipendium frumentumque* erkauft worden seien (Mommsens
Aenderung *VI mensis* verwirft mit Recht Becker Röm. Alt. III. 2. S. 74).
Vgl. andere Beispiele 8, 2. 10, 5. Dionys. 8, 68. 9, 17. 86. 59.

[51]) Tibull. 2, 5, 81:
    Succensa varris crepitet bona laurea flammis
    Omine quo felix et sacer annus erit.
Ovid. F. 4, 775:
    Quae procor erremus et non faciamus ad annum
    Posterum dominus grandia liba Pali.

Es ist aber auch bekannt, dass die Jahrzählung *ab urbe condita*, die wenigstens schon bei den Annalisten der ersten Hälfte des siebenten Jahrhunderts, Calpurnius Piso, Cassius Hemina und Gellius vorkommt (Macrob. 1, 16, 22. 3, 17. [2, 13.] Censorin. 17.), von diesen aber gewiss aus den älteren Annalen entlehnt war, mit dem 21 April anfing, so dass das Palilienfest später allgemein als das Stadtgründungsfest betrachtet wurde (Schwegler Röm. Gesch. I. S. 444 Anm. 1). Das war es nun entschieden nicht; denn wir werden später sehen, dass sowohl der April als auch das Palilienfest den Sacra des Sabinischen Stammes angehörte, das letztere aber bei diesem allerdings die Bedeutung eines Geburtsfestes des dort nicht als *urbs*, sondern als ländlicher Verband aufgefassten Gemeinwesens hatte. Man hat also später irrig das mitgebrachte Neujahrsfest der Ansiedelung des T. Tatius, welches vielleicht erst seit Numa auch als Stiftungsfest des durch die Vereinigung der beiden Völker — in der That nach Sabinischer Staatsgründungslehre — entstandenen *populus Rom. Quirites* angenommen wurde, zu dem Tage gemacht, an dem schon Romulus seine Stadt gestiftet habe[*]), und die Irrungen bei den Alten über das eigentliche Gründungsjahr des Römischen Staats mögen hierin ihren ersten Ursprung haben. Dagegen war es natürlich und gerechtfertigt, dass man von den beiden Ursprüngen des Staats her überhaupt die doppelte bei den Römern übliche Jahresdatierungsweise hernahm: die Römische des Märzjahres nach dem Beginn des obrigkeitlichen (zuerst königlichen) Amts und daher nach dem Namen der jedesmaligen höchsten Obrigkeit (anfangs des Königs mit Angabe des wievielten Regierungsjahrs) und die Quiritische des Apriljahrs nach der Zahl der Jahre seit Gründung des Staats. Bei den Neuern scheint dieselbe noch kaum recht zum Bewusstsein gekommen zu sein.

Ueber die Beschaffenheit des Sabinischen oder Quiritischen Jahres selbst haben wir nun freilich durch die Feststellung seines Anfangs noch nichts erfahren. Merkwürdig ist aber, dass Columella (11,2,5.26.) bei Auseinandersetzung des Witterungskalenders für den Landmann zum *VI Cal. Febr.* (27 Jan.) anmerkt: *hiems bipertitur*, und zum *XI Cal. Mai.* (21 April, dem Palilientage) *ver bipertitur*. Was war es, was diese Einschnitte in den Frühling und den Winter des gewöhnlichen Kalenders, früher des Numa, damals des Cäsar, machte, dass man sie danach als gleichsam in zwei Stücke getheilt ansah? Für den Frühling ist es offenbar eben das Einfallen des Palilientages, welches

---

[*]) Wenn nicht der Erfinder, so doch der Verbreiter dieser Ansicht, dem später alle folgten, war allem Anschein nach Fabius Pictor, nach dem der Sabinerinnenraub an den Consualien (21 August) vier Monat nach Gründung der Stadt (also 21 April) geschehen sein sollte. Plutarch. Rom. 14. Dionys. 1, ??, der eben dieser damals längst verbreiteten Ansicht folgt, bemerkt wenigstens noch, er wolle es dahin gestellt sein lassen, ob Romulus das Palilienfest schon vorgefunden oder erst mit seiner Stadtgründung geschaffen habe. Andere lassen das Richtige damit durchscheinen, dass sie (z. B. Varro de r. r. 2, 1, 2.) sagen, die Hirten hätten an den Palilien Rom gegründet.

dem Landmann fortdauernd im Gedächtniss erhielt[33]), dass nach dem alten Quiritischen Kalender hier erst Jahr und Frühling beginne. Diesen angegeben konnte aber auch der andere Tag bei gleicher Bezeichnung, beim Mangel einer ähnlichen für Sommer und Herbst und bei völliger Unerfindlichkeit irgend eines andern Grundes nur das Ende desselben Jahres angeben sollen, das ja auch naturgemäss ebenso wie der Anfang später fallen musste als im Romulischen Jahr.

Danach zählte denn das Quiritische Jahr 282 Tage[34]), die rationell nur ein dem Albanischen direct entgegengesetztes zehnmonatliches Mondjahr mit wahrscheinlich 8 Monaten von 28 und 2 ausgezeichneten von 29 Tagen gebildet haben, wonach der Hirt in der rauhen Sabina selbst 83 Tage monatslos bis zum wiedererreichten April-sonnenstande ablaufen liess gegen die 60 oder 65 des Landmanns in dem sonnigen Latium. Zur Bestätigung scheint denn auch Mehreres zu dienen. Zuerst dass nach Ovid. F. 3, 94 seq. in Cures und ebenso bei den Sabinern und den von ihnen abstammenden Pelignern der März der vierte Monat war, oder wie er sich bei Cures bezeichnend ausdrückt: A tribus hunc primum turba Curensis habet: d. h. er war der erste ausgegangen von d. h. nach drei vorangehenden, womit nur gemeint sein kann, dass in Cures es noch bestimmt hervortrat, was bei den übrigen Sabinern verwischt war, wie der März nach drei ihm hinter dem Ende des Jahres vorgesetzten Monaten doch eigentlich noch der erste Monat geblieben sei. Diese Völker hatten also die 83 überschlessenden Tage auf drei neue Monate vertheilt und so wie die Lavinaten (8. 9) dreizehn Monate erhalten. Ferner erhält es nun einen Sinn, wenn die Alten berichten (Censorin. 20, 4. Solin. 1. Macrob. 1, 12, 3. 1, 13, 2.), Numa habe die beiden von ihm den Romulischen zehn hinzugefügten Monate Januar und Februar ursprünglich auf je 28 Tage angelegt. Es heisst das nur, dass er für diese speciell auf dem sacralen Mondjahr beruhenden Monate auch die Quiritische Monatstage zum Princip genommen habe. Von der siebentägigen Sabinischen Woche, die auch trefflich zu einem Monat von 28 Tagen stimmt, wird im zweiten Buch zu handeln sein.

[33]) Wie unverwüstlich dieser uralte Hirtentag seine Geltung in dem Lande der Rinder bewahrte, beweist auch noch ein Kalenderfragment bei Gruter 136 = Mommsen I. N. 6747, welches ganz eigenthümliche Jahreszeitendauer angiebt, nehmlich einen Sommer vom 21 April bis 24 Juli und einen Winter vom 23 Oct. bis 20 Jan., woraus sich die übrigen beiden Jahreszeiten von selbst ergeben. Der 20 Jan. fällt gerade eine Sabinische Woche (wovon später) früher als das bruma bipertitum des Columella. Sehr wahrscheinlich daher, dass beide Daten doch dem Ursprung nach identisch sind und sich nur dadurch von einander unterscheiden, dass bei dem einen eine das Jahr schliessende Feierlichkeit, etwa nach Art der feriae conceptivae, noch mit in den Winter eingerechnet wurde, bei dem andern nicht.

[34]) Wenn man nehmlich die Julianischen Monate zu Grunde legt, was man aber muss, weil ja auch das Datum des Palilienfestes XI Kal. Mai. nach ihnen ausgedrückt ist.

Ein Hirten- und Mondjahr bei dem ebenso wegen seiner Viehzucht, wie wegen seiner Gottesfurcht berühmten Sabinerstamme kann
nun nicht auffallen, wenn der Mond die schon früher bemerkte religiöse Bedeutung hatte, ebensowenig aber auch ein damit verbundenes
zehnmonatliches Jahr, welches wahrscheinlich im ganzen alten Italien
dem zwölfmonatlichen als das einfachere vorausging[44]). Für die Geschichte des Römischen Kalenders ist aber die Wiederauffindung des
Quirilischen Jahrs besonders deshalb wichtig, weil nun die Aenderungen, welche die Alten von Numa berichten, nicht mehr so willkührlich, schroff und unvermittelt auftreten, dass man deshalb ihre
Geschichtlichkeit leicht bezweifeln konnte. Er musste einen neuen
Kalender schaffen, wenn die beiden Hauptstämme, aus denen der
Staat bestand und die bisher, der Quirituische wahrscheinlich unter-
drückt, doch jeder nach eigener Jahreseintheilung gelebt hatten, wirk-
lich zu einem Volk zusammenwachsen sollten. Er musste dabei,
selbst ein Quirite, nach dem mächtigeren religiösen Princip zum
Mondjahr übergehn, aber doch so, dass beide Kalender ihre Berück-
sichtigung fanden und in einem dritten höheren aufgingen, dessen
Vorzüglichkeit alle damaligen Bestandtheile des Staates befriedigte.
Zu diesem wenden wir uns jetzt.

3. Das Jahr des Numa Pompilius.

Dass Numa den in den drei Stämmen vollendeten jungen Staat
in Sabinischer Weise durch Götterfurcht neu begründete, wie die
alten Schriftsteller einstimmig sagen, tritt nirgends so sehr hervor,
als in seiner neuen Jahres- und Festordnung, mit der daher Livius
die Darstellung seiner neuen Einrichtungen mit Recht beginnt[44]).

[44]) Dass Julius Cäsar auch ausserhalb Roms noch zehnmonatliche Jahre
vorfand, sagt Censorin. 20. ausdrücklich und wir haben schon mehrere
Beispiele solcher Jahre nachgewiesen. Auch der zehnte Monat *Marius*
der Aequiculer (Ovid. F. 3, 93.) wird nach der Zusammenfassung der
zehn Finger in die kriegerischen Hände, welche das älteste Symbol des
Mars mit Schild und Speer sind, ursprünglich der letzte und nach dieser
Auffassung (vielleicht nach dem ersten) geohrfeigte gewesen sein, weshalb auch Ovid, der nach der höheren Ehre ordnet, ihn gleich nach dem
Lauroutischen März anführt. Nach der Bedeutung des Mars in Italien
konnte sein Monat ursprünglich nur der erste oder der letzte der zehn
sein. Ein letzter würde aber eben auch das in Anm. 53 vermuthete
Fest erklärlich machen.

[44]) I. 19. *Atque omnium primum ad cursum lunae in duodecim* (statt der bisherigen zehn) *menses descripsit annum, quem quia trecenos dies* (der Monate
des bisherigen Sonnenjahrs) *singulis mensibus luna non explet* (was eine
Verkürzung desselben nothwendig machte, eben damit aber auch noch
mehr das Folgende bewirkte) *desuntque dies solido anno, qui solstitiali cir-
cumagitur anno* (dem nun nach dem Wintersolstitium zu rechnenden
Sonnenjahr, vgl. Plut. qu. Rom. 19) *intercalariis mensibus interponendis ita
dispensavit* (in einen Cyclus von Jahren) *ut vicesimo anno* (so die Handschriften) *ad metam eandem solis, unde orsi essent, plenis annorum omnium

Sein Princip dabei war, unter Verschmelzung des Romulischen und
Quiritischen Kalenders den sacralen Gesichtspunkten, die der erstere
gleichsam nur neben sich geduldet hatte, nun auch volle civilrechtliche Geltung zu geben, weshalb man sein Jahr auch mit Recht das
sacrale nannte (*ἱερατικὸς ἐνιαυτός* Lyd. de mens. 4, 1) und das
geschah, indem er vor Allem die menschliche Unreinheit oder Verschuldung gegen die Götter auch in das civile Sacralrecht selbst
einführte, eben damit aber auch nach dem, was wir oben über das
Verhältniss von Sonne und Mond für die Naturreligion bemerkt
haben, das Sonnenjahr zu einem Sonnenmondjahr umbildete.

Im Einzelnen geht nun der Bericht über dieses Jahr ziemlich
übereinstimmend dahin, dass auch Numa von einem Sonnenjahr von
365 ganzen Tagen ausging (oben S. 14), dass er aber hinsichtlich
des in diesem hineinzuhauenden Mondenjahrs erstens zwölf civile Monate
machte, indem er zu den bisherigen zehn den Januar und Februar
hinzufügte, zweitens zwecks der Herstellung von zwölf synodischen
Monaten, die nach seiner Meinung 364, wie Andere sagen, 355 Tage
betrugen, jenen zwölf Monaten eine grösstentheils verminderte und
ungleiche Tagezahl gab, und zwar unter den zehn dem März, Mai,
Quintilis und October je 31, den übrigen sechs und dem Januar je
29 Tage, wonchen aber der Februar (nach Macrobius ursprünglich
auch der Januar) 28 Tage erhalten haben soll; drittens dieses Mondenjahr von 354 oder 355 Tagen mit dem Januar anfing, und viertens
ein Einschaltungssystem erfand, wodurch er dieses Mondenjahr mit
dem Sonnenjahr in Einklang brachte. Ueber den letzteren Punkt
differieren aber die Schriftsteller sehr, indem Manche das Einschalten überhaupt erst aus späterer Zeit datieren und die Art des
Einschaltens selbst auf sehr verschiedene Weise bestimmt wird,
welche Unsicherheit dann auch wieder theils die Auffassung des
Februars ergreift, weil nach einstimmiger Lehre nach dem 23 Februar
eingeschaltet wurde, theils auch selbst die Länge des Mondenjahrs,
ob 355 oder 364 Tage, weil ausser einem Schaltmonat auch ein
Schalttag erwähnt wird (Macrob. 1, 13, 16...19). Gewöhnlich nahm
man aber später an, dass der Schaltmonat, gebildet aus den 11 Tagen
und einem Bruchtheil, welche dem 354 tägigen Jahr zu dem natürlichen Jahre fehlten, nach einem Cyclus von vier Jahren in jedem
zweiten und vierten Jahr hinzugefügt wurde, und dort 22, hier
23 Tage zählte, was denn jedenfalls im Ganzen die Einrichtung des
späteren Jahres vor Julius Cäsar war (Censorin. 20. Macrob. 1, 13.
Solin. 1).

Man erkennt auf den ersten Blick die Uebereinstimmung und
Sicherheit der Berichte hinsichtlich dessen, was in Numas Kalender

spatis dies congruerunt. Idem asfortas des festosque fieri etc. Die Uebrigen
zum Theil wichtigeren Hauptstellen sind: Ovid. F. 3, 151. Plut. Num.
18. 19. Qu. Rom. 19. Censorin. 20. Solin. 1, 34—47 (früher c. 3).
Macrob. 1, 13. Lyd. de mens. 1, 16. Zonar. 7, 5. Mehrere noch bei
Hartmann Ordo Jud. S. 139.

fest und unverbrüchlich war und deshalb durch jährliche priesterliche Observanz sich unverändert bis in die späte Zeit erhielt —
des sacralen Theils des Kalenders, d. h. der Zahl, Namen, Folge
und Länge der benannten Monate, wovon die Kalenden, Nonen,
Idus, Feste, dies fasti und nefasti abhingen. Die Unsicherheit und
Meinungsverschiedenheit tritt dagegen ein bei dem, was, als nicht
sacral, geändert werden konnte, dem Schaltungswesen und was damit
zusammenhing. Nimmt man hinzu, dass hierin wirklich mehrfache
Aenderungen eingetreten waren, indem wiederum die Klage allgemein ist, dass durch die späteren Pontifices die ursprüngliche Einrichtung aus Unkunde oder aus unlautern Motiven corrumpiert worden
sei[51]), so geht man gewiss mit dem Urtheil nicht fehl, dass die
Schriftsteller ihre Auffassung dieses Theils des vorcäsarischen Jahrs
im Ganzen aus den ihnen historisch allein bekannten Principien des
Römischen Kalenders in der späteren Zeit der Römischen Republik
schöpften und von da aus nur mit Benutzung der einen oder andern
geschichtlichen Notiz auf die frühere Zeit zurückschlossen[56]), wobei
dann für ihre Constructionen auch noch die Befangenheit in den
Ansichten ihrer Zeit zu beachten ist, welche von wahrhaft historischer
Entwickelung in einer so viel frühern von ganz andern Motiven
bestimmten Zeit nichts wusste und nur das, was später das Haupt-
interesse war, die mathematische Richtigkeit oder Unrichtigkeit des
Kalenders im Verhältniss zum Sonnenjahr im Auge hatte. Geht
man aber von sicheren Anhaltspunkten in ihren und andern zuver-
lässigen Angaben aus und nimmt ausserdem eine naturgemässe Entwickelung an, so lässt sich doch wenigstens in allem Hauptsächlichen
noch der geschichtliche Hergang herausfinden.

Beginnen wir mit dem Zweifellosesten, der Einrichtung der
Monate, so entsprachen diese bei einer Länge, die meist 29,
bei vieren 31 Tage betrug und also zwischen den Römischen und
(wahrscheinlichen) Quiritischen Monaten ziemlich die Mitte hielt, um
jedenfalls mehr als im Romulischen Jahr den natürlichen Mondumläufen des Sonnenjahrs: vom Februar und der Schaltungszeit
wird später die Rede sein. In demselben Grade entsprachen aber
auch wieder die kalendarischen Zeiten jedes Monats den Phasen des
Mondumlaufs. Vor Numa hatten die Priester für ihre sacralen Ver-

---

[55]) Cic. de leg. 2, 12, 29 diligenter habenda ratio intercalandi est; quod institutum
perite a Numa posteriorum pontificum negligentia dissolutum est. Ausserdem
vgl. Censor. 20. Macrob. 1, 13, 11... 13.

[56]) Bemerkenswerth ist, dass nur die ältern und also noch besser unter-
richteten Schriftsteller Cicero (Anm. 57) und Livius (Anm. 56) Numa ein
befriedigendes Schaltsystem beilegen. Censorinus, Macrobius und Solinus sprechen bei Darstellung der Geschichte des Römischen Schaltsystems Angesichts der verschiedenen Meinungen, über die sie nicht
mehr zu einem festen Urtheil kommen konnten, nur allgemein von Roma. Nur Plutarch (Num. 18) führt im leicht begreiflichen Interesse für
seinen Helden das spätere vorcäsarische Jahr in seinen Grundzügen auf
Numa selbst zurück.

richtungen sich sogar noch nach den natürlichen Mondumläufen selbst
gerichtet, wie aus dem Gebrauch hervorgeht, der von ihm selbst
offenbar nur bildlich noch beibehalten wurde, um damit das Wurzeln
seiner Monate in den allein wahrhaft heiligen wirklichen Mondumläufen zu bezeichnen und deren Heiligkeit auf die seinigen zu übertragen: dass nehmlich ein Priester das erste Erscheinen der Neu-
mondsichel beobachten und dem Könige verkündigen musste, worauf
dieser die Kalendenvolksversammlung abhielt[49]. Als nun aber die
synodischen Monate in kalendarische umgewandelt wurden, wurde
der Mondumlauf in diesen vor Allem dem des Jahres nachgebildet,
was offenbar auf der sacralen Idee beruhte, dass die dem Sol
(Jupiter) gleichsam zugesellte und von ihm alles Licht ent-
nehmende Luna (Juno) sich ihm auch in ihren Sitten und Rechte
conformieren müsse. Calendae und Idus d. h. Neumond und Vollmond des Kalendermonats verhielten sich wie Winter- und Sommer-
solstitium und wie mit jenem oder sacral-kalendarisch mit dem
Januar das Jahr begann, so auch mit den Kalenden der Monat.
Mit der alt-Italischen Weltanschauung traf dieses darin überein,
dass der cardo von der dunkelen Mitternacht nach dem hellen Mittag
die Welt in zwei Hälften theilte und davon hieß denn auch der
kalendarische Vollmond (τ)idūs[50]. Wie aber das Jahr ausserdem
durch das Frühlings- und Herbstäquinoctium quer (gleichsam wie
durch einen cardo manus) getheilt ist, denen kalendarisch der ausgezeichnete März mit seinem alten politischen Neujahr und der ausgezeichnete September entsprechen, so ist auch im Monat das erste
Viertel, dem das letzte gegenüber liegt, als Nonae, ihm gegenüber
aber nicht auch der d. IX. ante Cal. ausgezeichnet, und jenes wurde

---

[49]) Macrob. 1, 15, 9. *Priscis ergo temporibus, antequam fasti a Cn. Flavio scriba
invitis Patribus in omnium notitiam prolatarentur, pontifici minori haec provincia
delegabatur, ut novas lunae primum observaret aspectum eiusmque regi sacrificulo
nuntiaret. Itaque sacrificio a rege et minore pontifice celebrato idem pontifex
calata, id est vocata, in Capitolium plebe juxta curiam Calabram quae casae
Romuli proxima est, quot numero dies a Calendis ad Nonas superessent, pronun-
tiabat et quintanas quidem dicto quinquies verbo calici, septimanas repetito septies
praedicabat... et hanc diem, qui ex his diebus, qui calarentur, primus esset,
plerosque Calendas vocari.* Vgl. Lyd. de mens. 3, 7., der eine Senatsver-
sammlung erwähnt. Seit Cn. Flavius scheint die bildliche Beobachtung
des Mondes weggefallen zu sein. Varr. de L. L. 6, 27. Man missversteht aber die Nachricht völlig, wenn man sie, wenigstens für Numas
Zeit, auf ein wirkliches Beobachten des natürlichen Neumondes bezieht,
was mit dessen civilrechtlichem Kalender ganz unverträglich ist. Das Opfer
an die Juno (Kalendaris in Lavinium) sollte offenbar den Rex und den Priester
eben deshalb sühnen, dass sie um des civilrechtlichen Kalenders willen
von dem wirklichen Neumonde abzuweichen sich erlauben mussten.

[50]) Nehmlich von dem Stamm *vid-* in *di-vido, di-viduus, viduus* u. s. w. Ueber
das entsprechende Umbrische *vet-* oder *vet-* vergl. meine Iguv. Taf.
S. 278. 476. Daher *Idus* auch Sabinisch war. Varr. 6, 13. Die Etrusker,
welche dafür *Itis* (Macrob. 1, 15, 14) oder *Itus* (Varr. l. c.) sagten, werden dieses von den Umbrern entlehnt haben. Griechisch entspricht
διχομηνία.

offenbar auch neben den *Calendae*, dem sacral-kalendarischen Neumonde in dem Sinne, in welchem der erste Januar Nenjahr war,
gleichsam als sacral-politischer Neumonat aufgefasst, so dass es —
etwa bei den alten Sabinern — auch eine Zeit gegeben haben wird,
in der ebenso vor die Tage von dem ersten Viertel, als mit welchem
der Mond erst zu Lichtkräften kam, bis zu Ende des Monats als
eigentlicher Monat, wie — bei den alten Latinern — nur die Zeit
vom März bis zum December als eigentliches Jahr betrachtet wurde.
Geradezu spricht diese Analogie zwischen Neujahr und Neumonat
Varr. 6, 28 aus und vergleicht nur irrig im Sinne seiner Zeit die
Nonae mit den *Calendae Januariae* (statt *Martiae*): *Nonae appellatae
aut quod ante diem nonum Idus semper, aut quod, ut novus annus
Calendae Januariae ab novo sole appellatae, novus mensis ab nova luna
Nonis. Eo die enim is*[**]*) urbem ab agris ad regem conveniebat populus.
Harum rerum redigin in sacris Nonalibus in arce, quod tunc ferias
primas menstruas quae futurae sint eo mense, rex edicit populo* (ähnlich
Macrob. 1, 15, 12. 13). Dieselbe Analogie liegt ferner in der hier
erwähnten sacralen Versammlung des Volks, die der am Neujahrs-
tage (*Cal. Martiis*) entspricht. Dass man aber auch nur die Tage
von den Nonen bis zum Ende des Monats als sacral vollgültige und
die von den Kalenden bis zu den Nonen als dazu nur überleitende
Neumondszeit (in unserm Sinne) betrachtete, das zeigen drei Umstände.

Erstens fielen die alten Festtage nur in jene Zeit (wovon später).
Zweitens war in der That auch nur diese Zeit in eben solche gleiche
Mondphasenwochen von acht Tagen gofasst, wie das Albanische Jahr
in die zehn, bezüglich zwölf Sonnenmonate, indem von den Nonen
bis zu den Idus (oder eigentlich umgekehrt) stets 8 (daher eben nach
Römischer Zählung *Nonae*), nach den Idus bis zu Ende des Monats
stets 16 Tage gezählt wurden[**]), die ersteren des bis zum Vollmond
wachsenden Lichts entsprechend dem ersten Drittel des jetzigen
Jahres mit den lebensvollen Monaten bis zum höchsten Sonnenstande
(März, April, Mai, Juni), diese letzteren beiden den andern zwei
Dritteln des Jahres oder den 8 Monaten mit blossen Zahlnamen
nebst Januar und Februar[***]). Drittens wurde die Zeit bis zu den
Nonen auch ausdrücklich als die des hohlen d. h. noch nicht bis
zur Hälfte gediehenen, gleichsam unmündigen und darum noch nicht

---

[*]) So die Handschriften offenbar richtig, weil damit der Grund des *numenenis* angegeben werden soll. Er war, wie das Neujahr, durch eine
Volksversammlung ausgezeichnet. Irrig hat Müller mit Streichong des
eum Eodem die in geändert.

[**]) Macrob. 1, 13, 6. 7. 1, 15, 7. Varro 6, 28.

[***]) Selbst so weit geht die Analogie, dass wie verhältnissmässig die weitaus meisten alten Feste in die zehn ersten Monate (vom März an) fallen
und davon die wichtigsten wieder in die vier ersten, wogegen Januar
und Februar nur sehr wenige Feste haben, auch in den Monaten die
meisten Feste die Woche bis zu den Idus und die erste nach den Idus
einnehmen; nur in wenigen Monaten hat deren auch die letzte Woche.

zum sacralen Handeln geeigneten Mondlichts bezeichnet[44]), indem ein Pontifex an den Kalenden, um anzugeben, *quot numero dies a Calendis ad Nonas superessent* (Macrob. 1, 15, 10) ausrief: *dies te quinque calo Juno covella* oder *septem dies te calo Juno covella* (Varr. 6, 27), was nicht heisst: ich rufe dich herbei (das würde eine Ordinalzahl des Tages erfordern z. B. *in diem quintum*), sondern ich heisse dich *Juno covella* — vielleicht ist auch *covellam* zu lesen — so viele Tage hindurch (obgleich du es vielleicht nicht wirklich bist) und wohl den Zweck hatte, theils durch das Wort civilrechtlich festzustellen, was in der Wirklichkeit in der Regel nicht so war, theils gegen die Götter selbst es zu rechtfertigen, warum die Volksversammlung, in der die Feste des Monats angesagt werden sollten, noch auf so viele Tage hinausgeschoben werde. Die Berufung des Volks selbst auf den neunten Tag *ante Idus* mochte also jener Formel vorangehen, und dieser ergab sich ihm dann aus der letzteren von selbst daraus, dass es erfuhr, wie viel Tage bis dahin nur noch der Mond hohl war, indem — da man sich sobald als möglich versammeln musste — auch schon der fünfte oder siebente Tag selbst als Uebergangstag vom hohlen zu den halben Mond Versammlungstag war, wie man aus diesem Gesichtspunkt auch den natürlichen Neumondstag als Uebergangstag zur ersten Sichel *luna silens* (Anm. 64) oder *dies intermenstris* nannte und schon mit zum neuen Monde rechnete.[45]) Den Ausdruck *Calendae* erklären Varro und Macrobius verkehrt von der zu nennenden — *Juno*; auch hätten ja dann alle fünf oder sieben Tage *calendae* heissen müssen. Vielmehr wird dieser Tag schon in der Urzeit, wo man sich noch nach dem natürlichen Mondcalauf richtete, da er beim 'Schweigen' des Mondes selbst, namentlich an trüben Tagen, am meisten und schlechthin eigentlich allein dessen bedurfte, durch Ausrufen dem Volke bekannt gemacht zu werden (*calenda erat*), an irgend einem frühern Versammlungstage ausgerufen worden sein; später geschah dieses wahrscheinlich an den Idus des vorhergehenden Monats, wo das Volk festlich versammelt war, ähnlich wie wieder an den Kalenden für die Zeit bis zu den Nonen, also etwa mit der Formel *post sederim dies calo te Juno silens*. Der Plural *Calendae* rührt bekanntlich wie bei den *Nonae*

---

[44]) Der Landmann nannte im natürlichen Monat diese Zeit — im weiteren Sinne aber überhaupt die *luna crescens* — den dürstenden Mond (*sitiens*), weil er sich wie ein hohler Becher zu füllen trachtete. Plin. N. H. 17, 9, 6. wonach auch bei Cato 29. 50 *silens luna* in *sitienti luna* zu verbessern sein wird. Denn *silens luna* war ein anderer älterer Ausdruck für *intermenstrus* oder *interlunium*, weil dann der Mond überhaupt nicht scheint, zu nichts auffordert. Plin. 16, 39, 74. *Inter omnes vero communis, milissimus in cadis eius* (der Conjunction) *stormi, quem diem alii interlunii, alii silentis lunae appellant.*

[45]) Varr. 6, 10. Vgl. de r. r. 1, 37, 1. Schon bei Cato 37, 3 sind *intermestri lunaque damiaiato* die entsprechenden natürlichen Zeiten für die kalendarischen *Calendae* und *Nonae*. Ebenso bei Plin. N. H. 18, 32, 75 Vgl. Cic. de rep. 1, 16.

und *Idus* nur vom Vorkommen des Tages in allen Monaten her. Von ihrer Stihnung an den Kalenden hiess die Juno *Calendaris* (Anm. 59. 8. 9).

Wie nun die in die drei Mondphasenwochen gefasste eigentliche Monatszeit dem Jahre mit ursprünglich 30tägigen Monaten entsprach, so auch die dazu überleitende Zeit des bis zur Hälfte wachsenden Mondlichts der ähnlichen der bis zum März sich hebenden Sonne, von der im Kalender des Numa nur noch die Intercalarzeit und die fünf überleitenden Tage übrig waren. Wie viel Tage jene im Kalendermonat einnahm, hing nach Feststellung des Gesetzes der drei durch die Idus bestimmten Wochen von diesen Idus selbst als der lebensvollsten und wichtigsten Mondphase ab. Obgleich diese nun im natürlichen Mondlaufe sich im Ganzen am meisten von selbst zu erkennen giebt, so bedurfte sie doch bei Einführung eines festen civilrechtlichen Kalenders auch ihrer kalendarischen Feststellung und konnte da voller oder knapper genommen werden. Natürlich war die vollere Annahme derselben, die sie — unter Festhaltung des Imparilitätsprincips — möglichst in die Mitte des Monats (die volle Opposition) brachte, die heilbringendere und so wurden sie in den vier durch ihre Feste ausgezeichneten Monaten (S. 17) auf den 15ten, in den übrigen auf den 13ten angesetzt, was denn zur Folge hatte, dass — zur Erfüllung der beiden Wochen nach den Idus — jene Monate 31, diese (ausser Februar) 29 Tage und — zur Erfüllung der Woche vor den Idus — jene *Nonae septimanae*, diese *quintanae* erhielten.

Wir wenden uns zu dem Jahre der jetzigen zwölf Monate. Wohl missverständlich, aber nicht unrichtig, wie Mommsen meint (Chronol. S. 27) ist die bei den Alten (Ovid. F. 1, 43. 44. 2, 47. Plut. qu. Rom. 19. Num. 18. Macrob. 1, 13, 3. Lyd. de mens. 1, 16) öfter ausgesprochene Ansicht, dass das Jahr des Numa mit dem Januar anstatt des März anfange. Allerdings begann das politische Leben in dem nun vollendeten Dreistämmestaat einschliesslich seines Festcyclus wie früher mit dem ersten März (bezüglich mit den ihn einleitenden fünf Vortagen) und die sacral gleichgültige Schaltzeit, welche als solche naturgemäss ans Ende des Jahres gehört, verlief auch in Numas zwölfmonatlichem Kalender nicht nach dem December, sondern nach dem Februar. Doch aber liess er das Sonnenmondjahr als solches, d. h. aber das Jahr, so weit es ihm im Gegensatz zu dem Romulischen Märzjahr eigenthümlich war, mit dem Januar, wie den Monat mit den Kalenden anfangen. Das bezeugt ausser dem, was für diesen natürlichen Jahresanfang schon aus der vornumanischen priesterlichen Ansicht beigebracht worden (S. 13), theils schon die Benennung dieses Monats auch von einer Gottheit, und zwar dem Janus, der nach einer ursprünglich ausländischen höhern physiko-theologischen Idee allen Göttern, auch dem Jupiter und Mars, als Gott des absoluten Licht- und Lebensanfangs vorgeht und namentlich im Sonnenmondkalender nach dem schon früher Angeführten (S. 12ff.) vom Januar aus alle übrigen Monate und das ganze natürliche Jahr beherrscht, theils die Sache selbst, dass in diesem Monat nach der zu Ende gegangenen Kraft der Sonne der Mond seine vornehmste Bedeutung hat und auch die Sonne, ihren Lauf für sich angesehen, diesen doch nach Analogie alles sichtbaren Lebendigen, welches im Zustande der unentwickeltsten Schwachheit beginnt, ebenso für das Jahr nach der Winterwende wie für den Tag nach Mitternacht anfängt[aa]). Es lag aber auch in der Natur dieser nur physiko-theologischen Idee des Janus, dem selbst im ganzen alten Jahr kein Festtag eingeräumt ist, dass sie und daher auch der nach ihr dem Januar zugefallene natürliche Jahresanfang für das politische Leben eine nur ganz untergeordnete sacrale Bedeutung hatte — wie die vorgebante Thür am Tempel (Ovid. F. 2, 51) — und noch viele Jahrhunderte lang behielt[a7]).

Noch deutlicher machen jedoch diesen nur relativen Anfang des Numanischen Jahres mit dem Januar die Feste des Jannars und Februars, welche ihre sacro gegen die der übrigen zehn Monate ein eigenes System — nach Anfang und Ende betrachtet das des Janus Quirinus[aa]) — bilden. Nach der Bedeutung jener Feste erscheinen nehmlich Jahr und Staat, verglichen mit dem sich entwickelnden Menschen, während dieser Monate gleichsam im Zustande einer häus-

---

[aa]) Hierauf legt Lyd. l. c. das Hauptgewicht: auch gilt diese Ansicht vom natürlichen Anfange des Jahres bei den Alten für die eigentlich Römische. Ovid. F. 1, 163. Censorin. 21. Plut. qu. Rom. 19. Serv. ad Aen. 7, 720. Mit Recht, wenn man unter dem Römischen das auf Festsetzung der Römischen Obrigkeit beruhende versteht im Gegensatz zum anfänglichen Naturstaat.

[a7]) Man kann sich dieses durch die Rolle, welche Janus im Opferwesen spielt, verdeutlichen. Ueberall erhält er ein kleines Voropfer (Janus praefamen), das aber gleichsam nur der Eingang zum Hauptopfer des andern Gottes ist, dem das Fest eigentlich gilt, und dieses in keiner Weise bestimmt.

[aa]) Dieser Janus ist der bellorum potens (Macrob. 1, 9, 16. Liv. 1, 32 — wo Jane (statt Jano) Quirine zu lesen ist — Lyd. de mens. 4, 2) der seinen Tempel mit dem Anfange des Kriegs als Potestas aufthut, beim Ende desselben als Clausrius schliesst (Horat. carm. 4, 15, 9., wo er Janus Quirini heisst). In dem Aufthun liegt nehmlich der Gedanke des Anfangs, wie im Schliessen der des Endes der Bewegung. In der Zusammenstellung Janus Quirinus wird aber Janus der Zeugende (im Januar) in seiner Richtung und Bewegung auf den Quirinus (17 Februar) bin gedacht und setzt er so den Staat in Bewegung, so heisst dieses, dass derselbe in eine Lage gekommen ist, in welcher seine ganze Existenz von Grund aus auf dem Spiele steht, so dass er der steten Fortzeugung und Heranbildung junger Krieger bedarf, um seine Existenz zu behaupten. Mit Kriegsausgang und Schlacht hat er also nichts zu schaffen; er ist der göttliche Hedes des Kriegsmutstandes des Staats nur nach dessen innerer, öffentlich nicht hervortretenden Seite; daher ihm auch nach Numas Gesetz erst die terts spolia nach den ersten des Jupiter und den zweiten des Mars zukommen (Fest. v. Opima p. 189) und sein Flamen erst der dritte ist. Dem kriegerischen Janus Quirinus entspricht übrigens auch die nachher zu erwähnende Carmeris, insofern sie mit der Nikostrate parallelisirt wird. Preller S. 357.

Hob verborgenen Präexistenz vor der erst im März zu beschreitenden
öffentlichen Laufbahn des auch da erst auftretenden ausgebildeten
Dreistämmevolks; unter einander aber verhalten sich beide Monate
wieder wie die beiden Stadien der Zeugung nebst Schwangerschaft
und der Geburt nebst Impubertät, mithin auch so, dass dort das
männliche, hier das weibliche Princip vorwaltet, und bei der Geburt
der sacrale Grundsatz festgehalten wird, dass der *partus* die ersten
acht Tage, in denen er bis zur Fassbarkeit und Fassfähigkeit *(ἀφή)*,
der natürlichen Grundlage der Persönlichkeit und damit der Fähigkeit zur Namengebung, erstarkt (Lyd. de mens. 4, 21; vgl. Tertull.
de anima 39) und folglich bis zum *dies lustricus* noch gleichsam zum
Mutterleibe und weiterhin der Unmündige in den beiden Stadien bis
zur und nach der *infantia* noch blos zum Hause gehört. In den
Januar fallen nehmlich eigentlich nur zwei öffentliche Feste, beide
erste Ursprungsfeste für die beiden Urelemente des Staats,
König und Volk, die *Agonia* am 9ten (also sobald der Monat selbst
mit Zurücklegung seiner ersten Woche erstarkt ist), und die beiden
Carmentalia, von denen noch später die Rede sein wird, am 11ten
und 15ten. Die *Agonia*, welche in den übrigen zehn Monaten, wo
sie dreimal unter demselben Namen wiederkehren, für Stammgötter
als himmlische Urbilder des die Stammhäupter vertretenden Rex,
so bestimmt sind, dass da bei ihnen wie bei allen Göttern des Janus
nur präfationsweise als ihrer theologischen Voraussetzung gedacht
wird, werden hier und hier allein dem Janus selbst als Geulus
(= Erzeuger, *Janus consirius* Macrob. 1, 9, 16) der Stammgötter
und folglich auch nur für das Princip (nicht die öffentliche Action)
des irdischen Königthums gefeiert, übrigens auch als *Junus geminus*,
weil er principielles Urbild des Königs eines Zwillingsvolkes ist
(Ovid. F. 1, 317 seq. Preller Röm. Myth. S. 159). Die *Carmentalia*,
zu Ehren der Carmenta, der Frau und doch auch der Mutter des
Euander (Urrömers) d. h. des Römischen *venter* sowohl als Mutter
wie als Leibesfrucht gedacht, und verwandt der auch mit Janus
zusammengestellten Mutterpflegerin Carna (Preller S. 603, 4) also
eigentlich ein Fleischbildungs- (Conceptions- und Schwangerschafts-)
Fest, verdoppelt mit Rücksicht auf das Zwillingsvolk der *populus
Romanus* und der später hinzugetretenen Quiriten, und betreffen also
auch die noch unsichtbare Präexistenz im Mutterleibe – zugleich
die des Jahrs im schneebedeckten Schooss der vaterländischen
Erde [**]). Eben so hat der Februar eigentlich, nehmlich abgesehen

---

[**]) Als Fest des absoluten Lebens, welches in der Conception liegt, charak-
terisirten sie sich auch dadurch, dass in das Heiligthum der Carmenta
weder Leder noch sonst etwas von einem entseelten Thiere gebracht
werden durfte. Die Juturna, die Römische Urquellgöttin, Gemahlin des
Janus und Mutter des Fontus, erhielt an den ersten Carmentalien eine
Nebenfeier, weil das Wasser das weibliche, wie das Feuer (hier Janus)
das männliche Lebensprincip ist und aus dieser Quelle auch das grosse
Jahr hervorbricht. Vgl. Preller Röm. Myth. S. 161. 163. 508.

von dem Jahresschlussfest der Terminalien (wiewohl man dieses auch als Schlussfest der beiden Monate und damit der Zeit der Unmündigkeit des Staats und Sacraljahrs betrachten kann) nur zwei, den doppelten *Carmentalia* nun für die Zeit von der Geburt an entsprechende Jahresfeste, die der Juno gefeierten *Luperralia* am 15ten (also einsetzend in den Monatsanfang, mit dem die bis zur Geburt reichenden Carmentalien im Januar schlossen) und die *Quirinalia* am 17ten, jene zur Lustration der *urbs Roma* bestimmt, welche wie eine (von Zwillingen) entbundene Mutter, eben deshalb mit den Geborenen — in den Opfergebräuchen repräsentirt durch zwei nackte und als noch halb thierisch dargestellte junge Leute, denen man das Blut (als *sanguinolenti a matre*) mit Milch und Wolle (menschliche Nahrung und Kleidung) abwischt — eben so wie das nun vom Winterschmutz sich lösende Jahr der Hauptlustration bedarf: diese ein Fest des Quirinus, des göttlichen Repräsentanten zugleich des priesterlich streitbaren Eheherrn, der sich des Ehesegens in der nach der *infantia* von der Mutter in seine Pflege übergehenden einstigen Kriegerschaar erfreut (Preller S. 328 ff.) und des der *urbs Roma* vermählten priesterlich-Quiritischen Stammes auf seinem nach entferntem Winterschmutz neu aufgrünenden Felde umher. Da aber auch der schon abgeschiedene Theil des Volks bedacht werden muss, und zwar nach dem gewöhnlichen Vorzug des *ius religiosum* schon vor dem lebenden, so griffen die gedachten beiden Feste nur ein in die übrigens auch auf der häuslichen Seite der Religion beruhenden und mit den Idus (dem 13ten) beginnenden *Parentalia*, für die Seelen der abgeschiedenen Eltern, welche nun analog dem in der Tiefe wiederauflebenden Jahr als zu Laren verjüngte Manen verehrt wurden, und die an diese sich weiterhin anschliessenden verwandten *Feralia* nebst den *Caristia*, dem Todtenopferschmaus der *cara cognatio* (Preller S. 484), auf welche unmittelbar die Terminalien folgten. Da aber an allen diesen Tagen, die beiden eigentlichen Festtage nicht ausgenommen, die Magistrate öffentlich nur als Private erscheinen durften (Lyd. de mens. 4, 24), so hatten sie besonders noch die Bedeutung, auch von den Festen des Februars, der vor den Idus nur *dies nefasti* zählt, jeden Gedanken an eine öffentliche Volksthätigkeit auszuschliessen. Wogegen gleich nach den Terminalien in den überleitenden Fünftagen und im März die *Equirria* und die *Liberalia* gefeiert wurden, in denen wir später die verschiedenen Mündigkeitsfeste des Volks und des Jahrs erkennen werden, welches nun also auch erst seine öffentliche Wirksamkeit beginnt.

So enthalten nun alle Feste der beiden Monate zunächst die Auffassung, dass mit dem Januar eine göttlich-natürliche neue Entwickelung beginnt, die sich im Februar und weiterhin im März fortsetzt; sie treten aber auch der andern nicht entgegen, die ihren Ausgangspunkt von dem öffentlich activen Menschen und Jahre nimmt, dass, gleichwie jener zuletzt durch die heimliche Zeugung im *nascitur* — zunächst nur einer hindernden *pars viscerum matris*,

8*

die nach der Geburt auch noch in sich selbst hülflos wird, — mit
der Pubertät sich erneuert, so auch das mit dem März beginnende
Jahr des öffentlich wirksamen Volkslebens, welches als solches mit
dem December schliesst, sich im Verborgenen für seinen neuen Anfang fortsetzt, welche Auffassung denn noch durch die auf den letzten
Februar gesetzten *Terminalia* eine ausdrückliche Bestätigung erhält.
Ebendamit ist aber von den beiden Monaten, beide Betrachtungs-
weisen zusammengenommen, der Januar mehr der erste und der
Februar mehr der letzte Monat. Dieses ist es denn auch, was Ovid in
einer bekannten, regelmässig (auch von Mommsen Chronol. S. 32)
missverstandenen Stelle sagen will[19]). Auch darf es nicht als eine
irrige oder erst vom spätern Römischen Amtsjahr oder vom Kalender des Cäsar entlehnte Auffassung betrachtet werden, wenn Varro,
wo er von den Tagen spricht 6, 12 die Darstellung zunächst der
Römischen Feste vom Januar beginnt, da gerade vom sacralen
Standpunkte aus diese Auffassung die näher liegende ist, während
er in der Lehre von den Monaten 6, 33. 34 vom März anfängt und
mit dem Februar schliesst.

Es war aber auch nicht zufällig, dass das zum Marssystem jetzt
erst wie im Keime hinzugetretene Janussystem jenes im Laufe der
Zeit immer mehr und mit Cäsar völlig überwand; denn ebenmässig
wurde auch der alte in der Naturwirksamkeit der Sonne befangene
objective oder blosse Naturstaat von dem civilrechtlichen, der in
jenem selbst mit öffentlicher Aufnahme der Sonnenmondreligion
seinen ersten Anlauf genommen hatte, überwunden und im Kaiserthum völlig zur Ruhe gesetzt.

Der Märzjahresanfang, der nach dem Gesagten sich nur auf die
aus der ältesten Zeit des Römischen Staats datirenden Institutionen
beziehen kann, ist noch in folgenden Anwendungen nachweisbar.
Allgemein sagt vom Monat März Auson. eclog. 377, 5. *Martius et
generis Romani proevul et anni Prima dabat Latiis tempora connubibus.*
Das Volk selbst und darum auch seine Regierung — diese ist wohl

---

[19]) Nur versteht er zugleich unter *antiquus*, *sane* vornehmlich das vorcäsarische, unter *reus* das alte Jahr des Numa. F. 2, 47 seq.

    Sed tamen antiqui se nescius ordinis erres
    Primus ut est Jani mensis, et unde fuit.
    Qui sequitur Janum, veteris fuit ultimus anni:
    Tu quoque sacrorum, Termine. finis eras.
    Primus enim Jani mensis, quia Janus prima est;
    Qui sacer est imis Manibus, imus erat.

Die beiden letzten Verse 51. 52 geben offenbar den Grund für das in
V. 48. 49 Gesagte an, wogegen die beiden dann noch folgenden später
zu erörternden Verse auf V. 50, d. h. auf die darin mit den Terminalien
als Beweis für das mit dem Februar endigende Jahr angedeutete, nicht
in den Kalender gefasste Zeit, welche erst die Decemvirn in Monate
fassten, sich beziehen. Gewöhnlich versteht man die Stelle so, als wenn
Ovid gemeint hätte, im alten Jahr wäre der Februar unmittelbar auf
den December gefolgt — ein dem ganzen Alterthum fremder Gedanke,
mit dem auch Ovid (1, 43. 44) sich selbst widersprechen würde.

allgemein unter *Latii consules* zu verstehn — boh ursprünglich mit
diesem Monat als Jahresanfang sein politisches Leben an. Dass nun
das Staatsleben selbst, dargestellt in dem Feuer der Vesta, am
1 März sich erneuere, symbolisierte der Gebrauch, alsdann dieses
Feuer (von der Mutterstadt her Anm. 79) neu zu entzünden (Ovid.
F. 3, 143. Solin. 1. Macrob. 1, 12, 6); und wie an demselben
Tage für die Männer den Wiederbeginn der Waffen- und Kriegszeit
das Herabnehmen der heiligen Schilde des Mars von den Wänden
der Regia zum Tanz der Salier bezeichnete, so für die ehrbaren
Weiber deren erneute Bereitschaft zum Werke der Gehurt und
Pflege zukünftiger Krieger (*vernae*), womit sie ihr Lohen für den
Staat einsetzen, das Fest der Matronalien zu Ehren der Juno Lucina
als Mutter des Mars (Marquardt IV, S. 446. Preller, Röm. Myth.
S. 243 ff.).

Wenn ferner Ovid (F. 3, 147) vom ersten März sagt:

Hinc etiam referes initi memorantur honores
Ad spatium belli, perfide Poene, tui.

so kann dieses nur auf die ältesten obrigkeitlichen und priesterlichen
Würden, insbesondere das Regnum selbst gehen, zumal wir wissen,
dass die Consuln und übrigen seit Vertreibung der Könige entstandenen Magistrate und selbständigen Priestercollegien an ganz andern
Tagen ihr Amt antraten. Dasselbe gilt von der Stelle des Ansonius
(S. 36), wenn auch hei diesem Schriftsteller die Möglichkeit nicht
ausgeschlossen ist, dass er an den Antritt der Consuln *Idibus Martiis*
im sechsten Jahrhundert gedacht habe. Beziehn wir aber die Worte
des Ovid wirklich auf die gedachten *referes honores*, dann hat auch
die angegebene Fortdauer dieser Sitte bis auf eine Zeit des Punischen
Krieges, worunter, wenn er schlechthin so heisst, der berühmteste
gegen Hannibal zu verstehen ist [1]), einen Sinn, indem sie nach
Vertreibung der politischen Könige noch auf den Rex sacrorum und
Curio maximus nebst den übrigen alten priesterlichen oder nur sacral
fortdauernden obrigkeitlichen Würden bezogen werden kann. In der
That scheint Liv. 27, 6, der heim zehnten Jahr des zweiten Punischen Krieges (545) erzählt, dass damals viele Priester gestorben
und an die Stelle der gestorbenen Pontifices, Augures und Decemvirn sogleich neue gewählt seien, es als etwas Besonderes anzumerken, dass nicht auch der gestorbene Rex und Curio maximus
sogleich Nachfolger erhalten hätten, was hinsichtlich des Rex erst
zwei Jahre später geschah (Liv. 27, 36). Da inzwischen nach vielen
Streitigkeiten bei der Wahl des Curio maximus zum ersten Mal ein

---

[1]) Mommsen (Chronol. S, 103) will den dritten Punischen Krieg (seit 606)
verstehen und erblickt in der ganzen Nachricht ein Missverständnis
der Angabe, dass im Jahr 600 der Amtsantritt der Consuln auf den
1. Januar gekommen sei. Allerdings wäre dann Alles von Ovid missverstanden oder vielmehr verkehrt worden; denn auch *ad spatium belli*
heisst: bis zu einer Zeitstrecke dieses Kriegs, so dass schon eine Reihe
von Jahren desselben verflossen war.

Plebejer zu dieser Stelle gelangte (Liv. 27, 8), womit für sie von
selbst auch die alte Schranke wegen der festen Zeit des Amtsantritts
durchbrochen war, so wird damals wenigstens in diesem Punkt auch
die Gleichstellung des Rex, des Curio, der Flamines u. s. w. mit den
gewöhnlichen Priestern, die zu jeder beliebigen Zeit des Jahres
antreten konnten, erfolgt sein. Die Jahresfeier ihres alten festen
Amtsantritts erhielt sich nun bloss noch in dem offenbar uralten
Gebrauch, dass am 1 März die Thüren der Regia, der Curien, des
Vestatempels als Amtswohnung der Vestalinnen, und der Häuser der
Flamines mit frischem Lorbeer bekränzt wurden (Ovid. F. 3, 137—142.
Macrob. 1, 12, 6. Solin. 1), was man wenigstens hinsichtlich des
Rex auf T. Tatius zurückführte [78]). Da nach ausdrücklichen Zeugnissen der König sein Amt mit seiner Inauguration antrat (Plut.
Num. 7. Liv. 1, 18. 19. Dionys. 3, 36), welche bekanntlich in
calatis comitiis geschah, so wird auch die an jedem 1 März ursprünglich übliche Senats- und Volksversammlung (Solin. 1) eine ebensolche
mit erneutem Augurium über die glückliche Fortdauer der Regierung
des Rex gewesen sein und mag das aus späterer Zeit bekannte alljährliche *augurium salutis* (Dio 37, 24. Preller, 8. 601) — ursprünglich wohl nur eine erweiterte Wiederholung jenes Auguralopfers auch
für Volk und Land an den Idus, auf welche man auch deshalb
später den Antritt der Consuln verlegt haben wird — nach dem
beweglich gewordenen Amtsjahr von dem nothwendigen Zusammenhange mit jener Inauguration sich abgelöst haben und selbst auch
beweglich geworden sein, indem man den Tag zum Opfer an die
übrigens alt Sabinische Salus besonders von den Göttern erfragte,
bis im Anfange der Kaiserzeit diese Feier wieder stehend auf den
Anfang des Januars überging. Andere Spuren dieses Amtsantritts
finden sich später nicht mehr. Denn die Nomination der Municipal-
magistrate am 1 März in der späteren Kaiserzeit (*ex constitutionibus*,
sagt Constantin in L. 28. Th. C. de decurion. 12, 1) steht damit in
keinem nachweisbaren geschichtlichen Zusammenhange [79]), da ihr
Amtsantritt gegen Ende der Republik an den verschiedensten Kalenden des Jahres erfolgen konnte (A. W. Zumpt comm. epigr. I. p. 66).

[78] Symmach. ep. 10, 35 ... *ab exortu poene urbis Martiae struarum usus ado-
levit, auctoritate Tatii regis, qui verbenas felicis arboris ex luco Streuuae anni
novi auspices primus accepit.* Später übertrug man diesen Brauch in etwas
veränderter Gestalt auf den 1 Januar. Preller S. 160. 600.

[79] Vermuthen kann man einen Zusammenhang jener Nomination der
städtischen Magistrate am 1 März mit der Erneuerung der Richter-
decurien um dieselbe Zeit (für den *rerum actus* (wovon später die Rede
sein wird), da die Colonien doch überhaupt gern die hauptstädtischen
Einrichtungen nachahmten und eine der vornehmsten Functionen des
Vorstandes freier Städte in eigener Jurisdiktion und Judicatur
lag. Im Gegensatz zu ihnen hätten dann die unfreien Provinzialstädte
gestanden, deren Finanz- oder Indictionenjahr für Steuer- und Soldzahlung mit dem 1 September begann (meine Census- und Steuerverf.
der fr. Kaisers. S. 134) wie ihnen denn auch anfangs nur im Wintersemester Recht gesprochen wurde.

Sie wird aber dem im früheren Mittelalter in den Städten Italiens und Frankreichs erscheinenden Märzjahre (Ideler Handb. II. S. 326) zu Grunde liegen, worin man also mit Unrecht auch eine Fortdauer 'des alt Römischen Geschäftsjahres' erblickt hat (Mommsen Rechtsfrage zw. Cäsar und dem Senat S. 25, der die l. 25 cit. nicht beachtet hat). Was aber die alten Könige betrifft, so ist der nachgewiesene Amtsantritt derselben am 1 März für die Erkenntnis der Natur des Römischen Königthums überhaupt nicht unwichtig. ' Nimmt man nehmlich hinzu, dass zu den eigenthümlichen nothwendigen Functionen des Rex, für welche darum später der Rex sacrificus beibehalten wurde, die (imaginäre) Erforschung jedes Neumondes, die Abhaltung der sacralen Volkaversammlungen an jeden Kalenden und Nonen nebst Darbringung der Opfer an diesen Tagen und Ansagung der Feste des Monats gehörte (Marquardt Röm. Alterth. IV. S. 263) und auch das Idusopfer an Jupiter vom Flamen Dialis offenbar nur in ständiger Vertretung für den Rex dargebracht wurde (Ovid. F. 1, 587. Macrob. 1, 15, 17 vgl. mit Liv. 1, 20, 1. 2), so ist ein inniger Zusammenhang zwischen dem Königthum und dem alten Jahre unabweisbar. Wie der Aegyptische König als Ausfluss des Ra (der Sonne) zugleich dessen höchster Priester war, oder wie der König der alten Scandinavier als 'Jahreskönig' für guten Jahreswuchs verantwortlich gemacht wurde, so muss auch der Römische Rex mit der Regina in seiner Regierung als ein durch das liebte Purpurgewand charakterisiertes Abbild des Jupiter Rex und der Juno, wie diese im jährlichen Sonnenlauf verbunden mit dem des Mondes sich manifestierten, gedacht worden sein mit dem daraus von selbst sich ergebenden Berufe, deren Segen durch eigenes Opfer und Anweisung zur Verehrung der Götter dem Volke zu vermitteln. Dieses vorausgesetzt, erhalten wir aber auch über das alte Interregnum eine erwünschte Aufklärung. Die bekannte fünftägige Dauer desselben für jeden Interrex wird nach den fünf überleitenden Tagen vor dem März, in denen der letzte den neuen Rex wählte, bestimmt worden sein, da es selbst ja nur von einer Königsregierung — die sich in vollen Jahren und deren Monaten bewegte — zur andern überleiten sollte, und der gewählte König selbst wird seine lex de imperio in eben diesen fünf Tagen vor seinem Antritt regiert haben, welcher selbst erst am 1 März erfolgte. Alsdann kann aber auch die Tradition, dass nach dem Hintritt des Romulus — bekanntlich Idibus Quintilibus (Cic. de rep. 1, 16. Plut. Num. 27) — das Interregnum ein volles Jahr gedauert habe (Dionys. 1, 75. 2, 57. Liv. 1, 17. Serv. ad Aen. 6, 809) ursprünglich nur den Sinn gehabt haben, dass das Interregnum das Todesjahr des Romulus — und ähnlich bei den andern Königen — erfüllt und also z. B. Numa erst mit dem nächsten 1 März seine Regierung angetreten habe [74]). Auch wird die bekannte spätere

_____
[74]) Nur einzelne zum Theil verwischte Spuren dieser wahren Beschaffenheit des Interregnum haben sich erhalten. Vopisc. vit. Taciti 1. sagt

Differenz in den Angaben der Schriftsteller über die Dauer der
Königszeit (243 Jahre — vergl. Mommsen Chronol. S. 138), dass
Einige ihr ein Jahr mehr entheilten, ihren Grund darin haben, dass
diese zuerst jene blosse Erfüllung des Todesjahres durch Interregnum
bei Romulus, wo sie allein ausdrücklich erwähnt war, irrig für ein
besonderes Kalenderjahr nahmen, und ebenso das 24ste Jahr des
Ancus Martius (statt der gewöhnlich ihm beigelegten 23 Jahre) durch
Hinzurechnung des voraufgehenden Interregnums als eines besonderen
Jahres entstanden sein. Wenn aber Manche auch dem Numa die
Einen zwei, die Andern vier Jahre mehr gaben, so hängt das wahrscheinlich mit der Meinung zusammen, dass er schon der Urheber
einer zwei-, nach Andern der vierjährigen Schaltperiode gewesen sei,
die wir später als annus magnus kennen lernen werden. Sie machten
dann aus dem voraufgehenden, von ihnen als besonderes Jahr gedachten Interregnumjahr, in dem ja alle Patres jeder fünf Tage lang
regiert haben sollten (also mindestens 1000 Tage) proleptisch einen
annus magnus, den sie in gewöhnliche Jahre aufgelöst seiner Regierungszeit vorn zusetzten[16]. Dauerte endlich das alte Interregnum,
wie wahrscheinlich, nach der Vertreibung der Könige sacral auch für
das regnum sacrorum fort, so ist es nun um so begreiflicher, dass
die Patricier sich im zweiten Punischen Kriege von dieser ruhmlosen
Beschwerde, es oft fast ein Jahr lang bekleiden zu müssen, loszumachen suchten.

Die vornehmste amtliche Function des Rex in seiner politischen
Stellung besteht in der Uebung des ihm gleich nach seiner Wahl
und also auch noch vor dem März durch Gesetz ertheilten imperium
und iudicium, der Handhabung des Staatswohls und Rechts auch im
Falle des Streits nach aussen und im Innern (Becker Röm. Alt. II. 1.
S. 314. 322.). In dieser Hinsicht bewegen sich nun aber auch für
Staat und Volk überhaupt die zum Theil selbst sacralen Institutionen

mit Berufung auf die Pontificalbücher: totusque ille annus (post excessum
Romuli) per quinos et quinkenos dies sive ternos ternbus senatoribus deputatus
est (wobei die abwechselnde Dauer von 5, 4 und 8 Tagen für 100 also
396 Tage schon albernc Klügelei ist), freilich danu aber auch: qua re
factum est, ut et plus unno interregnum initetur etc. womit eine andere Ansicht einspielt. Wenn ferner Plut. Num. 2 das Interregnum so darstellt,
dass 150 Patricier es jeder einen halben Tag Namens des Quirinus,
einen halben Tag Namens des T. Tatius (nach dem wahrscheinlichsten
Texte) verwaltet haben, so ging der Erfinder dieser Ansicht doch wahrscheinlich davon aus, dass damals das Romulische Jahr von 304 Tagen
gegolten habe und also nach dem Tode des Romulus im Quintilis vom
Sextilis bis zum December noch 150 Tage auszufüllen gewesen seien.
Dass Cicero noch für die Königszeit und nicht bloss für das Intervall
nach Romulus Tode lange Interregnen annahm, die zusammengenommen
mehrere Jahre betragen konnten, zeigt de rep. 2, 30: Hic enim regis
quadroginta annis et decenbis paulo eum interregnis fere amplius proterrihs.
Huser, der von der gewöhnlichen Vorstellung ausgeht, wollte — danach mit Recht — die Worte cum interregnis als Glossem streichen.

[16] Ganz andere Ansichten hierüber s. bei Mommsen Chron. S. 137 ff.

des Krieges und der Rechtsverfolgung im Märzjahr, und es blieb
dieses daher für das Volksleben auch bestehen, nachdem das hierin
ihm nur dienende obrigkeitliche Imperium in seiner eigenen Dauer
sich längst von dem Märzjahr abgelöst hatte. Für den Krieg ergab
sich dieses zugleich mit einer Zerfällung des Jahrs in die sechs
activen Sommer- und die sechs in der Regel nur passiven Wintermonate fast schon mit derselben Naturnothwendigkeit wie für den
Landbau, und auf ihr beruhte ja gerade das ganze Jahr des Mars
selbst. Daher sieh Vieles von den diesen nur anerkennenden und
präclsirenden civilrechtlichen Institutionen auch bis in die Kaiserzeit erhalten hat. Sacral bezeichnete nun den Beginn des Militär-
jahrs nach einer einleitenden Vorfeier durch die *Equirria* zu Ehren
des Mars am vierten der fünf Eingangstage (27 Februar) das
schon erwähnte Hernunternehmen der heiligen Marsschilder (*ancilia
moventur*) von den Wänden der Königswohnung und der Saliertanz
mit ihnen vom 1 März an nebst vielen andern diesem Monat eigenthümlichen Sacra (Preller Röm. Myth. S. 318 ff.); den Beginn der
zweiten passiven Hälfte mit dem September aber die schon in den
folgenden Monat gelegten Feiern für den Ausang des nächsten Jahres
und nachher bestimmter der zur Abwehr des vertriebenen Regnum
auf die *Idus Sept.* angesetzte Antritt der Consuln (wovon später).
Auch das von Plutarch (quaest. Rom. 36) mitten unter Fragen des
Militärreechts erwähnte Verbot des Pontifex maximus Q. Metellus
(Plus, Consul a. u. 674. Drumann Gesch. Roms II. S. 13), nach
dem Sextilis noch Vogelschau zu halten, bezog sich, da es aus einer
Zeit stammt, wo der Antritt des Imperium wieder auf die Anfänge
des Jahres zurückgegangen war, ohne Zweifel nur auf die ordent-
lichen Militäransplcien in den *effata* für den Kriegsausmarsch[10]) (über
diese Becker Röm. Alt. 1. S. 96. II. 2. S. 60. meine Igfiv. Taf. S. 66).
Noch in der Kaiserzeit wurde das Militärdienstjahr vom 1 März
gerechnet (Mommsen Rechtsfr. S. 14 ff.) und es zerfiel bis in den
Anfang der Kaiserzeit namentlich für die Soldzahlung in die beiden
Semester bis zum und vom 1 September an (Becker-Marquardt III. 2.
S. 74. Mommsen a. a. O.)

　　Grosse Unklarheit herrscht bei den Neueren noch über das
Processjahr, den *rerum actus*, wie es bekanntlich seit Augustus bless.
Es wird erwähnt von Juvenal 16, 42 bei Gelegenheit der Vorzüge
des Militärs vor dem Civilisten, welchem (sagt er) für Anstellung
eines Processes *expectandus erit, qui litea inchoet annus*, und von
demselben Jahr bemerkt mit Anführung eben dieser Stelle Juvenals
Servius (ad Aen. 2, 102) *et est de antiqua tractum scientia, quia in
ordinem* (vgl. Senec. ep. 106) *dicebantur causae propter multitudinem
rei tumultum festinantium, cum erat annus litium.* und (ad Aen. 6, 481
zu *sine sorte): sine iudicio; traxit autem hoc ex more Romano, non*

enim audirbantur causae, nisi per sortem ordinulae. Nam tempore, quo causae agebantur, concernicbant omnes (unde et conrilium ait) et es sorte dierum ordinem accipiebant, quo post dies triginta suas causas exsequerentur d. h. in welcher Ordnung der Tage sie zunächst früher die *legis actio*, später das prätorische Verfahren in ihre vornahmen und von deren Ihrendigung an nach dem 30sten Tage vor dem Judex den Rechtsstreit ausführten (Gai. 4, 16). Dass es aber auch aus der ältesten Zeit stammte und mit dem März begann, bezeugt Ovid. (F. 1, 38), wenn er von Romulus nach Besprechung seines zehnmonatlichen Jahres sagt:

Hace igitur ridit trabeuli curu Quirini,
  Cum rudibus populis annua iura dard.
Martis erat primus mensis etc.

Er bekundet damit zugleich, dass das alte Rechtsjahr zehnmonatlich war. Dass aber auch die jährliche Richterliste noch zu Ciceros Zeit für das Märzjahr gebildet wurde, sieht man aus dessen Verr. act. 1. 10., wonach diejenigen, welche im December oder am 1 Januar als Magistrate antraten, aus ihr anschieden. Doch liebt mit dem 1 März nur die principielle und sacrale Zulässigkeit wie der Kriegführung, so auch der Rechtsprechung an. An ihm selbst als einem Festtage konnte nur eine sacrale Senats- und Volksversammlung (*comitia calata*) gehalten werden, und ob die später am 1 Januar übliche Manumission eines Sclaven ursprünglich eine Auspleation der *legis actio* am 1 März gewesen sei, darüber fehlt es an Nachrichten. Wenn aber die Fragmente der Lex agrar. 16. 17. die Zeit für die nach ihr bald möglichst anzubringenden Processe über die Gegenstände, wofür sie gewissen Magistraten Jurisdiction verleiht, nur mit *ante eidus Martias primus* bestimmen, so liegt darin wohl der Beweis, dass die Geschäfte des Processjahrs wenigstens in der ersten Hälfte des März begannen. Von der ebenmässigen Zerfällung des Processjahrs in die Sommer- und Wintermonate, welche nach Vertreibung der Könige bestimmter hervortreten musste, da nun der Anfang des Process- wie des Kriegs- jahrs in die zweite Hälfte des consularischen Amtsjahrs fiel, haben wir zwar erst seit dem siebenten Jahrhundert Nachrichten, die aber selgen, dass für das gesetzliche Verfahren (durch *iurgium* oder *legis actio*, später durch *legitima iudicia*, *publica* und *privata*, welche letztere Litiscontestation zwischen zwei Römern vor einem Röm. Judex und in Rom oder innerhalb einer Meile voraussetzten (Gai. 4, 104) nur in dem Sommersemester vom Litigantenheere zum Kriege Rechtens aus- gezogen werden konnte, so dass schon in der ältesten Zeit vom 1 September an nur was von dem nicht dem Gesetz dienenden Imperium ausging, wie Anbringung von Interdicten, Clarigationen und später Recuperationen gegen Ausländer und ausserordentliches Ver- fahren z. B. durch Correitionen, zulässig gewesen sein wird: gleich- wie ja auch ausserordentliche Kriegführung namentlich im Falle eines erfahrenen Angriffs von aussen selbst im Winter vorkommen konnte. Das deutlichste Zeugniss für das so geordnete Processjahr ist, dass

Königszeit. 8. Das Numanische Jahr.

nach den Fragmenten der Lex Acilia vom J. 630 (v. 7 — 9. Mommsen
l. L. A. p. 64), die hierin offenbar nur allgemeine Principien an-
wandte, eine *petitio* und *nominis delatio* wegen Repetunden als ordentliche Klage, zu verbandeln vor einem gesetzlichen das Volk vertretenden *iudicium* und mit den vollen gesetzlichen Wirkungen, nur vor
dem 1 September angebracht werden konnte; nach dem 1 September
angebracht, sollte dafür nur ein recuperatorisches auf dem Imperium
des Prätors beruhendes Gericht ernannt werden, welches sich auf-
löste, wenn das Urtheil vor dem Abgange des Prätors — damals
am 29 December — noch nicht gefällt war und daher rasch betrie-
ben werden musste (Gai. 4, 105. 106. Cic. pro Flacc. 21, 50). Ebendeshalb aber erhielt jene Eintheilung des Processjahres noch eine
zweite Bedeutung — für bereits angestellte Processe — von der
jedoch erst später gehandelt werden kann.

Nur das ist hier zu bemerken, dass diese Zweitheilung des Ge-
richtsjahres *(rerum actus)* auch auf die Kaiserzeit überging, wo sie
nicht bloss in der Gerichtsthätigkeit selbst — in Rom und den Provinzen — sondern auch, davon abhängig, in der semestralen Besetzung
der kaiserlichen Consilien und in der semestralen Fortbildung des Rechts
durch die kaiserlichen Processrescripte und den semestralen Rechtsunter-
richt sich äusserte [77]). Erst als der *ordo iudiciorum* erloschen und damit
die Gerichtsthätigkeit des alten Volksstaats von dem ausserordentlichen kaiserlichen Behördenthum völlig absorbirt war, kam auch diese
Zweitheilung ab und gewiss eben damit auch das gerichtliche und
gesetzgeberische Märzjahr, so dass an dessen Stelle auch in dieser
Hinsicht das Jannarjahr trat. Als äussere Beweise dafür kann man
betrachten, dass Diocletian und Maximian in einem Edict vom J. 295
(Collat. 6, 5, 7.) die Geltung desselben vom 31 December an vorschreiben und ebenso auch der Theodosische Codex vom 1 Januar 438
an in Kraft treten sollte (Const. de Th. C. anctor. § 3).

In dem Militär- und Processjahr von März zu März äussert sich
überwiegend dessen ethisch-männliche Seite, nehmlich die erleuch-
tende und sengende, das Recht offenbarende und wider den Schuldigen verfolgende Macht der Jahreszonne selbst. Es hat aber auch
eine mehr physisch-irdische und weibliche Seite. Dieses irdischweib-
liche Jahr, welches mit dem März in seine Empfänglichkeit für den
durch seine Wärme wieder einen Heerdennachwuchs, mittelbar auch
eine Erndte mit Saatkorn zeitigenden Sonnenstrahl eintritt und dadurch
zu allem Erwerb und zu seiner beständigen Wiedererneuerung fähig
wird, personificierte die Römische Religion in der *Anna Perenna*,
deren Festfeier an den Iden des März nach dem grossen Jahresopfer
an Jupiter Ovid. F. 3, 145. und Macrob. 1, 12, 6. mit Recht auch
unter den Beweisen des Märzjahres anführen; doch bezieht sich die
Symbolik dieses Cultus auch wieder, wie bei allen vorangegangenen

---

[77]) Ich habe davon gehandelt in der Iurispr. antei. p. 92. und in der Zeit-
schrift für Rechtsgesch. VI. S. 328.

Festen vor Allem auf das Volk, indem er zunächst der Nobilität oder
weiblichen Pubertät gilt[18]). Die alte Matrone (= Anna) führte dann
zuerst ihre mannbar gewordene Tochter (= Perenna) zur Mannswelt
in den Hain der Göttin am Wasser des Tiberis (Symbol des weiblichen Geschlechts) und paarweise *(cum pare quisque suo)* lagerten
Bursch und Mädchen im Rasen oder unter Zelten, tranken Wein,
sangen und tanzten[19]). Es geschah aber am Nachmittage der Idus
nur mit *feriae Jovi*, weil der volle Mond das Bild des mannbaren
Mädchens ist und im März ein nur häuslicher Vorgang, wie die
Nobilität, keinen Anspruch mehr auf eigene Ferien hat. Das Letztere
gilt gleicher Weise für das Correlat des *sacrum Annae Perennae*, die
schon am Vormittag desselben Tages an den grossen Opferung auf
das Capitolium sich anschliessenden Mamuralien (Lyd. de mens. 4, 36.),
welche, wie es scheint, in dem Mamurius Veturius die mit der priesterlichen Mündigkeit (dieser galten die Equirria am Tage vorher)
zugleich eingetretene häusliche d. h. die Heirathsfähigkeit des jungen
Burschen bezeichnen sollten (weshalb wohl das Cal. rust. and Philoc.
die Mamuralien auf den 14 März legen) und zwar unter dem Bilde
eines Schmieds, des Dieners des Mars *(Mamurius)*, der die 11 Nach-
bilder des Ancile (= den beschnittenen Monatskreisen Numas) gefer-
tigt hat und als Alter (= Veturius) wieder seinesgleichen (= einen
jungen Mamurins, der auch wieder sein Handwerk lernen soll) gestellt
(wie die Anna die Perenna). Mit Fellen bekleidet, dem Symbol der
rohen Unmündigkeit, wie bei dem mittelalterlichen Bannus, aber auch
des Winters (Preller S. 317) wurde er mit weissen (lichten) Stäben
aus dem Zuge und der Stadt fortgetrieben (um Nachmittags sich
einer irdischen Perenna zuzugesellen). Fasste man nun das Jahr
vom März an auch als allerliebst productives auf, sowohl in dem, was
Heerde und Boden ergab, als was der Handwerker oder Künstler
verdiente, so ist es ganz glaublich, dass, wie Macrobius (1, 12, 7)
berichtet, im März, d. h. wohl bald auch (vgl S. 20) an dessen Idus, den
Lehrmeistern das Jahrgeld gezahlt und die Vectigalien (ursprünglich die
scriptura, die Weidennutzung) von da ab verpachtet wurden, was sich
für die der *scriptura* ähnlichen Portorien auch später noch erhalten
zu haben scheint (L. 15. D. de public. 39, 4), keineswegs aber auch
für die übrigen Vectigalien.

Dieses letztere gilt in verwandter Weise auch von einem Institute, von dem uns kein Zeugnis eines alten Schriftstellers mehr sagt,
dass es ursprünglich auch im kalendarischen Märzjahr ruhte, welches
aber doch nur unter dieser Voraussetzung vollkommen begreiflich
wird. Wir meinen die Römische Verjährung — die *annua usucapio* — später nur noch als bald ein- bald zweijährige mit beweglichem Anfange der Zeit von dem Tage der Besitzerlangung an bekannt.

---

[19]) Anders, als eine Mondgöttin, fasst Preller Röm. Myth. S. 345 ff. die Anna
Perenna auf, ohne genügende Beweise; auch verkennt er überhaupt die
Natur ihrer Feier.

In ihr begegneten sich nehmlich offenbar nach ihrem ursprünglichen
Sinne gleichsam nur die beiden vorigen Hauptseiten des Märzjahrs,
das Erwerbs- und das Processjahr, jedes auch für die hier in Betracht
kommenden beiden Privaten nach verschiedenen Seiten und in entgegengesetzter Art wirkend, indem es civilrechtlich sowohl als pro-
ductiven, dem natürlichen Jahreserwerb (z. B. in dem Heerdennachwuchs) nachahmend, den *usus*, d. h. die erwerbende Eigenthumsans-
übung des Besitzers (= *usucapio* Cic. pro Flacc. 36, 85) wie als Processjahr die *auctoritas*, die anerkannte Verfügungsgewalt des bisherigen Berechtigten namentlich auch in dessen Befugniss, sein Recht
gegen den Besitzer gerichtlich zu verfolgen, gewährt und mit seinem
Ablauf vollendet, dort als Ersitzhrung, hier als Verjährung — wie
die zwölf Tafeln sagten: *usus usus auctoritas esto*. Von vornherein
auf ein abstractes Jahr nach unserer Anschauung bezogen, würde
das Institut für die älteste Zeit keinen Sinn haben. Dass es aber
und zwar nur als jährige Usucapion uralt sei, bezeugen dessen unläugbar älteste beiden Hauptanwendungen, die Usucapion der Ehefrau
und die einer Nachlasses *pro herede*. Die erstere wird in den historischen Relationen über die alten Formen der *in manum conventio*
(was Rossbach Röm. Ehe S. 63 Anm. 227 nicht nach Gebühr wür-
digt) stets in erster Stelle genannt (Gai. 1, 110 ibiq. cit.) offenbar
eben als älteste und zugleich allgemeine (denn die *confarreatio* vor
dem Flamen Dialis galt nur für Vornehme und erst seit Numa);
auch charakterisiert sie sich als solche dadurch, dass aller usus älter
zu sein pflegt, als das Ausdrückliche, dass die blosse Heirath, die
mit einer Bürgerin von selbst, mit einer Ausländerin *conubio inter-
veniente, legitimae nuptiae* für die Zeugung bewirkt, dem *ius gentium*
noch näher steht und dass diese rohere Art der *in manum conventio*
gegen die *confarreatio* und *coemptio* in Analogie steht zu der ältesten
Art der Erbfolge durch Besitznahme und *usucapio* des Nachlasses
gegen die durch ausdrückliche *lex* des Verstorbenen oder des Staate,
indem die gehildetere Zeit (die zwölf Tafeln schon durch die gestattete *usurpatio per trinoctium*) sich ihr auch mehr und mehr zu Gunsten
der letzteren entzog. Eben so alterthümlich ist aber auch die *pro
herede usucapio* einer hinterlassenen *familia pecuniaque*, welche Justinian auch ausdrücklich den παλαιότατοι τῶν ῥωμῶν zuschreibt[***]).
Natürlich stand aber diesen Anwendungen auch die Usucapion eines
Viehhaupts oder anderer beweglicher Habe gleich — *antiquissimum
ius bonae fidei emptoris*, sagt Tryphonin L. 12. § 8. D. de captiv.
(49, 15) von der Usucapion eines Sclaven — wogegen an eine Anwendung der Usucapion auf ein Grundstück unmittelbar (denn mittelbar
konnte es im Vermögen einer Frau oder Erbschaft gar wohl enthalten sein, vgl. Gai. 2, 53. 54) in dieser ältesten Zeit des Nationalerwerbs durch Viehzucht (auf den *parua publica*), die das kleine
eigene und seinen Herrn nicht einmal allein vollkommen nährende

[***) Siehe Beilage B.

Grundstück mit den Familiengräbern bloss als *heredium* kannte (d. h.
nur im Uebergange auf den Erben, nicht auf einen Käufer) noch
nicht gedacht werden kann. Wie sie auch darauf übertragen wurde,
wird im Verfolg der Geschichte des Jahrs zu zeigen sein.

Soviel von den Beweisen des Märzanfangs des Numanischen
Jahrs, von denen wir nur noch hervorheben, wie sie uns zugleich
belehrt haben, dass der jetzige Zusatz der Januars und des Februars
in der publicistischen Bedeutung des Jahres der zehn Monate nichts
änderte, d. h. dass die ganze politische Action in Rechtsprechung,
Regierung, Kriegführung — soweit diese *iuris civilis* war — und politischen Volksversammlungen auch jetzt noch während dieser beiden Monate
ruhte, weil sie als Zeit der verborgenen Präexistenz des sich wieder
erneuernden Staats und seiner Unmündigkeit aufgefasst wurde, und
nur nach der Seite des öffentlich anerkannten *ius sacrum* auch Januar und Februar und zwar als anfangende Monate zugetreten waren.
Ich wüsste auch nichts, was diesem wichtigen Satze widerspräche.
Vielmehr erhält die Unterscheidung des politischen und des sacralen
Jahres (S. 13. 27), die ja auch für das Jahr nach Numa aufgestellt wird,
erst damit ihre volle Bedeutung. Es erscheint nun auch nicht zufällig,
dass, so sehr verschieden auch der Antrittstag der regierenden Magistrate war, er sich doch immer zwischen März und December hielt
— bis der Staat seit Anfang des siebenten Jahrhunderts sich überhaupt den Fesseln des alten Natur-Staats und -Jahrs entzog; auch
ist von politischen Volksversammlungen oder gesetzlicher Rechtsprechung in den Monaten Januar und Februar aus der ganzen älteren
Zeit meines Wissens nichts bekannt. Wogegen sacrale Handlungen
auch in ihnen vorkommen konnten: für Opfer, Ferien und Ansagung
von sacralen Versammlungen oder Ferien bedarf es keiner Beispiele;
aber auch Triumphzüge werden in den Triumphalfasten, um nur
Beispiele bis zum sechsten Jahrhundert anzuführen, auch *Non. Jan.* 477.
Id. Jan. 415. 461. überhaupt im Januar 487. 497. 500. *Kal. Febr.*
408. 474. 488. 497. *Non. Febr.* 488. *Id. Febr.* 461. (auch 365 Plutarch. Cam. 30.) an den Quirinalien 393. 404. 432. 478. 481. erwähnt.
Dass in den Kalendarien auch die Tage dieser Monate die gewöhnlichen Bezeichnungen, worunter auch N(*efas*), F(*as*) und C(*omitialis*),
tragen, beweist nur, dass diese selbst dem *ius sacrum* angehörten,
nicht aber auch, dass an den letzteren in der älteren Zeit wirklich
Recht gesprochen oder Comitien abgehalten worden wären. Das
Hinderniss war, so zu sagen, nur ein natürlich-politisches.

Wir kommen auf die Monate und deren Länge.

Zum wenigsten schief und genau genommen auch falsch ist die
Vorstellung in den meisten Darstellungen der späteren Autoren, dass
Numa die Monate Januar und Februar erst geschaffen und dem Februar 28 Tage gegeben habe. In welcher Art jene schon vorher
bestanden, haben wir bereits gesehen. Der Februar erhielt aber von
Numa auch nicht die gerade Zahl von 28, sondern die ungerade von
23 Tagen; das erforderte theils das sacrale Imparilitätsprincip für

diesen ja ebenfalls mit Festen bedachten Monat so gut wie für die übrigen, theils wird es auch durch die besten älteren Autoren und durch die Sache selbst bezeugt, indem auf den 23sten die *Terminalia*, das Fest des Schlosses des Jahres [79]) und folglich auch seines letzten Monats fielen und nach diesem, nicht etwa erst nach dem 28 Februar, eingeschaltet wurde [80]). Auch erklärt sich nur hieraus genügend die Römische Sitte, von den Idus des Februar an, wenn nicht noch ein Schaltmonat mit seinen Kalenden auf dessen *Terminalia* folgte und das Jahr erst wirklich beschloss, also in gemeinen Jahren, nicht wie in den übrigen Monaten *ante Cal. Martias* als des folgenden Monats, sondern *ante Terminalia* zu datieren [81]), indem die Tage vom 14 bis 28 Februar von den Kalenden des März des folgenden Jahres durch die Tage, die selbst keine Kalenden hatten, völlig geschieden waren. Nur diese selbst konnte man regelrecht *ante Calendas Martias* datieren,

[79]) Siehe Beilage C.

[80]) Q. Mucius in L. 8tt. § 1. D. de V. S. (50, 16) *Cato putat, mensem intercalarem additicium est, omnesque eius dies pro momento temporis observari extremoque diri mensis Februarii attribui* Q. Marius id. h. aber nach den folgenden Stellen: den Terminalien). *Varr.* 6, 13. *Terminalia, quod is dies anni extremus constituitus* (wonach denn die noch folgenden Tage mehr schon zum folgenden Jahr gehören mussten); *duodecimus enim mensis fuit Februarius, et quum interealatur, inferiores quinque dies duodecimo demuntur mense* (diesen schon nach späterer Auffassung). *Ovid.* 2, 50 (in Anm. 70). Auf Unkunde und Einbildung beruht das *credo* des *Macrob.* 1, 13, 15: *Verum res in a Graecis differebant. Nam illi confecto ultimo mense, Romani non confecto Februario, sed post vicesimum et tertium diem eius intercalabant, Terminalibus scilicet iam peractis; deinde reliquos Februarii mensis dies, qui erant quinque, post intercalationem subiungebant: credo vetere religionis suae more, ut Februarium omnimodo Martius consequeretur.* Der *vetus religionis mos* erforderte vielmehr, dass die fünf Tage nicht von dem März, den sie einleiteten, getrennt werden durften, damit die beiden *Equirria* am 27 Februar und am 14 März ihren Zusammenhang behielten.

[81]) Inschrift von Capua vom 14 Febr. 659. bei Orelli 3793 = I. R. N. 8669. *pugna Herculanea scivit a. d. X Termino .... (Ne. ad Attic. 6, 1, 1. Accepi tuas literas a. d. quintum Terminalia* (den 19 Februar 703 in Laodicea). Mommsen, der auch mit Nichtachtung der besseren Quellen und der wahren Natur der Sache schon dem vorcäsarischen Februar 28 Tage giebt, meint (Chronol. S. 43), dass man nur in späterer Zeit und nur ausserhalb Roms wegen der Ungewissheit, ob in ihm eingeschaltet werden würde, aus Verlegenheit so datiert habe. Offenbar musste man aber in Capua am 14 Febr. schon von der an den Nonen (5 Febr.) geschehenen oder nicht geschehenen Schaltung Kenntniss haben und noch viel mehr zur Zeit des doch erst später auf Stein gegrabenen *Tagedecrets*. Auch verfuhr man gewiss hinsichtlich des Datierens ähnlich wie es für eine andere Anwendung (Ic. l. c. § 9 bezeugt): *Quinto togum parum Liberalibus cogitabam dari. Mandari enim pater. Ea ne observabo, quasi intercalatum non esset.* Das heisst, wie schon Manutius richtig erklärt, er wollte, da er dem Quintus im Auftrage seines Vaters die Mündigkeitstoga, welche am Liberalienfest (17 März) angethan wurde, zu geben beabsichtigte, dieses an dem Tage thun, der im gemeinen Jahre der Liberalientag war, da er doch nicht wissen konnte, ob in Rom geschaltet worden sei oder nicht und das gemeine Jahr doch eben die Regel war. So datierte er also auch a. d. V. Term. nur wie im gemeinen Jahr.

da sie diese wirklich einleiteten und ebenso auch in einem Schaltmonat die Tage nach dessen Idus, deren Zusammonrechnung mit den
fünf nichts entgegenstand, da diese Ja selbst nur Tage ante Cal. Mart.
waren[2]. Auch dass die Schaltzeit im voreäsarischen Kalender noch
mit post Terminalia[3]), im cäsarischen dagegen o. d. Cal. Mart. angegeben wird, ist für die dort noch ganz andre Auffassung der fünf
Tage bezeichnend. Offenbar wurden diese in Numas Kalender zu
Ehren des alten Sonnenjahrs, da mit ihnen die Sonne schon anfing
Kraft zu gewinnen, als ein selbständiger, ebenfalls ungerader Complex
von Tagen ohne Monat gedacht, wie die andern damals überschüs-
sigen 60 Tage in die öffentlich anerkannten Monate, besonders den
Januar und Februar übergingen, und sie sollte als solcher selbständiger Jahrestheil eine fast monatsgleiche Würde, die ihn auch zu Festen
befähigte, doch unabhängig von einem Monat haben sowohl vom
Februar als später auch vom Intercalarius, weil er nicht zum Ende
des vorigen Jahres gehörte, sondern, wie der Interrex den neuen Rex
creierte, schon das folgende, obgleich nur in Gestalt von überleitenden
Neujahrsvorlagen anfing. Dieses beweist ausser den den Februar
und damit das alte Jahr selbst schliessenden Terminalia und der an
dieser, nicht an den 28 Februar angehängten Schaltzeit der Umstand,
dass auf den (spätern) 27 Februar d. h. den vorletzten dieser Fünf-
lage, die ersten Equirria fallen, ein in einem Pferderennen (equicurria)
zu Ehren des Mars bestehendes Pubertäts- und Frühlingsfest, welches
mit dem zweiten am 14 März in einem nothwendigen Zusammenhange
stoht und also schon die grosse Marsfeier im März einleitet. Auch
wurde die Stelle des Julianischen Schalttages, von dem wir seben
werden, dass er mit dem ersten dieser Fünftage zusammen den 17 a.
Cal. Mart. bildete, noch von Augustus geradem so bezeichnet, dass
derselbe 'incipiente anno' eingeschaltet werden solle (Macrob. 1, 14, 15).
(lewiss erst spät, als im Kalender mit der alten Religion die concrete
Lebendigkeit seiner Theile dem todten mathematischen Schematismus
wich, gewöhnte man sich, diese wenigen noch benannten Tage
dem Februar oder in einem Schaltjahr dem Schaltmonat zuzurechnen.
Der Erklärungsgrund für die angeblich ursprünglichen 28 Tage des

[2]) Liv. 37, 59. Triumphavit mense intercalario pridie Calendas Martias (a. u. 565.)
Ascon. arg. Milon. p. 37. Or. Pompeius ab interrege Ser. Sulpicio V. Cal.
Mart. mense intercalario consul creatus est (a. u. 702) tistimque consulatum
init. Und als Beispiel eines Datums aus den Tagen des Schaltmonats
selbst: .... X. K. M.IRT (Triumphalfasten im J. 588, welches ein Schaltjahr war). Man braucht die Erwähnung des Schaltmonats in den obigen
Stellen nicht nothwendig so zu verstehen, dass die 5 Tage dazu gerechnet worden wären, da sie auch heissen kann: als ein Schaltmonat
war (vorherging). Doch wird in jener Zeit die Selbständigkeit der fünf
Tage im täglichen Leben wohl schon in Vergessenheit gekommen sein.

[3]) Liv. 43, 11. Hoc anno (584) intercalatum est; tertio die post Terminalia Calendas
intercalares fuerunt. 45, 44. Intercalatum eo anno (587): postridie Terminalia
intercalares fuerunt. Seit Cäsar heisst bekanntlich die Schaltzeit, nun bloss
ein Tag, (bis) sextus ante Cal. Martias.

Februars bei den spätern Schriftstellern: der Februar habe eine gerade
Tagezahl erhalten, weil in ihn die Todtenopfer und Lustrationen gefallen seien, hat hiernach nur eine falsche, der Cäsarischen Zeit entnommene Thatsache zur Voraussetzung (denn damals rechnete man
freilich auf den Februar 28 Tage), er ist aber auch in ihm selbst
nur ein alberner Nothbehelf, da danach z. B. auch der Mai wegen
seiner Lemurien- und Argeerfeste oder der Juni wegen seiner grossen
Vestaluatration eine gerade Tagezahl hätte erhalten müssen.

Fragen wir nun aber, weshalb denn Numa dem Februar gerade
23 Tage gab und nicht etwa auch 29, womit er ja dem natürlichen
Monat weit näher gerückt sein würde, so lag der Hauptgrund dafür
doch in einer gewissen Rücksicht auf die fünf mit diesen 23 zusammen-
zurechnenden Tage. Er wollte ja in seinem Kalender ein Sonnenmondjahr abbildlich darstellen d. h. ein solches, welches aus zwölf
Mondumläufen besteht [**]). Diese erfordern 354 Tage, indem die
synodischen Monate im Ganzen abwechselnd 29 oder 30 Tage betragen. Genau konnte er nun diese natürlichen Mondumläufe nicht
innehalten, weil theils das sacrale Princip für alle Monate ungerade
Zahlen und für vier Monate 31 Tage erforderte, theils die fünf einleitenden Tage vor dem März ausser den Monaten aufgenommen
werden mussten. Es musste also jene Zahl durch Compensation in
den Monaten herausgebracht werden. Ergaben nun unter den zehn
alten Monaten die sechs mit jetzt 29 Tagen 3 Tage zu wenig, die
vier mit 31 Tagen 6 Tage zu viel (im Verhältniss nehmlich zu dem
Wechsel von je einem synodischen Monat von 30 und 29 Tagen),
so dass bei diesen ein Ueberschuss von 3 Tagen eintrat, der sich
durch die fünf einleitenden Tage auf 8 erhob, so musste dieser Ueberschuss durch verminderte Tagezahl der beiden neuen Monate com-
pensiert werden, indem ihnen statt (30 + 29 =) 59 nur 51 Tage
gegeben wurden. Und zwar wählte Numa dazu hauptsächlich den
Februar, weil er theils das Schwächste in der Entwickelung, Geburt und
Unmündigkeit repräsentierte (S. 35 u. f.), theils für ihn als traurigsten
Monat — in dem die schwersten Winterlustrationen und der Todtencult zusammentrafen — eine Verkürzung und ein Eilen zur fröhlichen
Auferstehung des Jahres an sich indicirt war: er erhielt so statt
der sonstigen 2 vollen Wochen nach den Idus nur 1¼ Woche oder
10 Tage. Zugleich musste aber bei beiden Monaten darauf Bedacht
genommen werden, dass auch sie jeder möglichst einem synodischen
Monat entsprächen, und dieses erreichte der König, indem er nach
dem Januar (von 28 oder 29 Tagen, wovon sogleich) dem Februar
23 Tage gab, auf die aber die fünf einleitenden Tage folgten und
mit jenem ¼ zusammen eine verminderte (nur siebeutägige) zweite

---

[**]) Man verwechsle dieses nicht mit einem etwaigen Bestreben, die Kalendermonate mit den thatsächlichen Mondumläufen des Sonnenjahrs in möglichste Uebereinstimmung zu bringen. Von einem solchen konnte nicht
die Rede sein, da diese immer sogleich durch die 11 überschiessenden
Tage des Sonnenlaufs gestört wird.

Woche nach den Idus bildeten. Das so noch bei Januar und Februar
für zwei synodische Monate bleibende kleine Manco glichen dann
bald der März, Mai und Juni mit ihren 31 Tagen wieder aus. Sieht
man also auf die Gründe der Einrichtung des Numa, so ist die Darstellung der Schriftsteller, besonders des Macrobius, dass er dem Februar
— darunter die natürliche Monatszeit zwischen Januar und März verstanden — 28 Tage zugewiesen habe, nicht ganz unrichtig. Auch
drückte sich diese Auffassung in der 'Subjunction' der fünf Tage
unter den Schaltmonat und in der Art zu datieren während der
späteren Zeit der Republik aus (oben Anm. 60, 62).

Was die auch verschieden angegebene Länge des Januars betrifft,
so fällt diese Discrepanz — da die Länge der übrigen Monate und
insbesondere des Februars mit seinen fünf Folgetagen keinem Zweifel
unterliegt — offenbar zusammen mit der andern, ob Numas Mondjahr
354 Tage gezählt habe (nach Plut. Num. 18 und Macrob. 1, 13, 1)[**]
oder 355 nach den übrigen Autoren, welche aber eigentlich nicht
gerade von Numa, sondern meist in Verbindung mit dem Schaltwesen
von der Zeit nach dem Romulischen Jahr überhaupt sprechen[**].
Wir sind nun nicht berechtigt, von vornherein die eine Meinung der

---

[**]) Der letztere sagt von Numa: *quinquaginta dies* (zu den 304) *addidit, ut in
trecentos quinquaginta quattuor dies, quibus duodecim lunae cursus conficit crederet,
annus extenderetur.* Diese 50 Tage, auf 56 vermehrt durch die sechs alten
Monaten eutzogenen einzelnen Tage, habe er auf Januar und Februar
gleich vertheilt. Später § 5. *Pculo post* (nachdem umliegende Völker den
zwölfmonatlichen Kalender des Numa nur mit Abweichung in der Länge
der Monate angenommen) *Numa in honorem imparis numeri, servatam hoc et
ante Pythagoram pertinente natura, unum adiecit diem, quem Januario dedit, ut
tam in anno, quam in mensibus singulis praeter unum Februarium impar numerus
serveretur.* Plutarch drückt sich wegen der zwölf Mondumläufe = 354 Tagen
gleich objectiv aus und bezieht das Urtheil des Königs nur auf den
dadurch entstandenen Mangel von 11 Tagen im Verhältniss zum Sonnenjahr.

[**]) Der bedeutendste unter diesen Censorin. 20. drückt sich so aus: *Postea*
(nach dem Romulischen Jahr) *sive a Numa, ut ait Fulvius, sive ut Junius,
a Tarquinio duodecim facti sunt menses et dies CCLV, quamvis luna duodecim
suis mensibus CCLIV dies videantur explere. Sed id sanc dies abundaret, sint
per imprudentiam accidit, aut quod magis credo, ea superstitione, qua impar numerus plenus et magis faustus habebatur. Certa ad cursum priorem sive et quinquaginta dies accesserunt; qui quia menses duos non implerent, sex illis cursu
mensibus dies sunt singuli detracti ut ad eos addiii, factique sunt dies quinquaginta
septem: et ex his duo menses, Januarius undetriginta dierum, Februarius deude-
triginta dierum. Atque ita omnes menses pleni et impares dierum numero sunt
coeperunt, excepto Februario, qui solus curus et ob hoc caeteris infaustior est
habitus.* Bei den andern spätern Autoren tritt die Behauptung des
355tägigen Jahrs keineswegs ebenso bestimmt auf. Sollnus stellt es
zwar zuerst schlechthin auf. Nachher spricht er aber bei Gelegenheit
der Schaltung von einer ursprünglichen Uebereinstimmung der Römer
mit den Griechen, welche dem Sonnenjahr 11½ Tage entzogen d. h.
doch ein Jahr von 354 Tagen gehabt hätten: *Quod cum intra Romani
probassent, contemplatios numeri peritis offisus* (d. h. aus Anstoss an 354 Tagen)
neglectum brevi perdiderunt.

andern vorzuziehen: sie hatten beide ihre noch ersichtlichen guten
Gründe und mit diesen lässt sich auch leicht die Wahrheit auffinden,
die in der That einen Cardinalpunkt für die Geschichte des alten
Römischen Kalenders bildet.

Offenbar konnte Numa einerseits, da gerade das höhere noch
mehr in der Natur lebende Alterthum die Himmelserscheinungen so
viel scharfsichtiger beobachtete, als die spätere Zeit[1]), auch die so
leichte Wahrnehmung nicht entgehen, dass zwölf Mondumläufe nur
354 Tage einnehmen, und das später feststehende Schaltsystem von
abwechselnd 22 und 23 Tagen für je zwei Jahre wäre, da der König
auch über die Länge des Sonnenjahrs hinreichend unterrichtet war,
ganz unerklärlich ohne die Voraussetzung eines ursprünglichen Mond-
jahres von nur 354 Tagen[2]). Andrerseits ist es auch unmöglich,
dass er das Imparilitätsprincip, dessen Geltung wir selbst für den
Februar erkannt haben, beim Januar und beim ganzen Jahr nicht
sollte zur Anwendung gebracht haben. Die Lösung dieses scheinbaren Widerspruchs liegt nun einfach darin, dass er aller Wahrscheinlichkeit nach sacralrechtlich den letzten (28sten) Tag des Januars
doppelt zählte, womit er zugleich sacral einen Monat mit 29 und ein Jahr
mit 355 Tagen erlangte, obgleich sie natürlich nur 28 und 354 Tage
enthielten. Er that damit nur dasselbe, was nicht bloss von den alten
Griechen mit ihrer ἡμέρα καὶ νέα oder τρισκάς bei allen 29 tägigen
Monaten, sondern auch in Rom selbst priesterlich mit den vollen
Monaten des Romulischen Jahres geschehen war (oben S. 17), wofür
das allgemeine Princip gerade besonders durch ihn in das Römische
Sacralrecht eingeführt wurde[3]). Auch bezweifle ich nicht, dass dies
intermestris in Numas Kalender diesen fictiven 29sten Januar bezeichnete: der Ausdruck ist offenbar ursprünglich kalendarisch und konnte,
da ein wirklicher einzelner Tag zwischen zwei Monaten nirgends zu
finden ist, nur auf diesen fingirten gehn; erst nach dessen Wegfall wird
er auf den natürlichen Neumond übertragen worden sein (Anm. 64. 65).
Die einander entgegengesetzten Relationen der Alten erhalten aber

---

[1]) Viel einsichtsvoller sagt Plin. N. II. 18, 29, 62. *Radix fuit priorum ... atque ... litteris; non minus tamen ingeniosa ... in illis observationem ad-
... quam sane rationem, als nach dem gewöhnlichen Dünkel eines s. g.
gebildeten Litteraturzeitalters z. B. Ammian 26, 1, 12. Haec (die Jahres-
länge von 365½ Tagen) nondum extrinsecus finius regnis des ignorarero Romani,
perque secula multis obscuris difficultatibus implicati etc.*

[2]) Erst einem Dichter wie Ennius konnte es begegnen, aus diesem Schaltsystem bei einem Mondjahr von 355 Tagen zu schliessen, dass das
Sonnenjahr 366 Tage zähle. Censorin. 19.

[3]) Dass nehmlich das Bild die Sache, das fingirende Wort die Wirklichkeit
vertritt (vgl. S. 81), was bekanntlich als Fictionsprincip auch für die
Entwickelung des Civilrechts ungemein wichtig wurde. Die eigentliche
Heimat desselben liegt aber im antiken Sacralrecht, bei dem auch nicht
bloss die Römer von vornherein seiner bloss symbolischen Bedeutung
sich bewusst waren. Lobeck Aglaoph. p. 119. Dazu der sacrale Schatz
S. 217 ff.

4*

hierdurch ihre volle Erklärung: sie hatten beide Recht und irrten
nur darin, dass sie durch Uebersehen der bloss sacralen Natur des
29 Januar einander bekämpften. Noch erklärlicher wird aber ihr
Irrthum, wenn wir die weitere Geschichte dieses Tages hinzunehmen,
wodurch zugleich auf eine andere bisher räthselhafte Nachricht das
nöthige Licht fällt.

Macrobins erzählt 1, 13, 16 ... 19 umständlich nach Autoren,
die er als *quidam referunt* bezeichnet, es habe im alten Kalender nicht
bloss einen Schaltmonat, sondern auch einen Schalttag (*dies intercalaris*)
gegeben aus folgender Veranlassung. Da es öfter vorgekommen, dass
die *nundinae* auf den Neujahrstag (*principem anni diem*) oder auch
auf Nonen irgend eines Monats fielen und beides als für den Staat
verderblich angesehen worden sei[20], — letzteres wegen des dann
zu starken Zusammenströmens der Plebs, die an den Nonen den Geburtstag des Servius Tullius feierte und von der man '*ob desiderium
regis*' Unruhen fürchtete, — so habe man den zum Januar hinzugefügten Tag (den 20 sten) denen, welche für den Kalender zu sorgen
hatten, zu dem Zweck überlassen, um durch seine Einschaltung (oder,
wie es Dio auch nennt, Verwetzung) jenes Zusammentreffen zu ver-
hüllen, *dummodo* (fügt Macrobins hinzu) *ews in medio Terminaliorum
et Regifugii*[21]) *rel mensis intercalaris ita locarent, ut a suspecto die
celebritatem acerteret nundinarum*. Es ist schon au sich kein triftiger
Grund vorhanden, diese Nachricht zu bezweifeln. Sie wird aber
ausserdem auch noch durch das Zeugniss des Dio Cassius[22]) und

---

[20]) Das von ihm angeführte Beispiel, worin sich das Zusammentreffen der
Nundinä mit Neujahr als gefährlich bewährt habe, der *umstände Lepidirum*,
kann nur nach den älteren Auslegern auf das J. 676 gehen, in dem sich
die Consuln Catulus und Lepidus von vornherein anfeindeten, das Waffen-
geklirr aber auch ein schnelles Ende nahm. Im J. 711, worauf zuerst
Merkel (ad Ovid. F. p. XXXII) einer falschen Ansicht von den *nundinae*
zu Liebe ihn beziehen wollte, wird bei den übrigen viel schrecklicheren
Ereignissen des Jahres auf Lepidus Unbotmässigkeit gegen den Senat
kein besonderer Schriftsteller sonderliches Gewicht gelegt haben und
jedenfalls wäre sie mit *nundius* sehr schlecht bezeichnet worden.

[21]) Die unterstrichenen Worte sind offenbar in den Handschriften ausgefallen, wie schon A. Mommsen (Röm. Daten S. 42) obgleich solbst ohne
richtige Erkenntniss der Sache gesehen hat.

[22]) Dio 40, 47 vom J. 701: Κἀν τούτου (dem Mangel an Magistraten) οὔτε
τι ἄλλο χρηστὸν συνέβη, καὶ ἡ ἀγορὰ ἡ διὰ τῶν ἐννέα ἀεὶ ἡμερῶν ἀγομένη
ἐν αὐτῇ τῇ τοῦ Ἰανουαρίου νουμηνίᾳ ἤχθη. καὶ τοῦτό τε μέντοις εἰς οὐκ
ἀπὸ ταὐτομάτου συμβὰν ἀλλ' ἐν τέρατος λόγῳ γενόμενον ἰσχυρίζετο καὶ ὅτι
βόας etc. (es werden noch mehrere Prodigien erwähnt) 48, 53. vom J. 714.
καὶ ἡμέρα ἐμβόλιμος παρὰ τὰ καθεστηκότα (also nicht der gewöhnliche
Schalttag des Julianischen Kalenders) ἐνεβλήθη, ἵνα μὴ ἡ νουμηνία τοῦ
ἐχομένου ἔτους (die *Calendae Januariae* des nächsten Jahres) τὴν ἀγορὰν
τὴν διὰ τῶν ἐννέα ἡμερῶν ἀγομένην λάβῃ (ὅπερ διὰ τοῦ παντὸ ἀρχαίου
σφόδρα ἐφυλάττετο) καὶ δηλονότι ἐνδιημερῶθη αὐθις, ὅπως ὁ χρόνος
κατὰ τὰ τῷ Καίσαρι τῷ προτέρῳ δόξαντα συμβῇ. 60, 24 vom J. 797 unter
Claudius: καὶ τὴν ἀγορὰν τὴν διὰ τῶν ἐννέα ἡμερῶν ἀγομένην ἐς ἑτέραν
ἡμέραν ἱερῶν τινων ἕνεκα μετέθεσαν καὶ τοῦτο καὶ ἄλλοτι πολλάκις ἐγένετο,

einen bestimmten historischen Vorgang auch ausser denen, welche
Macrobius und Dio anführen, bestätigt. Wenn nehmlich Livius bei
Angabe der Schaltungen in den Jahren 584 und 587 (s. die Stellen
in Anm. 83) zur ersten bemerkt, die *Cal. intercalares* seien *tertio die*
(d. h. nach unserm Sprachgebrauch am zweiten Tage) *post Terminalia*,
zur zweiten aber, sie seien *postridie Terminalia* gefallen, so kann
ersteres nicht (nach Mommsen Chronol. S. 20) heissen: am Tage nach
dem 24 Februar (dem *Regifugium*), theils weil vor Cäsar nach den
bestimmtesten Zeugnissen alle Einschaltung unmittelbar nach den
Terminalia geschah[85], theils weil dann Livius *postridie Regifugium*
hätte sagen müssen, sondern es wird uns in der ersten Erzählung
ein Fall doppelter Schaltung, des Schalttags und des Schaltmonats
berichtet und damit ein Beispiel der zweiten Alternative in der obigen
Regel des Macrobius vor Augen gestellt, dass nehmlich in einem
Schaltjahr die Hinzufügung des Schalttages *in medio Terminaliorum
et mensis intercalaris* geschehen müsse[86]). Warum freilich Livius
gerade bei diesen beiden Jahren ausnahmsweise die Einschaltung
erwähnt, erklärt sich hieraus noch nicht. Hatten sie aber aus andern
Gründen etwas Ausgezeichnetes, wovon später die Rede sein wird,
so war es natürlich, dass er zugleich ihre Verschiedenheit hinsichtlich des Einfalls der *Cal. intercalares* angab[86]). Im Uebrigen werden
wir auf diesen Schalttag in der Lehre von den *nundinae* zurückkommen müssen.

wo offenbar die *sacra Anneliu* gemeint sind. — Mommsen verwirft die
Nachricht des Macrobius sammt dem Zeugniss des Dio für die ältere
Zeit, die freilich mit seiner Geschichte des Römischen Jahres nicht stimmen, in seiner Weise mit harten Worten (S. 23—26), anstatt sie zu
erklären.

[85]) Ausser der obigen Stelle des Macrobius vgl. Varr. l. c. (Anm. 80)) und
Censorin. 20). *in mense potissimum Februario inter Terminalia et Regifugium
intercalatum est.*

[86]) Hiermit fällt nun von selbst das Schema, welches Mommsen Chron. S. 21
nach Missverständniss der Stellen des Livius, mit Hülfe der weiteren
bückst unwahrscheinlichen Hypothese, dass ein 23tägiger Schaltmonat
nach dem *Regifugium*, ein 22tägiger nach den *Terminalia* eingetreten sei,
und nach willkürlicher Verwerfung aller Zeugnisse des Alterthums für
die vorcäsarischen Schaltungen (Anm. 80) sich ausgesonnen hat. Der
einzige für seine Meinung bleibende Schein einen Arguments, dass im
Julianischen Kalender nicht nach den Terminalien, sondern erst nach
dem Regifugium eingeschaltet werde, verwandelt sich auch für den,
der die ganz andre Natur des Julianischen Kalenders erkannt hat (wovon später), in ein *argumentum a contrario* für die richtige Lehre der Alten.

[87]) Erst hinterdrein sehe ich, dass schon Dodwell in der append. Praelect.
Camd. p. 743, 751. 761. und die cyclis diss. 10 § 26. die erste Stelle des
Livius ebenfalls aus dem Schalttage erklärt hat. Irrig benutzt er ihn
aber auch zur zweiten, um zu erklären, warum hier Livius überhaupt
die gewöhnliche Art der Schaltung angeführt habe, indem er eine ganz
willkürliche Art, den Tag irgendwo herauszunehmen und irgendwo einzuschalten, von der die Alten wenigstens vor Cäsar nichts wissen,
annimmt.

Hier interessirt er uns nur, weil er uns Aufschluss darüber giebt, wie und wann das Römische Jahr zuerst 355 Tage wirklich erhalten hat. Sollte nehmlich der 29 Januar, ein bisher nur imaginärer Tag, zum Schalten verwandt werden, so musste er zu einem wirklichen Kalendertage werden, zumal nur solche in dem Nundinalcyclus mitzählen. Das war aber eine Metamorphose, die nur in Zeiten grosser politischer Noth und Gewaltthätigkeit gegen die gefürchtete Plebs mit Hülfe dienstfertiger Priester[*) geschehen sein kann, da diese doch schwerlich so einfältig waren, den Unterschied zwischen bloss Imaginärem und Wirklichem, der ihnen sonst in ihrem Berufe tagtäglich vorkam, nicht zu begreifen. Auch mass das politische Interesse dieser Neuerung, in dessen Dienst sie ohne Zweifel öffentlich lehrten, dass an einem recht glücklichen Januar auch eine ungerade Zahl wirklicher Tage beitrage, in der Folgezeit, wo die übrigens auch leicht vorherzusehenden nachtheiligen Folgen für den Kalender sich fühlbar machten, so stark gewesen sein, dass man um dessen willen doch von diesem Schalttag und seiner Voraussetzung nicht abliess, bis diese auch nach Wegfall jenes politischen Interesses zu einem Aberglauben festwurzelte, der selbst noch Cäsars Kalenderreform überdauerte. Zu Numas Zeit und unter den folgenden Königen hatten nun die Plebs und deren Nundina noch nicht eine solche Bedeutung erlangt, dass man sie hätte fürchten müssen; das geschah erst unter Servius Tullius. Ohne Zweifel hatte also der von Censorin. 20 angeführte Junius Gracchanus Recht, welcher berichtete, die zwölf Monate — nehmlich in der später unverändert gebliebenen Gestalt und Länge auch des Januars — und das Jahr von 355 Tagen rührten (in ihrem ersten Ursprunge) von Tarquinius (Superbus) her. Diese von den Patriciern nachher eifern festgehaltene Neuerung gehörte mit zu den Regierungsarcanen, mittelst deren er nach Niederwerfung der Neubürgerpartei und Abschaffung der Institutionen des Servius Tullius seine Herrschaft auch positiv zu sichern suchte. Das wird noch klarer werden, wenn wir jetzt die älteste Geschichte der eigentlichen Interealation näher betrachten.

Numas Mondjahr war gegen das Sonnenjahr um 11 ganze Tage und einen Bruchtheil von etwa 6 Stunden zu kurz, welcher letztere durch einfache Naturbeobachtung den Römischen Königen ebensogut wie den alten Mexicanern im Allgemeinen recht wohl schon bekannt gewesen sein kann, wenn er in Griechenland frühzeitig sogar schon berechnet wurde (Censorin. 19). Deshalb aber ein System von Schaltmonaten mit 22 oder 23 Tagen in einem Cyclus von Jahren aufzustellen, wie es ihm Livius (Anm. 56) beilegt und auch Plutarch

**) Die Auctoren der Kaiserzeit, welche den Zusammenhang zwischen dem alten Schalttage und dem Jahre von 355 Tagen nicht einsehen, weil sie den Kalender überhaupt nur in oberflächlich mathematischem Interesse und ohne Zusammenhang mit der Römischen Religion und Verfassungsgeschichte behandelten, sprechen ebenso wie die modernen Bearbeiter zu Ehren ihrer vermeintlich besseren Einsicht überall nur von error.

nur in andrer Art sich dachte (Num. 19. Caes. 69.), musste Ihm fern
liegen, weil sein Sonnenmondjahr nur in religiösem Interesse aufgestellt war, welches nur zwölf wahrhafte, wenn auch civilrechtlich festgestellte Mondmonate mit Festen und ähnlichen religiösen Beobachtungen anliess. Wohl aber musste er, je näher sich diese Beobachtungen damals noch an die Jahreszeiten und Naturveränderungen des
Sonnenjahrs anschlossen, desto sorgfältiger darauf bedacht sein, die
Zahl der nicht In Monate gefassten Tage zu bestimmen, welche in
jedem Jahr zwischen den *Terminalia* und den fünf den März einleitenden Tagen ohne sacrale und sonstige civilrechtliche Bedeutung
ablaufen sollten, und damit wurde er der Urheber der Einschaltung
'sacrorum causa', wie es Valerius Antias mit richtiger Einsicht ausdrückt[97]), oder des eigentlichen *intercalare*, welcher Ausdruck daher
rührt, dass, da der Rex, später der Pontifex maximus durch ihn, in
einer sacralen Volksversammlung an den Nonen jedes Monats die
Feste und sonstigen religiösen Beobachtungen desselben mit dem Tage
ihres Einfallens anzeigte (Varro 6, 13. 28), an den Nonen des Februars
für die richtige Bestimmung des Tages der *Equirria* an den Fünftagen
auch die sacral bedeutungslose Zwischenzeit mit abgerufen werden
musste (Plut. Caes. 59): wogegen früher nach Ablauf des Winters
dem Volke der Wiederanfang der civilen Monatszeit von seinem
Könige in besonders dazu berufenen Comitien angezeigt worden sein
wird. In materieller Hinsicht liegt aber in jenem *sacrorum causa*
zugleich, dass die Einschaltung auch nur erst in religiösem Interesse
geschah und also noch nicht mit Einführung eines Schaltmonats.
Auch ist es ganz glaublich, dass Numa in 3 Jahren je 11, im vierten
wegen des überschiessenden Vierteltages 12 Tage intercalierte. Dieses
entspricht der von Sollnus als der ältesten gedachten Schaltung[98]),
es war zugleich genau die materielle Grundlage des späteren Schaltsystems und nur in dieser Weise, die astronomisch vollkommen so
befriedigend war, wie die spätere des Cäsar, kann sich auch Cicero
(Anm. 57) Numas Schaltung gedacht haben, wenn er sie ein *institium*
perite nennt, wogegen Plutarch oder seine Gewährsleute, welche Numa
unverständiger Weise schon den Schaltmonat zuschrieben und doch
auch von einer späteren Veränderung der Numanischen Einschaltung
gehört hatten, nach der wohlfeilen, damals gangbaren Vorstellung,
dass Alles Anfangs noch roh gewesen und später erst vervollkommnet

[97]) Macrob. 1, 13, 20. *Antias libro secundo Numam Pompilium sacrorum causa id
(das intercalare) invenisse contendit.*

[98]) Sollin. 1. *Sic annum habere quinque et quinquaginta et trecentos dies coepit. Post-
modum cum perspiceret, tenerem annum clausum intra dies quos supra diximus,
quemadmodum apparere solet mensium non ita trecentesimum sexagesimum quintum
diem, abrudens semper quadrantis particula, Zodiacum conficere decursum, quadrantem illum et decem dies addiderunt, ut ad byemdam annus trecentos sexaginta
quinque dies et quadrante constaret etc.* Es ist zu beachten, dass Sollnus
zu denjenigen gehört, welche irrig das Numanische Jahr zu 355 wirklichen Tagen ansetzen; deshalb nimmt er 10¼, statt 11¼, hinzugefügte
Tage an. Aehnlich Serv. ad Aen. 6, 49. nach der Leipziger Handschr.

worden sei, die Sache so vorstellten, dass Numa noch jeden zweite
Jahr einen Monat von 22 Tagen (anstatt abwechselnd von 22 und
23 Tagen) eingeschoben habe[99]).

Woher nun aber später *menses intercalares?* Sie können nur in
einer Zeit eingeführt sein, in welcher der Monat seine sacrale Bedeutung als die ausschliesslich bestimmende materiell schon verloren
hatte und es daher möglich wurde, dass eine in dieser nur mitliegende
bürgerliche von ihr besondern für solche Staatsgenossen, die der alt-
patricischen Sacra nicht theilhaftig waren, sich emancipirte. Dieses
führt auf Servius Tullius[100]), dessen übriger dualistischer Verfassung
(z. B. in den Jo 20 Centurien, den 4 Tribus, den *Patres conscripti*, dem
beabsichtigten *imperium consulare)* auch die Schaltung in jedem zweiten
und vierten Jahre entspricht. Abgesehen von andern Interessen, von
denen später die Rede sein wird, waren nach der allgemeinen Regel
(S. 1. 11.) auch privatrechtliche Leistungen, die aus dem Civilrecht
stammten, ohne Zweifel durch civilrechtliche d. h. in den Kalender
(Monate) gefasste Zeit bedingt. So werden insbesondere die *operae*
des *servus,* mit denen er seine Zinsen nach einer herkömmlichen und
seit Servius Tullius gewiss auch gesetzlichen Werthbestimmung ausglich[101]), nur für Kalendertage angerechnet und auch wohl monats-
weise berechnet worden sein. Wenn also der Februar kam, wurde
dem Schuldknecht vom Patricier sein Arbeitslohn nur für dessen 23,
und später für die fünf überleitenden Tage berechnet, obgleich er
an den 11 oder 12 zwischenliegenden monatlosen Tagen ebensowohl
arbeiten musste. Da war es denn ein hohes Interesse für den armen
Plebejer, auch diese Tage noch in Monate gefasst zu sehen und
Servius Tullius setzte wirklich *menses intercalares* von abwechselnd
22 und 23 Tagen mit dem Aurecht des Schuldners auf Arbeitslohn
(*merces)* durch — vermuthlich nur in einem seiner 50 Gesetze über
das Privatrecht — obgleich die Patricier — auch nicht ohne Grund —
eifern mochten: damit würden nicht bloss Luna selbst, sondern auch
alle Götter verletzt, deren Feste man nun in jedem zweiten oder

---

[99]) Plutarch nennt (Caes. 59.) die Hülfe des Numa eine kleine und nicht
lange dauernde: letzteres ohne Zweifel mit Bezug auf den von Servius
Tullius eingeführten Schaltmonat von abwechselnd 22 und 23 Tagen.

[100]) Macrob. l. c. führt fort: *Junius* (Graechanus) *Servium Tullium regem primum
intercalasse* (auf die Weise, die man später darunter verstand) *comme-
morat, a quo et nundinas institutas Varroni placet.* Der von ihm auf dem
Aventin, vermuthlich also zugleich für Latium, gegründete Tempel der
Luna (Tacit. A. 15, 41. Becker Röm. Alterth. I. S. 456 oben Anm. 27) wird
ebenso durch diesen alljährlichen und darum auch alljährlich sühnenden
Eingriff in den Lauf und die Lage der heiligen Monate veranlasst sein,
mit denen es der Mond als Luna d. h. als sich bewegender und damit das
Mondjahr regierender Körper zu thun hat (vgl. Anm. 27. 28), wie durch
die kalendarische Verschiebung der Mondphasen die Sühne der ihnen
vorstehenden Juno. A. 59. S. 31.

[101]) Vgl. mein Recht des Nexum S. 69. Es hätte dort noch angeführt
werden sollen die Anspielung bei Plaut. Asin. 1, 8, 20. *Per qui datum
bustiuentum 'si opera pro pecunia.*

vierten (März-) Jahre um 11 oder 12 Tage zu früh begehe. Dass
aber wirklich in jenem plebejischen Interesse wenigstens eine Hauptveranlassung zur Einführung des Schaltmonate gelegen hat, bezeugt
noch der Name, mit dem der dankbare Plebejer ihn gleichsam unter
die Zahl der hohen patricischen Monate einzuführen suchte, *mensis
Mercedonius* oder *Mercedinus*[107]), während er nach patricischem Sacralrecht immer nur *mensis intercalaris* davon hiess, dass er bei der Verkündigung der Monatsfeste als zwischengeschobener, in sich sacral
bedeutungsloser Monat bekannt gemacht wurde.

Alle Einrichtungen des Servius schaffte bekanntlich der folgende
König im Interesse der Altbürgerschaft wieder ab. Gehörte aber zu
jenem noch ein so gewaltiges Attentat auf den alten Kalender, wie
der Schaltmonat wirklich war, so erklärt sich aus der Reaction dieses
Königes um so leichter seine umgekehrte Maassregel zur Zügelung
der Plebs auf diesem Gebiet durch Einführung des Schalttages.

Bei der Wiederherstellung der Schaltung des Numa wird es nun
auch bis zu den zwölf Tafeln geblieben sein. Das zeigt auch, was
Macrobius 1, 13, 21 — wiewohl nur zur Widerlegung des Fulvius, nach
dessen angeblicher Meinung erst eine Lex vom J. 563 das Schalten
eingeführt haben sollte — aus Varro beibringt, die Lex der Consuln
Pinarius und Furius (vom J. 282), 'cui *mentio intercalaris ascribitur*',
d. h. nach der allein zulässigen Interpretation: der (von den Gelehrten,
welche sie eingesehen haben) die Erwähnung des *intercalare* zugeschrieben wird. Hätte es nehmlich damals einen *mensis intercalaris*
gegeben, so wäre dieser zu nennen gewesen[108]). Das abstracte
Neutrum *intercalare* (sc. *spatium* oder *tempus*) weist auf einen damals
bestehenden Schaltzeitraum ohne Fassung in civilrechtliche *dies* oder
menses hin, der ebendeshalb civilrechtlich nicht beachtet wurde
(vgl. L. 98. § 1. D. de V. S. 50, 16) und *intercalare* war dafür ohne
Zweifel ebenso Kunstausdruck, wie im Julianischen Kalender das
ebenso und aus demselben Grunde gebildete abstracte Neutrum
bissextum für den Schalttag. Geschah aber in jenem Gesetz des

---

[107]) Plutarch. Num. 19. Caes. 59. Dass die Priester den Monat bei dessen
Verkündigung so genannt hätten, wie Plutarch an der zweiten Stelle,
aber nur um den Namen zu erklären, sagt, ist nicht glaublich. Die
Notiz des Lyd. de mens. 4, 92. aus Cincius, dass der November bei
den Alten und bevor er diesen Namen erhalten, *Mercedonius* geholssen
habe, hat mit dem Namen des Schaltmonats unmittelbar jedenfalls nichts
zu schaffen; als wird aber damit zusammenhängen, dass in den November die letzte der drei alten Jahresmessen (*mercatus*) fiel (wovon später)
und es ist ganz glaublich, dass auf deren drei Tage Mieth- und andre
Terminalzahlungen besonders im uralten auswärtigen Verkehr bedungen
zu werden pflegten (vgl. L. 138. pr. D. de verb. obl. 45, 1.), wovon
man die Tage selbst (auf diese scheint Fest. ep. p. 124. nicht aber auch
Tertull. de idol. 13. zu gehn) und den Monat in der Kaufmannssprache
mercedonii nannte. Alsdann hätte die Plebs den Ausdruck nur auf den
Schaltmonat übertragen.

[108]) Mommsen Chron. S. 11 verlangt freilich Textenänderung, um schon für
die älteste Zeit seinen Schaltmonat heranzubringen.

intercalare, wie wahrscheinlich, in dem Zusammenhange Erwähnung, dass die 11 oder 12 Tage in die 30 Tage von der vollendeten *legis actio* bis zur Bestellung des *iudex arbiterve* auch mit eingerechnet werden sollten[104], so lag darin in der That schon ein Uebergang zu einer noch weiteren Berücksichtigung derselben selbst als *mensis intercalaris*.

Von den Decemvirn, die ja auch im Uebrigen die geschriebenen Gesetze des Servius Tullius im Ganzen wiederherstellten, haben wir aber die durch Specialität volles Vertrauen erweckende Notiz bei Macrob. 1, 13, 14: *Tuditanus refert libro tertio magistratuum, decemviros, qui decem tabulis duas addiderunt, de intercalando populum rogasse.* Und dass sie den Schaltmonat, wie Servius Tullius, durch Zusammenziehung der bisher weit auseinander gelegenen, weil hinter den *Terminalia* zweier Jahre ablaufenden Zeiträume von je 11 resp. 11 und 12 Tagen eingeführt haben, sagt Ovid aufs deutlichste, wenn er nach der in Anm. 70 angeführten Stelle und in Beziehung auf den Vers: *Tu quoque sacrorum, Termine, finis eras,* fortfährt:

> *Postmodo creduntur spatio distantia longo,*
> *Tempora bis quini continuasse viri;*

so dass es zu verwundern ist, wie man diesen Sinn seiner Worte, in denen auch der abstracte Ausdruck *tempora (intercalaria)* bezeichnend ist, so lange hat verkennen können. Er bestätigt damit zugleich, was wir über die Behandlung der 11 Tage nach Numas Einrichtung behauptet haben. Auffallen möchte es aber, dass die Decemvirn des zweiten Jahres, welche doch sonst nur der Plebs unliebsame Gesetze vorschlugen, ihr diese wichtige Concession gemacht haben sollen. Allerdings mag es nur geschehen sein, indem sie zugleich die Zulässigkeit des Schalttages des Tarquinius, der nach der Regierungsweise dieses Königs nur thatsächlich auf Grund behaupteter sacraler Nothwendigkeit gehandhabt worden sein wird, zum Gesetze machten. Doch werden wir sehen, dass auch der Schaltmonat jetzt den Patriciern nicht weniger als den Plebejern zu Gute kam.

Zweite Periode.
Das Servianische oder Decemviraljahr.

Seit dieser Zeit stand nun für mehrere Jahrhunderte ein nominell 355 tägiges civiles Jahr mit Einschaltung eines übrigens unbekannten

---

[104] Die von Varro angeführte Lex, welche nach ihm an einer Säule eingegraben war und daher dem Volke eine wichtige Freiheit verliehen haben muss, war nehmlich wahrscheinlich mit der Lex Pinaria bei Gai. 4, 15. identisch, welche zuerst die *datio iudicis* — anstatt der bisherigen Urtheilsfällung durch den Prätor selbst — und zwar nach einer Frist von 30 Tagen gewährte. Nur wird man dies auf die Schiedsjurisdiction der Volkstribunen unter Plebejern beziehen müssen, für welche auch die Plebejer allein ein Interesse an der Einrechnung des *numerus* haben konnten; denn die ordentliche des Prätor begann überhaupt erst mit dem März.

Schaltmonats von abwechselnd 22 und 23 Tagen in jedem zweiten resp. vierten Jahre fiel[108]). Das Jahr mit 355 Tagen ist nehmlich doch nur so zu verstehen, dass es regelmässig nur aus 354 wirklichen Tagen bestand und einen Tag mehr statt des fictiven 29 Januar nur dann zählte, wenn wegen der Nundiñä ein Tag einzuschieben war, wie es ohne Zweifel auch Tarquinius nur gemeint hatte; denn weiter reichte ja das politische Bedürfniss nicht und ohne Noth wollte man gewiss den Kalender nicht verrücken. Auch ist es ganz unglaublich, dass seit Tarquinius, oder auch nur seit 805, jedes Jahr einen Tag zu viel erhalten haben sollte, was von 305 bis zur Abschaffung der blossen gesetzlichen Schaltung durch die Lex Acilia (563) 258 Tage betragen, mithin in einer noch religiösen Zeit den Kalender und dessen Feste mit den Jahreszeiten in den crassesten Widerspruch gesetzt haben würde. Dagegen konnten die Decemvirn meinen, der — zum Voraus schwer zu berechnende — Fall des drohenden Zusammentreffens der Nundinä mit Neujahr oder mit den Nonen werde so oft nicht eintreten, man habe ja auch immer noch Gewalt, bei ruhigen Zeiten diese Schaltung zu unterlassen und eine kleine Abweichung des Kalenders vom natürlichen Jahr komme nicht in Betracht, wenn man selbst den Schaltmonat zugegeben habe.

Doch wir besitzen glücklicher Weise noch ein directes Zeugniss aus dem vierten Jahrhundert, aus dem zugleich die Unmöglichkeit, dass zur Zeit der Decemvirn und vorher das Jahr regelmässig aus

[108]) Censorin. 20. *Denique cum intercalarem mensem viginti duum vel viginti trium dierum alternis annis addi placuisset, ut civilis annus ad naturalem exaequaretur, in mense potissimum Februario inter Terminalia et Regifugium intercalatum est; idque diu factum, priusquam sentiretur, annos circiter aliquanto naturabibus esse maiores.* Mommsen stellt sich durch sein selbstgemachtes System genöthigt, die Ordnung der 22- und 23tägigen Schaltmonate umzukehren und auch hierin mit den Quellen in Widerspruch zu treten. Nichts Anderes als Censorinus kann aber auch Celsus in L. 98. § 2. D. de verb. sign. (50, 16), wo wir jetzt lesen: *Mensis autem intercalaris constat ex diebus viginti octo,* gelehrt haben, nicht bloss ursprünglich in der Hauptsache, dem Begriff des *mensis intercalaris,* sondern auch in Justinians Sinne, da man diesem oder seinen Redactoren eine zu enorme Absurdität aufbürdet, wenn sie ungeachtet des Zusammenhangs jenes § 2 mit § 1, wo der *mensis intercalaris* dem *mensis Februarius* entgegengesetzt wird, und ungeachtet des nur Zwecks der Erklärung anknüpfenden *autem* doch unter dem *mensis intercalaris* in § 2 den Februar als den Monat, in dem eingeschaltet wird, verstanden haben sollen. Die jetzige Lesart wird vielleicht schon vor Justinian hervorgegangen sein aus dem zweideutigen *UIGINTI* (oder *XX) II UIII* d. h. *viginti duobus vel tribus,* indem das erste *II* von der Nachbarschaft absorbiert und *UIII* als *octo* gedeutet wurde. Erst die Willkühr oder Barbarei folgender Jahrhunderte konnte aber die Stelle so deuten, wie die Basil. 2, 2, 95. sie übersetzen: ὁ Φεβροάριος εἴκοσι ὀκτὼ ἡμερῶν ἐστιν, was dann heissen sollte, der Februar bestehe auch im Schaltjahr nur aus 28 Tagen. Uebrigens beachte man in Censorinus Stelle, dass das *Regifugium* erst Anfangs der freien Republik gestiftet worden war: daraus ergiebt sich, dass auch nach Censorinus Ansicht jene Einrichtung erst nach der Vertreibung der Könige als eine dauernde getroffen sein kann.

355 wirklichen Tagen bestanden habe, und das Maass der damaligen
Verrückung des Kalenders in Folge des Schalttags mit grösster
Sicherheit hervorgeht. Es ist dieses die von Cicero de rep. 1, 16
beglaubigte und nach den Jahrbüchern der Pontifices maximi contro-
lierte Sonnenfinsterniss, welche *anno trecentesimo et quinquagesimo
fere post Romam conditam* stattfand und von Ennius mit den Worten
referiert wurde: *Nonis Junis soli luna obstitit et nox.* Die neueste
und sorgfältigste Berechnung dieser Sonnenfinsterniss[106]), die überhaupt zu den bestbeglaubigten des Alterthums gehört, hat unser
Zweifel gesetzt, dass sie mit derjenigen identisch ist, welche am
Julianischen 21 Juni 400 a. C. = 354 p. u. c. zwölf Minuten vor
Sonnenuntergang und mit einer Phase von 11,84 Zollen stattfand.
Das Römische Jahr war also damals um die Differenz zwischen dem
6ten (= Non. Jun.) und 21 Juni hinter dem Julianischen zurück,
welche aber, da 354 als gerades und zwar zweites Jahr ein Schaltjahr mit 22tägigem Schaltmonat war, um 11 Tage sich verringert
und wegen der drei Mehrtage des Julianischen Januars und des
einen Mehrtages des Julianischen April wieder um 4 Tage sich vergrössert, mithin 16 — 11 + 4 = 9 Tage beträgt, wonach denn seit
Tarquinius Superbus oder wenn man eine wenigstens mögliche Ausgleichung des Jahres durch die Decemvirn annimmt, seit 305
9 Schalttage hinzugekommen waren, eine allerdings noch nicht sehr
bemerkbare Differenz gegen das natürliche Jahr. Nimmt man ein
gleichmässiges Fortschreiten der Vergrösserung des Jahres bis 563
an, was freilich unsicher ist, so würde die Differenz zur Zeit der
Lex Acilia, wenn man die 9 Tage auf die Zeit von Tarquinius an
(220—354) rechnet, nur 23, wenn aber von den Decemvirn (305—354),
doch auch nicht mehr als 47 Tage betragen haben, worauf später
Rücksicht zu nehmen sein wird[107]).

Hinsichtlich der Monatsschaltung ist es möglich, dass die Decemvirn, sei es durch die auch nach Athen gegangenen Gesandten
oder durch Hermodorus, die damalige Griechische *τετραετηρίς* mit der
ebenfalls alle zwei Jahre erfolgenden Einschaltung eines Monats
(des zweiten Poseideon) kannten. Bei den vielen sonstigen Ver-
schiedenheiten des Griechischen Jahres — Anfang und Ende desselben mit der Sommersonnenwende, nach der daher auch die Einschaltung erfolgte, Monate von abwechselnd 29 und 30 Tagen und
daher ein Jahr von stets nur 354 Tagen, ein Schaltmonat von eben
falls 29 oder 30 Tagen, der nach gewissen Perioden wieder weg-

---

[106]) Nämlich von P. A. Hansen in den Notices of the R. Astron. society
1857 Vol. XVII. p. 55 und der Darlegung der theoret. Berechnung der
in den Mondtafeln angew. Störungen Lpz. 1864. II. S. 387 ff. In der
ersten dieser beiden Schriften, deren Nachweisung und Einsicht ich
der Gefälligkeit meines Collegen Herrn Professor Dr. Galle verdanke,
ist auch die nächst vorhergehende Berechnung von Zech, welche
Mommsen Chronol. S. 202 noch als die neueste anführt, berücksichtigt.

[107]) Siehe Beilage D.

gelassen wurde u. s. w. — Ist es aber klar, dass sie ihre Schaltung nicht von dort entlehnt haben. Sie ergab sich ihnen einfach durch die schon nachgewiesene Zusammenziehung der Nomanischen *intercalarin* von 11 + 11 und 11 + 12 Tagen in Monate, sie war unter Anderem auch darin weit angemessener als die Griechische, dass nach ihr der accessorische Schaltmonat nie länger war als selbst der kürzeste benannte Monat und wäre überhaupt ohne den von der Politik aufgenöthigten, zu Schaltungen bestimmten 29 Januar auch weit besser gewesen als das verwickelte nicht lange nach den Decemvirn in Griechenland aufgekommene Metonische Jahr.

In Kraft trat die Verordnung der Decemvirn natürlich gleich mit dem folgenden Jahr (305), so dass seitdem jedes ungerade Jahr der Varronischen Zeitrechnung ein gemeines, jedes gerade ein Schaltjahr war. Und das bestätigen die Triumphalfasten, nach denen in den J. 494 und 518 — die einzigen Beispiele aus älterer Zeit — dort *K. intercalar.* hier *Idib. intercalar.* triumphiert wurde. Diese gerade Zahl trug übrigens ohne Zweifel daran bei, den Aberglauben zu begründen, dass das Schaltjahr, in dem ohnehin, wenn man es vom Januar an rechnet, die heiligen Monate verzögert und die Feste verrückt wurden, ein weniger glückliches sei, in dem man wichtige neue Unternehmungen unterlassen solle [108]).

Worin bestand nun aber die rechtliche Wichtigkeit dieses neuen Schaltsystems? — eine Frage, die man sich gewöhnlich überhaupt nicht klar macht. Offenbar darin, dass die gesetzlich in einen Monat gefasste Schaltzeit nun nicht mehr bloss *iuris naturalis* und daher bloss für Faktisches und Geschäfte des *ius gentium* [109]) tauglich, sondern auch vom Civilrecht als Monat und Tage, wenn auch nicht als Jahresmonat, d. h. in dem sacralen Sonnenlauf als civil wirklicher Mondlauf wurzelnder sacraler Monat anerkannt war. Die civilrechtliche Bedeutungslosigkeit des alten *intercalare (tempus)* beschränkte sich also jetzt bloss noch auf Rechtsanwendungen, bei denen ein civiles Jahr zur Frage stand (denn in dessen Bestandtheilen war nichts geändert worden), so dass dieses z. B. beim *annus* oder dem *biennium* der Usucapion, bei der *maior pars anni* des Edicts oder des *lectisternium* (Liv. 36, 1. 42, 30) bei dem Jahresweise gerechneten *fenus*, dem *tot annos natum esse* eines Bürgers, dem Amtsjahr der Magistrate u. s. w. immer noch mit dem nächsten Kalendertage der alten benannten Monate vor dem Anfangskalendertag ablief, mochte das Jahr ein gewöhnliches oder ein Schaltjahr sein, und wenn der

---

[108]) Augustin. ep. 119 ad Januarium.

[109]) Oder auch für Fälle, wo die Naturalcomputation eintritt, weil die civile kein Resultat ergiebt, z. B. wenn beim *interdictum utrubi* (Gai. 4, 150—152) beide gleich viele Tage benannter Monate des letzten Jahres besessen haben, der eine aber ausserdem auch während eines Theils der Schaltzeit, oder wenn es sich um die Priorität der Geburt handelt und der eine in der dem civilen Geburtstage des Andern zuzurechnenden Schaltzeit geboren wäre.

Anfangstag in einen Schaltmonat fiel, er nach 1. 98. § 1. D. de V.
S. (50, 16) mit den Terminalien als Ein Tag angesehen wurde. So
oft dagegen im jetzigen Civilrecht von *menses* und *dies* die Rede
war, zählte man auch den Schaltmonat und dessen Tage mit. Auch
nach dem Schaltmonat wurde jetzt im vorbergehenden Monat und in
ihm selbst datiert [116] und er daher auch in *Calendae, Nonae* und
Idus zerlegt — natürlich nicht nach Analogie der vier sacral bevorzugten, sondern der gewöhnlichen Monate, also mit Nonen am 5ten
und mit Idus am 13ten. Auch an den Tagen des Schaltmonats
konnten alle Geschäfte des Civilrechts wie Mancipationen, Sponsionen,
Legisactionen u. s. w. giltig vorgenommen werden, und dasselbe gilt
von denen des jetzigen *ius publicum* und *sacrum*, wie z. B. der Feier
von Triumphzügen nach dem neuen Capitolium (S. 61) und den damit verbundenen Opferhandlungen, der Abhaltung von Tributcomitien
und anderen Versammlungen für Gesetzgebung (Dio 40, 62 und
Anm. 82). Man sieht hieraus, dass die Patricier wegen des gesammten *ius publicum*, *sacrum* und *privatum* der Neuzeit (seit den
letzten drei Königen) in der That kein geringeres Interesse daran
hatten als die Plebejer, die bisher civilrechtlich nutzlose Schaltzeit
in nutzbare verwandelt zu sehen. Der Schaltmonat bezeichnet eben
einen solchen Fortschritt des Staats, nach welchem schon alle Zeit
des natürlichen Jahres der menschlichen Action und damit dem
Civilrecht unterworfen war. Was aber auf dem *ius publicum et
sacrum* des ursprünglichen Geschlechterstaats beruhte, wie *comitia
curiata*, Inauguration des Rex und der Flamines, *dies festi*, *nefasti*
u. s. w. musste auf die Zeit des alten sacralen Kalenders beschränkt
bleiben, wie denn gewiss auch an den Kalenden und Idus des Schaltmonats die alten Juno- und Jupiteropfer und die *comitia calata* nicht
stattfanden.

Aber auch einen mehrfachen mittelbaren Einfluss auf die Institute des ursprünglichen Civilrechts müssen wir dem neuen Schaltsystem zuschreiben. Die Jahresmonate des Numa waren, obgleich
civilrechtlich bestimmte Mondmonate, doch so angelegt, dass sie zusammen mit den am Ende jedes Märzjahres ablaufenden Schalttagen
auf keine merkliche Abweichung vom wirklichen Jahr in dessen
Laufe führten. Das änderte sich jetzt nicht unbedeutend, wo jedes
zweite Jahr um 11 oder 12 Tage zu früh anfing und die Aus-

[116] Cic. pro Quint. 25, 79. *A. d. V. Calend. intercalares…. Dritter de salts*,
C. *Aquili*, *pridie Calend. intercalares* (671). Ad famil. 6, 14, 2 aus dem
onnus confusionis (708). Ausserdem die Triumphalfasten in den J. 484.
518. (S. 61) und 588 …. *interc.*, und vier Begräbnissdaten eines von
Baldini in den saggj Cortonesi T. II. herausgegebenen Römischen
Columbariums, welche Mommsen Chronol. S. 42 anführt: *a. d. VII. eid.
interc.* (n. 63); *a. d. IV. eid. inte.* (n. 46); *eid. interval.* (n. 74) oder *eidus
inter.* (n. 21). Unsicher ist die Lesung in der Inschrift vom J. 688.
I. L. A. 1500. p. 669. Wohl nur zufällig hat sich kein Datum mit
Non. interc. erhalten oder ist mir wenigstens kein solches bekannt; denn
die erhaltenen widerstreiten auch nicht der Existenz von *Non. interc.*

gleichung erst durch den Schaltmonat an dessen Ende erfolgte. Für die auf bestimmte Kalendertage fallenden * noise ferioe* musste es nun dem gewohnheitlichen Bewusstsein überlassen werden, dass man sie im Schaltjahr eigentlich um 11 oder 12 Tage zu früh begehe. Es gab aber auch bewegliche Feier (*feriae conceptivae* und *indictivae*) und unter ihnen solche, bei denen auf die Uebereinstimmung mit der natürlichen Jahreszeit etwas ankam [111], z. B. die Erndte- und die Weinleseferien, jene Ende Juni und im Juli (Plin. ep. 8, 21. Pallad. 6, 2) diese gegen Ende des September und im October (Sueton. Caes. 40. Columella 11, 2, 66. 67.). Wie man nun bei Ansetzung derartiger Opfer und Feier auf die neue Schaltung Rücksicht nahm, davon hat sich in den Acten der Arvalbrüder ein merkwürdiges, in seinem Ursprunge ohne Zweifel auf die Zeit nach den 12 Tafeln zurückzuführendes Beispiel erhalten [112]. Das diesen Priestern befohlene Hauptopfer, nehmlich das *sacrificium deae Diae* — irrig von Manchen Ambarvalien genannt [113] und wahrscheinlich vielmehr das öffentliche Vorbereitungsfest der Erndte, woran sich nach einer gewissen Zeit die indicierten Erndteferien und das vorherige Privatopfer jedes Landmanns (Cato 134) anschlossen — zerfiel in drei Feier und Tage während einer Halbwoche und ein Hauptritus dabei bestand in der Berührung (*langere*, dem Zeichen der Wegnahme vom Boden, Cato 37) der trockenen (also bereits reifen) [113*] und der grünen Feldfrüchte

[111] Auf die von Numa (*sacrorum causa* Aur. 97) wahrgenommene Wichtigkeit der Schaltung, damit bei jedem Fest auch die Jahreszeit die vorgeschriebenen Opfergegenstände darbiete, macht Cic. de leg. 2, 12 aufmerksam. Quod (wohl *quod ad*) *tempus, ut sacrificiorum libamenta serventur felusque pecorum quae dicta in leges sunt, diligenter habenda ratio intercalandi est. Quod rustiatum perite a Numa etc.* Beispielsweise wegen des 1 Juni vergl. Macrob. 1, 12, 33. *Nam et Calendas Juniae februriae vulgo vocantur, quia hoc mense adultae fabae divinis rebus adhibentur.*

[112] Alle zum Verständniss erforderlichen Angaben und Quellenbeweise s. bei Marquardt Röm. Alt. IV, S. 411—417. Ueber die geraden und ungeraden Jahre Mariol Arv. p. 138.

[113] Wie von Mommsen Chron. S. 70, welcher die überzeugenden Gründe Marquardts in keiner Weise widerlegt. Das Verhältniss des ohne Zweifel auch von den Arvalbrüdern, aber wahrscheinlich nur als ausehverständigen Gehülfen höherer Priester mit Umgang um das alte Feldgebiet der Stadt Rom gefeierten und darum in ihren Acten nicht vorkommenden *ambarvale* zu dem ihrem Collegium allein eigenthümlichen und bloss an einer gewissen Stätte verrichteten *sacrificium Deae Diae* bleibt freilich noch zu bestimmen.

[113*] Man muss dabei an sonnige Lagen denken, in denen das Getreide früh reif wurde, zugleich aber auch in Betracht ziehen, dass das Römische Jahr in dieser Periode — wovon später — nicht unbedeutend hinter dem natürlichen zurück war. Den letzteren Umstand muss man noch mehr in Anspruch nehmen bei der von Serv. ad Virg. ecl. 8, 82 vermuthlich aus Varro berichteten Sitte, dass für die Bereitung der heiligen *mola salsa* die drei obersten Vestalischen Jungfrauen *ax Nonis Mais ad pridie Idus Maias* (also in der Woche vom 7—14 Mai, in welcher die drei Lemurien am 9, 11 und 13ten fallen) *alternis diebus spicas in*

(da viele Feldfrüchte erst später geerndtet werden, Pallad. 7, 1)
beziehungsweise bei der mittleren Feier in der welkenden Entgegen-
nahme solcher, die das umstehende Publikum von seinem Privat-
acker mitgebracht hatte. Angesagt wurde es aber im Januar (an
verschiedenen Tagen) in Varronisch ungeraden Jahren auf den 27,
29 und 30, in Varronisch geraden Jahren auf den 17, 19 und
20 Mal. Offenbar geschah das erstere in einem (vom Januar an
gerechneten) gemeinen Jahre [114]; in dem folgenden durch den mensis
intercalaris um 11 Tage verzögerten und zu weit hinausgeschobenen
Schaltjahr musste man diese durch entsprechende Vordatierung des
Festes wieder einbringen, um dieselbe Zeit des Sonnenjahrs zu
treffen, konnte dieses aber mit möglichster Annäherung doch nur
durch Absug von 10 Tagen erreichen, weil die beiden Hauptfeier
(die des vierten Tages war nur eine — wohl Quiritische — Wiederholung der ersten) ungerade Monatstage erforderten. Nach Cäsars
Kalenderreform, welche den Schaltmonat beseitigte, hätte man eigentlich die zweite Ansetzungsart wieder abthun müssen; aber das ganze
alte ius sacrum war damals zu einem unverstandenen Formendienst
herabgesunken; man hielt also auch hier am hergebrachten Wechsel fest.

Weit wichtiger war, dass während der alte noch völlig in die
Natur gebannte Staat des Numa mit dieser in natürlichen Jahres-
perioden sich bewegt und demnach auch mit der Natur selbst zu
Ausgang jeden Winters und Jahres durch die Lupercalien (das Stadtgebiet vielleicht alle zwei Jahr durch die Ambarvalien) für die folgende Periode sich gereinigt hatte, an die Stelle davon für den
neuen zur freien militärischen Action übergegangenen Servianischen
Staat ein Cyclus von vier Jahren und eine damit verbundene Lustration hinzutrat, weil nunmehr (mit Einführung des Schaltmonats) die
Zeit in ihrer Bedeutung für die freie menschliche Action aufgefasst,
eben damit aber eine Verletzung der Götter durch Verrückung des
eigentlichen Jahresanfangs und folgeweise der ursprünglichen Lage
aller ihrer unbeweglichen Jahresfeste nothwendig verbunden war,

---

*corbibus messuariis ponunt, easque spiras ipsae virgines torrent, pinsunt, molunt
atque ita molitam condunt.* Die Erndtekörbe und der Umstand, dass der
Stoff zu der Mola salsa von Anfang bis zu Ende nur durch die heiligen
Hände der Jungfrauen selbst gehen durfte, lassen hier nur an eine
Einsammlung der Achren vom Acker selbst denken. Dass diese Sitte
aber hinsichtlich der Zeit der Einsammlung der Achren aus dieser
Periode, nicht schon von Numa, herstammte, erkennt man daraus, dass
die Bereitung der Mola nicht bloss an den beiden Hauptlustrationen
des alten Kalenders, den Lupercalien und Vestalien, sondern auch an
den erst seit Tarquinius zu einer Hauptfeier des ackerbautreibenden
Staats erhobenen Id. Sept. geschah (Serv. l. c.), daher denn auch die
Einsammlung der Achren an drei Tagen geschehen sein wird.

[114] So auch Mommsen a. a. O., aber mit ganz anderer Erklärung. Eine
Auseinandersetzung mit ihm scheint jedoch bei der Willkührlichkeit
seiner Prämissen und weiteren Deductionen über das Decemviraljahr
(besonders S. 37 ff.), wobei die 'fromme (d. h. dumme) Behörde', der
eigensinnige Heilige Terminus' u. dgl. m. mitwirken, nicht nothwendig.

welche nach jedesmal wieder erlangter völliger Uebereinstimmung
mit dem natürlichen Jahr in einem grösseren Kreislauf von vier
Jahren (annus magnus) der Sühne bedurfte, wenn sich der Staat in
seiner neuen Action (als ackerbauend militärischer) des Segens der
Götter erfreuen sollte. Auf diese Weise wird es erst recht verständlich, wie Servius Tullius als erster Urheber des vierjährigen
Schaltcyclus auch Stifter des den Census beschliessenden lustrum
wurde [110]. Denn dass dieses, ausser seiner nächsten Bedeutung, in
der es die Lustration selbst bezeichnet, auch ein Cyclus von Jahren,
und zwar ursprünglich nicht ein fünf-, sondern ein vierjähriger, wie
die Griechische Olympiade, war, bezeugt Censorinus ausdrücklich [111]).
Es lag aber in der Natur der hiermit angelegten Verfassung, wonach
das menschliche Handeln im Staat sich von der Natur und ihren
Zeitgesetzen emancipierte und wonach daher das Magistratsjahr des
Consularstaats nicht mehr das feste Märzjahr blieb, sondern ein abstract bewegliches Jahr vom Amtsantritt an wurde, dass jene Lustra
nur so, wie die Interessen dieses Staatslebens es zuliessen, also auch
nur durch civilrechtliche Fiction beobachtet werden konnten. Zwar
in der Königszeit und so lange man sich noch nicht über das Naturjahr durch den eigenmächtig eingefügten Schalttag wenigstens schon
im Keime und ausnahmsweise weggesetzt hatte, blieb es, wie der
Staat selbst, im gesetzlichen Königthum noch ein streng naturgesetz-
lich gebundenes; denn wenn die Tradition dem Servius selbst vier
Lustra zuschrieb (Valer. Max. 3, 4, 3), so waren diese ohne Zweifel,
wie auch Censorinus bezeugt, noch wirklich vierjährige [111]) und das
Lustrum des Census — natürlich auch für diesen annus magnus, der
das alte Marsjahr nur stets wieder herstellte, ein Marsopfer (Dionys.
4, 22) — mochte damals als Beschluss der alten Marsfeier (1—30 März)
am 31 März in Verbindung mit der Sühne Luna's, die diese neue
Staats- und Jahresordnung nach einer andern Seite heiligte (Anm.

<hr/>

[110]) Dieses vierjährige Lustrum ist auch Mommsen Chronol. S. 158 ff. nicht
entgangen; er soll aber dem Servius ebenso wie seine übrigen Einrichtungen von der demokratischen Partei des 7ten Jahrhunderts ange-
dichtet worden sein. Ich selbst habe es früher (Serv. Tull. S. 518 ff.)
verkannt.

[111]) c. 18. Sed horum omnium καταστηρίδας maxime notandis temporibus Graeci
observant, id est quaterum annorum curvatus, quae vocant Olympiadas....
Idem tempus anni magni Romani fuit, quod lustrum adpellabant, ea quidem
a Servio Tullio institutum, ut quinto quoque anno censu cum habito, lustrum
conderetur, sed non ita a posteris servatum. Nam cum inter primum a Servio
rege conditum lustrum et id quod imperatore Vespasiano V et Censore III. cens.
(a. u. 826) factum est, anni intersecti paulo minus recentes quinquaginta,
lustra tamen per ea tempore non plura quam experimenta quinque enni forte.
650 von 826 abgezogen giebt 176, das von den Meisten angenommene
Jahr des Regierungsantritts des Servius Tullius, von welchem an er
also rechnet.

[112]) Auch die ihm zugeschriebenen 44 Regierungsjahre zeichnen ihn als
Urheber der dualistischen Staatsform, die sich in vierjährigen Perioden bewegt.

27. 100) begangen werden. Nach Servius Tode und nach Vertreibung der Könige, wo das Servianische Schaltsystem wieder ruhte, konnte man ja von Zeit zu Zeit wiederholter Schatzungen nicht entbehren. Ordentliche census mit lustrum waren aber ohne jene kalendarische Grundlage nicht möglich, und man erkennt auch an der Unsicherheit der Tradition von solchen bis an den Decemvirn hin, dass damals nur einzelne ausserordentliche Lustra, in welcher Art allein man nach der geschehenen Unterbrechung mittelst Zusammenfassung der einzelnen fehlenden Lustra in grössere Perioden das chronologische Gesetz des Servius Tullius continuierlich zu bewahren vermochte, gefeiert worden sind, woraus freilich späterer Missverstand durch Verknüpfung mit den einzelnen blossen Schatzungen, als wären auch diese Lustra gewesen, ordentliche Lustra gemacht hat [118]. Wie man um dieselbe Zeit ein für die einzelnen Jahre in Folge des Eintritts von Consuln an Stelle der Könige nothwendig gewordenes und eingeführtes Institut — die Einschlagung des Jahresnagels — doch auch nur mittelst solcher Zusammenfassung in ähnliche grössere Perioden durchzuführen vermochte, werden wir bald sehen.

Ein neuer Anlauf zur ordentlichen Fortführung des Instituts des Servius Tullius wird erst nach den 12 Tafeln, d. h. nach Herstellung des Servianischen Schaltsystems bemerkbar, durch Einführung der Censoren, welche, mit königlichem Recht und mit königlicher Purpurtracht hierfür ausgestattet, auch allein (ausser Dictatoren) das Jahreswerk der Könige in religiös unbedenklicher Weise wieder aufnehmen konnten [119]. Die Dauer der Censur war anfänglich ohne Zweifel lustral, d. h. vierjährig, bis die Lex Aemilia (320) sie auf 1½ Jahr beschränkte [120]. Obgleich nun aber die chronologische Grundlage des Lustrum wiedergewonnen war und im Princip auch damit fest-

---

[118] Siehe Beilage E.

[119] Wie die Vorstellung, dass der Rex durch seine Opfer den Segen des Jahres vermittele (S. 39), nun auf die Censoren und deren Lustrum für den census magnus übertragen wurde, bewcist vor Allem folgendes Zeugniss von Eumen. grat. act. Const. 13. *Praeclara fertur Catonis oratio de lustri sui feliritate; iam tunc enim in illa retro re publica ad censorum laudem pertinebat, si lustrum felix condidisset, si horrea messis implesset, si vindemia redundasset, si oliveta larga fuissent.* In der frühern Königszeit hatte sich dieses Lob des Rex natürlich mehr auf das Gedeihen der Heerden und der Flur bezogen.

[120] Vgl. Becker Röm. Alt. II. 2. S. 195. Wenn Zonar. 7, 19 sagt, dass die Censoren anfangs auf und zuletzt *bei σενσατίαν*, in der mittleren Zeit auf 18 Monate gewählt seien, so ist das ganz richtig, aber nach dem Wechsel des Sinnes von σενσατία oder lustrum zu verstehen, welche früher 4, später 5 Jahr bedeuteten. Die späteren 5 Jahr entwickelten sich aber daraus, dass man anfing, die Gewalt der Censoren *ad opera quae locassent probanda* bis auf 5 Jahre zu prorogieren (Liv. 45, 15), was endlich Regel wurde. Cic. de leg. 3, 3. Pseudo-Ascon. in Cic. divin. p. 102. Diese Dauer hat denn Liv. 4, 24 wegen des Sinnes von lustrum zu seiner Zeit auch auf den Ursprung der Censur selbst übertragen.

gehalten wurde, dass man die Lustra und zwar von Servius Tullius
an fortlaufend zählte und sie mit in die Consularfasten eintrug, so
blieben sie doch schon von Einsetzung der Censur an [120] ebensowenig gerade vierjährige Perioden, wie die Consulate auch schon
seit deren Einsetzung Kalenderjahre, sondern betrugen bald mehr
bald weniger, und nur selten gerade vier Jahre (Mommsen Chronol.
S. 163 ff.). Nur in der Zeitdauer der censorischen Locationen, die
natürlich nicht die zufällige bis zum nächsten wirklichen Lustrum
sein konnte, wird die eigentliche Lustrumszeit noch lange festgehalten worden sein, und dass diese ursprünglich vierjährig war,
erkennt man aus dem oben erwähnten Sprachgebrauch bei Bestimmung von Zahlungen *anna*, *bima*, *trima*, *quadrima die*, wonach für
die auf dem ältesten Recht beruhenden Locationen beim Anfang derselben mit dem März (oben S. 20 f.) die vier Raten des Pachtgeldes
an jedem 1 Januar der vier folgenden (sacralen) Jahre fällig
wurden [121].

Nur die Priester scheinen die Servianische vierjährige Periode
und dem entsprechend statt der Consuln den Rex auch chronologisch
beim Datieren in ihren Acten festgehalten zu haben. Da aber die
unregelmässigen politischen *lustra* damit nicht übereinkamen und die
jetzigen *sacra* grösstentheils auf dem *ritus Graecus* beruhten, so kann
es nicht Wunder nehmen, wenn sie sich geradezu der Olympiadenrechnung bedienten [122].

Die wichtigste mittelbare Wirkung äusserte aber das Servianische

---

[120] Die Geschichte der Lustra bleibt jedoch auch jetzt noch sehr unsicher.
Die Einsetzung der Censuren gerade 311 (Liv. 4, 8. Dionys. 12, 63.
Diodor. 12, 31. Zonar. 7, 19) scheint auch den Zweck gehabt zu haben,
die seit dem letzten Lustrum (296 vgl. Beilage D.) vergangenen 16 Jahre
mit Einem Lustrum (welches also erst 312 zu feiern wäre, vgl. Dionys. l.c.)
zusammenzufassen, wie mit solchen 16 Jahren die Lustra unter Servius
begonnen hatten. Und so wird die vierjährige Periode doch in irgend
welcher uns nur verborgenen Weise noch lange festgehalten worden sein.

[121] Bei den neuen auf Ackerbau beruhenden Vectigalien mussten andere
bewegliche Termine eintreten, von denen sich aber nichts erhalten hat.
In der Kaiserzeit war auch in Anwendung auf alle Locationen des
Staats an die Stelle des vierjährigen Lustrum das fünfjährige getreten.
Brisson. de form. 6, 70. Dass diese Veränderung aber schon aus den
letzten Jahrhunderten der Republik stammte, sieht man aus Varr. 6, 11.
Auch lag wohl in der aufgekommenen Sitte auf 5 Jahr zu verpachten
überhaupt der Grund, unter *lustro* nun Perioden von 5 Jahren zu
verstehen.

[122] So erklärt sich das einzige priesterliche Datum, welches wir aus dieser
Periode besitzen, bei Plin. N. H. 11. 11. 37, 166. *L. Postumio Albino rege
sacrorum post creationem vicarium autem olympiadum* (a. u. 478) ... *cor
in artis haruspices inspicere coeperunt*. Es kann daher auch nicht auffallen,
dass schon der älteste Römische Historiker, Fabius Pictor (um 660)
mit der Griechischen Sprache für chronologische Angaben, wie z. B.
die Gründungszeit Roms, sich der Olympiadenrechnung bediente.
Dionys. 1, 74. Solin. 1.

5 *

Schaltsystem auf das Jahr selbst. Dieses blieb nun nicht mehr ein
natürliches, es wurde ein von diesem losgerissenes bürgerliches Jahr,
welches von Datum zu gleichem Datum abwechselnd aus 354 und
376 oder 377 Tagen bestand und entsprechend der damaligen dualistischen Verfassung, einen wirklichen Jahresabschluss immer erst
in einer Verkoppelung von zwei Jahren (354 + 376 = 365 + 365)
erreichte. Hiermit war es aber der genaue kalendarische Ausdruck
dafür, dass das Römische Volksleben in seinem Nationalerwerbe jetzt
von der Viehzucht, in der allein das reine von allem menschlichen
Thun unabhängige Naturjahr waltet und das Grundstück unmittelbar
für den Vermögenserwerb noch keine Bedeutung hat, zum Ackerbau auf dem nun schon so viel bedeutenderen *ager nunc captus et
divisus*, der auch nicht mehr bloss als *heredium* zur Ernährung der
Familie diente, sondern auch zum Erwerb angeschafft, gekauft und
verkauft wurde, fortgeschritten war; denn im eigentlichen Ackerbau
wirken frei beginnende menschliche Arbeit und objective Naturkraft
zusammen und verketten sich nothwendig immer zwei natürliche
Jahre von Herbst zu Herbst — in der Bestellung bis zum Herbste
des einen und der Erndte im folgenden Jahre — zur Erlangung
eines wahren Vermögenserwerbes [13]). Daher nun auch die Vecti-
gallen zunächst den Ackerzehenten, denen aber auch die übrigen
ähnlichen und die *altro tributa* zu Grund und Boden nachfolgten,
wahrscheinlich schon von jetzt ab nicht nach der alten Jupiternfeier
im März (vgl. S. 44), sondern vom Herbst an und zwar regelmässig
am XI Cal. Oct. = 20 Sept. d. h. unmittelbar nach der Jupitersfeier
mit den grossen Römischen Spielen am ersten Tage der Septembermesse, ausnahmsweise aber auch wohl schon während dieser Spiele
selbst (Cic. Verr. lib. 1, 54, 141) verpachtet wurden (Lex agrar. 21.
l. L. A. p. 80. *censores a. d. XI K. Octobris oina quom agro quei*

[13]) Nach dem Princip der Brache *(ager noralis)* in der antiken Landwirth-
schaft bei Virgil. Georg. 1, 47. *Illa seges demum rota respondet avari
Agricolae, bis quae solem, bis frigora sensit;* indem man eigentlich schon
nach der Erndte im Herbste, dann jedenfalls im nächsten Frühling
(verractum) mit Wiederholung im Sommer den Acker umbrach und
endlich nach einer vierten Art im Herbste säcta. Vgl. Heyne ad l. c.
Lag nun so stets die Hälfte Landes für den Haupttheil der Landwirth-
schaft brach, so ergiebt sich daraus auch der Dualismus in dem
jetzigen höchsten Maass des Ackerbesitzes, 500 Jocherten d. h. einer
Doppelcenturie (= 400 Jocherten), indem 100 wohl auf den nun auch
in seinem Umfange verhältnissmässig grösslegenen alten *ager russibus*
gerechnet wurden. Dieser, d. h. der gleich im Herbst mit Wintersaat
wiederbestellte Acker, so wie die Sömmerung und Gartenbestellung,
welche man in der Periode des Nationalerwerbs durch Viehzucht allein
erst kannte, fiel damals noch ähnlich unter dessen Princip, weil sie
nur zur Ernährung des Hausstandes, wie die Weide zu der des Viehes
diente, wie jetzt der Verkauf und die Zinsgeschäfte des Landmanns
unter das Princip des Ackerbauerwerbs. So wie aber aus diesen Geschäften der Nationalerwerb des Handels und Geldgeschäfts in der
dritten Periode sich entwickelte, so auch aus dem Ackerbau der ersten
Periode zur blossen Ernährung der der zweiten als Nationalerwerb.

trans Curionr est locaverunt). In diesem Vectigalienjahr von September zu September wurzelte aber ohne Zweifel wieder das Steuer-
und Soldzahlungsjahr der Kaiserzeit, wovon ich in der Schrift über
den Census und die Steuerverf. der Kaiserzeit S. 137 ff. gehandelt
habe, da der Ackerbau die beständige Grundlage der Römischen
Nationalwirthschaft blieb, und wenn Lydus (de mens. 4, 80) den
Ursprung des Indictionenjahrs, wie man es später nannte, auf den
Sieg des Augustus bei Actium (2 Sept. 723) zurückführt, so beweist
dieses wohl nur, dass schon Augustus den Anfang des Steuer-
und sonstigen Finanzjahrs näher in den Anfang des September gelegt habe.

Das bezeichnete Verhältnis des Nationalerwerbes zum Jahre
hatte nun auch auf die gesetzliche Regulierung der Verjährung in
den zwölf Tafeln den Einfluss, dass einerseits für die nun auch in
die unmittelbare Benutzung und den Verkehr eingetretenen Grundstücke zwei Jahre erfordert wurden und nur für die übrigen (Mensch,
Erbschaft, Vieh und alles andere Bewegliche) nach dem Princip der
vorigen Periode Ein Jahr blieb, andererseits dieses Biennium und
— da aller Erwerb, auch der modificiert aus der vorigen Periode
gebliebene der Viehzucht nun unter die Norm des herrschenden aus
dem Ackerbau trat — auch dieses Jahr ein bürgerliches von Datum
zu Datum mit einem nach dem freien menschlichen Thun bestimmten
Anfange (des Besitzes — der Klagbefugnis) anstatt des alten März-
Jahres wurde — wie die zwölf Tafeln sehr kurz, aber auch streng
richtig es ausdrückten: *fundi biennium, ceterarum rerum annus usus
auctoritas esto*; denn war das Jahr des *biennium* kein Märzjahr mehr,
so konnte es auch der *annus*, hinter ihm nicht sein und in der Gleichstellung derselben mit *usus* und *auctoritas* lag, dass sie sich mit diesen
in ihrer Dauer deckten. Es erhellt hieraus, dass die Interpretation,
welche das Recht des Fundus auch auf das Haus übertrug (Cic.
Top. 4, 23), keineswegs so selbstverständlich war, als man jetzt
gewöhnlich annimmt. Sie konnte sich erst festsetzen, als der aus
dem Ackerbau hervorgegangene freie Verkehr auch das Wohnhaus
mit ergriffen hatte und der allgemeinere Begriff des *solum Italicum*
entstand: um welche Zeit denn auch die Lex Furia zwei Jahre für
die Befreiung des so lange nicht belangten Sponsor und Fidepromissor
in Italien (d. h. der als *locuples* dort Grundstücke hatte) festsetzte,
damit er nicht später noch ein Italisches Besitzthum opfern müsste
(Gai. 3, 121).

Wir finden aber endlich das Aufgeben des natürlichen Jahrs
und folgeweise auch des natürlichen Anfangs desselben mit Uebergang in ein bürgerliches Jahr von Datum zu Datum, und dieses
durch den Ackerbau bestimmt, auch in den politischen Institutionen
der damaligen Zeit. Nach Zerschlagung des auch natürlichen d. h.
lebenslänglichen Regiments des Königs bewegt sich zwar das an die
Stelle getretene magistratuale noch in Jahren; aber diese sind nach
ihrer Dauer solche bürgerliche von Datum zu Datum (Liv. 3, 38.

vgl. 36) und hinsichtlich ihres Anfangs von der eignen Bestimmung
des von der Natur frei gewordenen Staats abhängige Jahre, indem
die Consuln nach ihrer Ernennung frei an irgend einem passenden
Tage (Kalenden oder Idus) antreten und ein Jahr in ihrem Amt
bleiben, wenn es nicht durch beider Tod oder frühere Abdication
verkürzt wird. Auch das nun auf sie bezogene Interregnum verlor
damit von selbst seine jahrerfüllende Bestimmung und Dauer (S. 39),
da das consulare Amtsjahr eben kein das Amt der Personen selbst
beherrschendes Naturjahr mehr war, und behielt nur noch seinem
Begriffe gemäss die zu dem Jahr der von ihm selbst geschaffenen
Consuln überleitende abstracte Zeit von irgendwelchen, aber wenigstens zweimal fünf Tagen (Becker Röm. Alt. II. 1. S. 309. Anm. 620);
denn damit die neugewählten Consuln ihre Gewalt von den Vätern
des *populus Romanus Quirites* ableiteten, musste wenigstens ein Römer
und ein Quirite Interrex werden und durfte also nicht schon der
erste Interrex neue Consuln wählen lassen.

Dass die ersten Consuln — mögen es nun die zeitlich ersten
neuen Staatsregenten überhaupt oder nach einem tumultuarischen
Uebergangsregiment die geordnet ersten *'er commentariis Servii Tullii'*
(Liv. 1, 60) gewesen sein, was sich nach dem Zustande unserer
Quellen schwerlich noch entscheiden lässt — gerade *Idibus Sept.*
antraten (Dionys. 5, 1. 57. 6, 49. Mommsen Chronol. S. 86 ff.),
an welchem Tage dem Jupiter und der Juno auf dem Capitolium
nach Exauguration der alten Götter des Hirtenstaats der weisse
Stier und die Kuh wie bei Gründung einer Stadt auf Ackerbau
geopfert wurde (Serv. ad Aen. 9, 628. Marin. Atti p. 47. vgl.
Dionys. 1, 88. Liv. 1, 36. 38), also theils in weitester Entfernung
— nicht von der Antritts zeit der Könige, aber doch von der ihrer
ersten grossen Amtsaction, dem Staatsopfer auf dem Capitol für
das Gedeihen von Menschen, Heerden und Flur *(Idibus Mart.* Preller
Röm. Myth. S. 320), da die Consuln nur eben der Action nach das
königliche Imperium überkommen hatten — theils in der zweiten
Hälfte des Jahres, wo der Römer, jetzt hauptsächlich Landbauer, zu
passender Zeit die Hauptbestellung seines Ackers beginnt, charakterisierte ihr Regiment, welches inhaltlich nun neben das formell *iure
sacro* fortdauernde *regnum* trat, auch zeitlich als ein freies der im
Naturjahr gebundenen patriarchalischen Königsherrschaft entgegengesetztes, zugleich aber auch als ein zunächst defensives gegen diese
und alle andere mit ihm etwa verbundene von aussen kommende
Gewalt, wie denn alles Zweite seiner Natur nach nur ein auf Grund
der *aequitas* Abwehrendes ist. Und wenn an eben diesem Tage
(Plut. Poplic. 14) auch das von Tarquinius gestiftete, von Servius
Tullius fortgesetzte neue Capitolium von den wenigstens nach neuem
Sacralrecht ersten Consuln mit der Bestimmung *(ea lege)* geweiht
wurde, dass von da ab alljährlich von dem jedesmaligen höchsten
Magistrate im Tempel der Minerva ein Nagel eingeschlagen werden
solle (Liv. 7, 3), so war die Absicht dieser Stiftung zunächst offen-

bar die, den Segen des Capitolinischen Tempelbaus und seines Cultus
für das damit beginnende heilige Ackerbaujahr [133a] auch hinsichtlich
der Staatsregierung von den Königen auf das neue aristokratische
Regiment zu übertragen, um so mit Hülfe des mächtigeren neuen
Jupiters sich der Königsherrschaft dauernd zu erwehren. Zu diesem
Zwecke sollte aber auch gewiss der Tag der Tempelweihe der feststehende Antrittstag — wie es der 10 December bald nachher für die
Volkstribunen wurde und stets blieb (Becker Röm. Alt. II. 2. 8. 263)
— das Einschlagen des Nagels, mit welchem Piaculum (Liv. 8, 18)
nach dem Glauben alles Elend des vorigen Jahres sistiert, alles
Glück und Heil dem neuen zugewandt wurde, zugleich das Solenne
dieses Antritts sein, wodurch die neuen Consuln sich immer wieder
des Segens des *natalis Jovis* versicherten, wonach man nun aber
auch die Jahre, wie früher nach dem Regierungsantritt jedes Königs
zählen wollte (Liv. l. c. Fest. ep. v. clavus p. 56. vgl. Cic. ad
Attic. 5, 15. Anm. 123a). Auch drückt sich dieses dem sacralen
Amtsjahr der Consuln zum Grunde liegende Herbstjahr im Uebrigen
in den damaligen religiösen Institutionen deutlich aus. Während in
dem alten Hirtenjahr des ursprünglichen Römischen Staats mit den
beiden Hauptstämmen der Römer und Quiriten der Februar und
April die vorzüglichen Sühnemonate vor den eigentlichen Auspicationsmonaten der beiden Hauptstämme, dem März und dem Mai
waren (wovon in der Lehre von den Tagen genauer zu handeln
sein wird), legte man in dieser zweiten Periode des auf Ackerbau
und Schutzkrieg basierten Staats, wo die Patricier und Plebejer
die beiden Hauptbestandtheile bildeten, die Hauptsühnefeiern für
diese — nunmehr in Griechisch-Etruskischer Weise die bekannten
Opfer und Spiele zu Ehren des Capitolinischen Jupiter, die Römischen
und die plebejischen — Jene in den September als Vormonat des
Octobers, der vermöge des Opfers des Octoberpferdes und des Armilustrium (8. 17 f.) schon im alten Numanischen Jahr gleichsam ver-
hüllt die einleitenden Sacra des Populus für ein Ackerbau- und
Kriegswehrjahr enthielt, diese in den November, den Vormonat des
Decembers, in welchem die Plebs durch den Amtsantritt der Tribunen
und Aedilen ihr Staatsleben auspicierte.

[133a] Dass die Sitte, den Anfang von Wirthschaftsjahren mit Nägeln, die
man an der Wand einschlug, zu bezeichnen und danach die Jahre zu
zählen eine ländliche war, scheint doch aus der freilich kritisch sehr
unsicherm Stelle des Petron. 135 hervorzugehn. Dass sie sich auf den
beweglichen Anfang einer jährigen Thätigkeit (im Haus- oder öffentlichen Regiment) bezog, zeigt Cic. ad Attic. 5, 21, 1. *Laodiceam revi pridie
Cal. Sext. Ex hoc die, dum anni morebus:* wonach auch der Nagel wohl
nur einer, alljährlich fortgerückter war. Den Beinamen der Fortuna
Nortia in Volsinii, in deren Tempel bekanntlich die sicher auch mit
dem Capitolinischen Jupiter selbst von Etrurien entlehnte Sitte dieser
Jahresnageleinschlagung ebenfalls bestand, wird man von *nor-* und
eviorv (beides alt Italische Wortstämme) abzuleiten haben, wonach sie
der neuen Ackerbestellung im September und deren glücklichen Er-
folge vorstand.

Jenes freie, dem alten Naturjahr entgegengesetzte und doch auch
durch jene Stiftung nach der neuen Religion sacral wieder fixierte
Amtsjahr hat nun seine besondere Geschichte gehabt. Man konnte
bei dem nur aus zwei Personen bestehenden Collegium der Consuln
aus vielen Gründen den fixierten Antrittstag nicht so lange halten,
wie bei dem grossen und zugleich weit weniger gefährdeten Tribunen-
collegium — ebensowenig wie es möglich war, das *lustrum* nach dem
Wegfall des Königthums an den Ablauf der vierjährigen Schaltperiode
zu fesseln. Schon das traditionell erste Consulcollegium erreichte
nicht das Ende seines Jahrs, da Tarquinius weichen musste, Brutus
am Ende der Fünftage in der Schlacht umkam, und so blieb das
Consularamtsjahr während dieser ganzen Periode ein von seinem
ersten Anfange verschobenes. Doch aber forderte das heilige Recht
die Aufrechterhaltung der Sitte des Nageleinschlagens durch den am
13 September antretenden höchsten Magistrat. Wie sollte beides mit
einander vereinigt werden? Wenn Liv. 7, 3 sagt: *a consulibus postea*
ad dictatores, quia maius imperium erat, solemne clavi figendi translatum
est, so dürfte nach dem ursprünglichen Sinne der Quelle dieses Zeug-
nisses schon die Einführung der Dictatur selbst — was aber auch
andere Gründe für sich hat [34]) — durch diesen Zweck wenigstens
mit und nebenbei sogar neben dem des Lustrum (S. 66 Beil. E) allein
bestimmt gewesen sein, indem man theils die Erneuerung eines Dictators
durch einen Consul zu jeder Zeit und daher auch dessen Antritt
gerade am 13 September in seiner Gewalt hatte, theils wenn eine
Zeitlang — wie es scheint ursprünglich 10 Jahre (Verf. des Serv.
Tull. S. 515 ff. [35]) — die Einschlagung versäumt war, eine bei den
Göttern gültige Nachholung für diese Jahre nur durch ein die Consulate zusammenfassendes und für diesen Zweck speciell von Jupiter
durch Auspicien erbetenes *maius imperium* gerechtfertigt schien. In
der Folge wurde die Dictatur von den Patriciern freilich in der Regel
immer mehr zu politischen Zwecken (*rei gerendae causa*) benutzt und
dadurch ist ihre ursprüngliche Bedeutung verdunkelt worden [36]).

---

[34]) Siehe Beilage F.

[35]) Wie das erste *magisterium populi* am wahrscheinlichsten zehn Jahr nach
den ersten Consuln (Cic. de rep. 2, 32) fällt, so wahrscheinlich das zweite
zu demselben Zwecke der zusammenfassenden Nageleinschlagung wieder
zehn Jahr später 304 d. h. in das Jahr der unter vielen erschreckenden
Zeichen auf Jupiters besonderes Geheiss instaurierten Römischen Spiele
(Dionys. 7, 68), wann ja sonst ein Dictator ernannt zu werden pflegte,
und es mag damit zusammenhängen, dass Livius 2, 34. die Consuln
dieses Jahres, worunter ein Larcius Flavus (Dionys. 7, 68), nicht kennt,
indem Manche diese Dictatur mit der vor zehn Jahren verwechselten.
Auch führt auf diese Einrichtung die ähnliche Zusammenfassung von
je zehn Lustra in dieser Zeit (oben S. 66 Beil. E) und sie mochte schon
bei der Dedication des Capitolium an Jupiter genommen sein.

[36]) Wie die vornehmen Geschlechter, ausgehend von dem erst später im
Munde des Volks entstandenen und dann herrschend gewordenen Namen
dictator, worunter man sich nun kaum etwas Anderes denken konnte,

Noch ehe dieses · aber geschah, sagt Lydus (de mag. 1, 38) gewiss
nicht ohne besonderen Grund, dass der zweite Dictator bei Gelegenheit der Secession (260), während deren die Consuln zurückwichen,
'an den Kalenden des September' ernannt sei[12]'): wobei die Meinung
seiner Gewährsmänner doch allem Anschein nach war, damit er durch
Antritt des Amts an den Iden und Einschlagung des Nagels jenen
Leiden des Staats ein Ende mache[18]'). Nachher scheint eine ver-
heerende Pest, von der in den Annalen wohl ebensowenig ohne besonderen Grund angemerkt war, dass sie um die Kalenden des September 291 angefangen und jenes ganze Jahr gedauert habe (Dionys.
3, 67. vgl. Liv. 3, 6. 7. Oros. 2, 12.), wie andrerseits von den Consuln dieses Jahres, dass sie nach damaliger Sitte *Calendis Sextilibus*
(Liv. 3, 6), wie die des folgenden Jahrs *a. d. III Cal. Sext.* (Liv. 3, 8)
angetreten hätten, die wiederum eine Zeitlang unterlassene Einschlagung des Nagels in Erinnerung gebracht und nun zugleich die Einrichtung veranlasst zu haben, dass alle funfzig Jahr[18]') der Nagel
von einem Dictator eingeschlagen werden solle, womit natürlich eine'
ausserordentliche Einschlagung für einzelne Unglücksjahre, wie 423
(Liv. 8, 18) und 292, nicht unverträglich war. Für 292 erwähnt
nehmlich Lyd. l. c. einen Dictator, der wohl den von 291 durch

als einen allgewaltigen Machthaber mit grossen politischen Thaten nach
innen und aussen, entsetzlich viel in die älteste Geschichte der Dictatur
hineingelegen haben, deutet Liv. 8, 40. selbst an. Es ist ihnen dadurch
gelungen, auch die Darstellungen der ursprünglichen Bedeutung der
Dictatur bei den Neueren (z. B. Becker Röm. Alt. II. 2. S. 150 ff.), die
die Macht der Religion in jener Zeit noch weniger zu fassen vermochten, völlig zu verkehren.

[12]') Seine Worte sind: ἐτάσεως δὲ γινομένης καὶ τῶν ὑπάτων ἀναχωρησάντων
ἀπ' ἐκείνων ὁ δικτάτωρ ἕτερος (so muss man offenbar statt ἑτέρως lesen)
προεβάλλετο Καλάνδαις Σεπτεμβρίαις. Es gehört freilich ein gewisser Muth
dazu, sich auf die Stelle des Lydus zu berufen, nachdem Mommsen
Chron. S. 89, sich so darüber geäussert hat: 'es ist nicht viel weniger
unkritisch solche Nachrichten zu benutzen als sie zu verfassen.' Aber
die Sache selbst berechtigt zu diesem Muth.

[18]') Es ist natürlich M. Valerius Maximus gemeint, den Manche deshalb den
ersten Dictator nannten (Fest. v. Optima lex p. 184), weil sie ihn nach
einem ohne Zweifel von seinen mit einem Paar Hammerschlägen nicht
zufriedenen Nachkommen ihm angefabelten grossen Sabinerkriege und
Triumphe vor der Secession (Liv. 2, 29—81. Dionys. 6, 39—44. Zonar.
7, 14.) für den ersten Dictator *rei gerundae causa* (und darum *optima lege*)
ausgaben, während eine richtigere Tradition ihm nur das (von der
andern dem Menenius Agrippa beigelegte) Verdienst der Herstellung
der Eintracht nach der Secession zuschrieb (Cic. Brut. 14) und zwar,
wie aus Liv. 8, 18 gefolgert werden darf, vor Allem durch Einschlagung des Nagels. Daraus aber, dass diese im September geschah,
scheinen wieder einige Autoren, denen Dionys. 7, 1. folgt, ein Datum
der Secession 'um die Herbstnachtgleiche' gemacht und pragmatisch
verwerthet zu haben.

[18]') Mommsen Chron. S. 176, dessen ganze Auffassung eine andere, wie
mir scheint, weder quellen- noch sachgemässe ist, nimmt eine Säcular-
nageleinschlagung an.

Stillung der Pest verdunkelt hatte und mit ihm nur als einatägiger
clari figendi causa sonst übergangen wird, und später wird gerade
ein solcher Dictator angeführt für 391 (Liv. 7, 3. Fast. Capit.), für
441 (Liv. 9, 28.), für 491 (F. Capit.) und für 541 (Liv. 25, 2., wiewohl da nur die Comitien als Zweck erwähnt werden), so dass für
den regelmässigen 50jährigen Cyclus nur der für 341 fehlt — sicher
aber nur in unserer Ueberlieferung[120]. Dass dieser Ritus mit seinem
Dictator seitdem nicht mehr erwähnt wird, ist auch kein Beweis,
dass er nicht mehr beobachtet worden sei: erfahren wir doch nur
ganz gelegentlich aus Dio 55, 10. ed. Bekk.,- dass 752 auf den in
diesem Jahre von Augustus geweihten Tempel des Mars Ultor (damals
gleichsam des Mannes der Minerva und Vertreters des Gerichtsjahrs)
das Recht der Nageleinschlagung — hier aber nach Wegfall der
Dictatoren durch gewesene Censoren — übertragen worden sei.

Blicken wir nun auf unsere Ausführung über das Lustrum zurück,
so war für das, was die neue Jahresordnung religiös erforderte, in
der Uebergangszeit bis zu den zwölf Tafeln zuerst für Lustrum und
Nageleinschlagung zugleich durch Ernennung von *magistri populi* gesorgt worden. Nachher geschah es für das Lustrum regelmässig
durch die Censoren, für die Nageleinschlagung durch *magistri populi*,
die aber ausserordentlich auch für das Lustrum eintreten konnten,
und es entsprach dem ursprünglichen Zusammenhange dieser beiden
Magistrate mit dem Decemviraljahr, dass sie mit dessen Abschaffung
durch das Julianische Jahr auch wegfielen.

Die Lustralperiode beherrschte die Vierzahl nach der Natur des
annus magnus (Bell. E), die der Nageleinschlagung dagegen die
Fünfzahl; denn diese war die Zahl der Minerva, der Göttin des
Zählens oder *πεμπάζειν* (Liv. 7, 3. Serv. ad Georg. 1, 277). Offenbar
hatte nehmlich diese ganze Einrichtung neben ihrem religiösen Zwecke
auch den von den Autoren nicht minder ausdrücklich bezeugten chro-
nologisch-praktischen, das aus dem alten natürlichen Kalenderjahr
herausgewichene Amtsjahr, nach dem man in den Urkunden über
Amtsacto der Magistrate und später auch in den Geschichts-Annalen
zu datieren pflegte, nach jenem zu regulieren, damit nicht durch
die viel grössere Anzahl von Consulpaaren und scheinbaren Amts-
jahren die wirkliche Zahl von Jahren, in welche sie fielen, verdunkelt würde.

Noch hatte der Zusammenhang des veränderten Jahres mit der
veränderten Verfassung auch eine Neuerung in der Aera zur Folge,
nach welcher man datierte. Wir besitzen aus dieser Periode noch
zwei Zeugnisse über die Art, wie die weltlichen Behörden (von den
sacralen vgl. S. 67) datierten. Der Aedil Cn. Flavius schrieb nach
Plin. N. H. 33, 1, 19. auf den von ihm 448 erbauten Tempel der

[120] Bei Liv. 7, 3. liegen die älteren Dictatoren dieser Art in der Aeusserung, *repetitum ex veterum memoria dictur, praedictorum quondam clavo a dictatore fixo ordatum.* (Aehnlich 8, 18.) Auch erwähnt er wenigstens beim
J. 342 viele Krankheiten 4, 52.

Concordia — natürlich neben Angabe des gewöhnlichen Tages- und Jahresdatum nach den Consuln — *factam eam aedem CCIII annis post Capitolinum dedicatam*. Diese später abgekommene Art der Jahreszählung, welche mit dem Jahresnagel unmittelbar zusammenhing und vom Varronischen Jahr der Stadt 245 und in diesem vom 13 September anfing, wird bloss bei Acten, die auf der neuen Capitolinischen Religion beruhten, üblich gewesen sein, wenn sie nicht gar ganz individuell für diesen etwa eben auch am 13 Sept. vorgenommenen Act gewählt war. Dagegen wurde nach Dionys. 1, 74. in den censorischen Commentarien auf folgende Weise z. B. für den Census zwei Jahre vor der Einnahme Roms durch die Gallier datiert: 'unter den Consuln L. Valerius Potitus und T. Manlius Capitolinus nach Vertreibung der Könige im 119ten Jahr.' Der letztere Ausdruck, mit dem auch der *post primos consules* wechselt und der in späterer Zeit bei chronologischen Bestimmungen von Magistratsacten überhaupt häufig vorkommt (z. B. Varr. de r. r. 1, 2, 9. Cic. de rep. 2, 32. 33. 35 u. s. w.), hatte schon hinsichtlich des Anfangsjahres etwas Unbestimmtes, da mit der Flucht des Tarquinius die Abschaffung des Königthums überhaupt nicht gleich entschieden und auch 'die ersten Consuln' unsicher waren. Man regulierte aber dieses Jahr, um einen sichern Anhaltspunkt zu haben, wahrscheinlich auch nach der ersten Nageleinschlagung d. h. der Einweihung des Capitols, und der Umstand, dass die Einweihung des Capitols durch M. Horatius, welche nach Dionys. 5, 35. in seinem zweiten Consulat (247) stattfand, von Andern wie Polyb. 3, 22. Liv. 2, 8. in sein erstes Consulat d. h. in das Jahr der *primi consules* (245) hinaufgerückt wird, mag darauf beruhen, dass die herrschende Ansicht diese Aera aus chronologischem Interesse doch unmittelbar an die Königszeit anzuknüpfen wünschte. Das ebenso unbestimmte Tagesdatum dieser Aera entnahm man aber wohl ohne Zweifel von dem Tage, auf welchen die Vertreibung der Könige gleichsam sacral fixiert war, dem *Regifugium*, dem ersten der das Märzjahr einleitenden Fünftage, weil so das Datum mit dem Kalenderjahr selbst lief.

Verschieden von dieser Aera der neuen Magistratsgewalt blieb die allcivilrechtliche *ab urbe condita* für die wichtigsten Begebenheiten des Staats selbst, wozu die jedesmaligen Magistratscollegien nur auch gehörten. Sie befolgten die frühzeitig in dieser Periode aufgekommenen *annales*[131]), vor Allem deren Hauptquelle, die officielle Stadt-

---

[131]) Vgl. über sie die Nachweisungen bei Schwegler R. G. I. S. 7. Wenn Liv. 8, 18. vom J. 423 erzählt, dass man damals aus den Annalen (natürlich nur den erst später im Gegensatz zu denen der Privatannalisten *maximi* genannten) die Notiz entnommen, *in secessionibus quondam plebis clarum a dictatore firum obinaxiusque discordia menses hominum se pinndo compotes sui fecisse*, so musste diese Thatsache hoch in die Zeit der Republik hinaufreichen und aus der annalistischen Darstellung bei Liv. 2, 19 hat Niebuhr R. G. II. A. 5. nicht unwahrscheinlich geschlossen, dass sie geradezu aus den Annalen der Pontificen entnommen sei. Wenn diese Annalen aber nach Cic. l. c. *ab initio rerum Romanorum* begonnen, so müssen sie auch eine auf älterer Tradition beruhende anna-

chronik oder *annales maximi* des Pontifex maximus, da sie mit Roms
Anfängen begann (Cic. de orat. 2, 12, 52.) und auf einer alljährlich
angefertigten und in seiner Amtswohnung zu jedermanns Kenntnis-
nahme aufgestellten weissen Tafel fortgesetzt wurde, so dass, was
Serv. ad Aen. 1, 373 von ihr sagt: *tabulam dealbatam quot annis
pontifex maximus habuit, in qua praescriptis consulum nominibus et aliorum magistratuum digna memoratu notare consuevorat*
etc. doch nur neben Angabe der Jahreszahl *ab urbe condita* und ihres
Quiritischen Anfangs mit den Paliilen (S. 24) zu verstehen ist. Sein
Amt selbst aber, diese Chronik zu führen, wird sich eben daher
schreiben, dass es ihm oblag, die alljährliche, chronologisch-praktische
Einschlagung des Nagels zu besorgen, welche die Dictatoren durch
die von ihnen alle 50 Jahre *dicis gratia* geschehenen nur ebenso
solennisierten, wie das Rauduseculum bei dem Nexum die wirklich
hingezählten Asse *(libram primam postremamque* Gai. 3, 174).

Wiederum werden aber auch die *fasti consulares* ursprünglich
nichts weiter als ein Auszug aus diesen Annalen gewesen sein, worauf
schon die Umstände schliessen lassen, dass die unter den Triumvirn
öffentlich auf Marmor ausgestellten s. g. Capitolinischen Fasten auch
von Roms Gründung anfingen (Henzen I. L. A. p. 420) und wieder
in der Amtswohnung des Pontifex maximus angebracht waren (Henzen
ibid. p. 422), wo man sie auch eine Zeitlang alljährlich fortführte,
so dass sie gleichsam an die Stelle der mit dem Pontifex maximus
P. Scävola (cos. 621) zu Ende gegangenen alten Annalen treten sollten.
So viele Veränderungen nun auch zwischen dem Originale und diesem
Auszuge liegen, namentlich der Verlust der ältesten Tafeln im
Gallierkriege, die Redaction der Annalen zu Einem Werk von achtzig
Büchern (Serv. l. c.) und der Einfluss späterer Wissenschaft, so
bewahren diese *fasti* doch noch bedeutsame Sporen ihres Ursprungs.
Schon der Name weist auf eine Zugrundelegung des alten Kalender-
jahres (denn nur darauf kann *fasti* gehen), welches hier durch die
Hinzufügung der eponymen Magistrate mit dem Amtsjahr in Verbin-
dung gesetzt war. Nach ihrer Einrichtung sind ferner die Zahlen des
Jahres, jedoch nur die erste von je zehn Jahren — eine Erinnerung
an die ursprüngliche Zusammenfassung so vieler Consulate durch die
dictatorische Nageleinschlagung — vorangesetzt (auf der Triumphal-

---

Italische Königsgeschichte enthalten haben, aus der die Regierungszeiten
der Könige und Notizen wie z. B. die des Plin. N. H. 18, 29, 284,
dass Numa im elften Jahr seiner Regierung die Robigalien gestiftet,
so wie die Triumphe der Könige an bestimmten Tagen auf der Trium-
phaltafel herrührten. Eine solche Geschichte wird aber doch auch,
wie die Vorgeschichte des Moses, nach älteren Materialien, am wahrscheinlichsten sehr bald nach der Vertreibung der Könige, in welche
Zeit auch das *in Papirianum* (XIII, beim Beginn der *annales maximi* selbst,
die sie nur fortsetzen sollten, verfasst worden sein. Leider konnten
die *annales maximi*, welche man nach dem Gallischen Brande hatte,
auch wieder nur eine Art zusammenfassender Restauration der früheren sein.

tafel das einzelne Jahr hinzugefügt), worauf dann die an die Stelle
der Könige getretenen Collegien — der Consuln, Decemvirn, *trib.*
mil. cons. pot., nicht aber auch der Interreges, weil diese keine Bedeutung für das Jahr mehr hatten (S. 70) — unter einander folgen.
Eingerückt werden aber ausserdem noch die beiden Magistrate, welche
ursprünglich für die religiöse Vermittelung des alten Jahres mit dem
neuen eingesetzt waren, die Dictatoren nebst *magistri equitum* für das
neue Magistratsjahr und die Censoren für das neue grosse gesetzliche
Jahr mit Schaltmonaten und daher mit Hinzufügung des von ihnen
gefeierten Lustrum. So stellen die Fasten die lebendige Jahresfolge
des Römischen Staats mit ihren religiösen Erfordernissen dar —
nichts mehr und nichts weniger. Leider lassen sich nicht auch die
Principien noch genau erkennen, nach denen man ursprünglich bei
der Gleichung des alten festen und des freien Magistratsjahres verfuhr. Im Ganzen konnte man nur davon ausgehn, dass der Jahresnagel, der auf die regierenden Consuln, welche ihn hätten einschlagen
sollen, hinwies, die Mitte eines Märzjahres (den 13 Sept.) bedeute
und ihm das Collegium von Consuln entspreche, welches in demselben
vor oder nach jener Mitte angetreten habe. Die Schwierigkeiten,
welche die Anwendung dieses Princips ergab, bilden eine specielle chronologische Frage, mit der wir uns hier nicht befassen können. Im
Ganzen hat aber die gedachte Einrichtung der Römischen Chronologie
noch den Grad von Sicherheit und Zuverlässigkeit bewahrt, der ohne
sie ganz unmöglich gewesen wäre [12]).

Man kann noch fragen, wie die Einführung des Schaltmonats
auf die Uebereinstimmung der Kalendermonate mit den natürlichen
Mondumläufen wirkte. In dieser Hinsicht wäre es aber überhaupt
verkehrt, diese sich als ein eben solches Postulat zu denken, wie
die Uebereinstimmung des Kalenderjahres mit dem Sonnenjahr. Gerade
hier zeigt sich die ursprünglich verschiedene Stellung des Menschen zum
Lauf der Sonne und des Mondes wichtig, dass jener sein ganzes Natur-
daseln natur-göttlich und darum unabänderlich bedingt, während dieser
nur eine frei zu benutzende Analogie für die Bestimmung seines Lebens
im Staat darbietet (oben S. 3). Wir bemerkten daher auch schon früher,
dass bereits Numas Kalender nur auf eine abbildlich möglichst ähnliche

[12]) Nur gelegentlich sei noch bemerkt, dass die Säcularspiele, welche im
J. 505 *zu voto* zuerst gefeiert worden, der ganzen älteren Zeit fremd
sind, obgleich man sie später in diese zurückverlegte, und überhaupt
mit der Geschichte des Römischen Jahres nichts zu schaffen haben.
Vgl. darüber Preller Röm. Myth. S. 474 ff. Mommsen Chron. S. 180 ff.
Schon die Zusammenfassung von zweimal 50 Jahren (wie bei Aufnahme
der Faliskischen Minerva ein *decimatrus* statt eines *quinquatrus* hergestellt
wurde, wovon später) und die drei Opferthiere und Opfertage bei diesen
Spielen charakterisieren die dritte Periode. Wenn ein altes Tetrastichon
auf den Januar (Anson. ed. Souchay p. 418) Vertrauen verdient, welches
v. 3. von ihm sagt: *Annorum saeclique caput, natalis honorum, Purpureis fastis
qui numerat proceres*, so scheint man auch in der diesen Spielen zu Grunde
liegenden Säcularlehre das Jahr vom Januar angefangen zu haben.

Einrichtung seiner Monate mit den synodischen angelegt gewesen [113]), nicht auf eine natürliche Uebereinstimmung, wie Ja auch daraus klar erhellt, dass schon am Ende des ersten Jahres 11 Tage über zwölf Mondumläufe hinausgingen, wonach an den Kalenden des nächsten März schon das erste Viertel des folgenden synodischen Monats eingetreten sein musste. Das Ende des zweiten Jahres trieb dann diese Verschiebung abermals um 11 Tage weiter und erst am Ende des dritten trat einigermaassen wieder Uebereinstimmung ein. Auch erforderte das *ius sacrum* in dieser Hinsicht keine genaue Uebereinstimmung, da die den Göttern zu feiernden Feste nur Jahresfeste waren, an den Monatswichtagen als solchen das Volk sich nur auf jene durch Versammlungen vorbereitete und die allein ausgenommenen Idus doch nur auf einer Mondphase beruhten. So hatte denn auch das *calare Junonem corellam* und wahrscheinlich *silentem*, wie schon oben bemerkt wurde (S. 31), nach Einführung dieses Kalenders [114]) nur die Bedeutung, sie für diesen so zu nennen, weil sie es nicht wirklich war, und stand damit auf gleicher Stufe mit so vielem Aehnlichen, wie dem Nennen der *virgo Vestalis* bei ihrer *raptio* als *A(d)mata*, der Frau bei der *coemtio* als *Gaia*, der *acceptilatio*, der *expensilatio*. Ungeachtet dieses zufälligen Auseinandergehens von Kalender- und synodischen Monaten wurde aber ihr Zusammengehen (worunter man nur nie ein genaues verstehen darf) natürlich doch beachtet und als das Normale angesehen. Von dieser Norm drängte nun der Schaltmonat noch wieder weiter ab, indem er theils selbst einen Monat darstellte, der wieder nur ein Abbild eines eigentlichen Kalendermonats war, theils bewirkte, dass die Verschiebung zwar erst am Ende des zweiten Jahres, dann aber auch um 22 Tage so eintrat, dass erst nach Ablauf von 8 Jahren, wo die Einschaltung 90 Tage oder drei Mondumläufe betrug, die Uebereinstimmung wiederkehrte [115]).

---

[113]) Nur dieses haben auch die alten Schriftsteller im Sinne, wenn sie wie Liv. I, 19. Applan. de b. c. 2, 154. Dio 43, 26. Lyd. de mens. 8, 4. sagen, dass das alte Römische Jahr oder dessen Monate nach dem Monde gegangen seien. Wenn aber Dionys. 10, 59., nachdem er bemerkt hat, dass die Decemvirn ἐλθοῦς Malius angetreten haben, hinzufügt, ἤτων δὴ τοὺς μῆνας μετὰ σελήνην, καὶ συντάττειν εἰς τὰς εἰδοὺς ἡ πανσέληνος, so liegt darin auch nicht nothwendig die irrige Ansicht (wie Mommsen Chron. 8. 26. meint), dass die Römischen Idus jedesmal in den Vollmond gefallen seien, denn dann hätte er sagen müssen συντάττειν αἱ εἰδοὶ εἰς τὴν πανσέληνον), sondern er will sagen, dass bei der kalendarischen Nachahmung des Mondumlaufs der Vollmond den Idus entsprochen habe, die er 11, 62. auch διχόμηνις, die Mitte des Kalendermonats, nennt. Aehnlich heisst bei ihm 8, 55. das Römische Datum prid. Non. Quintil. Κοιντίλου πρὸς ἰσθόην μάλιστα κατὰ σελήνην = dem möglichst (beinahe) siebenten (d. h. dem sechsten) Tage, wenn man nach dem (kalendarischen) Mond fortlaufend zählt.

[114]) In einer älteren vorhistorischen Zeit, wo man vielleicht nach privatpriesterlichen Vorschriften sich noch weit mehr nach dem wirklichen Mondumlauf richtete, mochte es anders gewesen sein. Vgl. S. 29.

[115]) Wahrscheinlich beruht es auf einer solchen Berechnung bei einem älteren

Die Verletzung der Luna durch Aufdringung eines ihr fremden Monats
und die völlige Verschiebung der übrigen in ihrem Lauf liess denn auch
ohne Zweifel das neue Schaltsystem sacral unmöglich erscheinen, wenn
sie nicht ebenso durch einen dafür gestifteten Cult (den Aventinischen
Anm. 21. 100) gesühnt wurde, wie Mars und die übrigen Götter wegen
der verrückten Jahresfesttage durch das allvierjährige Lustrum.

Dritte Periode.
Das pontificale Jahr.

Die Alten bezeugen, dass die Einschaltung eines Monats von 22
oder 23 Tagen in jedem zweiten oder vierten Jahr d. h. die gesetzliche Schaltung der 12 Tafeln lange bestanden habe, bis man inne
geworden, dass — wie gezeigt, in Folge des mitunter zu 355 wirklichen Tagen angenommenen Jahres — die Kalenderjahre die wirklichen an Länge übertrafen; alsdann aber sei den Pontifices die Correction dieses Fehlers übertragen, indem man das Schaltungswesen
ihrem Ermessen anheimgegeben habe [12a]. Da nun Macrobius als
nächste gesetzliche Maassregel nach den zwölf Tafeln mit Berufung
auf Fulvius Nobilior die Lex des Consul Manius Acilius Glabrio in
dem Varronischen Jahr 563 nennt [12b], so haben wir ohne Zweifel
jene Anheimgabe als Inhalt dieser Lex Acilia zu betrachten [12c] und
datiert von da ab die dritte Periode des Römischen Jahres. Zwar
hat Ideler (Handb. der Chronol. II. S. 92) hiergegen Einspruch erhoben. Er meint, der (schlimme) Einfluss der Pontifices auf das

<hr>

Autor, wenn Macrob. 1, 13, 11. 12. schon den alten Römern, wiewohl
zugleich als Nachahmung der Griechischen Schaltung, eine eigentlich
achtjährige Schaltungsperiode zuschreibt. Es ist damit die gewöhnliche zwei- oder vierjährige gemeint, die nur in Beziehung auf den
Mond erst in einem achtjährigen Cyclus dieselbe ausgleichende Wirkung
konnorte.

[12a] Censorin. 20, nach Angabe der bisherigen Schaltungsweise: *idque diu
factum* (= Ammian. 20, 1, 12 ... *perque seculo multos obscuris difficultatibus*
[ihnen selbst unbewusste Schwierigkeiten] *implicati ...) prius quam scriberetur,
annus civiles aliquanto naturalibus esse maiores. Quod delictum id corrigeretur,
pontificibus datum est negotium eorumque arbitrio intercalandi ratio permisso.*
Bei Solin. 1. geht darauf die Worte:' *Quod cum initio Romani probassent
contemplatione numeri parvis offensi neglectum brevi perdiderant, translata in
sacrdotes intercalandi potestate.* Ammian. l. c. sagt auch nur, dass es mit
Uebertragung der Schaltungsgewalt an die Priester schlimmer geworden
sei. Am wenigsten Einsicht in die historische Entwickelung verräth
Macrobius, dessen irrene Notizen aus älteren Autoren aber um so wichtiger sind.

[12b] Macrob. 1, 13, 21. *Fulvius autem id egisse M' Acilium consulem dicit ab urbe
condita anno quingentesimo sexagesimo secundo imo mox bello Aetolico.* Da die
Consuln damals am 15 März antraten und Acilius am 3 Mai zum Kriege
abging (Liv. 36, 3.), so ergiebt sich daraus die Zeit des Gesetzes noch
näher.

[12c] Dieses erkennt auch Mommsen Chron. S. 40. an.

Römische Jahr (bei ihm die Einführung der 24jährigen Schaltperiode nach Macrob. 1, 13, 13.) müsse früher gesetzt werden, weil 564 der Römische Kalender offenbar in grosser Unordnung gewesen sei, und folgert diese nach dem Vorgange von Scaliger und Petavius daraus, dass Livius aus diesem Jahre eine Sonnenfinsterniss *V Id. Quintiles*, also am 11 Juli erwähnt[139]), welche, da eine andere in diesem Jahre nicht stattgefunden habe, mit der am 14 März des Julianischen Kalenders Morgens von 6 U. 33' bis 8 U. 44' zu Rom sichtbaren identisch sein müsse, woraus dann freilich ein Vorsprung des damaligen Kalenders um 117 Tage sich ergeben würde. Ihm scheint aber eine eigene diesem Gegenstande gewidmete treffliche Abhandlung des Ism. Bullialdus (1643)[140]) unbekannt geblieben zu sein, worin dieser einmal mit mehr als zehn Jahreszeit-Daten aus den J. 537, 540, 552, 554, 557, 558 u. s. w. bis 574, die nur aus Livius selbst entlehnt sind, aufs überzeugendste darthut, dass damals eine so grosse Discrepanz des Kalenders mit dem natürlichen Jahre nicht bestanden haben kann und namentlich die Consulwahlen stets in die gewohnte Zeit des Winters, die Consulatsantritte *Idibus Martiis* in den Frühling gefallen sind, und dann die Vermuthung aufstellt, dass Livius jene Sonnenfinsterniss wohl mit einer auch von ihm erwähnten zwei Jahr später vorgefallenen[141]) verwechselt haben möge. Ueber diese Vermuthung liess sich lange kein sicheres Urtheil fällen, da die zweite Sonnenfinsterniss von 566, nach den öffentlich bekannt gemachten Berechnungen zu urtheilen, von den Astronomen bisher vernachlässigt worden ist. Wegen des grossen Interesses der Sache für die Geschichte des Römischen Jahres wandte ich mich auf meine Bitte mein College, Professor Galle, deshalb an die jetzt anerkannt erste Autorität in diesen Dingen, den Geheimen Rath Hansen in Gotha, dessen Antwort vom 26 Januar 1866 ergab, dass er beide Sonnenfinsternisse schon vor mehreren Jahren mit folgenden bisher noch nicht bekannt gemachten Resultaten berechnet hatte.

190 v. Chr. (= 564 u. c.)
Anfang der Finsterniss 14 März 7ʰ 26ᵐ w. Z. Vormittags,
Ende   „   „   14 März 9ʰ 44ᵐ w. Z. Vormittags,
grösste Phase 11,05 Zolle.

188 v. Chr. (= 566 u. c.)
Anfang der Finsterniss 17 Juli 4ʰ 58ᵐ w. Z. Vormittags,
Ende   „   „   17 Juli 6ʰ 59ᵐ w. Z. Vormittags,
grösste Phase 11,82 Zolle.

[139]) Liv. 37, 4. *Per eos dies quibus ad profectus ad bellum consul* (L. Cornelius Scipio), *ludis Apollinaribus a. d. V Idus Quintiles coelo sereno interdiu obscurata lux est, quum luna sub orbem solis subiisset.*

[140]) Hinter dem Gronovschen Livius ed. Stuttgard. Tom. XV. 1. p. 366—377.

[141]) Liv. 39, 36. *supplicatio in triduum pro collegio decemvirorum imperata fuit in omnibus compitis, quod luce inter horam tertiam formis et quartam tenebrae obortae fuerant.* Dieselbe Stundenzeit giebt Obsequ. 56. an, was aber, da er aus Livius schöpft, nur für die Aechtheit der Lesart bei diesem von Interesse ist.

Nach dieser Berechnung war also keine der beiden Finsternisse total, doch näherten sich beide — insofern einander ähnlich — besonders die zweite der Totalität in hohem Grade. Die Rechnungen sind aber auf's genaueste nach den neuen Hansenschen Sonnen und Mondtafeln ausgeführt, wogegen die Idelersche der ersten Sonnenfinsterniss zurücktreten muss; auch haben in dieser Zeit keine andern Sonnenfinsternisse in Rom stattgefunden.

Der Vergleich des Resultats der Berechnungen mit den Relationen des Livius ergiebt nun, dass dieser die beiden Sonnenfinsternisse zwar nicht überhaupt und durchgängig mit einander verwechselt, aber doch mit einander vermengt hat, und bestätigt damit die Vermuthung des Bullialdus in der Hauptsache auf's glänzendste. Es stimmt genau mit der Berechnung, dass durch die zweite, von der nicht gesagt wird, dass sie bei heiterem Himmel stattgefunden, liese Dunkelheit aufgentlegen *(tenebrae obortae)* sei, — denn eben darin musste sie sich etwa zwischen 5 und 7 Uhr früh kundgeben, da hier die Sonne in der Morgenhelle verfinstert aufging — während die erste bei heiterem Himmel und bei Tage beobachtet Verdunkelung des Lichts durch das *subire lunam sub orbem solis* herbeiführte. Ebenso gewiss hat aber Livius irriger Weise die Tageszeit und das Tagesdatum beider Finsternisse — worauf es hier allein ankommt — mit einander verwechselt, was ja auch bei so ähnlichen und wegen der Seltenheit zweier solcher Himmelserscheinungen innerhalb so kurzer Zeit gewiss oft zusammengenannten und mit einander verglichenen Sonnenfinsternissen sehr leicht möglich war. Nicht die zweite, von der Livius dieses sagt, trat *inter horam tertiam et quartam ferme* ein, sondern die erste, für welche die Römische von Sonnenaufgang an gerechnete *hora tertia et quarta* zumal im März mit unserer Stundenzeit von etwa halb 8 bis drei Viertel auf 10 Uhr ziemlich genau passt. Die zweite, mit Livius ins Jahr 564 und folglich in den März versetzte, würde da nach der von ihm angegebenen Tageszeit in Rom kaum bemerkt gewesen sein. Umgekehrt fand nicht die erste, von der dieses Livius sagt, sondern die zweite *ludis Appollinaribus a. d. V Idus Quintilis* d. h. den 11 Juli statt. Denn diese Spiele fallen, seitdem ihr Tag gesetzlich fixiert war (seit 546 Liv. 27, 23.) in den Juli und zwar nach den Kalendarien der Kaiserzeit auf die 8 Tage vom 6 bis 13 Juli, so dass diesen letzten Tag Spiele im Circus einnahmen (Mommsen I. L. A. p. 396), während früher nach Liv. 27, 23 noch der 5 Juli ihr *dies solennis* war[116]. Man möchte noch aus der thatsächlichen Zeitbestimmung *per eas dies, quibus est profectus ad bellum consul* einen Einwand gegen die Verwechselung hernehmen wollen. Aber die erstere ist offenbar nur eine Folge der letzteren. Livius hatte nehmlich kurz vorher 37, 4 das vom Consul in Rom *pro contione* an die Soldaten gerichtete Edict erwähnt, *ut milites ... omnes Idibus (Quintilibus Brundisium conveniret.* Dieses vor Augen, sagte er dann natürlich von etwas, was vier Tage

[116]) Siehe Beilage O.

früher geschehen sein sollte, aus seinem Eigenen, es sei *per eos dies*,
quibus etc. geschehen. Hätte er darüber eine selbständige Nachricht
vor sich gehabt, z. B. dass die Sonnenfinsterniss am Tage der *pro-
fectio* sich ereignet, so würde er sich nicht so unbestimmt ausgedrückt
haben.

Somit fällt denn beim J. 564, für dessen Finsterniss unsere berichtigten Quellen gar kein Kalenderdatum haben, das Idelersche
Gegenargument überhaupt weg; für das Jahr 566 aber, in welches
das Datum des Livius wirklich gehört, verwandelt es sich in das
stärkste Argument zur Bestätigung der nun in Folge der Lex Acilia
geschehenen Correction des Römischen Jahrs[149]). Reduciren wir
nemlich das Römische Datum *V Idus Quintil.* = 11 Juli, auf unsern
Julianischen Kalender, nach dem das Datum des 17 Juli ausgedrückt
ist, und setzen dabei voraus, dass im J. 566 nicht eingeschaltet war
(denn nach Liv. 37, 59 war 565 noch ein Schaltjahr), so müssen
noch die Tage, welche die Monate des Julianischen Kalenders vom
Januar bis Juli mehr enthalten als der alt Römische, d. h. 3 im
Januar, 1 im April, 1 im Juni, also 5 zum 11 Juli zugezählt werden,
und so war damals der Römische Kalender nur um 1 Tag hinter
dem natürlichen Jahr zurück. Er erreichte es selbst vollständig im
August, der im Julianischen Kalender 2 Tage mehr hat und war
ihm am Ende December schon um 5 Tage voraus[144]).

Die Lex Acilia bestimmte nun offenbar im Allgemeinen in Be-
ziehung auf das Jahr ganz dasselbe, was auch um diese Zeit in
Beziehung auf die Legisactionen und das Gerichtswesen die Lex
Aebutia. Wie durch diese der Process dem Prätor, so wurde das
Schaltungswesen zwecks Herstellung und Erhaltung eines für die
Staatsactionen angemessenen Jahres den Pontifices anheimgegeben
und ebendeshalb dürfen wir das nunmehrige Jahr das pontificale
nennen.

Hinsichtlich der Veranlassung der Lex Acilia ist schon bemerkt
worden, dass die übermässige Grösse des Kalenderjahres und damit
sein Zurückbleiben gegen das natürliche nicht durch die allgemeine
Annahme eines Jahres von 355 wirklichen Tagen, sondern nur durch
den Schalttag bewirkt sein kann (oben S. 59). In der That dient
auch zum Beweise, dass selbst in der ersten Hälfte des sechsten Jahrhunderts das wirkliche Jahr dem Kalender noch nicht allzuweit vor-

---

149) Andere Bestätigungen, die aber gegen diese fast ihren Werth verlieren,
liegen darin, dass Liv. 38, 12. von Cn. Manlius Vulso, Consul im J. 565,
der doch sein Amt, wie gewöhnlich, *Idibus Martiis* angetreten hatte,
erzählt, er sei noch *vere primo* nach Ephesus gekommen, und dass die
Parilien (21 April) 572 nach Liv. 40, 2. nicht bloss in den Frühling
fielen, sondern um eben diese Zeit auch schon transmarinische Gesandt-
schaften in Rom ankamen.

144) Ueber ein nur scheinbares Gegenargument gegen die im Text entwickelte Ansicht, das vorgebliche Datum der Schlacht am Myonnesus
siehe Beilage II.

ausgeellt war, die Ansetzung des um das Jahr 513 gestifteten Flo-
rallenfestes auf den 28 April[144] (Marquardt Röm. Alt. IV. S. 323),
und die der Apollinarien des Sonnengottes 546 auf den 5 Juli (Marquardt S. 331), der damals in den brennendsten Sonnenstand der
Hundstagshitze fallen mochte. Man sieht, dass diese Indicien mit
unserer obigen Wahrscheinlichkeitsrechnung (S. 60) ziemlich über-
einkommen[144]. Betrug nun aber um die Mitte des sechsten Jahrhunderts das Zurückbleiben des Kalenders gegen das natürliche Jahr
allem Anschein nach schon gegen einen Monat oder darüber, worauf
auch die in Anm. 113* erwähnte Ernote der Vestalinnen in der
ersten Hälfte des Mai führt, wenn die Ansetzung dieses Datums, wie
wahrscheinlich, in diese oder eine etwas frühere Zeit gehört, so musste
sich freilich eine solche Differenz im Allgemeinen schon sehr fühlbar
machen. Indessen pflegten Missstände alter Einrichtungen im alten
Rom wie jetzt in England erst nach einem besonderen Eclat zu einer
Reform zu führen. Wie also z. B. die Verbesserung des Injurien-
rechts der 12 Tafeln erst in Folge der Ohrfeigen des Atina, die erste
Abschaffung der legis actiones durch die Lex Aebutia in Folge des
Verlustes des Processes de ritibus successis herbeigeführt wurde (Gai.
4, 11. 30.), so bedurfte es ohne Zweifel auch noch eines besonderen
Anstosses, um dem Kalenderschaden abzuhelfen. Vermuthlich lag
dieser in Folgendem.

Unter den ausserordentlichen religiösen Maassnahmen, zu denen
die grosse Noth des zweiten Punischen Krieges die Römer im J. 537
trieb, erwähnt Livius (22, 10.) auch eine alt Sabinische, das (allem
Anschein nach auch den Bundesgenossen auferlegte) Gelübde eines
heiligen Lenzes, welches seinem Hauptinhalte nach (mit etwas berich-
tigtem Texte) so lautete: *quod ver attulerit ex suillo, ovillo, caprino,*

---

[147] Es ist zu beachten, dass das Fest dem gedeihlichen Abblühen der Feldfrüchte zur Ansetzung von Früchten galt Plin. N. H. 28, 29, 246. Da
dieses nun eigentlich erst im Mai stattfindet und zwar so, dass dann
die meisten Feldfrüchten in 8 Tagen abblühen, von wo ab in 40 Tagen
in mässig warmen Gegenden für die Gerste in der zweiten Hälfte des
Juni, für das übrige Getreide in der zweiten Hälfte des Juli die Ernte
eintritt nach Colum. 11, 2, 50, 62—64. Pallad. 6, 1. 7, 2., so würde
das Fest, wenn man es nach den Hauptgetreidearten und dem Anfange
ihrer Blüthe bestimmte, etwa in das Ende des Mai haben fallen müssen.
Doch konnte man dabei auch auf die früher blühenden Feldfrüchte und
bei der Auswahl gerade des 28 April auch auf das 30 Tage spätere
Opfer der Dea Dia am 29 Mai (oben S. 63 ff.) Rücksicht nehmen. Nimmt
man nun noch hinzu, dass auch das Jahr der Stiftung, ob 513 (ein
gemeines) oder 514 (ein Schaltjahr), unsicher ist, so überzeugt man
sich, dass eine genaue Ermittelung, wie viel damals der Kalender hinter
dem natürlichen Jahr zurück war, aus diesem Ansatz nicht möglich ist.
Eher wäre aus der Ansetzung des Opfers der Dea Dia, welches schon
erste reife Feldfrüchte voraussetzte, auf den 29 Mai etwas zu schliessen,
wenn man nehmlich annimmt, dass dieser Ansatz aus eben dieser Zeit,
wo man die Florallen einrichtete, stehen geblieben sei, denn die Ernte-
ferien fielen in Rom hauptsächlich in den Juli (Plin. ep. 8, 21).

[148] Siehe Beilage J.

G*

bovillo grege, quaeque profana erant, Jovi fieri ex qua die senatus populusque iusserit u. s. w. Die Ausführung und damit auch die Beziehung auf einen bestimmten Jahreslenz war also schon im Eingange
des Gelübdes von einem besonderen Beschlusse des Senates und Volkes abhängig gemacht; dasselbe hoben auch noch die Worte gegen
Ende besonders hervor: *si astidea senatus populusque iusserit fieri ac
farit, ea populus liber solutusque esto.* Da es sich um den Vielustand
von fast ganz Italien handelte ('wie viel Italiens Berge und Felder,
Flüsse und Gewässer nährten' Plut. Fab. 4.), so wartete man ver-
nünftiger Weise mit der Vollziehung des Opfers, bis sich das Land
von seinen Kriegscalamitäten erholt hatte und so kam es erst nach
21 Jahren zur Ausführung im J. 559 (Liv. 33, 44). Im folgenden
Jahre 560 verkündigten aber die Pontifices, 'non esse recte factum',
und der Senat beschloss nach ihrem Ermessen die Wiederholung des
Opfers mit dem erläuternden Zusatz: *ver sacrum sei, was* von den
Kalenden des März bis zum letzten April des J. 559 geboren sei
(Liv. 34, 44). Aus diesem Zusatz erkennt man leicht, dass, da das
Votum auf ein *ver sacrum* und *ex qua die senatus populusque iusserit*
lautete, die fehlerhafte Ausführung in der unrichtigen Zurückführung
des *ver* auf Kalenderzeit ihren Grund gehabt hatte; dass aber der
Grund dieser Irrung wieder in der Incongruenz des Kalenders mit
dem wirklichen Frühling lag, die um so eher eintreten konnte, als
das J. 558, dessen *ver* doch das Opfer im J. 559 treffen musste,
als gerades ein Schaltjahr war, zeigt die sonderbare den Frühling
auf jene zwei Monate des J. 559 beschränkende neue Bestimmung.
Natürlich entschied über den Begriff das *ver* bei einem *ver sacrum*
nicht der ökonomische Kalender[147]), sondern der heilige des Numa,
nach dem er die drei Monate März, April, Mai umfasste[148]), diese

---

[147]) Nach diesem findet man ihn, aber schon unter Griechischem Einfluss,
bestimmt und auf den Julianischen Kalender reduciert bei Varr. de
r. r. 1, 27. 28. Plin. N. H. 2, 47, 47. 18, 34. Er beginnt da schon mit
dem Wehen des Favonius, kalendarisch am 8 Februar.

[148]) Serv. ad Virg. Georg. 1, 43, nachdem er vorher auseinandergesetzt,
dass mit dem Monat März das alte Jahr angefangen habe: *Ergo vere
novo et anni initio acripimus et primo parte veris. Nam anni quattuor sunt
tempora divisa in ternos menses; qui ipsorum temporum talem faciunt discretionem,
ut primo mense veris novum dicatur ver, secunda adultum, tertio praeceps* etc.
Ebenso schlechthin, d. h. ohne Bezugnahme auf Numas Jahr, dessen
Anfang mit dem März er aber sonst auch erwähnt (376, 8. 377, 5.)
Auson. eclog. 375, 3. *Martius, Aprilis, Maius sunt tempore veris* u. s. w.
Nicht mehr alt Römisch im Ausdruck, aber doch in der Sache gleich
bestimmt die Jahreszeiten auch Manil. 2, 175—196, 205—269., wenn er
deren Anfänge (etwa) in die Mitte der Sternbilder der Fische, der
Zwillinge, der Jungfrau und des Schützen d. h. in die Anfänge der Monate März, Juni, September und December ansetzt. Demnach werden
die *auspicia vernisera* bei Messalla (Fest. ep. p. 379) die des Spätfrüh-
lings, *ver praeceps* d. h. des Mai und schon weniger sicher gewesen
sein. Mit der Bestimmung der Jahreszeiten hat es aber nichts zu thun,
wenn Dionysius, weil er bei seinen Griechischen Lesern Unbekannt-
schaft mit den Römischen Monatsnamen voraussetzen muss, 1, 32. beim

aber eben auch nach Numas mit dem tropischen Jahr noch übereinstimmenden Kalender, was man wahrscheinlich bei der Darbringung des Sabinischen Opfers im J. 559 nicht beachtet und darum grossentheils schon im Sommer geborene Thiere geopfert hatte. Beschränkten nun die Pontifices das Opfer auf die Geburten des März und April eines gemeinen Jahres (559), so liegt darin ein Beweis, dass dieses damals hinter dem des Numa wenigstens [149]) um den vollen Monat Mai zurück war, indem dieser nun nicht mehr unter ein Nomanisches err, sondern schon in den Sommer fiel. Dabei wollen wir ununtersucht lassen, ob der Erfolg einer solchen subtilen Auslegung, dass das Publikum nun wenigstens mit zwei Drittheilen des schon einmal vergeblich geleisteten Opfers davon kam, nicht ein verschwiegenes Hauptmotiv für dieselbe gewesen ist.

Aus dem ungeheuren Unwillen, welchen die Wiederholung des Opfers auch mit dieser Beschränkung durch ganz Italien erregen musste, erklärt sich die nunmehr beschlossene Reform hinreichend. Auch steht damit nicht in Widerspruch, dass die Lex Acilia erst 663 zu Stande kam. Sie sollte dafür Sorge tragen, dass in Zukunft ähnliche Missstände verhütet würden. Für die Abstellung der jetzt vorhandenen, welche die nothwendige Voraussetzung jeder Remedur für die Zukunft war, wird man sogleich die nöthigen gesetzlichen Massregeln getroffen haben, die in nichts Anderem bestehen konnten, als der verordneten Weglassung von Schaltungen, bis man das natürliche Jahr mit dem Kalender wieder erreicht hatte. Darauf deutet auch hin, dass 565, ein ungerades Jahr, Schaltjahr war (Liv. 37, 59.), offenbar ein ausserordentliches, zu dem inzwischen schon die Lex Acilia berechtigt hatte, und dazu bestimmt, den sonst eintretenden Uebermasse von Schaltweglassungen vorzubeugen. Nehmen wir nun hinzu, was das Datum der Sonnenfinsterniss von 566 ergeben hat, dass in diesem Jahr die Ausgleichung mit dem natürlichen Jahr erfolgte (S. 82), so liegt die Annahme nahe, dass die sechs Jahre von 561 bis 566 dergestalt zur Wiedererreichung des natürlichen Jahres bestimmt wurden, dass man in ihnen die gewöhnlichen drei Schaltmonate von 22 + 23 + 22 = 67 Tagen wegliess und nur für

Februar ganz verständig bemerkt, dieser falle nach der Wintersonnenwende, 1, 38. beim Mai, er falle nicht lange nach der Frühlingsnachtgleiche, 9, 25. beim Sextilis, er sei etwa in der Zeit der Sommersonnenwende zu suchen, und es ist schwer zu begreifen, wie man ihn so hat missverstehen können (vgl. Ideler Handb. II. S. 124), als setze er jene Monate selbst für die gedachten astronomischen Zeiten, und Mommsen (Chron. S. 304) daraus selbst einen 'erheblichen Beitrag zur Charakteristik dieses doctor umbratilis' zurecht macht, 'der über alle irdischen Dinge Bescheid giebt ..., aber nicht weiss, wenn im Kalender seiner Zeit der Sommer anfängt.'

[149]) Vielleicht auch mehr; Monate konnte man nicht theilen, weil nur sie das err ausmachten, so dass es für die Opferpflichtigkeit des ganzen April hinreichte, wenn er auch nur zum Theil noch unter Numas err fiel.

das letzte Biennium einmal 22 oder 23 Tage einschaltete. Zweierlei lässt sich nun als möglich denken: man beabsichtigte mit dieser Behandlung der sechs Jahre nur im Allgemeinen wieder mit dem natürlichen Jahre zusammenzukommen; oder es war auf eine genaue Ausgleichung mit Ablauf derselben abgesehen und eine solche auch möglich, um dann vom 1 März 567 mit einem neuen Einschaltungssystem beginnen zu können. Das letztere ist offenbar weit wahrscheinlicher, weil es allein gründlich half. Davon ausgegangen lässt sich nun auch leicht berechnen, wie viel der durch den Schalttag entstandene, durch diese Reform beseitigte Uebernehmen des damaligen Jahres eigentlich betrug. Liess man nehmlich den Kalender in diesen sechs Jahren nur 6 × 354 = 2124 + 22 (oder 23) = 2146 (oder 2147) Tage durchlaufen, um mit 6 × 365¼ = 2191 Tagen natürlicher oder Nomanischer Jahre übereinzukommen, so musste man die Differenz beider Summen d. h. 45 (oder 46) Tage Ueberschuss gehabt haben, der auf diese Weise beseitigt wurde. Das würde denn auch zu unsern bisherigen Daten s. II. aus dem rer sacrum, der Ansetzung der Floralien und der Apollinarspiele wohl passen und unter unseren obigen vorläufigen Berechnungen dieser Tage mit derjenigen, welche von der Voraussetzung ausging, dass die Decemvirn das Römische Jahr neu regulirt haben, fast bis auf den Tag übereinstimmen (S. 60).

Gleichwie der Prätor nach der Aebutia nur 'ius interpretari,' 'iura regere,' nicht aber 'ius facere' und das gesetzliche Recht abschaffen konnte, so hatte ohne Zweifel auch in der Lex Acilia jene Macht einräumung an die Pontifices nur den Sinn, den gesetzlichen Schaltmonat[160], so oft als es das Bedürfniss erforderte (ὁσάκις γε καὶ καθήκον ἦ Dio 40, 62.) d. h. los von dem gesetzlichen Alterniren der Schaltmonate in je zwei resp. vier Jahren einschalten zu dürfen. Der Zeitraum jenes Schaltmonats selbst und ebenso der Zeitpunkt der Einschaltung am Ende des alten Jahres, blieben also

---

[160] Nur diesen, nicht auch den Schalttag erwähnt Dio 40, 62. als der Macht der Pontifices anheimgegeben. Der Schalttag hatte überhaupt nicht einen sacralen, sondern einen politischen Ursprung und dass die Verfügung darüber nicht schlechthin den Pontifices zustand, zeigt schon der unbestimmte Ausdruck des Macrob. I, 13, 18. 19. qui diebus praeerant — qui fastis praeerant. Weller sieht man aber auch aus Dio 40, 46. 47. (oben Anm. 92), dass wenigstens die Initiative für den Beschluss, ihn einzuschalten, der weltlichen Obrigkeit (d. h. den Consuln, die auch nach Cic. Phil. 2, 34, 87. beim Kalenderwesen als berechtigt erscheinen), zustand, indem er dort den Umstand, dass die Einschaltung versäumt worden, daraus erklärt, dass das Jahr in seinen ersten Monaten ohne (ordentliche) Magistrate gewesen sei. Nur irrt er darin, dass er dieser Anarchie des J. 701 selbst es zuschreibt, dass dessen 1 Jan. ... war, da es doch einleuchtet, dass schon nach den Terminalien der vorhergehenden Jahres hätte eingeschaltet werden müssen, um das Zusammenfallen der Nonalität mit den Cal. Jan. den folgenden Jahres zu verhüten. Mommsen Chron. S. 286, bezieht diese Worte, wie es scheint, nur aus Versehen auf den 1 Jan. 702. Die 40, 47. erwähnten Prodigien, worunter auch die ... des 1 Januar, gehören sämmtlich dem J. 701 an. Vgl. 40, 17. 45.

unverändert, wie dieses auch alle Schaltungen der Folgezeit zeigen.
Hiergegen und gegen das Zeugniss des Dio l. e., der allgemein nur
von einer Monatsschaltung weiss, kommt es auch nicht in Betracht,
dass Macroblus (1, 14, 1.) bei Schilderung des Verfahrens der Pontifices von einer *modo auctio, modo detractio dierum* spricht und Solinus sagt: *pro libidine subtrahebant tempora vel augebant. Cum haec
sic forent condituta, modusque intercalandi interdum cumulatior, interdum
fieret imminutior vel omnino dissimulatus praeteriretur* etc. Es kann
das sehr gut auf Monatsschaltung mit bald 22, bald 23 Tagen und
Weglassung des Schaltmonats, wie ihn die alte Alternation der Jahre
oder ein neu angenommener Schaltcyclus erfordert hätte, gehen.
Bekannt ist es nun aber, wie jene Machteinräumung mit der Zeit
übel nur ärger machte. Es verhielt sich mit einer rein mathematischen und darum nur durch ein festes Princip befriedigend zu lösen-
den Aufgabe, wie die hier vorliegende eigentlich war, nicht so, wie
mit prätorischen Actionen oder einer *formula census*, für welche wegen
der veränderlichen Interessen, denen sie genügen sollen, es ganz angemessen war, sie den jedesmaligen Magistraten zur Regulierung zu
überlassen, und doch wurde sie ebenso aufgefasst, entsprechend dem
Genius dieser Periode, der auch die civile Zeit nur als Moment der
freien dem Staate oder dem Einzelnen nützlichen Action zu fassen
vermochte und in der die Obrigkeiten eben gegen den Buchstaben
des Gesetzes helfen sollten, dem sie also nicht selbst wieder unterworfen werden konnten. Die Frage, ob zu schalten sei oder nicht,
war jedes Jahr eine offene, nur nach Uebereinkunft in dem jedesmaligen Pontificalcollegium zu entscheidende[151]), über die auch kein
Edict das Publicum vor dem Tage der Entscheidung, den Nonen des
Februars (oben S. 65), benachrichtigte[152]), und selbst dem Senat, der
eine gewisse Aufsicht über das amtliche Handeln der jährlich wech-
selnden Behörden übte, stand eine solche über den heiligen Geschäftskreis der Pontifices, wozu doch auch das Schalten gehörte, nicht zu[153]).

---

[151]) Dissens darüber im Collegium kommt 704 in dem Falle des Curio vor
Dio 40, 62.

[152]) Plutarch. Caes. 59. Cic. ad Att. 5, 21, 9. ans Laodicea den 13 Febr. 703.
*Cum eries Romae intercalatum sit necne, velim ad me scribas certum, quo
die mysteria futura sint.* (Er versteht darunter mit Anspielung auf Atticus
Griechische Bildung die Liberalien (17 März), an welche sich damals
auch in Rom schon Bacchusgebräuche angeschlossen hatten. Ueber sein
Interesse, den Tag derselben genau zu wissen vgl. Anm. 81.) In Contracten führte die Ungewissheit dazu, dass man sich durch Bedingungen
helfen musste. Cato 150: *Calendis Januis emptor fructa dicedat; si intercalatum erit, C. Mau.*

[153]) Das Gegentheil behauptet zwar Mommsen Chron. S. 43, aber ohne
Beweis. Curio, selbst Pontifex, sprang allerdings von der Senatspartei
ab, weil er einen Schaltmonat für die Durchbringung seiner tribunicischen Gesetze nicht durchsetzen konnte (Cälius in Cic. ad fam. 8, 6, 5.);
aber es ist nur von Verhandlungen deshalb mit seinen Collegen die
Rede (Anm. 151). Und wenn Cicero sein damaliges Provincialamtsjahr

Kein Wunder also, wenn auch politisches und Factionalinteresse, ja
selbst (lunst oder Ungunst gegen Einzelne, sich der Schaltungsbefug-
niss der Pontifices bemächtigte, wenn sie dieselbe, wie die Schriftsteller angeben, namentlich dazu missbrauchten, um Beamten ihr
Amtsjahr, Staatspächtern ihr Contractsjahr, Klägern die nach Jahren
bestimmte Zeit ihrer ausländigen Forderung oder Klage verlängerten
oder verkürzten [154]).

Diese Missbräuche fallen aber ohne Zweifel erst in eine spätere
Zeit, wo die Sittenverderbniss je länger, desto mehr das alt Römische
Staatswesen untergrub: wiewohl wir auch keinen Grund haben zu
bezweifeln, dass nach Sulinus (Anm. 86) jenes missbräuchliche Schalten bald (*brevi*) eingetreten sei, da die Alten selbst (Polyb. 18, 16. 32, 11.
Diodor. lib. 36. p. 174. ed. Arg.) die Anfänge jener Corruptel schon
von den transmarinischen Kriegen, insbesondere von der Ueberwindung
des Perseus (586) an datieren. Nur bis dahin dürfen wir daher auch
sicher voraussetzen, dass die Pontifices dieser Zeit sich redlich bemüht
haben, wieder einen ähnlich befriedigenden Verlauf des Jahres wie
unter Numa herzustellen, und es fragt sich nur, was davon noch
erkennbar ist.

Offenbar gehörte zur Erreichung dieses Zwecks, wie auch schon
angedeutet worden, zweierlei: zunächst eine baldmöglichste Wieder-
einrenkung des aus den Fugen gegangenen Jahres und sodann, nachdem diese erreicht war, die Aufstellung eines Systems von Schaltungen mit den gegebenen Mitteln, wodurch in Zukunft ähnliche
Luxationen, wenigstens für die Dauer vermieden wurden. Dass die
erstere schon im J. 566 erreicht wurde, haben wir gesehen. Hinsichtlich der zweiten konnte es sachverständigen Männern, wie einem
Fulvius Nobilior, dem Consul des ersten Schaltjahres seit der Lex
Acilia (565) und der ersten Autorität im Kalenderwesen, oder einem
Sulpicius Gallus, von dessen astronomischen Leistungen noch weiter
die Rede sein wird, unmöglich entgehen, dass die ganze Störung
bisher durch den Schalttag bewirkt worden war und also, wenn
gründlich geholfen werden sollte, vor Allem dieser fortgeschafft, d. h.
aber, da die Einschiebung desselben selbst, um das gefährliche Zusammentreffen der *nundinae* zu verhüten, nicht unterlassen werden
konnte, dass er aus einem Zusatztage in einen blossen Versetzungs-
tag verwandelt, d. h. dauernd ein wirklich 29ster Januar und damit
ein Jahr von 355 wirklichen Tagen angenommen werden müsse, wie
ja ohnehin das Imparilitätsprincip eigentlich erfordere. Dass dieses
nun auch erst jetzt geschehen sei, sagt Solinus, wenn man seine

auf keine Weise weder durch Prorogation (darauf geht *quaeso ut nimus
ennui — annum tenets*) noch durch Intercalation verlängert zu sehen
wünschte (ad Attic. 3, 9, 2. 5, 13, 3. aus dem Sommer 703), so gehörte
zwar das erstere vor den Senat, das letztere aber vor die Pontifices.

[154]) Censorin. 20. Macrob. 1, 14, 1. Ammian. 26, 1, 12. Solin. 1. Cicero
spricht rücksichtsvoll mit Zusammenfassung aller späteren Pontifices
nach Numa nur von einer *neglegentia pontificum:* de legib. 2, 12.

Worte genau nimmt, ausdrücklich[166]), und man versteht nun auch,
warum Macrobius nur von Einigen berichtet, sie hätten auch die
Existenz eines Römischen *dies intercalaris* behauptet (er war das nehmlich jetzt nur noch formell[166*])) und warum auch Livius (oben R. 53.
Anm. 83) bei dem J. 584 ihn nicht mehr als einen solchen erwähnt.
Sehr wahrscheinlich bestimmte aber schon die Lex Aelia selbst das
feste Jahr von 365 wirklichen Tagen, wenn auch erst von der Zeit
an, wo das tropische Jahr wieder erreicht sein würde. In Betreff
des neuen Schaltsystems hat schon Mommsen (Chronol. S. 44) richtig
bemerkt, dass die beiden von Livius (Anm.56) und Macrobius (1,13,13)
berichteten Schaltsysteme mit Cyclen von resp. 20 und 24 Jahren
ohne Zweifel Vorschläge sind, welche in der Zeit des Pontificaljahrs
in dem Collegium der Pontifices gleichzeitig oder successiv gemacht
und vielleicht auch periodenweise angewandt wurden, indem für ein
Jahr von 355 Tagen und durch Schaltmonate von 22 oder 23 Tagen
in der That in keinem kürzeren Cyclus die Uebereinstimmung mit
dem natürlichen Jahr zu erreichen ist. Wir können aber beide auch
mehr innerlich das erste System als das alt Römische, das letztere
als das Griechische charakterisieren. Das letztere mit 24jähriger
Periode lehnte sich, wie auch Macrobius historisch davon berichtet,
an die Griechische Schaltung von 90 Tagen in 8 Jahren an, indem
es die darauf beruhende Octaeteris des Eudoxos (Censorin. 18, 5.),
deren Kalender damals in Rom Eingang fand, nur verdreifachte.
Aber auch das andere konnte auf diese Griechische Schaltung wenigstens Rücksicht nehmen. Die Gleichung bestand überhaupt darin,
dass die Griechen aus jenen 90 Tagen für acht Jahre 3 Schaltmonate zu 30 Tagen machten, die Römer aber bisher vier abwechselnd zu 22 und 23 Tagen gemacht hatten, und es kam nur darauf
an, den überschiessenden Tag jedes Römischen Jahres über das Griechische einzubringen. Dieses bewirkte das von Livius berichtete alt
Römische System[166]) dadurch, dass es in einer Periode von fünf
Römischen Lustra und gewiss auch mit Beibehaltung der Alternation
und der Schaltung nur in geraden Jahren, einmal (am natürlichsten
im letzten Jahr) einen Monat von 23 Tagen wegliess und drei andere

166) 1, 43. *quod cum initio Romani probassent* (die Griechische Monatschaltung
in einem Jahre von 354 Tagen) *contemplationes numeri partilis affrani neglectum brevi perdiderunt, translata in sacerdotes intercalandi potestate: qui ple-
rumque gratificantes rationibus publicanorum pro libidine sua subtraherent tempora
vel augerent.* Also die Vernachlässigung und der Verlust jenes Schaltsystems trat erst ein nach der den Priestern übertragenen Schaltbe-
fugniss und nach der Erhöhung des Jahres auf 355 Tage.

166 *) Durch die Versetzung hinter die Terminalien, freilich ohne *calare*; früher
war er's nur materiell durch Ausfüllung des fictiven 29 Januar.

166) Wenn Livius es dem Numa selbst beilegt, so erklärt sich dieses nun
schon formell daraus, dass wenigstens dieses System als Lösung der
Aufgabe antrat, das Schaltjahr des Numa d. h. die Uebereinstimmung
des Kalenders mit dem natürlichen Jahr mit Festhaltung der Grundsätze des Numa wiederherzustellen.

22tägige (wohl im dritten, vierten and fünften Lustrum) in 23tägige
verwandelte[16] (also nur wenn Monate und davon zwei zu 22, sieben
zu 23 Tagen einschaltete). Das von Macrobius berichtete beseitigte
die überschiessenden 24 Tage dadurch, dass es in den dritten 8 Jahren
eine 23tägige Schaltung ausliess und die andere in eine 22tägige
verwandelte, wobei man es wohl auch für gleichgültig erklärte, in
welchen Jahren und ob gerade alternierend eingeschaltet werde, weil
es nach Griechischem Vorbilde nur auf mathematische Richtigkeit
ankam. Beide Systeme mögen gleichzeitig in Vorschlag gekommen
sein und mit einander gerungen haben [17]. Die erstere Methode erreichte nicht bloss das Ziel rascher, sie empfahl sich dem Römischen
Gewissen auch durch genaueren Ausschluss an das Hergebrachte und
durch grössere Beachtung des Imparilitätsprincips für den Schaltmonat,
den man jetzt, nachdem die benannten Monate des Namens schon so viel
an ihrer lebendigen Bedeutung verloren hatten, auch schon weit mehr
als ihnen gleichstehend betrachtete (vgl. Cato in Anm. 152). Nehmen
wir nun an, was hiernach an sich wahrscheinlich ist, dass, nachdem im
J. 568 das natürliche Jahr wieder erreicht war, nach diesem Römischen
System verfahren und also in 20 Jahren seit 567 in jedem geraden Jahre
mit Ausnahme des letzten eingeschaltet wurde, so würde im J. 584
die neunte und letzte Schaltung stattgefunden haben, durch welche
man bis zum Schluss des nun gemeinen Jahres 588 wieder mit dem
natürlichen Jahr zusammentraf, und sich daraus erklären, weshalb
Livius (Anm. 83) gerade diese in den Annalen ohne Zweifel hervorgehobene Schaltung anführt. Die Erwähnung der nächsten im J. 587
(auch Anm. 83) würde dann diese Ehre demselben Grunde verdanken,
aus dem die Erscheidung des Sp. Carvilius berühmt geworden ist —
als Anfang der willkührlichen Schaltungen, den wir ja auch nach
Solinus um diese Zeit annehmen (oben S. 88) und schon deshalb in
dieser Schaltung anerkennen müssen, weil gegen alle Regel auch das
folgende Jahr 588 schon wieder ein Schaltjahr war (nach den Trium-
pinalfanten). Der von Livius (43, 11.) bei der Schaltung von 584
erwähnte Umstand, dass damals das heilige Collegium durch den Tod
zweier Mitglieder eine theilweise Veränderung erfuhr, könnte mit
diesem Abschnitt in dem Schaltungswesen in Verbindung stehen, der

[16] Dieses nehme ich lieber an, als wie Mommsen, Weglassung eines 22tä-
     gigen Monats und Verwandlung zweier 22tägigen in 23tägige. Meine
     Annahme entspricht dem triadischen Princip dieser Periode und ver-
     trägt sich allein mit der Weglassung des letzten Schaltmonats des
     Cyclus, der 23tägig war.
[17] Dass damals auf diesem Gebiet zwei Hauptrichtungen, eine Griechische
     und eine alt Römische, ähnlich den spätern des Laeco und des Capito
     unter den Vornehmen Roms vertreten waren und mit einander im
     Kampfe lagen, sieht man deutlich aus der Stellung, welche der be-
     rühmte Jurist Sex. Aelius Catus zu dem Griechisch-astronomischen
     Studien des C. Sulpicius Gallus (cos. 588) nach Cic. de rep. 1, 18. ein-
     nahm. Ueber den letzteren vgl. ausserdem Cic. de senect. 14. de offic.
     1, 6. Liv. 44, 37. Plin. N. H. 2, 12, 9.

Anfang der willkührlichen Schaltung aber auch einen bestimmten noch erkennbaren Anlass gehabt haben und zwar folgenden. Die im J. 585 gewählten Censoren C. Claudius Pulcher und Ti. Sempronius Gracchus hatten ihr Amt mit grosser Strenge und ganz im Sinne des Senates verwaltet, es aber auch mit den Publicanen des vorigen Lustrum, deren keinen sie zu ihren neuen Verpachtungen der Vectigalien zuliessen, und mittelbar mit deren Patron, dem Volkstribunen Rutilius, dessen Intercession für einen Libertinen der eine von ihnen nicht ohne Welteres anerkannt hatte, verdorben. Rutillus beantragte beim Volk die Rescission ihrer Verpachtungen und bei den Verhandlungen darüber entwickelten sich weitere, so erbitterte Streitigkeiten, dass der Tribun nicht bloss gegen den einen Censor das Verfahren des *Diis sacrum esse* ins Werk setzte, sondern auch gegen beide Perduellionsprocesse richtete — welches letztere während des Amtes selbst, wenn auch nicht formell, aber doch nach der alten Sitte kaum zulässig war (vgl. Liv. 24, 43. 29, 37). Offenbar um nicht in dem sonst unverantwortlichen Amte selbst als dem Gericht Verfallene dazustehn, stellten die beiden Censoren gleich beim Anfang des Verfahrens ihre Amtsverrichtungen ein. Nur mit Mühe erlangte nachher die Nobilität an dem Hauptgerichtstage gegen den Einen (den 23 September) dessen Freisprechung und die Entlassung des Anderen (Liv. 43, 14—16). Gegen Ende des Jahres (am 13 December) wurde nun mit verschärfter Strenge der Census von ihnen wieder aufgenommen, in welchem auch Rutilius, dessen Amt am 9 December abgelaufen war, eine schwere Strafe traf, und auch die Locationen öffentlicher Werke abgeschlossen, zu denen der Senat ihnen inzwischen die Hälfte aller Vectigalien des Jahres bewilligt hatte (Liv. 44, 16). Das Lustrum selbst, obgleich in den Capitolinischen Fasten unter 585 angesetzt, scheint doch erst spät im J. 587 zu Stande gekommen zu sein, da Livius erst dann von der wichtigen Maassregel dieser Censoren, die Freigelassenen nur in einer der vier städtischen Tribus stimmen zu lassen, spricht und dabei auf den ganzen Census, offenbar schon früher Gesagtes und Geschehenes nur zusammenfassend und ergänzend zurückkommt (Liv. 45, 15, und wegen des Lustrum Epit. lib. 45). Es gehört also hinsichtlich der Anfänge der Action auch noch ans Ende des J. 585, was er bei dieser Gelegenheit hinzufügt: *Petentibus (censoribus) ut ex instituto ad sarta tecta exigenda et ad opera, quae locassent, probanda anni et bimensis tempus prorogaretur, Cn. Tremellius tribunus* (seit dem 10 December, an dem die Tribunen bekanntlich antraten) *quia lectus non erat in senatum, intercessit.* Man darf hier nicht nach Dukers Vorschlag *ex instituto* hinter *sarta tecta exigenda* versetzen und nicht mit Andern das freilich nur an dieser Stelle vorkommende Wort *bimensis* ändern. Es war damals ohne Zweifel schon hergebracht und verfassungsmässig *(ex instituto)*, den Censoren zu den angegebenen beiden Zwecken ihre Amtsbefugniss auf ein fünftes Jahr zu prorogiren, wozu auch der Antrag von ihnen gleich bei der Verdingung der Werke selbst gestellt

worden sein wird, um ihre eigenen Namen in die Verdingungsclausel
wegen der *probatio* setzen zu können. Eigenthümlich war in diesem
Falle nur die Zeit: *anni et bimensis tempus*, zumal in der Zusammensetzung mit *ex instituto*, und in ihr muss daher die eigentliche Pointe
des Antrags liegen, weshalb der Tribun intercedierte. Das Wort
bimense, wie es ohne Zweifel im Nominativ hiess, ist aber auch nicht
dasselbe mit dem gewöhnlichen *bimestre*, welches eine abstracte zwei-
monatliche Zeit — 60 Tagen bedeutet; es bezeichnet sprachlich zwei
concrete zusammengehörige Monate und war ohne Zweifel der dem
Julianischen *bisextum* im alten Kalender zum nächsten Vorbild dienende Ausdruck für die beiden Schaltmonate eines Lustrum (oben
S. 59), *tempus bimensis* also der Zeitlänge nach — *sesquimensis*
(30 + 15 Tage) aber aus 22 + 23 Tagen zusammengesetzt[159]). Was
aber die Censoren mit diesem Antrage wollten, ist aus den damaligen
Verhältnissen leicht zu errathen. Es genügte ihnen nicht, in dem
Perduellionsprocesse mit Noth freigesprochen zu sein und umgekehrt
ihren Ankläger empfindlich gestraft zu haben. Damit waren nur ihre
Personen an der Person des Anklägers, aber nicht die Censur an
dem Tribunat gerochen. Sie wollten auch durch eine öffentliche Erklärung anerkannt sehen, dass sie durch den Process von dem über-
müthigen Tribunen verfassungswidrig in ihrem Amte unterbrochen
seien, wofür ihnen eben so billig ein Zeitersatz durch Verlängerung
ihres Amts gebühre, wie dafür, dass in ihrer Amtszeit 586 auch gegen
die sonstige Regel der Schaltmonat ausgelassen worden sei, welchen
beides zusammen in der That eben ein *tempus bimensis* betrug[160]),

---

[159]) Die älteren Ausleger, welche den Text nicht ändern, fehlen doch darin,
dass sie entweder *bimensis* gleich bedeutend mit *bimestre* nehmen, oder
den Antrag der Censoren dahin verstehen, es solle zu ihren Gunsten
eingeschaltet werden. Im letztern Falle hätten sie nicht um *ein tempus
bimensis*, sondern um ein *bimense* oder vielmehr um zwei Intercalationen
bitten und ihre Bitte auch an die Pontifices richten müssen, gegen deren
Ausspruch aber keine Intercession der Tribunen denkbar ist. Auch
könnte davon nicht gesagt werden, ut *anni et bimensis tempus prorogaretur*.

[160]) Man beachte die Darstellung des Processes bei Liv. 43, 16. .... *utrique
censori perduellionem se iudicare pronunciavit, diemque comitiis a C. Sulpicio
praetore urbano petiit. Nam recusantibus censoribus, quo minus primo quoque
tempore iudicium de se populus faceret, in senibus artorum et septimum Cal.
Oct. comitiis perduellionis dicta dies. Censores exemplo in atrium Libertatis
accersiverunt et ibi signatis tabellis publicis clausoque tabelario et dimissis servis
publicis, negaverunt, se prius quidquam publici negotii gesturos, quam iudicium
populi de se factum esset.* Die geringste Zeit, welche ein solcher Process
verfassungsmässig in Anspruch nahm, war die Ladung zur dreimaligen
accusatio in concione mit je wenigstens Einem dazwischenliegenden Tag,
und die *dies dicta* für die Hauptanklage mit dazwischen liegendem *trinundinum* von wenigstens 17 Tagen, sind zusammen 23 Tage. Dabei
kommt es auch gar nicht darauf an, dass thatsächlich der Process einen
kürzeren Zeitraum eingenommen zu haben scheint, da die von dem
Tribunen angegriffene *locatio* doch wahrscheinlich erst nach den *Idus
Sept.* während der Römischen Spiele geschehen war (vgl. oben S. 68);

so dass sie in diesem Falle nur verfassungsmässig *(ex instituto)* Anspruch auf Prorogation eines *tempus anni et biennii* hätten. Eben weil aber damit der sonst so billige Antrag eigentlich die tribunicische Anklage als einen schnöden Missbrauch brandmarken sollte, intercedierte Tremellius dagegen, wenn er auch im Herzen noch den andern von Livius angeführten Grund bergen mochte. Natürlich wollte aber auch die Nobilität ihre so hoch am sie verdienten Censoren in diesem Bestreben nicht im Stiche lassen und ihnen nicht die Ehre entziehen auf die verdungenen Werke das beneldeto *idem probari* setzen zu können, und so wurde der Zweck auf dem den Tribunen allein unzugänglichen Wege[141] erreicht, dass das Collegium der Pontifices, deren Haupt M. Aemilius Lepidus durch seine drittmalige Ernennung zum *princeps senatus* ihnen noch besondern verpflichtet war (Liv. 43, 15), in den unmittelbar folgenden Jahren 587 und 588 hinter einander ein *biennse* hinzufügte; denn gegen den gewöhnlichen auf ein Jahr beschränkten Prorogationsantrag der Censoren konnte natürlich kein Volkstribun etwas einwenden[142].

Dieser ganze so vieles sonst Unerklärliche erklärende Zusammenhang setzt nun aber eben auch voraus, dass das Jahr 586 als Schlussjahr der 20jährigen Schaltperiode gegen die sonstige Regel ein gemeines Jahr und mit demselben die Uebereinstimmung des Kalenders mit dem natürlichen Jahr wieder erreicht war. Dem scheint jedoch zu widersprechen, dass Livius 44, 37. von der bekannten Mondfinsterniss, welche in diesem Jahr zwei Tage vor der Schlacht von Pydna stattfand (d. h. so dass zwischen dem Kalendertag der Schlacht und demjenigen, an welchem Abends vor Mitternacht der Mond verfinstert wurde, ein Kalendertag lag) Folgendes sagt: *Nocte, quam pridie Nonas Septembres insecuta est dies*[143], *edita hora* (der von Sulpicius Gallus

denn der freiwillige Verzicht der Angeklagten auf das Triumdinum *(non remanibus remaribus, quo minus primo quoque tempore indicium de se populus faceret)* konnte dem anklagenden Tribunen nicht zu Gute gerechnet werden.

[141] Eine Anspielung auf diesen, die nur aus dem Rechte nach der Lex Acilia in die frühere Zeit hinaufgezogen ist, enthalten die einem Volkstribunen gegen Ap. Claudius Claesus in den Mund gelegten Worte bei Liv. 9, 34. *Sois est aut dim aut meinem censoras adverti* (wo man kein Fragezeichen setzen darf) d. h. es ist schon genug, dass die Censur von den Pontifices um einen Tag (durch Wahl eines 23- statt eines 22tägigen Schaltmonats) oder um einen Monat (durch Einschaltung eines Monats in einem sonst gemeinen Jahr) verlängert wird.

[142] Auch darf man diesen Bewilligung daraus schliessen, dass das von Sempronius verlangene Werk nach seiner Vollendung *banlica Sempronia* genannt wurde (Liv. 44, 16), was wohl immer voraussetzte, dass der Urheber es ganz zu Stande gebracht d. h. es auch abgenommen hatte. Man vergleiche den wegen der erbetenen Verlängerung der Censur *ad opera probanda* überhaupt merkwürdigen und analogen Fall des Ap. Claudius (Cicus. Fronin. de aquis 5. Liv. 9, 29. 33. 34. Drumann Gesch. Roma II. 8. 172.

[143] Da am Tage darauf die Schlacht stattfand, so würde der Schlachttag *Non. Sept.* der 5 Sept. gewesen sein.

— angeblich[164]) — vorhergesagten zweiten bis vierten Stunde der
Nacht) *luna quum deferismt, Romanis militibus Galli aspiratio prope
dirimo rideri*. Denn es steht schon längst durch astronomische Berechnung fest[165]), dass diese Mondfinsternism nicht im September,
sondern am 21 Juni des Julianischen Kalenders eingetreten ist, wonach denn, wenn das Datum bei Livius richtig ist, der Kalender
damals um fast drittehalb Monate vor dem natürlichen Jahr voraus-
gewesen wäre. Es kann aber nicht richtig sein. Denn eine solche
Abirrung nur zwanzig Jahr nach der Kalenderreform ist um so unglaublicher, als auch abgesehen von allen Beweisthümern, aus denen
sich uns eine in diesem Jahr wirklich erreichte Correction des Kalenders ergeben hat, nicht zu begreifen wäre, wie der Fehler des
voraoilischen Jahres, der in einem unerträglichen Zurückbleiben hinter
der Jahreszeit bestand, in so wenigen Jahren und unter den Augen der
einsichtigsten Männer in einen noch weit umfänglicheren umgekehrten
Fehler habe umschlagen können. Einen Fehler in der bekanntlich
überhaupt sehr fehler- und lückenhaften Handschrift dieses Theils des
Livius verräth auch schon, dass der von Livius abhängige Eutrop 4, 7
den einen Tag späteren Schlachttag *III. Non. Septembres* angiebt,
also in seiner Handschrift des Livius in der obigen Stelle *IIII* statt
pridie (Non. Septembris) gelesen haben muss. Wenn hiernach auf
das *pridie* so wenig wie auf *IIII* zu geben ist, so wird das Uebrige
schon in alter Zeit und allerdings wohl unter Hinzutritt eines anderweitigen Irrthums[166]) aus *NONA K. VILES* entstanden sein, was
zugleich die Nothwendigkeit für den Corrector oder Abschreiber, vor
dem verlesenen *Nonas* irgend eine Zahl zu suppliciren[167]), erklärt,
und es ist also zu lesen *Norte quam nona Cal. Quintiles* (nicht *VIIbres*)
inserata est dies (der 22 Juni). Auf diese Weise wird denn auch Livius
gegen einen bisherigen Selbstwiderspruch mit sich in Uebereinstimmung
gebracht, indem er 44, 36. als den Tag der Ankunft des Römischen
Heeres in der Gegend des Schlachtfeldes, der ihm eben der der
Mondfinsterniss ist, den nach der Sonnenwende, als Tageszeit die
Stunde gegen Mittag hin angiebt[168]), wogegen es einleuchtet, dass,

<hr/>

[164]) Man hat schon vielfach bemerkt, dass die andere Tradition, der Cic.
de rep. 1, 16 folgt und wonach Sulpicius die Soldaten erst am Tage
nach der Finsterniss über diese belehrte, viel wahrscheinlicher ist.

[165]) Ideler Handb. der Chronol. II. S. 104.

[166]) Siehe Beilage K.

[167]) Gewiss hatte Livius selbst ausnahmsweise, um die Tagesangabe vor
Corruptelen zu sichern, mit Buchstaben *nona* statt des gewöhnlichen
Datierens mit der Zahl *VIIII* geschrieben, was aber eben die Abschreiber irre führte, die in *NONAK* bei einem Datum nichts Anderes
als *Nonas* erwarteten.

[168]) Es heisst mit lückenhaftem Anfange .... *ortai post circumactam solstitium
erat; hora diei ium ad meridiem vergebat.* Man ergänzt zu Anfang gewöhnlich *tempus* (offenbar dem später folgenden September zu Ehren); die
folgende Präcisierung der Tagesstunde erfordert aber *diei* und diesen
will das *post circumactum solstitium* nur als den nach Erreichung der

wenn Livius selbst *pridie Nonas Septembres* geschrieben hätte, er den
Leser durch irgend eine Bemerkung über die damalige weite Abweichung dieses Kalenderdatums von dem kurz vorher gegebenen astronomischen hätte aufklären müssen. Stimmte nun aber nach der nothwendigen und nach allen Regeln der Kritik doch wohl auch sehr
wahrscheinlichen Berichtigung dieser Stelle des Livius der Kalender
im J. 586 ganz mit dem natürlichen Jahre überein, so erlangen dadurch auch alle bisherigen Ausführungen über den anfangs 20jährigen
Schaltcyclus und den Anfang der willkührlichen Schaltungen im Jahre
587 ihre volle Bestätigung.

Diese Willkühr darf übrigens nicht, wie schon die Schriftsteller
der Kaiserzeit aus Mangel an Interesse und daran stammender Unkenntniss des nun weit verwickelteren Schaltsystems so wie zum
grösseren Preise des Julianischen Kalenders es sich gedacht zu haben
scheinen[169]) und wie man daher auch jetzt allgemein anzunehmen
pflegt, als eine ganz rand- und bandlose gedacht werden. Eine solche
anzunehmen nöthigen die Zeugnisse der Schriftsteller nicht und sie
widerspräche der Römischen Gravität, die doch immer noch den
Schein des Rechts und daher auch einer Regel zu retten suchte.
Spricht doch auch Macrobius 1, 14, 1. noch im Hinblick auf die
Zeit, wo es am schlimmsten geworden war, von einer *maior confusio
sub specie observationis*. Der Grund der beiden Schaltungen 587
und 588 war nach den geschilderten damaligen Verhältnissen für die
Pontifices ein fast zwingender und sie wurden ohne Zweifel mit der
Absicht, sie in den folgenden Jahren durch entsprechende Weglassungen
des Schaltmonats bald wieder zu compensieren, vorgenommen. Ebenso
zweifellos wurde aber auch die Willkühr selbst durch ein nun ver-
ändertes System verdeckt, indem man jetzt, wo die Ehre des Siegs
bei Pydna doch zur Hälfte der Griechischen Astronomie des Sulpicius
Gallus zugeschrieben wurde[170]), auch zu dem Griechischen Schalt-

---

mels des einstweiligen Stillstandes d. h. als den nach dem längsten Tage
bezeichnen, ganz so wie bei Applan de b. c. 5, 97 'der zehnte Tag
nach der Sommerwende' der 1 Juli ist. Ueberhaupt abweichend ist
die Darstellung bei Zonar. 9, 24., nach dem Paulus und Perseus einander 'nicht wenige Tage' gegenüberstanden, und die Mondfinsterniss
am Tage unmittelbar vor der Schlacht stattfand. Letzterer Darstellung
folgt auch Plin. N. H. 2, 13, 9.

[169]) Am weitesten geht in phantastischer Uebertreibung Solin. 1, 45. Er
spricht von *libido* der Priester und fährt fort: *Cum haec vis forent con-
stituta, mensesque intercalandi interdum cumulatior, interdum ferret immanior, vel
omnino dissimulatus praeterretur, accompagnam accidebat, ut menses, qui (ursprünglich) *forent hieme tranversi, modo aestivas, modo autumnale tempus inciderent*.

[170]) Valer. Max. 8, 11, 1. Noch mehr als nach der Darstellung des Livius
gebührt ihm diese Ehre auch nach der des Plinius und Zonaras (Anm. 168)
d. h. des Dio Cassius. Den wachsenden Einfluss des Sulpicius Gallus
zeigt, dass er, Prätor im J. 585 (Liv. 44, 37), im J. 588 Consul wurde.
Als solcher triumphirte er in dem damaligen Schaltmonat *X C. Martias*
(Triumphalfasten) und zog also allem Anschein nach selbst aus dem
neuen System Gewinn.

cyclus von 24 Jahren überging, denen blos mathematische Principien
auch die Schaltung in zwei aufeinander folgenden Jahren gestatteten,
wenn nur von den drei Octennien die ersten beiden jedes seine vier
Schaltmonate zu je 22 und 23 Tagen, das letzte seine drei zu 22 Tagen
erhielt (oben S. 90), und bis tief in die revolutionären Kämpfe des
folgenden Jahrhunderts hinein wird die Willkühr der Pontifices wohl
eben nur darin bestanden haben, dass sie während dieser langen
Schaltcyclus die anlässigen Schaltungen, von der alten geartlichen
Ordnung ohne Noth abgehend, nach Gunst in diesem oder jenem
Jahre mit 22- oder 23tägigem Monat (Anm. 161) vornahmen[171].
Von 587 angefangen würden demnach die Schaltperioden des neuen
24jährigen Systems in den Jahren 610, 634, 658, 682 und 706 zu
Ende gegangen sein. Weil aber hiernach dieses Schaltsystem bis
Julius Cäsar hin galt[172], so betrachten wir es mit Recht als das
der dritten Periode, in welcher Eigenschaft es sich auch schon durch
seine triadische Natur (3 × 8 Jahre) gegen die dualistische der vorigen
Periode zu erkennen giebt[173]), und setzen die Ueberleitung dazu, die
20jährige Schaltperiode, ihm noch als materiell alt Römische oder
mittelbare Einrichtung des Numa entgegen.

Leider fehlen uns einzelne ausdrückliche Nachrichten über die
in der spätern Zeit weitergreifende Unordnung; das einzige Zeugniss,
welches sich darüber erhalten hat, sind die Werte des Macrob. 1, 14, 1.,
welche er der Erzählung der Julianischen Reform (sed postea C. Caesar e tc.)

[171]) Dass zu Cato's Zeit der Landmann bei dem Verkaufen von Wein auf
den Fässern, wo es doch auf die Zeit der Einbringung des neuen Mostes
ankam, oder der Mingenden Weinlese und des Viehfutters sich ohne
Anstand der gewöhnlichen Kalenderdaten bedienen konnte, zeigen die
Formulare bei Cato 147. 148. 149. Vgl. Ideler Handb. II. S. 107.

[172]) Hierzu passt auch ganz, die obigen Schaltperioden vorausgesetzt, was
Sueton von Cäsars Reform im J. 708 sagt Caes. 40. *foelgas is annus,
qui haec constituebatur, XV mensium cum intercalario, qui ex consuetudine
in eum annum inciderat.* 708 war das zweite Jahr des ersten Octennium
der 707 angefangenen neuen Schaltperiode.

[173]) Indem in der dritten Periode, etwa seit den Punischen Kriegen, das
Leben des über den Gegensatz von Patriciern und Plebejern, Stadt
und Land, Rom und Italien hinausgehenden Staats die Schranken des
bisher dualistisch gestalteten Naturstaats überfluthete, wurde die Zahl
seiner neuen Formen überall triadisch. Man denke nur z. B. an die
3 Arten von Volksversammlungen, die *tribus urbanae, rusticae* und die
in diese nur eingeschriebenen auswärtigen Bürger, die *Patres, conscripti*
und *quibus sententiam dicere licet in senatu,* die *equites* der *sex suffragia,* der
12 Centurien und die übrigen, die patricischen, die plebejischen Magistrate und die *cum imperio,* die *III viri capitales, monetales* (und zwar diese
auro, argento, aere fundo feriundo), die dreimal zwei *curatores viarum* (wohl
intra pomerium, extra pomerium und im Tributgebiet), die dreimal 5 Priester der grossen Collegien, die Triumvira, die drei Münznominale in
Silber (*denarii, quinarii, sestertii*) und in Gold (zu 60, 40, 20 Sestertien),
das Maximum von 500 (250 + 250) *iugera* und noch 250 für den *Abragfamilias*
in Gracchus Gesetz, die 30 *iugera* der maehgracehischen Assignationen,
die drei Opfer der Säcularspiele, die Spiele aus 33333⅓ Sestertien
und die 300 Stiere für Jupiter bei Liv. 22, 10 u. a. w. u. s. w.

unmittelbar vorausschickt: *Verum fuit tempus, cum propter superstitionem intercalatio omnis omissa est; nonnunquam vero per gratiam sacerdotum, qui publicanis proferri vel imminui consulto anni dies volebant, modo auctio modo retractio dierum proveniebat et sub specie observationis emergebat maior confusionis occasio.* Die Richtigkeit der ersteren Angabe, mit der auch Solinus' Andeutung *cum ... modus ... intercalandi .... interdum fieret imminutior vel omnino dissimulatus praeteriretur* übereinstimmt und derzufolge, wenn das Einschalten eine längere Zeit hindurch unterblieb, das Kalenderjahr dem natürlichen voraneilen und so das Umgekehrte der früheren Abweichungen eintreten musste, geht aber daraus hervor, dass Cäsar in der That ein zurückgebliebenes natürliches Jahr vorfand, indem er im J. 708, um den vorausgeeilten Kalender mit ihm wieder in Einklang zu bringen und dieses Ziel schon mit dem Ende December dieses Jahres zu erreichen — weil das neue Kalenderjahr mit dem 1 Januar 709 anfangen sollte — ausser dem schon im Februar eingeschobenen gewöhnlichen Schaltmonat von 23 Tagen (Anm. 172) noch zwei ausserordentliche von — nach den besten Autoritäten — zusammen 67 Tagen, die zwischen November und December zu stehen kamen, mithin zusammen 90 Tage einschaltete und so ein Jahr von zusammen 445 Tagen machte[174]. Da die wichtige Zahl von 67 damals fehlenden und eingeschalteten Tagen als nicht ganz sicher angesehen werden möchte, so wird es nicht überflüssig sein, noch folgendes von handschriftlicher Ueberlieferung unabhängige Beweisthum für dieselbe heizubringen. In diesem J. 708 und zwar gleich nach Vollendung seiner vier Triumphe weihte Cäsar am 26 September nach dem *Cal. Pinc.*, am 25 nach

[174] Censorin. 20 und Dio 43, 26., der noch ausdrücklich die Angabe Anderer abweist, dass mehr als 67 Tage zu dem richtigen Jahr gefehlt hätten: freilich insofern irrig, als diese offenbar (vgl. Suet. l. c. Anm. 172) auf den damaligen 23tägigen Schaltmonat sich bezog, der, zwar formell ein ordentlicher, doch materiell auch 3 von Cäsar geschaltete Tage enthielt (unten S. 100. 107). Wenn Macrob. 1, 14, 3. sagt, *eoque re factum est, ut omnis confusionis ultimus in quadringentos quadraginta tres dies protenderetur,* so liegt entweder ein Schreibfehler (III statt V) zu Grunde, oder ein Irrthum, da Censorin auch die Tageszahl der eingeschobenen Monate genau angiebt, welche das alte Jahr auf 445 Tage brachten. Durch Unverstand von Halbwissern völlig verderbt sind die Handschriften des Solin. 1, 45 ... *ut visum certum praeteritus error occuperet, dies viginti unum et quadrantem simul intercalari: quo pacto regradati menses de vetere statuto ordinis sui tempora detinerent (L. detinuerunt); ille ergo annus solus trecentos quadraginta quatuor dies habuit; alii deinceps trecentenos sexagenos quinos et quadrantem.* Blosser Schreibfehler war wahrscheinlich die Zahl *trecentos quadraginta quatuor* statt *quadringentos quadraginta quinque* d. h. *CCCXLIV* statt *CCCCXLV*. Sie schien durch Abzug von 21¼ Tagen von 365¼, gerechtfertigt werden zu müssen und danach corrumpierte ein Abschreiber vor *unum intercalari*, welches er = *intercepit* nahm, etwa folgenden ursprünglichen Text: *dies viginti III m. unum et II LX septem* d. h. *dierum viginti trium mensum unum et duo sexaginta septem* in den jetzigen, denen *unum* noch den ursprünglichen Gedanken verräth. Diese Behandlung der Stelle scheint mir befriedigender, als Solin eine 'wahnwitzige Idee' Schuld zu geben (Mommsen Chron. S. 278).

dem späteren und unzuverlässigeren *Cal. Val.* den vor Pharsilus ge-
lobten Tempel der Venus Genitrix, welche ihm den Sieg verliehen
batte, auf seinem neuen Forum mit vielen Spielen ein, die darauf noch
bei seinen Lebzeiten 'Einige' alljährlich zu feiern übernahmen, aber
dann unterliessen, so dass erst sein Adoptivsohn Octavius im J. 710,
nachdem er gegen Anfang Mai nach Rom gekommen und bald mit
Antonius in Streit gerathen war, ihre später siebend gewordene Feier
als eines der Mittel, um sich als Sohn und Erben Caesars die Volks-
gunst gegen Antonius zu verschaffen, ins Werk setzte (Dio 43, 22.
45, 6. Sueton. Aug. 10. Appian. de bell. civ. 2, 102. 3, 28. Cic. ad
Attic. 14, 20. 15, 2. Becker Röm. Alt. I. 8. 363 ff. Fischer Röm. Zeittafeln 8. 289. 315). Diese Spiele, unter dem Namen der *ludi Victoriae
Caesaris* oder *Veneris Genitricis* bekannt, erscheinen nun in den Kalendarien auffälliger Weise nicht, wie sonst gewöhnlich, mit dem De-
dicationstage des Tempels verbunden, sondern auf den 20—30 Juli
vorgerückt d. h. sie beginnen, wenn man die 12 letzten Tage des
Juli vom 20sten an mit den 29, welche der Sextilis im J. 708 noch
batte, und den 26 des September summiert, gerade 67 Tage vor dem
26 September[176]). Dieses erklärt sich aber folgendermassen. Ein
Aedil Critonius feierte damals Spiele und Octavius verlangte bei diesen
die Ausführung eines früheren Senatsbeschlusses, der die Aufstellung
der goldenen Bildsäule des Caesar bei allen Spielen geboten batte;
der Aedil verweigerte aber deren Zulassung, weil seine auf eigene
Kosten gegebenen Spiele keine öffentlichen seien, und fand Schutz bei
dem Consul Antonius. Octavius gab nun selbst die Siegesspiele seines
Vaters, über die er selbst völliger Herr zu sein meinte, erfuhr jedoch
von Antonius wieder dieselbe, aber nun durch den allgemeinen Unwillen gestrafte Ausschliessung der Bildsäule Caesars. (Appian. de b.
civ. 3, 28.) Unter diesen Umständen begreift es sich, dass er in
dem hoben Interesse, die Scharte der erlittenen ersten Zurückweisung
des Symbols seiner verheissungsvollen Adoptivkindschaft vor dem Volk
baldmöglichst auszuwetzen, die Spiele, bei denen er dieses auch allein
vermochte, da sie noch keine gebeiligten Staatsspiele waren, von
ihrem ursprünglichen Datum trennte und den *casus confusionis*, in
dem sie gestiftet waren, zum Vorwand nahm, um sie mit Rectification
des Datum nach dem neuen Kalender viel früher und dabei beden-
tungsvoll genug, im Juli, zu feiern. Gewiss rechnete er aber auch,
da er sich als gewissenhaften Erben seines Vaters darzustellen batte,
die Rectification ganz genau[176]).

---

[176]) Mommsen (I. L. A. p. 397. ad Jul. 20—30) hat schon den Gedanken
   ausgesprochen, dass der Grund der Aenderung in dem nach 708 veränderten Kalender liege. Worauf aber seine Behauptung beruht, in
   dem neuen Kalender entspräche der 24 oder 25 (soll wohl heissen der
   25 oder 26) Sept. dem 23 oder 24 Juli, weiss ich nicht. Wäre es der
   Fall, so würde freilich dieses Datum für uns ganz werthlos sein.

[176]) Die wirkliche Fixierung der Spiele als alljährlich zu feiernder auf den
   20—30 Juli kann natürlich erst später (wahrscheinlich 730 Dio 49, 42)

Ideler nimmt (Handb. der Chronol. II. S. 122) nach einer Vermuthung des Ptolemaeus an, dass die 67 Tage in zwei Schaltmonate
von 29 und 31 Tagen und 5 (?) Epagomenen vertheilt gewesen seien.
Dieses ist aber zu verwerfen, da man bisher als Einschaltungszeit-
räume nur Monate kannte und Censorinus auch hier nur solche als
eingeschaltet erwähnt[177]). Vielmehr werden die 67 Tage zwei Monate von 33 und 34 Tagen gebildet haben. Aber eben weil man
bisher nur Schaltmonate kannte, ist die Zahl 67 nicht ohne Interesse.
Woher diese Zahl? Dürfte man die sämmtlichen drei Schaltmonate
als neue von Cäsar herrührende ansehen, so wären deren 90 Tage
die eines der beiden ersten Octennien einer Schaltperiode, indem man
irgend einmal die Schaltung der vier Monate (22 + 23 + 22 +
23 Tage) unterlassen hätte. Jene Voraussetzung widerspricht aber
den bestimmten Zeugnissen des Sueton und Dio (Anm. 172, 174.),
wonach die Schaltung jenes ersten Monats schon nach Gewohnheit in
dieses Jahr fiel und Cäsar selbst nur die andern beiden mit 67 Tagen
als fehlend einschaltete[178]). Diese konnte nun nur hervorgehen aus

gewebehen sein, wo sie auch den ausschliesslichen Namen *victoriae Caesaris*
annehmen. Die Tempelfeier der Venus im September trat nun sehr
zurück. Das verschiedene Datum derselben in den Kalendarien mag
aber darin seinen Grund haben, dass man sie nach den eingeschalteten
Tagen vom 20 Juli an berechnete und dabei Einige theils auch noch
den Schalttag des J. 709 als einen ausserordentlichen ansehen (wovon
später die Rede sein wird), theils den späteren Sextilis (August) mit
31 Tagen ansetzten. Dieses führte denn auf den 25 September.

[177]) Seine Nachricht bestätigt auch ein Brief Ciceros ad div. 6, 14. aus diesem Jahr mit dem Datum a. d. V Cal. intercalares priores. Danach unterschied man in diesem Jahr den intercalaris schlechthin, den intercal. prior
und den intercal. posterior.

[178]) Auch Cäsar selbst bezeugte diesen Sachverhalt dadurch, dass er die
drei Schaltmonate nicht intercalaris primus, secundus, tertius nannte, sondern
den ersten mit intercalaris schlechthin als den gewöhnlichen des alten
Rechts bezeichnete, wodurch er die beiden alten Märzjahre (708—708)
abschloss und ihm die andern beiden als neue, nur unter einander zu
vergleichende mit den neuen Namen interc. prior und posterior entgegen-
setzte (Anm. 177). Keineswegs ist aber aus diesen Bezeichnungen die
höchst künstliche Weise zu rechtfertigen, in der Cäsar nach Mommsen
Röm. Chronol. S. 276 ff. — abermals im Widerspruch mit allen Zeugnissen der Alten — nicht ein Jahr (von Januar zu Januar) mit 15 Monaten und 445 Tagen, sondern zwei in einander geschobene Jahre sich
gedacht und das zweite vom 1 März bis Ende December 708 schon
als materiell Julianisches Jahr von 365 Tagen angesehen haben soll.
Dieses letztere namentlich wäre eine ganz müssige Idee gewesen.
War jenes Jahr 'monströs', so hörte es wenigstens für Jedermann,
der sah, dass Cäsar und Lepidus 445 Tage Consuln waren, dass alles
Andere im damaligen Staat nach dem so langen, so anfangenden und
so endigenden Jahr sich richtete und dass die Monatsnamen selbst
dieses rechtfertigten, dadurch nicht auf, monströs zu sein, dass Cäsar
sich zwei manierliche Jahre, eines von 378 Tagen für das J. 707/8 und
eines von 365 für 708 von März bis December dachte. Das Richtige
ist also nur, dass Cäsar in dem Einen Jahr Schaltungen vornahm, die
theils auf dem alten Princip des März-, theils auf dem des für die Zu-

7*

der Weglassung von drei 22tägigen Schaltmonaten d. h. der Schaltmonate eines dritten Octennium irgend einer der fünf oben (S. 96)
genannten Schaltperioden seit 587, worauf sich denn auch der Ausdruck des Macrobius *fuit tempus cum* etc. beziehen würde. Zwar
differieren jene drei 22tägigen Schaltmonate noch um einen Tag von
den 67 Tagen des Julius Cäsar; dieses konnte aber leicht daher rühren,
dass man irgend einmal ohne spätere Rectification einen Monat von
22 statt 23 Tagen eingeschaltet hatte. Eine aus solchen Gründen
im Kleinen gesteigerte Abweichung vom tropischen Jahr neben der
grossen (aus Monaten) müssen wir für die mit 707 beginnende Schaltperiode sogar um mehrere Tage annehmen, wenn Cäsar 708 theils einen
Monat von 23 Tagen theils noch 67 Tage einzuschalten für nöthig
fand; denn für zwei Jahre von 355 Tagen fehlten zu zwei tropischen
nur 20 Tage, so dass die 3 mehr geschalteten auch schon auf solche
Einzeltage kamen und materiell hiernach die Zahl der von Cäsar geschalteten Tage 70 (66 + 4) betrug (Anm. 174). Fassen wir nun
hierauf, so musste die fragliche Schaltperiode natürlich eine von den
letzten vor Cäsar sein, weil es doch sehr unwahrscheinlich wäre,
dass man sehr lange Zeit eine solche Unordnung ausgehalten hätte.
Doch dürfen wir auch nicht auf die letzte Schaltperiode vor Cäsar
(683—706) rathen. Denn deren drittes Octennium fasste die Jahre
699 bis 706 in sich, von denen wir wissen, dass in ihnen eingeschaltet wurde[179]. Auch können die Worte des Macrobius *sub specie
observationis emergebat maior confusionis occasio* doch wohl nur darauf
bezogen werden, dass, nachdem durch jenes schaltungslose Octennium
der Schade geschehen war und man nun allgemein erwartet hatte,
die Pontifices würden ihn durch vermehrte Schaltungen in der nächsten Schaltperiode wieder gutmachen, sie dieses doch unter dem
Vorwande unterliessen, an das feststehende System gebunden zu

kunft beabsichtigten Januar-Jahrs beruhten, und ein aus dem alten und
neuen gleichsam zusammengeyossenes Jahr schuf (daher *annus confusionis*).
Das Nachtheilige jenes Gewichtlegens auf die 355 Tage, welche vom
März bis December 708 allerdings herauskommen, besteht aber darin,
dass man dadurch veranlasst wird, den Grund der eingeschalteten
67 Tage mehr in dem Gefallen an einem schon jetzt 355tägigen Jahre
als in der nothwendigen Correction des alten Jahres zu suchen, weshalb auch Mommsen nicht auf den Gedanken gekommen ist, sie für
die Geschichte des vorcäsarischen Jahres zu verwerthen.

[179] Nehmlich im J. 702, dessen Schaltmonat Asconius an zwei Stellen bezeugt in Milon. p. 33. 37. (Anm. 62). Es war auch, von unsern Schal-
tungsperioden ausgegangen, die gewöhnliche Schaltung im vierten Jahr
und daher der Monat wahrscheinlich 23tägig. Wenn Curio für 704
keine Schaltung durchsetzen konnte (Anm. 153), so folgt nicht, dass
schon 703 eingeschaltet worden sei; denn die Darstellung bei Dio 40, 62
nicht ganz so aus, als wenn Curio noch einen ganz besonderen Monat
für seine Gesetzentwürfe (ausser dem gewöhnlichen Schaltmonat) ge-
fordert habe (μήτε ἄλλο ν πρός τάς [ἐν'] αὐτῶν νομοθεσίας ἐπιμβληθήναι).
Alsdann wird er sich (zum Scheln, da es ihm überhaupt mit seinen
Anträgen eigentlich kein Ernst war) eben auch darauf berufen haben,
dass der vorangestellte Kalender jetzt noch besonderer Nachhülfe bedürfe.

sein[140]). Alsdann kann aber die Schaltungsperiode unmittelbar vor
Cäsar eben nicht die gewesen sein, in welcher selbst erst die Aus-
lassung der Schaltmonate geschah. Wir würden also den Super-
stitionsfehler wahrscheinlich in dem letzten Octennium der nächst vorhergehenden Schaltperiode d. h. in den Jahren 675 bis 682 zu suchen
haben[141]).

Mit dieser Annahme und unserer ganzen Hypothese von der Ent-
stehungsart der im J. 708 fehlenden 67 Tage aus der Weglassung
von drei Schaltungsmonaten eines letzten Octennium steht freilich die
jetzt herrschende Ansicht über die Confusionszeit des Römischen
Jahres in völligem Widerspruch[142]). Sie beachtet den Zusammenhang der 67 Tage mit dem 24jährigen Schaltsystem überhaupt nicht
und geht im Uebrigen von folgenden Anstellungen aus.

Von Ciceros Consulat 691 haben de la Nauze und dann besonders Ideler (Handb. der Chronol. II. S. 110) mit Berücksichtigung
einer (angeblichen) von Cicero selbst erwähnten damaligen Mondfinsterniss (Cic. de divin. 1, 11.), welche nach ihrer Annahme die
totale des 14 Julianischen Mai 63 v. Chr. und nicht, nach den
älteren Chronologen, die partielle am 7 November 64 v. Chr. (= a. u.
690) war, und mit Hülfe mehrerer Jahreszeitenangaben in der Geschichte der Catilinarischen Verschwörung zu zeigen gesucht, dass
das Römische Jahr damals um mehrere Monate hinter dem natür-

---

[140]) Wenn Macrobius sagt: maior confusionis ecrasio, statt confusio schlechthin,
so meint er wohl: die Pontifices hätten die einmal eingerissene Unordnung gern fortbestehen lassen, weil, wenn das Kalenderjahr nun doch
einmal mit dem natürlichen nicht stimmte, dieser Zustand ihre will-
kührliche Wahl der Jahre, in denen sie den Schaltmonat einschoben
oder wegliessen, oder dessen Kürzung desto mehr begünstigte.

[141]) Ein Schaltjahr aus dieser Zeit ist nicht bekannt; das nächste, welches
erwähnt wird, ist 671 (Anm. 110). Auch steht der angenommenen Weglassung der Schaltungen in den J. 675—682 nicht entgegen, dass Dio
36, 36. 37. 37, 4. und Plut. Pomp. 31 vom Jahr 688, der Zeit des Mithri-
datischen Krieges, erzählen, Pompejus sei, nachdem er die Winterquartiere am Cur bezogen, an den Saturnalien, also am 17 December, von
den Albanern angegriffen worden. Die Berechnung kann in dieser Zeit
natürlich keine ganz sichere sein. War aber das Jahr, wie bei einem
geraden auch damals wahrscheinlich, ein Schaltjahr und die Schaltung seit
682 ordentlich gehandhabt, so gehen von 67 Tagen ausser den 6 Tagen,
welche das 355 tägige Jahr gegen das Griechische seit 682 zurückgeblieben,
11, welche vom Schaltmonat auf dieses Jahr kommen, jedoch weniger 8,
welche die Monate vom Januar bis November weniger hatten, als die Julianischen, also 6 + 11 — 8 = 9 ab, bleiben 58, um welche der Kalender
damals dem natürlichen Jahr voraus war, und so fand der Angriff der
Albaner, wenn man so viel Tage zurückrechnet, etwa am Julianischen
10 October statt, wo Pompejus in den unwirthlichen Abhängen des
Caucasus ganz wohl schon die Winterquartiere bezogen haben konnte.
Ein Angriff mitten im Winter wäre weit unwahrscheinlicher.

[142]) Nicht so die ältere von Scaliger, Calvisius, Petavius u. s. w., die hinsichtlich des weiterhin zu Besprechenden im Ganzen eher mit unserer
Ansicht übereinstimmt. Mommsen äussert sich über diesen Punkt überhaupt nicht. Vgl. seine Röm. Chron. S. 46 ff.

lichen zurückgeblieben sei. Indem sie nun ferner annehmen, dass
von 691 bis 708 (ausschliesslich) nur ein einziges Mal, im J. 702,
eingeschaltet worden sei (Anm. 179), setzen sie den Anfang des
Ciceronischen Consulats (1 Januar 691) dem 14 Julianischen März 63
v. Chr. gleich, well unter dieser Voraussetzung es herauskommt, dass
der Römische Kalender in den gedachten 17 Jahren nicht blos seine
Retardation wieder einbrachte, sondern auch das natürliche Jahr so
weit überholte, dass er ihm am 1 Januar 708 um die drei von Cäsar
eingeschalteten Monate oder 90 Tage voraus war. Hiernach pflegt
man denn jetzt auch die Daten dieser 17 Jahre z. B. in Ciceros
Briefen auf wirkliche Zeit zu reducieren[179]). Diese Ansicht ist aber
völlig unhaltbar. Zunächst ist das Ueberspringen des Römischen
Jahrs während 17 Jahren aus einer angeblichen Retardation von
2½ Monaten in ein Vorellen um 3 Monate höchst unwahrscheinlich
und wird durch das angebliche ganz nomotivierte Unterbleiben der
Schaltung in dieser Zeit mit Ausnahme einer einzigen sehr ungenügend
erklärt. Denn unsere Kenntnise des J. 692 als eines Schaltjahres
ist eine rein zufällige: nichts deutet darauf hin, dass damals nur ana-
nahmsweise geschaltet worden sei. Umgekehrt zeigen die Stellen des
Sueton und Dio (Anm. 172. 174), dass 708 und vorher observanzmässig
eingeschaltet wurde, wie denn auch Cicero im Februar und März des
J. 703 aus Laodicea so schreibt (ad Attic. 5, 21, 9. 6, 1, 9. oben
Anm. 81. 152.), dass er das Einschalten in Rom als möglich voraussetzt
und auch im folgenden Jahre wieder davon die Rede ist (Anm. 153).
Auch können Macrobius Worte *fuit tempus cum .... intercalatio omnis
omissa est* nicht auf zwei durch Eine Schaltung unterbrochene Zeiträume (691—702 und 703—708) bezogen werden, und wie die Stellung der Worte selbst dieses *tempus* in der Zeit unmittelbar vor Cäsar
zu suchen verbietet, da Macrobius nachher von einer *modo auctio
modo retractio dierum* und einer *observatio* spricht, so sollen auch nach
Sueton Caes. 40. zur Zeit der Reform 'iam pridem' die Erndteferien
nicht mehr dem Sommer, die Weinleseferien nicht mehr dem Herbst
entsprochen haben.

Hierzu kommen einige gleichsam synchronistische Daten aus dieser Zeit, welche wohl zu unserer Ansicht, durchaus aber nicht zur
herrschenden passen. Die Weihe eines Tempels des Jupiter Liber
ist auf der Inschrift aus Furfo (Orell. 2488. = Mommsen I. L. A. 603)
datiert *a. d. III idus Quinctileis L. Pisone A. Gabinio cos.* (696) *mense
Flusare.* In diesem Jahre retardierte nun der Römische Kalender
nach de la Nauzes System noch um 21 Tage, so dass jenes Datum
den ersten Tagen des Julianischen Angusts entspräche. Wie schickt
sich das aber zu einer damaligen Gleichsetzung des *mensis Flusaris
(Floralis)* eines Vestinischen oder Sabinischen Kalenders, von dem

---

[179]) So E. W. Fischer in den Röm. Zeittafeln S. 221. W. Ferd. Korb im
Onomast. Tull. der Orellischen Ausgabe des Cicero. T. 1. p. 135. und
die Verfasser der gangbaren Bücher über Römische Geschichte.

wir keinen Grund haben, ein Abweichen desselben vom natürlichen Jahr anzunehmen (vgl. Macrob. 1, 13, 4), mit dem Julianischen August? Denn nach dem, was früher (Anm. 145) über das Blühen der Feldfrüchte, dem Flora vorsteht, gesagt ist, konnte der Floralia nur dem Julianischen Mai correspondieren, und wird er also einem Datum beinahe aus der Mitte des Römischen Quinctilis gleichgesetzt, so war der Römische Kalender damals dem natürlichen Jahr wenigstens um zwei Monate voraus, was unserer Ansicht vollkommen entspricht. Uebrigens mag die Weglassung des Monatstages des Floralis auf der Inschrift in der Schwierigkeit einer genauen Ermittelung der Römischen Abweichung ihren Grund gehabt haben.

Im J. 698, dem dritten von Cäsars Gallischem Kriege, traf nach de la Nauze der 1 Januar des damaligen Pontificaljahres gerade wieder mit dem des Julianischen Jahres zusammen und waren also auch die Tage kurz vor den Id. Apr., an welchen Cic. ad Q. fr. 2, 3. schrieb, nur um die zwei Mehrtage des Januar von den Julianischen verschieden. Wie stimmt aber dazu, dass in diesen Apriltagen Cäsar noch in den Winterquartieren in Luca sich aufhielt, wo er von vielen Vornehmen besucht wurde (Plotarch. Caes. 21. Pomp. 51. Appian. de b. c. 2, 17. Cic. ad Q. fr. 2, 6. ad div. 1, 9, 3.) und Cicero in obigem Briefe an seinen Bruder schreibt § 7: *atque adhuc more clusium suisse solet* Es war nicht Cäsars Weise, die Winterquartiere bis in die Mitte des Frühlings hinzuziehn und auch das Meer war für die Schifffahrt nach gewöhnlicher Rechnung (Veget. de re mil. 5, 9.) nur zwischen dem Julianischen 11 November und 10 März geschlossen, was denn zu unserer Annahme, nach welcher jene Tage in das Ende des Julianischen Januar fallen, sehr gut passt. Auch dass es im J. 700 nach Cic. ad Q. fr. 3, 1, 1. 3. zur Zeit der Römischen Spiele (5—19 September) noch Sommer und die grösste Hitze war, die er erlebt hatte, begreift sich leichter nach unserer Ansicht, die 67 Tage, als nach der herrschenden, welche für dieses Jahr 20 Tage zurückrechnet. Ebenso, dass im J. 703, in dem de la Nauze 28 Tage zurückrechnet, nach Cic. ad Attic. 5, 21, 9. der Taurus vor Monat Juni wegen seiner Schneemassen nicht von Boten passiert werden konnte.

Wir besitzen ferner ein sicheres Argument dafür, dass nach officieller Annahme unter Augustus schon in Ciceros Consulatsjahr das Römische Jahr um denselben Zeitraum wie 708 dem Julianischen voraus war. Augustus war in diesem Jahre *IX Cal. Octobres*, am 23 September — einem deshalb schon 723 oder 724 vom Senate zum Feiertage erhobenen Tage (Dio 51, 19) — geboren (Gell. 15, 7, 3. Suet. Aug. 5. und die Kalendarien in Mommsen I. L. A. p. 402) und zwar in der Stunde vor Sonnenaufgang (Suet. l. c.) unter dem Horoskop des Steinbocks und als an demselben Tage über die Catilinarische Verschwörung verhandelt wurde (Suet. Aug. 94). Dass dieses Datum nicht das des damaligen Römischen, sondern das reducierte des Julianischen Kalenders war, jene gleichzeitigen Nebenumstände aber auf das Ende November oder den Anfang des Decembers (man meint: den 5 December) des älteren Kalenders führen, haben Korb (l. c. p. 136 seq.) und Fischer (a. a. O. S. 221), beide entschiedene Anhänger der de la Nauze'schen Ansicht gegen Ideler zur Evidenz dargethan[104]). Wenn aber eben dieselben, um die damit aufs bündigste widerlegte de la Nauze'sche Ansicht dennoch aufrecht zu erhalten, behaupten, derjenige, von welchem jenes Julianische Datum herrühre (d. h. aber der Römische Senat und seine Chronologen), habe die fehlenden Tage — man höre! — aus Versehen rückwärts statt vorwärts zugezählt und ausserdem auch noch irriger Weise die Länge der älteren Monate nach dem Julianischen Kalender berechnet (!), so beweist dieses wohl nur eine sehr starke Befangenheit in einer vorgefassten Ansicht.

Die Gründe für diese selbst sind aber auch durchaus nicht stichhaltig. Allerdings sagt Cicero in der am 9 November 691 an das Volk gehaltenen Rede in Catil. 2, 10, 23., wo er es überzeugen will, dass der mit den nach Norditalien geflüchteten Anhängern Catilinas zu führende Krieg nach deren moralischer Beschaffenheit nicht zu fürchten sei: *Verum tamen quid sibi isti miseri volunt? num sua mulierculas secum in castra ducturi? Quemadmodum autem illis carere poterunt his praesertim noctibus? quo autem pacto illi Apenninum atque illas*

---

[104]) Nur unter dieser Annahme nämlich kommt 1) die Lebensdauer des am 19 August 767 gestorbenen Augustus heraus, 76 Jahr weniger 35 Tage nach Sueton Aug. 100 oder 75 Jahr 10 Monat 26 Tage nach Dio 56, 30., indem nur, wenn beide Daten nach dem Julianischen Kalender verstanden werden, zwischen ihnen 86 Tage als zu vollen 76 Jahren fehlend liegen. Diese Angabe konnten aber jene Schriftsteller unmöglich ohne Rücksicht auf das alten ihren Lesern aus dem Kalender bekannte und von Sueton auch selbst angeführte Geburtstagsdatum des Augustus machen. 2) Die Senatsverhandlungen über Catilina fanden die erste am 21 October die letzte am 5 December des alten Kalenders statt. Unmöglich kann also, wenn nach Sueton am 23 September im Senat über Catilina verhandelt wurde, dieses ein Datum des alten Kalenders sein. Dagegen leuchtet mir das aus der Nativitätsstellung des Theogenes nach dem Horoskop des Steinbocks entnommene Argument, worauf Korb Gewicht legt, bei der Ungewissheit der dabei von Theogenes befolgten Principien nicht ein. — Wenn man 70 Tage vom 23 September ab zulegt, so kommt man genau auf den 3 December und vielleicht datierte von diesem Tage das von Sallust. Catil. 42. erwähnte Senatusconsult. — Dass man in andern Fällen ein Datum des alten Kalenders nicht reducierte, soll nicht geläugnet werden. Ein meist nicht richtig verstandenes Beispiel davon ist, dass nach Plut. Caes. 56. Oros. 6, 16. gesagt wurde, mit der Schlacht bei Munda an den Liberalien, dem 17 März 709, sei der an demselben Tage vier Jahr früher mit Pompeius Abreise begonnene Bürgerkrieg beendigt worden. Irrig bezieht man (Drumann Gesch. Roms. III. S. 422. 636.) dieses auf Pompeius Abreise von Rom, die nach der Mitte des Januar 705 geschah; es ist seine Abreise von Brundusium am 17 März gemeint (Drumann S. 440) — deshalb der Anfang des Bürgerkriegs, weil man bis dahin immer noch unterhandelte. Offenbar kam es bei der Hervorhebung dieses Datum weit weniger auf die genaue Zeitdauer von 4 Jahren als auf die Bedeutung der Liberalien an, die hier in einem gewissen Sinne — das Grab der Freiheit einschlossen.

pruinas ac nives perferrent? nisi idcirco se facilius hiemem toleraturos putant, quod rudi in conviviis soltare didicerunt. Diese Worte sollen tiefen Winter zur Zeit der Rede beweisen. Aber man scheint ganz übersehen zu haben, dass Cicero im Futurum von einem in Aussicht stehenden und in dem für die Verschwörer günstigsten Falle sich wenigstens einige Monate hinziehenden Kriege spricht. Hielt er nun die Rede nach unserer Ansicht an einem um etwa 67 Tage früheren Julianischen Datum d. b. Anfang September — von wo ab die Römer überhaupt Winterfeldzüge rechneten (8. 41) — so konnte er gar wohl von den für diesen Krieg nun schon in Aussicht stehenden längeren Nächten, Apenninischem Frost, Schnee und Winter reden. Die Rede pro Sest. 5, 13., die man sonderbarer Weise auch noch anführt, und Dio 37, 89. ergehen aber auch die Richtigkeit unseres Datums. Nach Dio wurde Catilina mit seinem Anhange 'gleich im Anfange' des folgenden Jahres (692), also etwa in den ersten Tagen des Januars, d. h. nach unserer Ansicht gegen Ende des Julianischen Octobers im Jahre vorher, mithin auch vor dem Winter vernichtet. Und wirklich rühmt Cicero in der Sestiana den Petreius, den Besieger des Catilina, eben deshalb, dass er ihm nicht Raum bis zum Winter gelassen habe[163]).

Aber auch ein anderer Umstand stimmt hiermit überein. Der Consul Cicero beging die ordentlichen Latinischen Ferien, die vor der Kaiserzeit stets in den Frühlingsmonaten, gewöhnlich im April oder Mai (im J. 698 am 4 April Cic. ad Q. fr. 2, 4. 5. vgl. Dio 47, 10.), in der Kaiserzeit im Sommer (Orell. 2471. 2472.) gefeiert wurden (Marquardt Röm. Alt. IV. 8. 443), wie er selbst in dem Gedicht über sein Consulat (de divin. 1, 11.) sagt, 'auf den beschneiten Hügeln des Albanus' und man sah dabei neben andern anfälligen Himmelserscheinungen[164]) wahrscheinlich ein Nordlicht, was beides für eine 2½ Monat frühere Jahreszeit sehr gut passt, mit einer 2½ Monat spätern aber ganz unverträglich ist[165]).

Es fragt sich noch, worin die Superstition bestehen konnte, aus der die Schaltung in einem ganzen Octennium unterlassen wurde. An

---

[163]) *Si M. Petreii non excellens animus, non praesentia in republica virtus, non summa auctoritas apud milites, non miraficus usus in re militari exstitisset ...., datus ille in bello esset hiemi locus, neque unquam Catilina, quum e pruinis Apennini atque ex nivibus illis emersisset, atque aestatem integram nactus, Italiae calles et pastorum stabula praedari coepisset, nisi multo sanguine ac sine totius Italiae rabieiis miserrima concidisset.* Schon diese einzige Stelle besonders im Vergleich mit Dio macht die jetzt herrschende Ansicht zu Nichte. Nach letzterer wäre der Anfang des folgenden Jahres auf den Julianischen 4 März 692 gefallen und also dem Catilina in der That der Winter für seinen Krieg eingeräumt worden.

[164]) Darunter auch eine Erscheinung am Monde, die selbst auch nach der Beschreibung wahrscheinlich nicht einmal eine Mondfinsterniss war (wofür man sie immer gehalten hat, S. 101), zumal eine solche damals schon weniger erschreckte.

[165]) Die hieraus für seine Ansicht erwachsende Schwierigkeit nicht lösen zu können, gesteht Ideler S. 111 selbst zu.

den gemeinen Aberglauben, dass man den Schalttag (Ammian. 26, 1. 7.)
ja sogar auch das Schaltjahr für unglückselig hielt und darin nicht
gern etwas wichtiges Neues vornahm, kann unmöglich gedacht werden:
welcher Funke von Verstand wäre darin gewesen, aus diesem Grunde
die ganze geheiligte Einrichtung des Schaltens selbst zu unterlassen?
Dagegen ergiebt sich ein sehr naheliegender Grund, wenn jenes
Octennium eben das nach 674 war. Dieses ist das zweite Sulla-
nische Consulatsjahr und mit dem vorhergehenden zusammen die Zeit
der meisten Cornelischen Gesetze, also auch der Vergrösserung des
Collegium der Pontifices von 8, wovon die Hälfte Patricier, die Hälfte
Plebejer, auf 15 Mitglieder (Liv. ep. 89. Marquardt Röm. Alt. IV.
8. 191.). Die Lex Acilia konnte ihre Vorschrift, welche ein Collegium,
nicht wie die der Lex Aebutia Einzelbeamte, wie der Prätor, zur Ausführung bringen sollte, kaum anders ertheilen, als indem sie zugleich
die Modalität näher bestimmte, wie der Beschluss desselben zu Stande
kommen solle, wobei sie vielleicht die Zahl acht selbst anführte,
vielleicht auch auf den dem dualistischen System des Schaltmonats
entsprechenden Dualismus der vier Patricier und vier Plebejer Rücksicht nahm. Nach Vergrösserung des Collegium mussten dann jedenfalls Zweifel über die Ausführbarkeit der Gesetzesvorschrift durch
das so vermehrte Collegium entstehen, die auch, wenn man dabei
auf den nothwendigen Zusammenhang des bisexum mit dem Dualismus
des Collegium Gewicht legte, leicht einen superstitiösen Charakter
annehmen und dahin führen konnten, das Schalten auf der bisherigen
Grundlage einstweilen ganz zu unterlassen. Doch konnte es für die
Dauer nicht unterbleiben und so wird irgend eine, wahrscheinlich
eine gesetzliche Maassregel gegen den Anfang der nächsten Schaltperiode (683) dem Zweifel ein Ende gemacht haben, so dass man
auch die Fünfzehn wieder nach dem bisherigen System zu schalten
fortfahren konnte. Lag nun aber hiernach der Ursprung der Con-
fusion des Jahrs in den Einrichtungen des Erzaristokraten Sulla, so
begreift sich auch um so leichter, wie Cäsar, der Demokrat, in der
Beseitigung derselben seinen besonderen Beruf finden konnte.
    So liegt nun also auch die Geschichte des Pontificaljahrs in
ihren Grundzügen klar vor unsern Blicken. Nach der Lex Acilia (563)
wurde zunächst durch Weglassung der Schaltungen in den J. 564
und 566 und blosse Schaltung im J. 565 am 1 März (genauer schon
am 24 Februar) 566 das natürliche Jahr wieder erreicht und dann
von 567 bis 586 das Römische Schaltsystem mit 20jähriger Schaltperiode und Einschaltung in jedem zweiten Jahr 7mal von 23tägigen
und 2mal von 22tägigen Monaten, von 587 an aber das Griechische
mit 24jährigen Schaltperioden und Einschaltung in den beiden ersten
Octennien von je 2mal 22- und 2mal 23tägigen, im dritten von drei
22tägigen Monaten befolgt, jedoch so, dass seit Sullas Zeit durch
das Unterbleiben aller Schaltung in dem Octennium von 675 bis 682
ein Voraneilen des Römischen Jahres um 66 Tage entstand, welches
nach übrigens seit 683 wieder aufgenommener Schaltung fortdauerte,

bis Cäsar 708 den Fehler wieder beseitigte. Wir können nun aber doch keinen bis auf den Tag genauen Kalender für diese ganze Periode namentlich die Zeit des Griechischen Schaltcyclus aufstellen, weil die einzelnen Jahre der Schaltung danach nicht festaieben und die Pontifices noch öfter statt eines 23- einen 22tägigen Monat, seltener umgekehrt, mit beabsichtigter, später oft unterbliebener Compensation einschoben, worauf besonders die von den Autoren erwähnte *auctio* oder *retractio dierum* geht und was sich endlich so weit ausglich, dass 708 aus diesem Grunde noch 1 Tag oder vielmehr, da auch der damalige 23tägige gewöhnliche Schaltmonat theilweise hierauf beruhte (oben S. 100), 4 Tage[157]) zu wenig geschaltet waren.

Bei diesen Operationen werden sich die Pontifices — wenigstens ihre gelehrten Schreiber — über den Stand ihres Kalenders gegen das wirkliche Jahr im Ganzen stets klar geblieben sein und zwar nicht blos nach den sorgfältigen Aufzeichnungen der Zahl und Länge der in jeder Periode eingeschalteten Monate, sondern auch durch Vergleichung des Sonnenjahrs der Griechischen Astronomen, namentlich nach dem astrologischen Kalender des Eudoxus (um a. u. 390), dem das Aegyptisch- oder Persisch-Chaldäische Jahr zu Grunde lag[158]), indem dieses mit seinen 365 Tagen in zwölf Zeichen oder Monaten nach den bekannten zwölf Bildern des Thierkreises und einem Schalttage im vierten Jahr dem natürlichen Jahr ebenso gut entsprach, wie das ursprüngliche des Numa und das spätere des Cäsar. Dieser Kalender musste sich den Römern mehr empfehlen als der wissenschaftlich genauere des auch viel späteren Hipparch (um 600), weil er den religiösen Anschauungen und Gewohnheiten des Volks angepasst war[159]), und darf man zwar in dieser Periode seine Verbreitung unter dem Italischen Landvolk nicht fingieren, welches nur etwa herumziehende Chaldäer für abergläubische Zwecke zu Rathe zog[160]), so ist es doch undenkbar, dass es seit Fulvius Nobilior und Sulpicius Gallus nicht immer gebildete Römer, besonders auch bei der Kalenderbehörde, gegeben habe, welche ihn kannten und benutzten[161]).

---

[156]) Dass es in Wahrheit selbst 5 Tage waren, werden wir noch in der Geschichte des Cäsarischen Schaltcyclus wahrscheinlich machen.

[157]) Siehe Beilage L.

[158]) Colum. 9, 14, 12. *Nec me fallit Hipparchi ratio, quae docet solstitia et aequinoctia non octavis sed primis partibus signorum confici. Verum in hac ratis disciplina sequor nunc Eudoxi et Metonis antiquorumque fastus astrologorum, qui sunt aptati publicis sacrificiis, quia et notior est ista vetus agricolis concepta opinio nec tamen (Hen tamen) Hipparchi subtilitas pinguioribus, ut aiunt, rusticorum literis necessaria est.*

[159]) Cato 5. .. *haruspicem, augurem, hariolum, Chaldaeum ne quem consuluisse velit.* Diese Chaldäer muss man sich den Etruskischen Strafcertarien ähnlich denken. Sie werden grösstentheils Griechen aus Unteritalien im Heultz eines Eudoxischen Kalenders für die Uebung der Nativitätsstellung und ähnlicher Chaldäischer Künste gewesen sein, auf den wir oben die epichorischen zu reducieren verstanden.

[160]) Ein sichrer Beweis, dass der Kalender des Eudoxus bei den gelehrten Römern schon im sechsten Jahrhundert Eingang gefunden hatte, liegt

Allmählich mag aber im letzten Jahrhundert der Republik manches
Meteorologische daraus auch den intelligenteren Rhedern und Land-
wirthen bekannt geworden sein. Es hat sich aber auch noch ein
bestimmtes Zengniss erhalten, welches beweist, dass man vor Cäsars
Reform nach diesem Sonnenjahr die eigentliche Zeit der Römischen
Feste, besonders solcher, bei denen darauf etwas ankam, sich ver-
gegenwärtigte. Plinius berichtet[103], dass Varro auf diese Weise die
drei Feste der Robigalien, der Floralien und die zweiten Vinallen
bestimmt habe, und mit Recht bemerkt Mommsen (Chronol. S. 69),
dass dieses nur in seiner Schrift *de feriis*, einem Abschnitt der vor
709 bekannt gemachten *antiquitates rerum divinarum* geschehen sein
kann. Da diese Feste im Julianischen Kalender zwar wegen des
dem April angesetzten einen Tages theilweise anders datiert[104]), der
Sache nach aber nicht von ihrer Stelle verrückt worden sind und
die Angabe ihres Tages nach dem Eudoxischen Kalender bei den
ersten beiden auch auf den Cäsars noch passen muss, weil ihnen beiden das tropische Jahr zu Grunde liegt, so ist es von Interesse, dass
Plinius zu Varros Tagbestimmung hinzufügt: *sicut tunc ferebat ratio*.
Diese Rechnung kann sich nur darauf beziehn, dass, wer vor Cäsars
Reform ein Datum des Römischen Kalenders 'auf die Eudoxische
Datierung reducieren wollte, die Abweichung des Römischen Kalenders
vom tropischen Jahr kennen musste, welche sich seit Sulla aus einer
Berechnung theils der fehlenden 66 Tage, theils in den 22- oder
23 tägigen Schaltmonaten an viel oder zu wenig beziehungsweise auch
zu früh oder zu spät auf einmal geschalteten Tagen ergab. Zugleich

in der Befolgung der Eudoxischen Octaeteris beim Schalten seit 586
(S. 89). Nicht auch kann man ihn aus der constanten Lehre der Römischen Astrologen z. B. schon des Nigidius herleiten, dass der Widder
das erste der Zodiacalzeichen sei (vgl. die Stellen bei Mommsen Chron.
S. 307); denn diese beruhte schwerlich darauf (wie Mommsen meint),
dass bei den Römern der März, in den er fiel, der erste Monat war,
sondern er scheint nach Plin. N. H. 2, 8, 6. § 31. bei den Griechen
selbst, vermuthlich auch als Anfänger des Frühlings und seiner Opfer-
feste, das erste Zeichen gewesen zu sein, so dass die Römischen Astrologen auch dieses nur von ihnen entlehnten.

[103]) N. H. 18, 29, 69. § 284. *Robigalia constituit Numa anno regni sui XI, quae
nunc aguntur a. d. VII K. Mai.* (25 April), *quoniam tunc fere segetes robigo
occupat. Hoc tempus Varro determinat sole tauri partem decimam obtinente,
sicut tunc ferebat ratio.* § 286. *(Idem prisci) Floralia IIII. Kal. easdem*
(28 April) *instituerunt urbis anno DXIII. ex oraculo Sibyllae, ut omnia bene
deflorescerent. Hanc diem Varro determinat sole tauri partem XIIII obtinente.*
§ 289. *Vinalia altera aguntur a. d. XIIII. Kal. Sept.* (19 Aug.) *Varro ea
a fidicula incipiente occidere manc determinat, quod soli caldum antecium esse.*

[104]) Der zugesetzte Tag war im April der 26ste: wonach zwar der vorhergehende 25ste, der Robigalientag, im vorcäsarischen Kalender a. d. VI,
später a. d. VII Cal. Mai. hiess, der dahinter liegende Florakentag aber
in seinem bisherigen Abstande von den Cal. Mai. nicht verändert worde.
Hierauf bezieht sich der von Plinius nur bei dem Datum des ersten
Festes gemachte Zusatz *quae nunc aguntur a. d. VII Cal. Mai.*, mit dem
er andeuten will, dass bei Varro das Datum a. d. VI Cal. Mai. lautete.

deutet Plinius mit dem Zusatz an, dass Varro Zeitbestimmung mit dem Datum des Julianischen Kalenders nicht stimmte, was auch in der That so ist[154]); denn der 10 Theil des Stieren trifft in diesem einen Tag später (auf den 26 April), der 14 Theil des Stieren, wie es scheint, sogar zwei Tage später (auf den 30 April). Doch ist diess eben auch nur scheinbar; in Wahrheit beträgt die Differenz auch hier, wie es bei gleichen richtigen Ansätzen desselben Berechners ja auch nicht anders möglich ist, nur einen Tag; der andere kommt darauf, dass im April der von Cäsar hinzugesetzte Tag der von uns schon bei den Robigalien so genannte 26ste war, der also hier abgerechnet werden muss. Wie nun aber die Differenz um den einen Tag zu erklären sei, darauf werden wir später zurückkommen.

Ueberhaupt muss man sich diesen Gebrauch des Eudoxischen Kalenders beim Datieren als eine durch die fortschreitende Abweichung des Kalenders vom natürlichen Jahr bedingte Weiterentwickelung ausländischer Zeitrechnung denken, wie sie schon früher mit der für die Lustra nach dem ritus Graecus üblichen Olympiadenrechnung aufgekommen war.

Aufgelöst und durch das angenommene 355tägige Jahr mit Beibehaltung derselben Schaltmonatsüngen selbst principiell aufgegeben war nun auch die früher nothwendige Verkoppelung von je zwei Kalenderjahren zur Wiedererreichung des natürlichen Jahres, welche jetzt erst in weit grösseren Cyklen eintrat und da nur noch eine mathematische Bedeutung hatte. Aufgelöst war auch das bisherige lustrum mit seinem nothwendigen bimesse. Das letztere dauerte nur einigermaassen in freierer Form fort, indem man doch noch meistens in jedem zweiten Jahre einschaltete. Das erstere war wohl schon längst vor der Lex Acilia durch die regelmässige Prorogation eines Jahres für die censorische exactio sartorum tectorum und probatio der verdungenen neuen Werke factisch untergraben worden, weil man bei den nun regelmässig weit grossartigeren und kostspieligeren öffentlichen Bauten weder für die Arbeit noch für die aus den Vectigalien zu bestreitenden Kosten mit der vierjährigen Periode auskam und ein fünfjähriger eigentlich noch triadischer (nehmlich aus 2 + 2 + 1 entstandener) Zeitraum an die Stelle getreten war, welcher schon im sechsten Jahrhundert häufig in öffentlichen Gelübden und Gebeten als Abschnitt des Staatslebens erscheint. Dass aber hiernach von den Schriftstellern lustrum selbst öfter für einen fünfjährigen Zeitraum gebraucht und so selbst das alte lustrum nicht selten missverstanden wurde, dürfte erst von Sulla Gesetzgebung über die Magistrate datieren, der die censorische Gewalt geradezu fünfjährig gemacht zu haben scheint; denn wir finden seitdem in den Italischen Städten quinquennales und in Rom selbst ein öfter auf fünf Jahr ertheiltes auswärtiges imperium, welches die censorische Gewalt in sich schloss

---

[154]) Diesen hat auch Mommsen Chron. S. 69. erkannt; er gesteht aber die Differenz nicht erklären zu können.

und das sich dann in die fünfjährige kaiserliche *censoria potestas et
praefectura morum* neben dem *consulare imperium* auseinanderlegte.
Es liegt zu weit ab, hierauf genauer einzugehen.

Gemeinsam blieb dieser Periode mit der vorigen die verschiedene
Länge der bürgerlichen Jahre in Folge des Schaltmonats, nur dass
die nun vom Ermessen der Pontifices abhängige Länge eines jeden
Jahres jetzt auch nicht vorausgesehen werden konnte und der bürgerliche Jahresablauf die Bedeutung eines die menschliche Action be-
herrschenden Naturabschnitts auch in der bisherigen mittelbaren Form
der Verkoppelung zweier Kalenderjahre (die stets zwei natürlichen
gleich waren) eingebüsst hatte. Eine neue Folge hiervon war aber
wohl in dieser Periode, wo seit der Lex Aebutia das prätorische
Edict mit seinen mancherlei in gewissen Zeiträumen, meistens eines
Jahres verhelssenen prätorischen Gewährungen sich immer umfänglicher entwickelte, das Aufkommen des s. g. *tempus utile*[188]). Zunächst
drückt sich darin allerdings der Fortschritt aus, dass die das Handeln normierenden Zeitmaasse, für welche nach altem Civilrecht der
Mensch und Bürger noch an das objective Naturjahr gebunden war
— wenn auch in der zweiten Periode schon in Abstraction von dessen
concretem Anfange d. h. nur noch mit Rechnung des Jahres von irgend
welchem Datum zu gleichem Datum und hinsichtlich der Dauer bei
dem Verhältniss zu Grundstücken mit Uebergang zu zwei Jahren —
jetzt in den Vorschriften der selbst vom alten Civilrecht emancipier-
ten Magistrate mit völliger Lossagung von der objectiven Zeit (eines
Sonnenlaufs) sich lediglich nach dem Subject des Handelnden zu bestimmen anfingen und demgemäss mit Rücksicht auf die nun auch
weil verwickelteren Staats- und Lebensverhältnisse sich bedeutend
verlängerten[189]). Doch ist dieses nur die eine Seite der Sache; denn
bei der sehr schwierigen Berechnungsweise des *tempus utile* fragt man
natürlich: warum bestimmte der Prätor nicht statt eines *annus utilis*
mehrere *anni continui*? Es leuchtet aber ein, dass eine solche Zeitbestimmung nach altciviler Auffassung vom Ablauf des Jahres mit
dem Vorlage desselben nächsten Kalendertages verstanden, eine grosse
Ungleichheit bewirkt haben würde, je nachdem jedes Jahr einen
Schaltmonat begriff oder nicht. Der Prätor vermied diese Ungleichheit durch die Bestimmung der Frist *in anno quo experiundi potestas
fuerit* d. h. einem Jahr von solchen 355 Tagen, in welche nur die
Tage eingezählt wurden, an denen die Partei weder von aussen her
noch selbst gehindert war, den Prätor anzugehen. Allerdings hatte
er dabei noch andre Gründe der Ungleichheit im Auge, welche in

---

[188]) Vgl. das Quellenmaterial und dessen Verarbeitung bei Savigny System
§§ 189—191. Böcking Pandecten § 122 unter l). Unterholzners Ver-
jährungslehre von Schirmer. 1. § 87.

[189]) Ein *annus utilis* war nun objectiv regelmässig eine weit längere Frist
als der *annus* oder das *biennum* der Usucapion und er entsprach als
solche bei Privatrechtsverhältnissen der nun üblichen Prorogation der
Magistratszeit oder Ertheilung eines Imperium z. B. auf fünf Jahre.

verschiedenen objectiven und subjectiven Hindernissen den Antrag zu
stellen liegen konnten, weshalb derselbe Zusatz oder ein ähnlicher
auch zu andern solchen Fristen z. B. den 6 oder 2 Monaten der
ädilitischen Klagen, den 100 Tagen der zu ertheilenden *bonorum
possessio* gemacht wurde und die *tempora utilia* aus dieser Periode
auch bestehen blieben, als das gleichmässige Julianische Jahr an die
Stelle des Jahres bald mit bald ohne Schaltmonat trat. Dass aber
doch im letzteren die Hauptveranlassung des *tempus utile* lag oder
mindestens, dass beide eine gemeinschaftliche Quelle hatten, erkennt
man aus dem Verschwinden jenes Zusatzes in den Jahres- und andern
Fristen der neuen Gesetzgebung der Kaiserzeit[197]). Zugleich lag
aber in dem *annus utilis* das Aufkommen eines neuen von dem jetzigen
Kalender hergenommenen Jahres als eines abstracten Zeitmaasses,
ähnlich dem alten von 300 Tagen, jetzt natürlich von 355 Tagen
und seinem Wesen nach jenem darin entgegengesetzt, dass es ebenso
ein subjectiv menschliches Actionsjahr, wie jenes ein objectiv irdisches
(der in der Natur wirksamen Sonne) gewesen war.

Diese völlige Loslösung der menschlichen Action von dem objectiven Naturjahr in der dritten Periode gab aber auch den Monaten
insbesondere dem Schaltmonat eine neue Bedeutung. In ihr war
nationalökonomisch der Uebergang des Römischen Volks vom Ackerbau zum Handel und Geldgeschäft als einer selbständigen Quelle des
Erwerbs und Nationalreichthums neben den beiden frühern und damit
auch von dem jährigen *fenus* zu der monatlichen *usura* begründet.
Man borgte das Capital nicht mehr blos zur Verwendung auf den
Acker, so dass der dadurch ermöglichte höhere Jahresertrag aus
diesem dem Zinsgeschäfte Art und Maass vorschrieb, wovon dieses
eben *fenus* hiess und nothwendig anniversär war, sondern auch zum
Gebrauch für die weit gewinnreicheren Handelsgeschäfte, die durch
Kauf, Herbeischaffung oder Zurichtung und Wiederverkauf von Waaren,
schon in den Jahresabschnitten für das menschliche Handeln d. h. in
Monatsfristen einen Nutzen vom Gelde selbst, die Monatszinse (*usura*)
gewährte. Hiernach erhielt denn auch der Schaltmonat seine selbständige Bedeutung für den neuen grossen Nationalerwerb, für das *calendarium* und die '*dirae Calendae.*' Wenn übrigens aus diesen Ausdrücken

---

[197]) Z. B. den Jahre in L. 2. D. de L Iul. repet. (48, 11). Ueber den *annus
et sex menses* der *lex Iulia indiciaria*, der nicht das *ius*, sondern das *indicium*
betraf, werden wir später sprechen. Ausserdem kommen von bekannt-
lich statt eines *annus utilis* Fristen von drei, vier, fünf und in der mittleren, wieder duallistischen Kaiserperiode von 10 und resp. 20 *anni continui* vor. Auch ist *tempus continuum* die 30tägige Excusationsfrist L. 13.
§ 9. D. de excusat. (27, 1). Eine vereinzelte Ausnahme bilden noch
die zwei, beziehungsweise vier und sechs *menses utiles* der Anklage
wegen Ehebruchs nach der *lex Iulia de adulteriis* L. 4. § 1. L. 29. § 5.
L. 11. § 6. D. ad leg. Iul. de adult. (48, 5.). Die Appellationseinlegungs-
frist gehört kaum hierher. Die *annalis exceptio Italici contracus* und die
ursprünglich noch *utilior annalis exceptio* von *numeratae pecuniae*, deren
Geltung schon in der früheren Kaiserzeit Juvenal 16, 41. bezeugt, halte
ich für vorcäsarischen Ursprungs.

mit Recht gefolgert wird, dass man die Zinszahlung bei diesem
neuen Zinsgeschäfte jedesmal für die wirklichen *Calendae* jedes Monats auszubedingen pflegte, die damit die Umschlagszeit für die Römische Geschäftswelt wurden (vgl. Theophil. 4, 6, 8), so darf man
doch nicht schliessen, dass die Zinsen selbst für concrete Monate
ausbedungen worden wären. Die Römer wussten so gut, quo *calcul*
nummus, quam prūrbeai usum, und waren zu gute Rechner, um dafür
nicht die gleichmässige Zeit von 30 Tagen zu Grunde zu legen [100]),
so dass der nur nach Bequemlichkeit festgesetzte Zahlungstag unter
Umständen eine Vorausbezahlung der Zinsen mit sich brachte. Nachdem aber mit Anfang der Kaiserzeit das Geldgeschäft Viehzucht und
Ackerbau so weit überflügelt hatte, dass nun auch im Vormögen an
sich der Begriff der Einkünfte an die Stelle der Früchte trat —
welches Stadium z. B. die Einführung des *quasi ususfructus* bekundet — erhielt der Monat auch für Steuer von beweglichem Vermögen, Beiträge der Mitglieder einer Corporation u. s. w. (vgl. Die
Steuerverf. der Kaiserzeit S. 136 ff.) dieselbe Bedeutung, wie früher
für das Zinsgeschäft.

Andere einzelne Anwendungen der verminderten Bedeutung des
alten Naturjahrs übergehen wir.

Wie aber in der Pflanze die Blüthe, in der gleichsam deren
äusserste Selbstbefreiung von dem ursprünglich in der Erde gefesselten
Samenkorn liegt, mit der sich bildenden Frucht wieder in ein festes
Samenkorn zurückgeht, das aber die Pflanze selbst und deren freie
Entwickelung zu seiner Voraussetzung und-gleichsam zu seinem Boden
hat, so strebte nun auch das Römische Staatsleben in seiner zeitlichen Entwickelung, nachdem es darin seit der dritten Periode die
äusserste Freiheit der menschlichen Action von dem ursprünglichen
Naturjahr erreicht hatte, wieder zu einer objectiven Festigkeit in
dieser selbst zurück.

Der erste Erfolg dieses Strebens war am die Mitte dieser Periode
die Bindung des Amts der Consuln und Prätoren, jedoch nur erst durch
Senatsbeschluss, an ein von dem persönlichen Amtsrecht des Einzelnen
unabhängiges politisches Jahr, wie einst beim Rex, indem sie seit 601
regelmässig mit dem 1 Januar antraten und mit dem letzten December
abdicieren mussten, bei etwaigem frühern Tode oder Abgange aber die
Suffection anderer Consuln für die noch übrige Zeit, ebenso wie in der
ersten Periode das Interregnum, eintrat [101]). Begründet war diese

---

[100]) Als Beweisstelle für diese Auffassung der *sura meristen* kann gelten
Cic. ad Attic. 6, 1, 3. von Pompejus, der das Geld für seine damaligen
öffentlichen Unternehmungen verzinslich aufgenommen hatte: *Ei tamen
nie mune soleitur: tricesimo quoque die talenta Attica XXXIII, et hoc ex tributis:
nec id satis effici in usurum nostrarum. Sed Gnaeus noster clementer id ferit:
sorta caret, usura, nec ea solida, contentus est.* Die Stelle zeigt zugleich,
dass ausserhalb Roms (es ist von der Provinz die Rede) auch die
Zahlung der Zinsen am 30sten Tage geschah.

[101]) Vgl. Becker Röm. Alt. II. 2. S. 100.

Neuerung eigentlich schon dadurch, dass, nachdem in der ganzen mittleren ihrem Charakter nach priesterlich-magistratualen Periode — des Kampfes des Freistaats um seine Selbsterhaltung gegen das Königthum und mit gleichen Völkerschaften in Italien — der Amtsantritt um seinen saeralen Zeitpunkt (den 13 September, S. 70 f.) geschwankt, aber doch, wie es scheint, immer mehr nach dem Frühjahr zu sich gezogen hatte, jetzt, wo der Consolarstaat, nach Erlangung der dauernden Herrschaft über Italien, wie in der ersten Periode über das königliche Stadtgebiet, und der Ueberwindung des priesterlichen Charakters im Innern wieder in seine positive — materiell königliche — Richtung und Aufgabe, die auswärtigen Verhältnisse angriffsweise von sich aus zu bestimmen, zurückgegangen war, seit 532 der Antritt der Consuln und Prätoren regelmässig wieder im aufstrebenden Jahr und zwar am 15 März geschah (Mommsen Chronol. S. 102); wobei der Fortgang von den königlichen Cal. Mart. auf die Idus passend den Fortschritt zur dritten Periode ausdrückte und das nach der neuen Religion verborrlichte grosse Capitolinische Opfer, das man sich nun als mit dem Amtsantritt nothwendig verbunden dachte, die Naturherrlichkeit des Antritts der Könige mit der aufgehenden Jahressonne vertrat. Da nun aber auch die Wahl regelmässig im Winter geschah d. h. im December, so konnte auch von den designierten Consuln mit Zustimmung des Senats Manches schon für den März vorbereitet werden (vgl. z. B. Liv. 21, 63. 22, 1.) — wie von einem deliberierenden Erben vor dem Erbschaftsantritt — und so gewöhnte man sich allmählich mehr und mehr, auch die Rubemonate Januar und Februar in die politische Thätigkeit hineinzuziehen. Vollständig geschah dieses aber, als der Amtsantritt selbst am mehrere Monate vor dem Beginn der eigentlichen Action mit dem März zurückgeschoben wurde. Der Zweck dieser Maassregel war zunächst allerdings auch nur, jene vorbereitende Thätigkeit noch freier und wirksamer zu machen. So wie jetzt der Kaufmann, der Rheder, der Bauer schon viel früher zurücktreten, um die Gelegenheit des Jahres desto voller ausnutzen zu können, so sollten auch die Staatsobrigkeiten bei den so viel umfänglicher und verwickelter gewordenen Staatsgeschäften in den Stand gesetzt werden, die zur Action vom März ab nothwendigen Vorbereitungen, Vertheilung der Provinzen, lex de imperio, Anordnungen über die auswärtsstehenden vom Amtsvorgänger zu übernehmenden Truppen, Truppenaushebungen, Verfassung des Edicts u. s. w. schon mehrere Monate vorher aus vollem eigenen Rechte vorzunehmen[200]). Aber es wurde damit zugleich ein neuer fester

---

[200]) Dieses zeigt die Veranlassung: Cassiodor. Chron. zum J. 601. Hi primi consules Calendis Januariis magistratum inierunt propter subitum Celtiberiae bellum. Vgl. Liv. ep. 47. Ideler Handb. der Chron. II. S. 149. Mommsen Rechtsfrage zw. Caesar und dem Senat. S. 25 ff. Wiewohl dabei auch ein sacraler Grund mitgewirkt und namentlich dazu bestimmt zu haben scheint, gerade ein neues Jahrhundert mit dieser Einrichtung anzufangen, wonach man den Januar auch das annorum saeclique caput nannte. Vgl. Anm. 132.

Punkt für Anfang und Ende des Regiments der einzelnen Magistrate
geschaffen, von wo aus der innere Staat, zunächst der formell noch
von ihnen selbst regierte Senat, sie in Bewegung setzte, und dieser
Punkt war auch nicht zufällig gerade der 1 Januar, der Anfang des
sacralen Jahres. Er characterisierte dadurch die neue Ordnung als
einer höhern Entwickelungsstufe des Staats zustrebend, die sich zu
der früheren verhält wie der Geist zur äusseren Natur, die neue zur
alten Religion (vgl. oben S. 36). Indem aber dieses Amtenenjahr
zugleich das altsacrale war und dadurch eine Art höherer Weihe
erhielt, musste es sich im Volksbewusstsein auch immer mehr als
materieller Anfang eines neuen bürgerlichen Jahrs überhaupt festsetzen, zumal da auch der Volkstribunat, die andre und mit der De-
mokratie immer mächtiger werdende Magistratsgewalt, schon längst
um jene Zeit (den 10 December) wechselte. Man übertrug auf den
1 Januar als Neujahr die wichtigsten Inauguralacte der neuen, auf
dem Cult des Capitolinischen Jupiter beruhenden Verfassung, woneben
der 1 März nur die der alten behielt (Becker Röm. Alt. II. 2. S. 122.
Preller Röm. Myth. S. 160ff. 319.). Consulare Parentationen, die früher
im Februar als dem letzten Monat gefeiert worden waren, — gewiss
nicht, weil Brutus am 28 Februar gestorben sein sollte (l'Int. Poplic. 9)
— wurden theilweise schon 616 in den December verlegt (Cic. de
legg. 2, 22, 54. l'Int. qu. Rom. 34). In dem Adib. Dec. 637 von den
Minnciern in dem Rechtsstreit zwischen den Gennaten und Vituriern
gesprochenen Urtheil (Orell. 3121) wird als Zahlungstermin für das
von den Vituriern an Genua zu entrichtende jährliche Vectigal der
1 Januar festgesetzt, doch wohl auch nur, weil man damals in Italien
nach diesem Tage schon die Jahre schied. Auch das gefürchtete
Zusammentreffen der Nundini mit Neujahr wurde auf die Cal. Januariae
bezogen (S. 52 f.) und der Lustspieldichter Atta († 676) bezeichnet
das alte Märzjahr überhaupt schon als verschollen[20]). Dass man
aber mit diesem Amtsantritt Cal. Jan. auch wirklich über die alte
Ausschliessung der politischen Thätigkeit von den Monaten Januar
und Februar sich erhob, ist selbstverständlich. In der That wurde
nun über die wichtigsten Staatssachen in diesen Monaten verhandelt,
beispielsweise über die agrarischen Rogationen des Rullus 691 (Drumann Gesch. Roms Bd. 5. S. 432.), über die Rogationen in Betreff
des Processes wider Clodius wegen verletzter Religion 693 (Cic. ad
Att. 1, 13. 14. Drumann Bd. 2. S. 206 ff.), ausserdem in den folgenden
Jahren vgl. Cic. ad Qu. fr. 2, 1, 3. 2. 2. 13, 3. 3. 1. 2. Auch eine
postulatio bona possideri in einem Civilprocess am 26 Februar erwähnt
Cic. pro Quinct. 25, 79.

Dass aber jetzt das Imperium der Magistrate erst mit dem 1 März angefangen habe, wie Mommsen behauptet, beruht weder auf Innern noch
Aussern Gründen, sondern auf einer Verwechselung damit, dass die
alten Einrichtungen des Staats (Militär- und Processjahr), denen das
Imperium vornehmlich zu dienen hatte, unverändert blieben.

[20]) Mommsen a. a. O. S. 13. Ribbeck comic. p. 159. Inc. 1. 2.

Die ganze Veränderung beruhte aber nicht auf Gesetz, sondern nur auf Acten des Senats und der Magistrate: noch Verrius Flaccus (ad Jan. 1.) giebt als Grund, warum der Januar die Monatsfolge eröffnet, nur an: *quia eo die mag. ineunt, quod corpit u. c. a. DCI.* Man kann also diese neue bürgerliche Jahr nur noch ein obrigkeitliches nennen, welches sich zu dem gesetzlichen Märzjahr verhielt, wie das damalige prätorische Edict zu den zwölf Tafeln. Seinen Ziel- und Endpunkt erreichte das oben gedachte Streben erst zugleich mit einer völligen und gesetzlichen Umwandlung der Staatsverfassung in dem Jahre des Julius Cäsar.

II. Das Jahr des Julius Cäsar.

Cäsars Kalenderreform[203]) ist nicht blos wie die bisherigen der Decemvirn und der Lex Acilia eine Weiterentwickelung des Jahres des Romulus und Numa Pompilius: sie geht zugleich in einen neuen Anfang zurück und stellt damit ein vergeistigtes Gegenbild jenes Jahres dar, wie dieses überhaupt der Charakter der beginnenden Kaiserzeit im Verhältnis zu Roms Königszeit ist. Auch vollendete sich die Reform als dauernde Einrichtung, wie es diese Gegenbildlichkeit erheischte, erst unter dem zweiten 'Kaiser' Augustus[203]). Bewundern muss man bei ihr den genialen Blick ihres Urhebers, der für die den Bürgerkriegen so ähnliche Kalenderzerrüttung den richtigen Gedanken sicher traf und in unglaublich kurzer Zeit ausführte; denn in den wenigen Monaten von seiner Rückkehr aus dem Afrikanischen Kriege Ende Juli 708 bis zu seinem Abgange nach Spanien Ende November wurden von ihm neben zahllosen andern Geschäften eine grosse Zahl der wichtigsten organischen Massregeln (seine Recognition der Stände, *leges agrariae, frumentariae, iudiciariae, sumptuariae, de sacerdotiis, de collegiis, de provinciis, de liberis legationibus,* vielleicht auch *de vi* und *de maiestate*) und darunter auch diese Kalenderreform durchgeführt, so dass der Diebler wohl bedeutsam davon sagt: *Caesaris in multis hacc quoque cura fuit* (Ovid. F. 3, 156). Allerdings trägt sie aber, wenn auch länger vorbereitet, noch die Spuren der Hast und der Zeitinteressen.

Schon formell scheint sie von Cäsar nicht durch eine Lex bewirkt worden zu sein, welches Mittels sich die ersten Kaiser sonst für dauernde innere Reformen zu bedienen pflegten. Hier wird eine solche nirgends erwähnt; Censorinus (c. 20) nennt Cäsar bei dieser

---

[203]) Die Quellen für diese überhaupt sind Ovid. F. 3, 155 sq. Sueton. Caes. 40. Plin. N. H. 18, 57. Plut. Caes. 59. Appian. b. c. 2, 154. Censorin. 20. Dio 43, 26. Solia. 1. Ammian. 26, 1, 13. Macrob. 1, 14, 6 sq. Lyd. de mens. 3, 4.

[203]) Es ist daher kein Irrthum, wenn Ammian. 26, 1, 13 sie als solche dem Augustus zuschreibt.

Gelegenheit nur *pontifex maximus*, Plinius (N. H. 118, 25, 57) und Macrobius (1, 14, 2) weniger passend *dictator*, wobei aber beide selbstverständlich zugleich an die ihm übertragene ausserordentliche Gewalt denken, dass, was er verordnete, so gut wie Gesetz sein sollte. Dio endlich (43, 27) spricht blos von Vorberathung mit den vornehmsten Senatoren oder dem ganzen Senat. Demgemäss wird das Edict, wodurch er das Resultat seiner Reform bekannt machte[204], auch die einzige, ihre Sanction in sich selbst tragende Rechtsquelle für sie gewesen sein. Auch die von Macrobius erwähnte Hilfe seines Secretärs M. Flavius deutet auf eine Cabinetsmassregel des Pontifex maximus hin.

Dem entsprechend muss man sich denn auch als Motiv derselben zunächst das Interesse des demokratischen Parteihauptes denken, welches nicht umsonst noch über die ausserordentlichen Gerechtsame seiner Vorgänger, namentlich Sullas, hinaus — auch die Oberpriesterstelle erobert haben wollte. Es lag ihm daran, nicht blos durch das Verdienst der Correction des durch Sullas Massregeln verwirrten Jahres zu glänzen, sondern vor Allem zugleich der aristokratischen Oligarchie eine Hauptwaffe ihres Einflusses, den Schaltmonat, für immer zu nehmen, indem er wieder ein dem Sonnenlauf entsprechendes, stets gleich langes feststehendes Jahr an die Stelle des bisherigen Mondjahrs setzte[205]. Auch fühlte sich die Gegenpartei durch seine Reform empfindlich getroffen[206].

Eben dieser Zweck derselben führte ihn aber in der Sache selbst über die bisherigen Kalenderverbesserungen hinaus auf den Ursprung des Schaltmonats in dem Jahre des Numa und damit auf das Sonnenjahr vor diesem zurück und nöthigte ihn, die ursprünglich 11, jetzt längst blos noch 10 überschiessenden natürlichen und vollen Tage[207]),

---

[204]) Macrob. 1, 14, 13. *Sic annum civilem Caesar habitis ad hanc rem dimensionibus constitutum edicto palam posito publicavit.* Vgl. Plut. Caes. 59. Dass Cäsars von Plinius (zu lib. 18) benutzte Schrift *de astris* mit diesem Edict identisch sei (so Mommsen Chron. S. 78), ist nicht glaublich, da sie doch wohl keine andere war, als welche Macrob. 1, 16, 39 von ihm anführt: *... ut siderum motus, de quibus non indoctos libros reliquit, ab Aegyptiis disciplinis hausit.* Auch waren diese Bücher, wie es scheint, Griechisch geschrieben (Plin. l. c.: *L. Tarutio, qui Graece de astris scripsit, Caesare dictatore, qui item*) und dazu bestimmt, Roms vornehme Welt für den neuen Kalender zu interessieren und zu gewinnen. Vgl. Dio 43, 27.

[205]) Diesen Hauptgesichtspunkt hebt auch Censorinus c. 20 mit richtiger Einsicht hervor: *quod providens in futurum, ne ulterum erraretur; nam intercalario mense subicto annum civilem ad solis cursum formavit.*

[206]) Plut. Caes. 59., der als Beweis dafür ein beissendes Witzwort Ciceros anführt.

[207]) Wenn die Lat. Uebersetzung des Lyd. de mens. 3, 4. Cäsar den alten Mondmonaten elf Tage hinzufügen lässt, so ist das eben nur Unverstand der Herausgeber, der durch einen offensichtlichen kleinen Fehler der Handschriften kaum entschuldigt wird. Der Text sagt: δέκα καὶ μίαν ἐπιβαλόντων (lies ἐπιβαλόντος) ἡμέραν (also zehn und einen Schalttag) τοῖς σεληνιακοῖς, μᾶλλον ἡμῖσσ̇ας καὶ τότε (d. h. mit diesem Schalt-

anstatt ibnen nur in Gestalt von Monaten niederer Dignität Bürgerrecht im Kalender zu verleihen, den zwölf Hauptmonaten selbst —
in gewisser Art nach Chaldäisch-Eudoxischem Vorbilde (Bell. L.) ein-
zuverleiben, womit diese Monate wieder die ungefähre Länge der
ursprünglichen Sonnenmonate erhielten, und anstatt, wie die Lex
Acilia gethan, nur die aus dem alten Schalttage entsprungene Verwirrung des Römischen Jahres durch ein verwickeltes Schaltmonats-
system zu beseitigen, ihr durch Fürsorge auch für den noch überschiessenden Vierteltag mittelst Einführung eines neuen Schalttages
vorzubeugen, womit denn auch wieder wie in Numas Schaltsystem
ein neues vierjähriges Lustrum angebahnt wurde. Endlich aber lag
darin, dass er den ganzen Staat des S. P. Q. R. nun gesetzlich auf
ein mit dem Januar anfangendes Jahr zurückführte, wenigstens principiell eine Entkleidung desselben in seinem ordentlichen Regiment
von dem alten an das Märzjahr geknüpften Kriegsimperium und
Beschränkung auf das sacrale Regiment im Innern — weil nun die
Souveränetät nach aussen, gestützt auf die beginnende Weltherrschaft
des Römischen Volks in Gestalt eines ausserordentlichen Imperium
auf Cäsar und sein Haus übergehen sollte. So war es denn ein
formell durchaus in Römischem Geist und nach Römischen Principien
eingerichtetes, wiewohl materiell zugleich neues Naturjahr, welches
Cäsar schuf, aber nicht ein objectives, wie das der alten Könige für
das eben erst aus dem Zustande des ius gentium sich erhebende
Römische Volk, sondern ein subjectives für den nun vergeistigt mit
der ganzen alten Welt wieder zur Ruhe in der politisch überwun-
denen und wissenschaftlich begriffenen Natur zurückgekehrten Römischen Staat an der Spitze des damaligen gebildeten Menschengeschlechts. Nach dieser Seite stützte sich Cäsars Reform zugleich
auf ausländische Wissenschaft und zwar nach dem Gange der alten
Geschichte, auf Griechische, wie diese das Aegyptische Sonnenjahr
begriffen hatte, wofür Sosigenes dem Imperator als persönlicher
Hauptvermittler diente (*Sosigene perito eius scientiae adhibito*. Plin.
N. H. 18, 25[206]).

tage) ἥλιακὸν καλέσαι τὸν ἐνιαυτόν, ὅτι (nicht nun, sondern attractiv
statt ἥτις) βιώσιμον ἀρχεται διὰ τὸ δὶς πρὸ ἧς καλανδῶν Μαρτίων ἀριθ-
μεῖν παρὰ τισεατίων Ῥωμαίοις u. s. w. Nur auf Griechische Leser
berechnet und nur so zu rechtfertigen ist die Darstellungsweise des
Dio 43, 26, der im Vergleich mit dem Aegyptischen Kalender, von
dem jene auszugehen pflegten, sagt, Cäsar habe dessen fünf Epagomenen
auf die (ten π' ἄλλας d. h. καὶ ἄλλας) ἐνίρρας δύο, ἃς ἐνὸς μηνὸς ἀριθμῶν,
in die zwölf Monate eingefügt. Er versteht unter diesem einen Monat
den Februar, der, die neue Kalendereinrichtung abstract gedacht, noch
aus einem Sonnenmonat von 30 Tagen hätte bestehen müssen.

**) Mit ihm machte er bei seinem Aufenthalt in Alexandria (708/7), auf
den Dio 43, 26. und Appian. 2, 154. bei dieser Gelegenheit Gewicht
legen, bekannt geworden sein, wie ja solcher Umgang mit Griechischen
Gelehrten damals allgemeine Sitte der vornehmen Römer war. Ueber
Sosigenes astronomische Schriften vgl. Reimarus zu der Stelle des Dio.

Im Einzelnen ist schon bemerkt worden (S. 97 f.), wie die Correction
der bisherigen Hauptabirrung des alten Kalenders von Cäsar überhaupt noch in alter Weise durch das Mittel von Schaltmonaten, die
aber zugleich in ihrer Zahl und der ihrer Tage und der Stelle der Einschaltung etwas ganz Neues und Ausserordentliches waren, bewirkt
wurde. Die ihnen angewiesene Stelle zwischen November und December hatte ihren Grund wohl darin, dass mit dem November der
alte Herbst (Anm. 148) und damit die wichtigsten zusammenhängenden
Naturfeste zu Ende gingen, worauf nun wieder eben so die eigentlichen Winterfeste vom December bis Februar in ihrer Continuität
blieben. Zugleich gewährten diese Monate aber Cäsar eine höchst
willkommene Verlängerung der eigentlichen Geschäftszeit — da der
December schon damals als ein Saturnalienmonat betrachtet zu werden
pflegte — um auch abwesend seine politischen Reformen durchzuführen.
Wenn aber die Monate vom 1 März bis Ende December 708 gerade
365 Tage enthielten, so war dieses nur die Folge davon, dass Cäsar
mit dem nächsten 1 Januar 709 als neuen Jahresanfang das wirkliche Sonnenjahr wieder erreichen wollte, bis wohin, nachdem bis
zum 1 März durch die alte Einschaltung die richtige Länge von
zweimal 365 Tagen für die beiden einen neuen Schaltcyclus eröffnenden Märzjahre 706 und 707 und das früher erwähnte kleinere
Manco von einigen Tagen erlangt sehen, die Monate März bis December noch 298 Tage enthielten, welche mit dem alten grossen
Manco von 67 Tagen zusammen eben auch 365 Tage ergaben.
Etwas Absichtliches ist also in dieser Zahl nicht zu suchen.

Die 10 zum Sonnenjahr fehlenden Tage des bisherigen Mond-
jahres brachte Cäsar in die selben 29tägigen Monate, Januar, April,
Juni, Sextilis, September, November und December,. um sie der
Länge nach auch zu Sonnenmonaten zu machen, wie die vier noch
aus dem alten Romulischen Jahr stammenden ausgezeichneten Monate,
und in die letzten Theile derselben, um die Monats- und Jahresfeste
nicht zu stören, die in dem alten Sonnenmondjahr auf einer gewissen
unveränderlichen Entfernung — bei den Monatsfesten von einander
bis zu den Idus nach Analogie der Mondphasen, bei den Jahresfesten
besonders nach den Idus — angesetzt waren (Censorin. 20. Macrob. 1,

Die besten Philosophen und Mathematiker nennt als Cäsars Rathgeber
Plut. Caes. 59. Blos von Nachahmung der Aegypter im Allgemeinen
spricht Macrob. 1, 14, 3. c. 16, 39. vgl. c. 12, 2. Die Stelle des Lucan.
10, 185 seq., wo er Cäsar in Alexandria ziemlich albern seine Würdig-
keit von einem Aegypter über die Quellen des Nils belehrt zu werden,
mit seinem (damals noch nicht existirenden) Jahr, welches dem des
Eudoxus nicht nachleben werde, begründen lässt, gehört überhaupt
nicht hierher. Die weitere Auffassung Mommsens aber (Chron. S. 78),
dass Cäsar das bisherige, nach ihm Eudoxisch-Römische Bauernjahr
zum Staatsjahr gemacht habe, hat nicht blos kein Zeugniss für sich,
sondern widerspricht auch der geschichtlichen Entwickelung, wonach
weder jenes Bauernjahr schon ein Eudoxisches war (s. oben S. 6), noch
eine damalige Kalenderreform nach den Gestirnen sich ohne unmittel-
bares Eingehn auf Griechische Wissenschaft wohl denken lässt.

14, 6—10). Damit stellte sich denn das neue Jahr schon äusserlich als ein nicht ursprüngliches Sonnenjahr wie (in gewisser Weise) das Romulische und das Aegyptische, sondern als ein nur materiell zum Sonnenjahr fortgebildetes Römisches Mondjahr dar — so wie das Kaiserreich selbst nicht wieder geradezu das alte Königreich, sondern im Kaiser mit seinen potenzirten republikanischen Gerechtsamen und Würden nur eine aus der vollen Entwickelung des alten Staats hervorgegangene höhere Reproduction desselben war. Wenn Cäsar ferner dem Januar, Sextilis und December zwei Tage, den übrigen nur einen zulegte, so bezweckte er damit gewiss nicht blos möglichste Abwechselung von 31 und 30tägigen Monaten, sondern eine Auszeichnung dieser Monate, des Januars als des jetzigen ersten Monats, des Sextilis als des ersten in der zweiten Hälfte des Jahres, der auch sein Geburtsmonat war, und des Decembers als des Schlussmonats. Die vier alten 31tägigen Monate behielten nun als Zeichen ihrer auf dem Princip des alten Sonnenmondjahrs beruhenden Auszeichnung nur die vollen Idus und Nonae septimanae. Obgleich ferner die Einschiebung möglichst am Ende jedes Monats geschah, so vermied Cäsar doch, die bisherigen Vortage (pridie) der Kalenden des folgenden Monats von ihrer Stelle zu verrücken, offenbar um den organischen Zusammenhang der alten Jahresmonate mit einander nicht zu unterbrechen, wonach das pridie die Kalenden des folgenden Monats ebenso unklubar einleitete, wie die Fünftage vor dem März das folgende Jahr. Die eingeschobenen Tage waren nehmlich nach Macrobius der 29 und 30 Januar, der 26 April, der 29 Juni, der 29 und 30 August, der 29 September, der 29 und 30 December. Da sie hiernach sämmtlich die Tage unmittelbar vor den prid. Kalendas sind, so hat man an der Ausnahme des 26 April Anstoss genommen. Die Richtigkeit der Lesart bei Macrobius bestätigt aber das Calend. Praenest. durch die Bemerkung bei diesem Tage: hunc diem divus Caesar addidit. Auch ist der Grund der besonderen Legung dieses Tages mit Recht darin erkannt worden[100]), dass auf die sechs Tage vom alten 27 April bis 3 Mai die seit 581 jährlich gefeierten Spiele der Flora fielen (Marquardt-Friedländer Röm. Alt. IV. 8. 324. 494), welche nicht unterbrochen werden durften. Einen ähnlichen Grund führt Macrobius für die völlige Verschonung des Februars an: ne deum inferum religio immutaretur. Dieser würde aber nur für den eigentlichen Februar, in den diese Sacra fallen und der mit dem 23sten schliesst, passen. Der wahre Grund ist, dass im Februar, wie ihn Cäsar allein noch verstand, theils die ihn schliessenden Fünftage als solche das folgende alte Jahr untrennbar einleiteten, theils, was damit zusammenhängt, die Feste in ihnen bis zum 27sten reichen, auf den die ersten Equirria fallen, und auch nach diesen kein Tag eingeschoben werden konnte, weil damit deren Zusammenhang mit den

[100]) Von Jan in den Münch. Gel. Anz. 1845. N. 219. Einen weiteren mittelbaren Beweis für die Einschiebung des 26sten s. oben in Anm. 193*.

zweiten *Equirria* am 14 März, bis wohin zwei Wochen sein mussten,
alteriert worden wäre. Ausserdem konnte man freilich sagen, es
schicke sich auch für diesen ganz besonders dem Juno- oder Mondes-
dienst und den Verstorbenen geweihten Monat, dass er die alte ver-
kürzte Mondmonatslänge in gewisser Art beibehalte.

Auch so gegen das Ende der Monate gestellt bewirkten nun
aber die neu eingereihten Tage einmal — was man gewöhnlich
nicht beachtet — die Aufhebung der alten Regel (noch bei Varro S. 28),
dass nach den Idus (ausser im Februar) bis zu den folgenden Kalenden stets zwei Wochen liegen sollten; denn das traf nun in allen
jetzt vergrösserten Monaten nicht mehr zu, jedoch auch ohne irgend
welchen Schaden ausser für das metrologische Bewusstsein des
Publikums, da in dieser Zeit keine Monatssichttage fielen [110]): sodann
theilweise andere Zahlen beim Datieren aus *Cal.*, was Macrob. 1, 14, 10. 11.
durch Beispiele erläutert. Wie nun Cäsar sich selbst dieses veränderte Verhältniss klar machen musste, so wird er auch durch sein
Edict das Volk mittelst Gegenüberstellung der alten und der neuen
Monate darüber belehrt haben, damit man z. B. den Tag eines nach
dem alten Kalender a. d.... C. Mai. gemachten Vadimonium, oder das
Datum eines nach den Idus fallenden Festes, mochte es aus der
alten Ordnung auf die neue oder umgekehrt zu reduciren sein, leicht
auffinden konnte. Diese Arbeit scheint aber der Schreiber oder
pontifex minor M. Flavius besorgt zu haben [111]) und vielleicht gehen
auf sie auch die oft missverstandenen Worte des Macrobius 1, 14, 13:
Sic annum civilem Caesar habitis ad lunam (d. h. nach dem alten
Mondjahr) *dimensionibus* [112] *constitutum edicto palam posito publicavit:* wenn daselbst nicht, wie ich noch lieber annehme, vor *habitis*
wegen Aehnlichkeit mit dem vorhergehenden r ein p d. h. *post* ausgefallen ist, womit der viel passendere Sinn entsteht: mit Absehen
von Mond-Monaten und Jahr. Es lässt sich aber denken, dass ungeachtet dieses Edicts Cäsars Neuerung, die eine uralte Gewohnheit so
plötzlich durchbrach, vielfache Irrungen verursachte. Eine besondere
interessante berichtet Macrobius 1, 10, 2...4. 23. Der Saturnalientag des alten Kalenders war *XIV Cal. Jan.* = 17 Dec. In Cäsars

---

[110]) Wäre freilich die Mommsensche Ansicht richtig, dass der *d. IX Cal.*
des alten Kalenders die *nundinae* und als solche ein viertes Monatsfest
gewesen sei, so würde der Pontifex maximus stark gegen das *ius sacrum*
gefehlt haben. Wir werden aber die Unhaltbarkeit dieser Ansicht
später noch aus vielen andern Gründen darthun.

[111]) Macrob. 1, 14, 2. *Sed postea C. Caesar omnem hanc inconvenientiam temporum
regam adhuc et incertam in ordinem datae definitionis* (des neuen Kalenders)
*coegit, admonente sibi M. Flavio scriba, qui scriptos dies singulos ita ad dicta-
torem retulit, ut et ordo eorum inveniri facillime posset et inventio certus status
permaneret.*

[112]) Gewöhnlich erklärt man: nachdem er doch innerhalb der Monate noch
die alten Abstände zwischen den Mondphasenbezeichnungen der *Calendae, Nonae* und *Idus* hatte bestehen lassen — was die Worte kaum
bedeuten können.

Kalender hiess dieser Tag wegen der dem December hinzugefügten zwei neuen Tage *XVI Cal. Jan.* Das Publikum feierte also diesen. Aber ihm blieb auch der *XIV Cal. Jan.* im Sinne, jetzt der 19 Dec., und schon längst gewohnt, die Lustbarkeiten der Saturnalienfeier in der langwelligen Decemberzeit auch auf eine Reihe der folgenden Tage zu erstrecken, feierte es jetzt auch durch vom 17 bis 19 Dec. Als nun Augustus etwa 20 Jahre später das Gerichtswesen ordnete, unsate er zu dem bösen Spiel gute Miene machen und ehrenhalber gestützt auf eine alte Sage, dass das Saturnalienfest ursprünglich als dreitägiges eingesetzt sei, erklärte er alle drei Tage für Ferien. Er verlor dadurch für das Forum nur einen Tag, weil der 19 Dec. doch auch schon nach dem alten Kalender ein anderer Festtag war.

Dem neuen Schalttag wies Cäsar seine Stelle im Februar an und zwar da nach Censorinus (c. 20) ... *ubi mensis quondam solebat, post Terminalia intercalaretur,* womit auch Auson. eclog. 371, 12. übereinstimmt:

> *Quadrantemque dii, quinto qui protinus anno*
> *Mense Numae extremo novus capit embolimaei:*

denn da er auch sonst (376, 2. 377, 4. 378, 8) den Februar dem Numa schlechthin zuschreibt, nicht aber ihn als den letzten Monat des Numanischen Jahrs charakterisiert, so kann er unter dem *mense Numae extremo* nur den letzten Tag des (Numanischen) Februars, die Terminalien verstehn. Noch bestimmter bezeichnet diese Stelle Macrobius (I, 14, 6): *eo scilicet mense ac loco, quo etiam apud veteres mensis intercalabatur, id est ante quinque ultimos Februarii mensis dies idque bimestrum censuit nominandum:* und Polem. Silv. (Mommsen I. L. A. p. 337) zum *VII (Cal. Mart.) Terminalia: hoc die quarto bisextum anno eramus.* Da o. d. *VI Cal. Mart,* der mit *Regifugium* bezeichnete 24ste, der erste der s. g. fünf Schlusstage des Februars ist, so wäre hiernach der mit ihm zweimal gezählte und angeblich nach dem 23sten, den *Terminalia* eingeschaltete Tag nicht eigentlich als Nachtag des letzteren (in welchem Falle er *bis VII Kal. Mart.* hätte heissen müssen), sondern als Vortag des *Regifugium* eingefügt worden, was auch Macrobius mit den Worten *ante quinque ultimos Februarii mensis dies* offenbar sagen will. Das wäre nun freilich höchst unnatürlich, da überall und auch bei den Römern bisher Schaltzeit eine am Ende der Hauptzeit hinzugefügte, nicht aber ihr vorangesetzte gewesen war. Auch würde die unglückliche Bedeutung des Schalttags unerklärlich sein, wenn er ein Vortag und nicht ein zweiter Tag gewesen wäre. Indessen kannte man neuerlich lange Zeit keine andern Autoritäten für die Stelle des Schalttages als Censorinus und Macrobius und deutete daher auch eine Stelle des Celsus[111b], nach der der *posterior* des zweimal gezählten *sextus Cal.*

[111b] 1. 98. pr. D. de verb. sign. (50, 16) Cum bisextum Calendas (lies Calendas) est, nihil refert, utrum prior an posterior die quis natus sit, et deinceps sextum (lies sextus oder sexto) Calendas eius natalis dies est: nam id bidaum pro

der Schalttag ist, ebenso unnatürlich so, dass *posterior* nicht den der
Zeit nach späteren, sondern den der Lage nach von den Kalenden
aus angesehen hinter dem gewöhnlichen *ersten Kal.* stehenden, d. h.
dessen Vortag bedeuten sollte. Uebehehen hat man aber in Folge
anderer Irrthümer ein authentisches Zeugniss über die Stelle des
Schalttages, welches gegen jene Angaben des Censorinus und Macrobius nm so schwerer wiegt, als diese, wie der Ausdruck des letzteren
eo scilicet mense ac loco u. s. w. verräth, nur auf fremden oder
eigenen doctrinalen Ansichten beruhten. Macrobius berichtet anderwärts (1, 14, 15) bei Erwähnung der gesetzlichen Vorschrift des
Augustus, wodurch er einem bisherigen Irrthum der Kalenderbehörde
über die Zeit der Julianischen Einschaltung — bei welchem, wie
wir später sehen werden, auch der *annus incipiens* oder *peractus* eine
wichtige Rolle spielte — ein Ende machte, sie habe dahin gelautet,
'zu Anfang jedes künftigen Jahres einen Tag einzuschalten' (*post hoc
unum diem secundum ordinationem Caesaris quinto quoque incipiente
anno intercalari iussit*). Dieser *annus incipiens* — in der Materie der
Schaltung — kann natürlich nur das alte Märzjahr sein; auf das
Julianische Jahr bezogen, würde die Vorschrift auch gar keinen Sinn
haben. Das Märzjahr fing aber, wie früher gezeigt worden, mit dem
ersten der fünf zu dem Neujahr der *Cal. Martiae* einleitenden Tage,
dem Regifugium, an, wie es mit den Terminalien schloss, und so
war also jener Tag derjenige, nach welchem eingeschaltet wurde;
denn vor Anfang des Jahres kann natürlich *incipiente anno* nicht
heissen. Auch bestätigt dieses das ebenfalls übersehene Zeugniss
des Lyd. de mens. 3, 7., wo er bei Auseinandersetzung der Römischen Zählweise in den Monaten[214] sagt: ἡνίκα δὲ ἂν βίασ ἐον ἦ.
τὴν κ΄ καὶ τὴν κε΄ τῇ πρὸ ΙΞ καλανδῶν Μαρτίων Πλέον, ὃ καὶ
εἴρηται d. h. 'wenn aber *bisextum* ist, so nannten sie den 25 und
26sten u. d. *VI Cal. Martias*, was auch schon oben gesagt ist'[215].
Dabei geht Lydus, indem er den Schalttag fortlaufend mit einzählt,
offenbar von einem (natürlich gerechnet) 29tägigen Schaltfebruar
aus; indem er nun vom 1 März (incl.) an, wie gewöhnlich, sechs
Tage zurückrechnet, kommt er auf den 25sten d. h. wenn man

*uno die habetur, sed posterior dies intercalatur, non prior: ideo quo anno inter-
calatum non est, sexto Calendas natus, cum bisextum Calendis (lies Calendas)
est, priorem diem natalem habet.* Auf diese Stelle geht zurück Ulpian L. 3
§ 3. D. de minor. (4, 4) wo aber am Ende statt *et posterior dies Cale-
darum intercalatur* zu lesen ist *et posterior d. VI Cal. intercalatur.*

[214] Da er als praktischer Jurist selbst stets zu datieren hatte, so muss er
in diesem Stück als vollkommen glaubwürdiger Gewährsmann für die
damals geltende Auffassung des Sprachgebrauchs anerkannt werden,
die sich aber bei ihrer praktischen Continuität in der Römischen Jurisprudenz unmöglich je geändert haben kann.

[215] Nehmlich 3, 4. (Anm. 207). In der That geht aus dem dort Gesagten,
dass im Schaltjahr s. d. VI Cal. Mart. d. h. das Regifugium zweimal
gezählt wurde, dasselbe hervor, da das Zählen doch vorwärts, nicht
rückwärts geschieht.

juristisch nur einen 28tägigen Februar annimmt, auf den 24sten
Febr. als den mit seinem Folgetage *sextus Cal. Mart.* genannten
Tag. Wäre dieser der Vortag des gewöhnlichen 24 Febr. gewesen,
so hätte er in seinem 29tägigen Februar den 24 und 25sten nennen
müssen, was denn, den Februar juristisch zu 28 Tagen gerechnet,
allerdings der (eingeschaltete) erste und der zweite Tag nach den
Terminalien wäre. Neuerlich hat Mommsen[114]) für diese, wie ihm
noch nicht bekannt war, durch die Vorschrift des Augustus und die
Stelle des Lydus verbürgte Ansicht ausser mehreren doctrinalen
Stellen aus späterer Zeit auch noch zwei historische Zeugnisse, eine
in Cirta gefundene Inschrift vom J. 168[115]) und eine Stelle des
Ammian. 26, 1, 7 geltend gemacht, wodurch es vollends ausser
Zweifel gesetzt wird, dass der Nachtag des *Regifugium* das *bisextum*
war. Merkwürdig ist unter diesen die Inschrift nicht sowohl, weil
sie an den andern Beweisthümern für die richtige Ansicht hinzutritt,
als weil sie überhaupt die Angabe qui *dies post bis VI C. fuit* hinzufügt. Warum das? Meines Erachtens bestätigt sie dadurch, dass
schon zu ihrer Zeit irrige Auffassungen des Schalttages gäng und
gäbe waren. Hatte Jemand in einer Griechischen Provinz nach der
gemeinen Griechischen Rechnungsweise gehört, was Lydus in der
obigen Stelle sagt, der zweimalige Tag *VI Cal.* sei der 25 und 26ste,
rechnete aber dabei doch als Römer auch den Schaltfebruar zu
28 Tagen, was jenen Tagen die Bedeutung des 24 und 25sten gab,
so musste er, wenn er aus dem angeführten Consulpaar ersah, dass
dieses Jahr (168 n. Chr.) ein Schaltjahr war, das Datum *V Kal.*
Mart. d. h. den 25 Febr. auf den Schalttag beziehn und die Tempelweihe an einem solchen Unglückstage (Ammian. 26, 1, 7) mindestens
für einen argen Verstoss halten. Darum die ausdrückliche Ab-
weisung eines solchen Irrthums. Eine andere uns thatsächlich
vorliegende Irrung ist folgende. Von Valentinian war es bekannt,
dass er nach seiner Ankunft beim Heer erst an dem auf einen
Schalttag (welchen er mied) folgenden Tage, *V Cal. Mart.*, wie ihn
die *Fast. Idat.* und das *Chron. Alex.* richtig bezeichnen, seine Regierung angetreten habe. Wenn dagegen Sokrates (h. eccl. 4, 1) ihn
'den 23sten des Februars' nennt, so scheint dieses nur aus der Ansicht des Censorinus, Macrobius und Silvius erklärt werden zu können,
nach der der 24ste als der Tag nach den Terminalien der Schalttag war. Ohne Zweifel haben also auch Celsus und Ulpian, wie
schon Mommsen vermuthete, mit ihrer ausdrücklichen Bemerkung,
dass *posterior* und nicht *prior dies* des doppelten *VI Kal.* eingeschaltet
werde, dem selbst bei Gelehrten ihrer Zeit verbreiteten Irrthum ent-

[114]) Röm. Chron. S. 279 und in Bockers und Muthers Jahrbuch des gem.
Rechts III. S. 369.
[115]) Header Inscr. de l'Algérie n. 1822. = Henzen n. 6123. TEMPLVM
DEDIC/ L· VENVLEIO APRO/NIANO II L· SERGIO/PAVLO II· COS/V·
K· MART· QVI· DI/ES POST BIS· VI· K· FVIT.

gegentreten wollen, bei denen und deren Gewährsmännern er einfach
daraus hervorging, dass sie wussten, im ältern Kalender sei nach
den Terminalien eingeschaltet worden, und schlossen: da im Julianischen Kalender nur ein Schalttag an die Stelle eines Schaltmonats
getreten sei, so müsse jener hier dieselbe Stelle beibehalten haben.
        Dieser Schluss war aber falsch. Ein Schaltmonat, aus vielen
ganzen Tagen gebildet, und ein Schalttag, aus vier Vierteltagen gebildet, sind generisch verschieden und war jener angemessen einem
Monat angehängt, so musste dieser consequent einem einzelnen Tage
angehängt werden [216]), wozu sich das auf den Februar folgende
Regifugium nicht blos als nächster formell einzeln stehender, sondern
auch als ein materiell schon früher isolierter und dem Februarmonat
als Tag analoger Buss- und Trauertag darbot. Möglich ausserdem,
— da man im Volk damals das *Regifugium*, die Abschüttelung des
Königsjochs, schon als einen negativ erfreulichen Tag ansah — dass,
wie Lydus angiebt (de mens. 3, 7) in dem den ganzen neuen Kalender charakterisierenden verdoppelten *VI Cal. Mart.* eine Anspielung
auf die heilige Sechszahl der von Cäsar so eifrig verehrten Venus
liegen sollte, für deren Abkömmling sogar gelten zu wollen der
damalige 'Halbgott' (Dio 43, 14.) die Schwäche hatte (Dio 43, 22. 43.)
Ja vielleicht auch, dass durch dieses Zerreissen der alten Fünftage
und dieses Erstrecken des Schlusses des nun abgeschafften alten
Jahres auf das *Regifugium* daran erinnert werden sollte, wie mit dem
neuen Jahre 'des Befreiers' (Dio 43, 44.) das alte politische Königthum auch in seinen letzten Resten, dem *interregnum* der nun ge-
stürzten Oligarchie der *patres*, abgeschafft sei; denn dieses hörte nun
in der That mit der neuen Einrichtung des Consulats seit 708 auf
und mit der Zerreissung der Fünftage war auch dessen ursprüngliche chronologische Grundlage aufgehoben.   ·
        Auch das Recht des Schalttages war keineswegs dem des Schalt-
monats durchaus gleich. Darin kam er zwar mit dem alten *intercalare* und dem spätern Schaltmonat überein, dass er, wie dieser
kein selbständiger Monat des alten heiligen Kalenders, so kein selbständiger Kalendertag des jetzigen Kalenders war, weshalb er auch
nicht *dies*, sondern wieder und gewiss auch schon von Cäsar
selbst [217]) im Neutrum *bisextum* (sc. *tempus*) genannt und 'civilrecht-

---

[216]) Mommsens Erklärung aus der vormeintlich (vgl. oben S. 63) mitunter
gleichen Stelle des alten Schaltmonats verkennt also auch die wesentliche Verschiedenheit zwischen Schaltmonat und Schalttag.

[217]) Wie Macrobius ausdrücklich sagt: ~~unum intercalarent diem … idque bisextum nominandum censuit.~~ Consorinus: *quod anno bisextum vocatur* widerspricht dem nicht. Jedenfalls darf man den Ausdruck nicht mit
Mommsen (Jahrbuch u. a. O.) dem vulgären Sprachgebrauch zuschreiben.
Umgekehrt sah der gemeine oder blos astronomisch auffassende Verstand ganz so wie unsre Gelehrten den Schalttag so gut wie jeden
andern als einen *dies* an. Uebrigens hat Mommsen die ältere Meinung,
dass *bisextum* wirklich den Schalttag und nicht die beiden Tage des
sextus Cal. Martias zusammen bedeutete, gegen Arndts wiederholt und

lich als ein dem vorhergehenden Kalendertage angehöriges Zeit-
moment betrachtet wurde (L. 98 pr. § 1. D. de verb. sign. 50, 16).
Wenn aber früher der Schaltmonat nicht auf dem gesetzlichen Kalender, sondern nur auf der Amtsgewalt der ihn jedesmal intercalieren-
den Priester beruht hatte, so war diesen jetzt für den Schalttag nur
noch formell der Fall, weil sie für ihr intercalieren, ohne welches
er freilich auch nicht galt, eine auch die Modalität festbestimmende
und ihre Willkühr völlig aufhebende Instruction hatten (Macrob.
1, 14, 6). [20]) Auch lag es in der Natur eines Schalttages, dieses
blos natürlichen und kalendermässig untheilbaren Bestandtheils des
Kalenders, dass er keinen Einfluss mehr auf das Datieren haben
konnte, indem in einem Schaltjahr ebenso wie in einem gemeinen
nur VI Cal. Martius geschrieben und diesem Datum nur so, als wäre
die Sonne blos einmal auf- und untergegangen, auf ein untheilbares
Spatium von der einen Mitternacht bis an der auf die nächste folgenden bezogen wurde. Wer also auf diesen Tag ein Vadimonium oder
eine Zahlung promittiert hatte, gestellte sich oder zahlte bis zum
Ablauf des bisextum noch zeitig genug. Wer umgekehrt am bisextum
die Usucapion einer beweglichen oder unbeweglichen Sache angefangen hatte, vollendete sie schon mit Anbruch des VII Cal. Mart.
des folgenden ersten resp. zweiten Jahrs, und wenn eine Klage
innerhalb 60 Tagen versprochen, eine Appellation innerhalb zwei
Tagen für zulässig erklärt war, zählte das in diese Frist fallende
Biduum des VI Cal. eines Schaltjahres nur für einen Tag. Selbst
wenn bei einem Jahre oder Monat ausnahmsweise die natürliche
Computation eintrit, wie bei Berechnung der Restitutionsfrist für
einen Minderjährigen, musste, da hier das Civilrecht die Bedeutung
des natürlichen Tages im Jahr oder Monat selbst bestimmt hat, der,
welcher z. B. am bisextum Mittags geboren war, doch nach 25 Jahren
am VI Cal. Mart. Nachmittags schon als grossjährig angesehen werden, wie auch Ulpian entscheidet (L. 3. § 3. D. de minor. 4, 4).
Nur also besondere (ausdrückliche oder stillschweigende) Festsetzung
konnte, — da die civilrechtliche Untheilbarkeit des Tages wie alles
civilrechtliche Maass nicht prohibitiver Natur ist — ebenso für das
bisextum wie für eine bestimmte Stunde jedes Kalendertages bewirken,
dass die beiden Tage besonders beachtet werden mussten.

Die Vorschrift über die Einschaltung war in Cäsars Edict, wie
Sueton (Caes. 40) und Solinus (1, 46) bezeugen und Macrobius

überzeugend aus den Quellen gerechtfertigt. Selbst in der einzigen
anscheinend widersprechenden Stelle des Ulpian L. 3. § 3. D. de minor.
(4, 4) *Proinde et si bisexto natus est, sive priore sive posteriore die, Celsus
scripsit nihil referre*, muss man bisexto nur als eine Taciteische Verkürzung des Ausdrucks des Celsus (L. 98 pr. D. do verb. sign.) *cum
bisextum Cal. ad* nehmen.

[20]) Darin war er also einer *bonorum possessio, actio* oder *exceptio* ähnlich,
welche der Prätor jetzt nach einer lex, einem Senatusconsult oder
einer kaiserlichen Constitution geben musste.

126   II. Das Jahr des Julius Cäsar.

(1, 14, 13) voraussetzt, mit den Worten *quarto quoque anno* ausgedrückt[201]). Das veranlasste zur Zeit der danach vorzunehmenden ersten Schaltung nach Cäsars 710 erfolgtem Tode unter den Pontifices und Gelehrten eine neue Irrung, indem dieser Ausdruck, wie man jetzt meint[202]), nach dem officiell allein gerechtfertigten Sprachgebrauch, welcher den Anfangszeitraum, in welchen der betreffende Umstand fällt, also hier das jedesmalige letzte Schaltjahr selbst mitzählt, nur die Deutung gestattet habe, dass (nach unserer Zählungsweise) jedesmal im dritten Jahre eingeschaltet werden sollo; jedenfalls wurde so im Lauf von 36 Jahren zwölfmal, also in d. J. 712, 715, 718, 721, 724, 727, 730, 733, 736, 739, 742 und 745 statt nur neunmal in den J. 713, 717, 721, 725, 729, 733, 737, 741 und 745 ein Tag eingeschaltet und damit das früher vorangestellte Jahr wieder um drei Tage hinter die Gestirne zurückgebracht[203]): ein Fehler, den erst Augustus wieder gut machte, indem er 746 befahl, zwölf Jahre hindurch d. h. in den J. 749, 753 und 757 die Schaltung zu unterlassen, so dass erst 761 wieder ein Schaltjahr war und dann nach Cäsars wirklich gemeintem Cyclus mit der Schaltung fortgefahren wurde. Die Schuld trug indessen formell nicht Cäsars nur scheinbar vergriffener, in der That höchst genauer Ausdruck, sondern ein

---

[201]) Andere Censorinus. Hätte aber die Vorschrift, wie dieser sagt, gelautet: *quarto quadricanni circensi*, so wäre eine Irrung nicht möglich gewesen. Offenbar hat er wie Dio 43, 26 (*dià tôn ... têôn*) Cäsars allgemeine Absicht für seinen Ausdruck gesetzt, um sich der Nothwendigkeit zu überheben, die entstandene Irrung und deren Correction auseinanderzusetzen.

[202]) Zur Bestätigung dieser Ansicht hat namentlich Mommsen auf eine Stelle des Hyginus (de limit. p. 173. L.) hingewiesen, der von dem Ausdruck eines Agrargesetzes *quintus quisque brees* sagt: *si est sunc interpretatio legis huius ambigua, sint eorum temporum formas statum quemque huius latiorum habrront.* Es muss aber gegen diese Ansicht misstrauisch machen, dass unsere Quellen, Macrobius und Sollnus, den Grund der Irrung keineswegs in dem *quarto quoque anno* an sich suchen, sondern vielmehr darin, dass die Pontifices gemeint hätten, es sei *quarto incipiente anno* statt *peracto* einzuschalten, worauf wir zurückkommen werden. Doch stehe schon hier die Bemerkung, dass der classische und officielle Sprachgebrauch in der Ausdrucksweise *quarto quoque anno* u. dgl. jedesmal das Endjahr zugleich als erstes Jahr der folgenden Periode zu zählen, nur eben dann eintritt und eintreten kann, wenn der wiederkehrende Umstand wirklich in das Jahr fällt, dann aber auch nach ihm noch dieses Jahr fortdauert, nicht aber auch, wenn er nach Vollendung des Jahres eintritt. So muss ich vom *larvem*, welches (nach unserm Sprachgebrauch) alle vier Jahre am 31 März gefeiert wurde, sagen *quarto quoque anno conditur*; dagegen von dem Schaltmonat, der alle zwei Jahre hinter den *Terminus* und also nach Ablauf jedes zweiten Märzjahres eingeschaltet wurde, *post secundum quemque annum (bina anno) interealatur*, und es wäre falsch davon zu sagen, es trete *post tertium quemque annum* oder *tertio quoque anno* ein. Ein Stilist wie Cäsar konnte diesen Unterschied unmöglich übersehen.

[203]) Oder wie Plinius (18, 25, 57) gut kaiserlich sich ausdrückt, 'hielt die Gestirne auf', die ja jetzt nur nach dem kaiserlichen Edict aufgehn durften.

später zu erwähnender Umstand, materiell, wie es scheint, vielmehr Soalgencs, der, wie Plinius mittheilt, in drei einander verbessernden Broschüren über das richtige Sonnenjahr für Rom nicht ins Reine kommen konnte[734], als die Pontifices, die, nachdem einmal bei dem Edicte selbst Griechische Wissenschaft eingemischt war, für eine logische Interpretation doch nur auf ein festes Gutachten von Caesars Sachverständigen sich hätten stützen können. Dass aber auch wieder Augustus Berichtigung *quinto quoque incipiente anno* (Macrob. 1, 14, 15) von den Zeitgenossen und namentlich von Ovid (F. 3, 163 sq.) 'unglaublicher Weise' und — doch missverstanden und auf eine Einschaltung nach fünf Jahren bezogen worden sei, kann man Mommsen (Chronol. S. 170) in der That nicht glauben. Von den bekannten Versen:

Is (Caesar) decies senos tercentum et quinque diebus
Iunxit et e pleno tempora quinta die.
Hic anni modus est: in lustrum accedere debet
Quae consummatur partibus una dies.

hat der zweite, der über das richtige Verständnis der zweiten Hälfte des dritten entscheidet, nach dem jetzigen Text, mag man mit den Handschriften richtig *quinta* oder mit den Herausgebern *quarta* lesen, so viel ich sehe, überhaupt keinen Sinn. Man muss nach den Spuren mehrerer Handschriften (*ex pleno* oder *expleto* statt *e pleno*) lesen: *Iunxit et explevit tempora quinta die*. Die 365 Tage waren die im Kalender durch Einschiebung der bisher überschliessenden 10 Tage in die Hauptmonate selbst verbundenen Tage; mit dem Schalttag wurde jede fünfte Sonnenumlaufszeit (*tempora quinta*) erfüllt. Jene bildeten das Jahr; dieser trat nur als ein aus Theilen gebildeter Tag zu einem *lustrum* hinzu, dessen Bedeutung sich natürlich nach jenen Römisch zu berechnenden *tempora quinta* von selbst ergiebt[735]).

Sehr bestritten ist auch die Frage, welches Jahr nach Caesars Ordnung das erste Schaltjahr gewesen sei, so dass von ihm gerechnet in jedem vierten Jahre (nach unserer Zählung) abermals eingeschaltet werden musste[736]). Auf diese Frage kann, so weit sie aus der

---

[734]) Plin. l. c. Et ea ipsa ratio postea comperto errore correcta est, ita ut XII annis continuis non intercalaretur, quia cuperent videra annos moveri, qui prius antecedebat. Et Sosigenes ipse trinis commentationibus, quanquam diligentior ceteris, non cessavit addubitare ipse semel corrigendo.

[735]) Dass Ovid anderwärts (ex Ponto 4, 6, 5. In Scythis nobis quinquennis olympias acta est; Jam tempus lustri transit in alterius) nachdem er das dem Zeitmaass nach ganz gleichstehende Griechische Wort olympias ausdrücklich, weil gegen den gewöhnlicheren Sprachgebrauch, als einen fünfjährigen Zeitraum bestimmt hat, auch den nur abwechselnd gebrauchten Römischen lustrum in dem Sinne eines fünfjährigen nimmt, kann dem richtigen Verständnis der Fastenstelle keinen Eintrag thun. F. 3, 120 gebraucht er das Wort für einen kalendarischen Zeitraum überhaupt.

[736]) Ideler Handb. II. S. 131. Neuerlich haben besonders Lepsius und Mommsen darüber gestritten. S. des letzteren Chron. S. 282 ff.

fortlaufenden Anwendung der Regel in der spätern Zeit zu entscheiden ist, die durch die Missdeutung des *quarto quoque anno* entstandene Irrung keinen Einfluss haben, da diese ja durch Augustus wieder beseitigt wurde. Es fragt sich aber, ob schon Cäsar selbst 709 geschaltet habe, oder ob diesen erst am Ende des ersten Quadriennium von da ab, also zuerst 712, geschehen sollte. Bedenkt man, dass mit dem 1 Januar 709 das Sonnenjahr wieder erreicht und auf Quadriennien von da ab die ganze neue Jahresordnung angelegt war (Sueton. Caes. 40), so scheint schon hiernach selbst, ebenso aber auch nach dem Ausdruck der alten Schriftsteller, dass erst nach Ablauf von vier Jahren oder doch *quarto anno* geschaltet werden sollte, und nach der Natur der Sache, dass doch erst dann aus den viermal etwa 6 Stunden ein ganzer Tag wird, nichts Anderes möglich, als dass nach Cäsars wirklich gewollter Ordnung erst das vierte Jahr von 709 ab, also das Jahr 712 Schaltjahr war. Dennoch hat sich Ideler für 709 als erstes Schaltjahr entschieden. Er hat dafür zwar nur den einzigen Grund, dass die bis auf unsere Zeit continuierlich fortgegangene Julianische Schaltung auf dieses Jahr zurückführt; dieser ist aber auch durchschlagend. Nur zur Vergewisserung, dass auch in der Römischen Kaiserzeit der Schaltcyclus nach demselben Ausgangsjahr treu beobachtet worden ist, diesen theils die einzelnen Data, dass nach der erwähnten Cirtensischen Inschrift a. u. 921 = 168 n. Chr. und nach Ammian (26, 1, 7) a. u. 1117 = 364 n. Chr. Schaltjahre waren, theils dass ein Fastenfragment (vielleicht aber aus dem Chronographen von 354), welches Bucherius (Antverp. 1634) im Commentar zu dem Canon Paschalis des Victorius herausgegeben hat, die Consulate *Tacito II et Aemiliano* a. u. 1029 = 276 n. Chr. und *Messala et Grato* a. u. 1033 = 280 n. Chr. durch hinzugefügtes *B (bissextilis)* als Schaltjahre bezeichnet und ebenso der Chronograph von 354 die Schaltjahre nach diesem Gesetz von seiner Zeit an rückwärts und darunter auch 709 selbst durch Bezeichnung mit *B* angiebt [327]).

Diese Thatsache lässt sich nun schwerlich anders als so erklären [328]), dass durch die Maassnahmen für das Uebergangsjahr 708,

---

[327]) Vgl. Ideler II. S. 139. Mommsens Ausgabe der Chronographen S. 618. Der neue Grund, den Mommsen wider Lepsius für das J. 709 aus dem 'Nundinalbuchstaben' wohlläufig geltend zu machen gesucht hat, ist fehlsam, weil beide von einem falschen Begriff der *nundinae* ausgehn, wovon später. Bemerkenswerth ist noch, dass in dem wahrscheinlich ältesten der fragmentarisch erhaltenen Kalendarien, dem Pincianum (Mommsen I. L. A. p. 384) unterhalb des Kalenders selbst noch einige Fragmente von Namen, wie Mommsen schon gegeben hat, Consulnamen erscheinen und zwar *C. CANINI* (ann. 709) und *C. COCCEIUS* (ann. 718). Sollten diese nicht aus einer dem Kalender beigefügten Notiz über die bisherigen Julianischen Schaltjahre stammen? S. S. 126.

[328]) Wer bei Mommsen Chronol. S. 56 liest: 'das natürliche Jahr der Aegypter ... beruhte auf einem vierjährigen mit einem Schaltjahr von 366 Tagen beginnenden und daran drei gemeine von 365 Tagen reihen-

die Einschaltung von 23 Tagen im Februar und von 67 zwischen
November und December die Ausgleichung mit dem natürlichen Jahr
am 1 Januar 709 noch nicht vollständig erreicht war, sondern es
dazu der Einschaltung noch eines Tages bedurfte, den Cäsar —
gewiss doch nicht absichtlich nach ursprünglichem Plane, etwa um
sogleich das neue Schaltjahr zur Anschauung zu bringen, sondern,
was allein glaublich ist, nach nachträglicher Entdeckung eines Fehlers
der ursprünglichen archivalischen und astronomischen Berechnung —
gleich 709 zum ersten Schalttage seines Jahres und zwar hinter dem
Regifugium machte. Nehmen wir die letztere Alternative an, so
erklärt sich nun erst vollständig, weshalb man nach seinem Tode
das quarto quoque anno wörtlich nahm. Es bleibe dahingestellt, ob
Cäsar vor der Entdeckung des Fehlers im J. 708 erlassenen Edict
selbst zur Erläuterung des J. 712 als nächstes Schaltjahr bezeichnet
hatte; genug, nachdem 709 zu Anfang des Märzjahres einge-

den Cyclus', könnte mit ihm S. 66 meinen, Cäsar habe hierin das
Aegyptische Jahr nachgeahmt. Aber ohne den bestimmtesten Beweis
ist auch für dieses eine solche Sonderbarkeit unglaublich. Er soll
liegen in Plin. N. H. 2, 47 (48), 130. *Omnium quidem (in libris observare
minimos umbras) redire easdem vicis quadriennio exacta Eudorus putat, non
ventorum modo tecum et reliquarum tempestatum magna ex parte. Et est principium lustri eius semper intercalario anno caniculari ortu.* Aber als ver-
ständiger Schriftsteller konnte Plinius, der dem Römischen Leser Gelegenheit geben will, die Richtigkeit der Eudoxischen Aufstellung durch
Beobachtung selbst zu prüfen, unter *intercalario anno* ebenso wie unter
caniculari ortu in ihm nur einen jenem bekannten Anfang der Periode
d. h. nur das Römische Schaltjahr verstehen. Hätte er das Aegyptische gemeint, dann hätte er nothwendig dieses auch chronologisch
bestimmen müssen. Die direct von dem Aegyptischen Jahr sprechenden Schriftsteller lassen nur die Auslegung zu, dass es mit drei 366 tägigen Jahren begann und mit einem 366 tägigen schloss. So nennt
Horapoll. 1, 5. ὅτιν καὶ διὰ τετραετηρίδος περισσὴν ἡμέραν (welche doch
erst nach dem vierten Jahr vorhanden ist) ἀριθμοῦσιν Αἰγύπτιοι, ᾗ δὴ
τέταρτα τέταρτα ἡμέρας ἀπαρτίζει. auch Strabo in folgender gegen Ende
jedoch ohne Textesberichtigung sinnlosen Stelle 17, 1, 46. p. 817. τούτων
δ' ἐστὶ καὶ τὸ τὰς ἡμέρας μὴ κατὰ σελήνην ἄγειν, ἀλλὰ κατὰ ἥλιον, ταῖς
τριακονθημέροις δώδεκα μησὶν ἐπαγόντων πέντε ἡμέρας κατ' ἐνιαυτὸν
ἑκάστον· εἰς δὲ τὴν ἐκπλήρωσιν τοῦ ὅλου ἐνιαυτοῦ ἐπιτρέχοντος μορίου
τινὸς τῆς ἡμέρας, εἰρίσκουσί τινα συντιθέασιν ἐξ ὅλων ἡμερῶν καὶ ὅλων
ἐνιαυτῶν τοσούτων ὅσα μόρια τὰ ἐπιτρέχοντα συνελθόντα ποιεῖ ἡμέραν.
Offenbar muss man in der zweiten Periode statt ᾗ vielmehr ἐξ und
statt καὶ (nach Vergleichung des früheren κατ' ἐνιαυτὸν ἑκάστον) καθ'
lesen, dessen nicht eingesehene Beziehung auf ὅσα μόρια die Abschreiber verwirrt hat. Der Sinn ist: 'Da aber zur Erfüllung des ganzen
Jahres ein gewisser Theil eines Tages überschiesst, so setzen sie einen
Complex von sechs ganzen Tagen hinzu je nach so vieler ganzer Jahre
(Theilen) als solche überschiessende Theile zusammen einen Tag aus-
machen.' Demnach war im Aegyptischen Kalender Schaltung von fünf
Tagen das Erste und erst wenn sich (nach vier Jahren)
noch ein sechster Tag angesammelt hatte, wurden statt ihrer sechs
eingeschaltet. Dass das Alexandrinische, wieder nach dem Julianischen
gebildete Jahr den Schalttag im vierten Jahre hatte, giebt Mommsen
selbst zu.

schaltet war, glaubte man eine authentische Interpretation vor sich
zu haben, dass jener Ausdruck das vierte Jahr von 709 als erstem
an gerechnet, also das dritte Jahr (nach unserer Rechnung) bezeichne,
worin der Umstand, dass die letzte alte Schaltperiode mit 708 zu
Ende gegangen und von da 709 das dritte Jahr war, nur bestärken
konnte. Cäsar wollte dagegen ohne Zweifel, als er 708 zum letzten
Male nach altem Recht schaltete, von da ab das ursprüngliche Stich-
jahr des Numa für die Vierteltage wiederherstellen (S. 55) und
so 712 zum ersten Male einschalten, womit denn auch das gerade
Schaltjahr festgehalten worden wäre. Nur jener Irrthum veränderte
den Anfang der Schaltung.

Besondern erklärt sich nun aber auch das, worin nach Sollnus
und Macrobius der Irrthum der nach Cäsars Tode 'alle vier Jahre' ein-
schaltenden Priester begründet war, dass sie nehmlich (Macrob. l. c.)
*cum oporteret diem, qui ex quadrantibus confit, quarto quoque anno con-
fecto, antequam quintus inciperet, intercalare, illi non peracto sed incipiente
intercalabant.* Cäsar selbst konnte kein grosses Interesse daran haben,
den Rechnungsfehler als Grund seiner Schaltung im J. 709 anzu-
possunen und damit seinen souveränen Scharfblick in der feierlich
verkündigten Ausgleichung des Kalenders am 1 Januar 709 in Frage
zu stellen. So wurde es denn natürlich streitig, ob wirklich ein
solcher Fehler vorhanden gewesen oder ob der Imperator schon nach
seinem neuen Schaltsystem absichtlich im J. 709 zum ersten Male
geschaltet habe. Auf letzteres schien nun zu führen, dass er nicht
mehr nach den Terminalien, am Ende des alten Märzjahres, sondern
nach dem Regifugium im Anfang desselben eingeschaltet hatte. Denn
daraus konnte man nicht ohne Grund folgern, dass er mit dieser Einschaltung nicht blos einen noch aus dem alten Kalenderirrsal rück-
ständigen Tag nachgeholt haben könne — in welchem Falle er ja auch
noch wie 708 nach den Terminalien eingeschaltet haben würde —
sondern schon nach seinem Julianischen System geschaltet habe, woraus
denn folgte, dass die Edictsworte *quarto quoque anno* von 709 als
erstem, weil eben erst angefangenen Jahr an gerechnet (Anm. 222)
die erste wiederholte Schaltung an Anfang des von da an vierten
J. 712, die zweite 715 u. s. w. erforderten. Man konnte aber auch
umgekehrt folgern: eben weil Cäsar im J. 709 *incipiente anno* geschaltet habe, sei dieses nur eine ausserordentliche auf den bisher
noch unberücksichtigt gebliebenen Tag bezügliche Schaltung gewesen;
denn die regelmässige Schaltung des aus vier Vierteltagen sich ergebenden Tages habe ja stets *confecto anno* stattgefunden, und da
Cäsar keinen Grund gehabt, diese Regel zu verlassen, so müsse man
von dem Märzjahr 707/8 ab, nach dessen Ablauf zum letzten
Mal geschaltet worden, das aber eben deshalb in die nächste Schaltperiode nicht mehr eingezählt werden könne und also am Ende
(wieder *post Terminalia*) des J. 712 als des vierten von 709 dem
ersten an und so jedesmal weiter *quarto quoque anno confecto* (also
716, 720 u. s. w.) einschalten. So begreift sich, wie der durch die

verschiedene Beurtheilung der Schaltung von 709 bedingte Streit
über die rechte Stelle des gewöhnlichen Schalttags (*incipiente anno
= post Regifugium* oder *confecto = post Terminalia*) wiederum den über
die Länge der Schaltperiode bedingte, indem er auf eine verschiedene
Zählungsweise des *quartus annus* führte (vgl. Anm. 222). Einstweilen
siegte die erste Partei in beiden Punkten: es wurde seit 709 in
jedem dritten Jahr und zwar *incipiente anno* eingeschaltet. Als aber
Augustus später endgültig entschied, gab er ihr nur noch darin Recht,
dass *incipiente anno* einzuschalten und 709 das erste regelmässige
neue Schaltjahr gewesen sei[219]); hinsichtlich der Länge der Schaltperiode entschied er dagegen für die zweite, was nun aber bei Beibehaltung des *incipiens annus* mit *quinto quoque incipiente anno* ausgedrückt werden musste (Anm. 222). Eine Nachwirkung der Ansicht
der zweiten Partei, welche wenigstens über 40 Jahr lang gewiss auch
in Büchern vertheidigt worden war, ist nun aber darin zu erkennen,
dass spätere Gelehrte wie Censorinus, Ausonius und Silvius, der auch
den *quartus annus* festhält (S. 121), in der That glaubten, die Stelle
des Julianischen Schalttages sei das Ende des Jahres (*post Terminalia*)
geblieben. Auch begreift sich so das Eingreifen des Sosigenes in
den Streit: er wollte durch astronomische Beobachtungen oder
Berechnungen herausbringen, ob dem Römischen Jahr am 1 Jan. 709
noch ein Tag zum wirklichen Jahresanfang gefehlt habe oder nicht.
Aber auch noch ein anderer sonst räthselhafter Umstand bestärkt
uns in der Annahme, dass Cäsars Schaltung im J. 709 auf Entdeckung eines wieder gut zu machenden Irrthums in der ursprünglichen Berechnung der Abweichung des alten Kalenders beruhte.
Wir sahen oben (S. 108 f.), dass Plinius eine Eudoxische Datierung
Varro's aus der Zeit vor 709, die um einen Tag von dem Julianischen Kalender abweicht, anführt und diese Abweichung mit den
Worten *sicut tum ferebat ratio* selbst anzudeuten scheint. Sie erklärt
sich vollständig, wenn Cäsar und seine Collegen selbst, denen doch
auch Varro glauben musste, noch zur Zeit des Edicts von 708 das
Voranrilen des alten Kalenders um einen Tag zu gering ansetzten,
der erst durch den Schalttag des J. 709 nachgebracht wurde. Doch
findet sich dieselbe Differenz am einen Tag auch in Datierungen der
Schriftsteller nach 709, was denn so zu erklären ist, dass es von
der Zeit des berührten Streits an zwei Arten von Chaldäischen

[219]) Man kann dieses auffällig finden und fragen: warum verbesserte Augustus nicht auch den Fehler, dass immer im ersten Jahre der vierjährigen
Periode (von 709 an gerechnet) statt nach Numas System im vierten
eingeschaltet wurde und damit nun immer ein ungerades Jahr statt
wie früher ein gerades Schaltjahr war? (vgl. S. 61). Möglich, dass er
sich begnügte, nur den schlimmsten Irrthum fortzuschaffen. Wahrscheinlicher aber geschah es absichtlich aus einem dem ähnlichen
Grunde, welcher die Christen bewog, in der alttestamentlichen Woche
den Sabbat vom letzten Tage mit Rücksicht auf Christi Auferstehung
auf den ersten zu verlegen. Es sollte damit angezeigt sein, dass die
Kaiserzeit eine neue, über den alten Staat hinweggeschrittene sei.

Kalendern mit Reductionen auf den Julianischen gab, die man beide in gutem Glauben als officielle gebrauchte, die eine auf den Bestimmungen des Edicts von 708, die andere auf der Verbesserung des Irrthums beruhend [210]).

Vornehmlich nach der geselzlichen Verlegung des Neujahrs vom 1 März auf den 1 Januar [211]) unterschied man den *annus Julianus* vom alten *annus Romanus* [212]). Dass sie in der That die Bedeutung hatte, den alten Consularstaat des Kriegsimperium zu berauben, bestätigt die als gleichzeitig mit der Kalenderreform erwähnte Verfassungsänderung, dass nur Cäsar das Recht Soldaten zu haben und über die Finanzen zu disponieren mit dem Recht des Krieges und Friedens und dem neuen dem Eigennamen vorgesetzten Titel Imperator zustehen solle (Dio 43, 44. 45. vgl. 42, 20). Damit wurde also das alte Kriegsimperium der Consuln und Prätoren auf die Jurisdiction im Innern beschränkt und behielt das Märzenjahr nur noch die Ehre der alten Neujahrsacra und dass nach ihm das bürgerliche Militärdienstjahr (S. 41) und das Jurisdictionsjahr, vermuthlich auch das der dann auszuirhenden Proconsuln gerechnet wurde, das Jurisdictionsjahr auch noch lange [213]) nach den sechs Sommer- und sechs Wintermonaten in zwei Semester getheilt blieb (oben S. 43). Alles Uebrige im Staat richtete sich nun nach dem Januarjahr und in dessen Anfang theilten sich der alte Staat und das Kaiserthum so, dass am 1 Januar die Consuln ihr Amt mit Opfern und Gelübden für das Volk antraten und alle ein glückliches Jahr auspicierenden Handlungen wie im Staat, so auch in den Kreisen der Freunde, der Patrone und Clienten und im Hausleben selbst vorgenommen wurden, der dritte aber (da der zweite als solcher inauspicat war) den Gebeten, Opfern und Gelübden für die Erhaltung des Kaisers geweiht war (Preller Röm. Myth. S. 160 ff. Becker-Marquardt Röm. Alt. II. 2. S. 122 ff. 3. S. 243 IV. S. 219).

Wenn aber Cäsar das Jahr wieder zu einem Sonnenjahr und zwar nach Griechischer Wissenschaft machte, so konnte dieses auch nicht ohne Einfluss auf die Jahreszeiten bleiben. Nicht mehr konnten

---

[210]) Siehe Beilage M.

[211]) Censorin. 21. *und zx die Cal. Jan. unde Julius Caesar anni a se constituti fecit principium.*

[212]) Censorin. 20. *Ex hoc anno ita a Julio Caesare ordinato catari ad nostrum memoriam Julianus appellantur itque conwurgunt ex IIII Caesaris conwulatu* (d. h. vom 1 Jan. 709). Dagegen Ovid. F. 3, 75 in einer Anrufung des Mars bei den Kalenden des März: *A te principium Romano dicimus anno, Primus de patrio nomine mensis erit.* Nur allgemein im Gegensatz zu andern Völkern nennt Colum. 11, 2, 8. auch das mit dem Januar anfangende Jahr das Römische.

[213]) Die letzte Erwähnung der *stipendia semestria* findet sich in Cäsars Lex municip. v. 91. 101. Mit Augustus siebendem Heere mussten sie von selbst wegfallen; es trat nun das Septemberfinanzjahr ein (oben S. 69). Von der Eintheilung des *rerum actus* in die beiden Semester wird im zweiten Buch genauer gehandelt werden.

sie nach den Mondmonaten, wie von Numa (S. 84 Anm. 148), sie
mussten nach dem Sonnenlauf selbst und da dessen Thierkreisbildern
auch die übrigen ausgezeichneten Fixsterne gleichstehen, nach deren
Auf- und Untergange bestimmt werden. Dabei entspricht es zunächst
dem allgemeinen Gesetz der anfangenden Kaiserzeit, wonach durch
das Aufkommen des Kaiserthums selbst die Souveränetät des alten
Staats in eine active und passive sich geminiert und auch dessen
Kräfte beziehungsweise verdoppelt oder mit dem Kaiserthum getheilt
werden[334]), dass Cäsar auch die Jahreszeiten in acht kalendarische
d. h. im Ganzen ziemlich gleiche Zeiten eintheilte, denen er eben so
viele gleiche Theile der Sonnenbahn anwies[335]). Eine Uebersicht
über diese acht Zeiten giebt folgendes Schema:

Der Frühling beginnt am 7 Fehr. VII Id. Febr.
und hat bis zur Nachtgleiche ... ... 46 } 91 Tage.
von der Nachtgleiche am 25 März VIII K. Apr. ab 45 }
Der Sommer beginnt am 9 Mai VII Id. Mai.
und hat bis zum Solstitium ... ... 48 } 94 Tage.
vom Solstitium am 24 Juni VIII K. Jul. ab ... 46 }
Der Herbst beginnt am 11 Aug. III Id. Aug.
und hat bis zur Nachtgleiche ... ... 44 } 92 Tage.
von der Nachtgleiche am 24 Sept. VIII K. Oct. ab 48 }
Der Winter beginnt am 11 Nov. III Id. Nov.
und hat bis zur Bruma .·. ... ... 44 }
von der Bruma am 25 Dec. VIII K. Jan. ab bis } 88 Tage.
wieder zum Frühlingsanfang am 7 Febr.. . 44 }

Es sind im Ganzen dieselben Einschnitte und Zeitdauern der einzelnen
acht Jahrestheile, wie im Chaldäischen oder Eudoxischen Kalender,
nur mit kleinen Abweichungen, welche die verschiedenen Monats-
längen beider Kalender verursachen.[336])

[334]) Wir haben im Auge z. B. die Theilung der Magistratserneuerung und
der Provinzen zwischen Kaiser und altem Staat, die Verdoppelung der
alten sieben Regionen der Stadt, der alten 300 Senatsmitglieder, der
alten 2300 equites equo publico u. s. w. u. s. w.
[335]) Varr. r. r. 1, 28. Plin. N. H. 18, 25, 59 seq. Vgl. mit 9, 47, 47. Colum.
r. r. 9, 14, 112 (wogegen Auson. eclog. 871. nicht hierher gehört, indem
er nur die Zahl der Tage zwischen den vier Jahrpunkten nach Pto-
lomäus von der Frühlingsnachtgleiche ausgehend bestimmt). Ideler
Handb. der Chron. II. S. 143. Mommsen Röm. Chron. S. 60 ff. In den
angeführten Quellenstellen haben die Handschriften zum Theil corrumpierte Zahlen, am wenigsten die des Columella, bei dem aber 11, 2, 58.
für den Tag des Eintritts der Sonne in die Jungfrau noch XIV
(statt XIII) Cal. Sept. (der 19 Aug.) zu lesen ist, wie die übrigen Monate ergeben. Aus allen Stellen zusammengenommen ergeben sich
die oben gesetzten richtigen Zahlen mit Sicherheit und sind jetzt auch
anerkannt.
[336]) Vgl. Anm. 189. Bei Eudoxus hat der Frühling bis zur Nachtgleiche
45, von da ab 46, zusammen 91 Tage; der Sommer auch 48 + 46 =
94 Tage; der Herbst bis zur Nachtgleiche 46, von da ab 45, zusammen
91 Tage; der Winter bis zur Sonnenwende 44, nachher 45, zusammen
89 Tage. Diese Tagessummen der Jahreszeiten giebt Varr. 1, 28.

Zunächst erhellt nun, dass die vier Jahreszeiten zwar noch vom
Frühling an gezählt werden, aber nicht mehr, wie nach Numas Einrichtung mit den Monaten, in welche Nachtgleichen und Sommer-
wenden fallen, anfangen, sondern ihr Anfang und Ende so bestimmt
sind, dass die vier Jahrpunkte in die Mitte der Jahreszeiten fallen,
was im Ganzen eine Vorrückung ihres Anfangs etwa um die Hälfte
ihrer Dauer bewirkt. Diese Vorrückung entspricht offenbar der des
jetzigen Jahres selbst und war ein Postulat des nun von einem
Natur- zu einem Culturstaat vorgeschrittenen Volks, dessen Industrie,
besonders in Schifffahrt und Ackerbau, der Sache nach schon längst
und wenigstens schon seit derselben Zeit, wo der Anfang des Staats-
regiments auf den Januar zurückging (oben S. 113), der Entwickelung
der Natur zuvorgekommen war.

Die vier Jahrpunkte bei Eudoxus, der achte Theil des Widders
(Frühling), des Krebses (Sommer), der Wage (Herbst) und des Steinbocks (Winter) sind auch von Cäsar sämmtlich auf einen VIII Cal.
gelegt, nicht blos um sie sich besser merken zu können (Mommsen
Chron. S. 64) und hierin dem Eudoxischen Kalender nicht nachzu-
stehen, sondern auch um dem, was überhaupt auf dem alten Civilrecht beruhte, auch den Ausdruck der Festigkeit und Gleichmässigkeit zu geben, obgleich der VIII Cal. nicht, wie bei Eudoxus, überall materiell denselben Monatstag ergiebt. Es war dieses nicht erforderlich, weil die Sonne in den Jahrpunkten mehrere Tage — die
Römer scheinen für die Meteorologie eine halbe Woche angenommen
zu haben[117]) — ohne merkliche Verschiedenheit der Taglänge ver-
weilt. Gerade den VIII Cal. wählte aber Cäsar ohne Zweifel, von
der Winterwende ausgehend, mit der daher auch Plinius (18, 25, 59.
§ 221) die Darstellung der vier Jahrpunkte beginnt und aus den
oben (S. 13 f.) gedachten sacralen Gründen, wonach die Bruma sieben
Tage vor den Cal. Januar; liegen musste[118]). An die Stelle der alten

---

[117]) Ein _____ rechnet für die Kraft oder Bedeutung einer Himmelserscheinung Plin. N. H. 18, 19, 23. §§ 246. 287, 289. c. 27. § 245. Auch
Demokrit scheint auf die Sonnenwenden vier Tage gerechnet zu haben,
Plin. 18, 26, 62. § 231. Die Bedeutung von zwei Tagen der Sommer-
und von drei der Winterwende bestimmt Colum. 11, 2, 31, 66.

[118]) Es ist ein merkwürdiges Eingehen der christlichen Kirche auf den vor-
gefundenen Ideenkreis der alten Römischen Welt, dass sie den Geburtstag Christi, mit dem eigentlich das neue Jahr des Heils begann, auf
die Bruma, den 25 December, VIII Cal. Jan., und dessen _____,
den Tag der Beschneidung Christi, mit dem er begonnen hatte, die
natürliche Welt und deren Kreislauf zu entkündigen, auf den Neujahrstag, den 1 Januar, legte. Vgl. die Zeugnisse und Schriftsteller bei
Mommsen I. L. A. p. 410. ad Dec. 25. Die Vermittlung bildete dabei
offenbar, dass auch nach Hebräischer Sitte die Beschneidung und Namengebung am achten Tage nach der Geburt geschah (1 Mos. 17, 12.
Luc. 2, 21.) und es mag auch bei Eudoxus eine Chaldäische Uebertragung vom Menschen auf das Jahr sein, dass in seinem Kalender die
Winterwende nebst übrigen Jahrpunkten auf die achten Tage angesetzt sind (Anm. 180). Doch trat auch nach dem Glauben der meisten

Frühlings- und Sommerzeit mit den sechs Mondmonaten von März
bis Sextilis und 180 Tagen trat nun aber die neue mit 185 Tagen,
an die Stelle der alten Herbst- und Winterzeit mit sechs Mondmonaten nebst Schaltzeit und 185 Tagen die kürzere mit 180 Tagen.

Die jetzigen Jahreszeiten anfänge, auf dem neuen Recht und
auf ursprünglich peregrinischem Kalender beruhend, weshalb sie
Varro auch zunächst nach den Thierkreiszeichen bestimmt und dann
erst auf den Julianischen Kalender reduciert[239]), durchschnitten gleichsam die feste Sonnenbahn der vier Jahrpunkte und werden daher
durch Bewegungen anderer Naturkräfte bestimmt, des Wehens des
Favonius für den Frühling, des Frühaufgangs der vergiliae (Pleiaden)
für den Sommer, des Frühaufgangs der Leier für den Herbst, des
Frühunterganga der vergiliae für den Winter. Insofern sie nun aber
jetzt die Jahreszeiten bestimmen und damit im Verhältniss zu den
Jahrpunkten hauptsächlich werden, liegt hierin eine offenbare Analogie mit der ziemlich gleichzeitig bei den Römern aufgekommenen
von der Etruskischen Haruspicin entlehnten Ortsauffassung, welche
die Welt nicht mehr, wie die alte Auguraldisciplin zur Zeit des in
Italien befangenen Staats, nach dessen Lage als festen cardo von
Norden aus mit der antica im Süden schaute, sondern nachdem Rom
als Mittelmeerstaat von den bewegenden Kräften des Orients und
Occidents bestimmt zu werden angefangen hatte, den decumanus von
Morgen nach Abend hin zu Grunde legte, den der cardo von Norden
nach Süden nur noch durchschnitt[240]).

Im Eudoxischen Kalender waren auch diese neuen Jahrpunkte
sämmtlich gleichmässig auf den 23 Theil des Wassermanns (Frühling), Stiers (Sommer), Löwen (Herbst) und Scorpion (Winter) fixiert.
Diese Gleichmässigkeit war in Cäsars Kalender nach der abweichenden Länge seiner Monate (S. 155 Beil. L) nicht zu erreichen. Er
gab ihnen diese abweichende Länge aber auch wohl gern, ungeachtet
diese neue Abweichung daraus folgte. Es drückte sich ja in der
Ungleichmässigkeit seiner kalendarischen Anfänge der Jahreszeiten
ganz passend aus, dass diese auf untergeordneten beweglichen Kräften beruhten. Ebenso passend sind aber auch wieder Frühling und

---

Völker erst sieben Tage nach der Bruma eine Erweichung und also
gleichsam natürliche Lustration des harten Winterhimmels ein, und man
nannte diese Tage (mit den sieben vorher) die alcyonischen, weil dann
der Eisvogel bei stillem Meere brütete. Plin. 2, 47. § 125. 18, 26, 62.
§ 231 (vgl. auch § 232).

[239]) de r. r. 1, 28. Dies primus est veris in Aquario, aestatis in Tauro, auctumni
in Leone, hiemis in Scorpione. Cum unius cuiusque horum quattuor signorum
dies tertius et tricesimus quattuor temporum sit primus, efficitur, ut ver dies habeat
XCI, aestas XCIV, auctumnus XCI, hiems XXCIX; quae redacta (wohl zu
redacta) ad dies civiles nostros qui nunc sunt, primi (wohl corparunt, procedunt
oder dgl.) veris temporis ex a. d. VII Id. Febr., aestivi ex a. d. VII Id.
Mai., auctumnales ex a. d. III Id. Sext., hiberni ex a. d. IV (lies III) Id. Nov.

[240]) Varro bei Frontin. de limit. p. 27, 18seq. Nach diesem neuen System
wurden die Militärcolonien angelegt.

Sommer gleichmässig auf einen *VII Id.*, Herbst und Winter gleichmässig eine halbe Römische Woche später auf einen *III Id.* gelegt
und damit der neuen activen Sommerzeit zusammen 185, der passiven
Winterzeit zusammen 180 Tage gegeben worden — gerade umgekehrt
als wie in Numas Kalender, wo die Macht der trägen Natur noch
überwog. Durch das erstere zeigte Cäsar die jetzige Zerfällung des
Jahres in zwei Semester für die ganze gewerbliche Volksthätigkeit
an, durch das letztere machte er diese Semester den beiden Semestern
der schon älteren richterlichen Thätigkeit und des Kriegsdienstes
möglichst gleich, indem nach der den Monaten jetzt gegebenen Länge
die Sommermonate von März bis August 184, die Wintermonate von
September bis Februar 181 Tage enthielten. Merkwürdig ist beim
Frühling und Sommer die Differenz, dass der 23 des Wassermanns
und Stiers oder *VII Id. Febr.* und *Mai.* nur als der gewöhnliche Anfang, namentlich für den Ackerbau, die Basis des alt Römischen
Staats, angesehen wurde, während man für die Schiffahrt oder die
Winde, wie aus Plin. 2, 47. § 122. 123. hervorgeht, den 25 sten als
Anfang annahm. Es verhielt sich damit ähnlich, wie mit dem jetzigen
Jahresanfang, in den sich auch Consuln und Kaiser so theilten, dass
er für jenen mit dem 1, für die letzteren mit dem 3 Januar angenommen wurde.

Die Episemasien der neuen Jahreszeitenanfänge waren offenbar,
wie schon der einheimische Frühlingsbote Favonius zeigt (Preller
Röm. Myth. S. 291), möglichst von italischer Anschauung entlehnt
und man ging dabei, wie es die gleiche Bestimmung der vier Jahrpunkte mit sich brachte, auch wieder vom Winter aus. So erklärt
sich die den *vergiliae* beigelegte Bedeutung, nach deren Frühauf- und
-untergang der italische Landmann ebenso wie der Griechische (Ideler
Handb. I. S. 241) schon von Alters her den Anfang des natürlichen
Sommers und Winters angenommen zu haben scheint (S, 4). Im
Winter fand nun der Frühuntergang der Pleiaden in Italien damals
in der That um die angegebene Zeit — genau in Rom am 9 November
(Ideler Handb. II. S. 144) — statt; eine Folge ihrer Correspondenz
mit den Sonnenwenden war aber nun freilich, dass man sich im
Sommer eine Differenz des kalendarischen mit dem wirklichen Früh-
aufgang — der damals erst am 28 Mai erfolgte (Ideler S. 143) —
um fast 20 Tage gefallen lassen musste. Nicht sehr glücklich war
auch die, wie es scheint, lediglich vom Ausland nach andern Zeiten
und Polhöhen entlehnte Anknüpfung des Herbstes an den Frühanf-
gang der Leier[241]), der damals nach Ideler wirklich erst am 24 August
stattfand. Sie zog dem durch sein Edict auch den Gestirnen gebie-
tenden Imperator besonders den Spott der ergrimmten Aristokraten

---

[241]) Varro hatte auch schon und wahrscheinlich doch nach Griechischem
Vorgange von dieser Himmelserscheinung, deren Region aber auch ihm
am 19 August stattfänden sollte, den Anfang des Herbstes datiert.
Plinius meinte, nach der *vera ratio* falle sie auf den 8 August N. H.
18, 28, 68. § 289. 271.

zu[241]). Doch passte dieser wahrscheinlich ebensogut auf die übrigen zahlreichen Himmelszeichen, mit denen Cäsar mehr aus Eitelkeit, um sich von Eudoxus besiegt zu werden (Lucan. 10, 185), als es Nutz und Frommen des Römischen Landmanns, Rheders oder Admirals[242]) nach eigener oder fremder Bücherweisheit seinen Kalender reichlich ausstattete[243]). Konnte er sich aber gegen den Vorwurf, dass sein Kalender andern zeige, als die Natur gebe, nicht mit Numas Vorbilde vertheidigen, da er ja nur auf die Sterne übertragen habe, worin ihm Jeder hinsichtlich des Mondes vorangegangen sei? (S. 76.) Allerdings lag in seiner historischen Stellung eine Art innerer Nöthigung auch für dieses sein Thun. Hatte Numa den Gang des eben erst geborenen naturgöttlichen Staatslebens zur Gleiche mit dem Gange des Mondes, des Trabanten der Erde, in der Sonnenbahn erhoben und danach diesem Gange in seinem Mondjahr ein vergeistigtes Abbild substituirt, so musste Cäsar, als er den Gang des nun über die ganze irdische Natur hinaus vergöttlichten Staatslebens zur Gleiche mit dem der Sonne selbst (Jupitern Bilde) durch den ihr ebenbürtigen Fixsternhimmel erhob, dasselbe mit diesem thun. Nur kam hier die Thorheit des ganzen Standpunkts zu Tage. Numa wollte kein Gott sein und sühnte im Bewusstsein der für den Staat nothwendigen Abweichungen seines Kalenders die Juno an allen Kalenden. Der Gott Cäsar wollte mit seinen kalendarischen Fixsternzeichen dem Staat ebenso sicher nach der Natur selbst himmlischen Segen bringen, wie er den Gang der Sonne für ihn zurecht gebracht hatte.

Dieser ganze Theil des Kalenders war übrigens mehr belehrend und dadurch auf Förderung der vom Wetter abhängigen öffentlichen und Privatunternehmungen berechnet — etwa wie die Numa zugeschriebene Ermunterung zum Ackerbau (Plut. Num. 16) — als eigentlich rechtliche Vorschrift: daher sich in manchen Gegenden auch ganz abweichende Bestimmungen der Jahreszeiten erhalten konnten, wie davon ein früher erwähntes Kalenderfragment (Anm. 53) ein Beispiel giebt. Namentlich gingen die neuen Jahreszeiten ältere Vorschriften über die Zerfällung des Jahres in Sommer- und Winter-

[241]) Plut. Caes. 59.
[242]) Virgil. Georg. 1, 252 seq.
Hinc tempestates dubio praediscere caelo
Possumus, hinc messisque diem tempusque serendi;
Et quando infidum remis impellere marmor
Conveniat, quando armatas deducere classes,
Aut tempestivam silvis evertere pinum.
[243]) Vgl. darüber Ideler Handb. der Chron. II. S. 144. nebst seiner dort citierten Abhandlung. Es ist übrigens nicht klar, welche von den bei den Schriftstellern vorkommenden Episemasien wirklich in Cäsars Kalender gestanden haben: am sichersten wohl die in Ovids Fasten behandelten. Plinius und Columella scheinen mehr aus Cäsars wahrscheinlich vollständigerer Schrift über die Gestirne (Anm. 204) geschöpft zu haben, von dem übrigen ersterer glaubte, dass seine Angaben auf Beobachtungen für Italiens Polhöhe beruhten: 18, 25, 57. § 214. Nos sequimur observationem Caesaris, maxima haec est Italiae ratio.

seit nichts an. Auch in dem Interdict des Prätor über die aqua
aestiva verstand man den Sommer im weitern Sinne fortwährend noch
von der Sommerzeit zwischen den Nachtgleichen, nur dass man an
die Stelle ihrer ehemaligen jetzt abgeschafften sechs Mondkalender-
monate die von Cäsar nach der Sonne selbst bestimmte Zeit zwischen
den Nachtgleichen setzte[244]), welche auch Ausonius (eclog. 371) als
Sommerzeit bezeichnet.

In den Monaten änderte sich ausser dem, wovon schon die Rede
gewesen, nur, dass der alte Quintilis Julius, der alte Sextilis Augustus
genannt wurden. Ersteres nach einem Gesetz des M. Antonius vom
J. 710, aber noch bei Lebzeiten Cäsars, zu Ehren seines in diesem
Monat fallenden Geburtstages (Censorin. 22. Suet. Caes. 76. Appian.
de b. c. 2,·106. Dio 44, 5. Macrob. 1, 12, 34.). Letzteres nach einem
Senatusconsult und einem dasselbe bestätigenden Plebiscit des Tribunen Sex. Pacuvius vom J. 746 zu Ehren vieler wichtigen in diesem
Monat gefallenen Ereignisse, wodurch Augustus Herrschaft begründet
worden war (Macrob. 1, 12, 35. Suet. Aug. 31. Censor. 22. Dio 55, 6.).
Diese neuen Namen verewigten mit einem gewissen Recht die beiden
Begründer der neuen Staats- und Zeitordnung und traten auch innerlich passend zu Anfang der zweiten Hälfte der Römischen Staats-
geschichte für die die zweite Hälfte des Jahres eröffnenden Monate,
die nun auch der Amtsantritt der kaiserlichen consules suffecti ver-
herrlichte, den von Numa der ersten Hälfte vorgesetzten Januar und
Februar gegenüber. Es ist daher nicht zufällig, dass spätere Um-
nennungen anderer Monate, welche nur in der Schmeichelei des unter-
würfigen Senats oder im Uebermuth mancher Kaiser ihren Grund
hatten, spätestens mit deren Regierungen auch wieder wegfielen[245]).

Sueton bemerkt (Aug. 31), dass Augustus bei Gelegenheit der
Wiederherstellung des richtigen Julianischen Jahrs d. h. der Correction

[244]) Ulpian L. 1. § 32. D. de aqua quot. (43, 20). Aestatem incipere sic (wohl
nr d. h. nunc oder hic) pertitiores tradiderunt ab aequinoctio verno et fineri
aequinoctio autumnali, et ita anni mensibus aestas atque hiems dividetur. § 33.
Priorum aestatem ex comparatione diarum aestatium accipi. § 34. Propter hoc
si aestate interdicatur, nonnumquam eveniat et uex mensis continetur: quod ita
contingit, si initio verni aequinoctii (am 25 März) ducto sit aqua et aequati
aestate pridie aequinoctium autumnalis (am 23 Sept.) interdicetur (wo 185 +
183 Tage herauskommen). Et proinde si hieme interdicatur, etiam in biennium
haec res extenditur (z. B. wenn am 24 März interdiciert wird, wo sich
der Interdicent auch auf eine Leitung am 25 März des vorigen Sommers d. h. zwei Jahre früher berufen kann). Aehnlich bei dem interd.
ne quid in flumine publ. fiat l. 1. § 8. D. ne quid in flum. (43, 13). Uebrigens
sollte man gemeinrechtlich ebensogut wie den Schlusstag auch die Bestimmung der Nachtgleichen Julianisch verstehen.

[245]) Ueberhaupt: Censorin. 22 fin. Wegen Tiberius vgl. Suet. Tib. 26. Den
April nannte Nero Neroneus, Tacit. A. 16, 12. Suet. Ner. 55. Den
September und October Domitian nach seinen Namen Germanicus und
Domitianus, Suet. Domit. 13. Plut. Num. 19. Martial. 1, 12, 36. 57,
Euseb. Chron. L p. 44. vgl. Martial. 9, 2. Commodus gab allen Mo-
naten andere Namen, Dio 72, 15. Herod. 1, 14. Lamprid. in Comm. 11, 90.
Tacitus dem September den seinigen. Vopisc. Tac. 13.

des durch die irrige Einschaltung in jedem dritten Jahr begangenen Fehlers (oben S. 126) in seiner (darauf folgenden) Jahresordnung *(in cuius [anni] ordinatione)* den Sextilis nach seinem Namen genannt habe. Da nun jener Fehler nach 745 abgestellt wurde (S. 126) und Censorinus und Dio die Einführung des Monatsnamens Augustus statt Sextilis einem Gesetz vom J. 746 zuschreiben, so dürfen wir zweierlei schliessen: dass in diesem Jahr das Julianische Jahr, dessen man sich in der Folge bediente, überhaupt zum völligen Abschluss kam und dass derselbe nicht wieder blos durch Edict (S. 115) sondern durch Gesetz bewirkt wurde, mag dieses Gesetz eben jene Lex Pacuvia mit der Bestimmung über den Sextilis oder ein anderes gewesen sein, welches diese Bestimmung nur wieder in sich aufnahm und zugleich die verbesserte Schaltordnung, sowie die Veränderungen in der Bezeichnung einzelner Kalendertage, welche inzwischen aufgekommen waren, enthielt. Auch scheint dieser gesetzliche Abschluss dadurch bestätigt zu werden, dass nach Macrobius Augustus diese Jahresordnung auf eine Erztafel eingraben liess, das gewöhnliche Material für Gesetze[47]).

Durch Cäsar und Augustus wurde nun auch der Kalender zuerst schriftliches gesetzliches Recht. Denn an sich beruht er auf *ius sacrum*, das die Priester nur öffentlich verkündigten (durch *calare* oder durch Weisen der *dies fasti*). Dass er aber schon einen Theil der Zwölftafelgesetzgebung gebildet habe, wie Mommsen behauptet, wird später widerlegt werden. Auch seine erste öffentliche Bekanntmachung durch Cn. Flavius auf dem Forum '*in albo*' beweist noch seine edictähnliche Natur neben seinem Beruhen auf mündlichen *leges obscuriae*. Sowie er nun aber ohne Zweifel von den Priestern und übrigen Eingeweihten schon in sehr früher Zeit aufgeschrieben war, so wurde er seit jener Wohlthat des Flavius ein literarisches Gemeingut Aller und wenn man zu Ciceros Zeit selbst die Consularfasten gewiss schon seit langer Zeit in codicillarer Form besass (Cic. ad Att. 4, 8*, 2), so wird der gewöhnliche Kalender noch früher

---

[47]) Macrob. 1, 14, 14. *Sed hunc quoque errorem suo deprehensum correxit Augustus, qui annos duodecim sine intercalari die transigi iussit, ut illi tres dies, qui per annos triginta ex vitio sacerdotalis festinationis excreverant, sequentibus annis duodecim nullo die intercalato deterverentur. Post hoc unum diem secundum ordinationem Caesaris quinto quoque incipiente anno intercalari iussit et omnem hunc ordinem servari tabulas ad aeternam custodiam incisione mandavit.* Ich setze diese Stelle hierher, um vor dem möglichen Missverständnis zu warnen, als gehörten die Worte *post hoc* zu *iussit,* welchen dann ein neues, 12 Jahr später erlassenes Gesetz bezeichnen würde. Sie gehören vielmehr zu *intercalari* und das zweite *iussit* nimmt nur das mit ihm der Zeit nach identische erste der vorhergegangenen Periode wieder auf. Die Erztafel enthielt aber allem Anschein nach auch einen Kalender für die ganze Reihe von Jahren vielleicht bis zur Einschaltung im J. 765. Auch scheint sie durch Edict von Augustus, der seit 741 Pontifex maximus war, öffentlich ausgestellt worden zu sein und darauf zu gehen Macrob. 1, 10, 23. *deinde ex edicto Augusti, qui trium dierum ferias Saturnalibus addidit.*

und noch allgemeiner in ähnlicher Gestalt (als *tabula* Cic. ad Att. 6,1,8.
vgl. *fastos vulgo habere* pro Mur. 12, 25) verbreitet gewesen sein. Im
Anfange der Kaiserzeit wirkten die beiden Umstände, die erlangte
gesetzliche Festigkeit und Richtigkeit eines zugleich ganz neuen
Kalenders, in den sich das Publikum erst finden musste, und der
Sinn der Zeit für monumentale Verherrlichungen, besonders des Kaiserhauses, dahin zusammen, dass der Julianische Kalender vielfach in
Rom und in Roms Umgebung, so weit das Interesse am hauptstädtischen Leben reichte, also auch in den Italischen Städten und selbst
bei Collegien und einzelnen Vornehmen in deren Häusern auf Stein
dargestellt wurde. Man begann damit wohl erst, nachdem die neue
Ordnung der Dinge einigermaassen befestigt war d. h. etwa um dieselbe Zeit, in welcher auch die Consularfasten angestellt wurden,
nicht lange vor 724 (Mommsen Chronol. S. 111). Die erhaltenen
Fragmente von Kalendern dieser Art fangen auch erst da an; sie
reichen bis in die Zeit des Claudius und schwerlich sind nach Nero
noch neue monumentale Kalender aufgestellt worden. Man hatte sich
nun nicht blos in die neue Zeiteintheilung schon vollkommen einge-
lebt, sondern, was besonders ins Gewicht fällt, der Kalender hörte
nun auch auf, dem Glanze des Julisch-Claudischen Geschlechts zu
dienen, dem man bis dahin zum Ueberdruss geschmeichelt hatte,
und wurde fortan lieber in der bescheideneren Form einer Tafel oder
eines Hausbüchleins, wie schon früher und wie bei uns, benutzt.

Für die erhaltenen Kalenderfragmente, die jetzt bei weitem am
besten, vollständigsten und übersichtlichsten von Mommsen herausgegeben sind (I. L. A. p. 293 seq.), hat man die Abfassungszeit wenigstens annähernd besonders daraus entnommen, ob sie gewisse Ge-
denktage des kaiserlichen Hauses, für welche der Senat im Kalender
zu vermerkende Feier beschlossen hatte, als solche bezeichnen oder
nicht. Mit diesen Zeitangaben nach Mommsens Untersuchungen sind
jene Kalendarien, chronologisch geordnet, die folgenden:

1. Das *Praenestinum* zwischen 723/4 und 725,
2. Das *Allifanum*, auch vor 725,
3. Das *Tusculanum* vor 734,
4. Das *Venusinum* vor 734 und wahrscheinlich vom J. 726,
5. Das *Sabinum* nach 735 und vor 746,
6. Das *Maffeianum* zwischen 746 und 757,
7. Das *Esquilinum* auch vor 757,
8. Das *Praenestinum* zwischen 752 und 763, bis wohin Nachträge
   von andrer Hand reichen,
9. Das *Vallense* zwischen 760 und 767,
10. Das *Ostiense* vor 767, aber erst nach Claudius,
11. Das *Vaticanum* nach 768 und vor 787,
12. Das *Amiterninum* nach 769,
13. Das *Pighianum* zwischen 784 und 790,
14. Das *Antiatinum* vom J. 804.

Die vier übrigen, das *Farnesianum*, *Urbinas* und die beiden *Romana*, gestatten keine nähere Altersbestimmung. Ein unter den neu ausgegrabenen Tafeln der Arvalischen Brüder gefundenes Kalenderfragment ist noch nicht herausgegeben; nach einer flüchtig eingesehenen Abschrift ergiebt es für unsere Untersuchung nichts Neues. Man würde die Art des Ursprungs dieser Kalendarien verkennen, wenn man den Grund ihrer Aufstellung in einer gesetzlichen Vorschrift über die Publication der neuen Jahreseinrichtung suchte. Diese Publication war durch Cäsars Edict und die Lex von 746 geschehen. Mit den vervielfältigten Exemplaren auf Stein wollte man vielmehr nur dem Kreise dienen, in dem sie aufgestellt wurden und am häufigsten erwiesen damit wohl einzelne Mitbürger einer Stadt oder Genossen eines Collegium ihrem Gemeinwesen eine Wohlthat, wie dieses vom *Praenestinum* durch Suetion[249] und für das *Maffeianum* durch Reste seiner Ueberschrift (Mommsen I. c. p. 303) auch beglaubigt ist. Auch waren diese Exemplare keineswegs einfache Abschriften der Staatsurkunde, sondern enthielten auch die durch spätere Gesetzgebung gemachten Aenderungen und ausserdem allerlei den Städter interessierende mehr oder weniger gelehrte Zusätze zu den einzelnen Monaten und Tagen, für die der Kalendermacher (*ordinator fastorum*), an den man sich gewandt hatte, sorgte: daher denn auch keiner dieser Kalender ganz mit dem andern übereinstimmt, der ursprünglich ausländische Theil des Julianischen Kalenders aber d. h. die Angaben über Jahreszeiten und Witterungszeichen überall so gut wie völlig fehlen. Als ein Hauptbestreben tritt auf ihnen hervor, so die neuen verlängerten Monate und die dadurch bedingte andere Art der Datirung zu erinnern und zu gewöhnen. Zu diesem Zwecke wird. entweder, wie im *Praenest.*, *Antiat.* und *Amit.*, bei jedem Tage, dessen Datumszahl *ante Non.*, *Id.*, *Cal.*, oder, wie im *Tusc.*, *Sab.* und *Farnes.*, blos die des *postridie Idus*, weil blos von da bis zu den nächsten Kalenden diese Zahlen sich geändert hatten, oder, wie im *Pinc.* und *Venus.*, die Ordinalzahl des letzten Monatstages, oder, wie im *Praenest.* und *Esquil.*, hinter jedem Monat die Gesammtzahl seiner Tage mit grossen Ziffern angegeben. Ausserdem wird der eigentliche damalige Kern des Kalenders d. h. die unerlässlichen Bestandtheile desselben, durch grosse Buchstaben vor den mit kleinerer Schrift wiedergegebenen Zuthaten des Kalenderverfassers unterschieden. Gross geschrieben sind daher die Namen der Monate, die Nundinalbuchstaben, der Monatsfest- oder Jahresfestname des Tages und seine Note. Alles Uebrige hat kleinere Schrift. Schon hieraus erhellt die Unhaltbarkeit der Mommsen'schen Aufstellung (l. L. A. p. 361), dass das Grossgeschriebene der alte Kalender des Numa sei. Werden doch Julius und Augustus, die jetzige Gesammttageszahl jedes Monats, die Zahl der Tage von *postridie Idus* an, und die zehn erst von Cäsar in die Monate eingeschobenen Tage mit ihren Nundinalbuchstaben

---

[249] Sueton. de grammat. 17 (*Verrius Flaccus*) statuam habet Praeneste in inferiore fori parte circa hemicyclium, in quo fastos a se ordinatos et marmoreae parieti incisos publicarat.

und Noten ebensowohl gross geschrieben, wie die gleichartigen älteren
Bestandtheile, die freilich als solche auch wesentliche sind. Mit welchen sonstigen Beschränkungen das Stück Wahrheit, das in Mommsens
Ansicht liegt, zu verstehen und anzuerkennen ist, lässt sich erst bei
den einzelnen Tagen zeigen.

Wohl aus nicht viel späterer Zeit als die erwähnten stammen
zwei Rusticalkalendarien oder richtiger Monatsweiser auf Stein, das
Colotianum und *Vallense* (Gruter p. 138. 139. — Mommsen L. L. A.
p. 358. 359.). Sie führen nehmlich — beide im Ganzen völlig gleichlautend — nur die zwölf Monatsnamen von Januar bis December,
jeden unter dem Bilde seines Zodiacalzeichens, auf und geben dann
für jeden folgende Stücke an: 1) die Zahl seiner Tage; 2) ob er
Nonae septimanae oder *quintanae* habe; 3) wie viel Stunden der Tag
und die Nacht in ihm habe, wobei allein die beiden Exemplare sachlich etwas von einander abweichen; 4) in welchem Zeichen die Sonne;
5) in welches Gottes Schutz der Monat stehe; 6) die Hauptwerke des
Landmanns; 7) die Hauptfeste in dem Monat. Dazu noch meistens
vor 4. die Angabe der vier Jahrpunkte in den Monaten März (*aequi-
noct. VIII C. Apr.*), Juni (*solstitium VIII C. Jul.*), September (*aequinoctium VIII C. Oct.*) und December (*hiemis inii sive tropae(os) chimer*).
Man erkennt daraus sogleich ein Gemisch aus dem alten Chaldäischen
Kalender des Endoxus und dem Julianischen, auf den jener angewandt wird. Namentlich stammen von den Chaldäern, welche nach
Diodor. 2, 30. ebenso wie die Aegypter (vgl. Mommsen Chron. 8. 68. 308.)
zwölf Hauptgöttern jedem einen der 12 Monate und dessen Zodiacalzeichen zuwiesen, die Angaben unter 4 und 5, und nur die Gleichung
der Chaldäischen Götter mit den hier erscheinenden bekannten zwölf
Göttern Griechenlands, welche schon seit dem zweiten Punischen Kriege
auch in Rom an die Spitze des damaligen Vorkehrslebens getreten
waren (Preller Röm. Myth. S. 60) und welche unsre Monatsweiser in
derselben Reihenfolge wie Manil. 2, 433 sqq.[447]) geben, mag durch
Endoxus vermittelt sein. Wie bekannt, zur Hälfte männlich, zur Hälfte
weiblich sind sie aber hier nach den beiden Semestern von Januar
bis Juni und von Juli bis December dergestalt gepaart, dass offenbar diese Römische zweite Jahreshälfte der Wichtigkeit nach als die
vornehmere und eher als Jahresanfang erscheint, was Mommsen mit
Recht aus dem Anfange des Eudoxischen Jahres mit dem Hundsstern-
aufgang (Plin. 2, 47, 130. Censorin. 21. Sn. 18, 15.) am 20 Juli erklärt,
was aber wohl auch darauf Bezug hatte, dass später im kaiserlichen
Kalender in der That die zweite Jahreshälfte mit dem Juli an der

---

[447]) Wenn dieser jedoch mit Minerva als Göttin des Widders beginnt, der
auch sonst bei den Römern als Führer der Thierkreiszeichen gilt
(Mommsen Chronol. S. 307), während unsere Kalendarien mit Juno als
Schutzgöttin des Januars anfangen, so lässt dieses schliessen, dass die
vorkaiserliche Reduction des Eudoxischen Kalenders auf das alte
Römische Märzjahr auch bei den späteren Römischen Astrologen und
Menologen in Ansehen blieb.

Spitze die geehrtere geworden war — wie etwa früher nach Vertreibung der Könige die damalige zweite Jahreshälfte von dem capitolinisch-consularen September an. Es kommen nehmlich Jupiter und Juno auf Juli und Januar, Ceres und Neptunus auf August und Februar, Vulcan und Minerva auf September und März, Mars und Venus auf October und April, Diana und Apollo auf November und Mai, Vesta und Mercurius auf December und Juni, so dass sich Jupiter und Juno in ihren führenden Monaten nur verhalten, wie die auch erst in der Mitte der Römischen Geschichte eingetretene kaiserliche active Souveränetät zu der passiven der alten Roma. Dieser Kreuzung des Julianischen Jahres durch das Eudoxische in seiner Mitte, wonach letzterer die grössere Bedeutung beigelegt wird, entspricht aber auf unsern Monatsweisern eine ganz ähnliche auch in den Monaten, weil, wie schon bemerkt (Beil. L), im Eudoxischen Kalender die Thierkreiszeichen etwa mit der Mitte der Römischen Monate beginnen. Ursprünglich hatte man diese Zeichen und so denn gewiss auch die ihnen entsprechenden Schutzgottheiten mit den Römischen Monaten so zusammengestellt, dass der Monat, in dessen Mitte die Sonne in ein Zeichen trat, mit diesem bezeichnet wurde, wie daraus zu schliessen ist, dass auch bei den Römischen Schriftstellern, so wie es das alte Märzjahr mit sich brachte, der Widder als erstes Zeichen gilt (Anm. 192), in dem die Sonne vom 17 März bis 16 April steht. Ganz anders auf unsern Julianischen Rusticalkalendern. Hier ist die höhere Würde der zweiten Hälfte des Monats gegen die erste damit ausgedrückt, dass nach der zweiten seine Schutzgottheit, nach der ersten sein Thierzeichen sich bestimmt, also z. B. der Juli nach seiner zweiten Hälfte (vom 20sten an), wo der Löwe eintritt, unter die Tutel des Gottes, dem der Löwe eignet, des Jupiter, zugleich aber nach seiner ersten Hälfte unter deren Thierkreiszeichen, den Krebs, gestellt wird (als in den die Tage vom 19 Juni bis 19 Juli fallen), während nach dem vorjulianischen Kalender des Eudoxus selbst ohne Zweifel Jupiter und Löwe für die Tage vom 20 Juli bis 19 August und Mercurius und Krebs für die Tage vom 19 Juni bis 19 Juli zusammengehörten[210]. Alles übrige Kalendarische in diesen Monatsweisern, mit blosser Ausnahme der seltsam mit dem Griechischen

---

[210] Diese ältere rein Griechische Zusammenstellung findet sich auf der Gabinischen Ara (Clarac musée du Louvre pl. 171), welche nur statt der Götter ihre Attribute setzt. Sie enthält aber auch ebenso wie Manilius nichts von Römischen Monaten. Unrichtig, wie ich glaube, beurtheilt Mommsen Chronol. S. 306 ihr Verhältniss zu den s. g. Rusticalkalendern, wenn er die auf den letzteren vorkommende Verschiebung von Schutzgottheit und Zodiacalzeichen der Julianischen Monate für blosse Verwirrung ausgiebt. Uebrigens gab es bei den Römern auch andere Kalender mit Monatsbildern, welche von den eigenthümlichen Vorgängen in jedem Monat hergenommen waren. Solche beschreiben die von Vinetus aus einer alten Handschrift mit dem Ausonius herausgegebenen Tetrastichen in der Ausg. von Souchay p. 418.

Worte bezeichneten Winterwende im December, die ebenso seltsam
Winternachtung sein soll, gehört dem Julianischen Kalender an.

Die handschriftlichen Kalender, deren man sich in der früheren
Kaiserzeit bediente, werden dem Inhalt nach von ähnlicher Beschaffen-
heit wie die steinernen gewesen sein. Von ihnen hat sich in ächter
Gestalt nichts erhalten. Doch stammen von ihnen wahrscheinlich,
wenn auch durch vielfache mittelalterliche Aenderungen und Depra-
vationen hindurchgegangen, die in manchen Handschriften von Ovids
Fasten enthaltenen Kalender der ersten sechs Monate ab, von denen
Merkel ad Ovid. F. p. LIII seq. gehandelt hat. Die Beschaffenheit der
Kalender in der späteren Kaiserzeit zeigen uns das einen solchen als
Kern mancher anderer nützlichen Mittheilungen enthaltende Werkchen
des Philocalus aus dem J. 354 und der schon wenigstens negativ chri-
stianisierte Kalender des Polemius Silvius aus dem J. 448,9. Beide
hat Mommsen in gründlicher Bearbeitung herausgegeben — die Kalender allein in den I. L. A. p. 382 seq.

Von Numa's 354 tägigem Jahr (natürlich nebst dessen Schaltung)
hatte man die Nachricht, dass es sich nicht auf Rom beschränkte,
sondern von benachbarten Völkern hinsichtlich der Zahl der Monate
und Tage nachgeahmt wurde, nur dass sie den Monaten abwechselnd
30 und 29 Tage gaben (Macrob. 1, 13, 4.),[221] und wahrscheinlich
bestanden diese Kalender, wenn auch seit Servius Tullius, dessen
Lunatempel in Aventino sich auf jene Völker mit bezogen haben wird
(Anm. 100), mit einem Schaltmonat statt intercalare (Censorin. 20.) noch
zu Cäsars Zeit in guter Ordnung, da auf sie nicht solche politische
Interessen verwirrend eingewirkt hatten wie in Rom. Auch in diesem
Stück erweist sich nun Cäsars Kalenderreform als ein Gegenbild des
Numanischen Jahres, indem er, wie Censorinus bezeugt[222]), seine Cor-
rection und Zurückführung des pontificalen Jahres auf das natürliche
auch auf andere Jahre, selbst auch zehnmonatliche, nicht blos in
Rom und in Italien, sondern, so viel er konnte, auch bei andern
Völkern erstreckte. In dieser Nachricht geht die Bezugnahme auf
andere Jahre namentlich zehnmonatliche und in Rom wohl auf das
alte Romulische Jahr in seiner Anwendung auf die *annus bina trina*

---

[221]) Ausnehmen müssen wir unter den Latinern Alba, Aricia, Tusculum,
von denen Monate mit abweichender Länge (Censorin. 22), und Lavinium, von dem dreizehn Monate erwähnt werden (oben 8. 9). Es
sind Städte, bei denen sich die Schonung ihrer altreligiösen Einrichtungen aus ihrer grösseren weniger religiösen Selbständigkeit erklärt, wie denn Alba und Lavinium Roms Mutterstädte und Aricia
wenigstens auch als Urbs gegründet war (Varr. 5, 143).

[222]) Censorin. 20. *qui (anni Julian) dicuntur optime, nam sub lunam ad annum
naturae aptati sunt, nam et priores alii, alioqui qui decimestres fuerunt, nec
Romae modo sed per Italiam, sed et apud gentes omnes, quaedam potuere idem,
fuerunt correcti.* Das anstatt des handschriftlichen *alii* von Jahn nach
Lachmann gesetzte *anni* scheint mir weniger gut in den Sinn zu passen.
Censorinus denkt bei *alii* an auch von dem naturlichen abweichende
Jahre ausser dem pontificalen in Rom.

die fälligen Zahlungen bei der Dos, für deren annua dies also erst von Cäsar ein zwölfmonatliches Jahr vorgeschrieben wurde[243]). In Italien bestanden die einheimischen alten Landeskalender auch nach Mittheilung des Römischen Bürgerrechts als municipale wenigstens für sacrale Angelegenheiten[244]) fort, gewiss auch noch bis in die Kaiserzeit, so dass die Notizen über Namen und Länge von Monaten solcher Kalender, welche sich selbst noch bei späten Schriftstellern finden[245]), grösstentheils noch aus eigener Kenntnissnahme derselben herrühren können. Cäsars Einwirkung auf solche Kalender, sofern manche auch noch für bürgerliche Angelegenheiten Geltung hatten, bestand also nur darin, auch sie auf das Sonnenjahr mit seinem Schaltsystem zurückzuführen, wenn sie bisher nach dem Monde gegangen oder auch in Unordnung gekommen waren. Dasselbe gilt von den Kalendern ausscritalischer Völker des Römischen Reichs, namentlich des Griechischen Ostens. Die aus dessen Städten und Provinzen noch in grosser Zahl erhaltenen Menologien zeigen neben Monaten von eigenthümlichen Namen und Längen überall Cäsars Einwirkung, einzelne selbst in dem noch nachweisbaren Zusammenfallen des Schaltjahres mit dem Julianischen, also in der Zurückführung eines früheren Mond)ahres auf ein Sonnenjahr[246]).

Mit Cäsar und Augustus hat die Geschichte des Römischen Jahres ihre Endschaft erreicht. Nicht, dass das Jahr in seiner Bedeutung für Religion und Staat nun ohne weitere Entwickelung stehen geblieben wäre. In dieser Hinsicht wiederholen sich die Entwickelungsphasen der alten Zeit analog in der Kaiserzeit. Beispielsweise finden wir unter Domitian, dessen Regierungszeit überhaupt biologisch der des Servius Tullius entspricht, neben Abschaffung des alten Lustrum, welches wenigstens unter Vespasian zum letzten Mal gefeiert worden ist, wieder einen vierjährigen annus magnus in dem von ihm eingeführten agon Capitolinus, welcher die zweite Kaiserperiode beherrscht (Censorin. 19, 15). Aus der dritten alten Periode spiegelt sich die erweiterte Verjährungsfrist des prätorischen annus utilis in der 30jährigen des ius novum der dritten Kaiserperiode, das erweiterte 5jährige

---

[243]) Vgl. oben Anm. 89. Die beiden andern Anwendungen des Romulischen Jahres konnte Cäsar nicht ändern; das Trauerjahr war sacral, die Zeit der Schwangerschaft natürlich unabänderlich.

[244]) Diese zeigt die vom J. 696 im Römischen Quintilis und anno Flaver datierte Tempelweihe auf der oben S. 102 benutzten Inschrift des Sabinischen oder Vestinischen Forfo.

[245]) Sie sind zusammengestellt von Mommsen Chron. S. 217. Censorin. 22 sagt von den Albanern und Tusculanern im Präsens, dass gewisse Monate bei Ihnen so und so viel Tage hätten.

[246]) Das Nähere darüber s. bei Ideler Handb. der Chron. I. S. 410 ff. Lohrbuch S. 170 ff. Hervorzuheben ist daraus auch, dass im Asianischen Kalender die beiden ersten Monate Cäsarius und Tiberius heissen (anfangend am 21 Sept. und 24 Oct.) eine offenbare Nachahmung des Römischen Julius und Augustus, der erste auch wahrscheinlich von Cäsar, nicht von Augustus so genannt.

Lustrum in den 15jährigen Indictionen, die Ueberwucherung der alten
Numanischen Feste durch die der neueren griechischen Religion in
dem nach Constantin christlich sich verändernden Festkalender u. s. w.
Alle diese nun nicht mehr mit der Geschichte des Jahres selbst ver-
flochtenen Anwendungen desselben zu verfolgen, liegt ausser unserm
Plane. Aber das Jahr selbst, aus dem Zusammenhange getreten mit
der allein dem Werden und der Veränderung unterworfenen Natur-
(gleichsam Mondes-) Seite des Römischen Volks und als Sonnenjahr
erhoben in dessen subjectiven Geist, das Kaiserthum, blieb mit dem
Kaiserthum unverändert dasselbe bis zum Untergange des Reichs.
Und als das Jahr der vom Christenthum getragenen und so zur Verbreitung über die ganze Erde bestimmten Civilisation, in die Rom am
Ende der alten Geschichte eingetreten war, dauert es im Ganzen
unverändert noch heute fort und wird auch in Zukunft schwerlich,
ausser durch antichristlichen Anlauf, wie geweissagt ist (Daniel 7, 25)
und wie er in der Französischen Revolution schon einmal vorspielte,
jemals eine Veränderung erleiden.

Beilagen.

Beilage A. zu S. 14.

Die folgende Hauptstelle darüber ist auch kritisch schwierig. Varr. 6, 23. *Larentinal(ia), quam diem quidem in (lieu mas in) scribendo Larentinio appellant, ab Acca Larentia nominatur, quoi sacerdotes nostri publice parentant ierto die, qui atra* (so hat Cod. F) *dicitur dies Tarentum Acca Tarentinae (lieu parentant h. arte dies, qui atra dicitur dies parta diem (festum) Accas Larentinae). Hoc sacrificium fit in Velabro, qua in Novam viam* (wohl als Symbol der neuen Sonnenbahn so genannt) *exitur, ut aiunt quidam, ad sepulcrum Accas, ut quod (lieu ad qua) ibi prope facimus* (die *feralia* hinbringen) *Diis Manibus servilibus sacerdotes; qui utaeque locus extra antiquam urbem fuit* u. s. w. (also ein ländliches und Quiritisches Sacrum). Andere kritische Versuche über die Stelle, wie von Müller Etr. III. 4, 12 S. 104. Mommsen I. L. A. p. 409 befriedigen nicht. Ausserdem vergl. Macrob. 1, 10, 11—17 . . . . *sollemne sacrificium eidem (Larentiae) constitutum est, quo diis Manibus eius per flaminem* (den Quirtilischen Quirinalis nach Gell. 6, 7, 7) *sacrificaretur, Iovique ferias constitutas, quod aestimaverunt antiqui animas e Iove dari et rursus post mortem eidem reddi.* Alle übrigen Traditionen über die Acca Larentia (O. Müller Etr. II. S. 103; Preller Röm. Myth. S. 422 f.) sind weitere leicht zu deutende Ausschmückungen des ursprünglich vielleicht Etruskischen Symbols der alljährlich vergehenden, aber auch durch die Sonne (wie die Seelen als Laren) sich wieder verjüngenden und dann reichen Segen spendenden Römischen Flur. Als diese überhaupt ist sie die Mutter der Arvalischen Brüder, die Säugerin des Romulus und Remus oder des Römischen Volks. Als die vergängliche, Jedermann dienende heisst sie *acca* (aus *anca* — vgl. ἄγχω und *ancilla*, Lachmann zu Gal. 1, 85, daher man sie auch mit Ancus Martius zusammenbrachte) und ist ein *nobis mortuos* an der Spitze der *Manes servilis*. Aber unter dem Segen des Hercules, des Gottes der Anstrengung und des Erwerbs, dem reichen Etrusker Tarutius (dem fleissigen Landmann — von *terra*) als Weib beigesellt und von ihm als Erbin hinterlassen (= nachdem die Erde Bestellung und Korn empfangen) setzt sie selbst sterbend und um sie als die durch Jupiter sich himmlisch wieder verjüngende La r emila das römische Volk zum Erben grosser Güter ein, insbesondere von vier benannten symbolischen Aeckern (nach den vier Himmelsgegenden und Jahreszeiten). Am bezeichnendsten ist aber die morale Behandlung ihres Kalendertages, der lebhaft an die Griechische Ἔρη und ἕνα als des Neumondes erinnert. Während sonst an einem Tage, der zwischen Jupiter und den Seelen Abgeschiedener getheilt ist, wie den Idus Febr. (Lyd. de mens. 4, 24) der Vormittag dem Jupiteropfer, der abnehmende Tag nach der sechsten Stunde der Parentation für Abgeschiedene gewidmet

war, wurde hier nach der berichtigten Stelle des Varro umgekehrt an Ende
des Vormittags als der *atra dies pars* (*l. sena* — die bekannte Abkürzung,
vgl. z. B. Cic. ad famil. 7, 30) gleichsam in der Sterbestunde des alten
Jahres der Acca Larentia parentiert und wird also sicher erst Nachmittags
dem Jupiter geopfert worden sein, dessen *feriae* demgemäss auch Macrob.
l. c. erst nach dem Opfer der Larentia erwähnt, obgleich selbstverständlich
nach ihm der ganze Tag *feriae Iovi* war und daher auch die *atra pars* nicht
im strengen Sinne zu verstehen ist (vgl. Macrob. 1, 16, 25).

Beilage B, zu S. 46.

Nov. 1. c. 1. in. τοῦτο ὅπερ καὶ οἱ παλαιότατοι τῶν νόμων ἐν τῆς οὐσίας
αὐθεντίας (es ist wohl viele ausgefallen) ἐδίδοσαν καὶ κληρονόμους ἐκάλουν
τοὺς οὐδὲ γεγραμμένους κληρονόμους οὐδὲ ἐξ ἀδιαθέτου πρὸς τὸν κλῆρον καλου-
μένους = *id quod* (nehmlich durchaus als Erben sich zu gerieren und auch in
Forderungen und Schulden betrachtet zu werden) *ctiam cuiquisvisnam ins ex
propria auctoritate (quibusdam) dedit easque heredes fecit, qui neque scripti erant heredes neque ob intestato ad hereditatem vocati* — zugleich die einzige mir bekannte
Stelle, welche die alten Usucapienten *pro herede* geradezu als dritte Art von *heredes*
den testamentarischen und gesetzlichen zugesellt. Doch bedarf die Beziehung
der Stelle auf die *pro herede usucapio* noch der Rechtfertigung, da sie gewöhnlich, wenn man sie überhaupt beachtet, von der *caduci vindicatio* der Lex
Julia et Papia Poppaea verstanden wird. Hiergegen und für die erstere
spricht aber 1) der Ausdruck οἱ παλαιότατοι τῶν νόμων. So (ὁ παλαιότατος
ἡμῖν τῶν νόμων) nennt Justinian wohl die 12 Tafeln Nov. 22. c. 2 pr.; dagegen
die Lex Julia miscella nur παλαιὸς νόμος ἀρχαῖος Nov. 22. c. 43 und nur
ähnlich selbst auch die Lex Cincia Nov. 162. c. 1 pr., ja auch wohl die 12
Tafeln § 5 I. de exhered. lib. (2, 13). 2) Die *caduci vindicatio* bezieht sich
hauptsächlich auf Legate, nebenbei auch auf Erbschaftstheile; hier ist aber
vom Erbwerden schlechthin die Rede. 3) Das von Justinian in Nov. 1.
neu eingeführte Institut, welches er an jener Stelle mit einem uralten vergleicht, dass nehmlich, wenn ein Erbe den ihm aufgelegten Verpflichtungen
innerhalb Jahresfrist nicht nachgekommen ist, die Erbschaft mit denselben
Verpflichtungen an gewisse andere Personen fallen soll, hat wohl mit der
cautio pro herede usucapio, die man nach Gai. 2, 56 als eine Drohung gegen
diejenigen Erben bestehen liess, welche mit der Erbschaftsantretung auch
die Pflichten des Erben, den Manen und den Gläubigern des Erblassers das
Ihrige zukommen zu lassen, ein Jahr lang versäumten, eine sehr grosse,
dagegen mit der *caduci vindicatio* gar keine Aehnlichkeit, zumal der zufälligen, dass das *caducum* auch mehreren hinter einander angeboten wurde.
4) Die Worte *ἐν τῆς οὐσίας αὐθεντίας* geben offenbar auf den alten *pro herede possidens*, der noch ohne prätorische Einweisung nur aus eigener Autorität die Erbschaft in Besitz nahm. Für den *caducum vindicam*, welcher eine
acquisitio lege machte, haben sie keinen Sinn. — Gelegentlich bemerke ich noch
in Beziehung auf die im Text angenommene Bedeutung von *nova auctoritas*
in der Zwölftafelstelle, dass ich mich den Ansichten von Burckhardt in der
Zeitschr. f. Rechtsgesch. VII S. 79 flg. in mehrfacher Hinsicht nicht an-

schliessen kann, namentlich nicht in der dem Wort *auctaritas* beigelegten Bedeutung „Eigenthum" schlechthin, der Sonderung dieses *usus* von dem in dem Ausdruck *usucapio*, indem jener auch auf den bisherigen Eigenthümer gehen soll, und der Deutung der ganzen Zwölftafelstelle aus dem Gesichtspunkte der Exstinctiv-Verjährung; wogegen ich als ihre Hauptabsicht die, die Zeit der Usucapion zu bestimmen, selbst schon in der Zeitschr. f. gesch. R.-W. XIV. S. 147 angenommen habe.

Beilage C, zu S. 47.

Mommsens Behauptung (Chronol. S. 88), dass Terminus nichts mit der Zeit (der Jahresgränze) zu schaffen gehabt habe, widerspricht nicht nur Varro's Autorität zu Gunsten einer eigenen ganz unhaltbaren Aufstellung, sondern auch der ganzen Römischen Anffassungsweise, nach der die Zeit auch nach den Theilungsgesetzen des Raumes behandelt wird. Ausser dem Januhilde (oben S. 14) vergl. das über die Monats-Eintheilung Bemerkte (S. 79). Später, als der December das Jahr schloss, dachte man freilich bei dem Cult des Terminus nur noch an den Gott der Ackergränse und so berichtet auch Ovid F. 2, 637—642 bei Gelegenheit der Terminalien nur noch von dem Privatopfer der Ackernachbarn und dem öffentlichen an der Grenze des Laurentischen Gebiets. Das uralte öffentliche Opfer, welches dem Terminus selbstverständlich an seinem Altar auf dem Capitol dargebracht werden musste und worin ohne Zweifel die Beziehung auf die Jahresgrenze hervortrat, wird ihm unbekannt gewesen sein. Wenn er übrigens, nachdem er 2, 565 hervorgehoben, dass vom 23sten, den Terminalien, bis zum Ende des Monats noch 6 Tage sind, 2, 680 von dem Terminalienopfer auf dem Laurentischen Gebiet bemerkt, dass *sacra ridet fieri vestius ab urbe lapis*, so hatte dieses auch wohl eine symbolisch zeitliche Bedeutung. Am 1 März wurde das Vestafeuer in Rom neu entzündet — wahrscheinlich vom Herde der Vesta in Lavinium als Haupttheil der dortigen *sacra principis pop. Rom. Quir.*, da es auch in Italien Sitte war, dass dieses vom Herde der Mutterstadt aus geschah (Prellor Röm. Myth. S. 536 ff.) und man auch das Wasser zu den Römischen Opfern initiierend von dorther nahm (Serv. ad Aen. 12, 139). Jenes Opfer, welches zur Zeit der Unterwerfung Latiums (414) mit dem jährlichen Bundesopfer der Römer und Laurenter (Liv. 8, 11) zugleich entstanden sein wird, sollte von wohl ausdrücken, dass Roms Metropolis ebenso in ihrem Gebiete mit dieser Entfernung von 6 Meilen von Rom erhalten bleiben, wie Rom bei jedem Jahresschlusse in einem zeitlichen Abstande von eben so viel Tagen zur Erneuerung seiner Sacra von dort berechtigt sein solle.

Beilage D, zu S. 60.

Man könnte noch eine andere chronologische Angabe dazu verwerthen wollen, um das Verhältniss des Römischen Jahres zum wirklichen für das Jahr der Einnahme und Einäscherung Roms durch die Gallier a. u. 364 zu constatieren. Bei Gelegenheit der Neronischen Feuersbrunst, welche XIV.

Cal. Sext. d. h. am 19 Juli u. a. 818 = 65 n. Chr. ausbrach, erwähnt Tacitus A. 15, 41 im Unterschiede von denen, welche gemeint, diese und die
Gallische Feuersbrunst seien auf denselben Monatstag gefallen, Andere,
welche ausgerechnet hätten, dass zwischen beiden Bränden gleich viel Jahre
und Monate und Tage lägen — ein chronologisch-arithmetisches Räthsel,
welches Mommsen Röm. Chron. S. 196 in Folge falscher Ansätze vergeblich
zu lösen versucht hat. Da nach Polyb. 2, 18 Rom von den Galliern drei
Tage nach der Schlacht, welche nach den Calendarien am 18 Juli stattfand,
also am 21 Juli erobert wurde, so werden diese Rechner einen Zeitablauf
von 454 Jahren weniger 2 Tagen zwischen beiden Feuersbrünsten angenommen haben. Hiernach histe sich nun auch wirklich mit 418 Jahren, 418 Monaten und 418 Tagen die Aufgabe, wenn man diese Tage durch 30 dividiert
zu Monaten (= 13 Mon. 28 Tage) und diese 13 Monate mit den 418 zusammen = 431 durch 12 dividiert zu Jahren machte = (35 Jahre 11 Monate),
indem 35 J. 11 M. 28 T. mit 418 Jahren zusammen 453 J. 11 M. 28 T. ergeben. Hieraus sieht man aber, dass gar nicht von einer ernsthaften chronologischen Berechnung nach dem Kalender die Rede ist, da das chronologische Jahr nicht aus 12 30tägigen Monaten besteht.

Beilage E, zu S. 66.

Census erwähnen im J. 247 Dionys. 5, 20. Plut. Poplic. 12. 256 Dionys.
5, 75. 261 Dionys. 6, 96. 280 (luctr. VIII Fast. Cap.) Dionys. 9, 36. 289 mit
Lustrum Liv. 3, 8. 295 Liv. 8, 24 (mit erster, aber auch seltsamer Angabe
einer Zahl: *census res priora esse inchoatis perfecitur idque lustrum ab origine*
urbis decimum conditum) Dionys. 11, 63. Eutrop. 1, 15. Bis 289 fand also
Livius in seinen Quellen überhaupt noch kein Lustrum, und wiederum ist das
Lustrum dieses Jahres Dionysios unbekannt, nach welchem im J. 295 seit 17
Jahren kein Census stattgefunden hatte. Doch erwähnt er auch überall
nur Census. Geschichtlich ist nun wahrscheinlich nur 1) der Census mit
ausserordentlichem Lustrum, den der eben hieran hauptsächlich neu eingeführte und in königlichem Ornat und mit 24 Lictoren auftretende erste Dictator
Sp. Larțius nach Dionys. 5, 75 im J. 256 hielt, da blosse Consuln religiös
überhaupt schwerlich zum Lustrum für befähigt erachtet werden und zu
einem mehrere Lustralperioden vertretenden ausserordentlichen Lustrum jedenfalls nur ein die Consuln zusammenfassendes *magisterium populi* berechtigt
sein konnte. Man rechnete dieses erste ausserordentliche Lustrum auf die
zehnmal vier Jahre, die damals seit dem letzten Lustrum des Serv. Tullius
abgelaufen waren (Dieser hätte dann 216, drei Jahre vor seinem Tode, das
letzte Lustrum gefeiert. Diejenigen, welche die Dictatur des Sp. Larțius
drei Jahre früher (253) setzten, werden es deshalb gethan haben, weil sie
auch das letzte Lustrum des Servius schon 213 und dann auch nur eine
Regierungszeit desselben von 42 Jahren (Solin. 1), also bis 217 annahmen).
2) Der ebenfalls als besonders beschlossen erwähnte Lustralcensus im J. 295,
wo aber das Lustrum erst im folgenden Jahre 296 vom Dictator L.
Quinctius Cincinnatus (Liv. 3, 27) gefeiert sein kann, so dass das irrige consulare *lustrum ab Quinctio conditum* (289) des Liv. 3, 3 und ebenso seine ru-

priore eum incheato hinsichtlich des Lustrum vielmehr in diesem Jahr gehört.

Während nun auch dieses ausserordentliche Lustrum wieder auf die zehnmal 4 Jahre seit 256 berechnet war und also gleichsam 10 Lustra zusammensasste, machte man daraus später ein *decimum lustrum* und setzte die seit dem vierten des Servius Tullius fehlenden Lustra V bis IX in die wirklichen oder angenommenen bisherigen Censusjahre nach Vertreibung der Könige, welche wir zu Anfang angeführt haben. Diejenigen, welche dieses ein *X lustrum ab urbe condita* nannten, waren aber wahrscheinlich dieselben, denen Liv. 1, 19 (Anm. 59) in der Annahme eines dem Numa beigelegten Schaltcyclus von 20 Jahren — woraus ein eben so langes Lustrum schon seit Roms ältester Zeit hergeleitet wurde — folgte. Sie rechneten die Regierungszeit des Romulus = 37 Jahr + 2 Jahre Interregnum und die seit Vertreibung der Könige verflossene Zeit (während welcher nach ihnen kein Lustrum stattgefunden hatte) etwa 55 Jahre, also zusammen 94 Jahre, von 295 ab, bleibt 201, und kamen so auf ein zehntes zwanzigjähriges Lustrum im Jahre 295. Ich glaube, dass auf diese Weise wenigstens einiges Licht in die bisher so äusserst verworrene Materie gebracht wird.

Beilage F, zu S. 72.

Schon der eigentliche Name *magister populi*, in dem nichts von unbedingtem Befehlen, sondern umgekehrt blos Volksvorsteherschaft, wie bei einem Collegium, liegt und der Zusatz *rei gerundae causa* für einen Dictator, der auch Staatsgeschäfte vornehmen und namentlich Krieg führen soll, deutet darauf hin, dass der *magister populi* blos als solcher hierzu, wenn auch potentiell fähig, doch durchaus nicht berufen war. Vollends aber beweist die bekannte Erlaubniss, das Pferd für den Oberbefehl besteigen und Ausgaben machen zu dürfen, deren ein solcher bedurfte (vgl. Zonar. 7, 13. Liv. 23, 14. Plut. Fab. 4., der die Sache selbst falsch erklärt), dass sein Imperium an sich nicht zur Kriegführung bestimmt und wirklich nur ein *magisterium populi* zu dessen Vertretung vor den Göttern war. Die Ernennung des ersten Dictator, an die sich, obgleich man ihn später *rei gerundae causa* titulierte, so gar kein bedeutendes Staatsereigniss anknüpfte, dass man deshalb hinsichtlich der Zeit seiner Ernennung um mehrere Jahre differiren konnte (Cic. de rep. 2, 62. Liv. 2, 18. Dionys. 5, 50. 73. Eutrop. 1, 12. Zonar. 7, 13), erklären Dionys. 5, 70 ff. und Liv. 2, 18 so abstract aus der spätern Idee und jener zum Theil so altern, dass man wohl sieht, wie ihnen der wahre Zusammenhang der Sache ganz unbekannt war. Nicht dasselbe kann man von der Quelle des Lyd. de mag. 1, 38 urtheilen, welcher bekanntlich viele sacralrechtliche Autoren benutzt hat und hier sagt: πρῶτος διετάγη Τίτος Λάρκιος (Λάρκιος), ὁ τοὺς κρείττος ὑπάτους Τίτου καὶ Βαλέριον αὖθις προσαγαγών... was man nur nicht so verstehen darf, dass er die sog. *consules suffecti* des ersten Consulpaares 'habe wieder wählen lassen.' Bekanntlich herrscht über die Volksregenten in der Zeit (Jahr und Jahren) unmittelbar nach Vertreibung der Könige die grösste Unsicherheit in der Ueberlieferung und gehören zu ihnen, aber nicht als zuerst ernannte Consuln auch Valerius Poplicola und Titus (nach Andern erst hinter Spurius) Lucretius Tricipitinus. Die

Meinung der Quelle des Lydus scheint nun gewesen zu sein, dass der erste
Dictator in seiner Person die ersten Consuln, welche nicht sacral (nicht am
13 Sept. mit Einschlagung des Nagels) angetreten hatten, wieder vorgeführt
d. h. von ihnen an bis auf sich den Amtsantritt sacral wieder legalisiert habe.

Beilage G, zu S. 51.

Die Controverse, ob nicht in dieser Stelle des Livius mit Merkel ad
Ovid. F. p. XXVIII statt des handschriftlichen *a. d. III. Non.* zu lesen sei
a. d. III Id. (vgl. Friedländer in Marquardt Röm. Alt. IV. S. 493), berührt
uns hier nicht, da das Datum der in die Zeit dieser Spiele fallenden Son-
nenfinsternis *a. d. V Id. Quint.* in einen und andern Falle zeigt, dass
der Spieltage schon 566 und warum denn nicht von Anfang an? mehrere,
wahrscheinlich eben auch schon 8 waren. Sie hat aber anderweitig, besonders für die auch jetzt wieder viel verhandelte Frage von dem Geburtstage
Cäsars ihre Bedeutung. Merkels Argument, dass das Apollofest nicht auf
III Non. Jul. das Fest der Poplifugia, habe gesetzt werden können, schlägt
nicht, weil dieses ein Fest des Jupiter war und die Unverträglichkeit des
Apolloferies mit dem eines andern Gottes (Dio 47, 16) ihrem Sinne nach
sich nur auf blos gleichstehende oder geringere Götter bezog. Für die
handschriftliche Lesart und somit für die 8 Tage vom 6 Juli als *dies solemnis*
bis zum 12ten während der ganzen Zeit der Republik ist aber entscheidend,
dass noch 710 der Tag III Id. Quint. d. h. der 13 Juli schon *patricius ludos
Apollinares* war. Cic. ad Att. 16, 4. Die Verlegung auf den 6 bis 18ten muss
aber schon kurz darauf geschehen sein, weil 714 die Feier des Geburtstages
Cäsars, des 13 Juli, deshalb auf den 12 Juli gesetzt wurde, weil am 18ten
die Apollinarspiele, d. h. der Haupttag derselben fiel. Dio 47, 18. Macrob.
I, 12, 34. Nach Cic. l. c. hing die Sache offenbar so zusammen, dass der
abwesende Brutus damals 710 aus Aerger über die in seinem Namen geschehene Indiction der Spiele *a. d. III Non. Julias* (und also bis *a. d.
IV Id. Quint.*) noch eine *venatio* (mithin *in Circo*) zur Nachfeier *in a. d. III
Id. Quintiles* aussagen liess, welche jenes Aergernis wieder gut machen
sollte, nach seinem Sturze aber, um dieses wieder zu überbieten, diese Cir-
censfeier gesetzlich und mit Pferderennen *a. d. III Id. Julias* zum Haupttage der Spiele gemacht und so der ursprünglich eröffnende *dies solemnis* (a.
d. III Non.) abgeschafft und auf diesen Schlusstag verlegt wurde.

Beilage H, zu S. 62.

In eben diesem Jahr fällt die Seeschlacht am Myonnesus. Liv. 37, 29.
Den Unerfahrenen könnte es nun gegen das Resultat dieser Untersuchung
leicht misstrauisch machen, wenn er bei Mommsen Röm. Gesch. II. S. 746
liest: 'Am 23 December des unberichtigten Kalenders, nach dem berichtigten etwa Ende August 564 kam es zur Schlacht am Vorgebirg Myonnesus.'
Diese apodiktische Behauptung in einem vielgelesenen Geschichtswerk, bei
dem die kritische Autorität des Verfassers die Angabe der Quellen vertritt,
nöthigt fast den Glauben auf, es sei diese ein sicher beglaubigtes histori-

neben Datum, und wenn diesem, muss auch die angenommene (Ideler'sche)
damalige Differenz des Römischen Jahres gegen die wirkliche Zeit höchst
plausibel erscheinen, da ja im December nur Zeit des *mare clausum* schwerlich eine Seeschlacht geliefert werden konnte. Alle meine Nachforschungen
nach einem Quellenzeugnisse für dieses Datum, das mir auch in keinem andern neuern Geschichtswerk begegnet ist, waren jedoch vergeblich. Fast
möchte ich glauben, dass es nur auf folgender Combination mehrfacher
Hypothesen beruhe. Wir wissen aus Liv. 40, 52, dass elf Jahr später ein
bei Gelegenheit dieser Schlacht gelobter Tempel der *Lares permarini* mit
einer Inschrift auf dem Marsfelde gebaut, und aus Macrob. 1, 10, 10,
dass der Dedicationstag desselben mit *feriae solemnes* der 22 December war,
wonach Mommsen I. L. A. p. 409 die lückenhafte Bemerkung des Verrius
ad Cal. Praen. Dec. 22. trefflich *[Laribus permajrinis in pub[lica Mi]sa-
c[ia]* ergänzt hat — wegen dieser Localität mit Berufung auf Becker Röm.
Alt. I. S. 630. Er scheint nun ferner angenommen zu haben: 1) Die Gelo-
bung sei am Tage vor der Schlacht, 2) die Dedication am wiederkehrenden
Gelobungstage geschehen — beides, so weit meine Kenntniss reicht, völlig
bodenlose Hypothesen. Bei der Wahl des Dedicationstages entschieden
nächst der Vollendung des Tempels ganz andere Rücksichten, hier wohl, was
den Monat anbetrifft, theils die, welche Ovid F. 3, 37 für die Genien und
Laren, die untersten und letzten Dämonen mit geringstem Lichtglanze andeutet: *Vester honos veniet, cum Larentalia dicere: Acceptus Geniis die December
habet*, Auson. eclog. 377, 23. *Concludens numerum geminis festa December finit* (vgl.
376, 12) — theils dass dieser Monat von vornherein dem (schon von Liv.
28, 11 vgl. Plin. N. H. 36, 5, 2 erwähnten) Cult des Neptun in seiner spätern Bedeutung als Beherrscher des Meeres eingeräumt war (Cal. Amit.
ad Dec. 1. Lyd. de mens. fr. Cancol. p. 117) und zwar gewiss deshalb,
weil man diesem Neptun, der dem alten, vor Sonnenbrand auf dem Lande
schützenden (wovon später) ganz entgegengesetzt war (weshalb Catull. 31, 3
einen *aterque Neptunus* erwähnt), auch in der Zeit seines Cults in die entgegengesetzte Zeit des Jahres weisen zu müssen glaubte. Will man aber das Datum eines Schlachttages fingieren, so nehme man dazu wenigstens nicht einen
Festtag (der 23 Dec. war *Divalia* oder *Angeronalia*) gegen Varro bei Macrob.
1, 16, 19. Aus eben diesem Grunde ist auch die Conjectur (Mommsens I.
L. A. ad Jan. 27) nicht gestattet, die Regillusschlacht sei auf die Idus Quint.
gefallen, an denen nach Liv. 9, 42. Plut. Coriol. 3. nur der Castorentempel
geweiht wurde, nach Dionys. 6, 13., weil der Latinerkrieg zu dieser Monatszeit beendigt worden.

Beilage I, zu S. 63.

Ich lege kein Gewicht auf ein anderes Datum aus dieser Zeit, welches
eher auf ein entgegengesetztes Resultat, ein Voraneilen des damaligen Römischen Jahres gegen das wirkliche führen würde. Nach Polyb. 3, 107, 117.
fiel die Schlacht von Cannä (538) nicht lange nach dem Anfang der Ernte
(im Juni und Juli) und jedenfalls noch vor Ende der Olymp. 140, deren
viertes Jahr nach den Ideler'schen Berechnungen der Gleichung zwischen

der zweiten Kallippischen Periode und dem Julianischen Kalender (vgl. die
Zeittafeln hinter Passow's Griech. Lexicon) am 27 Juni des J. 216 v. Chr.
= 538 u. c. sa Ende ging. Claudius Quadrigarius gab aber nach Gell. 5,
17 als Datum dieser Schlacht den 2 Sextilis (August) an, wobei allerdings
noch zu beachten, dass 538 ein Schaltjahr war, was jedoch nur nöthigt,
noch etwa 6 Tage zurückzurechnen. Claudius genoss aber bei den ältern
Römischen Geschichtsforschern nur geringes Vertrauen, erst Gellius schätzte
ihn, wie es scheint, besonders wegen seines Stils (Bernhardy Röm. Lit. S.
647) und der angegebene Schlachttag ist aus später zu erörternden Gründen (als patricianus) höchst unwahrscheinlich. Er beruhte wahrscheinlich
auf einer Berechnung, die aber zur Zeit des umgekehrt abirrenden Kalenders gar kein Vertrauen verdient. Für das zwar unverdächtige Datum der
Schlacht am Trasimenus (537) IX Cal. Jul. (Ovid. F. 6, 765) = Römischem
24 Juni fehlt uns leider eine zuverlässige Parallelangabe der Jahreszeit.

Beilage K, zu S. 94.

Dass nehmlich der Urheber der jetzigen Lesart gerade pridie setzte und
seiner Auffassung des ganzen Datums (NONAE = Nonas und VILES = Septembres) vertraute, hatte noch folgenden besonderen Grund. Nach Liv. 45, 1
gab es über die erste Nachricht, welche von der Schlacht bei Pydna nach
Rom kam, zwei Traditionen. Nach der einen eilten die von Paulus gleich
nach der Schlacht (Liv. 44, 45) abgefertigten Legaten, was sie konnten, und
kamen auch schnell nach Rom, fanden aber dort wunderbarer Weise bereits
Siegesfreude, indem schon am vierten Tage nach der Schlacht (so auch Zonar. 9, 24 und Plut. Aemill. 24) unter dem Volk, welches gerade circensischen Spielen zusah, sich das Gerücht davon, unbekannt wie, verbreitet
hatte, das nun ihre Ankunft (wenige Tage später Plut. l. c.) nur bestätigte.
Nach der andern (Et aliter traditur circensis turbae non minus, similis esti laetitia
u. s. w. bis zum Schluss des Kapitels) wurden die literae laureatae des Con-
suls durch den von den Legaten vorausgesandten Tabellar a. d. X Cal.
Oct. ludorum Romanorum secundo die dem bei diesen beschäftigten andern Consul Licinius übergeben, der nun sogleich dem versammelten Volk die Sie-
gesbotschaft feierlich mittheilte und es war dieses tertius decimus dies vom
Schlachttage an. Im Anschluss an diese Tradition erzählt dann Livius weiter (c. 2), dass nachdem am folgenden Tage ein vorläufiger Senatsbeschluss
gefasst worden, die Legaten a. d. VI Cal. Oct. angelangt und vom Senat
weitere Beschlüsse gefasst worden seien. Dass nach dieser zweiten Tradition a. d. XVI Cal. Oct. (statt a. d. X Cal. Oct.) zu lesen sei, weil nur dieser Tag der zweite der ludi Romani circenses ist, hat man längst gesehen,
aber nicht bemerkt, das der tertius decimus dies seit der Schlacht nach der
gewöhnlichen, Anfangs- und Schlusstag mitbegreifenden Zählungsweise nicht
mit dem Datum pridie Non. Sept. für den Tag nach der Mondfinsterniss
und vor der Schlacht stimmen würde; denn die Non. Sept. (der Schlachttag
nach dieser Darstellung) wären der 14te Tag gewesen. Doch geht daraus
nur hervor, dass diese zweite Tradition auch insofern eine andere war, als
welcher Liv. 44, 37 folgte, dass sie die Mondfinsterniss dem Schlachttage

unmittelbar vorhergehen liess (vgl. Anm. 168). Wichtiger ist, dass die in der ersten Tradition erwähnten circensischen Spiele überhaupt nicht auf die *ludi Romani circenses* gehen können, wie man doch gewöhnlich annimmt, sondern in einem ganz andern Monat stattgefunden haben müssen. Denn theils unterscheidet Livius selbst von ihnen deutlich in der zweiten Tradition *ludi Romani circenses*, theils dauern zwar die *ludi Romani* vor der Kaiserzeit vom 6—19 Sept., werden aber erst nach der *equorum probatio* am 14ten, mit dem 15 ten *circenses*, so dass am vierten Tage nach der Schlacht, wenn diese auf die Non. Sept. fiel, d. h. am 8 Sept. in Rom keine Circusspiele sein konnten. Wahrscheinlich waren also die circensischen Spiele der ersten Tradition votive *ludi magni*, wie sie auch häufig heissen (Becker-Marquardt III3m. Alt. IV. S. 457) und solche konnten sehr wohl auch gegen Ende Juni fallen. So ist also Livius 44, 37 mit dem von uns restituirten Datum der Schlacht derjenigen Tradition gefolgt, welche er 45, 1 als die erste hinsichtlich der von ihr nach Rom gelangten Nachricht angiebt. Der Corrector hat dieses Datum aber in Gemässheit der andern Tradition zurecht gemacht, damit es nicht dem *tertius decimus dies* 45, 1 widerspräche. Die zweite Tradition selbst wird aber (wie auch schon Clinton F. H. III. p. 82 ähnlich vermuthet hat) auf Verwechselung der von Paulus Aemilius über die Gefangennehmung des Königs Perseus in Samothrace nach Rom gesandten Nachricht mit der ersten über die Schlacht bei Pydna beruhen, da auch die Sage von der Botschaft, welche Castor und Pollux wunderbar schnell von dem erlangten Vortheil nach Rom brachten, hinsichtlich ihres Gegenstandes zwischen dem gefangenen und dem besiegten Perseus schwankt (Cic. de nat. deor. 2, 2; Valer. Max. 1, 8, 1; Flor. 2, 12, 14). Diese Gefangennehmung kann nach dem Zusammenhang der Thatsachen kaum vor dem September geschehen sein, und da der Consul bei deren Anzeige gewiss einen Rückblick auf den ganzen Krieg warf, so war, wenn sie auch bei circensischen Spielen eintraf, eine Verwechselung sehr leicht möglich. Das Datum, welches Eutrop vor sich hatte, rechnete die vier Tage des angelangten Gerüchts von der Schlacht noch zu den dreizehn der Ankunft der Legaten nach der Gefangennehmung des Königs, d. h. es war aus beiden Traditionen combinirt und setzte daher die Schlacht um einen Tag früher. — Einen andern chronologischen Widerspruch zwischen Liv, 45, 21 und 44, 22 (vgl. Diodor. fr. Vat. 31, 6 p. 94. Dind. Plut. Aemil. 35) hat schon J. Zech astron. Untersuch. über die wichtigsten Sonnenfinsternisse, 1853 S. 51 durch die Annahme zweier Reisen des Aemilius Paulus glücklich gelöst.

Beilage L, zu S. 107.

Vgl. Ideler über Eudoxos in den Schriften der Berliner Akademie 1830, über die Thierkreis in den Abhandl. 1838, Handb. d. Chronol. I. S. 303 ff. Lehrb. S. 87 ff. Mommsen Chron. S. 66 ff. beachtet die Chaldäisch-astrologische Seite des Eudoxischen Kalenders nicht genügend, und lässt ihn unmittelbar auf dem politischen Jahr der Aegypter beruhen, wogegen Colum. 11, 1, 31. 11, 2, 94 vergl. mit 9, 14, 12 Eudoxos offenbar mit den alten Chaldäischen Astrologen zusammenstellt und beide dem Hipparch entgegensetzt und Plin. 18, 25 § 211. 216. 340. die *arva Chaldaeos* als eine von der Babylonischen oder Assyrischen Polhöhe angebende von der *Aegyptis* unterscheidet. Bei dem sonstigen anerkannt grossen Einfluss der Babylonier auf die Griechische Metrologie ist es aber auch an sich wohl wahrscheinlicher, dass die Griechischen Gelehrten sich auch hinsichtlich der Zeitmessung an Jene anschlossen. In der That schmeckt die von Plin. N. H. 2, 47 fin. vergl. 18, 25 § 217 angeführte Ansicht des Eudoxus, dass Wind und Wetter alle vier Jahre ziemlich in derselben Folge wiederkehren, ganz nach der Chaldäischen Lehre vom Einfluss der Gestirne auf die irdischen Dinge, und ebenso erwähnt ihn Colum. 9, 14, 12 nur bei dem nach Auf- und Niedergang der Gestirne bestimmten Witterungskalender, für den er also die älteren Griechischen Traditionen seit Hesiod mit Chaldäischen Ansichten erweitert haben wird. Nicht minder verräth die Eintheilung der Zodiacalmonate nach Theilen oder Graden, die im Ganzen Tagen gleich stehen, eine ursprüngliche Schuldisciplin, wie die ähnliche Eintheilung des Himmels für die Eunektische Bildsdeutungskunst. Die Chaldäischen Weisen konnten aber für ihre Lehre natürlich nur ein tropisches Jahr gebrauchen, und sie haben wahrscheinlich das Aegyptische (vielleicht aber auch das Persische) dazu benutzt, indem sie nur die fünf Epagomenen desselben gleich in die Monate (eigentlich die Thierkreisbilder) vertheilten, was denn Eudoxus auch von ihnen entlehnt haben wird. Nach dieser Eintheilung hatte in nachstehender Reihenfolge der Widder 31, der Stier 32, die Zwillinge 31, der Krebs 31, der Löwe 30, die Jungfrau 31, die Wage 30, der Scorpion 30, der Schütz 29, der Steinbock 30, der Wassermann 30, die Fische 30 'Theile' oder Tage. Der erste Theil des Widders fiel auf den 17 März, der erste des Löwen (das wahrscheinliche Chaldäische Neujahr) auf den 20 Juli des Julianischen Kalenders. Danach kann man Reductionen der Daten bei den Römischen Schriftstellern von dem einen auf den andern Kalender leicht vornehmen.

Beilage M, zu S. 132.

Varro und Columella in den Büchern *de re rustica* datieren nach der letztern Weise, die man jetzt auch als die regelmässige zu betrachten pflegt. Dagegen setzt z. B. Ovid (und ebenso, jedoch mit *fere*, Plin. 18, 26. § 235) den 1 des Wassermannes auf den 17 (statt 16) Januar (F. 1, 651) den 1 der Fische auf den 16 (statt 15) Februar (2, 455), den 1 der Zwillinge auf den 20 (statt 19) Mai (5, 693), Plinius auch wahrscheinlich den 1 des Löwen auf den 21 (statt 20) August (da 2, 47. § 123 *XIV* aus *XII* Cal. Aug. verdorbt scheint), wogegen der 1 des Krebses bei Ovid wie bei Columella auf den 19 Juni fällt (6, 727), die Ansetzung des 1 des Stieres auf den 20 (statt 17) April aber überhaupt abweicht und vielleicht nach dem Zusammenhang der Stelle Aegyptischer Opfertag des Stieres ist (4, 713—720). Wenn Plinius umgekehrt den 25 des Wassermannes auf den 8 (statt 9) Februar, den 25 des Stiers auf den 10 (statt 11) Mai setzt mit dem Bemerken, dass aber in den Schaltjahren diese Daten um einen Tag zu früh zeigten (2, 47 § 123, 128), und wenn ebenso das Cal. Venus. den 1 der Zwillinge auf den 18 (statt 19) Mai legt, während das für den 1 des Krebses richtig den 19 Juni angiebt, so scheint das nur auf einer irrigen Anwendung der Correctur auf einen schon corrigirten Kalender zu beruhen. Zugleich sieht man hieraus, dass die Kalendermacher schon in der frühen Kaiserzeit bei dem meteorologischen Theil des Kalenders, auf den sich diese Daten beziehen, und bei dem in der That auch auf Genauigkeit nicht viel ankam, nur geringe Sorgfalt verwandten. Noch viel weiter gehende Abweichungen Späterer können übrigens, wie Serv. ad Georg. 1, 205 andeutet, darin ihren Grund haben, dass man später, verleitet durch die kleineren älteren Differenzen, die Eintritte der Sonne in die Chaldäischen Monate nur noch wie die Auf- und Niedergänge der Gestirne, die nach den Polhöhen verschiedener Gegenden sehr verschieden angesetzt wurden, ohne Kenntniss der Monatsdauer als Witterungszeichen beschrieb und sie daher auch ähnlich behandelte. Alsdann verdient Servius nicht den Vorwurf der Faselei, den ihm Mommsen Chron. S. 63 macht, ohne selbst eine Erklärung der Abweichungen zu geben.

Zusatz zu S. 5, Z. 22.

Eine merkwürdige Bestätigung der Angabe des Geminus, dass bei den Alten die Monate noch dreissigtägige und diese also älter als die Mondmonate und Mondjahr gewesen seien, gewährt das Hebräische Jahr. Schon zu Moses Zeit hatten die Israeliten bekanntlich Mondmonate; aber die Zeiten der Sündflut werden von ihm noch nach dreissigtägigen Monaten bestimmt (Genes. 7, 11. 8, 3. 4), die sich auch bei den übrigen Semiten erhalten haben. Hieronym. ad Ezech. 1, 1. Vergl. Jahn Bibl. Archäologie I, 1 S. 515. Winer Bibl. Reallex. I, S. 623.

Zweites Buch.

Die Tage
der
alten Römischen Jahres.

Zweites Buch.

Die Tage des alten Römischen Jahrs.

Fast noch schwieriger als die Geschichte des Römischen Jahres ist die Bedeutung und das Recht seiner Tage. Dieser Theil unserer Untersuchung hat vor Allem die Charakterisierungen zum Gegenstande, mit denen wir die Tage im Kalender, fast durchgängig abgekürzt, versehen finden, indem sie eben das Recht der Tage, namentlich deren Tauglichkeit oder Untauglichkeit zu gewissen weltlichen Handlungen oder Geschäften bezeichnen, wonach die spätere Wissenschaft sie auch durch Adjectiven unterschieden hat, wie *fasti*, *nefasti*, *comitiales* u. s. w. Was übrigens an den besonders ausgezeichneten unter ihnen, den mit Eigennamen bezeichneten Festtagen, im Einzelnen vorging, interessiert uns hier nicht, ausser so weit es zum Verständniss der ganzen Composition des Kalenders und damit auch zur Erklärung jenes allgemeinen Rechts der Tage dient. Dasselbe gilt von manchen Categorien der Tage, welche die spätere Kalenderwissenschaft wohl auch zu Kunstwörtern gestempelt hat, wie die *dies ominosi*, die kein objectives Recht des Tages bezeichnen, sondern nach dem Begriff des *omen* nur für den Bedeutung haben, der ihnen eine solche beilegen will, wogegen einige Unterabtheilungen der *dies profesti* nach ihrer zwar nicht im Kalender bezeichneten, aber an sich auch objectiven Bedeutung allerdings mit in den Kreis der Untersuchung gezogen werden müssen.

Hinsichtlich des zu befolgenden Systems wird es wegen des noch allgemein auf dem Recht und der Geschichte der Kalendertage ruhenden Dunkels am zweckmässigsten sein, sich durch die Rücksicht bestimmen zu lassen, von welcher Seite her sich dasselbe am besten überhaupt lichten lässt, um mit Hülfe der schon gewonnenen Erkenntniss weiter schreiten zu können. Ist der Gegenstand der Forschung durch diese selbst klar gestellt, dann wird es ein Leichtes sein, die daraus sich von selbst ergebende objective Anordnung herauszufinden, welche übrigens grösstentheils auch schon die Alten selbst richtig geben.

Zur bessern Orientierung des Lesers habe ich diesem Buche in der Beilage II einen Römischen Kalender beigegeben. Er ist im Ganzen

162   Die Tage des alten Römischen Jahrs.

ein Auszug aus den Kalendarien der älteren Kaiserzeit und enthält
ausser den Nundinalbuchstaben und der Zahl der Monatstage nur
die in den Kalendarien gross geschriebenen Namen der Jahres- oder
Monatsferien nebst den Charakternoten der Tage; ein Sternchen bei
diesen bedeutet, dass die Kalendarien verschiedene Noten angeben.
Von sonstigen Angaben sind, um nicht zu verwirren, nur die Haupt-
spiele und die Messen *(mercatus)* und zwar mit kleiner Schrift aufgenommen worden.

I. Quando Rex Comitiavit Fas

und die verwandten Tage

Feralia Fas, Quando Stercus Delatum Fas — Vinalia Fas
und 23 September.

Die Bezeichnung gewisser Tage mit *F* finden wir in den Römischen Kalendarien auf doppelte Weise: als ausschliessliche oder so,
dass sie hinter einer anderweitigen Hauptbezeichnung des Tages steht.
Von den Tagen der letzteren Art soll in diesem Abschnitt die Rede
sein und zwar so, dass wir dabei von den Tagen mit *Q. R. C. F*
ausgehen.

Mit diesen Anfangsbuchstaben werden bekanntlich zwei Tage
bezeichnet, der 24 März und der 24 Mai, die allgemein für ein noch
nicht gelöstes Räthsel gelten. Die Stellen der Alten darüber sind
folgende:

Varr. 6, 31. *Dies qui vocatur sic 'quando rex comitiavit fas' sic
dictus ab eo, quod eo die rex sacrificio lustral[1]) comitium, ad quod
tempus est nefas, ab eo fas: itaque post id tempus lege actum saepe.*

[1]) So lese ich. *sacrificio ius* (oder *ius*) *dicat ad Codd.* Die Emendation Bergk's
sacrificiolus sacrificat hat wohl gegen die gewöhnliche *sacrificulus dat* (Müller)
oder *ei* (Mommsen) *ad noch* die grössere Wahrscheinlichkeit für sich.
Sie trifft aber auch nicht das Richtige, da der *rex* sonst nirgends
sacrificiolus — ein überhaupt sonst unerhörtes und sprachlieb unzuläs-
siges Wort — sondern nur *sacrorum, sacrifices, sacrificulus* oder *sacrificium*
heisst. Marquardt Röm. Alt. IV. S. 261. Auch hatte der Abschreiber
offenbar *sacrificio* vor sich und corrumpierte nur das Folgende in der
Meinung, dass sich für einen Rex in diesem Zusammenhang doch nur
Rechtsprechen schicke (*ius dicat*), was denn die Verdoppelung des *si*
(als *od*) zur Folge hatte. Jedenfalls fand das Opfer nicht auf dem
Comitium, sondern an demselben (wie es die *lustratio* mit Umgang mit
sich bringt) statt. Das zeigt Plutarch. Qu. Rom. 63., wo er nach der
Bemerkung, dass die Römer nach Vertreibung der Könige einen andern
König nur für das Sacralwesen eingesetzt, der weder regieren, noch
mit dem Volke habe vorhanden dürfen, hinzufügt: *ἔστι γοῦν τις ἐν ἀγορᾷ
θυσία πρὸς τῷ λεγομένῳ Κομητίῳ κἀπειρος, ἣν θύσας ὁ βασιλεὺς κατὰ τάχος
ἄπεισι φεύγων ἐξ ἀγορᾶς.* Der König floh also vom Forum, welches
er betreten musste, wenn er am Comitium opferte. Doch pflegten solche
Lustrationen, wie besonders die der Iguvischen Tafeln zeigen, nach

Ovid. F. 5, 727 (beim 24 Mai). *Quattuor inde notis locus est, quibus ordine lectis, Vel mos sacrorum vel fuga regis inest.* Fest. epit. p. 259. '*Quando rex comitiavit fas' in fastis notari solet et hoc videtur significare: quando rex sacrificulus divinis rebus perfectis in comitium venit.* Fest. p. 258. (nach Ursinus und Müllers Restitution) *Q. R. C. F. Quando Rex com-itiavit fas: sic notatum esse diem in fastis i-n honorem regis sacrorum aiunt qui de feria menstrua scripserunt quae nonalibus sacris in curia a rege edicuntur. huius nominis causae a multis scriptoribus tradilae sunt. Quo autem die rex in comitium venit, eius pars anterior nefas habetur, donec ille sacra facit: posterior fas, cum sacris peractis inde fugit. si quis alius pro rege eo die in comitio fecerit, puta pontifex, iam is dies fastus est.* Verr. Fl. ad Fast, Praenest. Mart. 24. nach Mommsens Restitution (L. L. A. p. 316): *[Q. R.] C. F Hunc diem plerique perperam interpretantes putant appellar-i, quod eo die ex comitio fugeri rex; n-am neque Tarquinius obiit ex comitio urbis et alio quoque mense eadem sunt idemque significant. Qu-are comitiis factis iudici-a fieri indica-ri iis magis putamus.*

Aus diesen Stellen selbst geht bei aller Unsicherheit der versuchten Restitutionen doch so viel hervor, dass man schon im Anfang der Kaiserzeit über die Bedeutung dieser Tage und der Bezeichnung derselben im Kalender im Unklaren war. Namentlich vermengten Viele diese Tage mit dem im Kalender mit *Regifugium* bezeichneten 24 Februar (was sich denn natürlich auch in die mittelalterlichen Kalendarien bei Merkel ad Ovid. F. p. LVII. fortpflanzte). Dieser Tag wird von den Alten allgemein und, wie ich glaube, mit Recht, auf die Flucht des Tarquinius d. h. die Vertreibung der Könige, bezogen[2]). Bei der tief eingreifenden religiösen Bedeutung des Römischen Königthums ist es schon an sich fast selbstverständlich, dass ein solcher Frevel — was dessen gewaltsame Aufhebung formell immer war —, um das Gewissen des Volks zu beruhigen, nicht ohne eine öffentliche Sühne bleiben konnte[3]). Eine solche erwähnt aber

---

Opfern an den vier Seiten mit einem Opfer in der Mitte der lustrierten Localität selbst zu schliessen, so dass es immer möglich ist, dass der Rex zuletzt auch das Comitium selbst betrat. Uebrigens hatte diese festatobende Lustration des Comitium nichts mit der gelegentlichen zu schaffen, welche nach dem wahrscheinlichen Sinn der lückenhaften Stelle des Fest. v. *Regiae feriae* p. 278. 4(3). ohne Zweifel auch durch den Rex stattfand, wenn der Blitz das Comitium oder andre Hauptlocalitäten der Stadt getroffen hatte, und deren Umbrischer Ritual wir aus den Iguv. Taf. S. 300 ff. kennen. Dass die ältesten Lustrationen vom Rex ausgingen, zeigt Ovid. F. 2, 19 seq.

[2]) Ovid. F. 2, 643 seq. Auson. de fer. 13. Silv. Calend. ad Febr. 24. Fest. ep. p. 279. und die handschriftlichen Kalendarien aus dem Mittelalter bei Merkel ad Ovid. F. p. LV.

[3]) Vgl. Schwegler Röm. Gesch. II. S. 74.

auch ausdrücklich in Verbindung mit der Vertreibung des Tarquinius
Dionys. 5, 1. (von den ersten Consuln: φυγὴν Ταρκυνίοις ἐπιβα-
λόντες ἀίδιον, καὶ μετὰ τοῦτο καθαρμοῖς τῆς πόλεως ποιησάμενοι
etc.) wobel die dauernde Einrichtung einer solchen Bussfeier ihm
selbst unklar geblieben sein kann. Das *Regifugium* war demnach nicht,
wie Ausonius (Anm. 2) nach eigenem Urtheil wegen des der spätern
Zeit angenehmen Erfolgs jener That es nennt, ein *dies laetus*, sondern
nach dem unverwerflichen Zeugnisse der Kalendarien selbst N d. h. ein
dies nefastus, was auch schon seine unglückliche gerade Zahl verräth, ganz verschieden also von den *Poplifugia* am 5 Juli, einem
dies N (d. h. wie wir sehen werden, *nefastus purus*), einem eigentlichen Festtage, und es ist um so willkührlicher, wenn Mommsen
(I. L. A. p. 387.), blos weil *rex* und *populus* Verfassungsgegensätze
bilden, mit Verwerfung der Zeugnisse der Alten über den Ursprung
beider die *Poplifugia* mit dem *Regifugium* als in nothwendigem Zusammenhang stehend gedacht wissen will, als die ganz verschiedenartige geschichtliche Veranlassung der *Poplifugia*, wie sie Varro angiebt, die Feier des Wiedererstehens der Stadt durch Abschüttelung
des Gallischen Joches, durch die Iguvischen Tafeln eine mittelbare
Bestätigung erhalten hat[4]). Allerdings muss man dann die (übrigens
mit keinem triftigen Grunde unterstützte) Mommsen'sche Hypothese
aufgeben, dass die gross geschriebenen Tagesbezeichnungen in den
Fasten (zu denen auch das *Regifugium* gehört) dem reinen Kalender
des Numa ohne spätere Zusätze enthalten. Wir haben uns aber gegen
diese Behauptung schon früher verwahrt (S. 141) und unsere weiteren
Untersuchungen werden auch aus andern Gründen zeigen, dass eine
lebendige Fortbildung jenes alten Kalenders selbst in seinen Fest-
und Busstagen durch neue, die ebenso im Kalender gross geschrieben
wurden, etwa bis gegen Ende des fünften Jahrhunderts fortgedauert
hat. Dafür, dass die Flucht des Tarquinius gerade im Februar und
zwar am 24 stattgefunden, haben wir freilich keine Zeugnisse, wiewohl auch keine widersprechenden[5]); es ist aber auch gar kein zwingender Grund ersindlich, dass das bezügliche Sacrum gerade auf den
Tag derselben hätte fallen müssen. War das *Regifugium* ein Buss-

---

4) Vgl. meine Iguv. Tafeln S. 299 ff.
5) Für ein solches wird man die Darstellung des Dionys. 5, 1. nicht gelten
lassen können, wonach anscheinend gleich nach Vertreibung der Könige
die ersten Consuln im September ihr Amt angetreten haben sollen.
Vgl. über die vielen Widersprüche in den damaligen Daten nach der
Angabe der Schriftsteller und über das vorliegende Insbesondere
Schwegler Röm. Gesch. I, S. 779. II. S. 65 ff. besonders S. 89. Zwar
ist der Amtsantritt der ersten Consuln *Id. Sept.* nicht zu bezweifeln
(vgl. oben S. 70), desto mehr aber, dass er sogleich nach und wegen
der eben geschehenen Königsflucht geschehen sei. Die Wahl jenes
Tages hatte andere Gründe (S. 71) und bis dahin half man sich wahrscheinlich durch *interregnum* oder Stellvertretung durch den *tribunus
celerum*, wovon sich ja auch Andeutungen bei einigen Autoren finden.
Schwegler a. a. O. II. S. 76.

und Schuldsühntag und zwar für eine Begebenheit, welche einer ganzen alten Ordnung der Dinge ein Ende gemacht und eine neue begründet hatte, so können die Priester — wie auch Niebuhr (R. G. L. S. 566) schon aah — gar wohl nur aus diesem Grunde und ohne Rücksicht auf das historische Datum der Begebenheit den Tag unmittelbar nach den Terminalien, mit dem das neue Jahr in seinem ersten Ursprunge anhob, dafür gewählt haben. Eine vollständigere Einsicht in den Grund der Wahl gewährt uns aber der oben (S. 39) nachgewiesene Zusammenhang der Fünftage nach dem Jahresschluss mit dem Königthum selbst. Denn waren sie der erste, vorbereitende Anfang des Jahres, in welchem sich das ganze Königthum bewegte und mit deren sich auch der Regierungsantritt eines neuen Königs vorbereitete, so liess sich für eine Feier, die zugleich die Abschaffung des Königthums und damit die neue Verfassung sacral begründen sollte, gar kein anderer vollkommen passender Tag auffinden, als der erste jener Fünftage.

Ueber die irrige Vermengung des *Regifugium* mit dem *Q. R. C. F* hatte Verrius auch in dem leider nur in wenigen Bruchstücken erhaltenen Artikel des Festus p. 278. sich ausgesprochen, welchen Mommsen (l. c. p. 367.) abweichend von den frühern Versuchen des Ursinus und Müllers (Fest. p. 278. 403.) und den noch unhaltbareren Späterer (Hartmann Ordo Indic. S. 39. Anm. 5.) so zu ergänzen ge sucht hat:

Regifugium notatur in fastis dies a. d. VI. Kal. Mart.,
qui creditur sic dict-us, quia eo die Tarquinius rex fugerit
ex urbe. Quod fal-sum est; nam e castris in exilium abiisse
eum r-ctul-erunt annales. Rectius explicabit, qui regem
et Sulius hoc die .... facere sacri-ficium in comitio coque
perfecto illum inde fugere a-vverit. Praeterea quod in
fastis alibi inceniuntur ta-les no-tae Q. R. C. F. eae sic
legendae sunt: 'qu-ando rex comitiavit fas,' non 'quod rex
comitio fuger-at'; his enim diebus post comitia in urbe lege
agitur nec in-de ut diximus abiit exulaturus in E-truria.
Legitur autem in fastis duobus diebus a. d. IX K. Apr.
et IX K. Jun. is quas dixi notis adscriptio illa et sic intel-
legi debet, cum comitia facta sint, ut tum dies fiat e nefasto
fastus.

Dabei liegt aber der auch von Marquardt (Röm. Alt. IV. S. 266) getheilte Irrthum zu Grunde, dass am Tage des *Regifugium* eine Flucht des *rex sacrorum* beim Opfer stattgefunden habe, was kein einziger alter Schriftsteller sagt; namentlich auch nicht Plutarch in der oben (Anm. 1) angeführten Stelle, die Mommsen (p. 387) ohne allen Grund auf das *Regifugium* bezieht, während sie, verglichen mit den Stellen des Varro und Ovid, offenbar auf die Tage mit *Q. R. C. F* bezogen werden muss, wie auch wohl alle früheren Interpreten seit Scaliger (ad Fest. v. Q. R. C. F.) gethan haben. Mit Recht bemerkt Müller zu der obigen Stelle des Festus, dass man bei deren Beurtheilung

von dem ausgehn müsse, was derselbe Verrius in den Fast. Praenest.
zum 24 März sage (oben S. 163). Dann bezog sich aber der von ihm
gerügte gemeine Irrthum nicht eigentlich auf den Tag *Regifugium*,
sondern auf den 24 März, dessen Bezeichnung *Q. R. C. F* man falsch
von der Flucht des Tarquinius deutete und den man darum wohl
auch *Regifugium* nannte. Dieses bestätigt Ovid (oben S. 163), dessen
Bemerkung zu jenen *notae: quibus ordine lectis vel nos acrorum vel
fuga regis inest*, offenbar besagen soll: liest man jene *notae* ordentlich
(wie sie angeschrieben lauten müssen), so wird damit entweder ein
Gebrauch bei dem Opfer dieses Tages — dass nehmlich dabei der
rex sacrorum zu fliehen pflegt (vgl. Plutarch in Anm. 1) oder die
wirkliche Flucht des Königs (Tarquinius) bezeichnet. Die erstere
Meinung ist die richtige, nach der die Worte angeschrieben lauteten
Quando Rex Comitiavit Fas. Die zweite deutete dagegen *Quando Rex
Comitio Fugit* oder *Fugerat*. Wie ich glaube, besitzen wir auch noch
in dem *Calend. Maff.* einen Beweis, dass diese Deutung sich selbst
in manche öffentliche Kalendarien einschlich. Denn wenn wir daselbst
zum 24 März lesen *Q. REX C. F* (Mommsen I. L. A. p. 304), so
kann dieses, da dergleichen Noten regelmässig mit den blossen Anfangsbuchstaben ausgedrückt werden, nur aus der Klügelei eines
Anhängers der gemeinen falschen Ansicht erklärt werden, der, um
dem Einwand zu begegnen, dass *comitio fugere* kein recht passender
Ausdruck für *ex comitio fugere* sei, das angeschriebene Wort *REX*
benutzte, um auch die Deutung *R(ex)EX* möglich zu machen. Mit
dem Tage *Regifugium* mochte sich dann diese Meinung so abfinden,
dass sie ihn auf die Erinnerung an die Vertreibung der Könige überhaupt d. h. ohne Rücksicht auf den Tag, wo sie geschehen, bezog.
Nur zum Beweise, dass die Stelle des Festus auch nach dieser richtigen Auffassung und zwar selbst befriedigender sich ergänzen lässt,
möge folgende Restitution derselben dienen, bei der zum Theil auch
fremde Gedanken benutzt sind:

> *Regifugium dies est in fastis a. d. VI. Kal. Mart., non
> a. d. IX Kal. Apr., ut credit vulg-us, quia eo die Tarqui-
> nius fugerit Roma. quod fal-sum est; nam e castris cum
> exulatum isse r-ettal-erunt annales. et qui hoc alioque die
> regem e-t Salios ad comitium lustrandum*[6]) *facere sacri-
> ficium in-deque perfecto sacro regem fugere a-overä, haec
> potius sacra significari per ta-les so-los Q. R. C. F intel-
> leget explicandas: 'quando rex comitiavit fas', non 'quando
> rex comitio fuger-at.' bis enim Tarquinium fugisse, nemo
> tradidit, nec in urbe quidem fuit, cum iret exulatum in
> Etruria. Ceterum litera F a. d. IX Kal. Apr. et a. d. IX Kal.*

---

[6]) Dass die Salier, deren priesterliche Action, wie bekannt, hauptsächlich
in den März fällt, auch auf dem Forum ihre Tripudiation verrichteten,
sagt Dionys. 2, 70. Sie konnte aber nur dem Comitium gelten, da das
Forum selbst ein profaner Ort ist.

Jan. is, quas dixi, nolis adscripta, sic intel-legi debet, ut post perfecta illa sacra dies fiat e nefasto fastus.

So nimmt die Stelle ganz zu der der Präncstiinischen Fasten, besonders wenn wir am Schlusse der letzteren auch passender ergänzen: *s am neque Turquinius abiit ex comitio, sed e castris, et alio quoque sumse eadem sunt verba, quae significant, qu-ando rex comitiarit, recte .... a fieri; indicat ur enim litera f fas —* wobei wir uns die Ergänzung des vor *fieri* fehlenden Wortes noch vorbehalten.

Ueber die eigentliche Bedeutung der gedachten beiden Tage haben wir nun aber aus allen diesen Stellen noch nichts weiter erfahren, als dass der Rex an ihnen am Comitium and wahrscheinlich zur Lossration desselben, auf die ja auch die Zuziehung der Salier deutet, ein Opfer brachte, nach dessen Beendigung er vom Forum floh. Des Welteren, möchte man glauben, habe Verrius davon in der andern oben S. 163 mitgetheilten Stelle des Festus p. 258. gohandelt; so viel aber die Reste der Handschrift erkennen lassen, hatte er sich doch auch da nur auf die richtige Deutung der Siglen beschränkt und wegen der Veranlassung des Opfers nicht einmal auf andre Schriftsteller verwiesen; denn statt der betreffenden Restitution des Ursinus und Müllers wird vielmehr nach Hinzufügung des Wortes *recte* vor *aiunt* zu setzen sein: *nam et falsae explicationes a scriptoribus traditae sunt.* Werthvoll ist jedoch in dieser Stelle die Bemerkung, dass nach den Schriftstellern über die vom Rex allmonatlich edicierten Ferien des Monats diese Tage *in honorem regis sacrorum* so bezeichnet seien. Dieses kann, wenn man den Schluss der Stelle vergleicht, nicht blos den Gegensatz zu der Flucht des Tarquinius haben bezeichnen sollen, worauf die falsche Ansicht diese Siglen bezog, sondern es muss damit zugleich gemeint gewesen sein, dass dem Rex durch die Belassung dieses Opfers eine Ehre erwiesen worden sei, indem man damit anerkannt habe, dass nur er es vollgültig darbringen könne d. h. so, dass damit, sobald er geflohen war, der *dies* sogleich *fastus* wurde, während wenn ein Anderer für ihn z. B. well er selbst krank war, geopfert hätte, der ganze Tag *nefastus* blieb. Denn *nefastus* oder *totus nefastus est* muss man, wie schon Dacier erkannt hat, am Schlusse ergänzen, nicht mit den Aelteren *fastus est* oder mit Mommsen *item fastus fit.* Ueberhaupt wird die Stelle nach ihrem Sinne richtiger so wiederhergestellt werden:

> Q. R. C. F. 'quando rex com-itiassit fas.' sic notatos esse dies in fastis in honorem regis sacrorum, recte aiunt, qui de feris menstruis scrip-serunt, in quibus etiam hi dies a rege ediuntur. nam et falsae explicationes a scriptori-bus traditae sunt. Quo autem die rex ad comitium facit[1]), eius

---

[1]) Der Ansang des Paulus giebt: *quando rex sacrificulus divinis rebus perfectis in comitium venit*, worauf die ältere Ergänzung *in comitium venit* beruht. Es ist aber schon von Scaliger und Dacier bemerkt worden,

*pars ante- rior nefas habetur, donec ille sacra facit: posterior
fas, cum sacris peractis inde fugit. si quis alias pro rege eo
die ad comitium fecerit, puta pon-tifex, tum (h)is dies totus
nefastus est.*

Sehen wir uns nach weiteren Hülfsmitteln um, welche auf die
eigentliche Bedeutung dieses Opfers und dieser Tage führen können,
so liegt ein solches vor Allem schon in dem Ausdruck *comitiare* selbst.
Dieser bedeutet nicht eigentlich ein Opfer darbringen, sondern zur
Versammlung, namentlich auf das Comitium, rufen und zwar nach
den beiden Seiten der verfassungsmässigen Bedeutung des Comitium,
welche Varr. 5, 32. angiebt: *Comitium ab eo, quod cuibant eo comitiis
curiatis et litium causa.* Von der letzteren sagt Fest. ep. p. 107. *Incomitiare significat tale convicium facere, pro quo necease sit in comitium,
hoc est, in concentum venire.* Plautus (Cure. 3, 1, 30.): '*Quaeso ne
me incomities*'; wo jedoch die Erklärung richtiger ist: nöthige mich
nicht (durch zu arge Beleidigung) mit Dir auf das Comitium zu
kommen d. h. zur Klage gegen Dich vor der Obrigkeit daselbst: so
dass nur witzig die eigentliche Bedeutung = *in ius vocare*, was der
Kläger thut, dem Beleidiger zugeschrieben wird. Gewöhnlicher aber
wird das Wort gebraucht von der Obrigkeit, welche eine (Volks-)
Versammlung beruft und hält. So in der Erklärung des mittelalterlichen Glossar. ap. Barth. advers. 28, 19. *Incomitiare in comitio pla-
citare* d. h. auf dem Comitium eine Versammlung halten. Und dass
das Simplex *comitiare* dieselbe Bedeutung halte, zeigt der alte Name
comitiatus (Varr. 5, 91. Cic. de leg. 2, 12. 3, 12. 19. Gell. 3, 15.) oder
vollständiger *comitiatus maximus* für das versammelte Volk der Centuriatcomitien, nur dass da die Beziehung auf das eigentliche comitium
als Ort der Versammlung weggefallen ist[5]). Unsere Phrase, in der
das Wort von der Obrigkeit und zwar auch mit selbstverständlichem
Object, dem Volke, ausgesagt wird, kann also nur heissen: wann der
Rex eine Volksversammlung auf dem Comitium gehalten hat, so dass
die Beschränkung des *comitiare* auf das die Versammlung eröffnende
Opfer nur in dem *rex sacrorum* selbst liegt, der weiter nichts darin
vornehmen darf. Dabei muss aber auch das Volk nicht blos wie an
den Kalenden, wo es zur Vernehmung des Tages der Nonen, und
an den Nonen, wo es zur Vernehmung der in den Monat einfallenden

---

dass dieses eins von den vielen offenbaren Missverständnissen des
ächten Festus sei, deren sich Paulus schuldig gemacht hat. Auch aus
der andern Stelle des Festus über *Regifugium* hat der Epitomator sogar
das Gegentheil von dem, was Verrius sagte, herausgelesen.

[5]) Unsicher ist die Lesart bei Varr. 6, 91. *Comitiatum praetores vocat ad te*,
wo Müller *Comitiet tum prece*, Mommsen *comitiatum populum Romanum*
verändert, wahrscheinlich beides nicht richtig, sondern *comitiatum praetoris
vocat ad te*, weil der Quästor in des Prätors Namen handelt, so wie der
Volkstribun, der den Tag für Perduellionscomitien vom Prätor erbittet.
Die Bedeutsamkeit des Ausdrucks zeigte sich namentlich darin, dass
z. B. ein anderer Prätor diesen Comitiatus von dem an sich geringern
Quästor nicht abrufen konnte, weil es ein *comitiatus praetoris* war.

Festtage vom Rex auf der Arx versammelt wurde*), d. h. nicht als
Concio, sondern als Volk nach seinen verfassungsmässigen Abtheilungen
versammelt worden sein; denn darauf geht *comitium*, *comitia*, *comitiare*,
wie denn auch nur Comitien, nicht Concionen mit einem Opfer eingeleitet wurden. Und bedenken wir zugleich, dass das Opfer nach
unserer Verbesserung der Stelle des Varro in einer Lustration des
Comitium bestand (Anm. 1), so galt es ohne Zweifel dem Comitium,
eben als solchem d. h. inwiefern dieses zu den Comitien diente und
damit zugleich dem darauf versammelten Volke — nicht blos für
dieses eine Mal, sondern zugleich inwiefern es die Volksversammlungen des Jahres überhaupt repräsentirte, ähnlich theils den Suove-
taurilien beim Lustrum, welche das versammelte Volksheer umgiugeu,
theils und noch mehr dem *amburbium* der Lupercalien, durch welche
mit der *urbs* zugleich die Bürgerschaft gesühnt wurde[10]).

Das, worauf die Lustration sich näher bezog, wird uns nirgends
mitgetheilt. Da dabei nach Festus die Salier mitwirkten, die ganz
besonders zur Vertreibung von Pest und Krankheiten eingesetzt waren,
so denkt man wohl zunächst mit Recht an den *morbus comitialis*, der
bekanntlich davon so hiess, dass wenn ein Theilnehmer der Versammlung davon befallen wurde, die Volksversammlung nicht galt[11]).
Doch wäre damit nur etwas durch das Opfer Abzuwendendes bezeichnet, im Uebrigen aber über dessen Natur nichts ausgesagt. Es
ist daher auch daran zu erinnern, dass auf dem Comitium der *lapis
niger* des Romulus (Fest. p. 177. Schol. Cruequ. ad Horat. epod. 16, 13.
Becker Röm. Alt. I. S. 294), unter demselben der Mundus der abgeschiedenen Seelen sich befand (Plut. Rom. 10), der dreimal im Jahr
geöffnet wurde, und dass an den Tagen, wo dieses geschah, öffentlich nichts vorgenommen, namentlich nach Festus auch keine Comitien
gehalten zu werden pflegten[12]). Die Annahme, dass das Opfer des
Rex zunächst den abgeschiedenen Seelen in dieser abgekehrten Seite
des Comitium galt — darunter dann aber auch dem Romulus als
Quirinus — und nur mittelbar zur Lustration des Comitium und der
Volksversammlungen diente, liegt um so näher, als es diese
beiden Tage doch nicht zu eigentlichen Fest- und Feiertagen machte,
wie ein Lustrationsopfer an die oberen Götter, wozu sich auch Tage
von gerader Zahl (dem 24sten) nicht eigneten, sondern an sich die
Natur eines hier nur ausgezeichneten blossen Comitialopfers hatte.
Eine spätere Combination wird zeigen, dass wir auf diese Bedeutung

---

*) Varr. 6, 13. 27. 28. Macroh. 1, 15, 10.

[10]) Vgl. darüber meine Iguv. Tafeln S. 102 ff. und S. 228.

[11]) Fest. p. 234. *Prohibere comitia dicitur rehire dira morbo, qui vulgo quidem
maior, ceterum ob id ipsum comitialis appellatur.*

[12]) Fest. p. 142, 23. p. 154. epit. p. 156. Varro bei Macroh. 1, 16, 16. erwähnt die Comitien nicht und in den Kalendarien sind die drei ohne
Zweifel auf die alten drei stummen kommenden Tage, der 24 August
der 5 October und der 8 November, als comitial bezeichnet, so das
diese Tage überhaupt doch nur subjectiv religiös waren.

des Opfers allerdings das Hauptgewicht zn logen haben. War es
nun aber ein der Macht der ältesten *religio* entsprechender Gedanke,
dass das Volk der Lebenden sich zur Festhaltung seiner Einheit mit
der grossen Gemeinde der Abgeschiedenen ursprünglich stets über
deren Mundus versammelte, gleichwie umgekehrt in den Processionen
auch die Bilder der abgeschiedenen Vorfahren mit den noch Lebenden einhergingen, so erforderte dessen Realisirung doch auch eine
solche Lustration mit Rücksicht auf die Todten, wobei man den *morbus
comitialis* eben hauptsächlich den Einwirkungen solcher zuschreiben
mochte, die sich ungestüm und neidisch in die Versammlung der
Lebendigen zurücksehnten.

Jedenfalls war das Opfer des Rex an den Tagen Q. R. C. F
kein gewöhnliches blos diesen Comitien geltendes, sondern ein die
Comitien überhaupt eröffnendes und dafür sowohl als für die *legis
actio* Volk und Comitium instruirendes. Gab es dann freilich auch
schon vor dem 24 März *dies comitiales* und *fasti*, so wird man sie
doch ursprünglich in der Regel noch nicht zu Comitien benutzt haben
und später standen sie auch mit unter der Wirkung dieser Comitial-
lustration, nur als letztes in dem Comitialjahr. Dass nun aber dieses
Opfer dem Rex auch nach Abschaffung des Königthums belassen
wurde, kann nicht auffallen. Es wurde dadurch die Hauptthätigkeit
der obrigkeitlichen Gewalt für das Innere, das Recht des *cum populo*
und des *jure (lege) agere* in Gemässheit der ursprünglichen Verfassung,
wo sie nur dem Rex zustand, auch nach Einsetzung jährlicher Magistrate zuerst festgehalten, so dass alle deren *cum populo* oder *legis
actiones* während des ganzen Jahres iure *sacro* gleichsam unter dem
Schirme dieser *comitiatio* des Rex standen. Dieses bestätigen denn
auch mehrere andere Umstände, die zugleich noch zu einer Erweiterung unserer bis jetzt gewonnenen Erkenntniss führen.

Merkwürdig ist ausser der schon erwähnten auffälligen Doppelheit des Tages Q. R. C. F — am 24 März und 24 Mai — dass
beiden ein ebenfalls doppeltes Fest, das *Tubilustrium* am 23 März
und 23 Mai, vorangeht. Darüber haben wir ausser den Kalendarien,
welche die Tage zugleich mit N° bezeichnen, folgende Nachrichten:

Varr. 6, 14. *Tubilustrium appellatur, quod eo die in atrio sutorio
sacrorum tubae lustrantur.*

Fest. ep. p. 353. *Tubilustria dies appellabant, in quibus agna
tubas lustrabant.*

Fest. p. 352. *Tubilustria (richtiger tubilustrium) quibus
diebus adscriptum in fastis est, in atrio sutorio agna tubae lustrantur, quos tubos appellant, quod genus lustrationis ex Arcadia
Pallanteo translatum esse dicunt.*

Varr. Fl. ad Fast. Praenest. Mart. 23. *Tubil. N° Feriae
Marti. Hie dies appellatur ita, quod in atrio sutorio tubi lustrantur,
quibus in sacris utuntur. Latini* quidem *clavam eam ait esse in
ruina Palati incensi a Gallis repertam, qua Romulus urbem inaugu-
raverit.*

Ausserdem bezeugt Lydus (de mens. 4, 42), dass am 23 März dem Mars und der Neriene, welche man für die Athene oder Aphrodite halte, — bei Ovid. F. 3, 850, *fortis dea* genannt — geopfert werde; Porphyrio spricht zu Horat. ep. 2, 2, 209. von einem Siege, den die seitdem Neriene genannte Minerva im März über Mars in einem Streit über die Ehe davon getragen habe, und zum 23 Mai bemerken die Kalendarien und Ovid (F. 5, 725), dass der Tag dem Vulcan geheiligt sei, letzterer mit der Bemerkung: *Lustrantur purae quas ferit ille tubae.* Unverkennbar gehören nun beide auf einander folgende Tage zusammen, wodurch auch unsere obige Verbesserung der Stelle des Varro (S. 162) eine neue Bestätigung erhält. Mommsen, welcher in dem 24 März und 24 Mai 'Römische März- und Maifelder' findet, an denen 'sich die älteste Römische Gemeinde von Rechtswegen zu ungebotenem Dinge versammelt habe' (Chronol. S. 253.), hält auch die Tubilustrien für nichts als 'die religiöse Vorfeier der Landtage, die Reinigung und Weihung der bei der Eröffnung derselben zu blasenden Pfeife.' Es ist aber im Ganzen ein misslliches Ding um das Zusammenbringen ganz entlegener Völker und Zeiten zur Erklärung ihrer Institutionen und wir werden wohlthun, auch hier auf unserer Hut zu sein, zumal sonst im Römischen Alterthum keine Spur von solchen ungebotenen Versammlungen im Innern des Staats für Rechtsprechung oder für allgemeine Berathungen, wie sie etwa die Latinischen Ferien, obgleich auch nicht ungeboten, im auswärtigen Staatsrecht waren, sich findet. (Vgl. auch Hartmann Ordo judic. S. 43.) Nach unserer Erkenntniss der Bedeutung des Opfers am 24, werden wir nicht anstehen dürfen, weiter anzunehmen, dass beide Tage eine zusammenhängende Lustration enthielten, welche am 23 die bewegliche Instrumente für die Eröffnung der Volksversammlungen, zunächst der sacralen des folgenden Tages, betraf und am folgenden Tage mit der Lustration des Comitium selbst abschloss. Man wird nehmlich unter den *tubi* nicht bloss die später bei feierlichen öffentlichen Opfern und daher wohl auch wenigstens vor jeder sacralen Volksversammlung gebrauchten *tubae*[11]), insbesondere auch die, von denen die heiligen Tänze der Saller gewiss auch am 24 begleitet wurden, sondern, wie auch schon Preller (Röm. Myth. S. 321) angenommen hat, zugleich anderes für die älteste Art der Volksversammlung gebrauchtes heiliges Geräth ähnlicher Art zu verstehen haben, wie namentlich die *ancilia* selbst, die an diesem Tage zum dritten Mal im Monat in Bewegung gesetzt wurden (Lyd. de mens. 4, 42), und nach der von Verrius berichteten Bemerkung des Lutatius den Litaus des Romulus, der dann etwa eben so die bei den Auspicien der Volksversammlungen von den Obrigkeiten und Priestern gebrauchten Auguralstäbe, wie die *tubi* der Saller zugleich die *litui* als Blas-

---

[11]) Diese leitet Varro 5, 117. von unseren *tubis, quae etiam nunc ita appellant tubicines sacrorum,* ab. Ueber die angegebene Zunft der letzteren vgl. Fest. p. 353ᵇ und epit. v. Armilustrium p. 19. und überhaupt Marquardt Röm. Alt. IV. S. 876.

172   Die Tage des alten Römischen Jahrs.

instrumente für die *classes* des Volks (Varr. 5, 91.) repräsentierte.
Den Mars gingen auch diese beide an, da er auch Auguralgott ist.
Auch erklärt sich dann, warum der Lituus des Romulus in der *curia
Saliorum* auf dem Palatin aufbewahrt wurde[14].

Das Wichtigste ist aber die offenbare Beziehung unseres Bildnum
auf den Ursprung des Comitium und damit des Römischen Gesammt-
staats als *populus Rom.* Quirites, worauf die Doppelheit dieses Bildnum
und dessen Ausetzung im März und Mai führt. Eine alte Tradition
(Plut. Rom. 19. 20. Zonar. 7, 4.) leitete den Namen *comitium* davon
ab, dass dort Romulus und Tatius zusammengekommen seien, als sie
durch ihr Bündniss den Römisch-Quiritischen Gesammtstaat stifteten,
und berichtete ausserdem, dass noch später jeder dieser beiden Könige
erst mit den hundert Vätern seines Volks besonders berathen habe,
bevor beide zu Einer Volksversammlung zusammengetreten seien. Man
legte daher auch dem Romulus und Tatius den Bau des Volcanal
bei, der Stätte oberhalb des Comitium, von wo aus sie und die Könige
nach ihnen die Volksversammlung leiteten (Dionys. 2, 50. Plut. Rom. 24.
Qu. Rom. 47.). Nach dieser in ihren Grundzügen durchaus glaublichen
Tradition dürfen wir wohl aus unsern beiden Kalendertagen schliessen,
dass zu den Bedingungen der vereinbarten Gesammtstaatsverfassung
auch die Stiftung gemeinsamer Zusammenkünfte für Justizverwaltung,
Wahl und Gesetzgebung gehörte, wofür das zwischen der Sabinischen
nunmehr auch gemeinsamen Burg auf dem Tarpejischen und der Römischen *urbs* auf dem Palatinischen Hügel gelegene Comitium inau-
guriert wurde, und zwar so, dass entweder gleich damals oder, was
wahrscheinlicher, wenigstens seit Numa, der den Gesammtstaat auf
religiöser Grundlage erst vollendete, zum Zeichen der Gleichberechtigung beider Völker alljährlich Namens des einen und Namens des
andern, ursprünglich vielleicht auch von dem einen und dem andern
König, an den ersten beiden Monaten ungerader Zahl (denn die grade
ist dazu ungeeignet) eine Lustralfeier gleichsam zur Eröffnung und
beständigen Heiligung dieser wichtigsten Functionen des inneren Staats
für das ganze Jahr gehalten werden sollte, nach deren Vollendung
dann auch noch irgend etwas weltlich Comitiales (wovon nachher)
vorgenommen wurde. Dass dabei die Märzfeier überwiegend die gemeinschaftliche Jurisdiction (oben 8. 41), die Maifeier überwiegend
die gemeinschaftliche Gesetzgebung (*comitio*) betraf, lag mehr in der
verschiedenen Richtung beider Stämme, als in ausdrücklicher Verabredung.

Zur Bestätigung dieser Beziehung der Tage auf die beiden Volkstheile des ältesten Staats dienen nun noch viele andre Umstände,
welche wir nicht übergehen dürfen, weil sie uns in die ganze Com-

[14] Cic. de divin. 1, 17, 30. Dionys. fragm. 14, 5. Becker Röm. Alt. I.
S. 421. Wegen seiner Zusammenstellung mit dem *lituus* als Blasinstru-
ment s. auch Lyd. de mens. 4, 24. Sie beruhte wohl nicht zunächst
auf der ähnlichen Form, sondern mit dieser darauf, dass auch das *lituus*
curva nach den vier Himmelsgegenden geschah. Vgl. Varr. 5, 91. 92.

position des Numanischen Festkalenders immer tiefer eindringende
Blicke eröffnen. Dahin gehört zunächst die Betheiligung der Salier
an dieser Feier, die bekanntlich in die Palatinischen und Quirinalischen oder Agonischen nach den beiden Volkstheilen zerfielen (Preller
Röm. Myth. S. 314), und der offenbare Zusammenhang dieser Tage
mit den vorausgehenden Feiern am 15, 17 und 19 März. Ausgehend
von den Iden (15 März), wo schon unter Betheiligung der Salier dem
Jupiter auf dem Capitol, d. h. dem den Römern und Quiriten gemeinsamen Jupiter, das grosse Hauptstaatsopfer für das Heil des Volks
von der wieder in Kraft getretenen Flur aus in diesem Jahre vom
Pontifex maximus dargebracht wurde[1b], feierten dann am 17 März,
dem Feste der Liberalien, einem zugleich Sabinisch-Oskischen Cultus,
in Rom dem Mündigkeits- oder Lossprechungsfest auf dem Capitol
(Preller S. 445), auch die Quirinalischen Salier ein agonium (Preller
S. 174. 320.) nnd das Doppelfest galt allem Anschein nach der libertas
ex iure Quiritium in Volk und Obrigkeit, wie sie sich vor Allem in
der — von der Unmündigkeit und vom Winter her — frei und des
öffentlichen militärischen Lebens theilhaftig gewordenen Jugend des
vereinten Staats darstellte. Galten aber diese beiden Feste der erlangten Kraft und Fähigkeit zum öffentlichen Leben selbst, so zwei
andere deren Aeusserung in der Action nach aussen und nach innen.
Bald darauf nehmlich, an den Quinquatrus, dem 19 März, wo feriae
Marti waren, fand der sicher auf die militärische Vereinigung der beiden
Völker gegen das Ausland zu einer classis procincta bezügliche, Männer und Waffen für den Krieg des Jahres weihende Haupttanz der
Salier auf dem Comitium statt[16], von wo ursprünglich auch die
classis procincta auszog; denn daran nahmen auch die tribuni celerum
Theil[17] und die Beziehung auf die im Comitium gefallene Schranke
zwischen der Kriegsmannschaft beider Völker wird noch besonders
bestätigt durch folgende auch von Preller (S. 321) hierher gezogene
Stelle des Festus p. 372:

*Vernae qui in villis vere nati, quod tempus, duce natura, feturae est et
tunc rem divinam instituerit Marti Numa Pompilius pacis concordiaeve
obtinendae gratia inter Sabinos Romanosque, ut vernae viverent
neu vincerentur[18]. Romanos enim vernus appellabant, id est*

[1b] Lyd. de mens. 4, 36. Preller Röm. Myth. S. 320. Wir werden später
sehen, dass diesen Fest ebenso die verjüngte Natur im ager Rom., wie
die folgenden die Menschen (Bürger) betraf.

[16] Das Armilustrium am 19 October (Varr. 6, 22. Fest. ep. p. 19.) hatte,
obgleich mit den Quinquatrus zusammengehörig (Marquardt Röm. Alt.
IV. S. 376), doch nicht auf die Duplicität des Staats Bezug, wie es
denn auch einen andern Namen führt, sondern ging ohne Zweifel auf
die Rückkehr des gesammten Heeres nach gemachtem Waffengebrauch,
die nun für das künftige Jahr lustriert wurden, weshalb es auch noch
vor Eintritt in die Stadt am Circus Maximus auf dem Latinischen
Aventinus gefeiert wurde. Varr. 5, 153.

[17] Siehe Heil. A.

[18] Diese meine Emendation des handschriftlichen vincerent hat Müller aus

ibidem *malos, quos vincere perniciosum arbitratus est Sabinis, qui comiunctî erant cum p. R.*[19])

Die hier von Verrius angeführte Beweisstelle kam vermuthlich in den Reclamationen der Quiritischen Salier vor und die *Romani* *cernae*, die jetzt (d. h. im letzten Jahr) militärmäßig gewordene heilige Leibesfrucht des Lenz (*ver sacrum* im weiteren Sinne), welche draussen auf dem Lande geboren worden war (mit Anschluss also der waffenunfähigen städtischen *opifices*), vertreten darin gewiss auch wieder die ganze junge Kriegsmannschaft. Endlich machte den Beschluss der ganzen auf den Doppelstaat bezüglichen Feier, jedoch nach einem längeren Zwischenraum, um damit das Vorwalten des reifern Alters in der innern Action zu symbolisieren, unser die innere Seite des Staats (Theilnahme an Jurisdiction und Volksversammlung) betreffendes Bidunm des 23 und 24 März mit seinem Doppelgänger, dem 23 und 24 Mai, wovon schon die Rede war.

Ein besonderer Beweis für die Beziehung des Tubilustrium auf den Doppelstaat liegt ferner darin, dass es nach Lydus und Ovid in den angeführten Stellen dem Mars und der Nerio oder Neriene zu Ehren gefeiert wurde, einer nach Namen und Sinn Sabinischen Gottheit (Preller S. 320ff.), die man später mit der Minerva zusammenstellte, so dass sie wohl eigentlich die friedlichen Kunstfertigkeiten, die die Kriegführung erfordert, repräsentirte. Nach dieser Seite der Feier fand denn auch wohl das Tubilustrium am 23 März im *atrium sutorium* statt, da die Schuhmacher, hier als Fertiger der Kriegsschuhe an denken, später im besonderen Schutz der Minerva standen. Sie mochten in der Verfassung des Numa unter dessen neun Handwerkercollegien neben den Tubicines ähnlich ausgezeichnet sein, wie die *fabri* und Spiellente in der des Servius Tullius. Doch überwog in der späteren Auffassung die andere Seite, dass Neriene gleichsam die jungfräuliche Gemahlin des Mars war, der man die Stiftung des Friedens zwischen den Sabinern und Römern durch die Intervention der Frauen zuschrieb (Gell. 13, 22, 13.), worauf sich auch wohl der Sieg der Neriene über Mars bei Porphyrio ursprünglich bezog. Eine noch weitere Fortspinnung dieses Gedankens in seinem Zusammenhang mit den Feiern des März und Mai lag dann darin, dass man das Heirathen in diesen sacral kriegerischen Monaten für bedenklich hielt (Porphyr. ad Horat. ep. 2, 2, 209.) und an den Kalenden des März um Erhaltung der Ehen betete (Schol. Cruteq. ad Hor. Carm. 3, 8, 1). In diesen Monaten fühlten sich die beiden

_____

Missverständniss des Folgenden diesem widersprechend gefunden: *quos (Romanos)* ist nehmlich nicht Subject, sondern Object. Den Sabinern war es verderblich, die Römer zu besiegen, nachdem sie in Staatsgemeinschaft mit ihnen getreten waren. Paulus hat in seinem Auszuge aus der Stelle *malos in villis* gemacht — *ex mediis*. Seine Schulmeisterweisheit kannte nur noch solche *cernae*.

[19]) Aehnlich ist die Anspielung des Martial. 10, 76. *de plebe Remi Nunneryus rural.*

Stämme in ihrer Selbständigkeit und das war ja eben für die Ehen im Sabinerkriege so unheilbringend gewesen. Es wird aber auch die Arxceersühne am 16 und 17 März und am 13 Mai von Numa auf diese beiden Monate vertheilt worden sein, weil die Localitäten dieses vorrömischen Localcultus den beiden Hauptstämmen gleichmässig angehörten (vgl. Preller Röm. Myth. S. 515).

Wenn ferner am 23 Mai *Volcano feriae* waren, so hatten noch diese ohne Zweifel weit mehr auf das Volcanal des Blitze werfenden Gottes am Comitium Bezug, von wo die Könige seil Romulus und Tatius die politischen Volksversammlungen hielten[20]), die in der ältesten Zeit überhaupt noch selten, wohl nun erst gehalten wurden, als nach Ovid, der blos noch die spätere Vorstellung vom Vulcan kannte, auf die Fabrikation der *tubae* — denn der Vulcanusdienst und die Blitzeslehre stammten von den Quiriten (Cic. de rep. 2, 14. Varr. 5, 7. Liv. 1, 20. fin. Plut. Num. 15.) — und wir dürfen ebenso für den folgenden Tag annehmen, dass während die Lustration am 24 März vornehmlich das Comitium oder das Volk, die am 24 Mai ebenso vornehmlich das gemeinsame Volcanal oder Regnum betraf.

Endlich ist die ganze Staats- und Volkssühne für den vollendeten Römisch-Quiritischen Staat des Numa, welche von den Iden des März (15 März) an die ganze folgende Woche (16—23 März) mit den Hauptsacraltagen der *Liberalia* (17 März) und *Quinquatrus* (19 März) und dem Schlusstage des *Tubilustrium* (23 März) umfasst, offenbar (wiewohl bisher auch noch nicht beachtet) als Gegenstück an der ähnlichen Sühne für den davorliegenden noch mehr halb Römischen, halb Quiritischen Staat des Romulus und T. Tatius im Februar angelegt, gegen die sie nur — den verschiedenen Idus der beiden Monate entsprechend, — um zwei Tage vorrückt. Denn im Uebrigen hebt auch die Februarsühne von den Idus (13 Februar, dem ersten Parentalientag) an und umfasst die ganze folgende Woche (14—21 Febr.) mit den Hauptfesten der *Lupercalia* (15 Febr.) und *Quirinalia* (17 Febr.) und dem Schlusstage der *Feralia* (21 Febr.), worauf sich dann, ebenfalls einander entsprechend, als Anfangstag der folgenden Woche im März (am 24) der Tag Q. R. C. F, im Febr. (am 22) der der Caristien anschliesst. Der innere Grund dieser Anlage ergiebt sich aus dem, was früher über das ganze Verhältniss der Februarfeier zu der des März bemerkt worden ist (S. 34 f.). Sollte sie Staat und Jahr in ihrem voröffentlichen und gleichsam noch häuslichen Entwickelungsstadium darstellen, worin sich zugleich historisch der Zustand vor dem vollendeten Dreistämmestaat des Numa widerspiegelte, so mussten ja auch die Feste beider

---

[20]) Vgl. die Nachweisungen bei Preller Röm. Myth. S. 528. Becker Röm. Alt. I. S. 287. Die Stelle der Nerione des Mars nahm hier die *Maia* oder *Maiesta Volcani* ein (Gell. 13, 22, 2. Macrob. 1, 12, 18.) offenbar mit Bezug auf die *maiestas regis* und die *maiores des* Raths und der Volksversammlung im Gegensatz zur jungen Kriegsmannschaft des März (Ovid. F. 5, 55seq. vgl. 5, 25seq.).

vernehmen sollte, während es für weltliche Dinge hinreichte, dass
die Bürger dazu erst bei eintretendem Bedürfnis von ihren irdischen
Geschäften durch Edict und Illassinstrumente berufen wurden. Doch
hinderte natürlich nichts, dass namentlich später, wo nur wenige
Leute an den Nonen vor der Curia Calabra erscheinen mochten [36]),
die alsdann für ausserordentliche Vorkommnisse wie die Inaugurationen, mit angesagten *comitia calata* auch noch auf gewöhnliche
Weise, die *curiata* — wahrscheinlich für die Inauguration der Flamines — durch einen Lictor, die *centuriata* — wohl für die Inauguration des Rex — durch einen Hornbläser zusammenberufen wurden.
Schwerlich geschah dieses aber auch für die Testamentscomitien —
obgleich Theophilus (2, 10, 1.) die Sache so darstellt — da diese
Tage selbstverständlich von Alters her allgemein bekannt waren.
Jedenfalls bestätigt nun die richtig erkannte Beschaffenheit der *calata
comitia* auch wieder die Beziehung der eben auch vom Rex callerten
24 März und 24 Mai auf die Testamentscomitien.

Nicht weniger stimmt dazu, dass die *calata comitia* nach Labeo
pro *collegio pontificum* gehalten wurden. Nach Einsetzung des dem
Pontifex maximus untergebenen blossen *rex sacrorum* passte diese
Begriffsbestimmung schon auf die *calatio* dieser Comitien, die er nun
Namens des Collegium vornahm, noch mehr aber auf die Abhaltung
der Comitien selbst. Wie wir sahen, wurde es in ihnen *fas*, nachdem *rex comitiavit*, dessen schliesslicher Act seine Flucht war; denn
er sollte nun eben nichts Politisches mehr als Rex vornehmen und die
Freiheit von der Herrschaft der Könige war hierauf so eifersüchtig, dass
er ihr die Genugthuung gewähren musste, auch sofort nach Beschluss
des Sacrum sich eiligst wegzubegeben (Plutarch in Anm. 1)[37]). Wie
nun hierin selbst eine Bestätigung dafür liegt, dass die Volksversammlung mit seiner Flucht noch nicht aufhörte, sondern für die Geschäfte

---

[36]) Zu Varro's Zeit war als Spur von der ehemaligen wirklichen Zusammenkunft des Volks an den Nonen, um sich wirklich die Feste weisen
zu lassen, nur noch das Bild übrig, dass der Rex *dicis gratia* dem
(anwesenden oder nicht anwesenden) Volk die ersten (statt der sämmtlichen) Ferien des Monats verkündigte (Varr. 6, 28. oben S. 30), was z. B.
im Februar der *dies februatus* d. h. die Lupercalien waren. Varr. 6, 13.
Diese Veränderung war ohne Zweifel in Folge der Publication der
Fasten durch Cn. Flavius eingetreten. Festos erwähnt zwar s. v. Q.
R. C. F (oben S. 163) bei dieser *dictio* des Rex noch Feste im Plural
und nach der gewöhnlichen Restitution, welche die *dictio* auf alle
Monatsfeste bezieht, würde er selbst Varro widersprechen. Ebendeshalb habe ich sie in meiner Restitution (S. 167) auf die Worte
Q. R. C. F beschränkt. Diese beschliessen nehmlich die Reihe der
anzusagenden Tage im März und Mai, und wollte der Rex genau verfahren, so musste er in jedem Monat die ersten und die letzten
öffentlichen Sacraltage nennen, wie dieses bei ähnlichen Imaginären
Acten üblich war. Gal. 3, 174. Liv. 1, 24.

[37]) Dass die Neueren häufig zur Erklärung der Königsflucht — meist
freilich in Beziehung auf das *Regifugium* — die Liebbräuche andrer
Völker herbeiziehen, beruht auf reiner Willkühr und die Sache selbst
wird dadurch auch nicht im Mindesten verständlicher gemacht.

erst begann, so fragt man natürlich: wie konnte sie aber fortdauern,
wenn der *rex comitians* weggegangen war? Dieses Räthsel löst sich
jedoch eben, wenn man nach der Sühne, während welcher das Volk noch
sonst stets geordnet stehen musste, pro *collegio pontificum*, welche nun
den bisherigen nur materiellen Vorakt auch formell weiterführten,
nur etwas vorgenommen würde, was nicht mehr die Gegenwart des
populus als *comitiatus* erforderte wie z. B. die Abstimmung über eine
rogatio, sondern dessen blosse Zeugnissthätigkeit in den einzelnen
Quiriten, und von dieser Art waren die Testamente nach der richtigen Ansicht[20]). Der scheinbar in sich widersprechende Ausdruck
des Gellius *(genus testamentorum) quod calatis comitiis in concione populi fieret*, erklärt sich damit nicht nur, sondern erweist sich auch
als streng richtig. Die vom Rex für die Sühne berufenen und zugleich auch initiierenden Comitien waren aber natürlich *curiata*.

Erhält nun hiermit die älteste Römische *testamenti factio* einen
sacralen (selbst örtlich von der Curia Calabra und damit vom Sabinischen Capitol her) bestimmten Charakter, was es erst recht erklärlich macht, weshalb das *fas* dieses Tages als sacrales mit ausgerufen
und an die Spitze der ganzen Comitialthätigkeit gestellt wurde (denn
bekanntlich hatte das Sacrale bei den Römern überall den Vorgang),
so fragt sich doch wieder weiter: woher dieser Charakter? Darüber
lässt uns die *detestatio sacrorum* nicht in Zweifel, welche in der obigen
Stelle des Gellius und noch entscheidender 6, 12.[21]) in Verbindung
mit der *testamenti factio* erwähnt wird. Doch geben wir darüber hier,
um nicht zu weit abzuschweifen, nur eine Andeutung. Die *sacra
familiaria* oder *privata* gingen ursprünglich, wie sie den Manen der
abgeschiedenen Familienglieder galten, mit dem Vermögen (der *familia*
in diesem Sinne) auch nur auf die *familia (sui, agnati, gentiles)* über.
Diese Einheit der *familia* in beiden Bedeutungen des Worts konnte
aber theils durch *usucapio pro herede*, theils willkührlich vom Erb-

---

[20]) Darüber vgl. Theoph. 2, 10. §. 1. Dernburg Beitr. zur Gesch. der Röm.
Testam. S. 55 ff. und Rhein. Mus. f. Jurispr. VI. S. 290 ff., wo sich
nur das über die *calata comitia* Gesagte nun einiger Maassen modificiert.
Uebrigens erweist sich die von Dernburg und mir bekämpfte Ansicht,
dass die Testamente ursprünglich durch eine Lex bestätigt worden
seien, nun auch mit der Natur der *calata comitia* als priesterlicher und
als blosser Conclonen als unvereinbar.

[21]) *Servius Sulpicius iure consultus, vir aetatis suae doctissimus, in libro de sacris
detestandis secundo, qua rationae adductus testamentum verbum istud duplex
scripserit, non reperio.* Vgl. ausserdem über *detestari* L. 39. § 2. D. de
verb. sing. (50. 16) *Detestari est absenti denunciare.* L. 40. pr. eod. In Verbindung mit dem Wort *familia: Detestatio est denunciatio facta cum testatione.*
L. 238. § 1. D. eod. *Detestatum est testatione denunciatum.* Ueber die hier
weiter entwickelte Ansicht über die *sacrorum detestatio* vgl. übrigens
meine Rec. in Richters Jahrb. 1837. S. 407 und Rubino Unters. über
Röm. Verf. S. 250. Wegen der neuen, aber willkührlichen Deutung,
welche Mommsen Röm. Forsch. I. S. 126 ff. der *sacrorum detestatio*
gegeben hat, wird es genügen, auf Ascher Heidelb. Jahrb. 1864. S. 767.
zu verweisen.

lasser selbst durch Testament aufgehoben werden, indem dieses *heredes*
oder Legatare zum Vermögen im Ganzen oder in einzelnen Sachen
berief, gleichviel ob sie zur *familia* gehörten oder nicht. Bei diesem
Auseinandergehen der persönlichen und sachlichen Seite der *familia*
war es nun für das Fortbestehen der *sacra* ebenso wichtig als an
sich billig, dass sie mit dem Vermögen, aus dem sie ja dargebracht
wurden, verbunden blieben. Die dieses übertragende testamentarische
Succession an sich verpflichtete aber die Successoren dazu nicht, weil
die *sacra* zunächst das höhere Element der persönlichen *familia* treffen
und auf dem *ius religiosum* beruhen, über welches der Testator nicht
so wie über seine *familia pecuniaque* ausschliesslich eigene Macht
hatte, und- wäre auch die persönliche *familia* zur Uebernahme nur
verpflichtet gewesen, insofern sie zugleich in die sachliche eintrat,
so drohte den *sacra* mit Zulassung der Testamente der Untergang.
Um also eine testamentarische Succession mit Hülfe des *rex* und *populus* ohne Nachtheil für die *sacra privata* möglich zu machen, musste
der Testator, der selbst bei der Erhaltung der auch seiner Seele
geltenden *sacra* am meisten interessiert war, neben seinem *testari de
familia pecuniaque sua* zugleich vor demselben Volke als Zeugen eine
Erklärung abgeben, dass seine ernannten Erben oder Legatarien nach
dem Ermessen des Rex und später der Pontifices auch die *sacra* zu
übernehmen hätten, und diese die Successoren nach den nähern Bestimmungen der *ius sacrum et religiosum* verpflichtende Erklärung
war die *sacrorum detestatio*, in welchem Worte die Präposition *de* wie
in ähnlichen (z. B. *dedicare, delegare, deferre*) eben die Abwälzung
von der persönlichen *familia* und die Uebertragung an die Successoren
in die sachliche bezeichnet. Nach dieser Auffassung der *sacrorum
detestatio* begreift man denn auch leicht, wie Servius Sulpicius davon
in mehreren Büchern handeln konnte; denn sie umfasste hiernach
die ganze Lehre von den *sacra privata* in Verbindung mit der Geschichte des Römischen Testaments bei dessen andern Arten, dem
in procinctu oder *per aes et libram* offenbar auch für die *sacra* in
anderer Weise gesorgt sein musste.

    Zurückblickend auf die Stelle des Verrius über diese Tage Q. R.
C. F in den Pränestinischen Fasten (S. 163. 167) werden wir nun nicht
zweifeln, dass Mommsens Ergänzung *qu-are comitiis peractis iudici-a fieri* u. s. w. auch in dem Hauptwort *iudici-a*, womit bestätigt werden sollte, dass diese Tage nach vollendeter *comitiatio* der
legis actio gedient hätten, unrichtig sei. Schon an sich wäre *iudicia
fieri* — ein Vorgang, der bei der damals häufigsten *legis actio*, der
freiwilligen, überhaupt nicht eintritt und der auch bei der streitigen
die *legis actio* schon voraussetzt — ein völlig vergriffener Ausdruck
für *lege agere*, den man Verrius nicht unterschieben darf. Nach
unsern Ausführungen werden wir aber unbedenklich ergänzen: *quae
s-ignificant: qu-ando rex comitiavit, recte testamenta fieri*. Was
die Stelle des Varro (S. 162) betrifft, der bekundet, dass an diesem
Tagen nach Vollendung des Opfers oft *lege* agiert worden sei, so ist

daran zu erinnern, dass die Testamente *culatis comitiis* frühzeitig durch das *testamentum per aes et libram* immer mehr und endlich ganz verdrängt wurden. Hatten nun aber diese Tage comitiale Natur, so konnten sie demgemäss nach vollendetem Opfer seit der Zeit, wo sich Niemand mehr zur *testamenti factio* auf dem Comitium einfand, natürlich wie jeder andre *dies comitialis*, zur *legis actio* benutzt werden; *dies fasti* im gewöhnlichen Sinne waren sie aber nicht.

Mommsen hat noch ein Argument dafür, dass unsere beiden Tage sich ursprünglich auf Rechtsprechung bezogen hätten, daraus hergenommen, dass sie *a. d. IX Cal.* fallen d. h. dass sie *nundinae* in dem von ihm selbst aufgestellten Sinn eines festen Kalendertages, eben jedes *d. IX ante Calendas*, und diese *nundinae* ursprünglich sämmtlich *dies fasti* gewesen seien. Da aber dieser dem Alterthum unbekannte Begriff der *nundinae* später ausführlich widerlegt werden wird und damit jenes Argument von selbst fällt, so halten wir uns hier dabei nicht weiter auf. Nur das möge hier bemerkt werden, dass das wichtigste Beweisthum für jenen neuen Begriff und die Eigenschaft der *dies IX a. Cal.* als *dies fasti* im Sinne der blos für Rechtsprechung bestimmten Tage — eben wieder unsre beiden Tage selbst sind. Denn ausser diesen findet sich in den Fasten des vorjulianischen Jahres nur noch Ein mit *F* bezeichneter *d. IX a. Cal.* — ursprünglich *dies III a. Terminalia* (S. 47) — der 21 Febr., worin man besonnener Weise nur eine selbst der Erklärung bedürftige Anomalie erblicken könnte, wenn der Tag die ansehnlichste Bezeichnung mit *F* trüge. Dieses steht jedoch hinter einer anderweitigen Hauptbezeichnung des Tages, nehmlich *FERALIA*, was ihn der Zahl der eigentlichen *dies fasti* entrückt und auf die Seite der in diesem Abschnitt zu behandelnden Tage stellt.

Indem wir nun zu diesem Tage übergehen, wird eine nähere Verwandtschaft desselben mit unsern Tagen *Q. R. C. F* sofort dadurch wahrscheinlich, dass die *Feralia* ebenfalls ein den Todten gewidmeter Tag sind, was man doch auch von den Testamentstagen mit voraufgehender Lustration des Comitium in dem schon angedeuteten Sinne sagen muss, und es sicher auch nicht zufällig sein wird, dass alle diese Tage schon in dem alten Mondjahr (vgl. S. 120) auf einen *d. IX Cal.* fallen. Denn wäre dieses auch im März einigermaassen durch die Reihe der von den Idus ab vorangehenden connexen Lustrationsfeier herbeigeführt — warum ist nicht schon dort das *Tubilustrium* auf den 21 und das *Q. R. C. F* auf den 22 gelegt und warum der 23 und 24 auch im Mai beibehalten, wo jene Lustrationstage nicht vorangehn? Der innere Grund dieser Ansetzung auf *dies IX Cal.* ergiebt sich nun auch zunächst für die bisher besprochenen beiden Testamentscomitialtage leicht aus deren Natur selbst. Indem die *dies IX Cal.* als kalendermässig fixierter Eintritt des letzten Viertels im abnehmenden Monde das Gegenstück zu den Nonä, dem fixierten Eintritt des ersten Viertels im zunehmenden Monde bildeten und man also dort ebenso der Todesnacht des Monats wie hier seinem

welcher der Rex ohne Zweifel in der Nonenversammlung des Volks
unter den übrigen religiös wichtigen Tagen auch diesen verkündigte,
das Volk auch auf irgend ein irdisches Geschäft hinweisen sollte,
das nach Vollendung der Comitien des Königs ohne Verletzung des
fas vorgenommen werden könne. Als solches denkt sich Mommsen
seit der Republik eine 'Gerichtssitzung'; das Erscheinen des Opfer-
königs auf dem Comitium (also wohl sein *venire in comitium* nach
Paulus — Anm. 7) sei an die Stelle der Berufung und Schliessung
der Curiatcomitien getreten. Ich halte beides für irrig, das erstere
schon deshalb, weil eine 'Gerichtssitzung' keiner vorherigen Comitien
bedürfte, worauf doch das *rex comitiavit* geht, sondern als Werk
schon des Vormittags solchen von jeher eber entgegengesetzt ist:
und dass diese Annahme auch durch die obige Stelle des Varro
(S. 162) in den Worten *itaque post id tempus lege actum saepe* nicht
bestätigt wird, werden wir später sehen. Es bliebe also zur Unterstützung nur noch der Ausdruck *fas*. Allerdings bedentet nun die
Bezeichnung eines Tages mit *F* in den Fasten, wie wir später sehen
werden, einen nur für das *iure* oder *lege agere* geeigneten Tag.
Doch trifft dieses nur zu für Tage, welche blos diese Bezeichnung
tragen und damit nach einer in späterer Zeit und nur im Gegensatz
zu den *dies comitiales* beliebten Deutung, von der weiterhin die Rede
sein wird, ganz und ausschliesslich für *legis actiones* bestimmt sind,
so dass an ihnen keine Comitien stattfinden konnten, während an
den mit *C* bezeichneten *dies comitiales* von der Obrigkeit Comitien
gehalten, wenn aber solche nicht angesagt waren, auch *lege* agiert
werden konnte[28]. Steht dagegen das *fas* hinter einer andern Bezeichnung des Tages, die dessen eigentliche Bestimmung angiebt und
worauf sich also jene spätere Deutung schon an sich nicht bezieht,
so kann es nach unbefangener Auslegung nicht schlechthin auf die
Rechtsprechung als das, was nur im späteren eminenten Sinne *fas*
ist, bezogen, sondern seine Bedeutung muss dann nach der vorausgegangenen Hauptbezeichnung des Tages näher bestimmt werden.
An sich und überhaupt kann aber, so wie *nefas* (N oder auch in NP)
die sacrale Unzulässigkeit sowohl der Comitien als der *legis actio*
ausdrückt, auch *fas* die Zulässigkeit beider und *dies fastus* daher dem
Zusammenhang gemäss auch wohl einen zu Comitien sacral zulässigen
Tag bedeuten. So gebraucht *nefastus* selbst nur im Gegensatz zu
comitialis Plaut. Poen. 3, 2, 8. *Nam istorum nullus nefastus, comitiales
sunt meri.* Ebenso Fest. v. Nundinas p. 173 von dem Tage der
wandelbaren *nundinae: eumque nefastum, ne si liceret cum populo agi,
interpellarentur nundinatores.* Wenn umgekehrt Cicero von der Lex
Fusia sprechend, welche verordnet hatte, dass es nicht gestattet
sein solle, das Volk wegen *legis latio* an allen Tagen zu berufen,

---

[28]) Macrob. 1, 16, 14. *Comitiales sunt, quibus cum populo agi licet, et fastis quidem lege agi potest, cum populo non potest, comitialibus utrumque potest.*

178			Die Tage des alten Römischen Jahrs.

wo dieses sonst religiös gestattet war[36]), die Verordnung so wiedergiebt (de prov. cons. 19, 46. vgl. pro Sest. 15, 33): *non omnibus
fastis legem ferri liceret*, so versteht er unter *fasti* offenbar nicht die
im Kalender mit *F* bezeichneten bloss für *legis actio* zulässigen Tage
— an diesen konnte ja überhaupt keine Volksversammlung stattfinden —, sondern *dies ad hoc fasti* d. h. solche, welche theils
comitial, theils auch sonst von der Art sind, dass kein religiöses
Hinderniss, wie Blitz u. s. w. der *actio cum populo* im Wege steht
(vgl. Marquardt Röm. Alt. II. 3. S. 64). Auch Macrobius 1, 11, 50.
nennt gelegentlich einmal den 20 Dec., einen Comitialtag nach dem
Kalender, weil er früher bewiesen, dass an ihm einmal ein Volksgericht stattgefunden habe (1, 10, 5. 6.), eben deshalb *dies fastus*
(doch steht hier die Lesart nicht ganz fest).

So konnte also auch in der Phrase *quando rex comitiavit fas* nur
der Zusammenhang, die Gewohnheit, ursprünglich auch eine ausdrückliche Hinzufügung, die sich später von selbst verstand, ergeben,
was vorzunehmen *fas* sein sollte. Zunächst muss nun aber an
Comitien gedacht werden. Denn auf Comitien war das Volk mit
dem Ausdruck *rex comitiavit* hingewiesen[37]) — vor Gericht comitiirt
nur eine Partei die andre (S. 168) — und dadurch, dass die Sühne
des Comitium vollbracht worden, hatte ja die vielmehr erst begonnene
Volksversammlung selbst nicht aufgehört, wozu bei Comitien und Conciones immer keine ausdrückliche Entlassung des Volks von Seiten
des Vorsitzenden gehörte[38]). Auch haben wir gesehen (S. 167), dass
nicht auf dem Perfectum *comitiavit*, sondern auf *rex* der Nachdruck
liegt, so dass man aus dem Perfectum auch nicht die völlige Beendigung der Volksversammlung schliessen kann. Dass diese Tage zu
Comitien dienten, erhellt aber auch mit grosser innerer Wahrscheinlichkeit daraus, dass dann, sie selbst eingerechnet, ein ganzes *nundinum* von *dies comitiales* bis zum Ende des Monats folgt[39]) — die
einzigen beiden Fälle dieser Art in den frühern hier allein in Betracht kommenden Monaten des alten mit dem März beginnenden
Jahrs, ausser dass im Juni, aber nach einem ähnlichen Tage *Quando*

[36]) Welche Bestimmung des Gesetzes Cicero dabei im Auge hatte, ist für
unsern Frage gleichgültig und es lassen sich verschiedene Antworten
darauf geben. Am nächsten scheint die Vorschrift zu liegen, dass keine
Volksversammlung zur Genehmigung von Gesetzen gehalten werden
solle, bevor nicht die Magistrate des folgenden Jahres ernannt seien.
Schol. Bob. Cic. in Vatin. p. 319.

[37]) Da das zu Stande Bringen wirklicher Comitien regelmässig in mehreren
Abstufungen geschah (Becker-Marquardt Röm. Alt. II. 3, S. 88), so
kann auch hier die wirkliche *comitiare* erst nachdem das Volk zuerst
als Concio zusammengetreten war, stattgefunden haben.

[38]) Cic. de legib. 2, 12. ad Attic. 1, 14, 5. Fest. v. Remisso p. 289. 290.
Liv. 8, 64.

[39]) Der 27 März mit *NP* macht keine Ausnahme, da er diese Nota erst in
der Kaiserzeit erhalten hat. Mommsen I. L. A. p. 390. 366. 369.

Stercus Delatum Fas (15 Juni) mit ihm selbst zusammen . sogar
15 solcher Tage bis zum Ende des Monats und.

Was nun aber in den Comitien unserer beiden Tage vorgenom-
men sei, lässt sich auch mit grösster Wahrscheinlichkeit bestimmen.
Schon Mommsen hat ungeachtet seiner Beziehung derselben auf
Rechtsprechung und eigentlich im Widerspruch damit doch auch an
Gai. 2, 101 gedacht:

> *Testamentorum autem genera initio duo fuerunt; nam aut calatis*
> *comitiis (ea) faciebant, quae comitia bis in anno testamentis faciendis*
> *destinata erant, aut in procinctu u. s. w.*

Von keinem andern Comitialgeschäfte des alten Staats, wie *legis*
latio, Wahlen oder deren Bestätigung, Inaugurationen, Volksurtheilen
haben wir Nachricht, dass dafür feststehend zweimal im Jahr
Comitien bestimmt gewesen seien, wie andrerseits im Kalender nur
diese beiden Tage mit gleicher Bezeichnung für eine Vornahme von
Comitialgeschäften vorkommen, so dass schon dieses Zusammentreffen
es fast nothwendig macht, jene Testamentscomitien an diesen Kalendertagen anzunehmen. Von jeher genossen aber auch die Testamente
die Gunst des Civilrechts, wonach kein Comitialgegenstand so wie
dieser zum Vorzuge vor allen übrigen und zur Eröffnung der Comitialthätigkeit selbst sich eignete, namentlich der Jurisdiction *in comitio*,
womit die den Einzelnen betreffende Testamentifaction noch mehr
Verwandtschaft hat, als die Legislation. Und wie ächt Römisch war
die Ansetzung des ersten Testamentstages schon in derselben Woche
nach der Feier der Liberalien, an welchen man auch testaments-
mündig wurde, wenn zu den drei Dingen, welche das Musterbild
eines Römers, der ältere Cato bereute, auch das gehörte, Einen Tag
in seinem Leben ohne Testament zugebracht zu haben (Plutarch. Cat.
mai. 9). Es musste aber in Betracht der Verschiedenheit der beiden
Hauptstämme und ihres Dialekts auch bei keinem andern Geschäft
so sehr als Bedürfniss empfunden werden, dass jeder es vornehmlich
vor seines Stammes Genossen vornehmen konnte, wie bei diesen.
Dazu kommt noch die Natur dieser Testamentscomitien als *calata*,
worüber die bekannte, bisher aber noch nicht richtig verstandene
Hauptstelle Gell. 15, 27. §§. 1. 2. ist:

> *In libro Laelii Felicis ad Q. Mucium primo scriptum est, Labeo-*
> *nem scribere, calata comitia esse, quae pro collegio pontificum habentur*
> *aut* [20]*) regis aut flaminum inaugurandorum causa. Horum autem alia*
> *esse curiata, alia centuriata. Curiata per lictorem curiatim calari,*
> *id est concocari; centuriata per cornicinem. Iisdem comitiis, quae*
> *calata appellari diximus, et sacrorum detestatio et testamento fieri*
> *solebant. Tria enim genera testamentorum fuisse accepimus, unum*
> *quod calatis comitiis in concione populi fieret, alterum in procinctu etc.*

---

[20]) Man braucht nicht zu lesen *aut* d. h. *edint* oder *et*, weil zu Labeos Zeit
in der That nur diese beiden Gegenstände der *calata comitia* übrig
waren.

12*

für diesen Fall, damit es nicht an der nöthigen zweimaligen Gelegenheit zur *testamenti factio* fehlte, der 15 Juni zum Ersatztage bestimmt
war und zwar zugleich mit Berücksichtigung des dritten Stammes, der
Luceres, dessen Lucus der *porta stercoraria* ganz henachbart gewesen
zu sein scheint und der ohne Repräsentation im Königthum und nur im
Innern berechtigt, anfangs am liebsten diesen neutralen Tag zur Bestellung seines Hanses wählen mochte. Bei der Bedeutung der beiden
Monate Juni und Quintilis für den Stamm der Luceres, welche wir
noch später kennen lernen werden, ist es selbst sehr wahrscheinlich,
dass dieser Tag von Numa noch ebenso regelmässig für die Luce-
renses zum Testamentstage bestimmt war, wie der März- und Maitag
für die Ramnenses und Titienses und dass er nur als weniger ge-
ehrter Tag, da hier der Rex nicht selbst die Comitien hielt — was
freilich diesen Tag zugleich zu einem unfehlbar zulässigen Tage zu
calata comitia pro collegio pontificum machte — frühzeitig wenig in
Anspruch genommen wurde, weil auch die Luceremes schon an jenen
beiden Tagen zu testieren pflegten, und so von selbst zu einem factisch
blos subsidiären Tage in der Weise der *feriae stultorum* herabsank.
Trat nun aber der wohl seltnere, aber doch auch mögliche Fall ein,
dass der König am 24 März und 24 Mai verhindert gewesen war,
so half dann auch noch der 21 Februar aus und so bleibt es wahr,
dass eigentlich doch immer nur *bis in anno calata comitia testamenti
faciendis* bestimmt waren. Uebrigens könnten beide Tage auch noch
eine Bedeutung für blosse *detestatio sacrorum* gehabt haben; denn
eine solche war doch auch für die *testamenti factio in procinetu* und
später *per aes et libram* erforderlich und konnte doch mit diesen
Testamentsformen unmittelbar nicht verbunden werden, da sie *calata
comitia* voraussetzte. Möglich also, dass sie in irgend einer Art für
diese Testamente, so viele ihrer inzwischen gemacht waren, an diesen
Tagen nachgeholt wurde.

Nach Vertreibung der Könige musste der Opferkönig stets in
Rom bleiben und nun wurde das Testieren am 15 Juni und noch
mehr am 21 Februar so selten, dass im gemeinen Leben deren Bedeutung als *fas* dafür frühzeitig, sofern aber an diesen Tagen eine
blosse *sacrorum detestatio* stattfand, wenigstens mit dieser gegen Ende
der Republik ziemlich unbekannt werden mochte. Am 21 Februar
liess man in den Kalendarien selbst zum Theil das F ganz weg und
that wohl daran; denn da an den Feralien eine *legis actio* nicht
möglich war, so hatte es in der That alle Bedeutung anser der
einer Reminiscenz aus der ältesten Sacralverfassung des Staats verloren. Hinsichtlich des andern Tages Q. S. D. F hat sich aus dem
Alterthum kein Zeugniss erhalten, aus dem sich beurtheilen liesse,
ob dessen eigentliche Bedeutung wenigstens den Gelehrten bewusst
geblieben sei. In der lückenhaften Stelle des Fest. p. 258. über
diesen Tag, wo man gewöhnlich ergänzt *cum id factum sit* (nehmlich
die Bestattung des Unraths der Vesta) *tunc praetori liceat fari
tria cerb·a*, ist freilich das Supplement wahrscheinlicher *tunc liceat*

facere testamenta, da Verrius auch bei den Tagen Q. R. C. F
noch deren ursprüngliche Bestimmung kannte. Varro wollte aber
seine in Beziehung auf das Q. R. C. F eben gemachte Bemerkung
(6, 32) *itaque post id tempus lege actum saepe gewiss* auch auf das
Q. S. D. F bezogen wissen.

Zu den bisher behandelten vier Tagen treten noch drei andre
hinzu, die mit jenen zwar das gemeinschaftlich haben, dass auch bei
ihnen das *F* hinter einer andern Hauptbezeichnung des Tages steht,
und welche daher nach unserer Regel keine gewöhnlichen *dies fasti*
des spätern Rechts sein können, die aber doch auch eine Verschiedenheit von den vier ersten dadurch verrathen, dass sie nicht wie
jene in allen Kalendarien gleichmässig mit *F*, sondern in manchen
auch mit andern Noten bezeichnet sind. Wir meinen die beiden Tage
der *VINalia*, den 23 April und den 19 August, und den letzten Tag
der *MERcatus* im September, den 23. Von diesen sind

der 23 April { F   nach *Cal. Praen.*
             { *N⁰* „   „ *Maff.*
             { FP „   „ *Maff. Amit.*
n 19 Aug.   { F   „   „ *Antiat.*
             { *N⁰* „   „ *Vall.*
„ 23 Sept. { F   „   „ *Sab. Pinc.*
             { *N⁰* „   „ *Maff. Vall. N⁰ Pigh.*

Mommsen, der sie für gewöhnliche Gerichtstage des alten Rechts
nimmt, benutzt den Umstand, dass sie in den späteren Theil der
Monate fallen, dem auch seine Nundini angehören, für seine schon
erwähnte Hypothese, dass eigentlich alle seine Nundini *dies fasti*
gewesen seien, indem er weiter annimmt, jene Tage wären eigentlich
alle 'Nundinaltage,' und nur allerlei Umstände anführt, welche es erklären sollen, warum sie doch nicht auf *dies IX a. Cal.* selbst fallen.
Das ist aber reine Willkühr.

Auf das Richtige führt theils die bei nüchterner Forschung doch
nicht abzuweisende Annahme, dass die einen wie die andern Redactoren von Kalendarien guten Grund gehabt haben müssen, die
fraglichen Tage so verschieden zu bezeichnen, theils die früher festgestellte Auslegungsregel, dass die Bedeutung des *F* hinter einer
andern Hauptbezeichnung des Tages durch die letztere bestimmt ist.
Gehen wir hiervon aus und sprechen zuerst von den beiden offenbar
unter einander gleichartigen Vinalientagen, so kann deren *fas* sich
nicht etwa auch wieder auf Comitien zur *testamenti factio* beziehen;
denn diese ist nicht blos durch die zwei, beziehungsweise vier behandelten Tage vollkommen versorgt, sondern auch als gleichsam
dem *ius religiosum* angehörig, an unsern beiden Tagen nach deren
Natur völlig unmöglich. Denn beide Vinalien waren gesetzliche eigentliche *feriae* zu Ehren des Jupiter und die letzteren nebenbei der
Venus, indem im August für das Gedeihen der Rebe geopfert, im

April die Anzapfung der Fässer des jungen Weins mit einer Libation
an Jupiter eröffnet wurde, beides, wie sich von selbst versteht, unter
Lust und Freude[44]). Wenn nun aber hiernach ihr *fas* sich nothwendig auf die prätorische Thätigkeit, die *legis actio*, bezog, so müssen
wir doch davon wieder eben so gewiss die streitige Jurisdiction ausschliessen, weil alles *iurgare* und *litigare* ebenso wie die Volksversammlungen an Ferientagen *nefas* waren. Es bleibt somit die Anwendung der *legis actio* für Acte der freiwilligen Gerichtsbarkeit übrig;
denn dass diese an *dies feriati* nicht unzulässig war, bezeugt ausdrücklich Paul. I, 25, 3. *Emancipatio etiam die feriato fieri potest*
(vgl. Theoph. I, 6, 2). Und sicher wandte auch Constantin nur einen
alt Römischen Grundsatz an, wenn er im J. 321 (L. 1. Th. C. de
feriis 2, 8) verordnete: *Sicut indignissimum videbatur, diem solis, ve-
neratione sui celebrem, altercantibus iurgiis et noxiis partium contentioni-
bus occupari, ita gratum ac iucundum est, eo die, quae maxime sunt
votiva, compleri. Atque ideo emancipandi et monumittendi die festo cuncti
licentiam habeant et super his rebus acta non prohibeantur.* Daher es
denn auch nicht auffallen kann, wenn zu Anfang der Kaiserzeit, wo
die *legis actiones* grösstentheils nur noch als Acte der freiwilligen
Gerichtsbarkeit Bedeutung hatten, *dies fasti* dadurch nicht aufhörten,
solche zu sein, dass sie Ferientage wurden[45]), wie der 1 September
seit 732, der von Cäsar hinzugefügte 29 Januar wahrscheinlich seit
Augustus. Selbst der 1 Januar, an dem die Consuln regelmässig
einen Sklaven freiliessen, war zugleich. *feriatus* (obgleich nicht *N*)
und *fastus* (Ovid. F. 1, 73. 165).

Unter jenen Acten der freiwilligen Gerichtsbarkeit werden wir
aber nach der Natur der Vinalien eben auch nur an die *manumissio
vindicta* denken können. Von dem *Jupiter Liber* oder *Libertas*, deren
Cult in den verschiedensten Gegenden Italiens durch Inschriften bezeugt ist, bemerkt Preller (a. a. O.) in Rücksicht auf den Jupiter
der Vinalien: 'Diese Namen Liber und Libertas können nichts wesentlich Anderes bedeuten, als bei der Benennung des Liber Pater und
der Libera, also Fülle und üppigen Segen und die damit verbundene
Lust, wie sie ein reicher Erndtesegen vollends der Weinberge von
selbst mit sich bringt.' Die nähere Bedeutung der beiden Vinalien
beruhte jedoch wahrscheinlich auf einer Uebertragung der mensch-

[44]) Varr. 6, 16. 20. Fest. et Paul. p. 46. 65. 264. 265. Verr. ad F. Praen.
Apr. 23. Preller Röm. Myth. 3. 174, der aber irrthümlich aus den
Vinalia rustica ein Weinlesefest (im August!) macht. Bei Varr. 6, 20.
haben die Herausgeber, wie Mommsen (Chronol. S. 235.) gesehen, das
handschriftliche richtige Datum der *Vinalia rustica* aus dem XII Cal.
Sept. in aus dem XIV Cal. Sept. corrumpirt, uneingedenk, dass erst
Cäsar, vor dessen Kalenderreform Varro schrieb (S. 120), dem Sextilis
zwei Tage mehr gegeben hat.

[45]) Hiernach ist auch kein Grund vorhanden, mit Mommsen, der die doppelte Bedeutung der *legis actio* überhaupt nicht hinreichend erwogen
hat, anzunehmen, dass durch kaiserliche *feriae* alte *dies fasti* verdrängt
worden seien.

lichen Entwickelung auf diesem dem Menschen so specifisch nahe
stehende Gewächs, indem man damit gleichsam die Pubertät des
letzteren feierte, an den *Vinalia rustica* die Zeit der milde werdenden,
sich färbenden Traube, an den *urbana* die des ausgegohrenen Mostes;
die *Liberalia* waren aber, wie wir schon wissen, das gleichfalls dem
Jupiter zu Ehren gefeierte l'ubertätsfest. Was lag denn aber näher
als die Idee der Liberation des Sklaven an die Vinalien anzuknüpfen
und die freudige Stimmung dieses Festes auch dadurch zu äussern,
dass man später, wo das früher blos Natürliche civilrechtlich repro-
duciert wurde, vornehmlich an diesem Tage freiliess? Auch scheint
das *Atrium Libertatis*, dessen Topographie übrigens sehr bestritten
ist, jedenfalls zu den Manumissionen in einer nahen Beziehung gestanden zu haben[44]). Es ist jedoch nicht wahrscheinlich, dass vor
Augustus im Kalender feste Tage für Manumissionen durch Vindicta
bestimmt gewesen seien. Bekanntlich konnte man sie an jedem Tage,
der nur nicht *nefastus* war, vom Prätor, wo man ihn auch traf, erlangen (Gai. 1, 20. L. 7. D. de manum. vind. 40, 2.); warum also
noch besondere Tage dafür fixieren? Dieses änderte sich aber unter
Augustus durch die Lex Aelia Sentia vom J. 757, nach welcher
Sklaven unter 30 Jahren nicht freigelassen werden und Herren unter
20 Jahren nicht freilassen konnten ausser *iusta causa apud consilium
probata*, wovon Gaius bemerkt (vgl. Ulp. 1, 13a.):

   1, 20. *Consilium autem adhibetur in urbe Roma quidem quinque
senatorum et quinque equitum Romanorum puberum, in provinciis autem
viginti recuperatorum civium Romanorum, idque fit ultimo die conventus; sed Romae certis diebus apud consilium manumittuntur.*

   Da nun diese Manumissionen auch wieder die einzigen Legis
Actionen sind, von welchem wir wissen, dass für sie in Rom feste
Kalendertage[45]) bestimmt waren und die Vinalien mit ihrem *F* sich
so gaben dafür eignen, so dürfen wir auch hier nicht ansehen, beide
auf einander zu beziehen. Es kommt hinzu, dass die damalige Zeit
überhaupt bestrebt war, für das Bedürfniss der ungeheuren Weltstadt
die Zahl der den Actionen gewidmeten Tage zu vergrössern, indem
namentlich Cäsar seine 10 dem Kalenderjahr gegen Ende der Monate
hinzugefügten Tage sämmtlich zu *fasti* machte (Macrob. 1, 14, 12) und
Augustus in seinen Gerichtsgesetzen den *rerum actus* bedeutend erweiterte[46]), so wie ferner, dass Augustus, wie es scheint, zuerst in

  [44]) Becker Röm. Alt. I. S. 458. Preller Regionen S. 141 u. Röm. Myth.
S. 616. Ob die Behauptung des letzteren, dass dort Manumissionen
vorgenommen seien, auf ausdrücklichen Zeugnissen beruht, weiss ich
nicht. Die *manumissio causa* wird allerdings da geschehen sein, wo die
eigentliche Stätte der gewöhnlichen censorischen Amtsthätigkeit war.

  [45]) Rudorff Röm. R. G. II. S. 67. übersetzt freilich *certis diebus* mit 'an
jedem beliebigen' Tage.

  [46]) Ich bemerke diesem gegen Mommsen, der I. 1., A. p. 366, den Canon
aufstellt, dass seit der Kaiserzeit wohl alte Tage als *N* neu charakterisiert und durch diese Nota vielfach auch ein älteres *F* ausgestossen
worden sei, nicht aber auch andere neue Nota, namentlich nicht ein *F*

vollen Licht an den Idus des Jupiter entgegenzugehen begann[40]), musste es diesem Gegensatz durchaus entsprechend erscheinen, einen oder mehrere dieser dies *IX Cal.* ebenso zu einer Volksversammlung für die Wahrnehmung der Pflichten des seinem Ende entgegeneilenden Menschen gegen die *Dii Manes* zu bestimmen, wie die Nona allgemein zu Volksversammlungen wegen der Leistungen an die *Dii superi* bestimmt waren, denn auch privatim pflegte man die Todtenopfer gegen Ende des Tages und des Monats zu verrichten (Plut. qu. Rom. 31.). So dient auch diese innere Angemessenheit der Verlegung der beiden Tage auf dies *IX Cal.* noch dazu, ihre Bestimmung für die *testamenti factio* und *sacrorum detestatio* ausser Zweifel zu setzen. Zugleich fällt aber auch hiermit ein unerwartetes Licht auf den vorhin erwähnten Tag der *Feralia*, den 21 Februar.

Dass das diesem im *Calend. Maff.* beigefügte F — das *Fornax.*, welches ihn ausserdem allein noch enthält, fügt gar keine Nota bei — nicht einen gewöhnlichen dies *fastus* für die Rechtsprechung bezeichnen könne, folgt auch für den, der unsere oben (S. 177) aufgestellte Regel über die eigentlichen dies *fasti* annerkennen noch Bedenken tragen möchte, schon daraus, dass nach Lyd. de mens. 4, 24 (vgl. Ovid. F. 2, 555...562) während der *Parentalia*, welche die Tage vom Nachmittage des 13 Februar (den Idus) bis zum 22, den *Caristia*, umfassten[41]) und zunächst dem Cult der abgeschiedenen Eltern und Heroen an deren Gedenkstätten dienten (oben S. 35. 175 f. Preller Röm. Myth. S. 483 ff. Mommsen I. L. A. p. 386.) nicht bloss Heirathen anstatthaft und die Tempel der eigentlichen oberen Götter geschlossen

[40]) Wie dieses von den Alten beachtet wurde, zeigt Serv. ad Georg. 1, 39, wo man so interpungieren und lesen muss: .... *Iana, quae tato anno sac mesatibus crescit et aus defecit; scilicet per singulos menses quindenis diebus ut crescerem apud superos, deficiens apud inferos esse videtur.*

[41]) Lydus sagt ὅτι τῆς πρὸ ἐπτὰ καλανδῶν Μαρτίων (22 Febr.) und gewöhnlich versteht man dieses ausschliesslich den 22 Febr.; dass aber der 22ste noch eingeschlossen zu denken ist, ergiebt der Zusatz zu der Schilderung eines tempus clausum bei Ovid. 2, 565.:

Nec tamen hoc ultra, quam tot de mense superrint
Luciferi, quot habent carmina nostra vices,

d. h. bis sechs Tage (vom 23 bis 28 Febr.) übrig sind, und ohne Grund erklärt Mommsen diese Verse für corrupt (I. L. A. p. 386). Dagegen muss man im folgenden Distichon:

Hanc quis iusta ferunt, dixere Feralia lucem;
Ultima placandis Manibus illa dies.

statt quis qua lesen, womit alle Schwierigkeiten verschwinden. Der Dichter bezeichnet Einen Tag aus dem vorher geschilderten tempus clausum, den 21, nach dem, was allbekannt an ihm geschieht, und geht, nachdem er v. 569—614 vollständig von ihm gehandelt hat, v. 615 auf den folgenden, die Caristien, über. Auch ist es ganz in der Ordnung, dass dieser Tag der cara cognatio — nach dem Recht des ius sacrum — den Gedanken an Heirath noch anschloss und dass er im vollen Sinne auch noch mit zur Todtenfeier gerechnet wurde, weil der Verwandtenschmaus an ihm vor Allem den Verstorbenen, uns aber allerdings als Lares galt. Ovid. F. 2, 629...632.

waren, sondern auch aus dem schon früher angegebenen Grunde
(oben S. 35) und wohl zugleich zur Erinnerung an das Leben der noch
mehr patriarchalischen Vorzeit, in der nur das Ansehen der *parentes*
gegolten hatte, die Magistrate öffentlich nur als Privaten auftraten
(οἱ ἄρχοντες ἐν σχήματι ἰδιωτῶν προῇεσαν), gewiss also auch nicht
Recht sprachen. Erinnern wir uns nun, dass die Lustralfeier des
vollendeten Römisch-Quiritischen Staats in der Woche nach den Idus
des März (16 bis 23 März) der Februarfeier mit ihren von den *La-
percalia* und *Quirinalia* durchbrochenen Parentalien und Feralien genau
entsprach und sich hauptsächlich nur dadurch von ihr unterschied,
dass die Februarfeier den Staat noch gleichsam in der mehr häuslichen Periode seiner Unmündigkeit und vor seiner Vollendung im
Numanischen Staate darstellte, so wird es wohl von vornherein höchst
wahrscheinlich, dass auch das F hinter FERALia ausdrücken sollte,
dass an diesem Tage nach dem vollbrachten Todtenopfer eine Versammlung zur *sacrorum detestatio* und zur *testamenti factio* sacral zulässig und bestimmt sei, letzteres jedoch nur in der Art, wie sich
die Februarfeier zur März- und Maifeier überhaupt verhält, wovon
später.

Zunächst bedarf es noch einer genaueren Bestimmung der Natur
der *Parentalia* im Verhältnis zu den *Feralia*, welche beiden Feiern
zum Theil schon die Alten nicht gehörig unterscheiden. Blos ein
Tag sind die *Feralia*, so genannt davon, dass man an ihm, dem
21 Februar, den Manen der Verstorbenen ihr bescheidenes Todtenopfer brachte (Varr. 6, 13. Ovid. F. 2, 567. *Calend. Maff. Farn.
Philoc.*), womit gewisse populare Schutzopfer an die Tacita und Muta
gegen böse Manen (Larven) in Verbindung standen (Ovid. 2, 569 seq.).
Parentales dies waren dagegen eine ganze Reihe von Tagen, von den
Idus an, wo am Nachmittage '*parentatio tumulorum incipit*' (*Cal. Sile.*)
und zuerst eine Vestalin der Tarpeja opferte (*Cal. Philoc.*), bis zu
den Feralien (ausschliesslich) hin, so dass man nur abusiv auch noch
diese und die Caristien (22 Februar) wegen ihrer verwandten Bestimmung für Abgeschiedene mit darunter begriff (Ovid. 2, 546. 561.
Lyd. de mens. 4, 24. Plut. Rom. 21) und umgekehrt auch wohl diese
ganze Zeit *tempus ferale* nannte (Ovid. F. 2, 34. 546). Das Wort
Parentatio aber ergiebt schon selbst, dass damit nicht gemeine Todtenopfer, sondern Opfer an abgeschiedene Respectspersonen, Väter, Gross-
väter u. s. w. (Ovid. F. 2, 531. 543. 550.), vor Allem Heroen als
dii zu verstehen sind, die lange nur in patricischen Familien gegolten haben werden und so viel von den Opfern an die oberen
Götter entlehnen, dass sie eine *praefatio* an Janus und Jupiter, bei
dem die *dii* ja im Himmel waren, erforderten und deshalb auch an
Festtagen, wie den Idus, *Lupercalia*, *Quirinalia*, und umgekehrt nicht an
einem *dies ater*, wie die Feralien, zulässig waren (Macrob. 1, 16, 25)[49]).

---

[49]) Man vergleiche ausserdem über diesen von den Neuern oft übersehenen
Unterschied zwischen dem blossen Manenrecht und der eigentlichen
Parentation für die *nei* ('n') als *divi* Cic. de leg. 2, 9. da. Varro bei Plut.

So verhielten sich l'arentalien und Ferallen ursprünglich — denn in
der späteren demokratischen Zeit, wo auch den unangesehenen Eltern
und endlich allen Verwandten parentiert wurde, geben beide Begriffe in
einander über — ganz ähnlich zu einander, wie in der Römisch-kathol-
schen Kirche das Allerheiligenfest zu Ehren der schon verklärten Heroen
des Glaubens und der Liebe und der Allerseelentag für die Seelen im Feg-
fener. Die ersteren hatten eine ganze Woche inne, die sich auch noch
unmittelbar an die Idus anschliessal, gleichwie die Feste der Dii superi
viele Tage erfüllen; die letzteren fassten alle Manen auf einen Tag
zusammen und dieser war ein dies IX Cal. Mart. (vgl. S. 49), welche
beiden Umstände es denn auch wahrscheinlich machen, dass, nachdem
jeder seinen Todten besonders die Inferien dargebracht hatte, in der
ältesten Zeit auch noch eine Versammlung an dem alten Mundus auf dem
Palatium stattfand (S. 176); da aber ein voller Todtencult doch eben
auch die testamenti factio und sacrorum detestatio mit sich brachte, so
eignete sich auch dieser Tag zu einer solchen. Doch konnte er im Verhältniss zu den beiden d. IX Cal. im März und Mai nur subsidiär dazu
bestimmt d. h. nur erforderlichen Falls (wovon sogleich mehr) in der
Nonenversammlung als Feralia fas mit ausgerufen werden — im Ganzen auf ähnliche Weise, wie die Quirinalien als stultorum feriae ein sub-
sidiärer Fornacalientag für die waren, welche diesen versäumt hatten
(Marquardt R. A. IV. S. 399). Denn ein nicht mehr als subsidiäres Recht
konnte der Februar überhaupt nur haben, in dem ja regelmässig noch
keine öffentliche Volksthätigkeit mithin auch keine Comitien Statt fanden,
wogegen aber doch iure sacro auch die Möglichkeit derselben sich aus
dem ergiebt, dass Quirinus wenigstens an dritter Stelle auch seinen
Flamen hatte (S. 33. Anm. 68). War aber dieser Testamentstag nur subsidiär, nur deshalb vielleicht nur selten zur Anwendung, so wird
auch erklärlicher, was Ovid. F. 2, 245 seq. scheinbar von den parentales
dies, wie aber die Sache selbst ergiebt, in der That von den Feralien
erzählt, eine lange kriegerische Zeit hindurch seien diese überhaupt
in Vergessenheit gekommen, so dass also damals jede Familie mit
dem gewöhnlichen testamentarischen sacra privata sich begnügte, bis
die erzürnten Manen durch ängstigende Erscheinungen jeder Art sich
ihr verkürztes Recht wieder zu erobern gewusst hätten. Die lange
unterbliebene Verkündigung der Versammlung konnte leicht auch die
Feralien selbst in Vergessenheit bringen.

Nach diesem Zusammenhange zwischen dem 21 Februar und den
Tagen Q. R. C. F werden wir nun aber vollends nicht mehr bezweifeln dürfen, dass dieses Comitialopfer hauptsächlich den Manen

qn. Rom. 15. Tertull. apol. 13. Serv. ad Aen. 5, 47. Das Einfallen
der Quirinalia in die dies parentales hatte insbesondere zur Folge, dass
auch Quirinus und die Hora Quirini neben ihren Opfern als Dii auch
als dii entweder wirklich (natürlich erst Nachmittags) mit Parentation
verehrt oder doch von den Gelehrten so angesehen und daher jener
zum divinisierten Romulus, diese zu dessen divinisierter Gemahlin
Hersilia gemacht wurden. Vgl. Preller Röm. Myth. S. 828 ff.

Rom selbst, jedoch auf dem Aventin, einem Tempel des *Iupiter Libertas* oder *Ζεὺς Ἐλευθέριος*, wie ihn die Griechische Redaction des Monumentum Ancyranum nennt, gebaut hat, dessen Cult dann in Folge der Bestimmung der Lex Aelia Sentia über die Manomissionen um so erklärlicher verherrlicht wurde, als die alte consorische Manumission im *Atrium Libertatis* jetzt so gut wie abgekommen war und die neue kaiserliche Libertas auf dem Aventinus nach der bekannten staatsrechtlichen Eigenschaft dieser Localität ebenso Römern und Latinern gemeinsam war, wie die Vinalienfeier (Varr. 6, 16. und die andern Stellen bei Schwegler Röm. Gesch. I. S. 289).

Aus diesem späten Ursprunge der fraglichen *dies fasti* erklärt sich nun auch die verschiedenartige Bezeichnung derselben in den Kalendarien. Am richtigsten bezeichneten das *Cal. Maff.* und *Amit.* den 19 August mit *F P* d. h. *fastus purus*, indem damit beide Eigenschaften des Tages, für die Manumissionen bestimmt und doch auch *feriatus* und folglich der processualen *legis actio* entzogen zu sein, kenntlich gemacht wurden. Dass das erstere daneben im April noch die gewöhnliche Bezeichnung hat, dürfte sich aus seiner Abfassungszeit erklären, die wir nun in eben dieses Jahr 757 setzen müssen. Die bisherigen Altersbestimmungsgründe führten nehmlich auf die Zeit zwischen 746 und 757 (Mommsen I. L. A. p. 294). Da nun Aelius und Sentius nach den Fasten im ersten Semester des J. 757 Consuln waren, so konnte in dem damals etwa halb fertigen Kalendarium recht gut der 19 August noch in Uebereinstimmung mit deren Gesetze bezeichnet werden, und die damalige Neuheit eines solchen Tages erklärt dann um so mehr die Neuheit der Bezeichnung, die übrigens das *Cal. Amit.* (verfasst nach 769) nachahmte. Der 23 April wurde aber vielleicht auch erst durch späteres Senatusconsult als Manumissionstag hinzugefügt, weil man sah, dass man mit Einem nicht auskam[44]). Das *Cal. Praen.* setzte man bisher zwischen 752 und 763 (Mommsen p. 295). Da es den 23 April mit F bezeichnet, (der August fehlt uns), so werden wir statt des ersteren Jahrs wenigstens 757 setzen müssen; es war aber natürlich, dass sein auf Augustus Ehren so bedachter Verfasser nur die neue Bezeichnung des Tages wählte, zumal da ein blosses P für einen Festtag, wie wir später sehen werden, seinem System nicht entsprach. Wenn endlich beim 19 August das *Cal. Vall.*, verfasst nach 760, die Nota F, das *Antiat.*, verfasst 804, vielmehr NP hat, so erklärt sich dieses einfach daraus,

angenommen werden dürfen. Auch hinsichtlich des *N(efas)* trifft der Canon nicht zu — wie es denn überhaupt dem Anfange der Kaiserzeit eigenthümlich ist, alles das zu reproduciren, was wir sonst nur in den Anfängen des Römischen Staats finden. Nicht blos den Geburtstag der älteren Agrippina liess Tiberius unter die *dies nefasti* eintragen, welchen Fall Mommsen sollust, aber als vermeintlich ganz vereinzelten anführt. Schon unter Augustus war nach IHo 51, 19. dasselbe vom Senat mit dem Geburtstage des Antonius geschehen.

[44]) Galus sagt nicht, dass durch die Lex Aelia Sentia die *certi dies* festgesetzt seien — wohl absichtlich.

dass ihre Verfasser oder deren Vorgänger der eine diese, der andre jene Eigenschaft des Tages für wichtiger hielt. Die abweichende Bedeutung des *fas* dieser Tage gegen das der alten ist von selbst klar.

Den 23 September anlangend, sind wir leider über die *mercatus*, die Römischen Messtage, sehr wenig unterrichtet. Nur dass sie ebenso wie die übrigen Tage festlicher Zusammenkunft von Numa herrührten, sagt Cic. de rep. 2, 14: *idemque mercatus, ludos omnesque conciliandi causas et celebritates invenit.* Sie werden daher auch im Gegensatz zu den plebejischen *nundinae*, an denen der Landmann seine Erzeugnisse zum Verkauf in die Stadt brachte, einen mehr patricischen, dem grossen Verkehr (namentlich auch der censorischen Venditionen, oben S. 68) dienenden Charakter getragen haben und wahrscheinlich gehörte es mit zu den Unterschieden beider, dass die *aediles curules*, die über den Viehhandel edicierten, an den *mercatus*, die *plebrii* an den *nundinae* Recht sprachen, vielleicht auch noch, dass jene an einer andern Localität, vermuthlich auf dem *forum boarium* mit der uralten Verkehrsstätte der *ara maxima* des Hercules (Becker Röm. Alt. I, S. 473. mein Recht des Nexum S. 101) gehalten wurden. Die Kalendarien bezeichnen mit *MERK*, *MERC* oder *MERCA* im Juli 5 Tage vom 15 bis 19 (das *Cal. Maff.* auch schon den 14, vielleicht für gewisse Geschäfte oder Waaren), wovon der 15 Idus, der 16 *F*, der 17 und 18 *C*, der 19 Lucarienfest ist, im September 4 vom 20 bis 23, die drei ersten *C*, im November 3 vom 18 bis 20, sämmtlich *C*. Wahrscheinlich waren diese drei Messen von Numa auch wieder auf die drei Stämme berechnet, da religiöse Feste und Märkte als Bildungsmittel politischer Gemeinschaft stets Hand in Hand gehn. Den inneren Zusammenhang mit den Festmonaten der drei Stämme erkennt man auch daraus, dass, wie jene der erste (März), dritte (Mai) und fünfte (Quintilis) waren, so die Messmonate für die Ramnes der fünfte (Quintilis), für die Tities der siebente (Sept.), für die Luceres der neunte (Nov.), und dass auch diese drei Messen, der Bedeutung der Stämme entsprechend, an Glanz und Zahl der Tage allmählich abnehmen. Denn während die Quintilismesse in ihren fünf Tagen ausser den Idus nebst dem darauf folgenden *fastus dies*, welcher die dem Messverkehr nachtheiligen Comitien auch ausschliesst, noch das Lucarienfest des dritten Stammes in sich schliesst, hat die Septembermesse einen Tag weniger und ihre Tage sind blos Comitialtage, ausser dass der hier zur Frage stehende letzte Tag, der 23, in den Kalendarien die oben erwähnten verschiedenen Bezeichnungen trägt, die Novembermesse ist aber auch wieder um einen Tag verkürzt und ihre Tage sind blosse *comitiales*[20]).

---

[20]) Die Spiele, die Römischen vom 4—19 vor der Septembermesse, die plebejischen vom 4—17 vor der Novembermesse, die Apollinarischen vom 6—13 vor der Quintilismesse, sind sämmtlich späteren Ursprungs als die *mercatus* und stehen also auch nicht in ursprünglicher Verbindung mit ihnen. Mommsen, der das Zeugniss des Cicero über den Ursprung der *mercatus* nicht beachtet zu haben scheint, hält sie (I. L. A.

Von jenen Bezeichnungen des 23 sten ist nun die des Ferientags N°
oder N° unbestritten erst späteren Ursprunge; der Grund derselben,
dass der 23 September Augustus Geburtstag war, den ein Senatusconsult vom J. 724 zum Feiertag erhob, ist vielfach bezeugt (Mommsen
I. L. A. p. 402.). Hinsichtlich der andern ist nicht glaublich, dass
man schon in alter Zeit zu Gunsten dieses Messtages von der später
zu besprechenden Regel, die *dies fasti* auf die Kalenden und Nonen und
die *dies postriduani* zu beschränken, abgegangen sei. Die Sache hing
vielmehr wahrscheinlich so zusammen. Nach unsern Quellen fand
eine allmähliche Steigerung der Ehren des kaiserlichen Geburtstages
statt. Ein Senatsbeschluss vom J. 723 oder 724 machte ihn zu einer
Ἱερομηνία (Dio 51, 19), aber noch nicht *ἐξαίρετος*, wie Dio die gesetzlichen Ferientage besonders nennt, sondern mit blossen *feriae ex
SC. (Cal. Pinc.)*, d. h. mit prätorischem Verbot alles Processierens.
Circensische Spiele und Thierhetzen mit einem Capitolinischen Epulum
für die Senatoren wurden damals längere Zeit an ihm erst freiwillig
von einem Prätor gegeben (Dio 54, 26—34. Sueton. Aug. 57). Die
Stiftung besonderer circensischer Spiele von Staatswegen fällt dagegen
erst 746, wo auch der Monat Sextilis gesetzlich den Namen Augustus
erhielt (Dio 55, 6) und damals wurde der Tag ohne Zweifel auch erst
N°. Ebenso sicher dürfen wir aber aus den Kalendarien schliessen,
was Dio nur als zu unbedeutend unerwähnt lässt, dass dasselbe Senatusconsult, welches die Indictivferien des Geburtstages einführte,
ihn zum *dies fastus* machte, und zwar theils im Gegensatz zum Geburtstage des besiegten Antonius, den der Senat eben damals für
nefastus erklärte (Dio 51, 19), indem man nun mit beiden Ausdrücken
schon einen an *nefandus* oder *infaustus* und *faustus* anklingenden Sinn
verband, theils damit die Septembermesse, nachdem dieses glückliche
Ereigniss in sie gefallen, nicht gegen die Julimesse zurückstände, die
auch ihren *dies fastus* hatte; denn die blossen Indictivferien schlossen
Comitien nicht so aus, dass sie nicht auf besondern Beschluss des
Senats doch hätten gehalten werden können. Umgekehrt lag in der
Bezeichnung des Tages als *fastus* eine Erinnerung, dass man jetzt
z. B. *in iure cessiones* vornehmen könne, was doch bei manchen Geschäften, z. B. Käufen noch nicht angetretener Erbschaften oder von
Servituten eine grosse Erleichterung gewährte. Dabei ist gegen etwaige
Bedenken zu beachten, dass mit der Natur der Römischen *feriae*
wohl alles eigentliche Arbeiten, wovon noch weiter die Rede sein
wird, nicht aber auch Erwerbs- und sonstige friedliche Rechtsgeschäfte unverträglich waren, wie daraus erhellt, dass die Julimesse
auch die Idus und die Lucarien mit begreift. Auch war diese Verbindung sogar eine regelmässige. Serv. ad Georg. 1, 275, *Varro
dicit, antiquos mundinas ferialis diebus agere instituisse, quo facilius*

p. 377.) für ein Attribut der vorgedachten als der ältesten Spiele, was
aber weder auf die Römischen und plebejischen noch besonders auf
die viel spätern Apollinarischen passt, statt deren er freilich die Ce-
rialischen setzt, die aber keine Messe hinter sich hatten.

commercii causa ad urbem rustici commearent. Selbst die Magistrate schlossen an Feiertagen Contracte Namens des Staats ab (Cic. Verr. lib. 1, 54, 141) und für die Privaten galt auch das Anspannen des Viehs, um zu Markte zu fahren, nicht als ferienwidrige Arbeit. Denn bei Cat. 138. *Boves feriis coniungere licet. Hoc licet facere: arcchani ligna, fabalia, frumentum, quod non daturus erit,* wird man doch *nundinaturus eris* lesen müssen. Endlich sind auch wohl mit den an Ferien erlaubten Geschäften, *quae supra terram sunt,* bei Serv. ad Georg. 1, 272. eben solche *gesta* unter den Menschen auf dem Erdboden gemeint.

So scheiden also ausser den vier alten Testamentstagen mit *F* auch die behandelten drei erst in der Kaiserzeit für unstreitige *legis actio* besonders bestimmten Tage aus der Zahl der gewöhnlichen *dies fasti* aus.

II. Die dies intercisi.

Etwas mehr Räthselhaftes sind auch die *dies intercisi,* die in den den Römischen Kalendarien bekanntlich mit *EN* bezeichnet werden. Ueber ihre sacrale und rechtliche Natur haben wir folgende im Ganzen übereinstimmende Aussagen:

Varr. 6, 31. *Intercisi dies sunt, per quos mane et vesperi est nefas, medio tempore inter hostiam caesam et exta porrecta fas, a quo, quod fas tum intercedit, aut eo est intercisum nefas, intercisum* (richtiger *intercisi* oder *intercisi dicti).*

Ovid. F. 1, 49. *Nec toto perstare die sua iura putaris; Qui iam fastus erit, mane nefastus'erat. Nam simul exta deo data sunt, licet omnia fari, Verbaque honoratus libera praetor habet.*

Verr. Fl. ad Fast. Praenest. Jan. 10. (Mommsen p. 312. nach dessen Restitution) *EN Haec nota significat diem intercisum* (richtiger *intercisum nefas); nam endo olim pro in ponebatur. die interciso* (richtiger *et his diebus) nefas est mane antequam hostia immol·etur, et post exta porrecta rursus nefas fit. itaque so-epe responsum est* (richtiger *responsum, lege) medio tempore licere agi.*

Macrob. 1, 16, 2. 3. *Numa ut in menses annum, ita in dies menstruos quinque distribuit, diesque omnes aut festos aut profestos aut intercisos vocavit. festi dies dis dicati sunt. profesti hominibus ob administrandam rem privatam publicamque concessi. intercisi deorum hominumque communes sunt. festis insunt sacrificia, epulae, ludi, feriae. profestis fasti, comitiales, comperendini, stati, proeliales. intercisi in se non in alia dividuntur. illorum enim dierum quibusdam horis fas est, quibusdam fas non est ius dicere. nam cum* (wohl dum = bis) *hostia caeditur, fari nefas est: inter caesa et porrecta* (es ist nach ·*exta* ausgefallen *exta) fari licet: rursus cum adoletur, non licet.*

In Betreff des Ausdrucks hat man bisher das *EN* der Kalendarien allgemein für die Abkürzung von *ENdotercisus dies* genommen. Dieses widerspricht aber dem Genet, dass die alten officiellen Noten nur *literae singulares* und zwar den Anfangsbuchstaben jedes abgekürzten Worts enthalten. Man wird daher diese beiden Buchstaben vielmehr *Endintercisum Nefas* erklären müssen, worauf schon der Schluss der Stelle des Varro hindeutet. Demgemäss habe ich die Mommsensche Restitution der Stelle des Verrius berichtigt.

Die Sache anlangend, spricht Varro von diesen Tagen bei Gelegenheit der *hominum causa instituti* (6, 27) und zwar nach einer Vorbemerkung über die *Calendae*, *Nonae* und *Idus*, welche ihn auf die *postriduani* als *atri dies* bringt, so dass er nach den *fasti* und *comitiales* auf deren Gegentheil, die *nefasti*, kommt, wobei er lediglich das *nefas* der *legis actio* erörtert, und unmittelbar daran die *intercisi* anreiht, offenbar als gleichsam aus *fas* und *nefas* gemischte, sodann aber die beiden Tage Q. R. C. F und Q. S. D. F als hierin jenen wieder ähnliche erklärt. — Bei Ovid — und ähnlich bei Verrius — tritt die Beziehung dieser Tage auf die Jurisdiction noch stärker hervor. In dem von ihm selbst (1, 61) angegebenen Interesse, die in allen oder doch vielen Monaten gleichmässig wiederkehrenden Tagesbezeichnungen (N, F, EN, C, die acht Nundinalbuchstaben, Cal. Non. Id. und deren *postridie*) ein für alle Male vorweg zu erklären, weshalb die Q. R. C. F und Q. S. D. F bei ihm hier wegbleiben, spricht er zuerst von den *dies nefasti*, darauf von den *fasti*, — bei beiden mit Rücksicht auf *legis actio* — und sodann ebenso von den *intercisi*, worauf im Gegensatz zu allen diesen die *comitiales* und die wandelbaren *nundinae*, die *Calendae*, *Nonae* und *Idus* und die *dies atri* an die Reihe kommen. Manche haben freilich die obige Stelle entweder nur zum Theil (Merkel ad Ovid. F. p. XXXVII) oder gar nicht von den *dies intercisi*, sondern von den N', also den grossen Festtagen, verstehen wollen (so Hartmann S. 46 ff. und sein Vorgänger Hertzberg Zeitschr. f. Alt. W. IV. 1846. S. 159) und daraus hergeleitet, dass an diesen 'während Vollziehung des Opfers das *nefas* gewaltet, nach Vollendung desselben das *fas* für den ganzen übrigen Tag wieder hervorgetreten sei.' Damit wird aber Alles verwirrt und für die Festtage ein ganz wundersames sonst unerhörtes Recht aufgestellt. Offenbar konnte Ovid nach seinem System hier ebensowenig die Festtage besprechen, von denen er im Einzelnen ausführlich zu handeln hatte, als die Tage EN auslassen. Diese bezeichnet denn auch seine obige Beschreibung als poetische kenntlich genug. Die Juridisch-sacrale Formel *inter coesa et porrecta exta* (Varr. 6, 16. Macrob. l. c.) vor Augen, konnte er das für seinen Vers passende *exta data* doch ebenso gut für die *hostia coesa* setzen, wodurch die erste Uebereignung des Thiers an die Gottheit geschieht, als, wie man preist, für die *porrecta*, und warum er diese übergehen durfte, werden wir später noch sehen. Auch dass er die Nota N' nicht beachtet, wird weiterhin seine Erklärung finden. Uebrigens geht in seiner Stelle das *licet omnia fari* ebenso auf die Parteien, wie der folgende Vers auf den Prätor. Bei Macrobius endlich werden die *intercisi dies* als ein Mittelding nicht sowohl zwischen *dies fasti* und *nefasti*, als zwischen *festi* und *profesti* dargestellt, indem sie *feorum et hominum communes* sehen, was nur insofern den übrigen Stellen nicht widerspricht, als die *festi dies* ja zugleich *nefasti* nur in anderer Weise sind. Auch wird zugleich die Beziehung auf *legis actio* im vollen Sinne d. h. auch auf die streitige, mit dem Ausdruck *ius dicere* hier am bestimmtesten hervorgehoben.

Eine weitere Auskunft können uns über diese Tage nur die Kalendarien selbst geben. Nach diesen giebt es deren überhaupt acht: den 10 und 14 Januar, den 16·und 26 Februar, den 13 März, den 22 August, den 14 October und den 12 December. Indem sie hiernach mit Ausnahme eines einzigen auf Tage gerader Zahl fallen, können sie ihrem Hauptcharakter nach nicht *dies festi* sein, wozu auch stimmt, dass sie nirgends als einem Gott geweiht bezeichnet werden. Der einzige, welcher eine Ausnahme macht, der 13 März, wird freilich auch einem Gotte zugeschrieben: *Iovi cultori*, aber erst in dem späten *Calend. Philoc.*, so dass darin nur eine Einwirkung der Kaiserzeit gesucht werden kann[51]). Was aber noch merkwürdiger ist, es wird auch nirgends — eine später zu erwähnende Ausnahme ist nur scheinbar — angegeben, welchem Gott das Opfer dargebracht werde, zwischen dessen *exta cruesa et porrecta* an diesen Tagen *fas* sei. Dass man auf diesen Umstand bisher noch kein Gewicht gelegt hat, ist freilich auch sonderbar. Er ist aber geeignet, uns mehr Licht zu geben, wenn wir zugleich beachten, dass zwar die unmittelbaren Vortage der *dies intercisi* für sie offenbar gleichgiltig sind, indem wir als solche theils Feste, theils — wie am 25 Februar und 12 März — Comitialtage finden, gewiss aber nicht die unmittelbar auf sie folgenden Tage. Denn diese tragen ohne Ausnahme den gleichmässigen Charakter von Jahresfesttagen und zwar solchen, welche theils aus der ältesten Römischen Religion stammen und, wenn nur Idus, doch noch durch eine besondere Opferfeier ausser dem *ovis idulis* ausgezeichnet sind, theils als der Entwickelung und Erhaltung des Menschen in seiner eigenen Natur oder ihrer Vorbedingung, der Nahrung aus der Erde, gewidmete Feste eine eigenthümliche Wichtigkeit haben. Dieses wird zunächst im Einzelnen darzuthun sein.

Auf den 10 und 14 Januar folgen, so dass die Idus (13 Januar) gerade in der Mitte liegen, die beiden Carmentalien zu Ehren der Conceptionsgöttin des Römischen Volks und Landes (oben S. 34) am 11 und 15, ohne Zweifel zusammenhängende und gleich ursprüngliche Feste, obgleich thörichte etymologische Spielereien die zweiten

---

[51]) Man vermuthet mit Recht in *cultori* eine Corruptel und zwar wahrscheinlich von *custodi* (Mommsen I. L. A. p. 388 ad Mart. 13). Besonders spricht dafür, dass dann dieser von Domitian (Suet. S. 5.) bei Wiederherstellung des Capitols eingeführte Cult passend und absichtlich auf den 13 März gelegt wäre, weil er wie das neue kaiserliche Capitol gegen das alte, so gegen diesen alten September-Iduscult einen Gegensatz bilden und die Neuerung der ersten Consuln gerade umkehren sollte. Oben S. 70f.

auch wohl aus späterer Zeit datiorten, wo die Römischen Frauen
einmal durch die Weigerung, sonst nicht empfangen zu wollen, den
Gebrauch der *carpenta* ertrotzt und dann diese zweiten Carmentalien
gestiftet haben sollen (vgl. Preller Röm. Myth. S. 357). Sie wurden
vielmehr von vornherein doppelt gefeiert und in der angegebenen
Art vor und hinter die Idus, Jupiters volles Monatslicht, gelegt, ursprünglich ohne Zweifel mit Rücksicht auf das durch den Zutrit
des T. Tatius verdoppelte Volk, worauf sich auch local der älteste
vorwärts und rückwärts schauende Janus bezog, von dessen Zusam-
mengehörigkeit mit der Carmenta schon die Rede gewesen ist (S. 34),
dann aber auch, da man diese beiden Volksbestandtheile weiter
symbolisierte, mit Rücksicht auf männliche und weibliche Geburten
(Ovid. F. 1, 627) und auf die dem Licht zugekehrten Kopf- und die
davon abgekehrten Steisgeburten, wonach die Göttin selbst später als
Porrima und *Postverta* indigitiert wurde (Preller a. a. O.), und wie
auch das von Pighius bei Merkel ad Ovid. F. p. CCXI. beschriebene
antike Bildwerk bestätigt. Der 16 Februar ist der Vortag der schon
früher erwähnten Quirinalien zur Feier des Ueberganges von der
infantia in die *aetas infantia maior* (S. 35). Auf den 26 Februar und
den 13 März folgen die beiden auch schon nach der hier einstim-
migen Tradition von Romulus dem Mars gestifteten *Equirria* (Preller
S. 318. 320) offenbar die sacrale und die priesterliche Pubertät — die
'Pferdemächtigkeit' in Rennspielen (*equicurria*) zu Ehren des Mars[55]) —
(wie die Liberalien und das Agonium am 17 März die militärisch-poli-
tische oben S. 35. 173)[56]) felernde Feste, doppelt wiederum nach dem

---

[55]) Entsprechend nehmlich dem Arkadischen ἱπποκράτεια zu Ehren des
Ποσειδῶν, der dort also ursprünglich im Ernst — im Scherz hat eine
ähnliche Ableitung schon Plato — der 'den Habitus zum Ehemann Gebende' (*πόσις, εἶδος*) und wohl eine blosse Indigitation des Zeus war,
die erst später, weil die Ehe *agua et igni* geschlossen wird, zum Wasser-
und Meeresgott neben Zeus erhoben wurde. Dionys. 1, 33, vergleicht
sie irrig nach Fabius Pictor (S. 24. Anm. 62) den Consualien, die dieser
aus dem Grunde der bis dahin doch wenigstens schon verflossenen vier
Monate verkehrt für das Fest der Sabinerinnenraubes ausgab, während
der wahre Sinn der Sage vielmehr auf ein Pubertätsfest, unsere *Equirria*,
hinweist. Ueber die übrigen Verkehrtheiten der alten Autoren in der
Auffassung der Spiele jenes Festes vgl. Schwegler I. S. 471 ff.

[56]) Es darf nicht auffallen, sondern dient vielmehr zur Bestätigung unserer
Auffassung dieser Feste, dass die Liberalien und das Agonium später,
erst auf den 17 März, fallen; denn im ganzen Römischen *ius sacrum et
et publicum* galt der Grundsatz, dass man früher zu den sacralen und
priesterlichen als zu den politisch-militärischen und magistratualen
Functionen reif wird, so dass seit Anfang der Kaiserzeit Priesterthümer
wirklich auch schon Knaben verliehen wurden. Dass aber die ersten
oder Römischen *Equirria* (27 Februar) der Fähigkeit in die *comitia
relata* zu erscheinen, die zweiten oder Quirilischen (14 März) der Fähigkeit zum Priesterthum galten, entspricht ganz der Bestimmung des
Römischen Q. *H. C. F* im März für das Comitium, des Quirilischen im
Mai für das Volcanal vgl. oben S. 175. Uebrigens stand Labeos Annahme der privatrechtlichen Pubertät mit 14 Jahren und Varros mit
15 Jahren (Censorin. 14) neben der alten vollen Pubertät für den Mi-

Doppel-Volk and bestimmt erstere für die Fähigkeit zur Theilnahme an den eneralen Volksversammlungen sowie zur Uebernahme von Gelübden (L. 2. § 1. D. de pollic. 50, 12), letztere für die Fähigkeit zur Bekleidung eines Priesterthums; denn sie folgen unmittelbar auf den mit den Terminalien geschlossenen Februar, der auf die Zeit der Unmündigkeit kommt (oben S. 33 f.) und fallen ganz ebenso acht Tage vor und acht Tage nach den *Nonae Mart.* wie die beiden Carmentalien auf den dritten Tag vor und nach den *Id. Januariae;* die Nonen des März waren aber die ersten des Jahrs, an welchen das Volk sich zur Vernehmung seiner öffentlichen religiösen Pflichten versammelte und an den auf die zweiten *Equirria* folgenden *Id. Mart.* fand die erste öffentliche Action der Priester statt. Auch gehören die acht Tage statt drei schon der Zeit der erlangten vollen öffentlichen Handlungsfähigkeit an. — In der zweiten Hälfte des priesterlichen Jahrs folgen auf den 22 August die Volcanalien zur Bewahrung der Menschenleben und vor Allem des eingebrachten Erndtesegens vor Gewitter und Feuersbrunst (Mommsen I. L. A. p. 400), auf den 14 October an den Idus das Opfer des siegreichen Octoberpferdes an Mars für das Gedeihen der eingestreuten Wintersaat (Marquardt Röm. Alt. IV. S. 277. oben S. 18), endlich auf den 12 December wieder an den Idus das Opfer an die Tellus und Ceres (Mommsen p. 408) ohne Zweifel zur Bewahrung der aufgegangenen Wintersaat. An eben diesem Vortage erwähnt zwar das *Calend. Amit.* auch ein Opfer *Conso* in *Arentino,* das aber nach dieser Localität nur ein Römisch-Latinisches späteres und besonderes Opfer sein kann, zumal da dieser mit der Tellus zusammengehörige Saatengott[44]) sein Römisches Opfer am 15 December, den Consualien, erhält. Weit wichtiger als jenes nur zufällige Opfer dieses Tages ist, dass, wie wir aus vielen andern Stellen wissen (Cato 134. Varro bei Non. p. 163. Gell. 4, 6, 8. Fest. ep. v. Praecidanea p. 219. 223.), der Ceres und Tellus auch sonst, namentlich vor der Erndte, eine *porra praecidanea* privatim geopfert wurde, was denn hier am Vortage ihres öffentlichen Winterfestes auch öffentlich von dem uralten Flamen und der Flaminica Cerialis (Serv. ad Georg. 1, 21. Tertull. de Idol. 10) geschehen sein wird und wonach also auch dieses Voropfer uralt gewesen sein muss, während ein Lectisternium, womit die Tellus und Ceres an den *Id.*

Götterdienst. mit 17 Jahren gewiss auch in Beziehung auf den 14 ten beziehungsweise den 15ten (Mamuralientag, oben S. 44) und den 17 ten Tag des Märzes, an dem die Feste der einen und andern Pubertät gefeiert wurden; denn dass die priesterliche oder Natur-Pubertät zugleich die privatrechtliche war, ist schon oben S. 44 bemerkt worden. Ueber den *παῖς* mit 14, den *μελλέφηβος* mit 15, den *ἔφηβος* mit 16, den *εἰσέφηβος* mit 17 Jahren in Athen vgl. Censorin. l. c.

[44]) Vgl. Preller Röm. Myth. S. 420. Unter den Ableitungen verdient allein die von *sero,* einer reduplicierten Form der Wurzel *ser-* (daher Perf. *seri*) Beifall, so dass der aus *consu(r)us* zusammengezogene Name zu *consevi* (in *Ops consiva*) sich verhält, wie *sorsus* zu *sorsus.*

Dec. geehrt wurde, and die Betheiligung der Aedilen bei dieser Feier
erst auf einer späteren Erweiterung ihres Dienstes beruhen kann.

Hiernach dürfen wir nicht zweifeln, dass die *dies intercisi* Vor
tage eines folgenden Feiertags waren, an denen gleichsam zur Einleitung desselben ein sühnendes Voropfer — also eine *hostia*, nicht
victima — derselben Gottheit[86]), der jener Feiertag geweiht war,
gebracht wurde, um jene Feier in recht reinem Zustande begehen
zu können, was eben die vorgedachten Feste, gleichsam als eine ausgezeichnete achttägige Festwoche erforderten[86]) — etwas Aehnliches
also, wie die Rüsttage *(παρασκευή)* vor den hohen Jüdischen Festtagen[87]). Dieses wird bestätigt durch folgende Stelle des Gell. 4, 6, 7.,
die selbst aber auch erst dadurch ihr Licht erhält: *Eadem autem
ratione verbi praeciduneae quoque hostiae dicuntur, quae ante sacrificia
solemnia pridie caeduntur.* Denn es scheint doch einleuchtend, dass
hier eben von solchen Voropfern am Tage vor den Festopfern des
Kalenders *(sacrificia solemnia)*, mithin eben wenigstens hauptsächlich
an einem *dies intercisus*, die Rede ist[88]). Das Schlachten des Opfer-
thiers[89]), worauf auch in dem Ausdruck *praecidaneae* Gewicht gelegt
zu werden scheint, war nun das eigentlich Sühnende (Arnob. 7, 8.);
mit der Darbringung der *exta* auf den Altar, um vom Feuer ver-
zehrt zu werden, während die Entsühnten das Uebrige gleichsam mit
der Gottheit verzehrten, begann schon eine freudige heilige Handlung der Entsühnten als Einleitung des folgenden Tages. Daraus
ergiebt sich, dass der *dies intercisus* eigentlich ein dreifaches Recht
hatte[90]). Vor der Schlachtung der *hostia* war er *dies nefastus* —

[86]) Nur eine scheinbare Ausnahme macht also der 12 December. Er war
nicht *dies intercisus* wegen seines Coansopfers, welches *in Aventino* erst
später, wahrscheinlich erst von Servius Tullius für Römisch-Latinische
Sacra gestiftet sein kann, sondern das letztere wurde auf diesen Vortag gelegt wegen seiner inneren Verwandtschaft mit dem Römischen
Voropfer an die Tellus.

[86]) Eine ähnliche Bedeutung scheint bei den Opfern des Claudischen Geschlechts der *porcus propudianus* gehabt zu haben (Fest. p. 238), da er
relui praemium et exsolutio omnis contractae religionis war.

[87]) Vgl. über diese Ideler Chronol. I. S. 516. Brettschneider bibl. Real-
wörterb. II. S. 230. 402.

[88]) Verwandt damit ist, was Tertull. de spectac. 12. unter den *apparatus*,
namentlich zu den *ludi funebres* erwähnt: *quod denique conciones si edicta,
et pollea praedicant eine pompa diaboli, eine invitationes daemonum non sunt.* Die
Stelle scheint wenigstens auch auf die *indictio epuli* am Vortage der Idus
des Sept. und Nov. für die Capitolinische Götterdreiheit zu gehen.
Vgl. Arnob. 7, 32. *Iovis epulum eras est.* Auch damit mag ein Voropfer
von Puls verbunden gewesen sein, welches aber wie jenes Epulum
selbst erst der späteren Religion angehörte.

[89]) Dass es überall ein Lamm war, also eine *hostia marina* mit vorzüg-
licher Sühnekraft, darf man aus der später zu besprechenden Stelle des
Varro 8, 16. in Verbindung mit Fest. ep. v. Praecidanea p. 223 schliessen.
Nur vor dem 13 December zu Ehren der Ceres wird es auch eine *porca
praecidanea* gewesen sein.

[90]) Ob man solche Tage mit gleichsam gespaltenem Recht *fissi* genannt

man war noch ungesühnt —; nach der Schlachtung wurde er *fastus*;
mit der Darbringung der Opferstücke endlich ging er in das Recht
eines *dies festus* d. h. *nefastus purus* über. Und auf diese Weise entsteht denn auch ein voller Einklang zwischen der Darstellung dieser
Tage bei Varro und Ovid einerseits, wonach sie ein Mittelding zwischen *dies nefasti* und *fasti*, und der des Macrobius andrerseits, wonach sie *deorum et hominum communes* und ein Drittes neben *dies
festi* und *profesti* sind. Die erstere Darstellung ging hauptsächlich
von der ursprünglichen Natur eines solchen Tages aus, war aber
auch für dessen Ende insofern nicht unrichtig, als die Festzeit doch
auch *tempus nefastum*, wiewohl nur für Arbeit und Streitsachen, ist.
Die letztere hielt sich an die beiden concurrierenden Bestimmungen
zum Opfer als Vorbereitung des folgenden Festtages und zum Rechtsprechen. Jene Bestimmung zum Opfer darf aber eben auch nur als
die zu einem Vor- nicht zu einem selbständigen Opfer aufgefasst
werden. Und damit bestätigt sich unsre ganze Auffassung durch die
Beschaffenheit Eines *dies intercisus*, des 14 Januars. Dieser ist nehmlich als auf die *Idus Jan.* folgender Tag *postriduanus* und *ater*, und
von allen solchen Tagen erklärte ein altes Senatusconsult nach dem
Response der Pontifices, dass sie *vitiosi* seien d. h. ein Opfer für den
Staat ungültig machten, *ut hi dies neque proeliales neque puri* (für
Festopfer im Innern), *neque comitiales essent* (Macrob. 1, 16, 21. vgl.
c. 15 fin.). Wäre das Opfer des *dies intercisus* ein selbständiges,
nicht blos die Personen zur Begehung eines Hauptopfers fähig ma-
chendes Sühnopfer gewesen, so hätte nicht auch ein Tag *postridie Id.*
ein *intercisus* sein können; mit einem Voropfer dagegen hatte ein
solcher Tag nichts Unverträgliches, weil es zunächst an einem *dies
nefastus* stattfand, der dadurch zum *fas* und endlich zum *N*° über-
geleitet werden sollte. Dieses wird wieder durch eine andere bisher
unverständliche Stelle des Gell. 4, 6, 9. bestätigt: *Sed porcam et hostias
quasdam praecidaneas, sicuti dixi, appellari vulgo notum est; ferias praecidaneas dici, id, opinor, a vulgo remotum est. Propterea verba Attei
Capitonis ex quinto librorum, quos de pontificio iure composuit, scripsi:
'Tib. Coruncanio pontifici maximo feriae praecidaneae in atrum diem in-
auguratae sunt. Collegium decrevit, non habendum religioni, quod eo die
feriae praecidaneae essent.'* Wenn hier, wie es doch kaum anders
verstanden werden kann, von der Inauguration des Pontifex maximus

hat, wozu denn theilweise auch die schon in dem vorigen Abschnitt
behandelten gehören würden, ist nach der gelegentlichen Ausserung
des Serv. ad Aen. 6, 37. noch sehr fraglich. Er sagt: *Item lectum est,
dies aliquotiens tantum Calendis, aliquotiens tantum Idibus retrimari: nomquam
dei rei primo vel medio vel postremo parte. Unde est in iure fastus dies i. e.
non totus religiosus, quem same ostendit dicens, som oportere Aream religiosam
dei partem perdere i. e. oraculis congruam.* Wahrscheinlich kam der Ausdruck im Augurnrecht oder der Haruspicin vor. Auf diese Stelle aber
die ganze Lehre von den *dies intercisi* und *N*° stützen, wie Hartmann
§ 6. thut, ist jedenfalls ein Missgriff. Dass ein Tag auch für das Opferrecht theils *festus* theils *ater* sein konnte, darüber s. S. 147 f.

die Rede ist, die auch durch ein Voropfer am Tage vorher eingeleitet wurde, wovon die Ferien dieses Tages selbst *praecidaneae*
hiessen, so zeigt die Stelle, dass es auch ausserordentliche — durch
ein Augurium auf einen gewissen Tag angesetzte — hohe Feier, wie
die Inauguration eines Pontifex maximus[11]), gab, denen ein solches
Voropfer vorherging, und dass dessen Ferien ein eigenthümliches
Recht hatten, wonach sie mit einem *ater dies* nicht unverträglich
waren. Doch gehörte zu dieser Eigenthümlichkeit auch, dass solche
feriae selbst erst *post exta porrecta* in gewöhnlicher Weise d. h. mit
dem Recht der Ferien des folgenden Tages eintraten. Ueberhaupt
erhalten wir mit diesen einen folgenden Festtag schon durch gleiches
Recht einleitenden Vorabenden eine erwünschte Analogie für die Fünftage, mit denen auch schon das folgende Jahr anfing.

Aus der richtigen Erkenntniss der *dies intercisi* folgt nun auch,
dass der Grund des eigentlichen *tempus nefastum* der ungestörte
Zustand des Volks in dieser Zeit war, worauf wir bei den *dies nefasti*
zurückkommen werden. Es fragt sich aber noch: war der Grund
solche Tage im Kalender als *intercisi* zu bezeichnen, überwiegend der,
das Volk auf das *nefas* derselben oder auf deren *fas* hinzuweisen?
Mit andern Worten: sollten diese Tage an sich vom Rechtsprechen
ausgeschlossen sein und Prätor und Volk darauf hingewiesen werden,
dass man sich auch an ihnen durch *legis actio* in der Regel verstän-
dige, oder wollte man umgekehrt darauf hinweisen, dass an diesen
Tagen in einer gewissen Zeit auch *lege* agiert werden könne? Im
ersten Falle wären sie eine Abart der *dies nefasti*, im letzteren eine
Abart der *fasti* gewesen — wie man ähnlicher Weise die *animalia
manusurferta* theils als eine Abart der *fera* theils als eine Abart der
mansueta betrachten kann. Im ersten würde man die mittlere Zeit
nur ausnahmsweise und gleichsam zufällig auch zur *legis actio* haben
bestimmen und benutzen können, sofern nehmlich die Zwischenzeit
inter exta caesa et porrecta zufällig auch die nöthige Zeit zu einer
legis actio darbot, im zweiten würden die *dies intercisi* zu den Tagen
hinzutreten, an denen man regelmässig darauf rechnen konnte, die
Obrigkeit *inter exta caesa et porrecta* auf dem Comitium zum Rechtsprechen zu finden, und die weite Auseinanderlegung der beiden
Opferacte, des ersten auf den (frühen) Morgen, des andern auf den
(späten) Abend[17]) wäre dann absichtlich gewesen. Eine befriedigende

---

[11]) In der Kaiserzeit wurde der Tag der Gelangung des Augustus zur
Oberpriesterwürde, der 6 März, wirklicher, dauernder Feiertag. Dio
54, 27. Ovid. F. 3, 420. Cal. Maff. Praenest. Wahrscheinlich behielt er
auch so *ferias praecidaneas* und es können solche immerhin auch bei
andern kaiserlichen Hausfesten vorgekommen sein. Doch wurden alle
diese *feriae praecidaneae* nicht *dies intercisi*, weil auch jene sterbend gewordenen Feste nicht auf dem ursprünglichen heiligen Rechte beruhten,
sondern nur angesagte Ferien hatten, wovon später.

[17]) *Mane* ist nehmlich die Zeit des Sonnenaufgangs, *vesper* die des Auf-
gangs der Sterne nach der *suprema* d. h. dem Sonnenuntergange, bis
zu welchem hin der Prätor Recht sprach. Varr. 6, 4—6. Censorin. 24.

Antwort auf diese Frage wird die Zeiten unterscheiden müssen. Ursprünglich hatte das Voropfer gewiss nur die aerale Bedeutung als solches zu dienen und man achtete nicht darauf, dass seiner Natur nach, wenn die beiden Opferacte weit auseinander gelegt würden, eine nutzbare Zeit zum Rechtsprechen gewonnen werden könnte, sondern richtete sich hierbei blos nach priesterlichen Interessen. Nach dem Hervortreten der weltlichen Interessen kam aber auch dieser Gesichtspunkt zur Geltung, und endlich legte man die beiden Opferacte feststehend in den frühen Morgen und den späten Abend, um so auch volle künstliche *dies fasti* zu gewinnen. Darauf bezieht sich nehmlich ohne Zweifel das Wort *honoratus* in der Stelle des Ovid. Es ist nicht nach der gewöhnlichen Erklärung ein blosses nichtssagendes *epitheton ornans* für den Prätor, sondern besagt, dass die Priester ihm zu Ehren, aus Deferenz gegen ihn, die beiden Opferacte so weit auseinander legten, um ihm einen zum Rechtsprechen freien Tag zu verschaffen. So hatte denn zu Numas Zeit das *endoitercisum nefas* nur erst die Bedeutung, das verschiedene *nefas*, welches der nicht geringe Zeitraum *inter exta corum et porrecta* schied, zu bezeichnen, während später auf das das eine und das andere *nefas* ausschliessende grosse Intervall (das *intercisum*) das Hauptgewicht gelegt wurde. Hinsichtlich der Stelle des Ovid erklärt sich nun aber aus dem Recht seiner Zeit, die *exta* an diesen Tagen immer erst *resperi*, also nach der Zeit, bis zu welcher der Prätor Recht sprach (Anm. 62), ins Feuer zu werfen, weshalb er nicht nöthig hatte, auch den Endtermin des *omnia verba fari licere*, die *exta porrecta*, von welchem schon nächtlichen Acte das Publikum nichts erfuhr, in seinem knappen Distichon anzugeben.

Man hat gefragt, ob in der gedachten Zwischenzeit auch Volksversammlungen zulässig gewesen seien (vgl. Hartmann S. 56). Nach dem eben Bemerkten konnte ursprünglich und so lange die Zwischenzeit eine geringe und zufällige war, an eine Benutzung derselben zu diesem Zwecke natürlich nicht gedacht worden. Anders später, zumal da die meisten Volksversammlungen nach dem fingierten Beispiel bei Macrob. 3, 10, 15. und dem thatsächlichen bei Cic. ad fam. 7, 30, 1. gewöhnlich schon früher zu Ende waren als die richterliche Thätigkeit auf dem Comitium. Auch ist, da das Gegentheil des *nefas* nach dem früher (oben S. 177) Bemerkten an sich sowohl das *cum populo* als das *lege agere* zulässig macht, kein Grund abzusehen, warum es hier anders gewesen sein sollte. Dazu kommt, dass Verrius und das *Cal. Maff.* zu dem Interciscus 14 Januar als einem *postriduanus* bemerken, er sei *citiorus ex SC.*, was sich wenigstens ganz besonders auch auf die Untauglichkeit zu einer Volksversammlung bezieht (Macrob. 1, 16, 24) und wie es scheint, nicht recht passend an diesem Tage bemerkt worden wäre, wenn er schon als *interrisus* keine Volksversammlung gestattet hätte. Dennoch ist es mir nicht zweifelhaft, dass die Patricier in dem später zu erörternden Streit mit den Plebejern es durchzusetzen wussten, dass nur an den mit

C bezeichneten Tagen gewöhnliche Volksversammlungen zulässig seien und von denen mit dem blossen *Endotercimm Nefas* dieselbe Beschränkung auf das *lege agere* gelten müsse, wie von denen mit dem blossen *fas*. Auch widerspricht dem die Stelle des Verrius nicht, weil die Vitiosität eines Tages noch vielerlei andere öffentliche Unternehmungen ausser Volksversammlungen ausschliesst, wonach die Bemerkung derselben doch auch bei einem *dies postriduanus* ihre gute Bedeutung hatte, und dieses vorausgesetzt es umgekehrt unpassend gewesen wäre, wenn Verrius diese Bemerkung nicht gleich bei dem ersten *postridie Idus (Iunear.)* gemacht hätte.

Schliesslich kommen wir zur Bestätigung unserer ganzen Deutung der *dies intercini* noch auf eine Analogie, die wir schon deshalb hier näher auseinandersetzen müssen, weil darauf früher verwiesen worden ist.

Die Weinlese war an sich ein profanes Werk, welches der Eigenthümer an seiner an Festtagen vornehmen konnte, wann er wollte, und doch wünschte man deren zu frühzeitige Eröffnung aus agrarischem Interesse zu verhüten, was gegen die Habsucht und Begehrlichkeit der Einzelnen sicher nur durch die Religion zu erreichen stand, indem man in jedem Jahr einen frühesten Tag dafür ansetzte, vor welchem es *nefas* sei, den Wein zu lesen, und daraus eine Art von *dies intercisus* machte. Um dieses nun zu erreichen, wurde die Sage zu Grunde gelegt, dass der fromme Julus mit seinen Latinern dem Jupiter den Ertrag des Weinstocks in Latium gelobt und dadurch den Sieg über den gottlosen Mezentius erlangt habe (Schwegler Röm. Gesch. I. S. 266), so dass aller Latinische Wein als vovierter dem Jupiter gehörte, alle Winzer dort seine Weinbergsleute waren (vgl. Arnob. 7, 32. 84) und man sich versündigte, wenn man ohne des Gottes Zustimmung und Ablassung der Primitien an ihn, denn mit diesen begnügte er sich, jenen Ertrag benutzte[57]). Von der Weinlese selbst sagt uns Varro bei Gelegenheit der städtischen Vinalien[58] 6, 16:

<hr/>

[57]) Darüber ist das Votum eines *vir sacrum* bei Liv. 22, 10. zu vergleichen: *si id moritur, quod fieri oportebit, profanum esto; neque scelus esto, si quis rumpet occidetve imcrimu, ne fraus esto. si quis clepsit, se populo scelus esto nece rei clepime erit.* Wer also wissentlich von dem vovierten Kobenertrage vor der von Jupiter gestatteten Zeit nahm, der beging ein *scelus*. Vgl. I. 18. § 5. D. de dolo (4, 2).

[58]) Also nicht von den Vinalien selbst und nicht einmal von den Ländlieben, als wären diese das Fest der Weinlese gewesen, wie die Neueren meist missverstehen (vgl. dagegen Mommsen I. L. A. p. 392), obgleich diese doch erst gegen Ende September zu fallen pflegte (Colum. 11, 2. 67). Auch ist kein Grund mit Mommsen (Chron. S. 67) den Alten, namentlich Varro selbst nachzusagen, sie hätten mit dem Ansatz der Vinalien auf den 19 Aug. nichts anzufangen gewusst. Der ihnen sehr wohl bewusste Grund desselben ergiebt sich aus Plin. N. H. 18, 19. § 284. *Tria sempau tempora fructibus metuebant: propter quod instituerunt ferias diesque ferios, Robigalia, Floralia, Vinalia.* Man glaubte, dass diese Zeit des reifenden (pubescierenden) Weines, für dessen Gerathen besonders entscheidend sei. Vgl. oben S. 192.

huius rei cura non levis in Latio; nam aliquot locis vindemiae primum a sacerdotibus publice fiebant, ut Romae etiam nunc; nam flamen Dialis auspicatur vindemiam, et ut iussit vinum legere, agna Iovi facit, inter quoius exta caesa et porrecta flamen purus [a]) *vinum legit.*

Hiernach hielt der Flamen Dialis in Rom (in andern Latinischen Städten vielleicht zum Theil andre Priester) zuerst · ein Auspicium über den zum Anfange der Weinlese zulässigen Tag, ähnlich wie bei dem *augurium vinarium* (Plin. 18, 3, 3) und *augurium salutis* über den zulässigen Opfertag (Dio 37, 24). Er befahl dann an diesem Tage den Anfang der Lese; damit sie aber als ein dem Jupiter geheiligtes Werk geschähe, wurde dem Eröffnungstage die Natur eines Voropfertages beigelegt. Der Flamen schlachtete daher als Eröffnungsact dem Jupiter ein Lamm und dadurch zu einem um Jupiters willen vorzunehmenden Werke entsündigt, begann er die Lese ohne Zweifel mit Darbringung der ersten Trauben an Jupiter, worauf auch jeder Andere dem Befehl gemäss mit ähnlichen Primitien anfangen konnte, nachdem er durch ein ähnliches Voropfer sich entsündigt hatte [a]). Erst mit der späteren Hingabe der Opferstücke ins Feuer (auch hier ohne Zweifel in der späteren Zeit erst am späten Abend) wurde der Tag auch für die Lese *feriae praecidaneae*, so wie es Morgens vor dem Opfer aus andern Gründen noch *nefas* gewesen war, selbst zu lesen. Dass aber die folgenden Tage, die indicierten Weinleseferien, schon seit alter Zeit als wirkliche Ferien bestanden, damit die Winzer an ihnen das heilige Werk des Jupiter vollbringen könnten, zeigt Suet. Caes. 40. Sie müssen aber vor der Kaiserzeit

---

[a]) So lese ich statt des handschriftlichen *porus*. Sowohl die Emendation *primus* (Müller) als *prorus* (Preller Röm. Myth. S. 174) ist zu gewaltsam und verfehlt den Sinn. Insbesondere darf man nicht mit Preller *auspicari* in der abstracten Bedeutung: die Weinlese anfangen, nehmen, worauf das spätere *vinum legit* keinen Sinn mehr haben würde. Auch ist das *exta* nicht das *calare*, wovon Varro am Ende der Stelle spricht: *In Tusculanis hortis est scriptum; Vinum nocam ne rahatur in urbem antequam Vinalia kalantur.* Dieses *kalare* geschah wohl auch in Tusculum an den Nonen, wo alle Feste des Monats ausgerufen wurden, und die hier gemeinten *Vinalia* sind die *urbana*, in Rom am 23 April, von denen die ganze Stelle ausser dem Einschiebsel *huius rei cura.... vinum legit* handelt. Was die Zeitigung der Rebe zur Weinlese im Herbst, war die Vermarktung des jungen Weins zum Verbrauch im Frühjahr.

[a]) Macrob. 1, 16, 10. *Umbro negat eum pollui, qui opus vel ad deos pertinens sacrorum·ve causa feriset.* Gewisse ländliche Werke konnte der Landmann überhaupt an *feriae* nur nach Darbringung eines Hundeopfers ohne *piaculum* verrichten, worunter namentlich auch *vindemiam cogi.* Colum. 2, 21 (22), 4. Er machte sich dadurch *purus* zu einem *opus ad deos pertinens.* Schwerlich bezog sich dieses Opfer bei der Weinlese auf solche Tage, auf welche anderweitige gesetzliche Ferien fielen, sondern es sind eben die Vindemialferien selbst gemeint. Eben · so, wenn Columella kurz vorher sagt: *ad ea sacramum quidem administrare (licet) nisi prius catulo fecerit:* wo er die (conceptiven) *feriae semeutivae* im Sinne hat und nur nicht nennt, weil sie damals, wie wir später sehen werden, nur noch *dicis gratia* im Winter concipiert wurden.

ihrem vorhin nachgewiesenen Ursprunge gemäss nur Latinische in
Rom etwa blos von Lavinium oder Alba her auf dem Aventinus
verkündigte Ferien gewesen sein. Sonst liesse sich nicht erklären,
dass Cic. Verr. 1, 10. sie im Sept. und Oct. zwischen den *ludi Romani* und *victoriae Sullae* als die Römische Gerichtsbarkeit unter-
brechend nicht erwähnt. Erst mit Anfang der Kaiserzeit, welche
die *regio Aventina* zur Stadt und das Latinische Sacralrecht in das
Römische hineinzog, mussten auch die Weinleseferien Römische werden.

Wiederum scheint auch der Anfang der Erndte in Rom ältestem
eigenen Gebiete auf im Ganzen ähnliche Weise eingerichtet gewesen
zu sein, wobei nur die Unstatthaftigkeit desselben vor der von der
Gottheit dareb ein Opfer erlangten Erlaubnis auf der Annahme
eines ursprünglichen Eigenthums der Ceres an ihrer Gabe beruhte[1]),
und das von jedem Hausvater darzubringende Voropfer an sie, die
schon erwähnte *porca praecidanea*, auf Versehen, die man bei Beer-
digungen an den Entseelten begangen haben mochte und wegen deren
man nothdürftig war, angesähnt neue Frucht zur Erhaltung seiner
lebendigen Seele ans der Erde sich anzueignen, begründet wurde
(Cato 134. Varro bei Non. p. 163. Fest. ep. 219. 223. v. Popularia
p. 253. Gell. 4, 6. 7). Wenigstens stellt Plin. N. H. 18, 2, 2.
Erndteschnitt und Weinlese, die nicht zulässig gewesen, *antequam
sacerdotes primitias* (das hier eigentlich s. g. *praemetium* Fest. ep.
p. 235) *libassent*, zusammen, wonach auch noch eine das Signal
gebende öffentliche und von einem Priester geopferte *porca praecidanea* der privaten jedes Bauern auf dem ältesten Stadtgebiet voraus-
gegangen zu sein scheint (wie bei den *Fordicidia* der Curien das
öffentliche auf dem Capitol Varr. 6, 15. Ovid. F. 4, 635), und Cato
hebt auch bei dem Privatopfer den Act der *exta porrecta* besonders
hervor. Erndteferien, damit das Volk das heilige Werk der Ceres
von weltlichen Händeln unbefleckt verrichte, schlossen sich aber auch
hier an (Suet. l. e.) und fällt hiermit der falsche Danliarone zusammen, den die neuern Schriftsteller für die Ferien anzunehmen pflegen,
als wenn einige — eben die Weinlese- und Erndteferien — eine
blos weltliche Bedeutung gehabt hätten.

III. Die dies nefasti.

Zu einer richtigeren Erkenntnis der Natur der *dies nefasti* wird
es blos erforderlich sein, auf gewisse Fragen näher einzugehen,
welche dessen vorzugsweise bedürfen. Diese sind: woher kommt der
Name dieser Tage? was ist ihr Recht? worauf beruht es, dass gewisse Tage *nefasti* sind?

---

[1]) Eben hierin lag auch wohl der Grund, warum der Hausor die ländliche Arbeit der Aussaat ursprünglich an den Sementivferien nach vorgängigem Hundeopfer verrichten konnte (Colum. in Anm. 2, 21, 4). Er
gab der Ceres nur das Ihrige zu weiterer Frucht.

1. Die Alten ohne Ausnahme [88]) und manche Neuere mit ihnen
leiten die *dies fasti* und *nefasti* von dem statthaften oder unstatthaften
fari verba legis actionis ab. Dieses ist jedenfalls irrig, da das Sprechen
der Formulare der *legis actiones* Seitens des Prätor oder der Parteien
niemals insbesondere, ja überhaupt nicht *fari* genannt wird[89]),
welches Wort vielmehr auf ein feierlich oder auctoritativ verkündi-
gendes, insbesondere göttliches oder prophetisches Aussprechen geht,
so dass allerdings *fas* und *nefas* davon herkommen. Die Ausdrücke
fasti und *nefasti dies* stammen aber, schon rein sprachlich betrachtet,
offenbar von *fas* und *nefas* (worin das *s* zum Stamm gehört), wie
iustus und *iniustus* von *ius*, *onustus* von *onus* u. s. w. ab, und Veranlassung zu ihrer Bildung gab gewiss hauptsächlich, dass für die
einen oder andern Tage ausgerufen oder von den Pontifices respon-
diert und dann auch in den Fasten beigeschrieben wurde, es sei an
ihnen *fas* oder *nefas*. So wie dieses für *fas* durch die Tage Q. R.
C. F und Q. S. D. F, für *nefas* durch die alte Formel, mit welcher
der Prätor die Comitialien ansagte[90]), und durch die in der vorhergehenden Abhandlung nachgewiesene Bedeutung von $EN = endoter-
cisum$ *nefas* festgestellt ist, so dürfen wir auch nicht zweifeln, dass
die Nota F und N nicht, wie wahrscheinlich schon Macrob. 1, 14, 12.
meinte, wenn er von Cäsar sagt: *adiectosque a se dies fastos notavit*,
und wie man jetzt allgemein annimmt, *fastus* und *nefastus* (*sc. dies*),
sondern *fas* und *nefas* bedeuten. Verrius Flaccus wird dieses nicht
unbekannt gewesen sein. Schon die wahrscheinliche gewöhnliche
Restitution des Artikels des

Fest. p. 165. *Nefas-ti dies so-lautur N litera, quod iis
nefas est praetori, apud quem lege agitur, fari tria verba
do dico addico.*
lässt dies erkennen, wenn sein Verfasser sich auch daneben von der
hergebrachten Etymologie: *fasti* von *fari*, zu emancipieren nicht ver-

[88]) Varr. 6, 29. 30. 53. Ovid. F. 1, 47. Verr. Fl. ad F. Praen. Jan. 2.
Fest. p. 156. Auch Sueton. apud Priscian. 8, 4. §. 20. *Fasti dies sunt
quibus ius fatur, id est dicitur, ut nefasti, quibus non dicitur* und Isidor. orig.
6, 18, 1. de nat. rer. 1.

[89]) Auch vor der Folgerung aus der Ableitung der Alten muss man sich
hüten, dass bei den *legis actiones* das Sprechen überhaupt wesentlich
gewesen wäre, was beim Formelverfahren wegen der schriftlichen
formulae aufgehört hätte (so Hartmann S. 20). Denn auch diese erhielten
nur durch prätorisches Sprechen Gültigkeit wie das schriftliche Testament durch das Sprechen des Testators und überhaupt gilt was Fronto
ep. ad Ver. Imper. 1. sagt: *Imperium autem non potestatis tantum vocabulum,
sed etiam orationis est. Quippe vis imperandi iubendo retandoque exercetur.* Damit
längne ich nicht, dass die schriftliche *formula* die mündliche Ertheilung
beweist, wie die schriftliche *cautio* eine geschehene Stipulation.

[90]) Gell. 10, 24, 3. *Sciis autem erit perpetuae rerum consuetudinis demonstran-
das gratia verba solemnia praetoris ponere, quibus more maiorum ferias concipere
solet, quae appellantur Compitalia. Ea verba sunt haec: 'dies seni populo Romano Quiritibus Compitalia erunt, quando concepta fuerint, nefas'.* Aus dieser
Stelle hat geschöpft Macrob. 1, 4, 27.

mocht hat. Demgemäss wird aber auch in seiner Bemerkung ad
F. Praen. Jan. 2., wo Mommsen (p. 312) ergänzt:

*f hic dies fastus est. fasti dies appe-llantur, quod ii licet
fari apud praetorem, ut nefasti, quibus certi-s verbis lege
agi non potest.*

vielmehr im Anfange an setzen ein

*f haec sola fas significat. fasti dies appe-llantur, quod iis
licet fari apud praetorem . . .*

Aber auch das, womit Mommsen nach diesem Wort fortführt, ist
offenbar unrichtig, was sich auch schon dadurch verräth, dass es
kein anderes *lege agere* als *certis verbis* giebt. Verrius konnte nach
seiner wohl noch nicht beachteten unverbrüchlichen Gewohnheit alle
Kalenderabkürzungen nur an ihrem Orte d. h. die gleichmässig
wiederkehrenden da, wo sie zum ersten Male vorkommen, zu erklären, von den *dies nefasti* nur da sprechen, wo das erste *N* vorkam
d. h. beim 1 Febr., welche Stelle leider verloren gegangen ist. Man
wird in der obigen Stelle fortfahren müssen:

*apud praetorem ipsique praetori, sine quibu-s verbis lege
agi non potest.*

Was aber hiermit für die *dies fasti, nefasti* und *intercisi* nachgewiesen ist, dürfen wir nicht auch für die mit *NP* bezeichneten
Feiertage behaupten. Dass diese Nota, obgleich mit eben so grossen
Buchstaben geschrieben, wie die übrigen, nicht auch ebenso alt wie
sie, sondern gleich dem *F* bei den von Caesar hinzugefügten 10 *dies
fasti,* den neuen Monatsnamen Julius und Augustus, der am Schlusse
der Julianischen Monate hinzugefügten Zahl der Tage u. s. w. neueren
Ursprungs ist und nur nachahmungsweise diese grossen Lettern
erhalten hat, erkennt man deutlich aus zwei Umständen: erstens
daraus, dass die Alterthumsforscher jener Zeit, wie Varro († 727)
und Ovid, der seine *Fasti* nach 737 schrieb und erst in Tomi vollendete (seit 761 Fischer Zeittafeln 8. 439. Merkel Ovid. F. p. IV.
CCLV seq.), oder die, welche wie Macrobius aus ihnen geschöpft
haben, in ihre Darstellungen der Lehre von den Römischen *dies*
nicht auch diese mit *NP* bezeichneten Tage als solche ebenso wie
die *fasti, nefasti, intercisi* und *comitiales* aufgenommen haben[11]), und
zweitens daraus, dass diese Bezeichnung auch in den alten Kalen-

_____

[11]) Es ist auch nicht nachweisbar, dass Ovid die *nota NP* nur irgendwie
berücksichtigt habe. Die Stelle 3, 429. *Una nota ai Marti Nonis, sacratae
quod illa Templa putaus tacra Vedicovis ent: dato,* missversteht Merkel p. XLI,
wenn er sie auf die eine *nota F* anstatt der zwei *NP* bezieht. Hier
wie 6, 649 heisst *nota,* was im Kalender als bei diesem Tage beachtens-
werthe Begebenheit, Feier u. s. w. angemerkt ist, was sehr häufig ein
Mehrfaches, an jenen Nonä aber nur ein Einziges war. Varros Behandlung der Festtage 6, 12 sq. verräth ebenfalls, dass ihm die Nota *NP*
noch unbekannt war. Wenigstens nimmt er auf sie durchaus keine
Rücksicht. Er spricht z. B. von den Idus 6, 26 ganz im Sinne seiner
Zeit unter den *dies communes causa constituti* und unter den Jahresfesten
macht er auch einige Namen ein, die den Tag nicht *NP* machten, wie

darien keine so hergebracht feststehende ist, wie die Nota F, N,
EN, C, sondern in einigen ganz fehlt, indem sie sich mit Angabe
der Festnamen begnügen (so in dem Cal. Tusrul. und Sub.), in den
übrigen aber zum Theil mit andern wechselt — die Fasti Pigh.
haben dafür N⁰, das Cal. Pinc., das gemalte Römische und nach
den vorhandenen Abschriften auch das Vrnus. das gewöhnliche N,
und das P hat, wie wir früher sahen, auch beim 19 Aug. In der
Verbindung FP mit zur Verwendung gekommen. Der erstere Umstand zeigt, dass man zur Zeit, wo die Doctrin der verschiedenen
Tage sich ausbildete, allgemein anerkannte N⁰-Tage mit dieser Nota
eben noch nicht vor sich hatte, der zweite, dass die Redactoren der
verschiedenen Kalendarien, nachdem die Doctrin eine wichtige Eigenthümlichkeit der N⁰ — d. h. der gesetzlichen Fest- oder Ferientage
hervorgehoben hatte, deren allgemeine Kenntniss im Publikum nach
dem Untergange des alten politisch-sacralen Lebens nicht mehr
vorausgesetzt werden konnte, auch in doctrinaler Weise, also auf
eigene Hand und daher selbstverständlich mit Abweichungen unter
einander sich bemühten, sie mit Nachahmung der alten Nota dem
Leser aufs beste bemerklich zu machen. Ebendamit ergiebt sich
aber auch als Zeit dieses Ursprungs der Anfang der Kaiserzeit, wo,
wie auf allen andern Gebieten, auch auf dem des Kalenders gleichzeitig mit dessen kaiserlicher Restauration eine eigentliche Wissenschaft erwachte [72]) und wo die blosse Angabe des Namens der
grösstentheils auch nur künstlich restaurierten und nur in Rom von
den Priestern wie im Verborgenen begangenen Festtage, von denen

die Feralia, Megalesia, Vestalia (welch letzten er als N consequent ebenso
hätte auslassern müssen, wie z. B. die Lemuria), Quinquatrus minusculae,
dies Furtis Fortunae, Nonas Caprotinae, Septimontium,

[72]) Die Leistungen der älteren Schriftsteller über den Römischen Kalender
wird man nur in Parallele mit den gleichzeitigen über das Civilrecht
richtig würdigen. Namentlich hatte die Tafel der Fasten, welche
M. Fulvius Nobilior (cos. 665) im Tempel des Hercules der Musen
niederlegte und was er dazu schrieb (Macrob. I, 12, 16. Charis. I.
p. 112. P.) wohl ganz die Gestalt der Triparto varis vridis den Sex. Aelius
Catus. Er gab also nur die alten Fasten des Cn. Flavius nebst dem,
was die Lex Hortensia festgestellt hatte, wieder mit blossen Zusätzen
wegen der hinzugekommenen Opfer oder Spiele in kleinerer Schrift
und dann Anmerkungen über Einzelnes z. B. die Monatsnamen; der
Art nach werden aber darüber hinaus auch Spätere zur Zeit der
Republik nicht gegangen sein, indem man nur — etwa im siebenten
Jahrhundert — auch anfing über die Festtage antiquarische Untersuchungen anzustellen und sich dann auch allmählich zu einem consti-
turre fastos generatim redigendo (L. 2. §. 41. D. de orig. Iur. 1, 2) erhob,
wohin die Bücher des jüngeren Cincius und des Cornelius Labeo gehören mochten (Merkel l. c. p. LXXVI sq.). Selbst das besondere Buch
des Varro de diebus in seinen res divinae betraf bloss die Feste — von
den übrigen handelten vielleicht die res humanae — (Augustin. de civ.
Dei 6, 3) und mag die erste systematische Darstellung überhaupt die
in Varros Buche de lingua latina gewesen sein, worauf dann die grössere
Zahl der innumeri auctores über diesen Gegenstand (Macrob. 1, 15, 4)
erst folgte.

die Meisten nach der Sündflut der Bürgerkriege oft kaum noch den Namen, geschweige deren Bedeutung und Wirkung kannten [a]), keineswegs mehr hinreichte, um nach diesem Namen auch zu wissen, ob man an diesem Tage u. U. einen Process führen, dieses oder jenes ökonomische Werk ohne Piaculum thun, eine *legis actio* vornehmen könne, was doch jeden Römischen Bürger in ganz Italien interessierte; wozu noch kam, dass die Kaiser auch ganz neue das bisherige Recht dieser Tage *ipso iure* ändernde Ferientage aufgebracht hatten, welche keinen Festnamen führten und wo deren alte Bezeichnung mit F, C, N u. s. w. nothwendig mit einer neuen vertauscht werden musste.

Es ist daher schon im Princip ganz verfehlt, wenn man bisher die Nota *N* oder *N*, von der Voraussetzung eines gleichzeitigen Ursprungs derselben mit den übrigen ausgehend, in derselben Weise wie jene allen zu erklären versucht hat, sei es nach den Vermuthungen der ältern und mancher neueren Gelehrten *Nefastus Porrectitius* oder *Prior* oder *Posterior* oder *Parte* oder *Principio*, womit man auch in der Sache selbst, wie Mommsen (I. I. A. p. 367) gut gezeigt hat, auf eine Absurdität kommt, oder wie jetzt Mommsen (Chron. S. 233. I. L. A. p. 367) will, durch die Annahme, jene Sigle sei eigentlich weiter nichts als *N* d. h. *Nefastus*, nur nach einer — von ihm angenommenen — ältern Gestalt dieses Buchstabens mit vier Strichen, aus der Einige aus Unkenntniss *N*, Andre *N*, die Geschichtsdeuten blos *N* gemacht hätten. Es ist kaum nöthig, die Willkührlichkeit und Gewaltsamkeit dieser wieder auf mehrfache Hypothesen gehauten Hypothese hervorzuheben, nach der ohendrein nicht einmal die Differenz dieser *nefasti* von den gewöhnlichen durch die ursprüngliche Nota ausgedrückt, sondern eine solche nur conventionell in die verschiedene Gestalt eines Buchstabens gelegt worden wäre, was sonst im Alterthum nicht vorkommt. Was diese neueren Zeichen ausdrücken sollten und passend ausdrückten, kann nach dem vorhin Gesagten nur aus dem eigenthümlichen Recht der gesetzlichen Feiertage, wie es von den damaligen Gelehrten erkannt war, entnommen werden, wovon in der folgenden Abhandlung gesprochen werden soll. Hier ist nur zu bemerken, dass man bei ihrer Erfindung von dem Begriff der *dies* ausging und daher allerdings in *N* und *P* Adjective zu suchen sind, eben weil die damaligen Gelehrten nur noch von einer Doctrin schriftlich in den Kalendarien vorliegender Tage wussten, was gar manche von

[a]) Beispielsweise sagt Varr. 6, 19. bei Gelegenheit der *Furrinalia* (25 Juli) von der Furrina: *eae ric nomen notum pancis*. Noch zu Ciceros Zeit ändern wir durchgängig die alte officielle Sitte, die Tage der Feste und deren *präde* nur mit deren Namen zu datieren (Stellen bei Mommsen p. 385); in der Kaiserzeit kommt sie ab. So macht eine Inschrift aus guter Zeit (Orelli 736) selbst den Prätor für ein alljährlich zu bringendes Opfer darauf aufmerksam, dass die Volcanalien auf den X Kal. Sept. fallen.

ihnen auch schon dahin gebracht haben mag, das *F* und *N* des alten Kalenders *Fastus* und *Nefastus* statt *Fas* und *Nefas* zu deuten. Man sieht dieses z. B. aus der Bezeichnung *E* (statt *EN*) für die *dies intercisi* in dem *Cal. Antiat.*, was sich nicht anders verstehen lässt als *Endotercisus* ec. *dies.* Der gelehrte Verfasser wusste um die Regel von den *literae singulares*, die nicht gestattete, die beiden ersten Buchstaben des notierten Worts zu setzen, irrte aber andrerseits gröblicher, indem er sie mit *EN* verletzt glaubte. Wie aber die Privatgelehrsamkeit sich damals überhaupt herausnahm, ihre Gedanken auch in die alten Abkürzungen hineinzutragen und sie damit zu corrumpieren, hat uns früher das *Q. Rex C. F* gezeigt, wenn man noch das *Q. St. D. F* des *Cal. Maff.* anstatt des richtigen *Q. S. D. F* des *Cal. Venus.* hinzufügen kann.

2. Was war das Recht der Tage mit *N?* Auf diese Frage ist die einstimmige Antwort der genauer von der Sache sprechenden Alten[14]: Obrigkeit und Parteien verständigten sich, wenn sie an einem solchen Tage eine *legis actio* (oder *actio* schlechthin oder *iurisdictio*, aber in dem beschränkten Sinne einer *legis actio*) vornahmen, sobald sie in eines der drei Worte des Prätors *do*, *dico*, *addico* ausging, und mussten, obgleich die *legis actio* selbst gültig war, ihre Verfehlung durch ein Opfer sühnen, was jedoch nach allgemeinem Princip des Sacralrechts nur bei nicht wissentlicher Verfehlung zulässig war[15].

Varr. 6, 29. *Contrarii horum* (der *fasti* und *comitiales*) *vocantur dies nefasti, per quos dies nefas fari praetorem do, dico, addico. itaque non potest* (es ist wohl ausgefallen *lege*) *agi; necesse enim aliquo eorum uti verbo, cum lege quid peragitur. Quodsi tum imprudens verbum emisit ac (fari) quem manu misit, ille nihil minus est liber, sed vitio, ut magistratus vitio creatus nihilo secius magistratus. Praetor, qui tum fatus est, si imprudens fecit, piaculari hostia facta, piatur; si prudens dixit, Q. Mucius ambigebat, eum expiari ut impium non posse.* — 6, 53 nennt Varro jene Worte *certa verba legitima.*

Aehnlich ausser Festus a. a. O. auch Ovid. F. 1, 47. *Ille nefastus erit, per quem tria verba silentur* und Macrob. 1, 16, 14. 30. Auch der Parteien, auf die Varro nur folgerungsweise hindeutet, erwähnen ausser Verrius a. a. O. und Ovid bei Gelegenheit der *dies intercisi* (oben S. 179) Gallus Aelius, der bei Fest. v. Religiosum p. 278 unter den Beispielen des *contra voluntatem deorum facere* auch anführt:

---

[14] Auf Stellen wie Isid. de diff. verb. 250, welche den falschen späteren Volkssprachgebrauch zu Grunde legen, nehmen wir billig keine Rücksicht.

[15] Vgl. dazu Cic. de legib. 2, 9. Macrob. 1, 16, 10. Auch scheint ein wissentliches Festhalten des gegen das *fas* Erlangten, aber nur wenn es auf Veranlassung des Staats von einem öffentlichen Augur für *nefastum* erklärt worden war, *iure publico* als capital gegolten zu haben. Cic. de legib. 2, 8, 21. Dasselbe Unterschied zwischen Unwissenheit und Frevel (Sünde mit erhobener Hand), der die Ausrottung aus dem Volk nach sich zieht (vgl. Cic. l. c. *poena periuro divina exitium*) findet sich im Mosaischen Recht. 4 Mos. 15, 22—31.

die nefasto apud praetorem lege agere, und Gai. 4, 29. nefasto quoque
die, id est, quo non licebat lege agere, pignus capi poterat. Beschrän-
kend sagt auch noch Macrobius 1, 16, 27.

ad rem sane militarem nihil attinere notat Varro, utrum fastus vel
nefastus dies sit, sed ad solas hoc actiones respicere privatas; so dass also der ganze Unterschied theils nicht die öffentlichen
Quästionen wider Verbrecher [*], wenn auch davon mitunter lege
agere in einem weiteren Sinne gesagt wird, theils im Civilprocess
weder das dem lege agere vor dem Prätor entgegengesetzte litigare
vor dem Richter, noch das spätere Verfahren per formulas vor dem
Prätor oder dessen frühere Thätigkeit bei Recuperationen zwischen
Römischen Bürgern und Ausländern anging. Aber auch bei den
legis actiones selbst war nicht etwa das Streiten der Parteien als
solches nefas — dieses zeigt, dass auch deren Anwendung als freiwillige Gerichtsbarkeit nefas blieb — noch auch Seitens des Prätors
irgend welches Sprechen desselben [**], welches dabei vorkam, wie
z. B. das mittite ambo hominem bei der Vindication, sondern nur das,
welches den ihr Recht geltend machenden Parteien schliesslich
(darauf geht das peragitur bei Varro) das von ihnen rechtlich in
Anspruch Genommene verlieh, was nur durch die Worte do z. B.
litem secundum te, so lange noch die Obrigkeit selbst das Richteramt verwaltete, dico z. B. vindicias, oder addico z. B. furem manifestum, indicem und bei jeder in iure cessio geschehen konnte, und
ebenso waren denn auch nur die Worte der Parteien, welche jene
Verleihungen hervorrufen sollten, wider das fas. Ohne Zweifel gehörte diese Unzulässigkeit der Worte do dico addico an den dies
nefasti mit zu den ältesten Regeln der Römischen Jurisprudenz.

Wir haben aber schon früher bemerkt, dass der Begriff des
nefas nicht in diesen Jurisdictionsverhandlungen anfging, dass Varro
die dies nefasti den dies fasti und comitiales zugleich entgegensetzt
und dass sie, was vor Allem wichtig, auch in dem alten Kalender
den Tagen mit F oder EN und mit C zugleich entgegensetzt sind,
so dass also auch die Berufung und der Zusammentritt des Volks
zu Comitien und die Thätigkeit von Obrigkeit oder Volk darin nefas
war, mochte diese in der Frage rotitis iubeatis, die ja auch bei
Wahlen zu einer Obrigkeit vorkam, und deren Beantwortung oder
im Falle der calata comitia in dem legare und testari wegen des
Nachlasses oder der Bezeugung einer Inauguration, wodurch Jemand
das volle Recht eines Priesterthums erlangte, bestehen.

Ueberblicken wir nun aber diese an gewissen Tagen dem fas
zuwiderlaufenden Handlungen, um ein ihnen gemeinsames Merkmal

---

[*] Beispiele von Gerichtsverhandlungen in quaestiones gegen Verbrecher
an dies nefasti s. bei Hartmann S. 24 ff.

[**] Da Varr. 6, 29. dieses hervorhebt: dies fasti per quos praetoribus omnia
verba sine piaculo licet fari und ähnlich Ovid. F. 1, 51, so wird auch bei
Fest. ep. p. XI. Fastus diebus iucunda fari licebat, nefastis quaedam fari non
licebat statt iucunda zu lesen sein in (verba) cuncta (statt omnia).

zu finden, so ergiebt sich zuerst negativ, dass dieses Merkmal nicht
unmittelbar in etwas rein Formellem, namentlich den Worten *do
dico addico* als solchen gesucht werden darf [19], da diese Ja bei
Abhaltung einer Volksversammlung nicht vorkamen, sodann aber
positiv, dass sie sämmtlich formell und materiell eine von den Göttern
unmittelbar, benthmmter von Jupiter Rex als dem himmlischen
Schöpfer und Träger der Staats- und Rechtsordnung *(ius)* in dem
Zusammenwirken von Obrigkeit und Volk als den göttlich gesetzten
irdischen Organen dieser Ordnung gewährte specifische d. h. Rechts-
Wohlthat enthalten: formell, indem den Staatsgenossen — Obrigkeit
oder Einzelnen — vergönnt wird, in unmittelbarer Gemeinschaft mit
Jupiter und in dessen Kraft die fragliche Handlung vorzunehmen,
materiell, indem sie auch eben die Erhaltung des Rechtslebens zum
Inhalt hat. Bei den meisten jener den Staatsgenossen gewährten
Actionen drückt sich deren specifische Beziehung auf den dabei nach
seinem Wesen gleichsam immanenten *Iov-is* als den unmittelbaren
Urheber und Gewährer auch schon in den Worten selbst aus [18]).
Das *lege agere* war ursprünglich ein *iov-re agere*, ein Handeln kraft
eigenen in Jupiter wurzelnden Rechts des Bürgers mit Hülfe der
Obrigkeit als *iov-dex* (Varr. 6, 88), d. h. die auch im Namen und
in immanenter Kraft des Jupiter spricht; jede *actio* eum *populo* ein
iov-re rogare Seitens des *rex* oder *imperium regium* späterer Magistrate, welches durch ein *iov-re sciscere* oder mit Einem Wort durch
iubere zum Recht wird, indem auch nur der im Jupiter wurzelnde
populus, ursprünglich auf dem Comitium, nicht die erst mittelbar in
die Rechtsgemeinschaft hineingezogene Plebs auf blosses *rogare* ihres
Vorstehers *iubere* kann [19]); auch vom Testament heisst es *uti legassit*,

[19]) Mit Hartmann S. 17... 26, der sogar so weit geht anzunehmen, die
Priester hätten diese, wie es scheint, magischen Worte irgendwie auch
in die vor Abhaltung der Comitien üblichen Gebete hineinzubringen
gewusst und das sei denn der Grund gewesen, weshalb an *dies nefasti*
auch keine Comitien hätten gehalten werden können. Auch dass die
Prätoren nach Abschaffung der *legis actiones* die Worte *do dico addico*
absichtlich vermieden hätten, um nicht dem *nefas* zu verfallen, ist
unhaltbar. Sie sagten z. B. technisch bei. *possessorem do.*

[18]) Die Römer haben hiermit den Inhalt jenes Verses τοῦ γὰρ καὶ γένος
ἐσμέν, zufolgt dem 'wir in ihm leben, weben und sind' (Act. 17, 28),
nach der ihnen eigenthümlichen ethischen Seite auf die concretesto
Weise schon in den Ausdruck für ihren Begriff des Rechts als des eigentlich Gottverwandten im Menschen selbst gelegt — *ius* a *Jove*. Aeusser-
lich drückte sich dieselbe Wahrheit in der Purpurfarbe der Kleidung
aus, indem von dem ganz purpurnen Jupiterbilde durch Könige,
Magistrate, Priester, höhere und niedere Stände hindurch bis zum
Geringsten herab, der noch berechtigt war, eine grössere oder geringere Theilhabung an dieser Farbe das entsprechende Maass der
Berechtigung bezeichnete, wovon aber hier nicht weiter gehandelt
werden kann.

[17]) Vgl. Cic. Phil. 1, 10, 26. *Cedo ille legitimus: consules populum iure roga-
verunt, populusque iure scivit.* pro Flacc. 7, 15. *quae sciscret plebs aut quae
populus iuberet.* Auch hier heisst, wie bei dem *iure agere*, das *iure roga-*

ita ioe s esto. Materiell aber ist auch alles, was so durch *legis* oder *cum populo actio* vorgeht, also nicht blos die Erhaltung des gesammten dem Bürger gewährten *iors* wider dessen Bestreitung, sondern auch wie jedes Staatsgesetz (L. 2. D. do legib. 1, 3) so das des sterbenden Hausvaters, wie die Ohrigkeiten und obrigkeitlichen Priester *(rex* und *flamines maiores)* so der Erbe als Nachfolger im Hauswesen ein Geschenk der Gottheit, die dadurch Staat ·und Familie erhält. Findet keine solche *actio* oder Rechtsgeltendmachung statt wie z. B. bei Versammlungen des Volks zu blossen Concionen (Gell. 13, 15, 9. vgl. Hartmann S. 27) oder bei Versammlungen des Senats, der nicht *iubere*, sondern nur *arbitrari, aeyuum censere* kann, so mag eine solche Staatshandlung auch an einem *dies nefastus* geschehen (wegen der Senatsversammlungen vgl. Hartmann S. 33 ff.). Doch muss die *actio*, damit das *tempus nefastum* eine Bedeutung für sie habe, immer auch eine obrigkeitlich-staatliche und imverstaatliche und zwar als Rechtswohlthat sein. Eine Mancipation, eine *nuncupatio* bei ihr, das *testamentum per aes et libram*, die *pignoris captio* und ähnliche Actionen sind zwar auch Rechtsacte, aber nicht solche, die unmittelbar in dem *Jupiter rex* wurzeln. Ebenso gehört nicht hierher die *recuperatio* und alles Thun der Obrigkeit oder Einzelner nach aussen *(clarigatio* und gesammte *res militaris)* oder wenn zwar im Innern, doch nur zum Zweck der *coërcitio, quaestio*, animadversio gegen Unfügsame oder Uebelthäter, die daher oft auch an *dies nefasti* vorgenommen wurden (Hartmann S. 32). Auch muss das Handeln in der Rechtsordnung des Jupiter und zwar unmittelbar wurzeln; deshalb wird die ganze *actio cum plebe* von dem *nefas* nicht berührt. Handeln aber auch Rex oder in dessen Recht eingetretene Obrigkeit oder Einzelne nur vermöge der auf das Factische bezüglichen Gewalt der erstern, z. B. den Imperium (im Gegensatz zum *iudicium* oder der *iurisdictio)* wie bei den Interdicten, der *bonorum possessio*, der *missio in bona*, dem *duci iubere* oder der *censio*, oder handeln sie zwar innerhalb der eigentlichen Rechtsordnung, aber doch nur mittelbar, wie die Partei vor dem *index datus*, welcher erst kraft der vom Prätor geschehenen Ernennung *litem secundum alterum reorum dat*, oder nur vermöge einer der Obrigkeit erst vom Gesetz verliehenen Gewalt, wie wenn der Prätor einen Vormund ernennt *(tutorem, curatorem dat)* oder vermöge der Lex Aebutia Richter oder Actionen für das Verfahren *per formulas* ertheilt *(actionem, formulam, iudicem, iudicium dat)*, so hat auch darauf das *tempus nefastum* keinen Einfluss. Für die *legis actio* selbst wird aber der Unterschied des *fas* und *nefas* auch nur

tam verbumque oder *iussum e populo* eine *lex*, nicht aber das *plebiscitum*. Aber auch die Berufung gehört schon zum *agere cum populo* nach Messala bei Gell. 13, 15, 8. Daher denn auch die *centuriae* (nicht auch *tribus) iure vocatas* und bei Varr. 6, 88. ist wahrscheinlich auch zu lesen: *omnes Quirites vocio vos iure* (ursprünglich *iuse) ite* (statt *rinite) huc ad iudices* und nachher *Omnes Quirites iure ite ad contentionem huc ad indices.*

Bedeutung gehabt haben, wenn sie auf dem geheiligten Boden des ursprünglichen Staats vorgenommen wurde und das war Anfangs Rom selbst innerhalb des Romulischen Pomerium und des Comitium, dann des Servianischen Pomerium und später auch wohl noch innerhalb einer Bannmeile (Gai. 4, 104 mit den Nachweisungen in meiner Ausgabe). Daher auch immer nur vom *praetorem* (nicht *praesidem*) *tria verba fari licere* die Rede ist.

Dieses nun vorausgesetzt ergiebt sich auch wohl leicht die Antwort auf unsere obige dritte Frage — nach dem Grunde des *nefas* der gedachten Handlungen an gewissen Tagen.

3. Beachtet man den überhaupt sittlichen Charakter des Römischen Volks und seiner Religion, der sich doch auch den Ausdrücken *fas* und *nefas* im Sprachgefühl aufgeprägt hat, so liegt nichts näher, als dass an den Tagen, wo Obrigkeit und Volk sich vor den Göttern in einem ihnen durch die sacralen Institutionen zum Bewusstsein gebrachten noch ungeahnten Zustande der Verschuldung (durch Nichtachtung der Vorschriften des göttlichen Rechts) befand, — der aber gegen die Götter überhaupt die Regel bildet — ihnen die Wohlthat einer Action der angegebenen Art nicht zukomme, und wer sie doch vornehme, sich dadurch noch besonders verschulde[20]. Der *dies nefastus* ist also recht eigentlich, wie ihn Dio (51, 19) nach Athenienslachem Vorbilde nennt[21], eine, nur moralische, ἡμέρα μιαρά, ein durch Bewusstsein der Verschuldung unreiner, zur

----

[20] Es ist ein Verdienst Hartmanns §. 5. S. 38 ff. auf diesen Grund der *dies nefasti* wenigstens im Allgemeinen richtig hingewiesen zu haben, wenn er auch die Sache zu modern subjectiv auffasst. Eine Widerlegung durch Besseres ist wohl nicht Rudorffs Ansicht Rechtsgesch. II. S. 57, die *dies nefasti* seien meist (?) Frühlings- und Sommertage' gewesen. 'Es war aber alter natürlicher Grundsatz an Regen- und Gewittertagen — und diese wusste der italische Bauernkalender im Frühjahr und Sommer voraus — keine Comitien zu halten' u. s. w. Mommsen bezeichnet sie nur als *dies vitiosi* ohne sich auf den Grund der *tristitia* näher einzulassen.

[21] Nach Hesych. v. μιαραί hiessen so in Athen die Tage der Todtenopfer im Anthesterion, dem dortigen Februar, der auch bei andern Griechischen Völkern wie bei den Römern dem Opferdienst der Verstorbenen gewidmet war. Vgl. Casaub. ad Athenae. 3, 59. T. 2. p. 165. Schweigh. Nur ist das nicht Römisch, den den Todten gewidmeten Opferdienst als moralisch verunreinigend anzusehn; die *Parentalia* und selbst die *Feralia* sind *dies atri* und damit den Festtagen entgegengesetzt, aber nicht *nefasti*, sondern in dieser Hinsicht comitial. Die Griechen, bei denen der Gegensatz des Physischen und Ethischen überhaupt noch nicht zu seinem vollen Recht kommt, vermengen auch hier die nur verwandten Gegensätze des Lebens und Todes und des Rechts und Unrechts oder der Schuld und Unschuld und haben überhaupt keinen genau entsprechenden Ausdruck für *dies nefastus*. Uebrigens unterscheidet Dio von der ἡμέρα μιαρά die ἀποφράς, an der keine Staatsgeschäfte vorgenommen werden dürfen; vgl. 47, 19. mit Suet. Caes. 68. Andere Griechische Schriftsteller haben bei Wiedergabe der Römischen Tagesbezeichnungen einen abweichenden und überhaupt nicht scharf unterscheidenden Sprachgebrauch.

Demüthigung vor der Gottheit bestimmter Tag und es liegt bei dessen Recht dasselbe sacralrechtliche Princip zu Grunde, nach welchem man sich auf manche Opfer durch Entbehrung gewisser Dinge während längerer oder kürzerer Zeit vorbereiten musste[a]); nur ist für den Römer das höchste volksmässige Fasten eben das Entbehren der Gnade Jupiters im Rechtsprechen und den Comitien. Auch hatte der spätere von Gell. 4, 9, 5. 5, 17, 1. mit Recht getadelte Volkssprachgebrauch (z. B. Horat. Carm. 2, 13, 1. und sonst öfter, Drakenborch ad Liv. 6, 28, 8), der die dies nefasti mit den religiosi oder atri verwechselte, indem er den allgemeinen Sinn von nefastus = nefarius und mit einem Anklang an infaustus auf ihn übertrug, doch insofern nicht ganz unrecht, dass an diesen Tagen das Volk mit etwas Gottwidrigem belastet war.

Der angegebene Grund der dies nefasti bewährt sich nun auch, wenn wir uns die Tage ansehn, welche im Römischen Kalender mit nefas bezeichnet sind. Voraus bemerken wir aber noch, dass das Bewusstsein der moralischen Unreinheit des Volks durch die sacralen Institutionen auf eine doppelte Weise bewirkt werden kann. Einmal durch hervorragende Lustrationsfeier, die zwar an sich Fest- oder doch Feiertage sind, aber indem sie eben das Volk von seinen Sünden reinigen und dadurch wieder der vollen Gemeinschaft mit den Göttern theilhaftig machen sollen, dieses in einer längeren oder kürzeren Zeit unmittelbar vorher als unrein und sühnebedürftig darstellen und vorherige Demüthigung von ihm fordern; denn auch natürlich macht der aufgelaufene Schmutz unmittelbar vor seiner Wegschaffung, die Finsterniss und Kälte unmittelbar vor dem aufgehenden Lichte u. s. w. sich am bemerklichsten. Sodann aber auch durch besondere demüthigende Lustrationshandlungen, die als solche die Natur eines Festes ausschliessen und die Tage selbst, an denen sie stattfinden, gleichsam zu Busstagen machen. Wenn also auch die dies nefasti von Varro zu den hominum causa constituti gerechnet werden, so darf diese doch nur in dem Sinne, wonach Macrobius sie unter die profesti stellt, verstanden werden; sie sind keine Festtage; im Uebrigen sind sie aber doch um des Verhältnisses zu den Göttern willen und darin als Entbehrungstage nefasti, wie ja auch der Name selbst ergiebt, und gar wohl mit Vornahme eines religiösen Acts verträglich. Um uns ferner bei der Menge von dies nefasti im Kalender zurechtzufinden, werden wir die gruppenweise in einer längern Reihe vorkommenden dies nefasti von den vereinzelten zu unterscheiden haben, zumal da dieser Unterschied auch objectiv begründet sein mag.

Wir finden nun längere Reihen von dies nefasti, wenn auch zum Theil durch Festtage unterbrochen, nur in drei Monaten, die

[a]) Vgl. Fest. ep. p. 71: Denariae ceremoniae dicebantur et trieraricae, quibus sacra adhiberi debent continuis diebus vel singulis certis quibusdam rebus carendum erat. Ein Beispiel der trieraricae bei Fest. v. Purimensirio p. 253 wird später erklärt werden.

der ersten Hälfte des priesterlichen Jahrs angehören, wozu dann noch sehi, aber in offenbar ganz eigenthümlicher Stellung im Juli kommen. Zwei lange Reihen von *dies nefasti* enthalten zunächst der zweite und vierte Monat, Februar und April, beide also gerader Zahl und wie hierdurch (S. 16), so noch mehr durch das Verhalten der Natur in dieser Zeit selbst als dem dunkeln unteren, durch den fortwirkenden Bann des Winters noch gebundenen, eben damit aber sühne- und lösungsbedürftigen Naturleben angehörig charakterisiert, beide aber auch den beiden ersten grossen d. h. 31 tägigen Monaten, dem März und Mai, vorangehend, welche, wie wir oben. (S. 172) sahen, jener für die Römer, dieser für die Quiriten zur Auspication des neuen gesühnten Staatslebens bestimmt waren, worin denn aber gehörte, dass das Volk seiner im ganzen Jahr aufgelaufenen Be-fleckung vorher gleichsam in *cerimoniae tricenariae* (hier Kalender-monaten) sich bewusst und davon durch Hauptsühnen dort nach Römischem, hier nach Quiritischem Recht gereinigt wurde. Vom Februar ist nun dessen vornehmste und schon in seinem Namen ausgedrückte Bestimmung für die specifische Reinigung, die des Volks und der Stadt als eines Weibes, welches geboren hat — womit der Träger aller Schuld, der Mensch selbst ins Dasein gesetzt wird — und das so zu verstehende Fest der Lupercalien, die man auch Reinigungstag schlechthin *(dies februatus)* nannte, uns schon bekannt [69]). Aber auch in der Natur selbst (physikotheologisch) löst sich in diesem Monat das Erste und Urundirgliche, der Erd-boden selbst, von dem Bann des Winters, womit dessen Bestimmung für die wie durch umgekehrte Geburt (Lyd. de mens. 4, 21) in ihrer Schuld der Erde zurückgegebenen Todten zusammenhängt. Daher sind nun im Februar alle seine Tage schon von den Kalenden selbst an bis zu den Lupercalien (am 15) bin *nefasti*, nur nothwendig durch-brochen durch die Idus (am 13); denn der auch mit *N* bezeichnete 5 Febr. ist erst ein kaiserlicher Feiertag, der in dieser Folge von *tempus nefastum* ohne Zweifel ein *N* verdrängte. Genauer werden aber diese 13 *dies nefasti* so zu gliedern sein, dass sie von den Cal. bis prid. Non. (vom 1...4) eine halbe Römische Woche, von den

---

[69]) Das Specifische dieser Sühne, welches offenbar das eigenthümliche Wort *februare* ausdrückte, scheint nach dem Zusammenhange desselben mit *febris*, *fervere*, θέρος der Begriff des Trocknens zu sein. Der Mensch selbst wird hier, indem er aus dem Blut und den Wassern des Mutter-leibes, wie die Erde aus den Winterwassern hervortritt, durch die Trocknung mit den *februa* (Ovid. F. 2, 21 und oben S. 35) wie in einer Taufe gesühnt. Charakteristisch und bestätigend für unsere An-sicht vom Januar und Februar ist es, dass der erstere Monat, der einzige unter allen, überhaupt keinen *dies nefastus* hat. Denn galt er der unpersönlichen Präexistenz im Mutterleibe, so hatte er ohne rein physische Bedeutung und konnte in ihm noch so wenig von Schuld, wie bei der vom Winterschnee bedeckten Erde von Unreinigkeit die Rede sein, zumal da das Dogma Pa. 51, 7. dem ganzen Heidenthum unbekannt ist.

Non. bis *prid. Id.* (vom 5...12) eine ganze Woche ausmachten, und dann der 14 noch als Vortag der Lupercalien *nefastus* war. — Im April befreien sich vom Bann des Winters die auf der Bank des action früher gelösten Erdbodens ruhenden höhern, besonders vegeta-bilischen und animalischen Lebenskräfte der Natur, wovon der Monat selbst *(ub operiendo)* so heisst[44]; daher das *tempus nefastum* hier erst mit den Nonen, wo auch der Mond schon halbes Licht erlangt hat, beginnt; und entsprechend sind die Quiritischen Reinigungsfeste dieses Monats solche, welche sieb auf das Land- und Hirtenleben beziehn; denn die Sabiner wohnten nicht in *urbes*, sondern ländlich.

Das *tempus nefastum* umfasst aber hier die Zeit von den Nonen am 5 einschliesslich bis zum 22sten, dem Tage vor den ersten Vinalien, da man auch hier den erst kaiserlichen Festtag am 6 ohne Zweifel als ursprünglich *N* mit einzählen muss, und wird bestimmt durch drei beziehungsweise vier gegen seinen Schluss hin fallende, uralte Sühnungsfeier (da das höhere in geschwängerter Erde, sprossender Saat und sich erneuernder Heerde, mittelbar auch noch im aus-gegorenen Wein entfaltete Naturleben nicht mehr einheitlich ist, wie Erdboden und Stadt), die *Fordicidia* mit dem Opfer einer trächtigen Kuh für die von der Arbeit des Sämanns und seines Gehülfen, des Ackersmanns schwangere Tellus am 15, die *Cerialia*, als zweiter Theil der Reinigung eine Busssfeier und darum auch *N*[45], für die Ceres als Göttin der emporgeschossten und nun besonders gefähr-deten Saat am 19, und die *Palilia* (ursprünglich *Parilia*) am 21, ein Geburtsfest mit Feuersühnung von Hirt und Heerde für deren Fruchtbarkeit *(parere)*, womit die unmittelbare Reinigung des länd-lichen Quiritischen Staatslebens sich vollendet und dieses (wie das Römische an den Lupercalien) gleichsam voll ausgeboren wird[46],

---

[44]) Ueber diese weniger bekannte Anschauung der Alten vom April ist zu vergleichen Verr. Fl. ad F. Praen. Apr..... *quia fruges, fores animaliaque ac maria et terras aperiuntur.* Macrob. 1, 12, 14. *cum fere omte aequinoctium rerumm triste sit caelum et nubibus obductum, sed et mare amquantibus clausum, terrae etiam ipsae ent aqua ant pruina aut nivibus contegantur eaque omnia terras id sit hoc mense aperiuntur, arbores quoque nec minus cetera, quae con-tinet terra, aperire se in germen incipiant, ab his omnibus mensem Aprilem dici merito credendum est quasi aperilem.*

[45]) Die von den Griechen Siciliens nur in ihrer Art weiter ausgebildete, ursprünglich Italisch-Sikelische Vorstellung dabei war, dass in dieser Zwischenzeit zwischen dem in die Erde gelegten und in der Erndte über der Erde vervielfacht wiedergewonnenen Korn Ceres dieses ihr Kind in der Proserpina (der *proserpenda* spriessenden Saat) an die Unterwelt gleichsam verloren hat und darum trauernd es wiedersucht (Ovid. F. 4, 419—620). Auch ist Persephone das Griechisch geformte Sikelische Proserpina, am den Begriff *σέρφω, φορέω* (vgl. Joh. 12, 24) zu gewinnen, nicht umgekehrt Proserpina aus Persephone corrumpirt, wie man gewöhnlich annimmt. Das Opfer an die Ceres war ein Schwein als Sinnbild der der sprossenden Saat drohenden Gefahren.

[46]) Hiermit ist der Beweis geführt, dass die Palilien ursprünglich nicht das Gründungsfest der Romulischen Stadt waren, sondern schon früher bestanden und jedenfalls aus der Sabinischen Staatengründungslehre

so dass man von da an auch das Hirtenjahr rechnete (S. 23). So wie aber im Februar auf die Lupercalien noch die Quirinalien für das zweite Stadium der Impubertät nach der Geburt und Lustration, die kräftigere *aetas infantia maior* folgten, so auch hier auf die drei unmittelbaren Söhnen des Landlebens noch die ersten oder städtischen *Vinalia* am 23 April, mit denen das ländliche Leben gleichsam in die feste Stadt zurückging (die Weinfässer durften wenigstens in Tusculum erst nach der Anrufung dieses Festes in die Stadt gefahren werden Varr. 6, 17. oben S. 206) und die im vorigen Monat erreichte Pubertät (ursprünglich = *pueritia*) noch in ihr zweites Stadium die *adolescentia* übertrat (beendigt nachher in der *iuventus* des *Iunius*); denn es war das Fest des Eröffnens (also auch noch ein *aperire*) der Fässer des nun ausgegorenen und trinkbar gewordenen Jungen Weins (*vinum novum* oder *calpar — a calendo*), den man auch erst nach einer Jupiterspende (Vgl. oben S. 205 und Mommsen I. L. A. p. 302) und gewiss nun auch der *adolescens* trinken durfte. Indem also diese Libation auch den ländlichen Wein, das die Mannheit befeuernde Getränk, von seinem Gährungsprocess heiligt, ist hiermit erst die ganze Aprillustration abgeschlossen. Das dann noch folgende Fest der *Robigalia* am 25sten, zum Schutz der Saaten gegen bösen Thau und Brand des Hundssterns (Preller Röm. Myth. S. 437. Mommsen l. c.) war zwar auch von Numa gestiftet (Tertull. de spect. 5); dass es aber nicht zur ursprünglichen Anlage der Feste dieses Monats gehörte, spricht sich in der Nachricht aus, dass Numa es erst im elften Jahr seiner Regierung also besonders gestiftet habe (Plin. N. H. 18, 28, 68), vielleicht sogar anfangs nur als eine Art von Conceptivferien an den durch *augurium canarium* festzustellenden Tagen der *calamitas*, des besonders gefährdeten Eintritts und Ausgange der Aehre in und aus dem Halm (Plin. 18, 3, 3. Fest. ep. p. 45. Fest. v. Rutilae p. 265), die man später neben den festen Robigallen beibehielt.

Da nun nur die Idus, die Fordicidien und die Palilien das *tempus nefastum* des April durchbrechen, so sind hier 15 *dies nefasti*. Doch werden diese auch wieder so aufzufassen sein, dass nur die Woche von den Nonen bis *prid. Id.* einschliesslich allgemein für die ganze Feier, der auf die Idus folgende 14 für die Fordicidien, die drei Tage von 16…18, welche mit dem 19 zusammen wohl die vier Monate von der anfprossenden Saat bis zur Erndte abbildeten[*]), für die Dasafeier der Cerialien, der 20 wieder für die Palilien, der 22 für die Vinalien besonders vorbereitete.

---

entlehnt waren, wie auch ihr Vorkommen in Umbrien bestätigt. Vgl. meine Iguv. Taf. S. 204 ff. und oben S. ....

[*]) Man vergleiche den τετράμηνος θερισμός bei Joh. 4, 85, 86. Dagegen sind die *ludi Ceriales* in den acht Tagen vom 12—19ten, die erst viel später stehende wurden, ohne Zweifel mit Rücksicht auf die *nundinae* des Kornmarktes erst nach 258 mit dem Griechischen Tempel der Ceres am Aventinus aufgekommen. Vgl. Preller Röm. Myth. S. 439 f.

Ausser diesen beiden Monaten finden wir aber eine längere zusammenhängende Gruppe von *dies nefasti* auch noch im Juni, dem
dann nächsten Monat gerader Zahl und zwar da in Verbindung mit
der grossen Vestareinigung [**], von der wir einen Zusammenhang mit
dem Abschluss des Staats in dem dritten Stamme, der von den höhern
politischen Factoren, Stadt und Land, entblösst, ursprünglich nur auf neue
Herde *(vestae)* im Innern des Staats und das geringere Bürgerrecht angewiesen ist und nur darin seine Sühne finden kann, schon früher (S. 188 f.)
wahrscheinlich gemacht haben. Bestätigt wird dieser aber dadurch,
dass offenbar der folgende Monat Juli — wohl zu beachten auch der
dritte und letzte mit 31 Tagen in der ersten aufsteigenden Hälfte
des alten Jahrs — ebenso Auspicationsmonat für den dritten Stamm
der Luceres — natürlich nur nach dem Maass seiner Rechte — war,
wie der Mai für die Quiriten, der März für die Römer; denn darauf
hin weist das erste Fest dieses Monats, die doppelten *Lucaria* am
19 und 21 Juli, entsprechend in diesem Anfangsmonat der zweiten
Hälfte des priesterlichen Jahrs den beiden *Carmentalia* der Römer
und Quiriten zu Anfang der ersten Hälfte desselben (am 11 und 15 Jan.),
welche durch freie Erzeugung, nicht durch *capitis deminutio* und
initio von aussen her in den Staat gekommen waren und darin sich
erhielten, und benannt vom *lucus*, dem schützenden Haine, dem auch
die Luceres ihren Namen wie ihren Ursprung und ihr Recht im Staate
zunächst verdanken (meine Verf. des Serv. Tull. S. 32), und weiterhin die sofort folgenden *Neptunalia* am 23 und *Furrinalia* am 25 Juli,
jene zu Ehren des Gottes der Verhüllung und Verbergung vor dem
Sonnenbrande durch die regenspendenden Wolken *(nubes vegilasi)* und
frisch erhaltenen Haine (nachgeahmt in den *umbrae frondeae* seines
Cultus Fest. ep. p. 377), diese zur Abwehr der aus Vejovis dunkelm
Reiche *(furrum)* stammenden Rachegeister, welchen dieser Stamm
nach seiner Abkunft von flüchtigen aufgenommenen Ausländern vor-

---

[**] Physikotheologisch ist sie dadurch begründet, dass nächst der Erde
und Stadt (im Februar) und den vegetabilischen und animalischen
Kräften auf dem Lande (im April Anm. 84), welche der allgemeine
Lebensspender Jupiter (durch die Sonne) löst, belebt und gereinigt
zu sich erhebt, auch noch das elementare Licht und Feuer, gleichsam
eine unmittelbar von ihm entlehnte Kraft oder Substanz, theils an
dem an sich dunkeln Monde theils auf der Erde in dem heilsam ge-
pflegten Feuer des (Staats- und Privat-) Heerdes und Hauses (der
Feuerstelle) das menschliche Dasein im Staat bedingt, indem es zum
Sehen, zur Wärme, zur Bereitung der Speise für den Menschen verwandt werden muss. Erst in diesem Monat, der selbst auch unmittelbar *a Iove Iuano* heisst, gelangt aber diese unmittelbar von ihm entlehnte Kraft — in Haus und Heerd, in der ihn pflegenden *mater familias*
[Vestalin] und in dem Feuer des Heerdes selbst — in ihrer Reinigung,
weil die vom Winter her geschwächte Sonne selbst jetzt in ihren
höchsten Stand und damit in den Vormonat (Juni) des Monats ihrer
höchsten, auf Erden dann schon wieder thätigen Kraft (Juli) eintritt,
in welchem Vormonat daher auch das von ihr entlehnte und ebenfalls
vom Winter her in Schmutz und Unreinigkeit versunkene Hausfeuer
sich zu ebenbürtiger Reinheit erneuern muss.

nehmlich ausgesetzt war[98]).   Auch ist es für ihn charakteristisch,
dass er — ohne eigenes königliches Haupt und eigene Volksversammlung — keine Tubilustrien und keinen darauf folgenden Tag
Q. R. C. F hat.

In dem Vormonat Juni ist uns auch wieder *nefas* die Zeit erst
von den Nonen, dem 5, aber auch schon von da ab, obgleich die
Oeffnung des Penus der Vesta (Repräsentanten des von der Hausfrau
am Heerde mit Feuer zuzubereitenden Erndtesegens) zwecks der Reinigung erst später erfolgte. Es umfasst aber sicher die ganze Zeit
bis zu den Idus am 13, diese selbst (nach dem bestimmten Zeugniss
des *Cal. Venus.* und dem wahrscheinlichen des *Maff.*)[99] einschliess-

----

[98] Ueber die Ableitung von *Neptunus*, ursprünglich des Gottes der oberen
himmlischen Wasser, vgl. Igav. Taf. N. 233; über die Verwandtschaft
der *Furrina* mit *far* und *ferrum* Preller Röm. Myth. S. 434. Auf den
Zusammenhang mit den *Luceres* bringt erst die richtige Ableitung des
Worts *la(i)-ras* (nicht verwandt mit *lucere* aus *dou-cere*) von *luere*
bei Schwegler Röm. Gesch. I. S. 418, der nur nicht die richtige Anwendung davon macht. Ursprünglich hiess so wohl nur der Berg-
oder Auslösungsort der Räuber, da sie ihren Raub nur für ein Lösegeld
(*la-crum*) herausgaben, daher noch später die Diobe die *La-crum*
(*lor-cra* = *lucra*) in ihrem dunkeln Hain verehrten (Fest. ep. v. Laver-
niones p. 117); dann aber auch der Bergeort, in den irgend welche
Verbrecher flüchteten oder von den Priestern gebracht wurden, um
ihr Haupt durch eine Sühne zu lösen (Fest. ep. v. Capitalis lucus p. 50.
Müller ad Fest. v. Neo absoluto p. 404), insbesondere aber der bekannte Ort *inter duos lucos* der beiden herrschenden Stämme auf dem
Capitol oder eigentlich in der gemeinsamen Mitte zwischen diesem und
der Tarpejischen Spitze. Diese Haine selbst waren wahrscheinlich die
luci capitales, in denen Römer und Quiriten im Fall eines unvorsätzlichen
paricidium vor der Blutrache der Agnaten durch *aries subicctus* und Sühne
an den mit seinen riechenden Pfeilen davorstehenden Vejovis (Preller
Röm. Myth. S. 236) Schutz fanden, wenn sie ihn selbst mit einem Opfer
(einer Ziege) sühnten. Der dazwischen liegende Ort, mit dem ohne
Zweifel demselben Gott geweihten Heiligtbum (Liv. 2, 1. Dionys. 2, 15.
Gell. 6, 12, 2) und oft auch *lucus* genannt, war aber für Zuflucht su-
chende Ausländer eröffnet, welche der älteste Römische Staat von
solchen Völkern, mit denen er kein Bündniss hatte, nach dem *ius gentium*
aufnehmen konnte (L. 5. § 2. D. de captiv. 49, 15) und gern aufnahm,
aber doch nur, wenn sie ihm eine fortlaufende Sühne (vor Allem wohl
die schon gedachte Ziege) gaben, falls sie wider das Recht gefrevelt
hatten, damit er ihre Häupter und sich selbst wegen seines gewährten
Schutzes lösen könnte, weshalb dieses in dem Bergeort gegebene und
vom Staat daraus erhobene Geld (ursprünglich Vieh) für Opfer an den
Vejovis und wahrscheinlich auch für die jährlich wiederkehrend zu
feiernden fröhlichen *Laceria* selbst *lucar* oder *pecunia lucaria* hiess. (Fest.
p. 119. 253. Plut. qu. Rom. 88.) Die diesem beständigen Löseopfer
ihre Existenz im Staat verdankenden Bürger hiessen dann ursprünglich auch *Lucares a luco* wie die *Ramnes a Rom(ul)o*, die *Tities a T. Tatio*.
Die *Lucaria* selbst wurden im Hain der *Lucares* an der ein *Saloria* gefeiert (Fest. ep. p. 119. Schol. Cruvq. ad Horat. ep. 1, 16, 60) und an
zwei Tagen, weil die Luceres theils den Römern theils den Quiriten
ihren Schutz verdankten, weshalb ihr Stamm auch den Janus und
Quirinus zusammen verehrte.

[99] Mommsen hätte sich nicht dadurch, dass sonst kein Beispiel von nefasten

lich, während der 14 unsicher ist und nur, weil die Schliessung erst
am 15, dem Tage Q. S. D. F, erfolgte, von Manchen auch noch
für *nefastus* gehalten worden zu sein scheint[1]). Darunter sind die
Vestalia für Haus und Heerd am 9, die *Matralia* zu Ehren der *Mater
matuta* für die Hausfrauen, die sich dann mit einem selbst gebacke-
nen *libum* sühnen, am 11, und die Idus, wohl für das göttliche Feuer
am Heerde selbst, wieder uralte Hauptbusstage, welchen also ins-
gesammt 4 zusammenhängende blosse *nefasti* (eine halbe Woche) und
dann den letzten beiden dieser Ferien noch je Ein *dies nefastus* vor-
anfgingen, wonach die ganze Zahl sicher 9 beträgt.

Vergleicht man nun die drei Busvormonate Februar, April, Juni
mit einander, so entdeckt man leicht das Gesetz, dass deren Lustrations-
feiern in regelmässig absteigender Progression mit vermindertem *tempus
nefastum* eingeleitet wurden, indem es im Februar anderthalb Wochen, im
April eine Woche, im Juni eine halbe Woche betrug (3, 2, 1). Das ist aber
bemerkenswerther Weise dieselbe Abstufung in der Geltung der drei
Stämme, der Ramnes, Tities und Luceres, welche auch in Numa's
Gesetz über die *spolia prima*, *secunda* und *tertia* (Fest. v. Opima p. 189)
hervortritt, wonach, wenn (statt des Königs) ein Manipularsoldat sie
dem feindlichen Heerführer genommen, der Ramnensis 300, der Titiensis
200, der Lucerensis 100 Asse als öffentliche Belohnung erhalten sollte
(nach meiner Deutung im Serv. Tull. S. 356 ff.) und dienen nun also
wohl beide Auffassungen einander gegenseitig zur Bestätigung.

Idus vorkommt, verleiten lassen sollen, dieses Zeugniss, gegen welches
das *Tusc.*, worin überhaupt keine Nota des Tages hinzugefügt ist, nicht
in Betracht kommt, zu verwerfen. Zur Bestätigung der Auffassung,
dass auch der dem Monarchen mit seinem entlehnten Licht dienende Mond
in diese Bühne eingefasst war und Juno (der Mond) daher auch an den
Idus in diesem Monat nicht in die sonstige volle Lichteinheit mit Jupiter
einging, welche sonst die Idus zu einem Festtag machte, dient zweierlei:
erstens die nur daraus erklärliche Nachricht bei Ovid. F. 6, 219...234,
dass die Flaminica Dialis (die Juno, wie der Flamen Dialis Jupiter
repräsentirend) während dieser ganzen Lustrationszeit bis nach den
Idus in büssendem Zustande bleiben musste und ihrem Gemahl nicht
beiwohnen durfte, weshalb man auch die Eingebung von Ehen bis *post
Idus* mied und Ovid diese Idus *morae* nennt, welches Wort hier nur
malae significationis sein kann. Zweitens, dass der Mond in diesem Monat
und namentlich auch an den Iden in der That in einem Abolleh sühne-
bedürftigen Zustand erschien, wie das Heerdfeuer. Denn theils ist sein
Licht beim Herannahen des längsten Tages überhaupt am meisten von
der Sonne gedrückt und geschwächt, wie umgekehrt im Winter am
stärksten, theils gebt er in der Zeit der Sonnenwende ebenso am lang-
samsten, wie in der der Winterwende am schnellsten, und erreicht
(nachgeahmt) am 13 Juni nicht sein volles, an den Nonen nicht sein
halbes Licht, weshalb auch passend die Zeit schon von den Nonen an
nefast war. Lyd. de mens. 3, 7.

*[1]) Am 14 hat F *Tusc.*, N *Praen.*, *Maff.* Da er der Vortag des Q. S. D. F
ist, so scheint die Analogie der Tage Q. R. C. F gegen das *nefas* zu
sprechen, da deren Vortage auch kein solches haben. Ebenso Ovid.
F. 6, 223, obgleich man nach v. 234 bis nach dem Tage Q. S. D. F
mit Heirathen zu warten pflegte, was wohl die andre Auffassung erklärt.

Endlich muss als ein zusammenhängendes Ungeres *tempus ne-fastum* auch noch angesehen werden das *nefas* vom 1...9 Juli; denn von den den Zusammenhang störenden beiden Tagen mit N^P, dem 4 und 5, ist der erste ein kaiserlicher Feiertag; vom letzteren, den *Poplifugia*, ist deren zwar auch späterer Ursprung aber doch auch schon aus der Zeit des Wiedererstehens der Stadt von der Eroberung durch die Gallier, schon oben (S. 164) bemerkt worden. Sicherlich ist nun diese *nefas* nicht durch die auf den 7 Juli fallenden *Nonae Caprotinae* bewirkt worden; denn obgleich alt, war dieses in den Kalendarien nicht einmal angemerkte Fest doch nur ein locales, ursprünglich auch nicht Römisches, sondern als Latinisches *(in Latio* Varr. 6, 18) und auch als Römisches nur auf die niederen Stände beschränktes (Preller Röm. Myth. S. 255), welches nach der Tradition (Macrob. 1, 11, 36—40. Plut. Cam. 33) einer Episode desselben grossen Ereignisses, welches die *Poplifugia* feierten und wodurch Camillus auch hinsichtlich des Raubes der Sabinerinnen den Ruhm des Romulus verschwinden machte (Plut. Rom. 29), seinen Ursprung verdankte, so dass es nur als eine gleichzeitig entstandene Römisch-Latinische Nachfeier der Juno Caprotina zu jenem Jupiters-feste betrachtet werden kann. Dagegen glaube ich, dass die 4 *dies nefasti* vor und die ebenso vielen nach den *Poplifugia* allerdings zugleich mit diesen vom Römischen Staat eingeführt worden sind und dass man mit ihnen die acht Monate, während welcher die Stadt durch die Gallische Occupation wenigstens nach Einer Nachricht (Serv. ad Aen. 8, 652) verunreinigt gewesen war, hat bezeichnen wollen. Zwar läge dann in ihnen schon eine gewisse Abweichung von der ursprünglichen Bedeutung der *dies nefasti* — der Erstreckung des Begriffs der Unreinigkeit von der eigenen Verschuldung des Volks auf eine von aussen her kommende Befleckung, bei der die Schuld des wider die Gallier verletzten *ius gentium* doch nur im fernen Hintergrunde liegen konnte. Aber ebenso abweichend fällt auch das Fest der *Poplifugia* — das einzige unter allen —, in die Zeit zwischen Kalenden und Nonen. Beide Abweichungen stimmen gut zu dem spätern Ursprunge und namentlich macht die erstere Begriffsmodification einen angemessenen Uebergang dazu, dass man in der Kaiserzeit selbst die Geburtstage verhasster Personen für *dies nefasti* erklärte, um damit auszudrücken, dass sie zur Schande des Volks geboren worden wären (Antonins Dio 51, 19. die ältere Agrippina Suet. Tib. 53. Vgl. Tacit. A. 6, 25.). Auch harmoniert sie damit, dass nach ihr auf die Festfeier noch wieder *dies nefasti* folgen konnten, was deren ursprünglichem Begriff ebenso sehr widerspricht, wie diese ganze Einrichtung der neuen Festfeier umgekehrt ein treffendes zeitliches Abbild des local mitten im Grenel der Gallischen Verwüstung unversehrt gebliebenen Capitols gewährte und sich trefflich für ein Restitutionsursprungsfest eignete, mit dem die Stadt retro- und prospectiv gesühnt, ihre neue Laufbahn antreten wollte. Nur die Zeitdauer dieses neuen *tempus nefastum* — eine Woche oder eigentlich zwei

Halbwochen — entsprach auch der schon im älteren ins *sacrum* und dem Mondjahrkalender selbst dafür beliebten Quaternionenzahl[1]). Dagegen machte das blosse Unglück der *dies Alliensis* (18 Juli), wie des früheren an der Cremera, ebenso wenig *dies nefasti*[2]), wie die s. g. *dies atri* oder *postriduani* solche waren, für welche nur ein Decret der Pontifices bestimmte, dass an ihnen weder Opfer, noch Comitien oder Schlachten angesetzt werden sollten[3]).

Wir kommen auf die vereinzelten *dies nefasti*.

Hinsichtlich dieser beruhte es wieder auf dem ursprünglichen Begriffe, dass, so wie gewisse Feste — wie wir sahen, acht an der Zahl (S. 198) — durch Opfer am Tage vorher eingeleitet wurden, die diesen Vorlagen den Charakter des *nefas intercisum* verliehen, anderen einzelne Vorlage als volle *nefasti* vorangingen. Solcher enthält der Kalender ausser den schon bei den drei Hauptsühnen in den Monaten grader Zahl erwähnten, dem 14 Februar vor den Luperealien (*dies februatus*), dem 14 April vor den Fordicidien, dem 20 April vor den Palilien, dem 22 April vor den städtischen Vinalien, dem 10 Juni vor den Matralien und dem 12 Juni vor den *Id. Iuniae*, — zusammen sechs — ursprünglich noch drei, den 22 März vor den Römischen Tubilustrien, den 22 Mai vor den Quiritischen Tubilustrien und den 24 Juli vor den (Lucereusischen) Furrinalien, überhaupt also neun oder mit Abrechnung des Idusvortags, der ebenso exceptionell und darum isoliert aufzufassen ist, wie die *Idus nefastae* selbst, acht. Während die ursprünglichen ganzen Reihen von *dies nefasti* auf die allgemeine Verunreinigung des Volks nach seinen drei Hauptstämmen, und seiner allmählichen Entwickelung im Jahr Bezug hatten, wobei die vorangegangenen Sühnen den folgenden zu Gute kamen und deren

---

[1]) Die einzige mir bekannte Stelle aus dem Alterthum, wo eine Theilung in Halbwochen erwähnt wird, ist Non. v. Nundinae p. 214. *Idem (Varro . . . rerum humanar. lib. XX.: Decemviri quum fuissent arbitrati, eteus (L. binos) . . . . dirorum habeant.* Leider ist nur ihre sacrale Beziehung überhaupt, nicht auch das Nähere klar.

[2]) Das Gegentheil behauptet zwar Mommsen (Chron. S. 239), aber gegen die Kalendarien, denen die übrigen Quellen (Cic. ad Attic. 9, 5, 2. Liv. 6, 1. Fest. v. Religiosus p. 278. Varr. 6, 82) zur Bestätigung dienen, indem sie diesen Tag mit diesem Namen nur als *religiosus* neben den *dies nefasti* aufführen. Wenn aber ein Schriftsteller wie Victor de vir. ill. 14, 23. die Schlachttage an der Cremera und an der Allia zu den *nefasti* zählt, so bestätigt er nur die Wahrheit der Bemerkung des Verrius Flaccus (Gell. 5, 17.) von den *postriduani* oder *atri dies*, zu denen jene meistens gerechnet wurden: *quos vulgus imperitus nefastos dicit.'* Vgl. Non. p. 78. *Atri dies dicuntur, quos nunc nefastos vel posteros vocant.* Wider andre neuere Schriftsteller, die Aehnliches behaupten, vgl. Hartmann S. 133.

[3]) Wir werden darauf später zurückkommen. Der Umstand übrigens, dass der Leichtsinn über den *dies Alliensis*, über die *dies postriduani* und über die mit den *Poplifugia* zugleich eingeführten 8 *dies nefasti* durch dieselben Begebenheiten veranlasst und auch ziemlich gleichzeitig gefasst wurde, scheint frühzeitig zu der eben gerügten Vermengung beigetragen zu haben.

vorgängiges *tempus nefastum* mehr und mehr verkürzten, dienten jene
einzelnen Vortage — sowohl die *intercisi* als die *nefasti* — offenbar
nur zur Hebung der Wichtigkeit der Tage darauf folgenden Einzel-
feier und zwar wieder mit einem Unterschiede in der Vorbereitung
auf dieselben durch völliges *nefas* oder durch *nefas intercisum*, den
wir wenigstens im Allgemeinen auch noch wohl verstehen können,
nachdem die Eigenthümlichkeit des *nefas intercisum* schon früher erklärt worden ist (S. 201). Offenbar trat nehmlich diese letztere Art
der Vorbereitung ein, wenn der folgende Tag als ein in sich durchaus lichter und reiner Feiertag begangen werden sollte, für den man
deshalb eine subjective Entsühnung der Feiernden schon auf den Vortag legte, um den Haupttag selbst völlig rein feiern und auch bereits
vom Abend vorher an als *dies ferialus* einleiten zu können. Es findet
sich daher unter diesen acht Opfertagen keiner, der nicht selbst als
Festtag *N* wäre und nach der von ihnen gegebenen Deutung waren
sie auch sämmtlich einer in sich selbst reinen und keiner Sühne bedürftigen Lebensentwickelung oder Lebenserhaltung geweihte Feste:
ersterer in der aufsteigenden Hälfte des Jahres die beiden Carmentalien, die Quirinalien, die beiden Equirrien; letzterer in der absteI-
genden die Volcanalien und die Idus des Octobers und Decembers
wegen des Gedeihens der eingestreuten und dann dem Winter über-
gebenen Saat. Dagegen haben die durch einen Vortag mit *N* eingeleiteten Opfertage einen strengeren, ernsteren Charakter, wie ihn
die vorwiegende Natur einer auch objectiven Sühnefeier mit sich
brachte, und sie sind theils Bestandtheile der Hauptsühnen des folgenden Tags (wovon einige selbst auch an *dies nefasti*) in den drei
Vormonaten gerader Zahl, theils solche, deren Namen schon ihre
Bestimmung zu Sühnetagen anspricht, wie der *dies februatus*, die
Tubilustrien und die Furrinalien (S. 221).

Wie aber jene ursprünglichen längeren Reihen von *dies nefasti*
einen späteren Nachtrag mit Einführung der *Poplifugia* erhielten, so
auch diese einzelnen *dies nefasti*. Denn dafür muss man ohne Zweifel
den in den *Cal. Maff. Sab.* und *Amit.* mit *N* bezeichneten 13 Sept.
halten, den Vortag der Idus, an welchen, wie schon früher erwähnt
wurde (S. 70 f.), im ersten Jahr der Republik der Tempel des Capitolinischen Jupiter geweiht (Plut. Poplic. 14) und in dessen Tempel-
ordnung, mit der die Weihe geschah, zugleich vorgesehen wurde,
dass von da ab alljährlich an demselben Tage, an welchem dem
Capitolinischen Jupiter und der Juno Stier und Kuh geopfert wurden,
— als 'piaculum' wegen aller Schuld und Noth des alten Amtsjahres
— von dem jedesmaligen — alsdann antretenden — höchsten Magistrat
an der Minervaseite des Tempels ein Nagel eingeschlagen werden
sollte (Liv. 7, 3), ohne Zweifel mit dem Zusatz, dass der Tag vorher
— um den folgenden Sühnetag damit wirksamer zu machen — *nefastus* sein, wie auch wahrscheinlich mit dem andern, der ebenfalls
nur aus den Kalendarien (ad Sept. 13) hervorgeht, dass für die Iden
an demselben Vortage ein *epulum* zwar für alle drei Götter, vor-

nehmlich aber für oder bei Minerva, da Jupiter und Juno das Stieropfer erhielten, dann angezeigt werden sollte, an welches sich dann
die Römischen Spiele anschlossen (*Jovi epul. Sab. Jor. in (dictum
epulum) Vall. Epulum Minervae* im Sept. *Rm.* Vgl. Fest. ep. v.
Epolones. p. 78. Valer. Max. 2, 1, 2. Arnob. 7, 32) [**]). Der Tag
scheint nach dem *Cal. Val.*, welches ihn mit *N* bezeichnet, noch
unter Augustus kaiserlicher Festtag geworden, dieser aber später, da
ihm *Cal. Ant.* ein C giebt, wieder aufgehoben worden zu sein. Natürlich erwachte mit Abschaffung der Aenderung doch das ursprüngliche
Recht nicht wieder.

Von andrer Art sind vier einzelne *dies nefasti*, die in einzelnen
im Kalender benannten Buss- und Sühntagen bestehen, die drei *Lemuria* am 9, 11 und 13 Mai und das *Regifugium* am 24 Febr., jene
ohne Zweifel uralt (Ovid. F. 5, 421 seq.), dieses erst nach Vertreibung der Könige eingesetzt. Man verkennt die ersteren, wenn man
sie mit Preller S. 499 und Andern für ein ursprünglich den Feralien
im Winter gleichstehendes Todtenfest hält. Ein solches wäre im Mai,
einem Monat ungerader Zahl und mit 31 Tagen und vor den Idus
unmöglich. Auch waren die Feralien ein Fest aller Seelen (oben
S. 186) und bestanden, wie auch ihr Name bezeugte, in einem diesen
auf die Gräber gebrachten Speisopfer (*epulae inferiae* Varr. 6, 13.),
um sie möglichst erstarken zu machen. Die Bedeutung der *lemures*
= *umbrae cagantes hominum unde diem mortis mortuorum* (Porphyr.
ad Horat. ep. 2, 2, 209. vgl. Liv. 3, 58.), vor Allem also der im
Kriege Umgekommenen, auf die auch die spätere Stiftung des Tempels und Dienstes des *Mars Ultor* am 12 Mai (Preller S. 325) hinweist, der später allein noch übrig gebliebene Gebrauch bei diesen
nächtlichen Popularlustrationen, während welcher allerdings auch die
Tempel der oberen Götter geschlossen waren, dass der Hausvater
sich und die Seinigen in seinem Hause vor den Rache fordernden
Geistern der vor ihrer Zeit ums Leben gekommenen Vorfahren durch
Waschungen und das Opfer schwarzer Bohnen Ruhe verschaffte (Plin.
18, 12, 30. Fest. ep. p. 87. Non. p. 135, 16. Lyd. 4, 29.), und die
Zurückführung derselben auf den Mord des Remus [**]) zeigen, dass

[**] Meist auf Grund irrig referierter Lesart der Kalendarien (nur an dem
analogen 13 November für die plebejischen Spiele hat *Cal. Ant.*
sollst irrig *epulum indictur*) setzt Marquardt Röm. Alt. IV. S. 233. die
indictio auf den 13, das *epulum* selbst auf den 14 Sept., während es
doch einleuchtet, dass nur das letztere als religiöser Act an einem
Tage angemerkt werden konnte. Das Richtige haben Preller Röm.
Myth. S. 196 ff. Mommsen L. L. A. p. 401. 406. ad Sept. 13. Nov. 13.
Der letztere bemerkt auch mit Recht, dass eigentlich nur das Epulum
im November *Iovi epulum* heisse. Man muss dieses aber damit in Verbindung bringen, dass das Opfer, welches Jupiter und Juno im September erhielt, ursprünglich eine höhere Ehrenbezeugung als das blosse
Epulum war, auf welches freilich die spätere Zeit ein weit grösseres
Gewicht legte.

[**] Diese war freilich nur etymologisch klügelnde Erfindung (*lemur a Remo*).
In den Mai fallend musste die Feier Quiritischen Ursprungs sein, so

dadurch eine Verschuldung gesühnt werden sollte und zwar die wegen
der unterbliebenen so heilig gehaltenen Familienblutrache (vgl. Liv.
3, 58), die sich ja ursprünglich vor Allem auf den auswärtigen Feind
bezog. Indem diese Söhne so den zürnenden Laren galt, konnte man
diese drei ernsten Bußtage ursprünglich als entsprechend den auch
auf das Haus bezüglichen, aber den oberen Göttern gewidmeten und
auch nefasten Vestalia, Matralia und Idus an denselben Tagen des
Juni betrachten. Ihre Stellung in den Mai, den Auspicationsmonat
der Quiriten, erklärt sich aber daraus, dass diesem Volkstheil, dem
auch die Uebertragung seines Quirinusdienstes auf den abgeschiedenen
Romulus zugeschrieben wird, und dessen Agonalien in diesem Monat
(am 21) dem Vejovis als dem göttlichen Haupte der abgeschiedenen
Heroen, insbesondere des T. Tatius, gelten, überhaupt die secundäre
Verehrung der Laren und Heroen vornehmlich angehörte, wie schon
der spätere populare Cult der Lararien am 1 Mai ergiebt (Preller
S. 490), welche — für die de-nati — dem Ramnischen der Matronalien
für die nascituri am 1 März (S. 37) gegenübersteht. Insbesondere leiteten aber die Lemurien — deren Dreizahl ein neues Beweisthum für
die innere Dreitheiligkeit der Quiriten oder Tities ist (meine Verf. des
Serv. Tull. S. 692) — das hohe Fest der Quiritischen Argeer an den
Idus (15 Mai) ein, an welchem mit Rücksicht auf den Gesammtstaat
zu Ehren der auch wohl im Kriege gefallenen, aber dann zu allgemeinen Laren erhobenen Heroen der schon vorrömischen Ansiedelung,
an deren Gräbern und Capellen Umzug gehalten und endlich ursprünglich wirkliche Menschenopfer (anfangs gewiss aus gefangenen Feinden),
später nur bildliche dargebracht wurden (Preller S. 515)[20]). Passend
reihte man nun später den Lemurien die Söhne des ungerecht um
Thron und väterliches Grab gebrachten Tarquinius als ähnlichen
dies nefastus an.

Wiederum scheinen zu diesen Tagen vier andere ein Gegenstück
wegen ähnlicher Verschuldung gegen die rächenden Götter, hier aber
die obern, zu bilden, der 1 October und der 1...3 December. Der
erste ist nach dem Cal. Ost. der Tag des tigillum sororium (Schwegler
Röm. Gesch. I. S. 571. 594.) und damit der öffentlichen später der

gut wie das ebenfalls populare Fest der Lararien am 1 Mai. Dem
Sabinischen Princip, welches das grössere Gewicht auf den Hausstand
legt gegen Stadt und Staat, entsprachen eben solche populare Sühnen.
Etymologisch hängt das Wort aber mit *delgu*, *daipallos* zusammen, da
auch die Alten die Lemuren als *terrificationes* und *metuendi* auffassen.
Non. p. 135. Porphyr. ad Horat. l. c.

[20]) Zu der Argeerfeier am 16 und 17 März (Ovid. F. 3. 791 seq.) scheint
sich diese Maifeier so verhalten zu haben, dass die erstere die Argeer
als ehrenvoll im Kriege Gebliebene (also ihre Manen) trauernd (Gell.
10, 15, 30) mit einer Art von *inferiae* bedachte, was allein an einem
Tage gerader Zahl zulässig war und für die Martialischen Ramnes sich
schickte, worauf am folgenden Tage sich eine Feier ihrer Erhebung
zu Laren an die damit verwandten Liberalien angeschlossen haben
wird, wogegen sie im Mai als drei und wirkliche Schutzgötter des Staats
mit den oben gedachten Opfern verehrt worden.

gens *Horatia* übertragenen Sühne des Volks dafür, dass der eigentlich des Todes schuldige Horatius durch das Mittel der Provocation an das Volk freigekommen war (Liv. 1, 26. Dionys. 3, 22. Rubino Unters. über Röm. Verf. S. 492).

Für die drei Decembertage, bei denen uns aller Anhalt über den Grund ihres *nefas* zu fehlen scheint, ist doch vor Allem deren Lage im Anfange dieses Monats und vor dessen erstem Feste, den Agonalien (am 11), wichtig. Denn von diesem werden wir später sehen, dass es dem Vejovis galt, dem rächenden Jupiter Rex, der über der Gerechtigkeit wider Uebelthäter wacht und wegen dahin einschlagender Verfehlungen versöhnt werden muss. Wenn nun zwischen diesen drei Tagen und den Agonalien ausser den gewöhnlichen *dies fasti* lauter Comitialtage liegen und der December, wie die Beispiele bei Macrob. 1, 10, 5. vom 16 Dec. 639 und bei Plut. Cic. 9. Dio 36, 27. vom 26 oder 27 Dec. 688 zeigen, jedenfalls auch zu Criminalgerichten benutzt wurde, so erscheint es von vornherein wahrscheinlich, dass diese drei *dies nefasti* ähnlich wie das *sororium tigillum* auf die Comitialjustiz des Volks Bezug haben. Demnach dürften sie ihren Ursprung als *nefasti* einer Busse verdanken, die dem Volke beständig dafür auferlegt wurde, dass dasselbe bald nach Vertreibung der Könige nach Entdeckung der Verschwörung, durch welche die Tarquinier ihre Rückkehr zu bewirken suchten, sich bestimmen liess, ungebührlicher Weise an der von den allein dazu berechtigten höchsten Imperium, damals dem Consul, befohlenen Hinrichtung der Verschwörer durch vorherige Genehmigung dieses Beschlusses sich zu betheiligen (vgl. Rubino a. a. O. S. 476), indem Dionys. 6, 57. erzählt, dass deshalb auf Anordnung des Senats Lustral- und darauf Dankopfer und Spiele gefeiert und dafür 'drei heilige Tage' bestimmt worden seien, die er allerdings selbst nicht näher angiebt, die wir aber auch ausser hier im Kalender nicht finden. Wahrscheinlich bildete nun diese Sühne die sacrale Grundlage für alle ähnliche Criminaljustiz, die mittelst Bestellung eines *quaesitor* durch eine *lex centuriata* geübt wurde. Da jedoch diese Feier aus Busse und Dank gemischt und von der erstern anscheinend nicht alle drei Tage eingenommen waren, so scheinen doch noch andre Gründe hinzugetreten zu sein, die nur wegen einer verwandten Veranlassung dieser ganzen Zeit den Charakter als *tempus nefastum* zuzogen. Wir haben nun über die drei Decembertage selbst anderweitig nur die eine brauchbare Notiz in dem *Cal. Amit.: Neptuno Pietati ad circ(um) Flamin(ium)*. Denn wenn J. Lydus zu demselben Tage sagt (de mensib. fr. Caecol. p. 117): man habe da den Neptun, die Venus und 'Amphitrite' (d. h. wohl die Salacia Preller Röm. Myth. S. 503) angerufen, die Obrigkeiten auch den Saturn wegen des bevorstehenden Winters und ähnlich auch die Fortuna respiciens, die Pudicitia und Amor, so fügt er allem Anschein nach noch andere nur nach späteren Religionsbegriffen meist auch wohl nur für Theile des Volks eingeführte und auf diesen Tag gelegte Opfer und heilige Gebräuche hinzu, welche keine Bedeutung für die Kalenderbezeichnung des Tages hatten, wie z. B. das Opfer der Matronen an die Fortuna aus der von Dionys. 8, 55. 56. erzählten Veranlassung. Was mich aber bewegt, diese drei *dies nefasti* auch nach jener Notiz hierher zu ziehen, ist die Erwägung, dass, wenn in dem einen Falle der Provocation des Horatius die Volksjustiz, welche einen Schuldigen durchschlüpfen liess, neben diesem selbst einer Sühne bedürfte, die spätere allgemeine Einführung der Volksgerichte im Anfange der Republik, durch welche in ihrer Verbindung mit der zugelassenen Stellung von Bürgen das Durchschlüpfenlassen zur Regel wurde, sacral nicht zulässig gewesen sein kann, ohne zugleich eine stehende Sühne für diese den Göttern missfällige Volksmilde[96]) zu stiften, was denn auch dadurch bestätigt zu werden scheint, dass Cicero de rep. 2, 31. seine ältesten Nachrichten über die *protocatio* aus den *pontificii libri* schöpfte. Dazu kommt, dass wir als Function des alten Neptunus schon die Verhüllung und Schirmung der von der Rache verfolgten Exulanten kennen gelernt haben, und hinsichtlich der Pietas das mannigfach gewendete eigentlich Griechische Geschichtchen von der Pietät einer Frauensperson, welche durch das Säugen ihres verurtheilten Vaters (oder Mutter) im Gefängniss dessen Freisprechung oder Freilassung herbeigeführt habe und dadurch Ursache geworden sei, der Pietas einen Tempel zu bauen[97]). Es liegt wenigstens nahe, dieses nur für eine spätere Ausschmückung davon zu halten, dass der Cult der ersten Decembertage mit der Befreiung formell Verurtheilter durch die Pietas in Verbindung gestanden habe.

Ausser den bisher genannten enthalten die Kalendarien zweifellos[100]) nur noch zwei *dies nefasti*, den 1 Juni und den 15 September, wovon aber der letztere unsicher ist, da zwar *Cal. Maff. Sab.* und *Amit.*

---

[96]) Auch wieder neben der Sühne des danach absolvierten Verbrechers selbst, über welche die geistreiche und in der Hauptsache gewiss richtige Restitution der betreffenden Stelle des Festus (p. 289) von Müller p. 404 zu vergleichen ist: *Reo absoluto post comitia perfecta tum-tis verbenis et combustis (? eher impositis) sacer-dotes suo more alois qua peractis propter religio-nem luci, in quo mera fa-ciebant reo e ca-latoribus ingeniculato atque deos obtestanti reum in capud infun-debant solemni cum pre-catione.*

[97]) Fest. v. Pietati p. 209. Valer. Max. 5, 4, 7. ext. I. 2, 5, 1. Liv. 40, 43. Plin. 7, 36, 36. Man bezog freilich die Geschichte irrig auf den spätern weit berühmteren Tempel der Pietas, den M. Acilius Glabrio auf dem Gemüsemarkt errichtet hatte, was aber in kindlicher Pietät gegen seinen Vater geschah.

[100]) Dass die Bezeichnung des 30 Januars, 19 März, 2 und 6 August und 24 September in einigen Kalendarien mit N, während andre F oder NP haben, auf Irrthum beruht, hat Mommsen nachgewiesen. Am 6 October, C nach *Cal. Maff. On. Amit.*, scheint das N des wenig genauen Antel. auf einer Verwechselung der *dies nefasti* mit den *religiosi* zu beruhen. Es war der Tag der Schlacht bei Arausio 649 (Plut. Luc. 27). Kaum zweifelhaft ist der 7 Mai, F nach *Col. Venus.*, N nach *Col. Maff.* Ein alter *dies nefastus* war er nehmlich schwerlich, da sich dafür kein Grund nachweisen lässt, während er als *Nones* nach der alten Regel *fastus* sein musste.

ihn mit *N*, aber *Cal. Vall.* und *Ant.* mit *C* bezeichnen. Da in ihrer Stellung — der erste ist *Cal.*, der zweite der wahrscheinliche Haupttag der grossen Römischen Spiele — sich kein Grund für ein *nefas* entdecken lässt, so werden sie wohl erst der Kaiserzeit ihren Ursprung verdanken. Wahrscheinlich waren sie die sonst unbekannten Geburtstage, ersterer des Antonius, letzterer der älteren Agrippina[101] (S. 193 Anm. 48); bei letzterem kann die Ungewissheit daher kommen, dass Caligula das zum Nachtheil der Agrippina von Tiberius Verordnete wieder aufhob (Dio 59, 3), seine eigenen Acta aber bekanntlich auch wieder rescindiert wurden[102]. Wenn Mommsen (Chron. S. 225) gemeint hat, auch die sämmtlichen *dies postriduani* seien vor der Kaiserzeit *nefasti* gewesen, so beruht das blos auf seiner Verwechselung der *dies atri* mit den *nefasti*, die er später selbst erkannt zu haben scheint. Inwiefern aber die *nundinae* einmal *nefastae* gewesen seien, davon wird in dem Abschnitt von den *nundinae* gehandelt werden.

Ueberhaupt haben sich nun sicher 57 (oder 58) vorkaiserliche *dies nefasti* ergeben; für Hauptsühnen 13 im Februar, 15 im April, 9 — vielleicht auch 10 wegen des ungewissen 14 Juni — im Juni, 8 im Juli. Ausserdem 4 einzelne Vortage vor Festen (ausser denen der Hauptsühnen) und 4 und 4 wegen besonderer Verschuldungen in Beziehung auf Verbrechen[103].

Von Interesse ist es, festzustellen, wie viele von diesen Tagen schon ursprünglich d. h. im Kalender des Numa *nefasti* waren, weil sich erwarten lässt, dass der König bei der Anlage seines Kalenders auch deren Gesammtzahl mit den Festtagen in ein Verhältniss gesetzt haben werde. Nach dem Obigen ergeben sich als schon von Numa herrührende *nefasti* die 13 im Februar, die 15 im April und 9 (oder 10) im Juni; ferner 3 Vortage vor Festen in andern Monaten und die 3 Lemurien: macht zusammen 43 (oder 44). Davon waren aber im Kalender schon ursprünglich mit *N* bezeichnete nur 37 (oder 38), weil sechs, die *Cerialia* im April, die drei *Lemuria* im Mai und die *Matralia* und *Vestalia* im Juni Namen trugen, welche das *nefas* von selbst mit sich brachten, und eine selbstständige höhere, weil auch mit *feriae* verbundene und damit den freudigen Festen gleichstehende Würde hatten, während die Tage mit *N* nur andern höheren gleichsam accessorisch dienten. Wahrscheinlich zählte aber Numa selbst

---

[101] Nicht zu verwechseln mit der jüngeren, deren Geburtstag Nero auch für einen *dies nefastus* erklärte, aber mit besonderem Recht, wovon im folgenden Abschnitt die Rede sein wird.

[102] Möglich, aber weit weniger wahrscheinlich ist es, dass, wenn man den 15 September für Antonius Geburtstag nähme, die Differenz der Kalendarien aus dem Umstande zu erklären sei, dass Drusus, der Vater des Kaisers Claudius, mit dessen (mütterlichem) Grossvater Antonius denselben Geburtstag hatte und Claudius dessen Feier auch mit Rücksicht auf Antonius dringend empfahl Suet. Claud. 11.

[103] Mommsen zählt auch 57. Er rechnet aber nicht den kaiserlichen Ferientag 6 April und den 13 Juni als Idus und dagegen den 1 Juni und 15 Sept., beides irrig.

im Juni nur 8 *nefasti* d. h. er reehnete die *Id. Jun.* als einen auch
schon anderweit benannten und zugleich Ferien-Tag nicht mit; denn
alsdann kommen 36 *dies nefasti* heraus, genau dieselbe Zahl, welche
wir im folgenden Abschnitt als die Gesammtzahl der ursprünglichen
benannten eigentlichen Jahresfeste kennen lernen werden. Den zwei-
felhaften 14 Juni haben wir von den *nefasti* schon oben aus inneren
Gründen ausgeschlossen; zu diesen tritt hiermit noch ein neuer, weil
sonst (ausser den *Id. Jun.*) 37 *nefasti* sein und das entsprechende
ursprüngliche Verhältniss zwischen den *nefasti* und *festi dies* gestört
werden würde. Wir werden ihn daher später mit dem ältesten *Cal.
Tusc.* ohne Weiteres als *F* betrachten.

Hinsichtlich der später hinzugekommenen *dies nefasti* ist es nicht
unwichtig, dass, wenn wir deren Bedeutung und Entstehungszeit richtig bestimmt haben, den Beschluss derselben die 8 um die *Poplifugia*
machen, gleichwie diese auch der letzteingeführte Festtag vor der
Kaiserzeit waren. Da nun jener Zeitpunkt der *renata urbs* nach dem
Gallischen Unglück auch in der ganzen übrigen Verfassung des Wende-
punkt von dem alten Römischen Staat zu dem spätern hin bildet, so
dürfen wir wohl annehmen, dass er diese Bedeutung auch für den
Kalender hatte: in welchem nähern Sinne, werden wir bald sehen.

IV. Die Tage *N*.

Hinsichtlich dieser Tage ist man längst darüber einverstanden,
dass es die auch durch ein gewisses *nefas* charakterisierten gesetzlichen *feriae stativae* d. h. die kalendermässig an bestimmten Tagen
wiederkehrenden eigentlichen Hauptfeste oder Ferien des ganzen Römischen Volks sind. Denn dass auch diese Tage im Kalender bezeichnet sind, sagt Macrob. 1, 16, 6. mit Ausdrücken, die auf eine
eigentliche dem Namen des Festes beigeschriebene und die Feriennatur des Tages anzeigende Nota hinzuweisen scheinen.

*Feriarum autem publicarum genera sunt quattuor .... Aut enim
stativae sunt .... Et sunt stativae universi populi communes certis et
constitutis diebus ac mensibus et in fastis statis observationibus annotatae, in quibus praecipue serrantur Agonalia, Carmentalia, Lupercalia* (die vier ersten Feste — im Januar und Februar).
Jedenfalls haben sie eben die mit *N* beginnende vorgedachte oder
eine ähnliche Nota in den Kalendarien wirklich. Auch sagt Macrobius 1, 16, 13. weiterhin:

Haec de festis et qui inde nascuntur (d. h. den verschiedenen Arten
derselben mit *sacrificia, epulae u. s. w.*) *qui etiam nefasti vocantur,*

und wenn die *feriae conceptivae*, wie die Compitalien, das *nefas* vermöge Anzeige und Uebernahme mit sich brachten (Gell. 10, 24, 3),
muss doch von den *stativae*, auf deren Recht jene den Tag nur einiger
Maassen zurückbringen sollten, um so mehr dasselbe gelten.

Dieses nefas war aber seinem Inhalt oder seiner Beschaffenheit
nach von dem der im vorigen Abschnitt behandelten nefasti dies ganz
verschieden. Man kann sagen, es lag schon in den feriae oder feri
dies selbst, wenn man diese offenbar synonymen und dem Ursprunge
nach zusammengehörigen Ausdrücke nur richtig ableitet. Unrichtig
sind die Ableitungen von ἱστιᾶν (Ger. Vossius), da ἱστία im Lat.
Vesta seine correspondente Bildung hat, oder a sacris, epulis ferendis
(Pollctus), da fer-re ein ursprüngliches r hatte, oder von fari (Hartmann S. 11) oder, wie neuerlich versucht worden ist, von der Wurzel
fa- glänzen (Corssen), da es, von sprachlichen Bedenken abgesehen,
auch sehr traurige feriae gab, z. B. die wohl ältesten denicales (quia
resideni tum mortuis Cic. de leg. 2, 22), die feriae Vestae an den
Vestalien, einem dies nefastus n. s. w. Die Sprache führt für beide
Ausdrücke, da man ursprünglich feriae sagte (Fest. v. R pro S. p. 264.
ep. v. Feriae p. 86. Vel. Long. p. 2233. P.), auf die schon im Alterthum, obgleich in falscher Anwendung (a feriendis victimis Fest. ep.
p. 85), angenommene Herkunft von ferire (ehemals im Stamme fes-i-,
welches s sich bekanntlich auch später vor f erhält) in einer doppelten
passivischen Perfectiform, der eigentlichen auf (i)-tus, wie in mani-fes-tus,
mit der Hand getroffen, ergriffen, con-festim, festim, festino, alle diese
nicht nach Andern von fendo, welches de-fensus, in-fensus, of-fensus,
dif-fensus macht, sondern von der raschen Bewegung des ferire, und
der mehr verbal-adjectivischen oder passiv zuständlichen in i-rus,
verkürzt i-us. Dies festi und feriae sind demnach ursprünglich Treff-
oder Stichtage — die im Fortlauf der gewöhnlichen dem Jagen
nach Gewinn durch Arbeit und Kampf gewidmeten Zeit des Menschen durch ein Wort oder Ereignias [104]) von einer höheren Macht
wie mit einem Spiess getroffenen, und zur Ruhe gebrachten Tage,
damit sich der Mensch an ihnen zur Gottheit kehre und deren Frieden
suche. Eben darauf deutet auch der Ausdruck ἱερομηνία ἐξαίρετος,
womit Dio 43, 44. den Ferientag bezeichnet, weil er durch jenes
ferire auch aus der Zahl der fortlaufenden gemeinen Tage heraus-
genommen wird, und in verwandter Auffassung der Ausdruck concipi
z. B. in der Redensart quando (Compitalia) concepta fuerint nefas,
von den Tagen und Feiern der feriae conceptivae, d. h. derjenigen unter
ihnen, welche nicht schon gesetzlich und stehend der gemeinen Ar-
beitszeit entnommen waren, sondern erst dadurch zu Ferien wurden,
dass eine Menge Gleichberechtigter einen (wohl in der Regel nach
Angurium) bekannt gemachten Tag zu der bestimmten Feier erfasste.
und verwandte [105]) (daher auch susceptae feriae Varr. 6, 26); ferner

[104]) So sagt Macrob. 1, 16, 8., dass die Flaminica, wenn sie donnern hörte,
feriata wurde, bis sie die Götter versöhnt hatte, und dass auch ehemals
der, welcher die Salus, Semonia, Seja u. s. w. nannte, in dieselbe Lage
kam. Aehnlich für das ganze Volk bei einem Steinregen oder Erd-
beben. Liv. 1, 31. Gell. 2, 28.

[105]) Erst später scheint man den Ausdruck auf die Ansagung, wie in concepta verborum, votorum bezogen zu haben, wie es z. B. Macrob. 1, 16, 6.

die Redensarten *feriis teneri*, *populum feriis alligare* (Macrob. 1, 16, 28.
Gell. 2, 28, 2), worin nur hervortritt, dass eigentlich nicht die Zeit,
sondern der in ihr lebende Mensch von dem Gebot, sich an einem
Tage zur Gottheit zu kehren, getroffen wird. Endlich entspricht dieser
Auffassung auch der schon ursprüngliche Brauch, diese Tage niemals
wie die gewöhnlichen — auch beim Datieren nicht — mit Zahlen,
die eben fortlaufen, sondern im Kalender selbst mit dem Namen
der religiösen Pflicht, die ihn für sich in Beschlag genommen hat,
zu bezeichnen. Gerade für den durch rastlose Arbeit und Kampf
nach Gewinn und Machtvergrösserung trachtenden Römer, dem es als
Maxime galt, ja kein Werk, welches man auch an Feiertagen verrichten kann, einem Werkeltage zuzuschieben (Cat. 2, 4. Plin. N. H.
18, 6, 40) ist diese Auffassung charakteristisch. Die Differenzierung
der beiden Synonyma scheint aber darin zu bestehen, dass *festus dies*
(nicht ohne Ursache Masculin) diesen Tag mehr nach dem bezeichnet,
was an ihm geschieht, also nach seiner positiven, activen und nach
aussen gekehrten Seite im Verhältnis zu andern gemeinen Tagen
(*pro-festi*), vor denen er sich durch die an ihm veranstalteten Opfer,
Mahle, Spiele u. dgl., überhaupt also durch Glanz und Festlichkeit
auszeichnet, das Feminin *feriae* dagegen denselben Tag nach dem,
was an ihm nicht geschieht, also mehr nach seiner negativen, passiven und Innern[105]) für die Götter statt zur Arbeit bestimmten
Natur[107]) d. h. als einen Ruhetag (wovon *feriori*), in welcher Art
er denn sich nicht gegen andre Tage rühmen kann, wohl aber in
sich selbst das Eigenthümliche hat, gleichmässig wiederzukehren (daher
der Plural wie bei *mundinae, Calendae, Nonae, Idus*). Beide Seiten des
ursprünglich einheitlichen Begriffs haben sich im späteren gemeinen
Sprachgebrauch selbständig entwickelt, so dass es danach auch *dies
festi* ohne *feriae* und umgekehrt giebt[109]). Ursprünglich verhielten
sie sich aber naturgemäss so, dass nur der positiven Seite, der Leistung

thut: *quae quotennis a magistratibus vel a sacerdotibus concipiuntur in dies
certos vel etiam incertos.* Dagegen aus einer älteren Quelle 1, 16, 9. *affirmabant autem sacerdotes pollui ferias, si indictis conceptisque* (d. h. nach deren
Aussagung und wirklichem Beginn) *opus aliquod fieri.* 1, 14, 15. *cum
Latiar, hoc est Latinarum solenne conciperetur* d. h. nach dem Zusammenhange
am Tage des Latiar selbst.

[108]) Daher Macrob. 1, 16, 3. sagen kann: *Festis insunt (sacrificia, epulas, ludi,)
feriae.* Fest. v. Profestam p. 253. *Itaque dicm profestum diem vize ferize esse.*

[107]) Wie wesentlich diese den *ferus* war, zeigt ausser der gewöhnlichen
Zusammensetzung von *feriae* mit dem Dativ der Gottheit, z. B. *ferize
Iovi,* besonders Cic. de leg. 2, 22. *Nec vero tem deuicales (quas a nece
appellatae sunt, quia residui sunt mortuis) quam ceterorum coelestium quieti dies
feriae appellarentur, nisi maiores cos, qui ex hac vita migrassent, in deorum
numero esse voluissent.* Auch Varr. 6, 13. nennt die nachher durchge-
sprochenen benannten Festfeier, wobei er häufig die *ferus* derselben
erwähnt *deorum causa institui dies.* Dass die Annahme der Neuern, es
habe auch gewisse Ferien um der Menschen willen gegeben, irrig sei,
haben wir schon früher bemerkt (S. 207).

[109]) Darüber vgl. Hartmann S. 13ff.

an die Götter, willen die negative der Ruhe von dem harten Wirken
für eigenes Interesse eintrat.

In der Sache selbst ergiebt sich nun aus dieser schon nach der
richtigen Ableitung des Worts erkennbaren Natur der *feriae* als *nefas*
an diesen Tagen, was Cic. de l·gib. 2, 8, 19. kurz zusammenfasst:
Feriis iurgia amorendo, eaque in famulis operibus patratis habento.
oder in der Auslegung dieses Gesetzes 2, 12, 29:
*Feriarum festorumque dierum ratio in liberis requietem habet litium
et iurgiorum, in servis operum et laborum, quam compositio anni conferre debet ad perfectionem operum rusticorum* [109]).

Das hiermit Untersagte kommt zurück auf den Gesammtbegriff der
Anstrengung, welche der Mensch gegen den widerwilligen Menschen
oder gegen die widerwillige d. h. die freie Natur aufwendet, um Ihnen
für seine Existenz etwas Neues abzugewinnen. Das erste, welches
nur bei dem Freien hervortritt, bezieht sich auf den Kampf, sowohl
den nach aussen im Kriege[110], als den im Innern, und hier theils
den Process in allen seinen zwingenden Handlungen von der *in ius
vocatio* bis einschliesslich zur Exekation, sei er Criminal- oder Civilprocess, und werde dieser vor dem Rex oder Prätor (*iurgium = legis
actio* und dann *actio* überhaupt) oder dem Richter (als *lis*) geführt[111]),

---

[108]) Der Sinn dieser Worte, welche die Gesetzesworte *operibus patratis* (= nach
Vollendung der ländlichen Arbeiten) erklären sollen, ist: eine solche
Einrichtung des Kalenders müsse die Ferien so legen, dass dadurch
die Ausrichtung der ländlichen Arbeiten nicht gehindert werde. Uebrigens s. viele andere ähnliche Stellen bei Broucr. de ado-
rationib. c. 10. Mariui Arv. p. 126sq. p. 139. In den Versen des
Afranius bei Non. v. Profesti p. 434. *Quae festi facere nos solemus die,
cotidiano opere promisci omnia, aeque praeferto concedebras forum* ist *festi* zu
die gehöriger Locativ ('Festtags' wie *quotidie*), dann aber *non* statt *nos*
und am Ende *concelebrans forum* zu lesen.

[110]) Macrob. 1, 16, 19: *Varro in augurum libris scribit in haec verba: 'Viros vocare
ferias non oportet: si vocarit, piaculum esto'* (Einzelne Anwendung auf die
Saturnalien Macrob. 1, 10. init.). Er fügt aber hinzu, dass dieses nur
gelte, wenn die Römer einen Schlachttag wählen, nicht wenn sie sich
nur vertheidigen. Auch verständigte sich durch einen Process zu einem
dies feriatus gewiss nur der Kläger oder Ankläger, nicht auch der
Gegner oder Angeklagte.

[111]) Vgl. Hartmann Ordo S. 59. 60. Bei Civilprocessen von der *in ius vocatio:*
L. 2. § 1. D. si quis in ius voc. (2, 5). L. 1 pr. D. de feriis (2, 12);
von Urtheil und Execution: L. 1. § 1. L. 6. D. eod. Nach der Lex (vermuthlich Julia iudic. priv.) war auch die Verurtheilung nichtig, wenn
nicht die Parteien freiwillig an einem solchen Tage das Urtheil sich
hatten sprechen lassen. L. 6. cit. Was aber später doch ausnahmsweise vor Gericht verhandelt werden durfte, entweder als unstreitig
oder nach dem Gesichtspunkt der Verhütung eines sonst unwiederbring-
lichen Schadens, darüber vgl. L. 1. § 2. L. 2. 3. D. de feriis (2, 12) L. s.
§ 2. D. de tut. et cur. (26, 5). Von Criminalprocessen: Macrob. 1, 10, 5, 6.
Vgl. Cic. pro Cael. 1, 1. Verr. act. 1, 10, 31. 11, 34. lib. 2, 52, 130.
ad famil. 8, 8, 1. Horat. ep. 1, 5, 8. mit den Scholiasten. Bei Ascon.
in Scaur. p. 19. *erat absolutus a. d. III Nonas Quint.* (den *Poplifugia*) ist
die Lesart fehlerhaft, da Festtage nicht mit Zahlen datiert werden,

theils die Volksversammlung zur Erlangung neuen Rechts oder eines
Magistrats oder eines Strafurtheils, insofern darin mit Suffragien für
und wider gekämpft wird[112]) — wogegen eine Concio und die Ein-
holung des Raths der Alten, der ja kein *ius* macht, und die dazu
dienende Versammlung des Senats, bei der also auch die *discessio*
nur eine untergeordnete, mittelbare Bedeutung hat, mit den Ferien
nicht unverträglich ist (z. B. an den *Idus Martiae* vor Cäsars Ermor-
dung Dio 47, 18. Suet. Caes. 88. an *Idus Maiae* Cic. ad fam. 1, 9, 3.
an den *Quinquatrus* Cic. ad fam. 12, 25. u. a. w.) - endlich auch
die Heirath, jedoch nur einer Jungfrau, weil nur diese noch gleichsam der freien ungezwungenen Natur angehört[113]). Dass demnach
die unstreitige *legis actio*, sowie alle freiwilligen Rechtsgeschäfte, einschliesslich der Schiedsgerichte (L. 36. 40. D. de rec. 4, 8.), und in
gewisser Art auch die *comitia calata* zum Inaugurieren mit den *feriae*
nicht in Widerspruch standen, ist schon gelegentlich anderwärts bemerkt worden (oben S. 191). Das Zweite in Ciceros Feriengesetz
hatte zu seiner Zeit fast nur noch Bezug auf Sclaven, da die Freien
damals kaum noch eigentliche ländliche Arbeit verrichteten und er

und wie aus dem folgenden hervorgeht, *pdie (prabie) Nonas* zu lesen.
Bei Cic. ad Q. fr. 2, 4, 1. *Sestius noster absolutus est a. d. II Id. Mart.*
(d. h. an den zweiten Equirrien) ist die aus doppeltem Grunde falsche
Lesart schon berichtigt (in a. d. V Id. Mart.). Ferien hinderten jedoch
die blosse *postulatio* nicht. Ascon. in Scaur. p. 19 (*postredie Non. Quint.*
= Ind. Aprilis.) Cic. ad fam. 8, 12, 3. L. 11. § 6. D. de adult. (48, 5).
Ebensowenig Idus den *derinus dies* darauf (denen aus Plut. Cic. 9. er-
sichtliche Wichtigkeit unserm Criminalprocessmatisten noch ganz entgangen ist) für die *nominis delatio* (vgl. Cic. ad fam. 8, 6, 1.) und die
damit zusammenhängenden vorbereitenden Acte Cic. ad Q. fr. 2, 13, 2.
Und da dieser *decimus dies* aus der dreimaligen Concionalvoranklage
der Volksgerichte (eigentlich einer blossen Benachrichtigung des Volks
von der beabsichtigten Anklage) hervorgegangen zu sein scheint, war
auch diese mit Ferien nicht unverträglich, daher man die *prodicta dei* auf
die *Quirinalia* (17 Febr. 698) bei Cic. ad Qu. fr. 2, 3, 2. nicht mit Drumann Gesch. Roms. Bd. 2. S. 324. gegen die Worte auf die Comitialtage nach diesem Feste zu beziehen braucht. — Dass die völkerrechtliche Rechtsprechung des Senats oder seiner Vertreter unter peregrinischen Staaten durch Ferien nicht gehindert wurde, zeigt das *Idib.
Decembr.* 637. gesprochene Urtheil zwischen den Vituriern und Genaaten.
Orell. 3121.

[112]) Da die Unstatthaftigkeit der Comitien an *statae feriae* sich schon aus
deren Gegensatz gegen die *comitiales dies* im Kalender ergab, so beziehen sich die Stellen der Alten, welche die Unverträglichkeit der
Comitien mit *feriae publicae* besonders bezeugen, nur auf *feriae conceptivae*
und *indictivae*, wovon später.

[113]) Plut. qu. Rom. 105. Macrob. 1, 15. fin. *ferns autem rem cunquam fieri
praeclare est. ideo tunc religatur nuptias, in quibus vis fieri virginibus videtur.*
Man sieht aus der ganzen weitern Darstellung, dass, wenn man alles
Heirathen an Ferientagen mied, dieses mehr auf subjectiver *religio* als
auf objectivem *nefas* beruhte. Uebrigens debnte man diesen Unterschied auch auf Werke am Erdboden aus, so dass man z. B. wohl
durch Ziehung eines neuen Grabens, nicht aber durch blosse Aufräumung
eines verschlemmten gegen das *fas* fehlte. Serv. ad Georg. 1, 270.

erwähnt auch nicht mehr der Arbeitsthiere *(iumenta und armenta)*, da die Uebertragung der ethischen Beziehungen des Menschen auf die mit ihm zusammen arbeitenden Thiere, wie alc *L* H. In Numas Gesetz von den wegen Ausackerns eines Grenzsteins mit dem Ackerer selbst capital gestraften Stieren hervortritt (meine Verf. des Serv. Toll. S. 217 ff.), mit dem ganzen alten Naturstaat ein damals schon überwundener Standpunkt war. Cato spricht dagegen noch von den Ferien 'der Ochsen und der Ochsenknechte' (132, 1. vgl. 138 mit oben S. 196) und bemerkt, dass die Jumenta nur mit der *familia* Ferien haben (138. *Mulis, equis, asinis feriae nullae, nisi si in familia sint)* d. h. nur häusliche (vgl. c. 140), nehmlich die *feriae denicales* wegen des gestorbenen Herrn (Colum. 2, 22, 5.), keine öffentlichen, wovon auch die Consualien (21 August), bei deren Feier sie selbst mitwirken mussten (Dionys. 1, 33. Fest. ep. v. Mulis p. 148. Plutarch. qu. Rom. 48.) eigentlich keine Ausnahme machen; denn hiervon abgesehen, sind sie nicht an der Arbeit am widerwilligen Boden (1 Mos. 3, 17. 18.) bestimmt, sondern dienen nur der Bewegung des Menschen und seiner Sachen. Hinsichtlich der ländlichen Arbeit ist es aber auch wieder nicht plaeular, sich wider die Natur nur zur Abwehr von Schaden zu vertheidigen[114], und eine Arbeit für die Götter so wenig mit Ferien unverträglich, dass, wie oben gezeigt (S. 205), gerade für einige der wichtigsten landwirthschaftlichen Arbeiten als göttliche Werke Ferien (von andern Werken und Processen) angesagt wurden, worauf denn auch im positiven Sinne Ciceros Worte gehen, *quas compositio anni conferre debet ad perfectionem operum rusticorum.*

Im Uebrigen ist die Verletzung der gesetzlichen Ferien durch Uebung des hier Verbotenen auch wirklich *nefas;* sie sieht auch und mit derselben Voraussetzung nothwesentlicher Schold ein *piaculum* nach sich, wonehen nur der Rex oder Flamen maior, der eine solche Verletzung sehen musste, die Nichtachtung seiner Amtswürde, in der er die Gottheit vertrat, auch noch mit Mult ahndete (Macrob. 1, 10. init. 10, 9. 10. Gell. 2, 28, 3).

Vergleicht man nun diese Ferienrecht mit dem der *dies nefasti*, so ist das *nefas* beider fast entgegengesetzter Art. An den *dies nefasti* steht ein eigenthümlicher Gnadenerweis Jupiters an die Menschen in Frage, der den an diesen Tagen Unreinen und Ungeübten nicht ohne Verständigung zu Theil werden darf. An den *dies festi* sollen umgekehrt die Menschen den Göttern etwas erweisen und sich dazu in einem entsprechenden Zustande befinden, den gewisse Werke

[114] Macrob. 1, 16, 11. 12. 3, 3. Welche Werke an Ferien gestattet waren, welche nicht, sagen ausserdem Cat. 2, 4. Colum. 2, 21. 22. Virgil. Georg. 1, 270seq. mit Servius, Moret. G8seq. Manches darunter beruht noch auf besonderen Gründen. Merkwürdig ist, dass man die Arbeit des Dichters an einem gepachteten Wein- und die Fruchteinbringung von einem gepachteten Oelberge aus Gunst für diese überhaupt bevorzugte Cultur nach dem Gesichtspunkt eines mit dem Herrn vereinbarten Lohnungsgeschäfts gestaltete, als läge z. B. in letzterem gleichsam nur eine Tradition.

— Streit und Arbeit — gegen das *fas* beeinträchtigen. Dieser Zustand ist — und darin liegt etwas Gemeinsames für beide Arten des
nefas — der der Reinheit, was man daraus erkennt, dass die Verletzung der Ferien durch jene Werke *polluere ferias* heisst [114]. Da
nehmlich die Götter himmlische Lichtgestalten sind, so darf der
irdische und als solcher der Befleckung und dem Tode von unten
her ausgesetzte Mensch für ihren Dienst sich selbst nach Seele, Leib
und Werk und Alles, was er dazu verwendet, auch nur in reinem
Zustande darstellen, wofür der eigentliche Ausdruck *purus* ist (von
$\pi\tilde{\nu}\varrho$, Umbrisch *pir*, wie das verwandte *castus* von *caio*) [115]) und so
heissen die zum Gottesdienst geeigneten Tage mit der gewöhnlichen
Uebertragung der Eigenschaft von dem Menschen auf die Zeit auch
puri, nicht blos bei Dichtern [116]), sondern auch in dem officiellen
Sprachgebrauch eines Pontificaldecrets [117]).

Hiernach dürfen wir nun blicksichtlich der kalendarischen Nota
für diese Tage, von der schon im vorigen Abschnitt (S. 209) dargethan worden ist, dass sie erst aus dem Anfange der Kaiserzeit
stammt, nicht zweifeln, dass die Nota N *nefastus purus*, die von
Andern vorgezogene N^7 aber *nefastus feriatus* oder *feriis* (durch Ferien)
oder *festus* zu deuten ist. Die, welche die erstere Bezeichnung
wählten, wollten damit die gerade entgegengesetzte Natur dieser
Tage gegen die mit $N(efas)$ bezeichneten ausdrücken, demzufolge das
nefas, welches bei den letzteren auf deren Unreinheit beruhte, an
welche das do, dico, addico nicht verschwendet werden dürfe, bei
jenen auf deren nicht durch Streit und Arbeit zu befleckende Reinheit zu beziehen sei. Die andre Bezeichnungsart war insofern noch
fasslicher, als sie die Eigenschaft eines Festtages, die dem blossen
nefastus als solchem nicht beiwohnen konnte, geradezu angab —

[114]) Vgl. ausser den Stellen des Macrob. 1, 16, K. 11. und Serv. ad Georg.
1, 268. 275. auch Gell. 2, 28, 3 (aus Varro) von den wegen eines Erdbebens angesetzten Ferien: *sal dei nomen sit, uti solet, cui errori ferias
oporteret, statuere et adicere quiescebant, ne aliem pro alio nominando falsa
religione populum alligarent. Eas ferias si quis polluisset, piaculoque ob hanc
rem opus esset, hostiam si deo si deae immolabat etc.*

[115]) Fest. v. *Purimenstrio* p. 253. Ueber das *pure lavari*, die *parae castae*,
pura hostia, *purum rivum*, *puro aqua* u. s. w. zum Gottesdienste vgl.
Brisson. de form. 1, 6—8. Marquardt Röm. Alt. IV. S. 464.

[116]) Propert. 4, 5, 34. *Fac similes puras. . . . tribis cum dies* (da namentlich mit
Beziehung auf Befleckung durch geschlechtlichen Umgang). Ovid.
F. 2, 556. *Expertae puras pinam tarda dies* (im Gegensatz zu den dies
nefasti der Vestarcinigung). Ein Gegensatz von *dies religiosi*, die auch
in einem ganz andern Sinne von *religio* so heissen, und *puri* (wie von
locus religiosus und *purus*), den Hartmann S. 14 annimmt, findet sich
nirgends, obgleich in dem *purum* zum Gottesdienst auch die Unbefleckt-
heit von Leichnamen und allem *sacrum* eingeschlossen ist.

[117]) Macrob. 1, 16, 24. von den *dies atri* oder *postridiani: et is dies neque
proeliales, neque puri* (zu Opfern geeignet) *neque comitiales essent.* Dass
die Ungeeignetheit zu Opfern und ähnlichen Ehrenerweisungen an die
oberen Götter gemeint ist, sieht man aus Liv. 22, 10, 6.

wiewohl *ferine* doch auch an manchen *nefasti* (den benannten z. B.
den Vestalien) Statt fanden. Die dritte Art des Verfahrens — im
Cal. Tusc. — bei den benannten gottesdienstlichen Tagen diese
moderne Nota überhaupt wegzulassen und wie früher dem Volksbewusstsein, welches deren Bedeutung kenne, zu vertrauen, würde
historisch das beste Recht für sich in Anspruch nehmen können.
Dasselbe Kalendarium blieb sich consequent, indem es auch bei
denjenigen, welche *nefasti* sind, wie den Lemurien, Vestalien und
Matralien, das *N* wegliess, da dieses auch in den vorcäsarischen
Kalendarien geschehen sein wird. Die umgekehrte Methode des
Cal. Venus. an Festtagen und Busstagen ebenmässig ein *N* zu setzen,
ist jedenfalls irreführend.

Hinsichtlich des *N°* möchte ich vermuthen, dass diese Nota von
Verrius Flaccus selbst herrührte — nicht als ob er sie zuerst in
den von ihm bearbeiteten Pränestinischen Fasten gebraucht hätte;
denn sie erscheint ja schon in den älteren *Pinc.* und *Allif.* (beide
vor 725), sondern so dass er sie zuerst vorschlug, sei es für deren
ersten Gebrauch bei den neuen kaiserlichen Hausfesttagen schon
unter Cäsar, wo man einer solchen Nota schlechthin bedurfte, oder
in deren späteren Verallgemeinerung für alle Festtage. Eine solche
Erfindung eignete sich für einen Grammatiker, der sich besonders
auch mit dem Kalenderwesen beschäftigte und eine so grosse
Erfahrenheit im *ius pontificium* besass, dass auch Varro sich bei ihm
Raths darüber erholte (Macrob. I, 15, 21., wo Merkels Veränderung
des *Verrius* in *Valerius* blosse Willkühr ist); nur die Auctorität
eines solchen Mannes konnte ihr den Erfolg verschaffen, seitdem
in den meisten Kalendarien aufgenommen zu werden, und besonders
spricht dafür, dass er sie in dem Buche *de verborum significatu* mit
berücksichtigt zu haben scheint nach dem Artikel des Fest. v. Nefasti
p. 165 [19]), wo *Nep.* wahrscheinlich und nach Aller Annahme aus
N° corrumpiert ist. Die Restitution dieses Artikels selbst, welche
von Ursinus und Müller (in dessen Ausgabe p. 165. 387. etwas
verändert von Merkel ad Ovid. F. p. XXXVI. und wieder anders
von Hartmann S. 47) im Sinne der alten Erklärung *Nefasti Priores*,
von Mommsen (I. L. A. p. 367) mit Vermeidung dieses Irrthums
versucht worden ist, hat für uns natürlich nur in so weit ein Interesse,
als sie im Einklange mit den anderweit erkannten richtigen Principien auf befriedigende Weise bewirkt werden kann. Wenn
Mommsen restituirt:

Nefas-ti dies nom·inantur N littera notati, quibus ei,
apud quem lege agitur, fari non licet tria verba do dico
addico. Nep nota distincti eorum hila-riores sunt q·uoniam
o malo omine liberati sunt, u. s. w.

---

[19]) Ohne Zweifel hatte Verrius auch ad F. Praen. Ian. 13. sich über diese
Nota ausgesprochen, wo sie zum ersten Male vorkommt; leider ist
aber seine dortige Bemerkung fast ganz untergegangen.

so hat er die von uns oben (S. 208) gebilligte ältere Restitution der ersten Periode jedenfalls nicht verbessert, da er mit seinem *non-inantur* statt *not-antur* ohne Grund einen handschriftlichen Buchstaben ändert und das, was sicher blos vom Prätor gilt, auf alle Behörden, vor welchen *lege* agirt wird, ausdehnt (vgl. S. 216). Aber auch das Folgende beruht auf dem Irrthum, als ob die Tage mit *N(efas)* diese Eigenschaft einem *malum omen* verdankten (ein Begriff, welcher der hier überhaupt nicht einschlägigen Augural-disciplin angehört und auch da etwas Subjectives ist), und die mit *N* eine generisch gleiche blosse Species derselben seien, die sich charakteristisch durch grössere Fröhlichkeit von jenen unterschieden. Dem Sinne nach richtig wird man so ergänzen, wobei ich die letzten Supplemente von Cujaus entlehne:

Nefas-ti dies not-antur N litera, quod iis nefas est prae-tori, apud quem lege agitur, fari tria verba do dico addico. N notati ob ferias qdem aeq, (quidem aeque) nefasti ac superi-ora sunt; quia vero puri sunt, saepe iis servi liberati sunt sine piaculo. sed et exercitus iis scrib-untur et in provin-cias ire licet: sacra quoque instituta fiunt et vota nuncupata solvi et aedes sacrari so-lent.

Man sieht hieraus, dass es Verrius bei Erklärung der nur gelegentlich der *dies N* und gegensätzlich gegen die erwähnten Tage *N* nicht darauf ankam, das positive eigene Recht des *nefas* der *ferias* auseinander zu setzen, welches jeder aus dem täglichen Leben kannte. Sein Zweck war der, den Unterschied dieser Tage von den *nefasti* bemerklich zu machen, von welchen allein eigentlich der Artikel handelte[120]), und zwar theils nach dem richtigen Sinne der *nefasti*, — darauf bezieht sich das, was er von der Manumission sagt; theils nach dem missbräuchlichen des gemeinen Lebens, wonach man darunter auch die *atri* und sonstigen *religiosi dies* verstand (oben S. 217) — darauf gehen die übrigen Bestimmungen von *sed et* an.

Die richtige Erkenntniss des Ursprungs der Nota *N* gewährt uns schon äusserlich den Vortheil, mit grösster Sicherheit den Satz aufstellen zu können, dass alle Tage, welche ohne sonstigen Namen blos diese Bezeichnung tragen, aus der Kaiserzeit herrührende Feier-tage sind. Es sind dieses:

der 30 Jan. (selbst erst von Cäsar in den Kalender gebracht),
 » 5 Febr.,
 » 6, 27 März,
 » 6, 28 April,
 » 12 Mai,
 » 26 Juni,
 » 4, 12 Juli,

---

[120]) Müller lässt zwar mit *Nep* einen eigenen neuen Artikel anfangen, aber irrig, wie man auch daraus ersieht, dass Paulus blos einen Artikel *nefastus dies* hat.

der 1, 2, 5, 6, 9, 10, 28, 31 Aug. (letzter als Caligulas Geburtstag nur eine Zeitlang *N*),
: 2, 3, 17, 23 Sept.
und bei allen mit wenigen Ausnahmen sind uns noch in den Kalendarien selbst die Angaben darüber erhalten, dass und aus welchem
Grunde diese Tage in der ersten Kaiserzeit durch Senatsbeschluss
Ferientage geworden sind. Wo dieses nicht der Fall, wie beim
5 und 6 Aug., geht der Ursprung in der Kaiserzeit doch daraus
hervor, dass erst die späteren Kalendarien die Bezeichnung *N* gegen
eine andere in älteren haben. Da alle diese Ferien zur religiösen
Verherrlichung des neuen kaiserlichen Staats als solchen oder, was
dem gleich steht, des kaiserlichen Hauses eingeführt wurden (weshalb
sie Ovid F. I, 9. *festa domestica vobis* nennt), so ist es offenbar auch
nicht zufällig, dass mehr als die Hälfte derselben in den August,
der von Augustus selbst benannt war, und in den Sept., in welchem
durch die Schlacht bei Actium die kaiserliche Herrschaft begründet
war, fallen. Wie aber das kaiserliche ius sacrum so gut ein ausserordentliches war, wie das damalige neue weltliche Recht, erkennt
man daraus, dass gegen die Regel des alten Rechts ohne Unterschied Tage gerader und ungerader Zahl und auch wohl mehrere
hinter einander zu solchen *N*-Tagen gemacht wurden. Uebrigens
sind unter jenen Tagen, abgesehen vom 30 Jan., nur 11 Tage —
der 5 Febr., 6 und 27 März, 6 und 28 April, 4 Juli, 1, 2 und
9 Aug., 2 und 3 Sept. — zu denen als zwölfter noch das Augustalien-
fest am 12 Oct. tritt — von der Art, dass die noch vorhandenen
älteren Kalendarien bei ihnen sämmtlich schon und nur noch die Nota
N enthalten, so dass die Beschaffenheit dieser Tage im vorcäsarischen
Kalender nur aus anderweitigen Gründen bestimmt werden kann.
Die Geschichte dieser Tage anlangend, fällt der erste Anlauf
zu deren Einführung schon in die Zeit Cäsars, zu dessen ausserordentlichen Ehren, welche ihm der Senat 708 decretierte, auch die
gehörte, dass jeder Siegestag desselben zu einem Jahresfesttage
(*ἡμέρᾳ ἐξαίρετος*) erhoben werden sollte (Dio 43, 44. Appian.
2, 106), wovon auch, Zeuge unserer Kalendarien, sogleich in dem
damals publicierten neuen Kalender auf den 27 März, 6 April,
2 und 9 August — entsprechend Cäsars vier Triumphen — Anwendung gemacht wurde. Dasselbe Ehrenrecht wurde später für Augustus
beschlossen (schon 718 Appian. 6, 130) und nachher thatsächlich
auch auf andre ähnliche Heilsereignisse in der kaiserlichen Familie
übertragen, zugleich dann aber oft auch mit Stiftung eines neuen
Cultus für eine ältere Gottheit verbunden. Ueberhaupt dauerte die
Creierung solcher neuen Festtage nicht über die Regierungszeit des
Julisch-Claudischen Geschlechts hinaus, bis wohin auch nur unsre
vorconstantinischen Kalendarien reichen. Unter Nero, wo die Zahl
solcher Tage sich bereits in einer für die Geschäfte bedenklichen
Weise vermehrt hatte, scheint aber, als eine neue Vermehrung durch
drei für die Einnahme von Artaxata vom Senat (59) beschlossene

Feiertage bevorstand, für diese zuerst das Recht aufgekommen zu
sein, neue Tage dieser Art nur noch *quoad sacra* für festiv zu erklären, so dass sie ungeachtet der religiösen Feier doch Gerichts-
und Werkeltage *(dies negotiosi)* blieben (vgl. Gai. 1, 136).. Denn so
muss man doch wohl die *sententia C. Cassii* — ohne Zweifel des
bekannten Haupts der Cassianer (Zimmern Röesch. I. § 85), der
auch als Prätor im Edict ausdrücklich versprach, wegen ausser-
ordentlicher Ferien *in integrum* restituieren zu wollen (L. 26. § 7.
D. ex quib. caus. mai. 4, 6) — bei jenem Senatusconsult verstehen
(Tacit. A. 13, 41): 'Das ganze Jahr würde nicht hinreichen, um
den Göttern für ihre Wohlthaten gebührend zu danken', *eoque oportere diridi sacros* (die bisherigen *N.*) *et negotiosos dies, quis divina
colerent* (durch fortwährende Darbringung der Opfer) *et humana non
impedirent* (durch unterlassene Aussagung von Ferien — solche Tage
sollten aber die von nun an zu ereierenden Siegesgedenktage sein).
Um so mehr sind wir zu dieser Deutung berechtigt, als jene drei
Tage in den gleichzeitigen (für das Geschäftsleben bestimmten)
Kalendarien nicht als *N.*-Tage erscheinen. Eine weitere Folgerung
aus diesem Princip war aber, dass nun um so viel mehr auch für
einen neu geschaffenen *dies nefastus* als das directe Gegentheil eines
N. nur dessen Wirksamkeit *quoad sacra* angenommen wurde, wie
man daraus ersieht, dass der vom Senat im folgenden Jahr zur
Schmach der jüngeren Agrippina, Nero's Mutter, zum *nefastus* erklärte
Geburtstag derselben, der 6 Nov., in den Kalendarien *F* blieb und
im *Antiat.* dazu nur hinzugefügt wird *Agripp... Jul. nat.* Hinsichtlich der bisherigen kaiserlichen Hausfeste gehörte es aber mit zu
den ersten Maassregeln der seit Vespasian beginnenden Ermässigung
des despotischen Kaiserthums zu einer verfassungsmässigen Herrschaft, dass im J. 70 vom Senat eine Commission von angesehenen
Männern ernannt wurde (Tacit. H. 4, 40), *qui... fastos adulatione
temporum foedatos eruerarent modumque publicis impensis facerent.*
Und wahrscheinlich beseitigten schon diese alle seit Cäsar aufgekommenen blossen *N.*-Tage, übrigens wohl in der Weise, die C. Cassius
vorgeschlagen hatte, um das *ius sacrum* nicht zu verletzen, wenn
auch zugleich aus finanziellem Interesse die Kostspieligkeit des Auf-
wandes beschränkt wurde, was nachher Nerva noch auf viele andre
derartige Opfer, circensische und andere Spiele ausdehnte (Dio 68, 2);
denn ältere *ex voto* öffentlich übernommene Götterverehrungen hätte
man ohne Verletzung des *ius sacrum* auch nicht einmal beschränken
können. So konnte denn schon Plinius unter Trajan ein Urlaubs-
gesuch gerade für den September, nicht früher und nicht später,
gar wohl auch damit unterstützen, dass der folgende Monat wieder
complures dies feriatos habe (ep. 10, 12 (24), was sich nicht
denken lässt, wenn damals in dem sonst ausser den Idus) ferien-
losen September noch .der 2, 3, 17 und 23 kaiserliche Hausfeste
gewesen wären, also fast ebenso viele *dies feriati* als der October
deren zählte *(Meditrinalia, Augustalia, Fontinalia, .Idus* mit October-

pferd, und *Armilustrium*). Auch kennt Tertullian gegen das Ende
des folgenden Jahrhunderts in einer am Schluss dieses Abschnitts
zu besprechenden Stelle jene Tage nicht mehr als Festtage. Weiterhin wird namentlich für die Tage der Geburt und des Regierungsantritts der Kaiser nach Nero (schon des Vitellius Dio 65, 4) zwar
der Einsetzung von allerlei Festlichkeiten, besonders Spielen,
Erwähnung gethan (vgl. die Stellen bei Marquardt Röm. Alt. IV.
S. 221), welche man nach der Apotheose der betreffenden Kaiser
auch wohl längere Zeit dauernd feierte (Mommsen I. L. A. p. 379
bis 381), und dafür pflegten dann auch nach alt üblicher Weise
Ferien angesagt zu werden; diese waren dann aber doch nur gewöhnliche Imperativferien, nicht gesetzliche, bis sich endlich in der
dritten Kaiserperiode hieraus das Recht entwickelte, dass die Geburts-
und Antrittstage der regierenden Kaiser schon allgemein Ferientage
sein sollten (L. 2. Th. C. de feriis (2, 8) mit Gothofredina). Endlich
ist es in der oben (S. 232) mitgetheilten und erklärten Stelle des
Macrobius über die im Kalender mit N° bezeichneten Tage ganz
klar, dass er als solche nur *feriae statis observationibus annotatae*
d. h. das N° neben benannten Festtagen gekannt hat.

Was diese Tage selbst, die alten eigentlichen Festtage, betrifft,
so zerfallen sie wieder in zwei Klassen, die wir äusserlich als
Monats- und Jahresfeste unterscheiden können, indem sie entweder
allmonatlich oder nur alljährlich wiederkehren. Die ersteren sind
die Idus sämmtlicher Monate (nur mit Ausnahme des Juni, s. oben
S. 222), von denen später die Rede sein wird; die letzteren, ausser
den *Cal. Martiae*, dem alten Neujahr, welche auch schon als solche
Festtag mit Ferien für Mars waren (Marquardt Röm. Alt. IV. S. 446)
die sämmtlichen mit Namen bezeichneten Jahresfesttage. Ueberhaupt
und in Wahrheit können jedoch nur Jahresfeste wirkliche Festtage
sein. Denn dachte man sich Jupiter und seine Mitgötter als selige
Urlichtgestalten, welche sich dem Menschen in den natürlichen
Himmelslichtkörpern offenbaren[124]), und beruhte das Recht der
allgemeinen Volksferien eben darauf, dass das Volk den Göttern an
ihren Tagen auch nur in ihrer Weise, also licht, rein und freudig
dienen dürfe, so konnten nur die nach dem Umlauf der Sonne für
ihren Dienst bestimmten Tage — *cum Iorem* (d. h. den Gott der
Sonne) *accipiamus lucis auctorem, unde et Lucetium Salii in carmine
canunt* Macrob. 1, 15, 15 — wahrhafte Festtage mit dem Rechte
der N° sein. Solche Festtage sind aber auch nicht alle, obgleich
schon ursprünglich mit Namen bezeichnete Tage, an denen *sacra*,
die das ganze Volk als solches (*publica*) oder in allen Familien

---

[124]) Nach Varro bei Augustin. de civ. Dei 7, 23 entsprechen dem Leibe,
der Seele und dem Geist (*animus*) im Menschen die Erde, der Aether
und die Himmelsgestirne in der Welt, jedoch so, dass wie in dem
animus der göttliche *genius*, so in den *astra* die Götter sich offenbaren.
Und zwar offenbart sich Jupiter, der Vater auch der Götter, in der
Sonne als Lichtquell auch der übrigen Himmelsgestirne.

16*

(*popularis*) verpflichteten, vorgeschrieben waren. Es scheiden ans einerseits als *dies ater* die den Seelen der Verstorbenen gewidmeten *Feralia* am 21 Febr., andrerseits die zwar den oberen Göttern, aber als Busssfeier geweiheten Tage, das *Regifugium* am 24 Febr., die *Cerialia* am 19 Apr., die drei *Lemuria* am 9, 11, 13 Mai, die *Vestalia* am 9 Juni und die *Matralia* am 11 Juni, von denen schon früher gezeigt worden, dass sie *dies nefasti* sind. Unter Ihnen können unmittelbar nur die *Vestalia* ein Bedenken erregen, weil das *Cal. Maff. Fer(iae) Vestae*, das gewalte Römische *Fer(iae) Vestae ad Ianu(m)* dann notiert. Doch ist eben hiernach nicht zu bezweifeln, dass an diesem Tage und ähnlich gewiss auch an den *Cerialia*, den *Matralia* und *Lemuria* ebensowohl wie an den eigentlichen Festtagen Streit und Arbeit unterbleiben musste, so dass an ihnen in doppeltem Sinne *nefas* war, was denn auch ihr *N* in Verbindung mit ihrem von Gottheiten entlehnten Namen bezeichnete. Sie hatten dann aber doch nur das negative oder passive Moment eines Ferientages, das positive des eigentlichen Festtages (S. 234) und damit die Zulässigkeit einer Bezeichnung mit *N* mangelte ihnen, indem die Unstatthaftigkeit der Arbeit und des Streits nur die Bedeutung hatte, sich in der nothwendigen Demüthigung vor der Gottheit nicht unterbrechen und dadurch nicht noch unreiner machen zu dürfen, als man nach der Natur dieser Busstage an sich war. Deshalb ist doch auch nicht zu bezweifeln, dass sie im Sinne des ursprünglichen Sacralrechts mit Recht von der Zahl eigentlicher Festtage ausgeschlossen werden [177]).

Diese selbst sind nun folgende 38:

Jannar	Februar	März
9 *Agonalia*	15 *Lupercalia*	1 (*Cal. Martiae*)
11 *Carmentalia*	17 *Quirinalia*	14 *Equirria*
15 *Carmentalia*	23 *Terminalia*	17 *Liberalia Agonalia*
	(27). *Equirria*	19 *Quinquatrus*
		23 *Tubilustrium*

April	Mai	Juni
15 *Fordicidia*	21 *Agonalia*	
21 *Parilia*	23 *Tubilustrium*	
23 *Vinalia*		
25 *Robigalia*		

Quintilis (Juli)	Sextilis (August)	September
5 *Poplifugia*	17 *Portunalia*	
19 *Lucaria*	19 *Vinalia*	
21 *Lucaria*	21 *Consualia*	
23 *Neptunalia*	23 *Volcanalia*	
25 *Furrinalia*	25 *Opiconsiva*	
	27 *Volturnalia*	

[177]) Bisher hat man (auch Mommsen I. L. A. p. 375) alle im Kalender benannten Jahrestage ohne Unterschied zu den eigentlichen Festen

October	November	December
11 *Meditrinalia*		11 *Agonalia*
13 *Fontinalia*		15 *Consualia*
19 *Armilustrium*		17 *Saturnalia*
		19 *Opalia*
		21 *Divalia*
		23 *Larentalia,*

wozu in der Kaiserzeit nur noch ein einziger gleichartiger Festtag, die *Augustalia* am 12 Oct., kam, im J. 735 bei Gelegenheit der glücklichen Rückkehr des Augustus von der Einrichtung der Provinzen zu Ehren der Fortuna oder vielmehr der nunmehrigen festen Begründung des Kaiserreichs auch für die Provinzen gestiftet (Dio 54, 34).

Alle Fest- und benannten Busstage mit Ferien sind nur einzelne und von einander getrennte, mithin auch allein stehende Tage, wovon wahrscheinlich der Ausdruck *solennes* herkommt [123], und, was damit zusammenhängt, sie fallen auch auf Monatstage ungerader Zahl, weil sie den oberen Göttern gebeiligt sind. Die einzige Ausnahme der *Equirria*, scheinbar nur der zweiten, am 14 März, die auch nur Vortage eines N° sind, in Wahrheit aber auch der ersten, am 4 der Fünftage (nur absolv bezeichnet am 27 Febr.) war schon numerisch dadurch begründet, dass sie als Feste der sacralrechtlichen Pubertät 8 Tage vor und 8 Tage nach den ersten Nonen des neuen Jahrs fallen mussten (S. 200); es wird ihnen dieses aber auch innerlich die Natur der Nonen selbst, des z w e i t e n und darum lugubren Monatsstichtagen (Lyd. de mens. 3, 7) aufgedrückt und ihre Ansetzung auf Tage gerader Zahl bedingt haben in Uebereinstimmung damit, dass die priesterliche Pubertät selbst, wie der Nonenmond, gleichsam erst die halbe war und das Fest selbst theils noch vor den Monaten-ln den Fünftagen, theils nur als Vortag (der einzige dieser Art) vor den hohen *Id. Mart.* gefeiert wurde. Dagegen beruhte nur auf Nichtachtung des alten Rechts die Ansetzung der Augustalien auf den 12 Oct. in der Mitte zweier alten Festtage, womit das *ius sacrum* früher auf doppelte Weise verletzt worden wäre. Die Absicht des alten Princips war offenbar, dass man damit die Natur des *festus dies* als eines aus der

---

gerechnet. Dass Mommsen so 45 alte Festtage (ausser den Augustalien) gewinnt und etwas darin sucht, dass das alte Römische Jahr (? — vielmehr nur das neue von 365 Tagen) auch 45 *nundinae* enthalten habe (p. 301), wird wohl nicht als eine Bestätigung seiner Ansicht gelten können.

[123] Fest. v. Quinquatrus p. 254. *Quinquatrus appellari quidem putant a numero dierum, qui feriis celebrantur, qui scilicet errant tam Laurais, quam qui tridua Saturnalia, et totidem dichus Compitalia. nam omnibus his singulis dichus fiunt sacra.* Tertull. de Idolol. 14. *Nam rthwis;o orand eumma dies quinque festus est.* Vgl. Macrob. 1. 10, 1. fin. 1, 11 fin. Bei Fest. p. 344. *Solemnes sacra dicuntur, quae certis temporibus annisque fieri solent* ist vielleicht *quotannis* (mit versetztem q) zu lesen und bei dem Worte überhaupt die Schreibart mit *ll* statt *l* und *nn* statt *nn* falsch, worüber aber bekanntlich gestritten wird.

gemeinen Zahl der Tage herausgenommenen heben wollte, nicht, wie
Mommsen meint, die ökonomische, dass der Bauer Zeit haben sollte,
an demselben Tage wieder zu seinen Geschäften heimzukehren.
Dieser Absicht hätten die Festtage mit einem Voropfer schlecht
entsprochen. Ueberhaupt huldigte Numa der heutigen Hauptgöttin
Industrie so wenig, dass er viele Feste über den andern Tag hinter-
einander ansetzte, von denen er doch voraussehen musste, dass sie
die Feiernden regelmässig auch an den zwischenliegenden Tagen
in der Stadt festhalten würden. Dass auch alle alten Feste erst
nach dem halben Monde, den Nonen, fallen, mit dem das Volk
überwiegend in das Licht eintrat und in der Nonenversammlung
auf seine Festpflichten hingewiesen werden konnte, ist schon früher
bemerkt worden; die Ausnahme der Cal. Martiae erweist diese auch
wieder als einen nur durch die Neujahrseigenschaft potenziierten
Monatsanfang und darum nicht eigentliches Jahresfest.

Im Uebrigen zerfallen die Feste nach ihrer Wichtigkeit und
Herrlichkeit wieder in zwei, beziehungsweise drei Classen 1) die
acht mit einem *EN* als Vortag: die beiden *Carmentalia*, die *Quirinalia*, die beiden *Equirria*, die *Vulcanalia*, die October- und die
December-Idus wegen ihrer besonderen Opfer (S. 200); 2) acht
andere mit einem *N* als Vortag: die *Lupercalia*, die beiden *Tubilustria*, die *Fordicidia*, *Parilia*, *Vinalia urbana*, *Matralia* und *Furrinalia* (unter denen allerdings die *Matralia* auch selbst nefast sind),
und 3) die übrigen gemeinen Feste. Es ist wohl auch nicht zufällig,
dass deren ursprünglich 24 also dreimal 8 sind: die drei *Agonalia*,
die *Terminalia*, *Cal. Martiae*, *Liberalia* (mit *Agonalia*), *Quinquatrus*,
Robigalia, *Vinalia rustica*, die beiden *Consualia*, die *Opiconsiva*, *Volturnalia*, *Meditrinalia*, *Fontinalia*, *Armilustrium*, *Saturnalia*, *Opalia*,
Divalia und *Larentinalia*. Ueberall also die Achtzahl. Man könnte
die ersten beiden ausgezeichneten 8 Feste auf die beiden Hauptstämme, die 24 auf alle drei Stämme rechnen. Bemerkenswerth ist
auch, dass die ausgezeichneten Feste weit überwiegend (nur mit
Ausnahme der *Furrinalia* im Juli, dem Auspicationsmonat der Locarea,
die in ihnen erst nach drei vorausgegangenen Festen eines solchen
hohen Lustrationsfestes fähig wurden) in die erste Hälfte, die gemeinen eben so (nehmlich 18 davon) in die zweite Hälfte des
priesterlichen Jahres fallen, offenbar mit Rücksicht auf die für die
göttlich-natürliche Betrachtungsweise weit höhere Bedeutung der Zeit
des Entstehens und Wachsens, bei der auch die beiden ursprünglichen Hauptstämme ihr Uebergewicht in Anspruch nehmen, gegen
die des Abnehmens und Vergehens. Wenn endlich die Zahl der
Feste in den verschiedenen Monaten eine sehr verschiedene ist
(keiner hat jedoch mehr als sechs) und drei Monaten: Juni, September und November gar keine eigentlichen Jahresfeste zugetheilt
sind — wobei aber nicht zu vergessen, dass der Juni, der letzte
wichtige Monat der ersten Jahreshälfte durch hohe nefaste Jahresfeste, die Vestalien, Matralien, die eigenthümlichen Idus und den

Tag Q. S. D. F ausgezeichnet ist —, so dient das wohl zum deut-
lichsten Beweis, dass die ganze Anlage des Festcyclus nicht auf
einer abstract mathematischen Vertheilung, sondern auf lebensvollen
innern Gründen der biologischen Naturymbolik beruhte, welche die
ganze antike Religion durchdringt.

Nach solchen haben wir nun auch den grösten Theil der Feste
der ersten sieben Monate, namentlich die ausgezeichneten, und einige
aus den übrigen fünf (die *Vinalia rustica* 8. 191 f., die *Volcanalia*
8. 200, das *Armilustrium* 8. 173. 41. und die *Larentalia* 8. 147 f.) wenn
auch zum Theil nur durch kurze Andeutungen, zum Verständniss zu
bringen gesucht. Es wird jetzt noch Einiges über die übrigen zu
sagen sein.

Unter den Jahresfesten aller Monate nehmen äusserlich eine
gewisse Auszeichnung in Anspruch die — nach Valerius Antias
(Macrob. 1, 4, 7) von Numa gestifteten — *Agonia*, *Agonalia* oder
dies agonales, deren es überhaupt vier giebt (9 Jan., 17 März,
21 Mai, 11 Dec.), theils durch ihren gleichen Namen, theils dadurch,
dass sie überall die ersten Jahresfeste in ihrem Monat sind, wenn
man bei denen des März, wo sie aber auch nur mit den Liberalien
geminiert erscheinen, von den Cal. Martiae und den zum Theil schon
vormärzlichen und auf Tage gerader Zahl fallenden *Equirria* absieht.
Agonium oder *agonia* — das getriebene Thier [154]) — scheint aber
aus der Zeit her, wo das Geschlecht oder der Stamm noch ganz
familienmässig im Stammhaupt als seinem Vater aufging und die
meisten sonstigen Opfer noch Vegetabilien waren, das ursprüngliche
Hauptthieropfer schlechthin und danach in Numas Kalender das
eines Widders, des Hauptes der Heerde, welches der König als
Haupt der verschiedenen Stämme auf der Königsburg für sich selbst
darbrachte, gewesen zu sein [155]); denn wir finden ein solches —
ausser im Januar, wo es schon für das verborgene Princip des
Romulischen Königthums dem Januspater gefeiert wird (oben 8. 34)
— zunächst in den Auspicationsmonaten der herrschenden Stämme,
im März und Mai, nicht weit vor dem Tubilustrium und Q. R. C. F,
nur dass im März für den kriegerischen Stamm der Ramnes die
Quinquatrus zur Feier der nächsten Hauptthätigkeit des Königs und

[154]) Diese Ableitung billigt mit Recht Ovid. F. 1, 331 seq., Fest. ep. v. Agonias,
da im Umbrischen *arvus*, im Oskischen *akason*, im Marrucinischen *aginss*,
im Lateinischen *emb-egna* ein Thieropfer heisst. Meine Osk. Spr. 8. 21.
248. Iguv. Taf. 8. 471. 305. *Agonia* = *hostia* Fest. ep. v. Agonium.

[155]) Varr. 6, 12. *Agonales per quas rex in regia arietem immolat* (also nach
Bestreuung mit der *mola salsa*, wie bei allen Hauptstühnopfern) *dicta ab
'agona') eo quod interrogatur a principe civitatis et princeps gregis immolatur*.
So ist zu interpungieren. Dieses Opfer hatte also eine so wesentlich
bestimmte Beziehung auf das Königthum, dass als es später durch
die neuen Obrigkeiten (Consuln oder Prätoren und wie wir später
zeigen werden, auch die Volkstribunen) dargebracht wurde, dies doch
nur auf Befehl des deshalb befragten *rex sacrorum* als des eigentlich
opfernden geschehen konnte. Die sprachliche Ableitung von der Frage
agone? ist natürlich falsch.

Volks, den Kriegsausang, eingeschoben sind. Indem nun das erstere, im März, sich auf den Ramnischen Stamm bezog, der in seinem Könige Romulus vom *Mars pater* sich ableitete, hiess es *Martiale agonium* — nach Masurius Sabinus bei Macrob. 1, 4, 15. der vornehmere Name des Liberalientags in den Büchern der Pontifices, während man in der späteren Zeit der Volksfreiheit fast nur noch den andern kannte und ihn von den *liba* ableitete, welche .die Priesterinnen des Liber überall in der Stadt wahrscheinlich für die mündig Gewordenen opferten (Varr. l. e.) — und stand in offenbarer Verbindung mit dem *Agonium* und den *Carmentalia* des Januars als Zeugungs- und Conceptionsfesten der Obrigkeit und des Volks, indem der Märstag eben dieselben in ihrer Mündigkeit zur politischen Amts- und Volksleistung vorführt, im *Agonium* den Rex als öffentlich hervortretenden, in den Liberalien das Volk in seiner Befähigung zur Theilnahme am Kriegsausug und an der Volksversammlung. An diesem *Agonium* wirkten seit dem Ramnenser Tullus Hostilius die aus den Titiensern genommenen Quirinalischen oder eben daher auch *Agonenses* genannten Salier auf den Hügeln der Quiritischen Ansiedlung mit (Varr. 6, 14. Dionys. 2, 70. 3, 30), im Kriege wider deren Stammgenossen, die Sabiner, gelobt und dann eingesetzt, wahrscheinlich um damit die unter Numa übermächtig und jetzt zweifelhaft gewordenen Quiriten sacral zu ketten und zu befriedigen, indem damit ausgesprochen wurde, dass das Romulische Königthum des Marspater auch auf den Quirinus der Quiriten zu beziehen sei, und mag besonders seitdem Quirinus auch für den vergöttlichten Romulus genommen worden sein.

Dass das Agonium am 19 Mai, wahrscheinlich zugleich dem Inferientag des *dies* gewordenen T. Tatius (Dionys. 2, 52), da der ganze Monat einem derartigen Cult diente (S. 228), dem rächenden Vedlovis Pater gefeiert wurde *(Cal. Venus.)*, zugleich einer Indigitation des Jupiter der noch jugendlich aus ihrem untern Stande wie vom Auslande her sich erhebenden Sonne [196]) (Preller Röm. Myth.

───

[196]) Deshalb wird er als jugendlicher, unbärtiger, wachsender Jupiter dargestellt (Preller Röm. Myth. S. 235 ff.), und es stimmt dazu, dass ihm, vielleicht schon von Numa, ein altes Monatsopfer, vermuthlich ein Schaf, an den Nonen des März, wo eben die Sonne sich jugendlich hob, geopfert war (Ovid. F. 3, 429). Die allem Anschein nach verderbte Stelle des Verrius Flaccus dazu (Mommsen p. 388) wird nehmlich wohl so zu restituiren sein: *Ai* (oder wenn es der Raum gestattet, *hoc die Ai atro) OVI IN ARIS* (der Stein: *OVI ARTIS) VEDIOVIS INTER DVOS LVCOS*. Der Zweck des Opfers konnte kaum ein andrer sein, als die Zulassung der Laceres zu den religiösen Volksversammlungen sacral zu ermöglichen, wovon später. Die Hervorhebung des Schafs als Gegenstandes dieses Opfers musste aber freilich ihren besondern Grund haben. Mit diesem Opfer war nehmlich nicht zu verwechseln dasjenige, welches dem rächenden Vediovis von den 'Hainleuten' im Juli für ihren Schutz im Römischen Staate dargebracht wurde (Anm. 19). Dieses war eine Ziege (Sinnbild Schuldiger, da dieses Thier besonders durch Verletzen der Pflanzen und Sträucher sich auszeichnet), die man

S. 236 ff.), hatte wohl Bezug auf den gewaltthätigen Untergang des T. Tatius durch die Laurenter (Dionys. 2, 52), in Folge deren die Quiriten ihres eigenen Königs beraubt und nun unter ihm als *divus* überwiegend auf die Volksthätigkeit im Innern beschränkt waren. Nimmt man dieses an, so erklärt sich nun so mehr, wie diesem Stamm durch die Stiftung der Quirinalischen Salier und den diesen gewährten Antheil an dem Agonium des März eine grosse Genugthuung gewährt wurde. Für die Laceres kann nicht etwa in deren Anaplicationsmonat, dem Juli, ein Agonium erwartet werden — sie hatten ja keinen eigenen Rex als Stifter im Staat, sondern die Stelle davon vertrat ihr Sühegeld in den *Lararia*, die daher auch ursprünglich das erste Fest in ihrem Monate sind. . Es war aber auch auszudrücken, dass sie als anerkannter dritter Stamm in für sie untergegangenen, abgekehrten d. h. ausländischen Obrigkeiten wurzelten, und dem entsprachen *Agonalia* im December, weil da auch die Sonne, die Manifestation des Jupiter, gleichsam in ihrem Jahreslauf untergegangen ist d. h. am tiefsten steht. Demgemäss galten diese aber auch einem abgekehrten Jupiter, dem todesmächtigen und im Verhältniss zum Auslande angerufenen *Dispater Veioris*, den auch Dionys. 6, 90 versteht, wenn er den Gott, welchem die Plebs nach Abschluss der völkerrechtlichen *lex sacrata* auf dem Mons sacer einen Altar errichtete und bei dem diese also beschworen war, *δία Άιμάστιορ* nennt, und der ja als *Veioris* auch der negative Stamm- und Schutzgott der Laceres war (Anm. 89)[187]. Ohne Zweifel stand es daher auch mit diesem Fest in Verbindung, dass am Tage vorher (10 Dec.) die Volkstribunen schon von ihrer Einsetzung nach der ersten Secession an ihr Amt antraten (Dionys. 6, 89. Becker Röm. Alt. II. 2. S. 263), da die Plebs ja nur die Nachfolgerin der aus dem Auslande auf-

rüs humane opferte (d. h. wohl, so wie man sonst Missethäter hinrichtete und opferte) und sie galt so sehr als Sinnbild des Hauptwesens des Diovis, dass ihr Bild mit zu seiner eigenen Abbildung als eines mit Pfeilen bewaffneten Gottes gehörte. Gell. 5, 12, 11. 12. Ovid. F. 3, 443.

[187]) Dieses bestätigt das *Cal. Amit.* mit dem Zusatz zu diesem Agonalien *IN....* (womit der Stein abbricht) d. h. nicht *INxo*, wie Mommsen p. 404, wohl blos weil dieser Name mit in anfängt, ergänzen will, — das Bespringen der Heerde würde schlecht zum December passen — sondern nach dem Zeugniss eines mittelalterlichen handschriftlichen Calendarium ('*agona infero*' bei Merkel ad Ovid. F. p. LVIII — dort nur irrig, wie vieles Andere, in einen andern Monat, den Juni, versetzt) *INferis feriae* d. h. den Todesmächtigen, an deren Spitze (Macrob. Somn. Sc. 1, 10, 10) eben *Dispater Veionis* steht. Vgl. darüber und über seine Anrufung im Verhältniss zum Auslande Macrob. 3, 9, 10. (meine iurispr. antel. p. 12) Martian. Cap. 2, 9. und wegen seines Bildes aus Cypressenholz, dem Sinnbilde der *inferi*. Plin. N. H. 6, 40, 216. Den Dispater allein, den Schatzgott der Cüenten, nennt Dionys. 2. 10. Ζεύς καταχθόνιος. Dass Vedlovia der Jupiter für das feindseelige Verhältniss gegen das Ausland — übertragen auch für das der Processirenden im Innern — Dispater Vejovis aber der für die von der Oberwelt abgekehrte Unterwelt ist, geht auch aus vielem Andern hervor.

genommenen Laceres und die Tribunen gleichsam ihre negativen,
irdischen Schutzherren waren, die also sofort unter die Aegide ihres
Jupiter treten sollten. Wahrscheinlich hatten sie aber auch bei
diesen Agonalien eine ähnliche Function als *principes plebis* (Varr.
6, 12. Anm. 125) wie die *magistratus populi* an den übrigen und
wie ihre zugleich eingesetzten Gehülfen, die Aedilen, in königlichem
Ornat bei den Latinischen Ferien präsidierten (Dionys. 6, 96)[148].
Auch ist es vielleicht eben dieses Opfer, welches Dionys. 10, 31.
beim Amtsantritt der Tribunen erwähnt und bei dessen Gelegenheit
die Tribunen des J. 300 geschworen haben sollen, dass sie ihr Amt
nur *de collegii sententia* verwalten wollten.

Die Feste der letzten fünf Monate, der zweiten Hälfte des alten
Märzjahres, müssen, wenn unsere Grundanschauung richtig ist,
sämmtlich das Jahr und Volk als abnehmendes, in welchem nun
auch die verschiedenen Stämme, aus denen der Staat zusammengewachsen ist, keine Bedeutung mehr haben, und den Schutz
wider das Vergehen (-ber, oben S. 10) zur Darstellung bringen. Dem
entspricht der leicht wahrnehmbare und gewiss nicht zufällige Gegensatz ihrer Behandlung gegen die der früheren Monate, dass in ihnen
in Numa's Kalender von Lustrationsvormonaten (mit gerader Zahl)
nicht mehr die Rede ist und dass gerade umgekehrt nur noch die
Monate mit gerader Zahl — Sextilis (August), October und December
— mit Festen bedacht sind, da in ihnen als solchen die andringende
Macht des Todes sich vornehmlich äussert (S. 16) und ihr daher
auch in ihnen durch entgegengesetzte Feste für Gegenwart und Zukunft
am wirksamsten gewehrt wird: wozu es denn vollkommen passt,
dass mit dem Eintritt des Ackerbaujahrs und seiner neuen Sacra
auch umgekehrt die Monate mit ungerader Zahl (September und
November) zu den Hauptsühnemonaten gemacht worden (S. 71).

Im August scheinen die *Portunalia* (Preller S. 158. Mommsen
p. 399) zu Ehren des Portunus, des stets mit dem Schlüssel abge-
bildeten Gottes der Thore und verschlossenen Gebäude (*portus*)[129]
— gewiss erst später (was Varr. 6, 19. nicht beachtet hat) auch

[148] Ihren Amtsantritt suchte ich vor der Lex Hortensia (über die spätere
Zeit s. Becker Röm. Alt. II. 2. S. 308) am 12 Dec., also am Vortage
des Opfers an die Ceres und Tellus annehmen, da sie bei diesem mitwirkten (Tertull. de Idol. 10. Mommsen I. L. A. p. 408) und sich zu
den Tribunen ähnlich verhielten wie Tellus mit Ceres zu Dispater
Vejovis (Macrob. l. c.). Es dient dieses dann aber zu weiterer Bestätigung unserer früher geäusserten Ansicht, dass für den jetzigen Acker-
baustaat die Monate September mit October für den Populus und
November mit December, für die Plebs die Sühnungs- und Auspica-
tionsmonate wurden (S. 71).

[129] In der Interpr. Veron. ad Aen. 5, 241 wird man daher so ergänzen
müssen: *Portunus, ut Varro ait, deus port-uum porta-rumque praeses.
Quare huius dies festus Portunalia, quo apud veteres claves in furnum adde-re
et rursus-mare iactabant.* In den Schlüsseln wollte man die Schlüssel
vor den Dieben feien. Vgl. Ovid. F. 4, 740.

der Häfen, seitdem man ihm nehmlich an diesem Tage auch Tempel
an den Tiberhäfen in Rom und Ostia mit besonderem Cult (*Tiberinalia*) gestiftet hatte — der glücklichen (opportunen) Einbringung
der Erndte, von der das Volk sich erhalten sollte, und ihrer Bewahrung vor feindlichem Raub und Diebstahl gegolten zu haben, woran
sich als ähnliches Bewahrungsfest für den nun reifenden Wein auf
dem Lande die Vinalien anschlossen (S. 191 f.). Die *Consualia* am
21 und die *Opeconsiva* am 25 Aug. (Preller S. 420), zwischen denen
die der Erhaltung (vornehmlich der eingebelmten Erndte in der
Stadt) vor dem Blitzschlag gewidmeten Volcanalien lagen (S. 200),
sollten wahrscheinlich im Anschluss an die Idee der Anna Perenna
(S. 43) der nun schon zum Ausdrusch kommenden Erndte die
Bedeutung geben, dass dieser Segen der Aussaat (*consacrere*) nicht
blos ein Vorrath zum Leben für Menschen und Jumenta bis zur
neuen Erndte sei, weshalb bei diesem Opfer die Vestalischen Jungfrauen (für die *penus Vestae*) mitgewirkt haben werden (Tertull. de
spect. 5), sondern vor Allem in dem davon abgehenden Saatkorn
unter göttlichem Segen die Gewähr ihrer Erneuerung für den künftigen Frühling (daher die Betheiligung des Flamen Quirinalis) durch
abermaliges Bestellen und Säen (*Consus*), so wie andererseits durch
Empfangen und Kelmen in der besäten Erde (*Ops consiva*) in sich
trage, da Consus (S. 200 Anm. 54) und Ops consiva sich offenbar
wie Erzeugung und Empfängniss verhalten (vergleichbar dem Janus
und der Carmenta S. 34), dem Consus an einem unterirdischen,
jedesmal erst wieder aufzugrabenden Altar (Symbol des Ackerns und
Untereggens) die Erstlinge der Erndte geopfert wurden (Dionys. 2, 31),
wobei man die vom Ackermann und seinem Stier mit ernährten
iumenta bekränzt dem Gotte zu Ehren feiern und Mäuler auch im
Circus rennen liess [116]), und das Heiligthum der Ops consiva nach
seinem Vergleich mit dem Mutterschooss der Erde ein verborgenes
war (*quo de sacrum* — wie man statt *quod ideo actum* lesen muss
— *ut eo praeter virgines Vestales et sacerdotem publicum introeat nemo*
Varr. 6, 21). Die dann folgenden *Volturnalia* — sicherlich nicht
erst aus Capua entlehnt (nach Preller S. 521) — baten wohl den
Wind- (Liv. 22, 43. 46. Colum. 11, 2, 66) Wasser- und Fluss-

[116]) Dionys. 1, 33. Fest. ep. v. Mulls p. 148. Plut. qu. Rom. 48. Diesen
Hülfsthieren lag also die Verpflichtung ob, durch diese sacrale Leistung
den Ackerstieren zum Dank für ihre Ernährung durch ihn den göttlichen Segen für sein Werk von Consus mit zu verschaffen, gleichwie
auch die Hirten, die ebenfalls vom Consus ohne eigene Arbeit mit
ernährt werden, ihm zu Ehren auf geölten Oehseuhäuten spielend
ermunterten d. h. das Werk des Ackerers mit seinen Ackerstieren vor
sich hin gebildet nachahmten. Varro bei Non. v. cernuus p. 21. Aus
demselben Grunde musste das Gield für die *dapo*, wodurch man beim
Anfang der Winter- und Sommerbestellung den Segen für die *armenta*
erflehte, dadurch gewonnen werden, dass jeder seinem Nachbarn seine
iumenta vermiethete. Vgl. meine untere Anm. zu Gal. 4, 23. In der
hariospr. antei. p. 278.

gott, das Korn, welches im Fall einer Mißerndte das Land nicht
gegeben hatte, auf dem Wasser herauszuwälzen *(volvere)*, und machten
deshalb den Beschluss [121]).

Schon vom Alter fortgerückt erscheinen Volk und Jahr im October.
Während der August noch überwiegend (mit vier Festen) für die
Gegenwart und nur mit zwei, den *Consualia* und *Operconsiva*, für die
Zukunft gesorgt hatte, theilen sich Gegenwart und Zukunft schon
gleich in die Octoberfeste. Die Erhaltung in der Gegenwart nimmt
die ersten beiden in Anspruch. Wider abnehmende Kraft und Krank-
heit soll Jupiter vermittelst der Meditrina Hülfe leisten durch seinen
Most und alten Wein *(novum, vetus vinum)*, die ihm deshalb an den
Meditrinalia gespendet und von den Opfernden selbst getrunken werden (Varr. 6, 21. Fest. ep. p. 123). Und was der Wein den Menschen, sind den schmachtenden Vegetabilien und Thieren, denen nun
das Himmelswasser nur noch selten zu Theil wird, die Quellen und
Brunnen, für die dem Fontus an den *Fontinalia* geopfert wird (Preller S. 506). Daran schliessen sich dann passend zunächst das grosse
Opfer des Pferdes an den Idus für das Gedeihen der Herbstbestel-
lung, als Erinnerung des Mars, des Urbildes auch des Ackermanns,
dass er als Krieger im kommenden Jahre nichts vermag, wenn er
nicht vor Allem und selbst mit Einsetzung seines kriegerischen Lieb-
lingsthiers in der passiven Zeit des Jahres als Landgott unter Jupiters
Segen Korn zieht, und dann das *Armilustrium* für die Waffen — nach
dem ernährten Mann und Ross die zweite Bedingung der zukünftigen
Kriegsbereitschaft (S. 173).

Im December macht das alte Jahr gleichsam sein Testament;
nach den Agonalien, von denen schon die Rede gewesen, gelten seine
Feste nur noch der Zukunft. An den Idus werden Jupiter (der nun
niedrigst stehenden, aber zukünftig wiederaufsteigenden Vollmonds-
sonne) und seinen betreffenden Untergöttern, Ceres und Tellus, die
Saaten (Ceres) und die sie tragende Erde (Tellus wohl mit *tlam*,
tollo verwandt) befohlen (vgl. S. 200). Die zweiten *Consualia* am 15
und die *Opalia* am 19 schliessen ebenso die am 17 dazwischen fallenden *Saturnalia* ein, wie die ersten *Consualia* am 21 und die *Operconsiva*
am 25 August die am 23 dazwischen fallenden *Volcanalia*. Alle diese
Feste sind daher sicher auch gleichzeitig nach Einem zusammenhängenden Gedanken eingeführt d. h. sie beruhen schon auf Numas Festordnung, namentlich auch die *Saturnalia* (Macrob. 1, 7, 24. 30. vgl.
Preller S. 408), da Saturn nicht blos schon in dem Göttersystem des
T. Tatius erscheint und in den Saliarischen Liedern vorkommt, sondern auch einen uralten Altar unterhalb des Capitolium hatte: so
dass die Traditionen von einer späteren Stiftung der Saturnalien von
Tullus Hostilius oder dem ersten Dictator Lartius (Macrob. 1, 8, 1.
Liv. 2, 21. Dionys. 6, 1.) nur von Erweiterungen seines Cultus verstanden werden dürfen. Die beiden einschliessenden Feste des Con-

ans und der Ops konnten nun im Vergleich mit denen des 21 und 25 August nur die Bedeutung haben, für den nach der Bestellung und dem Keimen und Aufgehn an sich zweitwichtigsten Zeitpunkt, von dem das Gedeihen der Erndte abhing, den Eintritt der Saat in den Kampf mit dem ihr den vorzeitigen Tod drohenden Winter, Kraft der aufgegangenen Pflanze und Ernährung ihrer Wurzel aus der Erde von denselben Gottheiten zu erflehen — nur dass die Ops hier nicht mehr consica (die den Samen empfangende) war. Entsprachen aber ferner die Saturnalien den Volcanalien, so können auch jene sich nur darauf bezogen haben, das Getreide ebenso als Saat durch die schützende Decke des Schnees vor heftigem Frost zu bewahren [131]), wie es früher als Erndte durch Abwehr der Blitzschläge vor verzehrender Hitze bewahrt wurde. Und das bestätigt nicht bloss negativ die Nachricht, dass man vom Saturnalientag von Jeher den Eintritt der scharfen Kälte rechnete [132]), sondern auch positiv theils der Name, nicht Saturnus (von satio, wie man gewöhnlich ableitet), sondern Saturnus (auf einer bekannten alten Becherinschrift Saeturnus, ans sag-turnus vgl. dis-turnus, vol-turnus, armpi-ternus u. dgl.), verwandt mit sd(g)mentum, dem den Apex des Flamen bedeckenden Felle, sag-mina, womit der Fetiale sein Haupt bedeckt, sagum, sársu (vgl. meino Oak. Spr. S. 412), theils seine charakteristischen Symbole, dass, während die Sichel in seiner Hand die zukünftige Erndte verhiess, seine Füsse in welsse wollenen (also wärmende) Binden eingehüllit waren (als stände er damit im Schnee), die gleichsam zur Entbindung seiner Verheissung, als hätte man sie schon erfüllt, nur an seinem Feste abgenommen wurden, was man mit einer gewissen Ahnung des Richtigen, aber doch verkehrt später auf die bis zum zehnten Monat im Uterus eingehüllte Leibesfrucht bezog (Macrob. 1, 8, 5): wogegen die ihm Opfernden zu gutem Omen — da nach gefallenem Schnee oberwärts heiterer Himmel wird — ihm lucem facere d. h. mit unbedecktem Kopf erscheinen mussten (Fest. ep. p. 119. Preller S. 412). Auch die Verbindung, in welche die Sage ihn mit Latium, dem 'verborgenen' Lande bringt — später meinte man, weil er sich dort verborgen habe (Virgil. Aen. 8, 321. Ovid. F. 1, 236.) — mag ursprünglich bedeutet haben, dass es ihm durch Verhüllung mit reichlichem Schneefall die Fruchtbarkeit verdanko, und die Unterbringung des Staatsschatzes in seinen Kellergewölben erklärt sich doch auch nur vollständig, wenn er ein Gott der segnenden Verhüllung der Erde war.

Weniger klar sind die Divalia oder Angeronalia der Diva Angerona am 21 December, nur dass sie, wie Mommsen (L L. A. p. 409)

<hr />

[131]) Wie man in diesem Monate den Winter ohne Schneedecke fürchtete, zeigt dessen Charakteristik in dem antiken Tetrastichon (Auson. ed. Souchay p. 419): Annus vulcatus canicula et seminis terras Pascit hiems: pluvia de Jove ruenta madent. Aurra suos ruvocat Saturni festa December etc.

[132]) Macrob. 1, 10, 8. aus dem Atellanendichter Mummius: Nasri, inqui, maiore: min henu wridis instituere, hoc optime: a frigore freora rumno dies erperm Saturnalia.

vermuthet und danach einige lückenhafte, aber auf den norm ganzu
hindeutende Worte des Verrius Flaccus ergänzt hat, wohl sicher mit
dem Eintritt der Sonne in die Bruma zusammenhingen. Unter den
Nachrichten der Alten (Plin. N. H. 3, 5, 65. Solin. 1. Macrob. 1, 10, 7. 8.)
ist von Werth nur, dass die Göttin mit verschlossenem, Schweigen
gebietendem Munde abgebildet am Altar der Volupia (der Göttin des
Wollens und Verlangens) in curia Acculeia (Varr. 6, 23. wo man
gewiss mit Recht Occuleia von occulere verbessert) verehrt wurde und
nach den Gloss. Philox. p. 12. Labb. ἡ θεὸς τῆς βουλῆς; (Volupiae)
καὶ σατροῖν (Jahreswechsel) war. Wurde nun bei dieser Göttin das
Licht besonders hervorgehoben (diva) und erinnern wir uns, dass
man von Alters her den Mond am Ende seines Laufs theils sikus,
theils wegen seines Verlangens sich wieder zu füllen silins nannte
(oben S. 31), so sollten die Angeronalien wohl ohne Zweifel die
Erde in dem Zustande ihrer beginnenden kürzesten Tage charakte-
risiren, in welchem ihr die Sonne und die ganze Natur[123] gleichsam schwieg, sie aber auch schnlich nach deren Umkehr zu neuer
Erhebung verlangte, weshalb das Bild der Diva Angerona in einem
nischenartigen Tempelchen (curia) verborgen (occuleia) nach dem
Altar der Volupia hinschaut, eine treffende Abbildung ihres Verlangens nach Hernmbiegen zu einem neuen Lichtlauf. Angerona
hiess sie also auch gewiss, wie Mommsen vermuthet, ob an-gerendo
aber noch in einem alten Sinne des Worts, entsprechend dem Griechischen ἀ-γείρειν, anwecken, intransitiv auf-, hin-streben, der auch
noch in germen und gratio hervortritt. Wie nun dieses Fest die Erneuerung des dem Volk und der Erde anzugehn drohenden Lichts,
so feierte das folgende und letzte, die Larentalia, in scheinbaren
Anzgehen sich wieder erneuernde Leben der Natur (davon S. 14. 147).

Wie gesagt, tragen alle oben aufgeführte 38 benannte Festtage
im Kalender die Nota N. Die von Hartmann (S. 52) versuchte
Erklärung dieser N·Natur derselben aus den angeblich ihnen eigenthümlichen consultatorischen Thieropfern muss, da sie nur auf der
irrigen Deutung von Ovid. F. 1, 49. (oben S. 197) und der Sigle N
selbst beruht, fallen gelassen werden. Vielmehr waren sie einfach
die den Göttern des ältesten Staats sacralrechtlich gewidmeten allgemeinen Festtage und wurden eben als solche aus dem oben angeführten Grunde später mit N bezeichnet, während für den alten
Römer vor der Kaiserzeit schon ihre Namen ergaben, dass sie
allgemeine Jahresfeste mit dem Rechte der N·-Tage seien. Auch
lassen die Erklärungen der einzelnen Feste bei den Alten keinen Zweifel, dass sie sämmtlich (nur mit Annahme der Poplifugia)

---

[123]) Von der Stille dieser Tage, namentlich auch auf dem Meer, wo der
Eisvogel seine Jungen ausbrütete (oben S. 134 f.), nannte man sie auch
halcedonia. Plaut. Cas. prol. 26. Fronto de fer. Ala. 3. Sie galten aber
auch für kümmerliche Tage, an denen man nicht gern etwas unter-
nahm. Lucilius bei Non. p. 379. Anna cortente dies teri, miserri ac religiosi.
Vgl. Colum. 11, 2, 95. Sw.

der ältesten Zeit und der ersten Einrichtung des Kalenders — durch Numa — angehörten[124], und unser Versuch sie zu deuten hat wohl wenigstens so viel gezeigt, dass sie in eben dieser Composition auf dem zusammenhängenden einheitlichen Gedanken Eines Gesetzgebers beruhen. Könnten wir die älteste Römische Religion noch so genau und mit ihr die vollständigen Gründe der einzelnen Feste, so würden wir wahrscheinlich eines der grössten Kunstwerke des politischen Genies in diesem Festkalender bewundern, indem die Strahlen der Erkenntniss, welche auch jetzt noch in dieses Dunkel fallen und wovon das Wichtigere im Laufe unserer Untersuchung angedeutet worden ist, wohl mehr als blos ahnen lassen, dass alle Hauptrichtungen eines vollkommenen, weil der Natur in deren Entwickelungsgesetzen durchaus entsprechenden Staatslebens in diesen Festen religiös repräsentiert waren und damit dem dreitheiligen Römischen Volke im Kreislauf seiner Feste während des Sonnenmondjahres das Bewusstsein eingepflanzt wurde, mit seinen Grundbestandtheilen und deren organischem Leben aus dem göttlichen Universalleben der Natur so hervorgewachsen oder in dasselbe eingesenkt zu sein, dass es nur dessen politische Ergänzung auf Erden bilde und daher unverwüstlich und ewig sei, wie jenes selbst. Es ist daher sicher auch nicht zufällig, dass, da Numa das Sonnen- und Mondjahr in Einklang brachte, gerade 36 stehende Jahres- d. h. Sonnenfeste eingerichtet wurden — wobei wir also die *Cal. Martiae* als blösses potenzierteres Monatsfest abrechnen — entsprechend nehmlich den 36 ebenfalls auf ungerade Zahlen des Monats gelegten zwölf Monats- oder Mondjahr-Stichtagen (*Calendae, Nonae, Idus*), an welchen das Volk auf Erden im mittelbaren Lichte des bis zum Vollmond fortschreitenden Mondes dem ursprünglichen Licht, Jupiter und seinen Göttern, dient, indem es durch seine Priester an ihnen versammelt wird, um sich zu den Jahresfesten zu bereiten[125]. Auch duldete nach dieser Auffassung der Römische Festkalender von selbst keine Erweiterung durch neue Feste. Viele neue Culte entstanden durch Fortentwickelung der alten Götterbegriffe von innen aus für neue oder für individualisierte einzelne Functionen oder durch Zusatz von aussen her, besonders nachdem die Gründung des neuen Capitols und die Reception der Sibyl-

---

[124] Das Erstere ist auch von Andern längst erkannt worden, namentlich auch von Mommsen l. L. A. p. 376.

[125] Die Absichtlichkeit der Zahl möchte man auch damit beweisen wollen, dass es ausserdem noch jährlich wiederkehrende Ferien gab, von denen manche, da sie gleich alt waren, ebenso gut zu stehenden hätten gemacht werden können, die aber *conceptivae annales* blieben wie die Fornacalien, die sogar nothwendig in den Januar fielen (nicht in den Februar, wie man gewöhnlich, weil sie Ovid gelegentlich in diesem Monat erwähnt, aber irrig sagt, da in diesem Monat alle Tage vor den *Lupercalia* und *Quirinalia*, vor denen sie gefeiert werden mussten, *nefasti* waren)' Ovid. F. 2, 511 seq. Varr. 6, 25. 26. Wir werden jedoch sehen, dass alle *conceptivae feriae* auch einen materiell verschiedenen Charakter gegen die *stativae* hatten.

linischen Bücher die Aufnahme neuer Götter wie neuer Volksstämme
in die Rechtsgleichheit mit dem ursprünglichen — himmlischen und
irdischen — Staate ermöglicht hatten. Die Zahl der Festtage am
ihretwillen vermehren hätte aber gleichsam gehelssen, die göttlichen
Ursprungsgesetze des Staats selbst verändern. Allerdings erforderten
auch die neuen gottesdienstlichen Feiern eine Begehung in Reinheit.
Aber abgesehen davon, dass viele derselben blos einzelne Theile des
Volks in Anspruch nahmen und schon deshalb keine *feriae universi
populi communes* bewirken konnten[136], dass eine nicht kleine Zahl
auch auf alte gesetzliche Festtage gelegt wurde[137] — was dem
alten *ius sacrum* nicht widersprach, da auch dieses schon ursprünglich mit den *feriae* z. B. des Jupiter an den *Id. Mart.* die Feier der
Anna Perenna, an den *Larentalia* die der *Larentia* verbanden hatte —
und dann von selbst an deren Festruhe participierten, hatten diese
neuen Cerimonien auch eine überhaupt ganz andre Natur, derzufolge
sie *ipso iure* keine Ferien bewirken, wohl aber auf andre Weise
durch die politischen und sacralen Behörden mit der erforderlichen
Festruhe ausgestattet werden konnten, wovon später. Nur mit Zulassung der Gallischen Eroberung und der *'secunda origo renatae
urbis'* (Liv. 6, 1) vom Capitol aus schienen die Götter selbst ihre
ursprünglichen Gesetze und Feste einmal zurückgenommen und als
durch ein neues Rettungsfest begründet wiedergegeben zu haben, so
dass damit die Hinzufügung des neuen Jupitersfestes der *Poplifugia*
sich rechtfertigte[138]. Gerade in den Juli legte man es offenbar,
um damit das Unglück, welches in diesem Monat geschehen war
(der 18 Juli ist *dies Alliensis*) zu heilen und zu überbieten — als

---

[136] Dass nur die Weiber oder gewisse Stände oder Collegien u. s. w. zu
feiern hatten, wird bei vielen dergleichen Culten erwähnt, z. B. VARR.
6, 17. 18. 24. VERR. FL. ad F. Praen. April. 1. 25. Ovid. F. 3, 821 seq.
5, 675seq. Macrob. 1, 12, 19. Fest. ep. v. Maila p. 148. Serv. ad Aen.
12, 139. Die *libri pontificii* gaben darüber Auskunft. Serv. ad Georg. 1,270.

[137] Darauf deutet schon Fest. v. Nefasti p. 165 (oben S. 240) mit den
Worten *ordo sacrori solent*. Namentlich wurden viele neue Opfer und
Tempelstiftungen wie auf Kalendä oder Nonä, so besondern auch auf
die Idus gelegt, so dass diese in keinem Monat ohne eine solche oft
mehrfache Feier sind, was grösstentheils schon die Kalendarien zeigen.
Wegen der *Id. Febr.* und *April.*, wo sie keine solche enthalten, ergeben
diesen andre Nachrichten; an jenem wurde 560 ein Tempel des Faunus,
an diesen 454 ein Tempel des Jupiter Victor und vor 542 das Atrium
Libertatis geweiht. Merkel ad Ovid. F. p. XXXIX. CXXX. Marquardt
Röm. Alt. IV. S. 445. 449. Aber auch an Jahresfesttagen fand oft
eine Opferstiftung für andere Götter statt, wie die Kalendarien zeigen,
namentlich am 1. 19 März, 23. 25 April, 21 Mai, 17 August, 13 October,
11 December, und die Ausnahme, dass Apollo keine gleichzeitige Feier
mit einer andern Gottheit duldete (Dio 47, 18), bestätigt die Regel.

[138] Welcher sacraler Mittel man sich bediente, um diesen neuen Jahresfest
zu begründen, wissen wir nicht mehr. Es konnten keine geringeren
sein, als diejenigen, auf deuen Numas Feste beruhten — eine angenommene göttliche Offenbarung. Doch wird dazu eine *lex sacra* oder
obsacra (Fest. v. Opscum p. 189) in dem Sinne, den ich anderwärts (Unk.

hätten die Götter es nur zugelassen, um von dem Capitol des Freistaats aus eine viel herrlichere und mächtigere Stadt wieder erstehen
zu lassen, und in den Anfang des Monats — gegen die sonstige
Regel — theils aus demselben Grunde, damit eben dieser Monat von
Ursprung aus geheiligt erschiene, theils um auszudrücken, dass dieses
Fest fortan gleichsam der Träger aller übrigen in die späteren Mo-
natstheile fallenden sei, womit sich denn noch der Gedanke verbinden konnte, wie einst bei der Weihe des Capitols im September,
dass es mit besseren Auspicien die zweite Hälfte des Januarjahres
eröffne.

Ein ähnlicher Fall trat aber mit der Gründung des Kaiserthums
ein. Zwar den Geburtstag des Cäsar, in dem sie providentiell schon
lag, verlegten die Triumvirn [130]) (712) sammt seinen unter den schwersten Sanctionen vorgeschriebenen Ferien noch auf die Poplifugia und
vereinigten das neue Fest so mit diesen als Jupiters- und Cäsarsfest,
indem beide auch in einem inneren Zusammenhange zu stehen schienen (Dio 47, 18. meine Iguv. Taf. 8. 300 ff.) [140]). Doch hatte diese
halbe Verdrängung eines alten Festes keinen Bestand (Dio 53, 2)
und später wurde Cäsars wirklicher Geburtstag, der 12 Juli, zu
einem gewöhnlichen dies № gemacht (vor 757; vgl. Mommsen p. 396).
Als aber das Kaiserthum durch Augustus als dauernde Einrichtung
offenbar geworden war, trug man kein Bedenken, auch die Augustalia
zu stiften, diese jedoch auch als einzigen neuen Festtag bis zum
Untergang der alten Religion, da seitdem keine neue ähnliche Veranlassung mehr eintrat.

Dagegen war mit dem Kaiserthum das extraordinarium ius, nach
welchem ein blosser Inhalt ohne die ursprüngliche Form selbständig
auftreten konnte, allgemein in das Innere des alten Staats einge-
drungen und so konnten nun auch feriae legitimae stativae für Culte
der neuen Verfassung ebenso gut an Tagen, welche keine benannten
Festtage waren, angesetzt werden, wie es z. B. jetzt gesetzlicher
Civilrecht (quod legis vicem obtinet) ohne ein Gesetz, kaiserliches
Imperium, tribunicia potestas und vom Kaiser ernannte Behörden mit
obrigkeitlicher Gewalt in Rom selbst ohne einen magistratus p. R.

8pr. S. 278) dafür angenommen habe und den der Ausdruck ferre von
einem an die Götter gerichteten Antrage (Liv. 8, 10) bestätigt, bloge-
reicht haben. Aber eben solchen bedurfte es auch, um in den früheren
Fällen nur neue dies nefasti zu schaffen.

[139]) Zunächst wohl zur Uebereilung der dem D. Brutus für seinen Geburtstag kurz zuvor erwiesenen Ehre, mit seinem Namen in die Fasten ein-
getragen zu werden, wofür sich Cic. ad Brut. 1, 15. schon auf das
Vorbild der Larentalia, also eines wirklichen alten Festes, beruft.

[140]) Wie man schon 709 den die neue Ordnung der Dinge inaugurirenden
mehrfachen Triumph Cäsars als des zweiten Camillus, Ueberwinders
der Gallier und mitverschworener Völker, und abermaligen Retters
des Staats ganz nach Analogie des bisher einzig dastehenden Triumphs
des Camillus beschlossen hatte, darüber vgl. Dio 43, 14. Liv. 5, 23.
Plut. Cam. 7. Drumann Gesch. Roms. III. S. 603.

gab, und das sind eben die blossen *dies N°*. Doch war ihr Recht
allerdings nicht ganz das der alten eigentlichen *feriae legitimae*. Um
aber verständlich zu machen, inwiefern es davon abwich, bedarf es
des näheren Eingehens auf zwei zu den *dies N°* überleitende ältere
Institutionen, die *feriae conceptivae* und *indictivae*.
Servius ad Virg. Aen. 1, 632. unterscheidet ziemlich oberflächlich: *Feriae aut legitimae sunt aut indictae. Indici autem dicuntur, quia
pauperias maiorum ex collatione sacrificabat.* Gründlicher giebt Macrobius 1, 16, 6. vier Arten der *feriae publicae* an: *staticae*, die alten
Festtage, die wir schon kennen, *conceptivae*, *... quae quotannis a magistratibus vel a sacerdotibus concipiuntur in dies certos vel dies incertos, ut sunt Latinae, Sementivae, Paganalia, Compitalia; imperativae
... quas consules vel praetores pro arbitrio potestatis indicunt,* und die
nicht hierher gehörigen *nundinae*. Ob die gedachten vier alljährlichen *conceptivae feriae* die einzigen sind, die es gab, ist aus dieser
Stelle nicht ersichtlich. Doch ist es mir wahrscheinlich: nur in gewisser Art waren ausser dem *augurium canarium* (S. 220) auch noch
die *porca praecidanea* mit darauf folgendem *praenetium* (Fest. ep. 235.
319. Plin. 18, 2, 2) für den Anfang der Erndte, welche Fest. v.
Popularia p. 253. unter den *sacra popularia* an obere Götter neben
den *Fornacalia* und *Laralia* d. h. hier wohl der *Compitalia*, anführt, und
das Opfer beim Anfang der Weinlese (oben S. 206) von ähnlicher
Beschaffenheit, insofern nehmlich auch dazu ein Tag für gewisse
Landschaften durch ein Augurium festgestellt wurde, während übrigens diese Ferien das schon entwickelte eigenthümliche Recht des
intercisum nefas hatten und an beide sich dann längere indicierte Ferien
anknüpften (S. 206. 207). Varro belehrt uns ausserdem, nachdem
er unmittelbar hinter den *feriae staticae* 6, 25. zu den jährlich wiederkehrenden *conceptivae* übergegangen und als solche dieselben vier,
welche Macrobius nennt, durchgenommen hat, 6, 26 fin. weiter, dass
es auch nicht jährlich wiederkehrende *feriae conceptivae* gebe, theils
ohne Namen, theils mit einem solchen, wie das neuntägige und nur
davon benannte *Novendiale sacrum* wegen eines Steinregens (Liv. 1, 31.
21, 62. 26, 23. 30, 34. 34, 55. dafür ein Dictator ernannt Liv. 7, 29)[14]);
daher denn zu denen ohne Namen die gleichartigen Ferien wegen
eines Erdbebens in Roms Gebiet (Gell. 2, 28. mit Aussagung durch den
Prätor Suet. Claud. 22) gehört haben werden. Offenbar waren hiernach die *feriae legitimae* des Servius, d. h. diejenigen, welche auf
mos oder *lex* (beziehungsweise bei den Latinischen Ferien auf einer
lex foederis) und damit auf Götter- und Staatswillen beruhten,
die *staticae* und *conceptivae* des Macrobius, so dass die *conceptivae*,
obgleich auch von Magistraten oder Priestern verkündigt, doch nicht
wie die *indictivae* vermöge deren Gewalt, sondern so wie das von
Prätor und Partelen durch *legis actio* Vollzogene ebenfalls vermöge

---

[14]) Die Schlussperiode bei Varr. 6, 26. ist zu lesen: ... *unde paganicus dictae.
Sunt praeterea feriae conceptivae, quae non sunt annales, ut hae quae dicuntur
sine proprio vocabulo, aut cum perspicuo, ut Novendialis sunt.*

den auch hier allein verpflichtenden *fas et ius* eintraten, als dessen
Organe nur jene die bestimmten Tage dafür festsetzten (*constituebant*
Liv. 7, 29), das Volk in seinen Abtheilungen sie auf sich nahm[442]).
Auch deutet auf eine Assimilation mit den *statirae*, namentlich den
Idus, dass sie wahrscheinlich alle, wie es von den Compitalien bezeugt ist (oben S. 208) *die noxi*, auf den neunten Tag d. h. die
sacrale Normalzeit zwischen Nonen und Idus verkündigt wurden;
denn auch zwischen dem ersten und zweiten Opfertage der *Sementivae*
(dort für Ceres, hier für Tellus) lagen sieben Tage (Lyd. de mens.
3, 6.) und wie diese waren ohne Zweifel auch die *Novendialea* eingerichtet, nehmlich wohl mit Opfer am ersten und neunten Tage
und nur mit Dasaferien in der Zwischenzeit (vgl. Fest. v. Novendiales
p. 177). Die formelle Begründung des *nefas* für den bestimmten
Tag konnte aber immer nur darin liegen, dass derselbe von den
Göttern offenbart d. h. durch ein Augurium Namens der Betheiligten
erfragt und bestätigt worden war, wie wir dergleichen Augurien schon
früher nachgewiesen haben (S. 206). Obgleich nun für das Volk
von gleicher Kraft und Gültigkeit mit den *statirae*, so dass ihre Befleckung durch Streit oder Arbeit ebenfalls *nefas* war und nichst

---

Abthuung des gottwidrig Geschehenen ein *piaculum* nach sich zog[140]), unterschieden sich die *conceptivae* doch von jenen dadurch, dass die an ihnen vorzunehmenden Opfer nicht auf dem Interesse der einheitlichen conversuen Staatsordnung als solcher beruhten, nicht von deren Vertretern — Obrigkeiten oder Priestern — auf öffentliche Kosten als *sacra publica* gefeiert wurden, an welche nur auch *sacra popularia* der einzelnen Familien sich anschliessen konnten, und daher auch die Tage dafür nicht von deren Göttern schon im Kalender selbst für sich vorweg herausgenommene Tage waren, sondern Interessen der localen Volksabtheilungen, aus denen der einheitliche Staat zusammengewachsen war (beziehungsweise bei den *Latinae* der Bundesstädte) als solcher betrafen, von diesen auf ihre Kosten in einem gemeinschaftlichen Opfer '*ex collatione*' oder geradezu als blosse *sacra popularia* aller einzelnen Familien gefeiert wurden und daher auch die Abhaltung der Feier auf deren Autonomie und zwar durch Bestimmung der Zeit für jeden einzelnen Fall, wie sie auch das Jahreswelse wechselnde Gesammtinteresse mit sich brachte, beruhen musste. Der Beweis dafür liegt schon in den Namen der einzelnen benannten Ferien dieser Art, die von den *compita* mit ihren einzelnen Feuerstellen (Plin. N. H. 36 fin.) den *pagi*, den *forunces* der Curialen jeder Curie, der Sommer- und Wintersaatbestellung in den *pagi* (*Sementivae*), den Latinischen Städten (einschliesslich Rom als Nachfolgerin Alba Longa's) entlehnt sind, und von eben solcher Art waren gewiss auch die Sacra wegen eines Stelnregens (Liv. 7, 29. erwähnt dabei *tribus* und *finitimi populi* als Feiernde, jene mit einem *magister populi* an der Spitze) und wegen Erdbebens. Aus dieser Natur folgt aber eben, dass sie jedesmal auch erst vermöge der wirklichen gemeinsamen Ausrichtung und Uebernahme der vom göttlichen Recht nur im Allgemeinen in gewissen Zeiten gebotenen Opferfeier Seitens der dabei autonom zusammenwirkenden Volksabtheilungen eintreten konnten (daher *con-ceptivae*), gleichwie das Gewohnheitsrecht im Gegensatz zum gesetzlichen erst durch das thatsächliche Handeln des Volks nach ihm Geltung erhält, und die nach vorgängigem Augurium geschehene Vorherverkündigung des Tages, auf die man später irriger Weise den Ausdruck *conceptae*

---

[140]) Das *piaculum* bei Nichtachtung der Ferien wegen Erdbebens bezeugt Gell. 2, 28. Die Hinderung der Comitien durch alle Conceptivferien Varr. 6, 29. für die *Latinae* insbesondere Cic. ad Q. fr. 2, 6, 4. Daher wurde die von dem Volkstribunen C. Manilius am Abend des letzten December 687 rogirte *Lex de libertinorum suffragiis* schon am folgenden Tage vom Senat für ungültig erklärt allem Anschein nach, weil an jenen Tag die Compitalien fielen. Dio 36, 25. Ascon. in Cornel. p. 64. Diese wurden vermuthlich bald nach den Saturnalien im December oder Januar gefeiert. Preller Röm. Myth. S. 493ff. Solche rescindierende *indicia anatu* der *contra volentatem Deorum gesta* im einzelnen Falle bildeten übrigens den Uebergang zur allgemein gesetzlichen Rescission ferienwidriger Processacte im Anfange der Kaiserzeit, namentlich in der *lex Julia indiciaria* L. 1. § 1. L. 6. D. de feriis (2, 6).

feriae übertrug, auch wenn sie von Magistraten oder öffentlichen Priestern geschah, doch nur die Bedeutung hatte, die beabsichtigte Gleichzeitigkeit der Feier zu ermöglichen. Doch entsprach der Mehrheit der neben einander bestehenden Abtheilungen, mochte jede einen besondern oder denselben Gott aber doch als den ihrigen dabei verehren, auch das, dass diese Ferien, wie namentlich die Compitalien, (seit dem zweiten Tarquinius, Plin. N. H. 30 fin. Macrob. 1, 7, 34. 35) die Latinischen und die *novendiales*, im Gegensatz zu den *staticae* ausser einem Haupttage der wohl auch allein *feriae legitimae* hatte (Varr. 6, 25. Fest. v. Quinquatrus p. 256. 257) doch noch mehrere andere mit Imperativferien einnehmen konnten (vgl. Liv. 7, 29). Im Verhältniss zu den *staticae* und der übrigen heiligen Kalenderordnung des Staats überhaupt konnten sie aber diesen natürlich nicht derogieren, da sie nur auf dem Recht ihm untergeordneter Abtheilungen des Volks beruhten (vgl. L. 4. D. de colleg. 47, 22). Bei ihrer Ansetzung mussten also theils materiell die stehenden und allein vom Rex an den Nonen calierten Feste geschont werden und es mussten um der *feriae conceptivae* selbst willen auch die *dies nefasti*, an denen das Volk ja unrein war, gemieden werden, theils konnte durch sie auch formell die Charakternote der sonstigen Tage, auf die sie fielen, im Kalender selbst nicht geändert werden, dem Princip nach selbst dann nicht, wenn sie — nach Observanz oder späterer Vorschrift — *in dies certis* angesetzte waren (von denen Macrobius auch spricht), weil sie doch immer nicht nach dem Recht des Kalenders oder, wie Varro es treffend ausdrückt [144], 'vom Tage selbst' festgestellte Ferien waren, sondern erst durch die jenem untergeordnete *conceptio* der Volksabtheilungen dazu wurden. Uebrigens ist mir kein Beispiel von *feriae conceptivae* in *dies certos* aus älterer Zeit bekannt, und schwerlich möchten irgend welche von den ältern *feriae*, denen nach den Kalendarien oder sonstigen Nachrichten bestimmte Tage angewiesen waren, dahin gehören [145]). Da nun Varro und Fest. ep. p. 62 nur *conceptivae* auf unbestimmte Tage kennen, so beruht die Notiz des Macrobius wahrscheinlich darauf, dass nach Neuerungen der Kaiserzeit manche Conceptivferien stets auf bestimmte Tage gelegt wurden [146]).

Die *feriae indictae* in der Stelle des Servius sind offenbar mit den *imperativae* des Macrobius im Ganzen identisch, der selbst von diesen nachher (§ 6) das nur allgemeinere und auf alle angesagten sacrale oder öffentliche Verpflichtungen oder Leistungen mithin auch

---

[144]) Varr. 6, 25. nach Mommsens I. L. A. p. 382. treffender Verbesserung: *De statuis diebus dixi; de conalibus nec die (de Cdd.) statutis dicam. Compitalia dies attributus Laribus rinkibus* etc.

[145]) Die Vermuthung Marquardts Röm. Alt. IV. S. 440, dass die Carlslien — ein gar nicht nach Localitäten gefeiertes Fest — dahin gehört hätten, hat gar nichts für sich.

[146]) Siehe Beilage D.

auf die *conceptivae feriae* anwendbare Wort *indicere* braucht [147]). Das
genauere Wort des Macrobius ist aber für die Ferien auch darin
richtiger, dass diese Art der letzteren eben nur von Magistraten
'*pro arbitrio potestatis*' (*imperii*) angesagt werden konnten, so dass
sie sich zu den *legitimae* so verhielten, wie das *ius honorarium* zum
ius legitimum überhaupt [148]). Beruhte also auch der Tag und die
Art der heiligen Handlungen, welche ausser den *feriae legitimae statae*
vorgenommen werden sollten, auf der Autorität der Priester, hauptsächlich der Pontifices für das alte, der Decemvirn für das Sibyllinische Sacralwesen, und wurde dann auch von ihnen oder ihren
Stellvertretern dem Volke indiciert, z. B. das *epulum Jovis* von den
Pontifices, später den Epulonen (Fest. ep. v. Epulones p. 78), das
sacrificium Deae Diae von dem Magister der Arvalbrüder, so wurde
doch die damit etwa zu verbindende Ferienverpflichtung, die hier
nicht, wie bei den alten *statae feriae* schon gesetzlich mit der heiligen
Handlung des Tages nothwendig verbunden war und deshalb von
jenen Handlungen selbst noch unterschieden wird (Liv. 40, 19. 41, 21.
Macrob. 1, 16, 3. 4.), wenigstens sofern sie das ganze Volk ergreifen
sollte, durch einen Befehl der Consuln oder Prätoren bewirkt, die zu
diesem Zweck das Volk zu einer Concio versammelten (Liv. 27, 51. vgl.
Suet. Claud. 22). Namentlich gilt dieses auch von den Supplicationen
(Liv. 27, 51. 30, 17. 31, 8. 40, 19. Cic. Phil. 14, 14, 37), so dass
es nur für einen abgekürzten Ausdruck gelten kann, wenn Liv. 38, 36
von einer *supplicatio pro collegio decemvirorum* (statt des sonstigen
ex decreto, ex responso decemvirorum u. dgl. m.) *imperata* spricht oder
40, 37 ihnen allein die Indiction zuschreibt. Auch wurden nicht
eigentlich *feriae* angesagt — dieses Wort eignete sich nach seiner
eigentlichen Bedeutung nur für das *ipsum fas et ius* (S. 233) und ein
impero ferias oder *feriae sunto* des Prätor wäre eben so nichtig
gewesen, wie ein *dare oportet* oder *ius vindicandi do* in seinem
Munde [149] — sondern '*in feriis imperandis*' d. h. um den Inhalt von
solchen herbeizuführen, wurde befohlen '*ut litibus et jurgiis* [150]) so

[147]) Seine sacrale Bedeutung hebt hervor Serv. ad Aen. 3, 264. *Indicit.
sacrorum verba usus est, nam supplicationes et dies festi indici dicebantur*.

[148]) Die Nichtbeachtung dieses Princips mit der im Text nachfolgenden
Entwickelung desselben ist ein Hauptgrund der völligen Unklarheit in
allen bisherigen Darstellungen der Neueren gewesen, die denn auch in
die Auffassung der *dies F. N, N* besonders bei den Philologen (vor
Allen bei Merkel) eine heillose Verwirrung gebracht hat.

[149]) So sagt Varr. de r. r. 1, 1, 6. streng richtig: *Itaque publicas Robigo ferias
Robigalia; Florae ludi Floralia instituit*. Die letzteren waren keine *feriae*,
es wurde nur bei ihnen befohlen sich ferienmässig zu verhalten.

[150]) Gewiss nicht zufällig lässt Cicero *opere* (die ländliche Arbeit) weg; da
dieses nicht eigentlich das Staatsleben betraf, so musste es der priesterlichen Cognition überlassen bleiben. Ueberhaupt traten mit Abschaffung
des Regnum die politischen und sacralen Behörden aus und neben
einander, wonach diese Theilung auch hinsichtlich des Ferienrechts
nicht auffallen kann, sondern erwartet werden muss. Die ältesten

abstinerent (Cic. de divin. 1, 45, 102), was also hier nach der politischen Seite die Stelle des bei den *legitimae feriae* gesetzlichen und bei den *conceptivae* nur erinnerungsweise verkündigten *nefas* vertrat. Daneben mag aber und zwar auch dann, wenn nicht zugleich von den Magistraten ein politischer Feiertag für einen Cult bewirkt war, weil er z. B. nicht das ganze Volk, sondern nur einzelne Classen anging, für diejenigen, für welche der letztere speciell bestimmt war, oder welche sonst wie dabei mitwirkten (vgl. Cato 132), da dieses *caute* geschehen musste (Cic. de legib. 2, 8, 19, 10, 24.), schon nach einem allgemeinen Aussproch des *ius pontificium* eine Verpflichtung bestanden haben, sich auch auf dem sacralen Gebiet alles dessen zu enthalten, was mit *feriae* unverträglich war, wonach man diese Betheiligten selbst dann *feriati* (Varr. 6, 20) und auch wohl den Tag für sie *dies festus* nannte (z. B. Verr. ad Cal. Praen. April. 25) und es könnte sich darauf auch beziehn, was Macrob. 1, 16, 8. sagt: *Affirmabant autem sacerdotes pollui ferias, si indictis conceptisque opus aliquod fieret*, wenn man die Stelle auch oder allein von den Indictivferien verstehen dürfte (Anm. 105).

Geschichtlich müssen die Imperativferien auch uralt sein, da die herkömmliche Imperativformel *ut bibus et iurgiis se abstineant* (Cic. l. c.) mit dem zweiten Ausdruck auf eine Zeit ihres Ursprungs hinweist, in der die *legis actiones* noch *iurgia* waren (vgl. Zeitschr. f. Rechtsgeschichte VII. 8. 168). Die ältesten Ferien dieser Art werden aber die alljährlich und wenigstens im Ganzen auch zu bestimmter Zeit angesagten Erndte- und Weinleseferien gewesen sein, die man ohne Grund oft als gar nicht mit der Religion in Verbindung stehende rein weltliche und darum auch erst spät eingeführte Ruhetage der Gerichte angesehen hat. Ihre in der That auch religiöse Natur ist schon früher gelegentlich dargethan worden (S. 206 f.). Sie erweist ausserdem nächst dem Ausdruck selbst, der doch nicht mit *iustitium* gleichbedeutend sein kann, der Umstand, dass sie zur Zeit der Kalenderverwirrung am Ende der Republik doch nicht verlegt wurden (Sueton. Caes. 40), was man sonst sicher gethan hätte [101]).

Angesagte Ferien aus unvorhergesehenen besonderen Veranlassungen werden anfänglich höchst selten gewesen sein (vgl. Liv. 1, 9. Tertull. de spectac. 5). Häufig wurde aber dieses Ferienelement und trat als freien dem festen aus der früheren Zeit zur Seite seit den drei letzten Königen und noch mehr seit Anfang der zweiten Periode, besonders in Folge des Aufkommens der Culte des neuen Capitolium und der Sibyllinischen Religion, indem man nun Tempelweihen, Procurationsopfer, ordentliche und ausserordentliche Lustra, Lectisternien, Supplicationen, Epulationen und Spiele aus besonderen

---

Ferien dieser Art, namentlich die Erndte- und Weinleseferien, waren aber auch schon an sich nur politisch, da bei ihnen das *opus rusticum* selbst gerade die gottesdienstliche Handlung war, wegen deren man von politischem Streit ruhen sollte.

[101]) Siehe Beilage E.

Veranlassungen, am häufigsten *ex voto* oder wegen Prodigien und
anderer drohenden Gefahren veranstaltete (Marquardt Röm. Alt. IV.
S. 52 ff. 292 ff. 473 ff.), um die Götter zu versöhnen oder ihnen für
Siege zu danken, gegen Ende der Republik auch öfter — namentlich gilt dieses von Supplicationen — um unter solchen Vorwänden
einem politischen Gegner Comitialtage zu entziehen (z. B. Cic. ad Q.
fr. 2, 6, 4. ad fam. 8, 11, 1. Plut. Sulla 8. Appian. de b. civ. 1, 56.
Dio 38, 6. und die Citate bei Drumann Gesch. R. II. S. 541. V.
S. 203. VI. S. 161). Denn zur Verherrlichung dieser wenn
auch nur vorgewendeten religiösen Handlungen wurden regelmässig
auch Ferien angesagt, besonders wenn für die Culte ihrer Natur
nach eine allgemeine Betheiligung des Volks wünschenswerth war,
wie für die Supplicationen '*ad omnia pulvinaria*' und Spiele und
dabei dienten denn wohl die Conceptivferien, die man schon früher
auf solche Weise erweitert hatte, zum Vorbilde, so dass solche
Imperativferien nicht blos einen, sondern mehrere Tage hinter einander umfassen konnten (z. B. Liv. 3, 5. 63. 5, 23. 10, 21. 34, 10.
40, 19. 41, 21. 42, 2. Polyb. 21, 1, 1.). Wie aber der Senat nach
Abschaffung des Königthums überhaupt sehr bald der massgebende
Berather der regierenden Magistrate auch in Sachen des Cultus —
hier jedoch stets unter Zuziehung der Priester — wurde (Marquardt
IV. S. 49. Anm. 300), so beruhten materiell auch die *feriae imperativae* stets auf Senatusconsulten, ohne dass sie aber dadurch formell
aufhörten, imperativer oder hinsichtlich der Religionshandlungen
selbst indictiver Natur zu sein. Eben diese Natur behielten sie aber
auch bei, als manche darunter, besonders heilige Spiele, gegen die
dritte Periode hin nach neuen Gelübden immer häufiger in alljährlich an denselben Tagen zu feiernde übergingen (Marquardt IV. S. 473 ff.
Mommsen I. L. A. p. 377), deren Beschluss durch den Senat dann
wohl auch ein *senatusconsultum perpetuum* hiess (Plin. X. II. 7, 2, 2).
Schon viel früher war auch mit der Gründung eines neuen Heiligthums und damit verbundenen Cultus für eine Gottheit eine meist
am Gründungstage (*natalcs*) alljährlich wiederkehrende Opferfeier
oder ähnliche '*cerimoniae*' verbunden z. B. schon von Servius Tullius
am *dies Fortis Fortunae VIII Cal. Quint.* (Varr. 6, 17. *Cal. Amit.*
und *Venus.*), wofür die Pontifices zu sorgen (Cic. de harusp. resp. 9, 18)
und die sie also auch zu indicieren hatten, was noch in der Kaiserzeit vom Kaiser als Pontifex maximus bei seinem Amtsantritt und
dann alljährlich geschah (Tacit. H. 2, 91. Sueton. Vitell. 11) und
es entstanden also damit viele neue *statae sollennesque cerimoniae*'
(Cic. l. c.), die offenbar ebenso die Einzeltage der alten *statae feriae
legitimae*, wie die Spiele die alten *feriae conceptivae* nachbahmten. Bei
ihnen muss man aber den Einführungstag des neuen Cultus selbst
und das dann alljährlich in der Regel an demselben Datum wiederholte Opfer unterscheiden. Der erstere wurde wohl regelmässig
durch Imperativferien zu einem allgemeinen Festtage gemacht, wie
es z. B. Liv. 29, 14. vom Einholungstage der Göttermutter bezeugt.

Dagegen deutet nichts darauf hin, dass auch die auniversären Opfer und Cerimonien mit Imperativferien für das ganze Volk verbunden gewesen wären. Namentlich werden solche Tage, wenn sie nicht schon *feriae legitimae* sind, in den Kalendarien wegen vorkaiserlicher Culte nur mit dem Namen der Gottheit und etwa auch des Culta (*sacrificium*, *trieunium* u. s. w.) nicht mit *feriae* bezeichnet. Auch blieb, wie schon bemerkt, die Theilnahme an solchen Cerimonien, sofern sie nicht für gewisse Stände oder Personen von den Pontifices vorgeschrieben war (S. 256 Anm. 136), in das Belieben gestellt, woraus sich erklärt, dass in dem Soldatengestellungseide als Excusation in Bezlehung darauf nur vorkommt *sacrificiumve anniversarium quod recte fieri non possit, nisi ipsus eo die ibi sit* (Gell. 16, 4, 4). Die Annahme, dass am 6 März, dem Tage der Gelangung des Augustus zum Oberpontificat, nach *Cal. Praen. populus coronatus feriatus agit*, bestätigt die Regel.

Alle diese neuen Ferien und Cerimonien hatten nun, obgleich die *statae* unter ihnen im Munde der Behörden und des Volks den alten *feriae legitimae* durch ähnlich gebildete Namen wie *Megalesia*, *Cerialia*, *Quinquatrus minores* u. s. w. äusserlich ganz gleichgestellt und später auch von den Fastenschreibern, jedoch nur nach deren Wissenschaft, zur Notiz für das Publikum im Kalender angemerkt wurden, doch offenbar einen ganz andern Charakter als jene alten, nach welchem man sie auch im Kalender durch kleinere Schrift von den *statae legitimae* unterschied. Der Senat konnte nicht *fas et ius facere* und wenn er auch seinen Beschluss zur Ausführung eines *votum publicum* fasste (Liv. 41, 21. vgl. 22, 9. 10. 33, 44. 34, 44) und sich bei solchen Bestimmungen auf die Response der sacralen Behörden stützte (z. B. Liv. 34, 55. 40, 19. 42, 2), so blieben die Senatusconsulte selbst und die ihnen für das Publikum erst Kraft verleihenden Ansagungen der Magistrate und Priester doch immer nur Vorschriften von Regierungsbehörden. In dieser Eigenschaft konnten indicierte Religionshandlungen und Imperativferien viel weiter reichen als die *legitimae*, indem sie auch peregrinische Unterthanen verpflichteten, wenn man sie auch ihnen *iure imperii* auferlegte, wie in dem Falle des oben S. 83 erwähnten *ver sacrum* und bei Liv. 40, 19. *senatus censuit et consules edixerunt, ut per totam Italiam triduum supplicatio et feriae essent* — wonach Liv. 1, 9. (In diesem Falle verkehrt genug) schon Romulus eine ähnliche Vorschrift beilegt [169]), und es gingen daraus die von den Statthaltern ihren Provinzialen mehr nach allgemein menschlichen als nach religiösen Rücksichten und je nach Ortsbedürfniss verschieden indicierten Ferien hervor,

---

[169]) Ein andrer Fall 7, 28 ist zweifelhaft. Zunächst scheint von Conceptivferien für einen Steinregen die Rede zu sein; aber die Ernennung eines Dictators nach Einsicht der Sibyllinischen Bücher deutet auf Imperativferien. An den Spielen liessen die Römischen Magistrate die Bundesgenossen und Provinzialen sich auch so betheiligen, dass diese das Geld dazu mit hergaben Liv. 39, 5. 22. 40, 44.

namentlich die Provinzial-Erndte- und Weinleseferien (L. 1. pr. L. 4.
D. de feriis 2, 12). Thatsächlich reichten aber die imperativferien
doch wieder meistens nicht so weit wie die gesetzlichen. Denn
regelmässig wurden sie doch nur in Rom indiciert (ausdrücklich
erwähnt Rom z. B. Liv. 24, 10. 27, 4) wo allein auch die Opfer,
Spiele, Supplicationen u. s. w. stattfanden und die verpflichtende
Kraft der Indiction erstreckte sich dann auch nur, was mitunter
ausdrücklich erwähnt wird, auf die Compita der städtischen Regionen
(z. B. Liv. 38, 36) oder höchstens auch auf das ländliche Stadtgebiet
d. h. alle Tribus (diese erwähnt Liv. 7, 28; die *agrestes* Liv. 22, 10;
die *fora* und *conciliabula* Liv. 40, 37); sie weiter zu erstrecken,
fehlte es an Interesse oder verbot die Politik, ausser in Fällen, wo
auch die Bundesgenossen von derselben Gefahr bedroht waren oder,
in der Kaiserzeit, die Ehre des Kaiserhauses es erforderte. Die
feriae statae legitimae waren dagegen mit dem ganzen alten Kalender
ein integrirender Theil des *ius civile*, welches mit Ausbreitung des
Römischen Bürgerrechts von selbst alle Bürger, auch in den Provinzen, verpflichtete, wie diesen auch die schon besprochenen Stellen
des Plinius und Tertullian (S. 262 f.) offenbar voraussetzen.

Auch konnte die Uebertretung des Feriengebots nicht *nefas* sein
und ein *piaculum* bewirken, sondern nur eine magistratuale Mult nach
sich ziehn, wie die unter den Triumvirn festgesetzte ungeheure Mult
gegen die Senatoren, welche Cäsars Geburtstag nicht feiern würden
(Dio 47, 18) bestätigt. Comitien mussten die Magistrate nach dem
Sinne solcher Feiertage im Gehorsam gegen den Senat selbstverständlich unterlassen. Im Uebrigen konnte von dem, was der Senat
angeordnet hatte, er oder ein Gesetz aus Gründen des hohen Staats-
interesses auch wieder dispensieren, daher wir mehrfache Fälle
finden, dass Criminalprocesse wegen Verbrechen, welche den Staat
in Gefahr zu setzen schienen (vgl. Cic. de harusp. resp. 8, 15. 16),
extra ordinem während Spielferien geführt wurden (Cic. pro Cael.
1, 1 im J. 698 — pro Planc. 34, 83. während der Megalesien 4...8
April 702. — Cic. pro Mil. 6, 14. Schol. Gronov. in Mil. p. 443.
Ascon. in Mil. arg. p. 39...41 mit Fischer Röm. Zeittafeln S. 259).
Hatte aber ein *feriatus* an einem Opfertage sich verfehlt, so unterlag
er ohne Zweifel dem pontificalen Strafrecht (Dionys. 2, 73), welches
meist auch in Auflegung eines *piaculum* an die Gottheit (vgl. Gell. 2, 28)
bestanden haben wird, während die Beflecknng der *legitimae feriae*
unter dem *ius Papirianum* d. h. Numas festem Hausrecht, welches
schon Ancus Martius bekannt gemacht hatte (Liv. 1, 20. 32. Dionys.
3, 36) begriffen sein musste. Dabei scheint die Regel gegolten zu
haben, dass wenn der neue Cultus einer Gottheit auf die *statae feriae
legitimae* einer alten angesetzt war, die Ferien der letzteren doch die
allein herrschenden blieben (Varr. 6, 16. Fest. v. Rustica p. 265)
d. h. die Sühne immer nur der Gottheit der *legitimae feriae* gebührte.

Im Verhältnis zum alten Kalender vermochten die Indictivferien
natürlich auch den gesetzlichen Charakter der übrigen Tage ausser

den *feriae legitimae* ipso iure eben so wenig zu ändern, wie die Conceptivferien. Fielen z. B. heilige Spiele auf einen *dies fastus* wie die plebejischen auf den 6 und 14 Nov., oder auf einen *comitialis*, wie viele, so blieb er gesetzlich, was er war, und verlor nur *cognitione praetoria* oder gleichsam *per exceptionem* das, was mit Ferien unverträglich war, jener die streitige *legis actio*, dieser auch die Comitien. Die *nefasti* eigneten sich nach ihrem ursprünglichen Begriff als Schuldtage am wenigsten zu fröhlichen Feiern, erhielten aber doch auch solche häufig, wie z. B. die Apollinarspiele auch die nefasten 6, 8, 9 Juli begriffen. Es bezeugt dies eben nur ihr Hervorgehn aus einem andern Religions- und Rechtsquellenprincip; praktisch wurden solche Tage nun wie zur *legis actio* und Comitien, so auch zu allen Processen untauglich.

Im Uebergange auf die Kaiserzeit hat sich nun hinsichtlich des Rechts der Spiele in der hier in Frage stehenden Beziehung nichts geändert. Dagegen lag in den vom Senat für Siege beschlossenen Supplicationen und Ferien-die Anbahnung neuer gleichsam gesetzlicher *feriae statae* [19]), die wir oben in den kaiserlichen Hausfesten kennen gelernt haben. Diese Potenzüerung der früher blos Imperativen und blos einmal bei der Siegesfeier selbst gehaltenen Ferien konnte erst im Uebergang zum Kaiserthum hervortreten, weil da sowohl materiell das bisher nur äusserlich angesetzte Religionsprincip der Sibyllinischen Bücher und das auswärtige Imperium des Römischen Staats — das letztere oben zuerst in Folge der grossen Siege Cäsars — nach Innen umschlug und somit selbst gesetzliche Grundlage des Kaiserstaats, als auch formell das *ius sacere posse* des Senats, zunächst für Privilegien, unzweifelhaft wurde (L. 2, § 9. D. de orig. iur. 1, 2. Gai. 1, 4). Obgleich diese Ferien nun aber den gesetzlichen *feriae statae* des alten Rechts insofern gleichstanden, dass sie auch in den Kalender unter Verdrängung der frühern gesetzlichen Nota mit grossen Buchstaben gesetzt wurden und den Tag zu einem *ἐξαίρετος*, einem aus der Zahl der *profesti* herausgenommenen Tage (L. 26. § 7. D. quib. ex caus. mal. 4, 6) machten, so charakterisierte doch ihre Verschiedenheit von den alten Festferien mit Namen und ihren ersten Ursprung aus einer blos gesteigerten einmaligen Siegesdenkfeier der Umstand, dass sie an sich blosse Erinnerungsferien entweder ohne eine gleichzeitige Opfer- oder andre ähnliche religiöse Handlung (wie der *servus poenae* ein *servus sine domino* ist) oder doch von einer solchen nur begleitet, nicht durch sie bewirkt und dadurch von den *Augustalia* verschieden waren. Auch behielten sie von ihrem formell behördlichen Ursprunge das bei, dass sie fortwährend für das Volk nur galten, wenn sie auch von den Magistraten und zwar jetzt stets den Consuln indicieri wurden, wie man daraus ersieht, dass Caligula zwei *consules suffecti* des J. 39 deshalb absetzte, weil sie vergessen hatten, die Ferien seines Geburtstages (31 Aug.

[19]) Als auf dem neuen Civilrecht beruhende scheint man sie aber doch nur *feriae solemnes* genannt zu haben. L. 26. § 7. D. de feriis (2, 12).

s. oben S. 241) anzusagen (Dio 59, 7. 20. Suet. Cal. 8. 26), der schon unter Tiberius neuer abstracter Feiertag geworden war (vgl. Mommsen ad Aug. 31. I. L. A. p. 400) [164]. Auch sorgten die Statthalter der Provinzen durch Edicto dafür, dass diese Feier z. B. der Geburtstag des Augustus (*Ῥωμαῖα σεβαστά) im Pergamenischen Asien (Boeckh C. I. G. 3902[b] vgl. 3957. Letronne Recueil I. p. 82) nicht minder von den Peregrinen begangen wurden, und endlich wird die Nichtachtung solcher Ferien fortwährend durch Multen geahndet worden sein. Ueberhaupt entsprach dieses Zusammenfliessen des alten gesetzlichen Rechts mit dem magistratualen der sonstigen Wirksamkeit des damaligen neuen Civilrechts, wonach z. B. dadurch eingeführte neue Erbrechte doch auch noch durch *bonorum possessio* und sonstige Privatrechte durch vom Prätor zu gebende *actiones* oder *exceptiones* realisiert wurden.

Völlig verschieden von diesen abstracten, aber gesetzlichen Feiertagen sind die Tage der unter Augustus und seinen Nachfolgern für diese oder jene Gottheit gestifteten neuen Heiligthümer und jährlichen Culte, die von ähnlichen Stiftungen früherer Zeit nur darin abwichen, dass sie auch eine Beziehung auf den Kaiser oder das kaiserliche Haus hatten und zur religiösen Befestigung seiner Herrschaft dienen sollten. Manche von ihnen, die man nach ihrer Veranlassung den grossen Siegesfesten glaubte gleichstellen zu müssen, wurden allerdings zu N[p]-Tagen mit ungesetzlichen Ferien erhoben, wie der 30 Januar, 28 April, 10 und 28 Aug. und 17 Sept., bei denen aber die jährlich wiederkehrend von den Consuln angesagten Ferien nicht sowohl wegen der Opfer oder Supplicationen in den neugestifteten Heiligthümern als mit ihnen zusammen zur dauernden Vorberrlichung der Begebenheit, wofür sie gestiftet waren, eintraten.

Werden aber in den Kalendarien auch *feriae ex SC.* an Tagen ohne veränderte ursprüngliche Nota derselben angemerkt, wie am 29 Januar und wohl auch am 28 Mai im *Cal. Praen.*, welches zum letzteren Tage lückenhaft ist, am 1 Sept. (*Feriae Jovi — nehmlich tonanti*) im *Cal. Antiat.* und am 24 Sept., wo die Ritter eine Nachfeier des Geburtstages des Augustus (23 Sept. N[p]) begingen (Mommsen zu diesem Tage p. 402), so werden darunter nur gesteigerte alte Pontificalindictionen zu verstehen sein, d. h. bei denen der Pontifex maximus die Enthaltung von Arbeit für das ganze Volk besonders hervorhob, so dass sie politisch doch keine Feiertage waren. Daneben kommen auch noch Stiftungen von Cerimonien für Begebenheiten von geringerer Bedeutung vor, für welche gar keine *feriae* erwähnt werden, z. B. am 7, 8, 16, 17 Jan., 23 April, 16 Mai (Mars Ultor Dio 55, 10. Vellei. 2, 100), 18 Oct. (nach Tac. A. 6, 35), wie auch der von Augustus nur auf den 29 Mai verlegte Cultus des Honos und der Mens sein altes Recht behalten zu haben scheint.

So viel von den Jahresferien.

[164] Dass die Consuln auch die Spiele solcher Tage besorgten, zeigt Dio 56, 46. vgl. 65, 8. 59, 20. 60, 27.

Wie das Jahr hatte der Monat seine *logral raï pipoç* (Lyd.
de mens. 3, 7.), seine 8 t i c h tage oder *feriae* im ursprünglichen Sinne,
wie man ausser den *Idus* auch die *Calendae* und *Nonae* nannte (Macrob. 1, 15, 21) und nennen konnte, da sie ja nicht blos auch ihre
besonderen Namen hatten, die sie von der gemeinen Bestimmung durch
die Zahl ausnahmen (Auson. eclog. 379), sondern auch durch die
um der Götter willen nach dem heiligen Recht calierten Versammlungen
des Volks, welches darin wenigstens dem mittelbaren Lichte des
Mondes folgte, diesen auch in seiner gewöhnlichen Arbeit unterbra-
chen, und da man den Namen *feriae* selbst von den ursprünglich
doch rein irdisch (durch die Marktgeschäfte) unterbrechenden *nundinae*
gebrauchte (Macrob. 1, 16, 5)[188]; aber freilich wollte man damit nicht
aussagen, dass sie auch das Ferienrecht der in unmittelbare Beziehung
zu den Göttern und dem Sonnenlicht setzenden Jahresfeste hätten. Zwar
werden an den *Calendae* und *Nonae* als solchen d. h. abgesehen von den
später auch oft auf diese Tage gelegten neuen Jahresculte auch Opfer
erwähnt; diese können aber keine selbstständige Bedeutung, wie die
der alten Jahresfeste gehabt, sondern nur wieder jenen Volksversammlungen und dem, was in ihnen vorgenommen wurde, gedient haben,
in welchem Falle sie den Tag ebensowenig zum Jahresfesttag machten, wie die Opfer, mit denen jede politische Versammlung des *populus*
und viele sonstige Acte des öffentlichen Lebens eröffnet werden mussten.
Hinsichtlich der *Calendae* haben wir nun auch schon gesehen, dass
das Opfer, welches alsdann der Pontifex minor in der Curia Calabra
der Juno brachte, wenn er sie zwecks der Ansetzung der Nonenversammlung für die Tage bis dahin *corella* nannte (Macrob. 1, 15, 10. 19.
Varr. 6, 27), nur bezweckte, sich deshalb zu versöhnen, dass seine
calatio sie civilrechtlich zu dem machte, was sie natürlich nicht war
(S. 29. 31). Wenn aber ausserdem alle Kalenden der Juno, wie die
Idus dem Jupiter geheiligt waren (Ovid. F. 1, 65. Plut. qu. Rom. 24.
Macrob. 1, 9, 18. 15, 18. Auson. eclog. 379, 1. 9. Lyd. de mens. 3, 7.)
und der Juno an allen Kalenden (vermuthlich nach dem Vorbilde der
Juno Kalendaris in Lavinium, oben S. 9) ein weibliches Schwein
oder Lamm (vielleicht nach dem Unterschiede der Monate ungerader
und gerader Zahl) von der Regina in der Regia geschlachtet und
dem Janus als Junonius (wohl unmittelbar vorher vom Rex) an einem
seiner zwölf Monatsaltäre sein Libum (Jannal) dargebracht wurde
(Macrob. 1, 9, 16. Lyd. 4, 1. Fest. ep. p. 104.), so geschah dieses
offenbar eben zur Sühne für das nun zum ersten Male in diesem
Monate mit seinem Itex sich versammelnde Volk, damit sie geheiligt
sprächen und hörten, gleichwie auch das sacrale Jahr mit den Agonien
des Janus und den Carmentalien eröffnet wurde. Die Nonen standen
in keiner göttlichen Tutel (Ovid. F. 1, 57.) und hatten also allgemein

[188] Sogar unter die *festi dies* zählt auch *Calendae* und *Nonae* Goll. 2, 24, 6. 14.
hier von der *lex Julia sumptuaria: Kalendis, Idibus. Nonis et aliis quibusdam
festis trecenti.* Aehnlich Plut. qu. Rom. 25. *ioptaalqarre aal lepóç (θυσίαι).*
Davon wird später die Rede sein.

auch keine sie auszeichnende Opferfeier, ja sie waren, als zweiter Monatswichtag des halben Mondes gleichsam unreine und nefaste Monatstage (Lyd. de mens. 3, 7.), weshalb man sie auch im Monat nicht als *dies feriati* gelten lassen wollte (Macrob. 1, 15, 21.). Wenn also Varro 6, 28. doch von *sacra Nonalia* (wie Fest. v. Sacram viam p. 290 von *sacra Idulia*) spricht, so kann sich dieses nur auf eine nothwendige Bühne beziehen, die der Tag als solcher d. h. gleichsam die als Juno in ihre Pubertät eintretende Luna selbst und das Volk mit ihr für die Fähigkeit zur Uebernahme der callierten Sacra bedurfte und welche wenigstens an gewissen Nonen noch durch ein besonderes Opfer gesteigert wurde: gleichwie auch unter den Kalenden die des Februars, als des Hauptsühnemonats des Volks durch ein solches (das eines angewachsenen Schafes in der Regia und auf dem Capitol wahrscheinlich an der Curia Calabra Ovid. F. 2, 69) und ebenso die Kalenden des Mai — gegenüber den selbst festlichen des März — durch die schon auf Numa zurückgeführten Lavarien (Ovid. F. 4, 129 seq.), wohl mit Beziehung auf die schützende Theilnahme der Laren an der sacralen Volksversammlung, ausgezeichnet waren. Gemeint sind dann aber wahrscheinlich die Nonen des März, als die ersten des alten politischen Jahrs, an denen das *Calend. Praen.* das schon erwähnte Schafopfer an den Altären des Vejovis, das *Philoc.* sonst auch nicht bekannte *Junonalia* erwähnt. Bezog sich nun davon nach unserer Vermuthung (Anm. 126) das erste auf die Zulassung der Luceres zu den sacral verpflichtenden Volksversammlungen, so bildete es wahrscheinlich zugleich ein Supplement zu dem ältern Junoopfer für die beiden Hauptstämme, von welchem schon sein Name zu bezeugen scheint, dass es blosses Monatsopfer war[1a].

Anders als mit Kalenden und Nonen verhält es sich mit den Idus. Man unterschied beim Monde, wie schon früher bemerkt, wesentlich zwischen dem sich bewegenden Körper und seiner Lichtgestalt (Lyd. de mens. 3, 7). Als Körper mit mangelnden oder so zu- und abnehmenden Lichtphasen, dass diese nur seine dunkele Körperlichkeit offenbarten, gehörte er, wenn auch als Himmelskörper und nach seiner alle anderen Gestirne übertreffenden Grösse und völligen Lichtfähigkeit der Sonne ebenbürtig und so als Juno dem

[1a]) Nicht ein blosses Monatsopfer, sondern ein, jedoch erst später seit dem Aufkommen des Ackerbaujahrs gestiftetes Jahresopfer, welches nur auf Nonen gelegt wurde, scheint das von den Pontifices *ad aram Consi* am Circus *Nonis Iulius* gefeierte Opfer gewesen zu sein (Tertull. de spect. 5). War es ein Erndteopfer für den gesegneten Fortgang der Erndte (Anm. 151), wahrscheinlich jetzt zugleich an dem benachbarten Altar der Messia, wie bei den Consualien (21 Aug.) zugleich an dem der Seia, am 15 Dec. zugleich an dem der Segetis dargebracht (vgl. Plin. N. H. 18, 2. Tertull. de spect. 8), bei dem auch wohl die Erstlingsähren dem Gotte geopfert wurden (Dionys. 2, 31), so fiel es ganz passend auf die Nonen, an denen das Volk sich stets versammelte, damit es nicht an andern Tagen von dem heiligen Erndtewerk abgezogen würde. Noch weniger gehören die *Nonae Caprotinae* hierher. Vgl. S. 224.

Jupiter ehelich angesellt, doch mehr der gleicherweise an sich dunkeln Erde als den Himmelswesen an, so dass schon deshalb sein Lauf
und die darauf beruhenden Stichtage keine Feste begründen konnten.
Nur die Idus, der kalendarische Vollmond, zu deren Zeit er in das
Lichtwesen der Sonne vollkommen eingeht und das Dunkel der Erde
in keiner Weise mehr mit ihr theilt, machen eine Ausnahme und
lassen nun den Mond gerade in der Mitte seines Lichtlaufs als der
Sonne, Juno dem Jupiter zum Hell der Erde absolut zugehörig erscheinen, indem damit auch die Erde völlig, nehmlich auch in der
Nacht, deren Gestirn der Mond ist, in das Licht des Jupiter hinaufgezogen und gleichsam von selbst festlich wird[147]). Demnach sind
die Idus, obgleich zunächst auf dem Mondlaufe beruhend und auch
insofern Monatsferien, als an ihnen zugleich dem Volk die nächsten
Kalenden verkündigt wurden (oben S. 180), doch noch vielmehr
Sonnen- oder Jahresfeste und nur noch ursprünglichere und ursprünglich auch heiligere, als die übrigen, weil sie auf der göttlichen Natur
selbst beruhen, und dem Jupiter, der monotheistischen Grundlage
auch des Römischen Religionssystems, überhaupt gelten, während die
übrigen nur für einzelne Wohlthaten oder verschiedene Mitgötter
desselben erst von den Stiftern des Staats angeordnete Feste sind[148]).
Auch weicht der Name *Idus* von dem der *Calendae* und *Nonae*, die
von einem menschlichen Thun entlehnt sind, völlig ab, indem er die
göttliche Naturthat der Durchbrechung und Theilung des irdischen
Monats *(di-[v]iduus)* in seiner Mitte bezeichnet, wodurch schon naturgemässe *feriae* im vollen ursprünglichen Sinne entstehen, so dass man
sagen kann, dass die Namen der übrigen positiven Jahresfeste nur
nach Analogie der Idus gebildet sind. Auch darf man sich nicht
dadurch irre machen lassen, dass in der spätern Zeit, wo der Glanz
der neuen Jahresfeste die alte Einfachheit der Idus immer mehr in
Schatten stellte, diese nur noch mit den Kalenden und Nonen auf eine
Linie gestellt zu werden pflegen[149]). Am Ende erlosch ihr Recht

---

[147]) So ist die richtige Darstellung des Lyd. de mens. 3, 7. In Verbindung
  mit der des Macrob. 1, 15, 15. zu verstehen; nur legt dieser nach der
  Ableitung *Idus* von *Ius* . *Ioris fiducia* das Gewicht mehr darauf, dass,
  da an den Idus auch die Nacht auf der Erde hell sei, diese sich darum
  des Jupiter (der Sonne) ganz und gar getrösten könne. Wie weit
  verbreitet aber die Anschauung im Heidenthum war, dass der Vollmond schon an sich einen den Sonnen- oder Jahresfesten gleichstehenden Tag mache, zeigt Hiob 31, 26.

[148]) Man kann die Idus den Sabbaten des Jüdischen Kalenders im Verhältniss zu dessen Jahresfesten vergleichen. Nur feiern die Idus eine That
  der Schöpfung, die Sabbate die That des Schöpfers.

[149]) So schon von Cato 141. *Kalendis, Idibus, Nonis, festus dies cum erit, coro-
  nam in forum indat.* Eben so von Varro 6, 27. 28. In der *lex Licinia comp-
  maria* (wahrscheinlich vom J. 642) werden noch als blosse Monatsstichtage
  nur ausgezeichnet: *Calendis, Nonis, nundinis Romanis* (Macrob. 3, 17, 9).
  In der von Sulla heisst es schon: *Calendis, Idibus, Nonis .... et feriis qui-
  buscam solennibus auctoritas tricenis* — Gell. 2, 24, 11. Aehnlich in der
  von Augustus Gell. 2, 24, 14.

vor der neuen Menschgottheitsreligion fast gänzlich und man kann
in gewissem Betracht sagen — naturgemäss[160]. Dass sie aber ursprünglich in der That alle benannten Jahresfeste an Ueberheit und
Heiligkeit übertrafen, kann man aus zwei Umständen erkennen.
Einmal wurde das bekannte Idusopfer, der *ovis Idulis* — so viel wir
wissen, allein unter allen — auf der *sacra via*, die eben davon so
hiess, auf das Capitol gebracht (Fest. v. Sacram viam p. 290. ep.
v. Idulis p. 104. Varr. 5, 47.). Sodann hat schon Numa einige
Idus durch die wichtigsten Opfer und Festlichkeiten verherrlicht,
ohne dass darum ihr Name Idus von einem ähnlichen, wie ihn die
übrigen Jahresfeste erhielten, oder ihre *feriae Jovi* von denen der
andern zugleich gefeierten Gottheit[161] verdrängt worden wäre. Sie
verhielten sich also zu jenen Festlichkeiten schon zu Numas Zeit
ähnlich, wie Numas Jahresfeste zu denen der spätern Religion. Jener
bevorzugten Idus waren aber vier. Zunächst die drei: des März
(auch von Ovid. F. 1, 587. noch besonders hervorgehoben), an
welchen — abgesehen von den Mamurralien und der Feier der
Anna Perenna — das Gebet für das Heil des ganzen Jahres und
das Stieropfer dargebracht wurde (Lyd. 4, 36.[162] oben S. 173), des

[160] Am frappantesten drückt sich dieser Umschwung der Ansichten wohl
darin aus, dass unter Tiberius Senatoren den Antrag stellen konnten,
die *Idus Sept.* · ohnedrein noch die *notales* des *Jupiter Capitolinus* und
sonst durch die neuere Religion ausgezeichnet (s. oben S. 70. 226) — zu
einem Festtage zu machen, weil an ihm der Hochverräther Libo sich
selbst das Leben genommen hatte. Tacit. A. 2, 32. Man meinte nun
eben durch Staatsbeschluss und die künstliche Feuerwerkerei solcher
prächtiger Festivitäten, wie sie z. H. für den Todestag des Sejan
angeordnet wurden (Dio 58, 12), die erbleichende natürliche Herrlichkeit
der Sonne, welche an den Idus des alten Römer in Andacht versenkt
hatte, erst zum Leuchten bringen zu können. Wenn einige Kalendermacher bei drei Idus (Mai, Juni, August) noch eigene *feriae Jovi*
anmerken, so beruht dies wohl auf spätern besonderen Stiftungen.
Vgl. vom Juni Ovid. F. 6, 664. *Idibus incerta sunt data templa Jovi.*

[161] Alle Idus haben *Jovis feriae* Macrob. 1, 15, 15. Lyd. de mens. 3, 7. die
bei einigen, wie eben bemerkt, auch in den Kalendarien bemerkt
werden. Wenn das *Vatic.* ad Mart. 15. *feriae Annae Perennae via Flam.
ad lapidem primum* anmerkt, so beruht das schon auf Begriffen der
Kaiserzeit, die dem alten Sacralrecht nicht entsprachen. Die *feriae Jovi*
an diesem Tage bezeugt speciell Lyd. de mens. 4, 36.

[162] Er sagt: Εἰδοῖς Μαρτίοις ἑορτὴ Διὸς διὰ τὴν μεσουρησίαν καὶ εὐχαὶ δημόσιαι
ὑπὲρ τοῦ ὑγιεινὸν γίνεσθαι τὸν ἐνιαυτόν. ἱερεύουσι δὲ καὶ ταῦρον ἴδιον
ὑπὲρ τῶν ἐν τοῖς ὁρίοις ἀγρῶν, ἡγουμένου τοῦ ἀρχιερέως καὶ τῶν κανηφόρων
τῆς μητρόφου. Da diese zuletzt erwähnte Priesterin dem Dienst der
magna mater deum anzugehören scheint (vgl. Mommsen I. L. A. p. 388),
so möchte man darauf auch das Opfer des sechsjährigen Stiers beziehen.
Aber die Taurobolien dieser Göttin hatten jedenfalls eine ganz andre
Bedeutung. Ich halte jenes Gebete und das Opfer für uralt und für
identisch mit dem, was Cic. de leg. 2, 8, 21. erwähnt: *sacerdotesque
vineta virgetaque et salutem populi Romani auguranto*, da doch auch das
ὑπὲρ τῶν ἐν τοῖς ὁρίοις ἀγρῶν wohl nur eine Uebersetzung von *vineta
virgetaque* sein kann. Alsdann fielen dieses Opfer für Gesundheit und
das für das Gedeihen des Rebenstocks und ähnlichen Landes (im Gegen-

Mai mit der grossen Argeerstühne (oben S. 175. 228) und des October
mit dem Opfer des Octoberpferdes, also in diesen drei vollen Monaten mit solaren und darum an sich ausgezeichneten Iden (S. 18).
Die Iden des September und des November mit den auf sie gelegten
Epula Jovis und den sich daran schliessenden Römischen und plebejischen Spielen haben wir schon früher als Abbilder der Numanischen
Feiern an den Idus des März und Mai bezeichnet, die erst der spätern
Religion des Ackerbaujahrs ihren Ursprung verdankten (S. 71). Dass
aber die Idus des noch übrigen vollen Monats (Quintilis), des Auspi-
cationsmonats der Luceres, nicht auch schon von Numa eine ähnliche
Auszeichnung wie die drei übrigen erhielten — später wurden sie
durch den auf sie gelegten Castorencult mit der transvectio equitum
verherrlicht (Preller Röm. Myth. S. 660), wogegen wir die Idus des
Decembers schon ursprünglich durch das Ceresopfer mit seinem Vortage ausgezeichnet finden (S. 200), erklärt sich ähnlich wie der
Mangel von Agonalien für die Luceres im Quintilis, welche vielmehr
auch in den December gelegt waren (S. 249). Umgekehrt waren
die Luceres dadurch negativ ausgezeichnet, dass in ihrem Lustrationsvormonat, dem Juni, und nur in diesem die Idus nefast und darum
kein eigentlicher Festtag waren (S. 222). Offenbar hing beides mit
einander zusammen, zumal da im April, dem Lustrationsvormonat
der Tities, und im Februar, dem Lustrationsvormonat der Ramnes,
die auch da von tempus nefastum eingeschlossenen Idus dieses doch
durchbrachen und nur ihr Nachmittag wenigstens im Februar tempus
atrum war (S. 185). Es waren nun hiernach aber auch nur 11 Idus
Festtage.

Ueberhaupt hatte nun nach dem Bisherigen der Römische Kalender des Numa 36 benannte Jahresfeste und 11 Idus = 47, zählt
man aber zu jenen auch die Col. Martiae, 37 + 11 = 48, der Kalender der spätern Republik nach Hinzutritt der Poplifugia 48 (beziehungsweise 49), der der Kaiserzeit, wo noch die Augustalia hinzu-

saats zum Saatlande in der Ebene) wenigstens ursprünglich zusammen und
regelmässig auf die Idus des März, und waren darauf im Zusammenhange
mit dem Opfer des Pferdes an Mars für das Gedeihen der Saaten an
den Idus des Octobers gelegt, indem die beiden Haupthülfsthiere des
Menschen, Stier und Pferd, jedes für das Land, bei dem es sonst nichts
thut, als Opferthiere angesehen worden. Well aber das Märzopfer
erfiehle, was lediglich von der Gunst Jupiters abhing (denn die Saat
im Herbst bestellt der Mensch), so wurde es zu einem Auguralopfer
gemacht, so dass es an diesem Idus nur stattfand, wenn das augurium
minus günstig ausfiel und auch kein Kriegsheer ausgezogen war oder
gegenüber stand (Dio 37, 24), was aber in der ganzen alten Zeit um
die Mitte des März und vor den Quinquatrus (S. 173) sich von selbst
verstand. Erst in später Zeit, besonders während der Bürgerkriege,
wurde das Opfer oft verschoben oder musste ganz unterlassen werden;
seit Augustus scheint es aber in den Januar verlegt zu sein (Dio l. c.
51, 20). Die regelmässige Verbindung der Salus mit dem Capitolinischen Jupiter (Preller S. 60)) erklärt sich aus dieser Ansicht; ebenso
die Verbindung des Cybeledienstes mit diesem Idusopfer, da er auch
auf Frühling und Baumland Bezug hatte (Mommsen l. c.).

Hartung, Das alte Römische Jahr und seine Tage. II.   18

kamen, 49 (oder 50) benannte Festtage. Dieses bestätigt nun auch
und rechtfertigt damit unsre ganze Darstellung eine Stelle des Tertullian de Idololatr. 14. Nachdem er hier nehmlich zur Beschämung
der Christen, welche die Feste der Heiden mitfeierten, auch das
Argument gebraucht hat, dass die Heiden in diesem Stück ihrer Religion viel treuer wären und weder an der Sonntagsfeier der Christen
noch an der der 50 Tage *(pentecoste* — die Zeit von der Auferstehung Christi bis an Pfingsten) sich zu betheiligen begehrten, ver-
schärft er dasselbe noch mit der Bemerkung, dass wenn man auch
dem Fleische seine Ruhe gönnen wolle, der Christ dann obendrein
mehr Tage hätte als die Heiden, und fährt zum Beweise dessen
fort: *Nam ethnicis semel annuus dies quisque festus est: tibi octavus
quisque dies. excerpe singulos solennitates nationum et in ordinem texe,
pentecosten implere non poterunt.* Es fehlte eben noch an Einem Tage
zu 50: so dass die Christen, deren einmalige und deshalb allein
mit der heidnischen vergleichbare jährliche Festzeit 50 Tage betrug,
noch die gewöhnlichen Sonntage — zusammen auch wieder etwa 50 —
als Fest- und Freudenzeit ganz voraus hatten. Man sieht aber daraus, dass er die *Cal. Martiae,* die im Kalender nur als Monatlich-
tag benannt und als ursprüngliches Neujahr ausser Rom ganz unbekannt waren, nicht mit zählte. Jedenfalls konnte Tertullian so
nicht schreiben, wenn damals die kaiserlichen Hausfeste noch gegolten
hätten (oben S. 243)[163]).

V. Die dies fasti und comitiales.

Die bisher betrachteten Tage haben das mit einander gemein,
dass sie sämmtlich auf religiöser Grundlage beruhen. Denn abgesehen von den eigentlichen Festtagen und den benannten im Kalender
auch gross geschriebenen Dnastagen, welche jenen an Heiligkeit mehr
oder weniger gleichstehen, trifft dieses doch auch bei allen übrigen
nefasti und bei den *intercisi* zu, die ja nur *nefasti* mit unterbrochenem
nefas sind, und ebenso auch bei den Tagen Q. R. C. F nebst den
ähnlichen, weil sie, obgleich in gewisser Art zu den *fasti* gehörig,
doch an sich eine religiöse Bestimmung hatten, mit der nur ihr *fas*
seinem Zwecke gemäss in Verbindung gesetzt wurde.

Ihnen allen gegenüber stehen nun die übrigen Tage des Kalenders, die gewöhnlichen *fasti* und die *comitiales.* Sie sind beide unbestritten nicht blos *dies profesti* zu weltlichen Zwecken, sondern stehen
auch zu den *dies festi, nefasti* und *intercisi* in dem Verhältniss, dass
sie an der von diesen eingenommenen Zeit des Jahres ihre prohibi-
tive Schranke finden, wie das *ius humanum* an dem *ius divinum* über-

---

[163]) Das Quellenfest, welches Hadrian nach Malal. 11. p. 278 am 23 Juni
stiftete, kann also auch keinen *N*-Tag gemacht haben. Es muss von
der Art gewesen sein, wie auch die früheren Kaiser zu Indicirende
Feste in alter Weise gestiftet hatten.

haupt. Nur die von dem *nefas* der erstern nicht eingenommene Zeit
kann also *dies fasti* oder *comitiales* sein und wenn zwar auch blosse
dies nefasti um der Religion willen in *dies festi* oder benannte Busstage verwandelt werden können, weil nach der Religion selbst solche
dies nefasti nur den höher stehenden Fest- und Busstagen dienen, so
kann um so viel mehr ein *dies fastus* oder *comitialis* aus neuen religiösen Gründen selbst in einen *dies nefastus* oder *festus* übergehn,
nicht aber ohne Verletzung der Religion das Umgekehrte stattfinden[164]).
Eben durch diese ihre weltliche Eigenschaft, welche die verändernde
Einwirkung der Religion und weltlicher Interessen zugleich gestaltet,
sind aber diese Tage der geschichtlichen Entwickelung weit mehr
Preis gegeben, als die religiös fixierten und wird die Erkenntnis
ihres Rechts und ihrer Geschichte auch schwieriger.

Zur Gewinnung einer sichern Grundlage beantworten wir zuerst
die Frage, welche Tage nach unsern Kalendarien gewöhnliche d. h.
für die Rechtsprechung des alten Processes dienliche *dies fasti* des
alten Jahrs sind. Dabei kommen vor Allem in Abzug die zehn überhaupt erst von Julius Cäsar dem Kalender hinzugefügten Tage, die
er nach Macrob. 1, 14, 9. 12. sämmtlich zugleich für *fasti* erklärte:
der 29 und 30 Januar, von denen jedoch der letztere bald in einen
N³ überging (oben S. 240), der 26 April, der 29 Juni, der 29 und
30 August, der 29 September, der 29 November, der 29 und 30 December.
Hinsichtlich der übrigen hat zuerst Mommsen (Chronol. S. 217 der
1. Aufl.) auf die äusserlich hervortretende Regel der Vertheilung der
dies fasti im alten Kalender aufmerksam gemacht, nur noch mit bei-
gemischten mehrfachen Irrthümern, die dann von Hartmann (§ S.
S. 63 flg.) grösstentheils berichtigt worden sind[165]). Diese Regel ist,
dass an sich d. h. so weit nicht einfallende *dies festi*, *nefasti* oder
intercisi es hindern, die Kalenden und Nonen und die sämmtlichen
postridaani d. h. jeder erste Tag nach den Kalenden, Nonen und
Idus *dies fasti* und dass nur diese fünf Tage in jedem Monat *dies
fasti* sind. Nachdem unser erster Abschnitt gezeigt hat, dass und
warum der 24 März und 24 Mai, der 15 Juni und 21 Februar, der
23 April und 19 August und der 23 September aus der Zahl der
gewöhnlichen *dies fasti* ausscheiden, tritt diese Regel erst in ihr
volles unbestreitbares Recht. In der nachstehenden Uebersicht der

---

[164]) Wie man sich bei Wiederabschaffung der kaiserlichen Hausfeste half,
haben wir oben gesehen (S. 242).

[165]) Es ist zu bedauern, dass Mommsen in den I. L. A. ohne Berücksichtigung Hartmanns, dessen Ausführung über die *dies fasti* und *comitiales*,
wenn auch nicht irrthumsfrei und überall genügend, doch der beste
und glücklichste Theil seiner Arbeit über den Römischen Kalender
und von bleibendem Werthe ist, nur den einen Irrthum zurückgenommen hat, dass auch die Idus ursprünglich *dies fasti* gewesen seien. Die
gewöhnliche Lehre unserer Rechtshistoriker, welche Hartmanns Schrift
unberücksichtigt lässt und von allem Gieferen Eingehn auf die Sache
abstrahiert, findet sich, nur etwas eigenthümlich gestaltet, auch wieder
bei v. Bethmann-Hollweg Civilproc. II. § 80.

dies fasti, für welche in Acht zu behalten ist, dass die vier Monate März, Mai, Juli und October ihre Nonen am 7, ihre Idus am 15, die übrigen ihre Nonen am 5, ihre Iden am 13 haben, sind die obigen Tage, wenn sie in den Kalendarien ein *F* haben, mit der Zahl schlechthin, wenn sie nur als kaiserliche Feiertage ein *N* erhalten haben, zugleich mit einem Sternchen, wenn sie aber in der Kaiserzeit *N* wurden, mit einem Kreuz aufgenommen. Ein Strich statt der Zahl bedeutet, dass der Tag nicht *fastus* war.

	Kal. postr.		Non. postr.		(Id.) postr.
Januar ..	1	2	5	6	—
Februar . .	—	—	—	—	—
März	—	2	7	8	16
April	1	2	—	—•	—
Mai	1	2	7	8	16
Juni	1†	2	—	—	14
Juli.......	—	—	—	—	16
August....	1•	2•	5•	6•	14
September .	1	2•	5	6	14
October ...	—	2	7	8	16
November .	1	2	5	6	14
December..	—	—	5	6	14

Zur Erläuterung dieser Uebersicht mögen folgende Bemerkungen dienen, durch welche zugleich die Abweichungen derselben von denjenigen l'eberaichten, welche Hartmann (S. 66 ff.) und Mommsen (I. L. A. p. 372) aufgestellt haben, ihre Rechtfertigung erhalten werden.

Im Januar sagt von den Kalenden Ovid. F. 1, 73. *Lite carent aures, insanaque protinus absint Jurgia. differ opus, licida turba, tuum*; und doch auch 1, 165. *Postea mirabar, cur non sine litibus esset Prima dies,* worauf ihm Janus antwortet: *Tempora commisi nascentia rebus agendis, Totus ab auspicio ne foret omnis iners* u. s. w. Obgleich scheinbar widersprechend ist doch beides richtig, wenn man in der zweiten Stelle dem Dichter nachsieht, dass er mit *lites* die damals für das *F* des Tages allein übrig gebliebene freiwillige *legis actio* bezeichnet[166]; denn wirkliche Processe schlossen zwar nicht die mehrfachen auf diesen Tag fallenden alten Indictivopfer, wie an Vajovis und Aesculap (Preller S. 159. 238. 561.), wohl aber die übrigen grossen Solennitäten des Amtsantritts der Magistrate aus, für welche damals längst Imperativferien aufgekommen sein müssen, die in der Kaiserzeit oft erwähnt werden und die auch noch mehrere benachbarte Tage, besonders den 3 *(coloram nuncupatio),* ergriffen[167]),

---

[166]) Bekanntlich pflegten die Comatn zur Erinnerung an die erlangte Freiheit von der Königsherrschaft und den Freigelassenen Vindicius am 1 Jan. einen Sklaven *vindicta* freizulassen, was wohl nur zufällig erst in der späteren Kaiserzeit, wo sie nicht viel mehr als dienen zu thun hatten, oft erwähnt wird. P. Faber Semestr. 2, 20. Hartmann S. 61.

[167]) Vgl. L. 9. (Jetzt 10) Th. C. de feriis (2, 8) und die zahlreichen Citate des J. Gothofredus zu dem betreffenden Satze dieser Stelle.

wie denn auch schon am Tage vor den Kalenden die Magistrate sich
nicht mehr angehn liessen (L. 5. D. de feriis 2, 12). Der 14 Januar
war von jeher *EN* (oben S. 198).

Ueber die ursprünglichen *dies nefasti* am 1, 2, 5, 6, 14 Februar
s. oben S. 218.

Ueber den Festtag am 1 März S. 244.

Im April waren der 5, 6 und 14 ursprüngliche *nefasti* (S. 219),
der mittlere wurde jedoch später kaiserliches Hausfest (S. 240).

Wegen des 7 Mai, den das *Cal. Ven.* mit *F*, das spätere *Cal.
Maff.* mit *N* bezeichnet, vgl. oben S. 230 Anm. 100.

Im Juni trifft ursprüngliches *nefas* nur den 7 und 8 (oben S. 222). Der
1 Juni, von Hartmann irrig für *N* und von Mommsen ebenfalls irrig für
einen alten *nefastus* gehalten, ward dieses erst in der Kaiserzeit (S. 230).

Im Juli wurden der 1, 2, 7, 8 erst mit Einführung der Poplifugia *nefasti* (S. 224) und waren also wenigstens vorher *fasti*.

Wegen des August und September vgl. S. 241.

Der October verlor das *fas* am 1 seit Mitte der Königszeit und
der December das am 1 und 2 bald nach dem Anfang der Republik
durch eingeführte *dies nefasti* (S. 228).

Während also von den betreffenden Tagen bald nach dem Anfange der freien Republik und bis zur Eroberung Roms durch die
Gallier noch 45 *dies fasti* gewesen waren, fand Cäsar nur noch 41
vor, deren Zahl er auf 51 erhöhte, wovon aber bald — da der
30 Januar *N*, der 1 Juni *N* wurden — nur 49 als feste Zahl gewöhnlicher *dies fasti* [186]) für die spätere Kaiserzeit blieben.

Die Zahl der *dies comitiales* vor Cäsar ergiebt sich von selbst,
wenn wir von den 355 Tagen des damaligen Jahres ausser

    41 *dies fasti* noch
    37 *dies festi annui,*
    11 *Idus,*
    57 *dies nefasti,*
    1 *Idus Jun.,*
    8 *dies intercisi,*
    4 alte Testamentstage,

also im Ganzen 159 Tage abziehen, wonach 196 bleiben. Die Gesammtzahl der *dies fasti* und *comitiales* war aber 237.

Doch würde es nach der Natur der *dies fasti* und *comitiales*, für
die nur bleibt, was die von der Religion in Beschlag genommenen
Tage übrig lassen, verkehrt sein, in deren Zahl irgend etwas Festes
oder Absichtliches suchen zu wollen [187]), was höchstens in der Kaiser-

---

[186]) Es kommen nehmlich noch hinzu die vier alten Testaments- und die
beiden neuen Manumissionstage, welche zugleich Festtage (*Vinalia*)
waren, nebst dem 23 Sept., endlich die 8 *dies intercisi.*

[187]) Auch aus diesem Grunde verliert Mommsens Gewichtlegung auf die
Zahl von gerade 45 *dies fasti*, die er herausbringt und mit seinen
angeblich 45 Festtagen und 45 *nundinae* des alten Kalenders zusammenstellt, selbst alles Gewicht.

zeit angenommen werden kann, wo die *dies fasti* nicht blos als ehr-
würdige Reliquien des Alterthums, sondern auch als Tage, an denen
Jupiter die erfreuliche *legis actio* gewährte, einen gewissen religiösen
Character, wie die *festi dies* angenommen hatten und ja auch von
Cäsar positiv neu bestimmt waren. Hier könnte darin, dass die Zahl
der *dies fasti* der der *dies festi* gleich war, etwas Absichtliches liegen.

Wie kam man nun aber dazu, gerade die obigen fünf Tage aller
Monate — so weit die Religion nicht hinderte, zu *dies fasti* zu machen?
Darüber giebt es bekanntlich zwei Hauptansichten, deren Gegensatz
zugleich auch auf die rechtliche Bedeutung der *dies fasti* selbst sich
erstreckt. Die jetzt herrschende, zuletzt besonders von Mommsen
vertretene nimmt an, dass die Characterisierung gewisser Tage mit
F und *C*, mithin auch die Unterscheidung der *dies fasti* und *comitiales*
und zwar mit dem Sinne, dass an jenen Recht gesprochen werden
musste, an diesen eine Volksversammlung gehalten und Recht gesprochen werden konnte, eben so alt und ursprünglich sei, wie der
religiöse Theil des Kalenders und dass dieser ganze Kalender, wie
namentlich Mommsen behauptet (zuerst Chronol. S. 30. 204. 1 Ausg.
und Hell. II. u. S. 31 der 2 Ausg.), mit allen seinen altcivilrechtlichen
Bezeichnungen sogar eine von den 12 Tafeln gebildet habe [170]), die
jedoch die Patricier nach dem Untergange im Gallierbrande nicht
auch wieder aufgestellt, sondern verborgen gehalten hätten, bis Cn.
Flavius sich nun das arme Volk das Verdienst erwarb, sie wieder
zu veröffentlichen. Die andere (Hartmann §§ 9. 10) hält dagegen
die Unterscheidung von *dies fasti* und *comitiales* für späteren Ursprungs.
Anfangs habe es nur *dies fasti* und *nefasti* gegeben, je nachdem Rechtsprechung und Comitien an ihnen religiös zulässig waren oder
nicht, so dass hinsichtlich der *fasti* es von der Obrigkeit abhing, sie
im Einzelnen für den einen oder andern Zweck zu verwenden. Die
Unterscheidung rühre erst von dem Bestreben der Patricier die Volksversammlungen zu beschränken her und insbesondere sei dazu nach
dem Gallierkriege das Decret der Pontifices, alle *dies postridvani*
seien zu Opfern, mithin auch zu Volksversammlungen ungeeignet,
benutzt worden, welche Ausnahme man dann auch auf die Kalenden

---

[170]) Nach Mommsen hat auch Schöll den Numanischen Kalender in seiner
übrigens vielfach wahrhaft kritischen Arbeit zu einer der zwölf Tafeln
(der elften) gemacht (Legis XII. tab. rel. p. VIII. 63. 156); ohne neue
Gründe. Denn die zur Erklärung des Ausdrucks εἰδοῖς Μαΐαις von
Dionys. 10, 59, zwischengeschobene Bemerkung, dass die Römer und
so freilich auch die Decemvirn Mondmonate gehabt und darin Idus
den Vollmond bezeichnet haben (vgl. wegen ähnlicher Kalenderbemer-
kungen für Griechische Leser oben S. 78), beweist auch nicht einmal
etwas für irgend eine Kalendervorschrift der Decemvirn. Wollte man
aber einen entfernteren Beweisgrund daher nehmen, dass wie Mommsen
auch behauptet (Röm. Münzwesen S. 17f. Schöll nach ihm p. VIII),
dass die Decemvirn das Münzen allgemein eingeführt haben, so beruht
auch diese Behauptung selbst auf blossen Combinationen, die nicht nur
den Zeugnissen widersprechen, sondern auch in sich keine Wahrscheinlichkeit haben.

und Nonen selbst erstreckt habe. Damit seien denn diese fünf Monatstage *fasti* in dem engern Sinne blos zum Rechtsprechen tauglicher
Tage geworden, während man die übrigen jetzt *comitiales* genannt habe.

So viel Verlockendes auch die Annahme fester und schon ursprünglich für die Rechtsprechung bestimmter Tage haben mag, so
trage ich doch kein Bedenken, mich gegen die jetzt herrschende und
im Ganzen für die Hartmannsche Ansicht zu entscheiden.

Zuvörderst beruht die Behauptung, dass die '*fasti*' eine der zwölf
Tafeln gebildet hätten, nebst deren angeblicher weiterer Geschichte
auf gar keinen haltbaren Gründen. Aus einer dafür angeführten
Stelle des Macrobius ergiebt sich nur, dass die Decemvirn des zweiten
Jahres etwas über das Einschalten, wahrscheinlich auch noch, dass
sie es in einer der beiden letzten der zwölf Tafeln selbst gesetzlich
verordnet haben [11]). Das Einschalten ist aber eine von dem feststehenden heiligen Kalender selbst ganz verschiedene priesterliche
oder obrigkeitliche Thätigkeit und wenn auch der Natur der eingeschalteten Tage, welche wir oben nachgewiesen haben (S. 28. 55. 62.),
eine solche Vorschrift sich für eine weltliche Behörde und weltliche
Lex vollkommen eignete, so begreift man dagegen nicht, wie nach
den Grundsätzen des Römischen heiligen Rechts Decemvirn und Volk
dazu gekommen sein sollten, reines auf ursprünglicher Offenbarung der
Götter beruhendes *fas* und *nefas*, von welcher Art Nomas Kalender
war, zum Gegenstande ihrer Beschlussfassung zu machen. Alles
Uebrige beruht auf Cic. ad Attic. 6, 1, 8 .... e *quibus unum Ιστοριϰόν
requiris de Cn. Flavio Anci filio. Ille vero ante Xeiros non fuit: quippe
qui aedilis curulis fuerit, qui magistratus multis annis post Xeiros insti-
tutos est. Quid ergo profecit, quod protulit fastos? Occultatam putant
quodam tempore istam tabulam, ut dies agendi peterentur a paucis.*
Damit ist aber keineswegs gesagt, dass Atticus an der von Cicero
in den Büchern *de rep.* vorgetragenen gewöhnlichen Ansicht, dass
Flavius die Fasten erst um 450 bekannt gemacht, deshalb Anstoss
genommen habe, weil jene ja schon in einer der 12 Tafeln enthalten
und daraus Jedermann längst bekannt gewesen wären. Die Worte
istam tabulam zwingen in diesem Zusammenhange durchaus nicht, an
eine der zwölf Tafeln zu denken, sie können doch nur die von Flavius bekannt gemachten Fasten, dann aber auch nicht eine der zwölf
Tafeln sein, weil alle Autoren, deren Ansicht aber Cicero hier eben
mittheilt, berichten, nicht etwa, dass Flavius eine der zwölf Tafeln
wieder ans Licht gebracht, sondern dass er den Kalender selbst
zusammengesetzt oder ihn als von seinem Principal zusammengesetzten
diesem entwandt und ihn auf dem Forum wie ein Edict in albo ausgestellt habe. Die Beziehung auf die Decemvirn muss also eine
andere von den zwölf Tafeln unabhängige und konnte übrigens eine
mehrfache sein. Zunächst konnte Atticus der Meinung sein, der

[11]) Macrob. 1, 13, 21. *Tabularum referri libro III magistratuum, Xviros, qui
decem tabulas duas addiderunt, de intercalando populum rogasse. Cassius eosdem
scribit auctores.*

Kalender sei schon bald nach Vertreibung der Könige und zwar
durch die Wohlthat, welche viele dem *ius Papirianum* zuschrieben,
dem Volke bekannt gemacht worden, so dass, wenn man diesen Theil
jener Sammlung specieller auf den Schreiber Flavius zurückführe,
und ihm also dieselbe Leistung für die *dies*, wie den Decemvirn für
das *ius* zuschreibe, er vor diesen gelebt haben müsse. Wenn nehmlich Numa nach Liv. 1, 20. einem Pontifex *sacra omnia exscripta ex-
signataque attribuit, quibus hostiis, quibus diebus, ad quae templa sacra
fierent* etc. und Ancus (Liv. 1, 32.) alle diese *sacra publica* des Numa
von einem Pontifex öffentlich auf weissen Tafeln bekannt machen liess,
die nach Dionys. 3, 36. wegen ihres Untergangs nach Vertreibung
der Könige von dem Pontifex Papirius erneuert wurden, so musste ja
damit schon der Kalender oder doch das Wesentliche desselben dem
Volk schriftlich bekannt geworden sein. Ausserdem konnte aber
Atticus bei seinen chronologischen Studien auch auf die Notiz ge-
stossen sein, welche wir bei Liv. 3, 33. im Zusammenhange mit dem
Lobe der ersten Decemvirn wegen ihres populären Benehmens finden[178]): *Decimo die ius populo singuli reddebant, eo die penes praefectum
iuris fasces duodecim erant* etc., was nach dem Zusammenhange nur
so viel als *decimo quoque die* heissen und eine volksfreundliche Voraus-
bekanntmachung dieser Ordnung des Rechtsprechens bedeuten kann.
War nun von ihnen diese Einrichtung getroffen, so wusste ja seitdem
jeder die Gerichtstage, und konnte — das war Atticus Schlussfolge-
rung — Flavius nur vor den Decemvirn durch Bekanntmachung der
fasti sich um das Volk verdient gemacht haben. Vielleicht hatte
aber der Irrthum des Atticus noch einen andern uns unbekannten
Grund. Uns genügt, dass es nicht nothwendig der zu sein brauchte,
den Mommsen angenommen hat. Uebrigens steht dessen Meinung
auch entgegen, dass nach Pomponius das *dies agendi petere a pontificibus* nicht erst seit dem Galllerbrande, sondern schon bald nach
den zwölf Tafeln angefangen und seitdem nur etwa hundert Jahr
gedauert hat.

Aber auch die ganze übrige herrschende Ansicht ist aus äussern
und innern Gründen, die grossentheils schon Hartmann entwickelt
hat, völlig unhaltbar. Kein alter Schriftsteller weiss etwas von religiös festgesetzten Jurisdictionstagen, an welchen die Obrigkeit Recht
sprechen musste, und die eben erwähnte Einrichtung der ersten Decemvirn wäre unter Voraussetzung von solchen etwas Undenkbares.
Alle definieren auch die *dies fasti* nicht als solche, an welchen Recht
gesprochen wurde oder werden sollte, sondern nur als solche, an
denen die Jurisdiction mit den bekannten drei Worten religiös statt-
haft war[179]). Auch wäre es seltsam gewesen, der Obrigkeit für eine

[178]) Ich habe diese für die *dies fasti* so wichtige Stelle schon im Serv. Tull.
S. 309 angeführt. Merkwürdiger Weise wird sie aber in keiner neueren
Schrift über diese Materie berücksichtigt.
[179]) Varr. 6, 29. 53. Verr. Fl. ad Cal. Praen. Jan. 1. Ovid. F. 1, 47. 51.
Fest. ep. v. Fastis p. 93. Macrob. 1, 16, 14.

an sich weltliche und so sehr lediglich von ihrer Amtsgewalt aus-
gehende Thätigkeit, dass sie dieselbe durch angesagtes *institium* bis
zu dessen Remission jederzeit ganz versagen konnte[174], doch wieder
eine blosse Modalität derselben, die Tage ihrer Ausübung, positiv
vorzuschreiben, wiewohl doch auch wieder so, dass sie an viel mehr
andern Tagen sie freiwillig üben konnte, wogegen für die viel wichtigere und doch mit Opfern verbundene Abhaltung von Comitien eine
solche Vorschrift nicht bestand. Und wie hätte diese auch für die
Rechtsprechung erzwungen werden sollen? Das Römische Recht kennt
ferner zwar viele Vorschriften des göttlichen Rechts auf dessen eigenem
Gebiet d. h. für Pflichten gegen die Götter oder die Seelen der Verstorbenen. Aber auf dem irdischen Gebiet selbst und unmittelbar
schreibt das göttliche Recht niemals etwas vor, sondern engt nur
das freie Thun auf demselben durch die Beobachtung der Pflichten
gegen die Götter ein: es verfährt hier nur prohibitiv, nicht imperativ.
Endlich wäre wohl die Auswahl der besagten fünf Monatstage für
dies fasti in diesem Sinne eine der verkehrtesten gewesen, die man
hätte treffen können, da die zweite meist längere Hälfte der Monate
dabei fast ganz leer ausging. Verlangt man aber von dem Ordnungs-
sinn der Römer, dass ihr Staatsleben auch nach der wichtigen Seite
der Rechtsprechung hin von jeher gewisse Tage mit sich gebracht
habe, so mag dieses Verlangen seinen guten Grund haben; nur suche
man dessen Befriedigung an der rechten Stelle, in der obrigkeitlichen
Gewalt selbst. Das erwähnte Verfahren der ersten Decemvirn[175],
welches uns nur wie zufällig aus der ältesten Zeit mitgetheilt wird,
dient so gut wie die spätern *dies sessionum* und *cognitionum* zum

---

[174] Dieses kommt schon in der frühesten Zeit der Republik vor und mit Zeitdauern, welche sich schlecht zu feststehenden meist zwei Jurisdictions-
biduen in den bekannten Monatstheilen reimen. Liv. 3, 3. *form. institio,
quod quatriduum fuit*. 3, 27. 4, 26. 6, 2. 7. 7, 6. 9. 28. 9, 7. 10, 4. 21.
institium remittebat, quod fuerat dies decem et octo. Der Ausdruck *institium*
selbst, verglichen z. B. mit *solstitium*, drückt auch offenbar die Vorstellung aus, dass die *iuris dictio* an sich durch alle Werkeltage fort-
läuft wie die Sonne am Himmel. Er musste andern lauten, wenn die
Jurisdictionstage nur ähnlich wie die *feriae* einzeln herausgenommene
Tage gewesen wären.

[175] Gelegentlich noch die Bemerkung, dass man dasselbe missverstehen
würde, wenn man annähme, dass die Decemvirn danach nicht ganz
dreimal in jedem Monat Recht gesprochen hätten. Die Meinung ist
vielmehr, dass der erste Decemvir an dem ersten, der zweite an dem
folgenden zulässigen Tage Recht sprach u. s. w. bis zum zehnten;
jeder dann aber wieder am zehnten (nach der gewöhnlicheren Römischen Sprechweise, die aber bekanntlich bei zehn und ähnlichen Haupt-
zahlen verlassen zu werden pflegt, am elften) Tage von dem ersten
an, wo er zuerst Recht gesprochen hatte, vorausgesetzt, dass dieser
zehnte Tag ein zulässiger war. Wie man später der Prätor sich durch
sein Amt an das Comitium wie gebunden erachtete, so oft ihm nur
die Religion und andre wichtigere Staatsgeschäfte die Rechtsprechung
gestatteten, sieht man aus der Aeusserung des Plaut. Poen. 3, 2, 7:
*Nam utorum nullus nefastus est, comitiales esse mера: Ibi habitant: ibi eos con-
spicias quam praetorem suspices.*

Beweise, dass die Edicte der Behörden es an dieser Ordnung nicht fehlen liessen.

Aber auch die angenommene Ursprünglichkeit der Unterscheidung der *dies fasti* und *comitiales* widerspricht den Zeugnissen und innern Gründen. Liv. 1, 19. — und ebenso Flor. 1, 2, 2. — sagt von Numa nur: *Idem nefastos dies fastosque fecit, quia aliquando nihil cum populo agi stile futurum esset*, wo die *dies fasti* offenbar die späteren *comitiales* mit enthalten und ihre Eigenschaft, die Volksversammlungen zu gestatten, als die hauptsächliche (allerdings dieses im Sinne der späteren Zeit) allein hervorgehoben wird. Dass aber auch das *fas* ursprünglich ganz besonders auf Volksversammlungen (zu Testamenten) bezogen wurde und *dies fasti* auch später noch als reiner Gegensatz zu *nefasti* im umfänglicheren Sinne d. h. auch mit Bezug auf die Zulässigkeit von Volksversammlungen gebraucht worden, haben wir bereits im ersten Abschnitt gesehen (S. 177). Auch gingen die beiden Thätigkeiten des Rechtsprechens und der Volksversammlung im Begriff des *comitium* und *comitiare* ursprünglich so zusammen (oben S. 168), dass eine ausschliessliche Richtung des *fas* auf die erstere für die älteste Zeit kaum denkbar ist. Andrerseits würde in die ursprüngliche nach allen Autoren rein religiöse Einrichtung des Staatslebens und Kalenders, von der auch der Gegensatz der *dies nefasti* und *fasti* Zeugnis giebt, mit 'dies *comitiales*' ein ganz fremdartiges Element hineingetragen werden, um so auffälliger, als es unter den Königen nur noch sehr selten weltliche Comitien gab. Auch werden später, wo man beide Arten von Tagen unterscheidet (Varr. 6, 29. Ovid. F. 1, 48. 53. Macrob. 1, 16, 3.) die *comitiales* immer erst hinter den *fasti* wie eine Abart derselben genannt, obgleich sie doch, indem sie Rechtsprechung und Volksversammlung gestatten, die materiell wichtigeren und umfänglicheren sind, und besonders weist auf den erst späteren Ursprung der Nota C, die doch nicht wohl etwas Anderes als *comitialis* d. h. Comitien gestattend, bedeuten kann, der Umstand hin, dass, wie wir gesehen haben, die übrigen ursprünglichen Kalenderbezeichnungen in Substantiven bestehen und indem sie auch, ausser den Monats- und Jahresstichtagen, nur noch das Verhältnis der Tage zu dem göttlichen Recht anzeigen, mit *fas* oder *nefas* ausgehn. So war also auch formell das Adjectiv *comitiales* sc. *dies* im Kalender offenbar erst eine spätere Concession an den Sprachgebrauch des gemeinen Lebens, der inzwischen die Bezeichnungen *dies intercisus, fastus, nefastus* u. s. w. gebildet hatte. Endlich erklärt sich die sonderbare aber constante Ableitung der *dies fasti* von dem *fari tria verba legis actionis* bei den Alten nur dann genügend, wenn man bezweckte auszudrücken, dass an diesen Tagen im Gegensatz zu den *comitiales* nur das *lege agere* gestattet sei, was aber eben ein Interesse der spätern Zeit voraussetzt.

Ueber die Zeit des Ursprungs der Unterscheidung fehlen uns alle directe Nachrichten. Sicher annehmen können wir aber einerseits, dass sie in die Zeit des Kampfes der Patricier und Plebejer

fällt, wo der zulässige Gebrauch der Zeit zu Volksversammlungen
über der gemeinen zur Rechtsprechung sich zu einer hochpolitischen
Frage erhob, ebendamit aber auch eine Trennung von *dies fasti* (*tantum*)
und *comitiales* sich von selbst aubahnte. Andrerseits kann aber diese
Trennung doch zur Zeit des Cn. Flavius noch nicht bestanden haben;
denn da alle Nachrichten der Alten[114]) von diesem nur sagen, dass
er die '*fasti*' bekannt gemacht habe, was für das Volk wegen der
an ihnen zulässigen *legis actiones* eine grosse Wohlthat gewesen sei,
so müssen darunter auch die *dies comitiales* verstanden sein, was denn
sehr natürlich auch Anlass wurde, mit dem Ausdruck *fasti*, von
welcher Art damals 256 Tage waren[117]), den Kalender überhaupt
zu bezeichnen: wogegen, wenn damals im Kalender schon *dies fasti*
und *comitiales* unterschieden gewesen wären, die letzteren, deren ja
fast fünfmal so viel waren als der *fasti* im engern Sinne, unmöglich
hätten unerwähnt bleiben können und die Benennung des ganzen
Kalenders nach der kleinen Zahl der 41 *dies fasti*, die obendrein in
keiner Art die wichtigsten Tage waren, etwas ganz Unerklärliches
sein würde[178]). Wir werden im folgenden Abschnitt zeigen, dass
die Unterscheidung im Kalender selbst höchst wahrscheinlich durch
die *lex Hortensia* bewirkt wurde. Schon jetzt aber lassen sich die
materiellen Gründe angeben, welche dahin führten, gerade die besagten fünf Monatstage den Comitien zu entziehen.

Kalenden, Nonen und Idus waren Tage, an denen das Volk von
jeher schon aus andern Gründen regelmässig und müssig in der Stadt
zusammenkam und die daher nur mit Ausnahme der Idus als Festtage von Volkstribunen und andern Neuerungslustigen vortrefflich
zu gefährlichen Comitien benutzt werden konnten[179]); ebenso leicht

---

[174]) Ausser Cic. l. c. (S. 279) sind besonders zu vergleichen: pro Mur. 11, 25.
*Posset agi lege ucrae, pauci quondam sciebant. Fastos enim vulgo non habebant.
Erant in magna potentia, qui consulebantur: a quibus etiam dies tanquam a
Chaldaeis petebantur. Inventus est scriba quidam, Cn. Flavius, qui cornicum
oculos confixerit, et singulis diebus ediscendis fastos populo proposuerit.* Liv. 9, 46.
*circa ius reportum in penetralibus pontificum evulgarit fastosque circa forum
in albo proposuit, ut quando lege agi posset, sciretur.* Plin. N. H. 33, 1, 6.
*Hic namque publicatis diebus fastis, quos populus a paucis principum quotidie
petebat... et ipse Appii Caeci scriba, cuius hortatu exceperat eos dies commi-
tando assidue sagaci ingenio promulgaveratque.*

[177]) Doch ist es auch wahrscheinlich, dass Flavius Tafeln den ganzen
Kalender enthielten, weil doch auch die Festtage mit einem *nefas* für
die gewöhnliche Rechtsprechung behaftet waren.

[178]) Schon die Alten befanden sich nach der angenommenen Ableitung der
dies fasti von *fari ens verba licere* in Verlegenheit bei Beantwortung der
Frage, wie denn da der Kalender zu dem Namen *fasti* komme? Wie
man sich half, zeigt z. B. Fest. ep. p. 87. *Fastorum libri appellantur, in
quibus totus omni fit descriptio. Fasti enim dies festi sunt.* Doch kann dieser
Unsinn so nicht von Verrius Flaccus herrühren. Er sagte vielleicht:
fastis enim dies fasti vocant d. h. sie befänden sich unter den *fasti*, so dass
man diese nicht ohne jene aufstellen kann.

[179]) Isidor. 5, 33, 12. *Calendae autem Nonas et Idus ... in his enim diebus con-
veniebant conuenti in urbibus* — offenbar aus älteren Quellen. Die Gründe

konnte man aber auch die Zusammengekommenen bestimmen, noch einen
('blauen Mond') Tag um der Comitien willen zu bleiben. Wie sehr nun
auch die Patricier geflissen waren, sich der politischen Volksversammlungen an diesen Tagen zu entledigen, zeigt der gewiss auch nach
dieser Seite hin nicht zufällige Umstand, dass die nicht ursprünglichen
dies nefasti sämmtlich so gelegt wurden, dass sie blos jene Tage trafen
oder solche doch mit umfassten (1, 2, 5, 6 Juli, 1 Oct., 1, 2 Dec.).
Doch damit waren nicht alle beseitigt. Es ist nun leicht ersichtlich,
welcher Argumentation man sich bediente, um politische Volksversammlungen an Kalenden und Nonen als unstatthaft darzustellen.
Denn wenn diese Monatstichtage, wie wir gesehen haben, von Alters
her zu Volksversammlungen für sacrale Zwecke bestimmt waren,
woran sich dann gemeinschaftliche Schmausereien anknüpften[180]), und
nur eigentliche Volksfestlichkeiten, wie Tempelweihen, Triumphe, der
Amtsantritt der hohen Magistrate auf jene Tage, namentlich die Kalenden und Idus auch gelegt zu werden pflegten, so liess es sich
leicht als selbstverständlich darstellen, dass sie nicht auch von den
weltlichen Behörden zu politischen Comitien — und auf diese allein
geht offenbar der Ausdruck *dies comitialis* — benutzt werden dürften,
weil darin eine Entweihung derselben liegen würde. Dagegen war
ein Grund, auch die Jurisdiction an diesen Tagen zu untersagen, um
so weniger vorhanden, als diese blos Privatinteressen Einzelner betraf und namentlich an den Nonen nach dem alten Branche das
Kommen zur Stadt und zum Könige auch für Privatangelegenheiten
benutzt zu werden pflegte (Varr. 6, 28). Hier drang man also wohl
mit der neuen Weisheit, diese Tage seien *fasti a fando tria verba*, aber
eben deshalb nicht *comitiales*, am ersten durch, zumal der gemeine
Mann beim *dies fastus* doch immer zunächst an die Zulässigkeit der
Jurisdiction dachte.

Hinsichtlich der *dies postridiani* oder, wie man sie später auch
nannte, *dies posteri* (Macrob. 1, 16, 23. Non. v. Atri p. 73) hat es
aber ohne Zweifel mit dem nicht lange nach dem Abzuge der Gallier
vom Senat veranlassten, von Macrob. 1, 16, 21. aus den Annalisten
Gellius und Cassius Hemina mitgetheilten Decret der Pontifices seine
Richtigkeit, nach welchem diese '36 Tage,' wie sie auch schlechthin
hiessen (Fest. v. Religiosus p. 278) für *atri* zu halten seien, *ut hi
dies neque proeliales neque puri neque comitiales essent*, oder wie Verrius
Flaccus bei Gell. 5, 17, 2. nach einer andern Quelle die Folgerung
principieller wiedergiebt: *nullum his diebus sacrificium* (nehmlich ein

der Zusammenkunft und die Belege dafür sind schon vorgekommen.
Wegen der Nonen ist noch besonders zu vergleichen Macrob. 1, 13, 18.
Nonas autem cunctatus universae multitudinis ostendus existimabatur; weil nehmlich Servius Tullius an einem Nonentag geboren gewesen sei, unge-
wiss an welchem, *unas Nonas celebri nemo frequentabat*; *veritos ergo,
qui diebus praeerant, ne quod numidinis collecta universitas ob regis desiderium
nerent, cavisse, ut Nonae a numdinis segregarentur*.

[180]) Macrob. 3, 17, 9. Gell. 2, 24, 11. 14.

eigentliches und für diesen Tag selbst bestimmtes an die oberen
Götter) *recte futurum*, woraus erst jene Untauglichkeit zu Opfern für
Schlachten und Comitien herfloss, obgleich Liv. 6, 1. die Sache so
darstellt, dass damals der Jahrestag der Schlacht an der Allia, wofür er nach dem Kalender den 18 Juli hält, für untauglich zu öffentlichen und Privatunternehmungen erklärt und nur nach Einigen mit
Rücksicht auf das verfehlte Opfer am dritten Tage vor jener Schlacht,
welcher der Tag *postridie Idus Quintiles* gewesen, alle Tage unmittelbar nach den Iden und darauf sonderbarer Weise auch die übrigen
postriduani für untauglich zu Opfern erachtet worden wären, und nach
Plut. qu. Rom. 25., der übrigens ungenau aus Livius berichtet, Manche
das Decret für unglaubwürdig gehalten zu haben scheinen. Die ganze
Darstellung des Livius, der nicht einmal des Decrets der Pontifices
erwähnt, erscheint aber als oberflächlich, während der Umstand, dass
man sich nach dem grossen Unglück, zeuge der Einführung eines
neuen Festtages, der *Poplifugia*, überhaupt mit dem heiligen Kalender
lebhaft beschäftigte, die eigenthümliche Legung dieses Festtages mit
seinen begleitenden *dies nefasti* zwischen Kalenden und Nonen, wodurch sicher ausser Kalenden und Nonen selbst auch zwei *dies postriduani* den Comitien entzogen wurden, und dass man damals gewiss
schon mit dem bald nachher (367) ausgeführten Gedanken der Stiftung vier neuer ländlichen Tribus umging (Liv. 6, 4. 5.), wodurch
die Aufmerksamkeit um so mehr auf das Zusammenkommen ärmerer
und entfernt wohnender Bürger und dessen Bedeutung für die Co-
mitiallage gerichtet werden musste — alles diesen die wohl beglaubigten Berichte bei Macrobius und Verrius Flaccus [161]) auch aus

[161]) Allerdings differieren auch diese noch unter einander so, dass es scheint,
die Sache sei mehrmals im Senat verhandelt worden, ehe sie zum völligen Abschluss kam, und die verschiedenen Autoren haben sich, der
eine mehr an diese der andere mehr an die andere Verhandlung gehalten. Nach denen des Macrobius kam die Sache auf Antrag der
consularen Kriegstribunen des J. 365, also im Jahr nach dem Abzug
der Gallier vor, der Senat liess sich über alles Factische betreffs der
Allia- und andrer unglücklicher Schlachten jener Zeit von dem Haruspex
L. Aquinius sachkundigen Bericht erstatten und veranlasste darauf das
Decret der Pontifices. Nach Verrius geschah dieses, als *urbs a Gallis
Senonibus recuperata* — unbestimmt wie lange seitdem — L. Atilius die
Sache im Senat zur Sprache gebracht hatte (*verba fecit*, was regelmässig
von dem regierenden Magistrat gesagt wird, der ein Senatusconsult
beantragt) und zwar so, dass er selbst die näheren chronologischen
Umstände der Alliaschlacht und Einnahme Roms angab, worauf andere
Senatoren ihre Erinnerungen wegen der Postriduanopfer vor andern
unglücklichen Schlachten jener Zeit mittheilten. Da es im J. 365 keinen
Kriegstribunen jenes oder eines verwandten Namens giebt, so scheint
bei Gellius L. Aquinius gelesen werden zu müssen, der erst im J. 366 con-
sularischer Kriegstribun war. Für dieses Jahr spricht auch, dass die
Poplifugia erst nach dem dreifachen grossen Siege und Triumphe des
Camillus über die nach dem Abzuge des Brennus wieder Rom ver-
schworenen Völker (Varr. 6, 18. Liv. 6, 4. 6. Plut. Cam. 34. 35. Zonar. 7, 24.
Eutrop. 2, 1.) d. h. nach 365 und wegen ihres Zusammenhanges mit dem
Capitolium auch nicht wohl vor Vollendung der grossen Substruction

Inneren Gründen sehr glaublich macht. Verbrämt wurde aber ohne Zweifel die schon ursprünglich auf alle *postriduani* abzweckende Relation im Senat nicht blos durch jenen Opfertag vor der Alliaschlacht, sondern wie Verrius Flaccus (bei Gell. l. c. und bei Fest. ep. v. Nonarum p. 179) es darstellt, auch durch die hinzukommenden Berichte anderer Senatoren und das Zeugniss des Haruspex Aquinius (Macrob. l. c.), dass so oft man auch an anderen *dies postriduani* (hinter den Kalenden oder Nonen) geopfert habe, die Treffen unglücklig ausgefallen seien, und das darauf abgegebene Decret der Pontifices auch durch den theologischen Grund unterstützt, auf den Andre (Plut. qu. Rom. 25) das Hauptgewicht legten, dass so wie im aufsteigenden Jahre der je erste Monat den oberen Göttern, der zweite den Unterirdischen gewidmet sei, und ein ähnliches Verhältniss für den Vor- und Nachmittag mancher Opfertage gelte [100], auch im aufsteigenden Monat, wo die Kalenden, Nonen und Iden als Volksversammlungstage im Dienst der oberen Götter auf Tage ungerader Zahl gelegt seien, angenommen werden müsse, dass die darauf folgenden zweiten Tage einen Zusammenhang mit den Unterirdischen haben und ebendeshalb den oberen Göttern zu Opfern und — wie man später weiter folgerte — überhaupt zu jedem auf ihren Segen angewiesenen neuen Unternehmen, da dieses, zeitlich aufgefasst, naturgemäss mit Eins anhebe, missfällig seien; denn darauf deutet der dem Opferrecht angehörige, auf die Unterirdischen und die todesmächtigen Götter bezügliche technische Ausdruck *dies ater* [101]). Den Volkstribunen wird dieses Argument so wenig eingeleuchtet haben, wie das ohne Zweifel auch in dieser Zeit des Streits über *dies fasti* und *comitiales* von den pa-

demselben im J. 366 (Liv. 6, 4.) 'rem etiam ab recenti clade superstitiosis principibus' (Liv. 6, 5.) eingesetzt sein können. Schon 365 mag nach Liv. 6, 1. nur der Beschluss wegen des *dies Alliensis* gefasst worden sein.

[100]) Vgl. oben S. 147. 185, wo auch der Ausdruck *atra pars diei* (nil) vorkommt. Es gab aber wahrscheinlich ausser andern *atri dies* auch schon einen *dies ater postriduanus*, den nach den *Idus Mart.* wegen der Argeerfeier, oben Anm. 97.

[101]) Der Cult dieser Götter erforderte ebenso *atras hostias* (von dunkler Farbe) u. s. w. Vgl. Norb. Cenot. Pis. III. 5. und meine Iguv. Taf. 8. 273. 274. Dass man in der dritten Periode nur noch bei wissentlicher Uebertretung auf diesen Unterschied der Tage Gewicht legte, zeigt Liv. 22, 10. Wegen der Ungeeignetheit solcher Tage zum Anfang von etwas Neuem vgl. ausser Verrius bei Gell. l. c. noch Varro 6, 29. *Dies postridie Calendas, Nonas, Idus appellant atri, quod per eos dies non (nil) inciperent* wie man lesen muss, da nil zwischen -i in- leicht ausfallen konnte). Auch für Hochzeiten wurden die Kalenden, Nonen und Iden selbst für ungeeignet gehalten, *ut supta ater* (ota irrig die Codd. Derselbe Fehler ous oder a ilir abt- bei Liv. 4, 25, 11. und Gal. 3, 217) *parare die liberatam auspicaretur uxorem* (Macrob. 1, 15 fin.), was der Epitomator des Fest. v. Nonarum p. 179. so missverstanden hat, als hätten die Pontifices die Kalenden, Nonen und Iden selbst für *dies atri* erklärt. Die Stelle des Fest. p. 178. wird so zu ergänzen sein: *Nonarum dies, item Iduum, Calendarum nuptiis aliena habentur, ut eo-que nuptae primum post nuptias diem videant a-tram inlucescere; decreto enim pontificum etc.*

tricischen Gelehrten ernenerte etymologische Beweisthum, *fastus dies* beisse so vom *fari tria verba licere* und beziehe sich also blos auf Jurisdiction: wenigstens nannten nach Macrob. 1, 16, 21. Andre die *dies postriduani* vielmehr *communes* [154]), wie ich glaube, ein gerade entgegengesetzter damaliger Parteiausdruck der Volkstribunen, nicht von der Bedeutung, welche ihm Macrobius bellegt, sondern in dem Sinne von *iurisdictionis et comitiorum* oder *praetorum et tribunorum communes*, wie man ähnlich auch den Ausdruck *stipulationes communes* gebrauchte (L. 1. pr. § 3. D. de stip. praet. 46, 5. pr. § 4. I. de divis. stip. 3, 18.). Auf das besagte Decret der Pontifices stützte zwar der Senat auch einen Beschluss, nach welchem diese Tage *vitiosi* sein sollten, der auch bekannte technische Ausdruck für Staatshandlungen, welche wegen Verfehlung gegen eine sacrale Vorschrift vom Senat für verwerflich und wieder anzuheben erklärt werden; denn im *Cal. Maff. ad Jan. 14* ist *dies vitios. ex S. C.* beigeschrieben und so wird man auch bei Verr. Fl. ad Cal. Praen. Jan. 14. *Vitiosus ex s-c.* q u o d p o s t r i d i e o m n e s i d u s s a c r i f i c i u m n o n r e c t e f i t ob eandem causam q-u o d p o s t-r i d i e omnis calendas n o n a s q u e lesen müssen, wie denn derselbe ohne Zweifel auch zum 2 und 6 Januar Aehnliches bemerkt hatte [155]). Da aber die Tribusversammlungen nicht mit einem Opfer eröffnet wurden (Dionys. 3, 41. 43. 10, 4.), so ging dieser Beschluss mit seiner *ratio* auch selbst die Plebs nichts an, und auch davon abgesehen, konnte ein Senatsbeschluss so wenig in dieser Beziehung eine formelle Aenderung der Kalenderbezeichnung herbeiführen, als wenn durch ihn neue Ferien und Feste angeordnet wurden. Doch wird die Sache, in die noch ein anderer erst später zu erörternder Streitpunkt eingriff, bestritten geblieben sein, zumal da eine plebejische Volksversammlung so gut wie eine Schlacht wenigstens ein neues wichtiges Unternehmen war. So können wir denn hier nur sagen, dass von patricischer Seite der Kalender in der Zeit der *renata urbs* seinen Abschluss erhielt (vgl. oben S. 232. 256).

[154]) Dies *autem postriduanus ad omnia maiores nostri cavendos putarunt, quos etiam atros relut infausta appellatione appellarunt, eandem tamen nonnulli communes relut ad emendationem nominis occurrerunt. Vgl. auch Isidor. de nat. rer. 1. Atri dies sunt, qui et communes vocantur.*

[155]) Mommsen hat in seinen Ergänzungen p. 312. zwar das *ex s-c.* auch anerkannt, übrigens aber ganz ungehörig *dies religiosi* eingerechnet; denn so heissen nur nach der zusammenfassenden späteren Gelehrtensprache alle Tage, an denen man es sich zur *religio* machen muss, etwas vorzunehmen, weil man damit gegen den Willen der Götter oder wenigstens ohne deren Segen handeln würde, mögen sie *nefasti, atri* oder *quibus mundus patet* oder der *dies Alliensis* und andere ähnliche *mali ominis* sein (Fest. p. 216. 250. Gell. 4, 9, 5. 10. Hartmann S. 128.). Bezeichnete Verrius die *postriduani* nach ihrer objectiv sacralen Eigenschaft, so konnte er sie hier wie bei Gell. 5,17. nur *atri* nennen. Aber er führt im Kalender richtig nur die politische Eigenschaft und erst als Grund dafür den Inhalt des pontificischen Decrets an. Also ist auch zum 2 Jan. zu ergänzen: *Idem dies ex SC. vitiosus est, ut sunt postridie omnis Calendas, quod in sacrificium recte non fit.*

VI. Die nundinae.

Die eben abgebrochene Untersuchung über die *dies fasti* und *comitiales* lässt sich nicht zu Ende führen, ohne vorher über das Recht der *nundinae* ins Klare gekommen zu sein. Leider muss bei dieser Materie die Wissenschaft erst wieder umkehren, ehe an einen Fortschritt gedacht werden kann.

Hinsichtlich der Bedeutung des Worts selbst stand es nehmlich früher nach den übereinstimmenden und völlig glaubwürdigen Zeugnissen des Alterthums [160] fest, dass die Römischen Landleute nach alter Gewohnheit sieben Tage lang mit dem Feldbau beschäftigt, am achten zur Vermarktung ihrer Erzeugnisse und zu andern Geschäften in die Stadt gekommen seien, daher *nundinae* theils materiell Markttag, Markt, theils formell den fortlaufend je neunten Tag — nach Römischer Zählweise — bezeichnete. Hierauf nahm man aber auch im Kalender insofern Rücksicht, dass man darin je acht Tage von den einen *nundinae* zu den andern, welcher Zeitraum selbst *nundinae* (nach Non. v. Nundinae p. 214. *nundinum*) heisst, unbekümmert um die sonstigen sacralen und politischen Zeiteintheilungen, namentlich von Monaten, Kalenden, Nonen, Idus u. s. w. und folglich auch von Jahren und Einschaltungen [161], Tag für Tag fortzählte und nach der Ordnung des Alphabets mit den Buchstaben A bis H bezeichnete, die eben wegen jener Unabhängigkeit der *nundinae* von aller politischen oder sacralen Bedeutung der Zeit, diese gleichsam als das rein natürliche Tagesmaterial auffassend, noch vor allen andern Tagesbezeichnungen stehen. Dagegen behauptet nun Mommsen [162], jene Nachricht

---

[160] Die ältesten Zeugen dafür sind Cassius Hemina und Rutilius Rufus bei Macrob. 1, 16, 33. 34. Ausserdem sagen dasselbe Varr. de r. r. 2, praef. 1. Dionys. 2, 28. von Romulus: εἰ μὲν εἰρήνην ἄγοιεν, ἐπὶ τοῖς κατ᾽ ἀγρὸν ἔργοις ἔθιζεν ἅπαντας μένειν, κἀν εἴποτε δεηθεῖεν ἀγορᾶς, τότε δ᾽ εἰς ἄστυ συνιόντας ἀγοράζειν, ἐννάτην ὁρίσας ἡμέραν ταῖς ἀγοραῖς — eine gewöhnlich übersehene Stelle; desgleichen 7, 58. Colum. 1, praef. 18. Plin. N. H. 18, 3, 13. und als poetische aus dem Leben gegriffene Beschreibung der *nundinae* Virgil. Moret. 79 . . . . *nonisque diebus Irmodos olerum fasces portabat in urbem, Inde domum cervice levis, gravis aere redibat.*

[161] Dass auch von einem Jahr ins andere fortgezählt und Schaltzeit ebenso wie andre gerechnet wurde, ersieht man daraus, dass der eine Januartag, um den das Jahr des Numa (von sacral 355 Tagen) später wirklich grösser war, als das Griechische, von Altern her und auch noch nach dem Julianischen Kalender oft eingeschaltet oder später richtiger nur verlegt wurde (Dio 60, 24), um das Zusammentreffen der *nundinae* mit dem Neujahr oder den Nonen zu vermeiden (oben S. 52). Denn dieses Vermeiden hat ja theils das Durchzählen der Wochen ins folgende Jahr, wie bei uns, theils das Mitzählen jenes eingeschalteten Tages zur Voraussetzung. Daher muss auch noch im Julianischen Kalender das *bissextum* bei der Nundinalzählung als zwei Tage gezählt worden sein, während es sonst für die politische Zeitrechnung als Ein Tag galt.

[162] Chronol. S. 226. 241 der 1sten, S. 240—255 der 2ten Ausg. und ebenso Röm. Gesch. 4te Aufl. I. S. 218., von der hier nur ein für alle Mal

Varro — dem nehmlich alle andern, worunter selbst der fast 50 Jahr ältere Rutilius namentlich angeführt wird, nachgeschrieben haben sollen — beruhe auf einem Irrthum[188]), nundinae sei vielmehr der Anfangstag der letzten achttägigen Woche jedes Monats, und nur vereinzelt (bei Macrobius) heisse so auch der Anfangstag (also A) der kalendarischen Nundina, die Nundinalbuchstaben der Kalendarien endlich hätten mit den wirklichen nundinae gar nichts zu schaffen, sondern seien nur dazu aufgenommen, um die Fristen von 8 Tagen leichter übersehen zu können[189]). Ich bekenne nun, Hartmann (§ 11. S. 83. Anm. 5.) beistimmen zu müssen, und halte es auch für unmöglich, dass nicht jeder andre Urtheilsfähige, der ohne vorgefasste Meinung an die Sache herantritt, ebenfalls beistimme, wenn jener sagt, dass die Quellenzeugnisse, auf welche Mommsen sich beruft, keine Spur eines Beweises für dessen Meinung enthalten und die Verwerfung aller ihr direct widersprechenden Zeugnisse der Alten reine Willkühr sei. Eine abermalige Widerlegung kann daher auch hier um so weniger erwartet werden, als Mommsen selbst, dessen zweite Ausgabe der Chronologie in demselben Jahre mit Hartmanns Schrift erschienen ist, nachdem er diese gelesen und erwogen — was freilich beim Druck der I. L. A. (1863) noch nicht geschehen zu sein scheint — sich wohl selbst von der Unhaltbarkeit seiner Ansicht überzeugt haben wird. Nur einiges noch nicht Berücksichtigte oder was positiv tiefer in die Sache selbst einführt, möge noch hervorgehoben werden.

Das einzige scheinbare äussere Argument, auf welches Mommsen seine Ansicht stützt, Clc. ad Att. 4, 3, 4. A. d. X Cal. (nehmlich Dec. des J. 697) nundinae, concio hodno nulla, widerlegt sie vielmehr. Es kann nur auf einer Verwechslung des vorcäsarischen Kalenders (mit 29tägigem November), worin der X Cal. Dec. nicht der erste Tag der zweiten Woche, sondern der letzte Tag in der ersten Woche nach den Idus (21 Nov.) ist, mit dem Julianischen Kalender beruhen. Ebenso beweist das einzige innere Argument, welches gegen die Darstellung der Alten angeführt wird, 'es sei

---

bemerkt sein mag, dass sie die Ansichten des Verfassers über den Römischen Kalender anzugeswelse für das grosse Publikum wiederholt.

[188]) Mommsen scheint hier eine andre Aeusserung nicht gegenwärtig gewesen zu sein, die er in demselben Buch S. 19. allerdings bei Gelegenheit einer Controverse, wo Varro für seine Meinung Zeuge ist, thut: Wenn über einen Kalender, nach dem Varro sein Lebenlang datiert hat, das — — Zeugniss Censorius d. h. Varros selbst, nichts mehr gelten soll, so ist es eine Thorheit, das Alterthum erforschen zu wollen.

[189]) Alle diese Sätze sind in der 2ten Ausgabe der Chronologie festgehalten worden. Nur eine vermeintliche Emendation, dass nehmlich bei Macrob. 1, 13, 17. für das sinnlose dies qui additus est nundinis nnzweifelhaft zu schreiben sei dies qui A dictus est, wird 'als unnöthig' zurückgenommen. In der That müsste man aber aus eben demselben Grunde und mit derselben Zuversicht, wenn die Handschriften das letztere hätten, daraus das erstere herstellen.

unverständig, neben den Kalenden, Iden, Nonen und (den neuerfundenen) Nundinen jedes Monats, die notorisch Geschäfts-, Markt- (?) und Schmaustage gewesen seien, noch eine andere und auf einem ganz andern Princip beruhende Reihe von Geschäftstagen herlaufen zu lassen', wenn man die *petitio principii*, dass die neu aufgebrachten *mundinae* Markttage gewesen seien, wie billig, nicht als Beweis gelten lässt, bei richtiger Erkenntniss des Römischen Wesens gerade für das Gegentheil. Denn da das ganze Römische Staats- und Verfassungsleben der ältern Zeit von dem Gegensatz des Patricier- und Plebejerthums getragen wird, so müssten wir an der Logik dieses Gegensatzes irre werden, wenn er nach einer der wichtigsten Seiten des Verfassungslebens, der Zeiteintheilung, nicht auch hervorgetreten sein sollte, d. h. wenn es neben den drei ursprünglich blos patricischen Monatszeichtagen, den Kalenden, Nonen und Idus, die, wie sie selbst auf den Himmelserscheinungen und der alten Religion beruhten, auch theils zu den patricisch sacralen Volksversammlungen, theils zum Amtsantritt der hohen Magistrate und früher meist auch zu Triumphen und zu Tempelweihen dienten, nicht entsprechende ursprünglich blos plebejische Stichtage gegeben hätte [191]), die eben

---

[191]) Dass es (in der Regel) in jedem Monat auch drei solche ἀγοραί (*nundinae*) gegeben, was die Länge des Monats zwischen 29 und 31 Tagen von selbst mit sich bringt, hebt Athen. 6, 108. bei Gelegenheit der Lex Fannia sumptuaria (592) hervor, welche erlaubte, an ihnen ausnahmsweise (mit Rücksicht auf die Marktfremden) fünf statt der sonstigen drei Gäste zu laden. Gestattete dasselbe Gesetz nach Gell. 2, 24, 3. auch ausnahmsweise an je drei Tagen in jedem Monat 30 Asse statt der gewöhnlichen 10 aufzuwenden, so braucht das nun auch nicht (wie Mommsen will) auf einem Irrthum zu beruhen. Wahrscheinlich waren die zehn Tage von patricischer Seite die Kalenden, Nonen und die drei *dies postriduani* (da die Iden, welche selbst die spätere Lex Licinia noch nicht zur Gleichheit mit den Kalenden und Nonen herabdrückte, oben S. 271. Anm. 159, ohne Zweifel unter den *dies festi* mit 100 Assen bedacht waren), von plebejischer die beiden letzten Nundinen (vgl. Lucilius bei Non. v. Nundinae p. 214. *Pancorum aspa hoc porito si mihi gustoi interrumdino* von der kärglichen Mahlzeit an den Internundinaltagen) mit ihren *postriduani* und die ersten für sich allein, um so die beiden Monatshälften möglichst gleichmässig zu bedecken. Denn dass man später den Scrupel an einem *postriduanus* etwas neues Ernstes zu unternehmen auch auf den Tag *postridie nundinas* erstreckt hatte, weshalb er sich auch zu Schmausereien der vom Tage vorher noch zusammengebliebenen Marktgäste eignete, zeigt ausser Suet. Aug. 92, wonach selbst Augustus diese Maxime befolgte, Cic. ad Att. 4, 3, 4. *Ante d. X Calendas nundinae: conciо bidи nulla*. Es verstand sich von selbst, dass man an *nundinae* und Tags darauf das Volk regelmässig auch nicht zu Concionen (ausser etwa für blosse nicht eigentlich geschäftliche Mittheilungen) berief (vgl. Macrob. 1, 16, 29). Nur ein *levissimus tribunus pl.* setzte sich über dergleichen Bedenken hinweg. Cic. ad Att. 1, 14, 1. Dass man später auch die *dies postriduani* nach den *feriae Latinae* für religiös hielt — sogar den ersten und zweiten — zeigt Cic. ad Q. fr. 2, 4. fin., und hatte auch noch seinen besonderen Grund. Sullas Aufwandsgesetz, worin zuerst die Kalenden, Nonen und Iden einander gleichgesetzt wurden (oben S. 271. Anm. 159) hat diesen auch ohne

als solche rein irdische, mithin auch von der Beachtung in dem
patrizischen Kalender ausgeschlossen waren und ohne alle Differenz
untereinander durch eine abstract mathematische Regel bestimmt
worden, indem sie von dem Einerlei der ländlichen Arbeit nur deren
Verwerthung in der Stadt für die Erhaltung der dem Plebejer allein
vergönnten privatrechtlichen Existenz unterschieden. Nichts drückt
jenen Gegensatz so significant aus, als dass, während die Patricier
an ihren Stichtagen sich für den Cult der Götter vereinten, das
Höchste für den gemeinen Mann war, an den Nundinen in der Stadt
zum Markte zusammenzukommen. Dagegen hat die Annahme eines
vierten patricischen Stichtages in der zweiten Hälfte des Monats
auch für sich genommen alle innern Gründe wider sich. Hätte er
existiert, so hätte er doch auch im Kalender so gut wie die übrigen
drei vermerkt werden müssen, oder woher seine Verschämtheit, sich
nirgends sehen zu lassen? Er widerspräche ferner dem Imparilitätsprincip, welches die Sache selbst und Lyd. de mens. 8, 7 auch für
die Monatsstichtage bezeugen, da er in der Regel auf den 22 oder
24 Monatstag fiele, und ebenso unerhört wäre es, der unglücklichen
Zeit des abnehmenden Mondes noch einen Monatsfesttag zuzuweisen.

So quellenwidrig und irrig wie Mommsens Hauptansicht ist auch
die, jedoch auch schon ältere, dass *nundinae* den Anfangstag (im
Kalender A) des achttägigen Zeitraums bezeichnet habe. Alle
Schriftsteller und der Name *nundinae* selbst, der den Ablauf von
je neun Tagen nach Römischer Zählung voraussetzt (eben so wie
z. B. *perendinus* den Ablauf eines dazwischen liegenden Tages, die
Ausdrücke *annus, bima, trima* die den Ablauf von einem, zwei, drei
Jahren) bezeugen, dass der Schlusstag, im Kalender also H, damit
bezeichnet wird [179]): wobei man sich nur nicht dadurch täuschen
lassen darf, dass diese Rechnungsweise einen beständigen Kreislauf

Zweifel die drei Nundinen gegenübergestellt. In der Relation seines
Inhalts bei Gell. 2, 24, 11. *qua rursus ast, ut Calendis, Idibus Nonisque,.
diebusque laderum et feriis quibusdam solemnibus misterios trivesco in carnem
movemus in postitumpus essei,* zeigt das erste unbequeme *que,* welches die
Herausgeber zu streichen pflegen, dass vor demselben wegen der
Aehnlichkeit mit *Nonis nundinis* ausgefallen und also *Calendis, Idibus, Nonis
nundinisque* u. s. w. zu lesen ist.

[180]) Rutilius bei Macrob. 1, 16, 34. von den Nundinä: ...*nono anum die,
intermisso rure... Romam revisunt.* Varr. de r. r. 2, praef. § 1. *Itaque
annum ita dicuntrout, ut nonus modo dirbus urbanus res usurparent, reliquis VII
ut rure colerent.* Ovid. F. 1, 54. *Est quoque (dies) qui nono (sc. die) semper
ab orbe redit* d. h. der von dem vollendeten Kreise der 8 Tage an und
also den (in seinen irgend welchen frühern Stunden schon) achten
wieder als (in seinen irgend welchen spätern Stunden gleichsam neu-
ten und doch auch) ersten gerechnet, am neunten Tage wiederkehrt.
Ebenso die Stellen in Ascon. 186. Dionys. 7, 58. *Αἱ δ'ἀγοραὶ 'Ρωμαίοις
διίσωντο.... δι' ἐνάτης ἡμέρας* und die übrigen Griechen Dio 40, 47.
48, 33. 60. 24. Plut. qu. Rom. 42. Coriol. 18. In demselben Weise sind
auch *Nonae* und der Jüdische Sabbat bei der Berechnung Vollendungs-
nicht Anfangstage.

292   Die Tage des alten Römischen Jahrs.

voraussetzt, in dem der jedesmalige neunte zugleich wieder der
Anfangstag für den folgenden neunten ist; denn diese Eigenschaft
als erster hat er doch immer nur secundär um jener Zählungsweise
willen. Dass wenn man von einem solchen anfangs- und endlosen
Kreislauf absieht und einmal einen absoluten Anfang der *nundina*
setzt, wie es z. B. der abstracte Kalender thun muss, nicht der je
erste (A), sondern der je achte Tag desselben (H) *nundinae* ist,
zeigen die Römischen Kalendarien, in denen bekanntlich der 1 Januar
mit A bezeichnet wird. Denn da man es für ein böses Omen ansah
und durchaus vermied, die *nundinae* auf den Anfang des Jahres fallen
zu lassen (Anm. 187), so können doch die Verfasser der Kalendarien
unmöglich diesem streng zu Meidende selbst gleichsam zur Regel
gemacht haben. Jener Glaube selbst aber, den Mommsen in seiner
allen Eingehn auf die religiösen Vorstellungen eines Volks scheuen-
den Weise auf die 'Kalenderfrömmigkeit' schiebt, erhält auch seinen
guten Sinn, wenn die *nundinae* der letzte Tag des Nundinum sind:
es ist nicht bloss überhaupt naturwidrig, dass der Kopf (der erste
Tag im Jahr) zugleich der Schwanz (der letzte im Nundinum) sein
soll, sondern auch in der hier vorliegenden Anwendung auf das
Verhältniss der Patricier und Plebejer ein gleichsam den Aufruhr
provocierendes Omen, wenn diese im beginnenden Jahr geradezu das
patricisch Erste und Oberste und für die höchsten Staatsinteressen
Bestimmte in ihrer Zeitrechnung für das Letzte und Unterste und
für den gemeinen Verkehr Bestimmte ansehn sollen. Natürlich
kehrten daher die Kalenderverfasser das Omen geradezu um, indem
sie auch das plebejisch Erste für den Neujahrstag als Regel nahmen,
wonach denn im Kalender H, in jedem wirklichen Jahre aber derjenige von den acht Buchstaben der ersten Kalenderwoche, auf welchen
die ersten *nundinae* fielen, diese während des ganzen Jahres anzeigte.
    Eine Berechnung dieses Nundinalbuchstabens ist im Ganzen erst
seit dem Julianischen Jahr möglich, weil wir erst von da ab zugleich
durch ein Datum bestimmte *nundinae* (Dio 48, 33) und die Tagezahl
eines jeden Jahres nach dem nun fest regulierten Einschaltungssystem kennen [193]). Auch dabei ist nun das H als Buchstabe der
abstracten Kalendermondinen festzuhalten statt des A der Neueren,
die aber auch ausserdem in ihren Berechnungen mehrfach gefehlt
haben, wie namentlich Mommsen mit der völlig willkührlichem Hypothese, dass das erste Julianische Jahr (709) mit A begonnen habe
— als wenn Cäsar einen Grund hätte haben können, bei seiner
Kalenderreform, die mit den Nundinen überhaupt nichts zu schaffen
hatte, das böse Omen des Zusammenfallens des 1 Jan. mit *nundinae*
herbeizuführen statt sie zu vermelden [194]). In der That fielen sie

[193]) Andre bekannte Daten bestimmter Nundini sind meines Wissens nur:
    der 1 Jan. 676 (oben S. 52), der 29 Dec. 687 (oben S. 260), der 1 Jan.
    691 (S. 52), der 21 Nov. 696 (oben S. 289).
[194]) Mit vollem Recht hat dieses Lepsius gegen Mommsen geltend gemacht,
    der (Chron. S. 285) darauf im Grunde nur mit der Behauptung ant-

nach richtigem Verständniss der Stelle des Dio 48, 33, wonach auf
den 1 Januar 714 *nundinae* trafen, nicht damit zusammen, sondern
der Nundinalbuchstabe des Jahres 709 war *D*.[190]).

Wie der Gegensatz von Patriciern und Gemeinen ein ursprünglicher war, so wird es auch von Anfang an in Rom Markttage
gegeben haben und hatten daher diejenigen materiell Recht, welche
deren Einführung auf Romulus zurückführten (Dionys. 2, 18. 28).
Datierten sie aber dieselben mit Tuditanus genauer erst von der
Zeit nach der Aufnahme des T. Tatius und seiner Sabiner in den
Staat (Macrob. 1, 16, 32), so hieus dieses wohl, dass in dem Doppelstaat die Römische Woche über die der Sabiner den Sieg davon
getragen habe, bei denen aller Wahrscheinlichkeit nach der siebente
Tag Markttag war. Denn wenn das *Calend. Sabin.* (Mommsen I. L. A.
p. 302) noch vor der achttägigen Römischen Woche mit *A* bis *H*
eine siebentägige mit *A* bis *G* bezeichnet, so kann man das in einem
öffentlich ausgestellten Kalendarium der ersten Kaiserzeit doch wohl
weder auf dortige Reception der Orientalischen Woche (Mommsen

wortet, dass 'es unschicklich wäre den Anfang dieser Nundiqalzählung
anderswo anzusetzen als in den Anfang der Julianischen Aera selbst.'
Merkwürdig ist dabei der 'Beweis,' durch den er Dio und Macrobius,
welche die entgegengesetzte 'Unschicklichkeit' bezeugen (Anm. 187),
widerlegt zu haben glaubt (Chron. S. 251. 255): beide führten ja selbst
Fälle aus älterer Zeit (den *remotus Lepidimus* im J. 675 und das J. 701
— s. oben S. 52) au, in denen man zur Vermeidung des Zusammenfallens des 1 Jan. mit *nundinae* nicht eingeschaltet habe. Allerdings!
Aber beide erwähnen diese Fälle als Ausnahmen, welche die Regel
bestätigen, Wo den zweiten sogar als etwas, was nut zu den Prodigien
gezählt worden sei. In Wahrheit mag das Unterbleiben der Schaltung
in diesen turbulenten Zeiten auch darin seinen Grund gehabt haben,
dass erst allmählich auf den 1 Jan. sich übertrug, was früher vom
1 März gegolten hatte.

[191] Die täuschende Art der Relation über die Stelle des Dio, wodurch
Mommsen (S. 283) wider Lepsius herauszubringen sucht, dass sie vom
1 Jan. nicht 714, sondern 715 spreche, um dann durch Mitrechnung
des J. 714 auf den Buchstaben *A* für den 1 Jan. 709 zu kommen, verliert sofort ihren Schein, wenn man die Stelle des Dio selbst (vgl. oben
S. 52) einsieht. • Sagt er vom J. 714: 'im Jahre vorher (also 713)
hätten Ritter bei den Apollinarspielen die wilden Thiere getödtet und sei
ein ungewöhnlicher Schalttag eingeschaltet worden, um das Zusammenfallen des 1 Jan. des folgenden Jahrs mit den Nundinen zu verhüten,'
so kann dieses folgende Jahr nur 714 sein, dem dann auch die noch
weiter nachträglich erzählten Begebenheiten angehören, und wenn er
dieses Nachtrag mit den Worten schliesst *ταῦτα μὲν ἐν τοῖς δύο ἔτεσιν ἐγίνετο*, so beziehn sich diese offensichtlich auf das, was er vorher
von 714 und nachträglich von 713 berichtet hat, confundieren aber
leider nicht. Kommen nun bloe die Jahre 709 bis incl. 713 nebst dem
Wochenschluss (*nundinae*) 1 Jan. 714 in Betracht, von denen wir wissen,
dass 709 und 712 Schaltjahre waren, so umfassten dieee 1828 natürliche Tage oder 228 *nundinae* und 4 Tage, d. h. es gingen der ersten
mit *A* beginnenden Woche des J. 709 noch vier Tage voran, so dass
die ersten *nundinae* des Jahres auf den 4 Jan. (im abstracten Kalender *D*) fielen.

304	Die Tage des alten Römischen Jahrs.

Chron. a. a. O.) noch (wie derselbe später sagt l. l.. A. p, 368)
auf Privatsuperstition, sondern nur auf ein Municipalrecht der Sabiner
zurückführen, zu dem bei ihrer Aufnahme in den Römischen Staat
im siebenten Jahrhundert und der damit verbundenen Annahme des
Römischen Kalenders ihre alt hergebrachte Woche herabsank, wie
wir denn ähnliche Abweichungen im Kalender auch z. B. hinsichtlich der Monatsnamen *(Flusaris* neben dem Römischen Quintilis in
der Inschrift von Farfo, I. L. A. 608. und *Martius* als vierten Monat,
8. 9. Anm. 12) bei ihren *sacra municipalia* finden; denn das Marktrecht
gehörte, wie es in Rom ursprünglich plebejisch war, überhaupt nur
den municipalen Interessen an (vgl. den tit. D. 50, 11. *de nundinis*
im Municipalrecht); konnte es doch selbst Privatgrundeigenthümern
und, da Versammlungen des Volks lediglich vom Imperium der
Magistrate ressortierten, ursprünglich auch schon blos von den Consuln ertheilt werden (Suet. Claud. 12. sonst vom Senat oder Kaiser
Plin. ep. 5, 4. L. 1. D. de nundin. 50, 11). Auch weist auf häufig
abweichendes Municipalrecht hinsichtlich der Marktwochen der
Umstand hin, dass die Römischen *nundinae* bei den Schriftstellern
oft eben als *Romanae* oder *Romanorum* bezeichnet werden [100]). Als
Ueberbleibsel der Quiritisch-Sabinischen Woche bei den Römern
kann man ausser den *Nunae septimanae* der vier vollen Monate und
der verminderten dritten Woche des Februar (oben S. 49) die
Bauernregel betrachten, dass man Bäume am besten in den sieben
Tagen nach dem Vollmonde fällt (Cat. 37) und dass der unter dem
Schutz der *Dea Nundina* stehende *dies lustricus*, an welchem den
Kindern der Name für die Familie (wie später zur Zeit der Pubertät
oder Verheirathung für den Staat) gegeben wurde, bei Knaben der
achte, bei Mädchen der siebente Tag nach der Geburt war [101]);
denn nach Analogie der beiden Geschlechter pflegte man seit dem
Raube der Sabinerinnen das Römer- und Quiritenthum überhaupt
aufzufassen. Wiederum liegt ein Beweis für das hohe Alterthum
der *nundinae* in der uralten Sitte, den Römischen Landleuten die
feriae sementinae, welche *conceptivae* waren, auf zwei durch sieben
Tage getrennte Tage anzusetzen, so dass das Opfer an die Ceres

---

[100]) Macrob. I, 16, 28. *Messala augure consulente pontifices, an nundinarum Roma-
narum Nonarumque dies feriis tenerentur* — und I, 16, 29 aus den älteren
Julius Cäsar *sexto decimo suspicionum libro: ideoque nundinis Romanorum
habere connubia non possit.* Plin. N. H. 28, 2, 6. *Ungues resecari nundinis
Romanis tacitus atque a digito indice... religiosum est.* Vgl. auch Dionys.
in Aum. 192. In der Schulencontroverse der L. 138 pr. D. de verb.
obl. (45, 1) über den, *qui centurum nundinarum dierum dari stipulatur,* ist bei
den *centiae nundinae* auch der (mehrtägige) Markt dieser oder jener
bestimmten Stadt zu verstehen. Es gab auch öffentliche Verzeichnisse
der Märkte in den verschiedenen Städten Italiens, aus deren Ueber-
bleibseln (Mommsen I. H. N. 6747 I. L. A. p. 299) sich aber ihre
Beschaffenheit nicht mehr deutlich erkennen lässt.

[101]) Fest. ep. v. Lustrici dies p. 120. Plut. qu. Rom. 102. Macrob. I, 16, 36.
Vgl. Preller Röm. Myth. S. 579.

offenbar auf gewisse erste, das an die Tellus auf die folgenden
nundinae fiel (Lyd. de mens. 3, 6). Aber auch die ganze Einrichtung des patricischen Monatskalenders selbst beruht dem Zeitmaasse
nach offenbar und wie auch schon die Alten bemerkt haben (Macrob.
1, 15, 7), auf der Woche von 8 Tagen. Jeder Monat enthält drei
solcher Wochen — die erste von den Nonen bis zu den Idus,
welche selbst als abschliessender Jahresfesttag für die zweite Hälfte
des Monats nicht wieder mitzählen, und eine Doppelwoche zwischen
Idus und Kalenden, welche als zu rufender Tag des folgenden
Neumonds auch am Schluss nicht mitzählen — nebst einer kürzeren
Vorbereitungszeit zwischen Kalenden und Nonen, welche in den acht
Monaten mit 29 (resp. 28) Tagen Januar, Februar, April, Juni,
Sextilis, September, November, December eine halbe Woche = 4 Tage,
in den vier Monaten mit 31 Tagen März, Mai, Quintilis, October
eine Dreiviertelwoche = 6 Tagen beträgt [101]). Denn die Nonae
sind eben der neunte Tag vor den Idus (a. d. IX. Idus); sie bekunden mit diesem ihrem Namen selbst eine Zeit, wo man bloss noch
eben so von den Kalenden bis zu den Idus, wie hinter diesen bis
zu den Kalenden ununterbrochen fortzählte, und sie bewahren, auch
nachdem sie wegen der Versammlung an ihnen ein besonderer Stich-
tag geworden, doch das Princip, wie die nundinae, nicht ein Anfangs-,
sondern ein Endtag zu sein, weil die Zählung rückläufig von den
Idus ausgeht. Wenn Varro (6, 28) zwar bei den Idus nicht aber
auch bei den Nonen bemerkt, dass sie von den Sabinern entlehnt
seien, so darf man daraus auch wohl schliessen, dass die Sabiner
ebensowenig Nonae als nundinae kannten, sondern auch die Monatszeit in Hebdomaden zerlegten, wonach sie im Monat entweder in
alterthümlichster Weise blos Calendae und Idus als benannte Stichtage unterschieden oder ebenso mehrere Octavae (oder Septimanae)
hatten, wie es bei den Etruskern (nach Macrob. 1, 15, 13) plures
Nonae gab (die zweiten nehmlich ante Calendas). Es braucht kaum
bemerkt zu werden, wie vortrefflich dieses zu der wahrscheinlichen
regelmässigen Länge der Monate des Quirilischen Jahrs (von 28 Tagen)
stimmt, welche sich uns früher (S. 25) aus andern Gründen ergeben hat.

Var nun aber auch wenigstens bei den Römern das Zeitmaass
für die Eintheilung des Monats und für die nundinae dasselbe und
beruhte ursprünglich auf den nur civilrechtlich normierten Zeiten
des Mondwechsels — so wie man civilrechtlich 30 Tage für einen
Mondumlauf oder Monat annahm — so machte man doch dort und
hier eine entgegengesetzte Anwendung davon. Der Monat im Kalenderjahr ist vor Allem eine politisch sacrale Institution und ein Werk
der prudentia (= providentia) für die in ihm wahrzunehmenden

[101]) Dieses ist auch die Auffassung von Auson. eclog. 379, 2. Nonarumque
dies facient infra orte rewndi, zweite Tage (nehmlich ein einfacher und
ein doppelter zweiter Tag) innerhalb (= abgezogen von) acht Tagen
(einer Woche) machen die Nonen, wie es auch 380, 1. näher erklärt:
Ai Nonas modo quarta aperit modo sexta refert lux u. s. w.

religiösen Pflichten; ebendeshalb zählte man in ihm beim Datieren
die Tage rückläufig, d. h. wie viel Tage noch bis zu der nächsten
jedem Bürger obliegenden Wahrnehmung (der Versammlung an den
Kalenden, Nonen, Iden) hin seien. Die Messung des Abstandes der
Iden von den Nonen und Kalenden nach 8 Tagen bildete bei ihm
nur ein untergeordnetes Moment für die Gliederung dieser in sich
selbst concreten und durch weit höhere Rücksichten bestimmten Zeit-
gestalt. Bei den *nundinae* war dagegen deren abstractes Zeitmaass
selbst das Primäre und einzig Bestimmende, wie diese Abstraction
sich auch in der Bildung des Worts mit -*inus* ausdrückt (meine Oak.
Spr. S. 331. 351 ff.).

Obgleich nun aber die *nundinae* ursprünglich sowohl politisch
als sacral ohne rechtliche Bedeutung waren, so erhielten sie doch
eine solche frühzeitig und sie wuchs mit der Zeit, bis endlich gegen
Anfang der Kaiserregierung die *nundinae* den Kalenden, Nonen und
Iden fast ganz gleichberechtigt wurden. Die erste sacrale Bedeutung
war, wie ich glaube, dass alle *feriae conceptivae* in der Regel an
nundinae und auf (die nächstfolgenden) *nundinae* angesetzt wurden.
Sie bezogen sich ja, wie oben (S. 260) bemerkt wurde, auf das Volk
und dessen Thun nach seinen den höchsten Bürger dem geringsten
und in den *Latinae* auch noch den stammverwandten Latinern gleich-
setzenden Abtheilungen [199], so dass es danach fast selbstverständlich
war, die Versammlungstage des gemeinen Mannes auch zur Ansagung
und Feier seiner gemeinsamen Opfer zu benutzen. Nur freilich die
oben erwähnten *feriae Latinae* selbst müssen wir von diesem Zusammenfallen mit den Römischen *nundinae* ausnehmen [199], da ja dann
verschiedene Völker in sacraler Gleichheit concurrierten, bei denen,
wenn sie auch wohl alle *nundinae* hatten, diese doch schwerlich auf

---

[199] Die so sie sagen plebejische Natur der religiösen Feier der *Latinae*
geht besonders deutlich daraus hervor, dass keistere von einem *aedilis
plebis*, dem Aufseher über die Römischen Marktlage, mit den Insignien
der alten Latinischen Könige geleitet wurde. Dionys. 6, 95.

[199] Hinsichtlich ihrer Ansagung ergiebt sich aus den Quellen nur, dass die
Consuln oder ein Dictator die *feriae Latinae* möglichst bald nach ihrem
Amtsantritt anzusetzen hatten, hinsichtlich ihrer Feier aber, dass diese
auf die verschiedensten Tage gerader und ungerader Zahl fallen konnte.
Die noch bekannten Daten derselben sind zusammengestellt von Marquardt Röm. Alt. IV. S. 443. Das Verhältniss derselben zu den *nundinae* lässt sich nur für die in schon Julianische Jahre fallenden bestimmen (vgl. Anm. 196), namentlich diejenigen in den beiden Fragmenten
von Vorzeichnissen der *Latinae*, welche Mommsen I. R. N. 6750. und
Marini Atti I. p. 129 herausgegeben haben. Ich habe nur die vier
ältesten auch in der Ueberlieferung sicheren Daten (Mommsen L. c.)
nehmlich den 7 Mai 727, den 1 Mai 728, den 5 Juni 729 und den
13 Juni 730 mit Zugrundelegung der ersten Nundinen des J. 709
(Anm. 196) und unter genauer Beachtung der Schaltjahre (oben S. 126)
berechnet und gefunden, dass der 7 Mai 727, der schon als *Nonas* nicht
zugleich *nundinae* sein konnte, auf den vierten Tag, der 1 Mai 728 auf
den dritten Tag, der 5 Juni 729 auf den vierten Tag, der 13 Juni 730
auf den ersten Tag einer Woche fielen.

dieselben Tage fielen. Unter den übrigen eigentlich Römischen *feriae conceptivae* haben wir aber von den wahrscheinlich ältesten *Sementinae*, denen analog auch die unter Tullus Hostilius aufgekommenen *Novendiales* eingerichtet waren (S. 259) [***]), schon vorhin gesehen, dass sie auf zwei *nundinae* angesetzt worden, und da die Ansetzung derselben nach Analogie der spätern *Compitalia* (oben S. 208) ohne Zweifel auch *die noni*, also an den *nundinae* vorher, geschah, weil ja sonst das Volk nicht zusammengewesen wäre, dem man die Feier hätte verkündigen können, so umfassten sie schon drei *nundinae* oder ein *trinundinum* — die später so wichtig werdende Zeit — ursprünglich das plebejische Abbild der patricischen Monatszeit von den Nonen bis zu den Kalenden des folgenden Monats. Die curienweise zum ersten gemeinsamen Genuss des gerösteten Far gefeierten *Fornacalia* waren wohl eben so alt wie ihr Gegenstück die *Sementinae*, — sie sollen auch von Numa gestiftet sein (Preller S. 408) — sie hatten aber wohl darin eine andre Einrichtung, dass sie, vermutlich weil sie nur Einer Göttin (der Fornax) zu Ehren gefeiert wurden, nicht auch auf zwei Nundinen vertheilt gewesen zu sein scheinen; wenigstens wird das nicht erwähnt; an die Stelle einer zweiten Feier trat aber doch, dass wer die Verkündigung, die ohne Zweifel *die noni* und auf Nundini geschah, überhört oder vergessen hatte, an den Quirinalien nachfeiern durfte (s. g. *feriae stultorum*). Von den unter einander gewiss gleichartig organisierten *Compitalia* und *Paganalia* des Servius Tullius wissen wir nur, dass jene *die noni* concipiert wurden; aber eben daraus geht hervor, dass Ansagung — die auch hier ein schon versammeltes Volk voraussetzte — und Ausrichtung auch an *nundinae* geschah [***]).

[***]) Als weiterer Beweis, dass sie auch eigentlich nundinal waren und nur sieben Tage einschlossen, darf wohl der Name des *sacrificium novendiale* mit seinen *feriae denicales* oder *privatae* angesehen werden. Vgl. Preller Röm. Myth. S. 480 ff. Auch da lagen zwischen dem Tage des Todes, beziehungsweise der Heimbringung des auswärts Gestorbenen in sein Haus und dem der Beerdigung nebst Todtenmal (*silicernum*) und übrigem *sacrificium novendiale* die sechs Tage der Ausstellung des Todten und der siebente (den Todestag mitgerechnet der achte) der Vorbrennung des Leichnams. Serv. ad Aen. 5, 64. Die Frist entsprach wahrscheinlich der zwischen dem Geburtstage und dem *lustricus dies*, da man den Tod als Uebergang (*transi?*) in ein neues Leben betrachtete. Natürlich waren nur diese Wochen, da sie bloss die Familie betrafen, keine Kalenderwochen mit einschliessenden *nundinae*. Uebrigens aber stellt die *oratuere* dem Nundinum gleich Plaut. Aul. 2, 4, 45. *Coras ille nundinalis rei, in nonum diem Solri ire certum.* Der Witz liegt hier in der hinzugefügten Erklärung, welche, grammatisch ganz richtig, das anfängliche anscheinende hohe Lob in schnöden Tadel verwandelt; denn *nundinalis coena* war eigentlich ein Festkoch (für Nundinalgastereien). Die Erklärung geht aber auf den, der nur die jämmerliche Todtenspeise zu bereiten versteht; vgl. Pseud. 8, 2, 6.

[**]) Auf die *Paganalia* wird jedoch auch gehn Macrob. 1, 16, 6. *nundinas sunt (feriae) paganorum itemque rusticorum, quibus conveniunt negotiis propriis vel mercibus provisuri.* Die *pagani* versammelten sich für ihre eigenen Ange-

Wenn aber Servius Tullius mit Einrichtung dieser plebejischen
Feste nur in sacraler Hinsicht an sich schon ältere Institutionen
wesentlich erweiterte, so war er es auch, der dem plebejischen Versammlungstage zuerst eine grosse staatsrechtliche Bedeutung beilegte.
Wir schliessen dieses aus dem Zwölftafelgesetz über die *iudicati*,
welches doch vermuthlich auch nur aus den von Tarqainius wieder
abgeschafften 50 Gesetzen jenes Königs wieder erneuert wurde.
Darüber berichtet Caelius bei Gell. 20, 1, 46, 47. *Erat autem ius
interea* (nach dem Zusammenhange: während der *iudicatus* beim
Gläubiger in Fesseln lag) *pariserndi; ac nisi pacti forent, habebantur
in vinculis dies exaginta. Inter eos dies trinis nundinis continuis ad
praetorem in comitium producebantur quantaeque pecuniae iudicati essent,
praedicabatur. Tertiis autem nundinis capite poenas dabant aut trans
Tiberim peregre venum ibant.* Und wenn Jemand mehreren Gläubigern
verurtheilt war, 20, 1, 49: *Tertiis, inquit, nundinis partis
secanto. si plus minusve secuerunt, se fraude esto.* Der
übrige Sinn des berühmten Gesetzes gehört nicht hierher [201]. Die
darin enthaltene Zeitbestimmung ist aber um so wichtiger, als sie
wegen ihres Zusammenhanges mit der Jurisdiction zugleich in die
Lehre von den *dies fasti* einschlägt. Sie ist nun zunächst ganz
unverträglich mit der neuen Mommsenschen Meinung, dass deren
angebliche *nundinae*, die Anfangstage jeder letzten Monatswoche,
dies fasti gewesen seien. Mommsens Erklärung (Chron. S. 248) fasst
sich in dem Beispiel zusammen: wenn die Addiction soll heissen:
die Abführung des *iudicatus ex iure* nach der *manus iniectio*) am
24 März stattgefunden, so hätten die drei Vorführungen an diesem
Tage, am 23 April und am 24 Mai erfolgen und das Urtheil also
nach zwei Monaten die Rechtskraft beschreiten (soll heissen: die
Execution daraus stattfinden) können. Aber erstens widerspricht ihr,
dass die Vorführungen nur in den letzten 30 Tagen der sechzig-
tägigen Frist geschehen sein können, weil nach dem anderwärts
(Nexum u. s. O.) nachgewiesenen rechtsgeschichtlichen Zusammenhange in die ersten 30 Tage noch das *pariserndi ius* fällt. Jedenfalls ist die Annahme, dass gleich am Tage der Abführung nach
Hause — also als es eben an derselben Stelle sich gezeigt, dass
Niemand für den *iudicatus* auftrete] — auch wieder dessen erste
Vorführung vor den Prätor geschehen sei, um Jemand zu seiner
Erlösung zu bewegen, mit aller innern Angemessenheit des Ver-
fahrens und mit der Darstellung des Gellius unvereinbar. Zweitens
begreift man nicht, warum denn die manus iniectio und die Vorfüh-

legenheiten, auch die religiösen, im Pagus (Dionys. 4, 15) an denselben
Tagen, an welchen im Uebrigen alle rustici in die Stadt zu kommen
pflegten. Gelegentlich noch die Bemerkung, dass von einem abstracten
nundinum d. h. welches unabhängig von den *nundinae* mit einem willkührlichen Anfangstage ein Zeitmaass von 8 Tagen bezeichnet hätte,
sich durchaus keine Spur aus dem Alterthum erhalten hat.

[201] Vgl. darüber mein Recht des Nexum S. 83 ff.

rungen gerade an jenen s. g. nundinae und nicht an irgend welchen
andern dies fasti, namentlich z. B. an Kalenden oder Nonen geschehen sein sollen, wo doch auch Volks genug gegenwärtig war.
Endlich würden auch nach Jenen sonderbaren Voraussetzungen doch
nicht 60 Tage herauskommen, sondern z. B. vom 24 März bis zum
24 Mai A + 29 + 24 d. h. 61 Tage[102]), obgleich doch inter eos
dies die drei nundinae und die Vorführungen fallen sollen. Nimmt
man aber gar irgend einen andern Verurtheilungstag als den 24 März
oder 24 Mai an, so steht es mit der Rechnung noch viel schlimmer.
Bleiben wir bei unsern Quellen stehen, so können unter den trinis
nundinis continuis allerdings nur den nachher folgenden tertiis nundinis
gleichartige Zeitbestimmungen, d. b. nicht dort nundina, hier nundinae,
sondern an beiden Stellen nur nundinae verstanden werden, wie in
der Parallelstelle Plin. N. H. 18, 3, 4. Minucius Augurinus farris
pretium in trinis nundinis ad assem redegit; der Zusatz continuis macht
aber auch, obgleich nundinae nur einzelne Tage sind, keine Schwierigkeit, wenn sie einen Endtag bedeuten, weil unter einem dies ad quem
ganz gewöhnlich zugleich die Zeitfrist bis dahin gedacht wird. Die
Frist selbst, namentlich die sieben ersten Tage bis an den folgenden
ersten nundinae ist aber hier gleichgültig, weil nur an den nundinae
selbst etwas vorgenommen werden soll, und ebendeshalb heisst doch
auch trinundinus dies oder trinundinum (tempus) oder trinum nundinum
(dies) immer nur eine Kalenderfrist von drei nundinae, mindestens
also von 17 Tagen[103]), wogegen zur Bezeichnung der Zeit zwischen
zwei Nundinen der Ausdruck inter nundinum oder das adjectivische
Substantiv internundinum oder internundinum (tempus) dient[104]). Was

[102]) Anderwärts, wo die 30 tägige Frist bis zur indicis datio mit der neuen
Lehre von den dies fasti in Einklang gebracht werden soll (Chronol.
S. 252), hat es sogar 'keine Schwierigkeit, die 30 Tage so zu verstehen,
dass eine Monatsfrist von Datum zu Datum gemeint ist.' Aber wenn
man solche Unzulänglichkeiten decretiert, dann kann kaum noch von
Forschung die Rede sein.

[103]) Trinundinus dies z. B. bei Rutilius (Macrob. 1, 16, 34)... nona autem die
internundino rure ad mercatum legesque accipiendas Romam remeant, et ut scita
(z. B. der Behörden) wegen feriae conceptivae Liv. 1, 20, 6. Strafanträge
u. a. w.) atque comitia (des Senats) frequentiore populo referrentur (wiederholt vorgetragen würden) quae trinundino die proponita a singulis atque
universis facile noscebantur. Unde etiam mos tractus, ut leges trinundino die
promulgarentur. Bloss trinum nundinum oder trinundinum z. B. Liv. A, 35.
Quintil. Inst. 2, 4, 35. Macrob. 3, 17, 7. Man sagte aber auch im Genit.
Plur. trinum nundinum Cic. pro domo 17, 45. accusativo trinum nundinum,
ĉm predicta; Phil. 5, 3, 8. Ubi est promulgatio trinum nundinum ? bei
Priscian. 7, 3, 9. Ex promulgatione trinum nundinum dies ad ferendam
pristissique remisit; ad famil. 16, 12, 3. ut praesentem trinum nundinum peti-
torum. Edict. de Bacchan. v. 22 haice atei in conventionid exdeicatis ne
minus trinum noundinum (was von conventionid abhängt). Vgl. Becker Röm.
Alt. II. 8. S. 56.

[104]) Varro bei Non. v. Nundinas p. 214. Quoties priscus homo ac rusticus Romanus inter nundinum barbam radebat; und: Romani praenuncatorum (die an
den nundinas in grosser Zahl versammelten) nou qui in urbe inter nundinum
rehunuriortur. Der zweite Ausdruck steht Macrob. 1, 16, 86. Es re

nun aber vorgenommen werden soll, charakterisiert die *nundinae*
zunächst zwar wieder nur als Versammlungs- und Markttage, da das
Ausrufen der Judicatssumme offenbar die Absicht hatte, von recht
vielen Bürgern gehört zu werden, um dem Judicatus noch Rettung
zu verschaffen und wenigstens auch das Verkaufen des Vermögens
(in der *sectio*) sich eben zu einem Markttage schickt. Weit wichtiger
ist jedoch die vorausgesetzte Anwesenheit der Obrigkeit während der
nundinae, wobei deren Aufenthalt auf dem Comitium auf Rechtsprechen
hinweist, und die an den dritten *nundinae* stattfindende Execution
auch gegen die Person. Die erstere kann man nicht anders als so
deuten, dass Servius Tullius die Einrichtung getroffen hatte, den
Plebejern gerade an ihrem eigenthümlichen Versammlungstage überhaupt Aufsicht über den Markt und seine königliche Jurisdiction
angedeihen zu lassen, in unserm besonderen Falle aber auch den
armen Schuldner durch seine Gegenwart gegen den Missbrauch des
patricischen Schuld- und Executionsrechts z. B. durch Angabe einer
zu hohen Judicationssumme oder durch verfrühten Verkauf zu schützen.
Auch deutet die Execution gegen einen Bürger an den dritten *nundinae*, nachdem er an allen drei vom Volke als einer, der sein Caput
verwirkt habe (gleich dem *incensus* und *militiam detrectans*) aufgegeben
war, auf eine den *nundinae* für den ganzen Staat, den *comitialus
maximus*, zuerkannte Bedeutung, die für Capitalsachen überhaupt —
also durch gestattete *provocatio ad populum* — und daher auch für
die übrigen Rechte der Centuriatcomitien dieselbe sein musste. Hiernach hatte denn Cassius, dem Varro folgte (Macrob. 1, 13, 20) im
staatsrechtlichen Sinne mit seiner Nachricht (Macrob. 1, 16, 33) doch
vollkommen Recht: *Servium Tullium ferisse nundinas, ut in urbem ex
agris concenirent, urbanas rusticasque res ordinaturi*, und es begreift
sich auch, was ein andrer Historiker hinzufügte (Macrob. l. c.)
Geminus ait, diem nundinarum exortis iam regibus corpiuse celebrari
(auch religiös), *quia plerique de plebe repetita Servii Tullii memoria
purratarent ei in nundinis, cui rei etiam Varro consentit*. Das Volk
opferte ihm, wie später dem ermordeten C. Gracchus, an der Stätte,
wo es ihn früher als seinen Patron zu sehen gewohnt gewesen und
jetzt durch den Mundus seine Manen ihm erreichbar waren.

Es kommt aber so auch ein klarer Zusammenhang in die spätere
Entwickelung der Römischen Verfassungsgeschichte, indem wir behaupten dürfen, dass die Einführung der Tribunen und Aedilen des
Volks durch die *leges sacratae* nur eine erweiterte Wiederherstellung
jener Servianischen Einrichtung war, jedoch in der Art, wie die
inzwischen aristokratisch gewordene Verfassung, die ihrer Natur nach

*etiam candidato ama fuit in comitium nundinis venire et in colle consistere, unde
corum passoni ob universis vederi: sed haec omnes negligentius haburi coepta et
post abolita, postquam intermundino etiam ob multitudinem plebe frequentia ad-
ruse conperunt.* Lucilius bei Non. v. Nundinae p. 214. *atque hoc pacto si
nihil gnatei intermundino.* Victorin. art. gramm. I. p. 2469. P. *Interun-
danum, quod novem dies inter se continuos habeat, non quod nono die vi.*

dualistisch ist, sie zufliess[20]). Die Volkstribunen sind nach ihrer
ersten Einsetzung einerseits ein *magistratus plebis* (L. 2. § 20. D). do
orig. Iur. 1, 2. Liv. 2, 33. 56. Applan. de b. civ. 1, 1) und darum
ausgestattet zwar nicht mit Imperium, aber doch mit *ius cum plebe
agendi* (Dionys. 7, 16) und *ius in plebeium* (Liv. 2, 56), auf Grund
des schon erwähnten sacralen Rechts der Theilnahme an den
December-Agonalien (S. 249), indem ihnen unter den Plebejern eine
Diätetenjurisdiction d. h. sofern der Beklagte sie sich gefallen lässt
und nach ihr *item* contestiert, zusteht, in der sie sich aber für die
indicatio von den Aedilen (Dionys. 6, 90. Zonar. 7, 15 fin.) und
übrigen später (305) durch die Lex Valeria Horatia erneuerten *iudices
decemviri* (Dionys. l. c. Liv. 3, 55) vertreten liessen[20]); andrerseits
ein Bollwerk gegen das patricische Regiment durch das Recht der
auxilii latio. Kurz und concret fasst beides wohl nach einer ältern
guten Quelle Isidor zusammen (Orig. 9, 4, 18): *Tribuni dicti eo, quod
plebi vel iura vel opem tribuunt.* Die Erneuerung der Servianischen
Einrichtung, welche hierin lag, veranschaulicht aber Lyd. de mag.
I, 38: sie seien gewählt, ὥστε αἴτοὺς διαιτᾶν τοῖς δημόταις καὶ
τὴν ἀγοράν διασώπτεσθαι (ähnlich 1, 44). Und wie dieses concret
ganz wesentlich mit der Einrichtung der *nundinae* zusammenhing,
bezeugt Dionysius, indem er 7, 59. in der Processgeschichte des
Coriolan, dem zuerst in einem Volksprocess eine Frist zur Vertheidigung μέχρι τῆς τρίτης ἀγοράς anberaumt wurde, zum J. 265 sagt:
Die Märkte fanden aber bei den Römern, wie auch jetzt noch, an
jedem neunten Tage statt. An ihnen kamen die Plebejer vom Lande
in die Stadt, theils um ihre Erzeugnisse umzusetzen, theils um ihre
Rechtsstreitigkeiten unter einander schlichten zu lassen, theils um
über ihre gemeinsamen Angelegenheiten, so weit es ihnen gesetzlich
zustand, oder über das, was ihnen der Senat einräumte, Beschlüsse

[20]) Eben dieses hatte auch wohl Cicero im Auge, wenn er pro Corn. p. 450.
Orell. sagte: *Tanta opinio in illis civitas fuit, ut anno XVI post reges exactos
propter nimiam dominationem potentium recederent, leges sacratas sibi restituerent, duos tribunos crearent etc.*, an welchem Ausdruck schon Asconius
einen ungegründeten Anstoss nahm; vgl. Becker Röm. Alt. II. 2. S. 251.

[21]) Das Richtige über sie haben theilweise schon Schwegler Röm. Gesch.
II. S. 240. Hartmann Ordo S. 87 ff. Wann diese *iudices* zuerst aufgekommen seien, sagt kein alter Autor; wahrscheinlich aber zur Zeit
der Kämpfe um die Lex Terentilia durch dieselbe Lex, welche den
Plebejern zehn Tribunen bewilligte (297), die für ihre Schiedsjurisdiction
unter den Plebejern ebenso vieler plebejischer *iudices* bedurften, während die Prätoren seit der Lex Pinaria Senatoren zu *iudices* gaben.
Liv. 3, 30. Dionys. 10, 30. Zonar. 7, 17, so dass wohl vom Anfang eine
der der Tribunen gleiche Zahl solcher *iudices* mit der Jurisdiction der
Tribunen von selbst gegeben war und sie sich nur deshalb der Aufmerksamkeit der Geschichtschreiber entzog. An der Spitze der *iudices
X viri* werden aber die *aediles pl.* selbst gestanden haben als zeitlich
und später immer noch der Würde nach erste zwei derselben,
die nur ausserdem noch besondere Befugnisse als Aedilen hatten;
ähnlich also wie zur Zeit der *tribuni militum cos. pot.* zwei derselben die
Censurgeschäfte mit der *iurisdictio urbana* vereinigten.

zu fassen. Die sieben Tage zwischen den Märkten brachten sie
aber als Arme auf ihren mit eigener Hand bearbeiteten Aeckern zu.'
Es lässt sich hiernach und nach den übereinstimmenden Quellen-
zeugnissen über diese Benutzung der *nundinae* kurz nach Einführung
des Tribunats zur Verhandlung über Plebiscite und Anklagen vor der
Plebs (Dionys. 9, 41. 10, 3. Plut. Coriol. 18. 19. Rutilius oben in
Anm. 203) kaum bezweifeln, dass, und zwar wahrscheinlich in denselben *leges sacratae*, welche der Plebs ihre neuen Magistrate mit
gewissen Rechten angestanden, ihnen auch die Nundina für die
Uebung dieser Rechte, also für das *ius cum plebe agendi* und die
Jurisdiction angewiesen oder wenigstens stillschweigend vorausgesetzt
worden. Dieses führt nun auf die doppelte schon bei den Alten
ventilierte Frage (Macrob. 1, 16, 28...31), ob die *nundinae* Ferien
und ob sie *dies fasti* gewesen seien.

Die erste Frage hat natürlich nur den Sinn, ob sie als *nundinae*
Ferien waren; dass diejenigen, auf welche *feriae conceptivae* fielen,
solche waren, versteht sich von selbst. Jene Frage verneinten nun
nach Macrob. l. c. Titius (Cincius?) in seinem Buche *de feriis*, indem
er sie nur für *dies solennes* gelten liess, und ein Respons der Pontifices auf eine Anfrage des Augur Messala ausdrücklich, Trebatius
aber insofern, als er im ersten Buche seiner *religiones* sagte: *nundinis magistratum posse manumittere indiciaque addicere*, wovon wenigstens das zweite als zur contentiösen Gerichtsbarkeit gehörig, an
Ferien nicht zulässig war. Andererseits schrieb Cornelius Labeo im
ersten Buche seiner Fasten den *nundinae* ausdrücklich die Eigenschaft
der Ferien zu, ohne jedoch durch Angabe ihrer Natur oder Wirkungen über den Begriff, den er mit diesem Ausdruck verband, sich
zu erklären. Julius Cäsar behauptete wenigstens, es könne an ihnen
keine Concio gehalten werden, um mit dem *populus* zu verhandeln
(*negat nundinis concionem adrorari posse, id est cum populo agi,
ideoque nundinis Romanorum haberi comitia non posse*), ein Ausspruch,
der freilich nicht beweist, dass er sie für Ferien gehalten habe, da
der Grund ihrer Untauglichkeit zu Comitien auch in etwas Anderem
gelegen haben kann. Macrobius selbst meint nun, es liege hier ein
wirklicher Widerspruch der Autoren vor, den Zwiespalt löse aber
Granius Flaccus, welcher besenge, die Nundinen wären Ferien des
Jupiter, da diesem die Flaminica an jeden Nundinen in der Regia
einen Widder opfere; durch die Lex Hortensia sei aber bewirkt
worden, dass sie *fastae* wären, damit die an ihnen nach Rom kommenden Landleute ihre Processe erledigen könnten. Hieraus folge
nehmlich, dass die erst angeführten Autoren, nach denen die Nundinen keine Ferien seien, für die Zeit nach der Lex Hortensia, die
übrigen für die frühere Zeit Recht hätten.

Es geht nun hieraus hervor, dass von einer Streitfrage darüber,
mit welcher Nota die Nundinen im Kalender zu bezeichnen seien —
mit F oder NP — worauf Mommsen den Streit bezieht, nach unsern
Quellen gar nicht die Rede ist. Bei richtiger Erkenntniss der *nundinae*

als ursprünglich rein irdischer und jedenfalls im Kalender wandelbarer Tage hätte eine solche auch weder materiell noch formell einen Sinn gehabt. Die Ferien der *nundinae* konnten aber auch nach jener irdischen Natur der letzteren jedenfalls keine Staatsferien sein, und in Wahrheit behauptet das auch keiner der von Macrobius angeführten Autoren. Das von Granius Flaccus berichtete Opfer an Jupiter steht damit so wenig in Widerspruch wie so viele andere blos plebejische und indicierte Jahresferien, welche seit Vertreibung der Könige aufkamen, oder, was noch viel näher liegt, weil ja die Nundinen den Kalenden und Nonen entsprechen, als die Monatsferien der Kalenden und Nonen wegen der an ihnen stattfindenden Versammlungen und Opfer (S. 269). Es folgt aber auch aus diesen *feriae Jovis* keineswegs, dass etwa die ganze Plebs priesterliche Ferien hatte, es konnte gar wohl nur die für sie opfernde Flaminica mit ihren Dienern *feriata* sein. Dieses Widderopfer selbst ist jedoch nicht zu bezweifeln. Schon von den ersten Decemvirn, mit denen, insofern sie die Gewalt der Consuln und der Tribunen vereinigten und sie durchaus im volksfreundlichen Sinne übten, wieder ein ähnlicher Zustand wie unter Servius Tullius eingetreten war, erzählt Liv. 3, 35, dass sie die Centuriatcomitien für die Wahl ihrer Nachfolger *in trinum nundinum* angesetzt haben; nach einer Andeutung bei Zonar. 7, 18.[207]) hatten sie auch bei ihrer Legislation an die Centurien dieselbe *promulgatio trinum nundinum* beobachtet, und wenn sie nach Liv. 3, 33, obgleich *sine provocatione* gewählt, doch auch Capitalanklagen vor das Volk brachten und nach 3, 34. bei der Bewerbung um das zweite Decemvirat sich dem Volk auf dem Markte zeigten, wohin es ja nur an den Nundinen kam, so wird auch dabei das *trinundinum* zur Anwendung gekommen sein — also durchgängig eine offenbare Herübernahme der plebejischen Woche in das patricische Staatsrecht, welche genau dem Gesetz des Servius und nun auch der Decemvirn über die Execution gegen die Judicatus entsprach und die Grundlage für die spätere von Macrob. l. c. erwähnte Sitte bildete, dass die Candidaten innerhalb des Trinundinum vor den Comitien dem Volk auf einer Erhöhung des Comitium sich zeigten und ebenso die Gesetzvorschläge dem Volk bekannt gemacht wurden. Wenn man nun in dieser Strömung unmittelbar nach Abschaffung des Decemvirats und Wiederherstellung des Consulats und Tribunats so weit fortging, dass nicht blos die Personen der Tribunen und ihrer Gehülfen mit neuen Sanctionen ihrer Unverletzlichkeit umgeben — worunter nach der Lex Horatia die Sacration des Hauptes eines Freviers gegen sie an Jupiter (Liv. 3, 55)[208]), sondern auch die

207) Καὶ νόμους συγγράψαντες εἰς τὴν ἀγορὰν ἐξέθηκαν (vor der Genehmigung durch die Centurien). Dasselbe heben auch Liv. 3, 34. und Dionys. 10. 57. hervor, nur ohne Angabe des Markts, der eben auf die *nundinae* hindeutet.

208) Gemeint ist ohne Zweifel Jupiter als Dispater Vejovis, dem die Agonalien im December gefeiert wurden (S. 349), da ihm ursprünglich das

Auspicien für die plebejischen Versammlungen, wiewohl nur des
tripudium solistimum, ihnen eingeräumt (Zonar. 7, 19) und wahrscheinlich, um diese auf sie zu übertragen, ihre erste Wiederwahl vom
pontifex maximus, also in einer sacralen Volksversammlung auf dem
Capitol, bewerkstelligt wurde (Cic. pro Cornel. p. 451. vgl. Liv. 3, 54.
und Becker Röm. Alt. II. 2. 8. 257), so dürfen wir nicht zweifeln,
dass in demselben Jahr 305 und bei eben dieser ersten Wiederwahl
auch die von Granius Flaccus berichtete Heiligung der *nundinae*
d. h. der an ihnen versammelten Plebs durch ein Opfer an Jupiter [201])
eingeführt wurde, um die Stelle des bei den Staatscomitien üblichen
(auch von den Decemvirn nicht versäumten, Dionys. 10, 57) Opfers
an denselben Gott, welches bei den Concilien der Plebs nicht stattfand (oben S. 287) zu vertreten, womit denn die sacrale Gleichstellung des plebejischen Sonderstaats, dessen Leiter bisher nur für
sich ein Agonium gehabt hatten (S. 249) vollendet wurde [210]). War
aber dieses die Bedeutung des Opfers, so konnte es natürlich auch
nicht mit indicierten Ferien verbunden sein, geschweige denn die
nundinae in dem Sinne an Ferien d. h. zu Jahresfesten machen, dass
an ihnen von selbst keine Volksversammlungen und keine Gerichte
zulässig gewesen wären. Es diente umgekehrt ebenso wie jenes
auspicium pullorium nur dazu, der öffentlichen Wirksamkeit der Plebs
mit ihren Obrigkeiten in Wahlen, Gerichten und Beschlüssen zugleich
ein religiöses Ansehen auch im Staate zu verleihen, namentlich den
Plebisciten, für die offenbar eben auf Grund dieser religiösen Unter-
lagen in demselben Jahr auch zuerst gesetzlich festgestellt wurde,
ut quod plebes tributim suffragiis iussisset, populum teneret (Liv. 3, 55. Dionys.
11, 45). Was aber vielleicht schon manche ältere Römische Alterthumsforscher und jedenfalls Macrobius täuschte, waren anderweitige
ebenfalls bezeugte Sicherungen jener öffentlichen Thätigkeit der

Opfer des *caput humanum* eigenthümlich war (Arnob. 2, 62. Lactant.
1, 21, 7. Macrob. 1, 7. 81. Dionys. 1, 19) und nach demselben Gesetz
das Vermögen des Schuldigen *ad aedem Cereris, Liberi Liberaeque* verkauft werden sollte, der zwei Tage darauf die Aedilen opferten (S. 250
Anm. 128). Dass Dispater Vejovis nur ein besonders characterisierter
Jupiter war, zeigt Varr. 5, 66. vgl. mit Cic. de nat. deur. 2, 26.

[201]) Auch dieser war wahrscheinlich wieder derselbe Dispater oder *Ζεύς
Διμάτιος*, wenn auch nicht an dem Altar, den die Plebs bei der ersten
Einführung des Tribunats ihm auf dem heiligen Berge gewidmet hatte
(Dionys. 6, 90), sondern in der Regia geopfert wurde. Zu beachten
ist aber diese alt staatsrechtliche Oertlichkeit der Agonalien (S. 247).
Nur trat dabei die Flaminica für die Plebs ein, natürlich die Dialis,
und vielleicht war es auch diese, welche im December mit den Aedilen
der Ceres opferte. Vgl. S. 200, wo eine eigene, allerdings aber sonst
nicht erwähnte *flam. cerialis* angenommen wurde.

[210]) Sehr wahrscheinlich fällt in diese Zeit auch die Stiftung des *epulum
Jovis Id. Nov.* mit darauf folgenden *ludi plebeii* gegenüber dem *epulum Id.
Sept.* mit den *ludi Romani*. So urtheilt auch Ritschl Parerga praef.
p. XXV. Ohne Grund setzt Mommsen I. 1. A. p. 406 ad Nov. 13
ihren Ursprung in das J. 534, wo der Gegensatz zwischen Patriciern
und Plebejern schon unproductiv geworden war.

Tribunen und der Plebs an den nundinae gegen eine ähnliche der
patricischen Magistrate an denselben Tagen, Sicherungen, deren
Ursprung wahrscheinlich in dieselbe Zeit fällt, wenn sie auch nur
aus älteren, bei der Einführung der Decemvirn ausdrücklich vorbehaltenen Privilegien (Liv. 3, 32 fin.) abgeleitet wurden. Ich meine,
dass den patricischen Magistraten auch nicht gestattet sein solle die
nundinae — und dabei dachte man ursprünglich gewiss hauptsächlich an jene öffentliche Thätigkeit an denselben — dadurch zu
unterbrechen, dass sie Concionen oder *comitia populi* hielten. Dieses
sagen unser Julius Cäsar a. a. O. auch Festus (d. h. Verrius Flaccus)
p. 173. *Nundinas feriarum diem esse voluerunt antiqui, ut rustici con-
venirent mercandi vendendique causa, eumque nefastum, ne, si liceret
cum populo agi, interpellarentur nundinatores;* und Plin. N. H. 18, 3, 18.
*Nundinis urbem revisitabant et ideo comitia nundinis haberi non licebat,
ne plebs rustica avocaretur.* Unstatthaftigkeit auch der prätorischen
Jurisdiction wird zwar nicht ausdrücklich bezeugt, soll aber doch
wohl in dem *feriarum dies* mitliegen und würde auch wohl von den
Tribunen in Anspruch genommen[311]). Diese Ausschliessung von
Comitien und Jurisdiction hätte Folge der Feriennatur der *nundinae*
sein können und der von ihnen gebrauchte Ausdruck *dies nefastus*
deutet auf eine solche Ansicht hin. Weit richtiger sagt aber Plinius
non licebat und Julius Cäsar *haberi comitia non posse*, als Festus den
Tag *nefastus* nennt. Denn dass das Verbot nicht auf der Religion
beruhte, zeigt ja der auch von Festus dafür angegebene ganz weltliche Grund; es kann also selbst auch nur ein weltliches durch eine
Lex gewesen sein, wenn es vielleicht auch aus der ursprünglichen
religiösen Unantastbarkeit der Tribunen nach der *lex sacrata* in der
Ausdehnung, welche ihr die Lex Icilia gegeben hatte (Dionys. 7, 17.
Becker Röm. Alt. II. 2. 8. 277 ff.) und den jetzt noch hinzugetretenen
Erweiterungen hergeleitet wurde und damit gewissermaassen einen
religiösen Hintergrund erhielt. Diejenigen, welche die *nundinae* für
feriae in dem fraglichen Sinne hielten, warfen nun ungehöriger Weise
zweierlei zusammen: einmal, dass sie ein im allgemeinen Sinne auch
von der gewöhnlichen Zeit ausgenommener Tag waren, an dem das
Landvolk in der Regel von seiner Arbeit feierte (S. 269)[312]) und
dass dieselben auch zu feierlichen Versammlungen selbst mit einer

[311]) Vgl. Aur. Victor Illustr. 73 von Saturninus: *Glaucias praetori, quod is
eo die, quo ipse conciream habebat, ius dicendo partem populi avocasset, vellem
concidit, ut magis popularis videretur.*

[312]) Macrobius selbst sagt bestimmt 1, 16, 6. *nundinas esse (feriae) paganorum
itemque rusticorum, quibus coierunt negotiis propriis vel mercibus provisuri.*
Mit Recht macht Hartmann S. 96 diese Stelle gegen die gemeine auch
von mir früher getheilte Ansicht geltend. Nur desselbe wollte auch
wohl Varro sagen bei Serv. ad Georg. 1, 275. *Varro dicit, antiquos nundinas feriatis diebus opere instituisse, quo facilius commercii causa ad urbem
rustici conmeargrent.* Vgl. Fest. ep. p. 171 und besonders p. 65. *Ferias
antiqui ferias vocabant, et alius aroni sine die festo, ut nundinas, alius rum
festi, ut Saturnalia etc.*

gewissen religiösen Weihe benutzt wurden — schon durch die *feriae
conceptivae*, durch die üblichen *epulae* und dann allgemein seitdem
man zuerst an ihnen dem Servius Tullius parentierte und später
auch von Staatswegen dem Jupiter in der Regia der Widder geopfert
wurde — und andrerseits, dass Volksversammlungen und prätorische
Jurisdiction an ihnen unerlaubt waren. Sie leiteten das letztere irrig
aus jener Feriennatur her und verstanden es im späteren Sinne von
der Unstatthaftigkeit aller Volksversammlungen und aller Jurisdiction,
während es doch nur in älterer Zeit gegolten und den Sinn gehabt
hatte, die plebejischen Concilien und die tribunicische Jurisdiction
vor Störung durch *comitia populi* und prätorische Jurisdiction zu
schützen. Immerhin mochten aber schon die Volkstribunen jener
Zeit, die ja überall nach Gleichstellung des plebejischen Elements
mit dem patricischen und besonders nach gleicher religiöser Sanction
desselben strebten, den Mund voll genommen und es so gut *nefas*
genannt haben, dass die Patricier an den Nundinen das Volk versammelten oder Recht sprächen, wie dass dieses an den alten *dies
festi* oder *nefasti* geschähe. Natürlich wurde dieses aber andrerseits
bestritten, wahrscheinlich selbst materiell, weil es doch eine kühne
Auslegung war, eine Störung der tribunicischen Action nach der
Lex Icilia schon darin zu finden, dass der Prätor oder Consul an
den Tagen das Volk vor sich rief oder die *in ius vocatio* eines
Plebejers sich gefallen liess, wo jene Action nur stattfinden konnte
und allerdings regelmässig stattfand.
      Zu diesem Streit der Patricier und Plebejer kam aber bald ein
anderer und damit greift die Geschichte der *nundinae* in die am
Ende des vorigen Abschnitts abgebrochene Geschichte der *dies fasti*
ein. Die Volkstribunen handelten mit der Plebs zwar gewöhnlich
auf dem Forum an den *nundinae*. Wie es aber bekannt ist, dass
die Concilien der Plebs nicht blos auf dem ursprünglich allein dazu
bestimmten Forum vom Volcanal aus, sondern auch an andern durch
Auspicien dazu geweihten Orten der Stadt und nächsten Umgegend
gehalten wurden (Becker Röm. Alt. II. 3. S. 122), so machten die
Tribunen ohne Zweifel auch hinsichtlich der Zeit bald Anspruch
darauf, für ihre Concionen und Concilien noch andere religiös zulässige Tage als die *nundinae* zu benutzen, natürlich nur *dies comitiales*,
da sie nicht mehr als Gleichstellung mit den patricischen Magistraten
und dem *populus* verlangen konnten. Einmal nohmlich entgingen
ihnen viele *nundinae* dadurch, dass immer manche derselben auf *dies
festi* oder *nefasti* fielen, die sie doch eben bei behaupteter Gleichstellung mit Comitien auch für ihre Concilien respectieren mussten,
und die Römischen Conceptivferien stets auf *nundinae* gelegt wurden.
Sodann aber wird das Interesse der Plebejer, in ihren städtischen
Privatgeschäften an den *nundinae* — Kauf und Verkauf und Privat-
processe — nicht gestört zu werden, welches die Anschliessung der
comitia populi mit motiviert hatte, sich bald auch gegen die zu häufigen tribunicischen *actiones cum plebe* an den *nundinae* gekehrt und

die Tribunen genöthigt haben, ihre Augen auch auf andre Tage zu richten, besonders solche, wo die Plebs ebenfalls in grosser Zahl in Rom beisammen und weniger durch Privatinteressen abgezogen war. Das waren aber, wie früher gezeigt, die Kalenden, Nonen und die *dies postriduani*. Haben wir nun oben schon gesehen, was die Patricier dem Gelüste gerade nach diesen Tagen entgegensetzten, so können wir jetzt auch leicht erkennen, was sie gegen die über die *nundinae* hinausgehenden Ansprüche der Tribunen zunächst überhaupt und noch ehe der Streit über Kalenden, Nonen und *postriduani* aufkam, eingewandt haben werden: es seien ihnen in den *leges sacratae* nur die *nundinae* für ihre Actionen eingeräumt worden und eben damit alle plebejischen Concilien an andern Tagen unzulässig: wogegen natürlich die Tribunen dieses nur bestritten: also eine staatsrechtliche Controverse über die bekannte Frage: ob eine Angabe *taxationis* oder nur *demonstrationis causa* gemacht sei! Leider sind unsre Quellen zu dürftig, als dass wir von ihnen eine directe Auskunft über diese wohl über ein Jahrhundert lang geführten Streitigkeiten erwarten könnten. Aus der Sache selbst lassen sich aber zwei Hauptphasen des langen Kampfs wohl ermitteln, die durch die Lex Publilia und die Lex Hortensia bezeichnet werden.

Wenn ein Gesetz des Dictator Publilius vom J. 415 den schon durch die Lex Valeria Horatia vom J. 305 festgestellten Satz, *ut plebiscita omnes Quirites tenerent*, anscheinend nur wiederholte (Liv. 8, 12), so wird diese viel besprochene Auffälligkeit[110]) eben mit diesen Streitigkeiten zusammenhängen, und wahrscheinlich gab jenes Gesetz zuerst nach, was sich am wenigsten ohne eine grosse Unbilligkeit verweigern liess, dass die Plebiscite jene Wirkung schlechthin haben sollten, d. h. auch wenn sie nicht an den allein durch das Jupiteropfer geheiligten *nundinae*, was die Lex Valeria Horatia vom J. 305 vorausgesetzt hatte, sondern nur *auspicato* an irgend welchem *dies comitialis* zu Stande gekommen wären. Von da ab wird dann auch bei Plebisciten der Tag der Abstimmung nicht mehr wie früher so angesetzt worden sein, dass er auf die dritten *nundinae* fiel: es genügte bei allen Gesetzesvorschlägen und Anklagen vor dem Volk, dass die Promulgation und der Strafantrag *per trinundinum* nur dem Tage der Abstimmung voraufging. Wahrscheinlich gebrauchte aber die Lex Publilia oben auch den Ausdruck *dies comitiales*, weil schon zu ihrer Zeit die Streitigkeiten über die Kalenden, Nonen und *dies postriduani* — ob sie nach dem von den Patriciern neu aufgebrachten Sprachgebrauch nur *fasti* oder auch *comitiales* seien — im Gange waren. Der Streit stand also nun so: Die Führer der Plebs behaupteten, die *nundinae* ständen nur ihnen zur Abhaltung von Concilien der Plebs und der plebejischen Schiedsjurisdiction zu, die *magistratus populi* dürften an ihnen das Volk weder überhaupt zu Comitien oder

[110]) Ich selbst habe sie früher anders zu erklären versucht. Vgl. über die verschiedenen Ansichten Becker Röm. Alt. II. 3. S. 161 ff. Die richtige deutet schon Hartmann S. 101 an.

für solche bestimmten Concionen, noch theilweise zu ihrer Jurisdiction
abrufen, was sie kurzweg auch wohl so ausdrückten, die *nundinae*
seien für jene Magistrate *nefastae*. Dagegen seien sie selbst wie alle
Magistrate berechtigt, an allen weltlichen Tagen, an denen nicht
Ferien concipiert oder indiciert worden, also nur mit Ausnahme der
alten Festtage und der *dies nefasti*, die Plebs zu versammeln oder
Recht unter Plebejern zu sprechen, insbesondere auch an den Kalenden, Nonen und den *dies postriduani* als *dies communes*. Die Patricier
dagegen bestritten jenes Exclusivprivilegium der Tribunen auf die
nundinae; es genüge, wenn die *magistratus populi* sich nur enthielten,
den Tribun, welcher eine Versammlung halte oder wenigstens angesetzt habe, darin durch von ihnen angesetzte Volksversammlungen
zu stören, und namentlich seien die *nundinae* auch *fastae* für die
Rechtsprechung, sofern dadurch die tribunicische Jurisdiction gegen
einen Plebejer nicht gestört werde. Ausserdem könnten aber die
Tribunen wie alle andern Magistrate nur an *dies comitiales* Volksversammlungen halten und zu diesen gehörten nicht auch die Kalenden, Nonen und *postriduani*, indem diese nur *fasti*, nicht *comitiales*
dies seien. Die Bekanntmachung der Fasten durch Cn. Flavius hätte
in diesem Gewirr wohl einiges Licht bringen können, indem sie wenigstens darthat, dass der von den Patriciern aufgebrachte Unterschied von *dies fasti* und *comitiales* dem alten Kalender noch ganz
unbekannt gewesen sei. Aber der Streit war zu tief gewurzelt und
zu sehr practisch geworden, als dass ein solches theoretisches Argument noch hätte von Gewicht sein können.

Dass aber die Lex Hortensia, veranlasst wiederum durch einen
Zustand tiefer Verschuldung der Plebs, wobei die Anfechtung der
Gültigkeit eines damaligen Plebiscits, welches ihm abhelfen sollte, die
alten politischen Controversen zu voller Schärfe wiedererweckte [214]),
eben diesen Streit definitiv schlichtete und darum als eine letzte Re-
vision der *leges sacratae* seit dem zweiten über das Verhältniss von
Populus und Plebs ergangenen Grundgesetz, der Lex Publilia, angesehen werden muss, dafür bürgt uns die zwiefache ihr in den Quellen
beigelegte Vorschrift: *ut eo iure, quod plebes statuisset, omnes Quirites*
tenerentur (Laelius Felix bei Gell. 15, 27, 4. vgl. Plin. N. H. 16, 10.
Gai. 1, 3.) und *lege Hortensia effectum, ut (nundinae) fastae essent, uti*
rustici, qui nundinandi causa in urbem veniebant, litis componerent: nefasto
enim die praetori fari non licebat (Granius Licinianus bei Macrob.
1, 16, 30.). Man wird sich folgende Vermittelung und Ausgleichung
der Gegensätze denken müssen. Vor Allem wurde nun zwischen
Tagen mit dem Recht zu Volksversammlungen und solchen mit dem

<hr>

[214]) Man vergleiche unser Zonar. 8, 2. das von Niebuhr Rhein. Mus. II. 4.
S. 591. behandelte Fragment des Dio Cassius. Leider ist es aus diesen
Stellen nicht klar, aus welchen Gründen die Patricier die Gültigkeit
des Plebiscits bestritten: vielleicht waren sie vom Ort (Janiculum?)
und der Zeit (Versammlung an einem z. B. *dies fastus*) zugleich hergenommen.

fas zu blossem Rechtsprechen unterschieden. Es musste so unterschieden werden, weil hinsichtlich der ersteren Function nicht mehr blos Grundsätze des alten *fas*, sondern auch Rücksichten der neuen Religion (bei den Kalenden, Nonen und *postriduani*) oder eigentlich der Politik zur Geltung kamen und davon auch nicht mehr blos auf eigentliche Comitien, sondern auch auf Concilien der Plebs Anwendung gemacht wurde. Hinsichtlich der ersteren Tage erlangten die Plebejer Bestätigung des Rechts der Lex Publilia, dass an denselben Tagen, an denen *comitia populi* zulässig waren, auch *concilia plebis* gehalten werden könnten, ebenso, dass fortan die Kalenden, Nonen und *dies postriduani* überhaupt keine *dies comitiales* mehr blieben, weder für den *populus* noch für die *plebs*, worin denn in der That eine 'Exäquation' der Plebiscite mit den *leges* (Gai. 1, 3) auch hinsichtlich der Erfordernisse lag[215]), die sich zugleich formell als äusserst billig darstellte. Denn, während jene Vorschrift so aufgefasst werden konnte, dass hiermit die Patricier auf 45 ihnen ursprünglich eigenthümliche Tage mit *fas* auch zu Comitien um der neuern Religion willen Verzicht geleistet hätten (denn so viel betrugen die Kalenden, Nonen und *dies postriduani* = 60 Tagen nach Abrechnung der 15 schon vor dem Gallierkriege auf solche fallenden *dies fasti* oder *nefasti*, oben S. 231. 276 f.), gaben andrerseits die Plebejer ihr besonderes Recht auf Concilien an den *nundinae* d. h. auch gerade 45 Tagen $\left(\frac{365}{8}\right)$ auf. Die Folge war, dass die *nundinae* nun blos noch zur Promulgation eines Gesetzes-, Wahl- oder Strafantrags dienen konnten und das *trinundinum* zu diesem Zweck dem Abstimmungstage stets vor- aufging, wie wir es auch später finden[216]). In Ansehung der blossen Jurisdiction wurden die *nundinae* auch für '*fastae*' erklärt und damit auch wieder jenen 45 ursprünglich patricischen Tagen gleichgestellt d. h. die Nundinaleigenschaft eines Tages sollte zwar alle Comitien und Concilien, nicht aber auch hindern, dass die übrigens an ihm zulässige prätorische Jurisdiction geübt wurde — denn von dieser spricht offenbar die Stelle des Granius Licinianus[217]) — womit denn

[215]) Zugleich wird auch hinsichtlich des Orts festgestellt worden sein, dass die Tribusversammlungen an jedem auspicierten Orte, wie die eigentlichen Comitien gültig gehalten werden durften.

[216]) Vgl. die Stellen in Anm. 203 und bei Hartmann S. 102. Es würde nicht der wiederholten Verwahrung bedürfen, dass unter *trinundinum*, wie unter *nundinum* niemals eine Zeit mit willkührlichem Anfangstage (wie wir wohl sagen: heute über drei Wochen), sondern nur durch wirkliche *nundinae* kalendarisch bestimmte Zeiten verstanden werden dürfen, wenn man nicht immer noch jenem modernen Gedanken bei manchen Schriftstellern begegnete. Sie scheinen sich nicht einmal das klar zu machen, dass bei ihrer Vorstellung der einzige Grund, weshalb man bei Bekanntmachungen an das Volk auf diese Zeitbestimmung kam, dass nehmlich an den Nundinä das Volk wegen des Markts versammelt war, ganz verloren geht.

[217]) Dabei ist es gar wohl denkbar und selbst wahrscheinlich, dass man thatsächlich nach alter Gewohnheit an den Nundinen nicht leicht wie

wahrscheinlich zugleich die Aufhebung der bisherigen Schiedsjurisdiction der Tribunen nebst Aedilen und Judices, die seit Mittheilung
der Prätur an die Plebejer und die gleichmässige Wahl in den Senat
aus beiden Ständen schon in Verfall gekommen sein mochte, so wie
die Errichtung einer selbständigen Marktjurisdiction auch für die
plebejischen Aedilen an deren Statt[210]) und später auch die Umwandlung der bisherigen *decemviri indices* in das Collegium der *decemviri stlitibus indicundis* (L. 2. § 9. D. de orig. iur. 1, 2.)[211]), verbunden
war. Wie damals die Verhältnisse sich entwickelt hatten, lag darin
kein Aufgeben reeller Rechte Seitens der Plebejer, sondern umgekehrt
im wirklichen Interesse des Landvolks eine Erhebung der *nundinae*
zu gleicher Würde hinsichtlich der Jurisdiction mit den Kalenden
und Nonen, welche es zugleich erklärlich macht, dass man später
auch die Postridnaneigenschaft immer mehr auch auf die Tage *postridie
nundinas* bezog (oben Anm. 191).

Dieses Resultat entspricht nun in der That allen Zeugnissen,
namentlich, dass nach Trebatius an den *nundinae* nicht bloss *legis
actio*, sondern auch Processführung zulässig und dass umgekehrt nach
allen übrigen Zeugnissen Comitien, insbesondere auch Tribusversammlungen und in der Regel auch Concionen[219]) an ihnen unzulässig waren.

Dieses neue Staatsgrundgesetz musste nun aber, da es für die
Bedeutung der bürgerlichen Zeit zu dem alt religiösen Princip der

<hr>

[210]) an gewöhnlichen *profesti dies* Processe jeder Art vor Prätor oder Richtern durchführte, sondern sie besonders gern zum *iudicis addicere* ('Trebatius) und zum *litis componere* (Licinianus) benutzte, welche Ausdrücke
genau genommen auf *gütliche* Behandlung der Processe — dort vor
dem Prätor durch Uebereinkunft zur *litis contestatio* vor einem vereinbarten Richter, hier nach der *litis contestatio* durch Vergleich vor dem
Judex sich beziehe. Nicht recht klar spricht sich hierüber Hartmann
S. 110 aus.

[210]) Die letztere Veränderung deutet Dionys. 6, 90. an. Früher war die
einzige *legis actio* vor den plebejischen Behörden wohl die *per iudicis
postulationem*, weil sie sich allein zu einer auf Ueberinkunft beruhenden
Jurisdiction schickt, und es wurde dann wohl der Vereinbarte aus den
Zehnmännern, unter denen die Aedilen selbst die vornehmsten waren,
als Judex gegeben. Jetzt kam vielleicht die für Kaufleute und den
Marktverkehr so wichtige *L actio per condictionem* hinzu. Die curulischen
Aedilen hatten aber wohl von Anfang an eine selbständige Jurisdiction
an den *mercatus*. Vgl. oben S. 194. Doch sind dieses alles nur Vermuthungen, für die wir nur Wahrscheinlichkeit in Anspruch nehmen
können.

[217]) Das Hervorgegangensein derselben aus den alten *decemviri indices* möchte
ich daraus schliessen, dass eine völlige Wiederabschaffung der letzteren
mit den Gesetzen ihrer Einführung schwerlich vereinbar war. Und
da sie unter dem Schutz des Jupiter und der Ceres, Liber, Libera
standen, so musste es, als später der durch sie der Plebs gewähr-
leistete Schutz processualer Freiheit überflüssig geworden war (denn
die senatorischen Einzelrichter waren ja seit der Lex Ovinia *optimus
quisque ex omni ordine*), angemessen erscheinen, diesen Schutz wenigstens
für die individuelle Freiheit (*libertas causae*) zu erhalten.

[219]) Ueber diese vgl. oben S. 302.

blossen Unterscheidung von *fas* und *nefas* innerhalb der Tage des *fas* das neue politisch-ökonomische der Gewährleistung gewisser Tage für Volksversammlungen und der wiederum an den *nundinae*, wie an den Kalenden, Nonen und *postriduani* durch solche nicht zu störenden Zusammenkünfte für private Zwecke (Handel und Wandel, Process und Schmauserreien) hinzugefügt hatte, noch eine doppelte Aenderung in den Tagesbezeichnungen des Kalenders zur Folge haben, die wahrscheinlich auch im Gesetze selbst verordnet wurde. Es musste einerseits die alte Nota *F* auf die Tage des blossen *praetorem tria verba fari licere*, die nun in der That allein noch blos auf dem altreligiösen Princip beruhten, beschränkt und für die übrigen *dies fasti*, in deren Mitbesitz nun auch die Tribusversammlungen gesetzt waren, die unterscheidende Nota *C (comitialis)* eingeführt werden[211]). Es musste andrerseits nach Gleichberechtigung der *nundinae* mit den alten Monatslichttagen für die jetzt regulierten Interessen auch die plebejische Woche in dem Kalender aufgenommen werden, jedoch an erster Stelle (wie das *ius naturale* dem *civile* vorangeht), weil sie ihr Princip einer ursprünglich nur natürlichen Zeiteintheilung nicht verläugnen durfte. Dass diese Aufnahme in Griechischer Weise durch Benutzung der Buchstaben des Alphabets zur Zählung und zwar natürlich fortlaufend von *A* bis *H* geschah, während man für die Zählung der Tage im Monat des alt Römischen Kalenders nach deinen Stichtagen die Römischen Zahlzeichen und zwar in der rückläufigen Ordnung der *civilis prudentia* (S. 295) beibehielt, und dass dabei an siebenter Stelle nicht das alte *Z*, sondern das erst um die Mitte des fünften Jahrhunderts auf Römischen Urkunden erscheinende und erst zu Anfang des sechsten in die Volksschulen eingeführte *G*[212]) gebraucht wurde, dient zur Bestätigung des Ursprungs dieser Aenderung in der von uns bezeichneten Zeit.

Das durch die Lex Hortensia festgestellte Recht der *dies fasti*, *comitiales* und der *nundinae* blieb nun auch bis zur Julianischen Kalenderreform unverändert bestehen. Nur ging hinsichtlich des von diesem Recht für die Jurisdiction zu machenden Gebrauchs eine grosse Veränderung dadurch vor, dass an die Stelle des Processes der Legis

[211]) Dass dieser Ausdruck sich später in der That auf alle Volksversammlungen bezieht, ist längst unbestritten. Becker Röm. Alt. II. 2. S. 305. Hartmann S. 101. Significant war er aber gegenüber dem *F* auch insofern, als er zugleich ausdrückte, dass diese Tage vorzüglich zu Comitien dienten, denen die Rechtsprechung und richterliche Thätigkeit an ihnen nachstehen müssten (deo Comitien stellte man aber auch die Senatsverhandlungen gleich Cic. Verr. act. 1, 10, 81.). Für die richterliche Thätigkeit bezeugt dieses Macrob. 1, 16, 15. Von der *legis actio* wird Verrius ad Cal. Praen. Jan. 3. dasselbe bemerkt haben, wo man so ergänzen kann: *C comitialem diem significat id est quo populus coire convocari regi potest, ut lege a-gi item quidem comitiali die liest, si modo praetor, apud quem lege agitur, comitia eo die non habet; sed etsi alius habet, lege agi non potest, donec finita sunt.*

[212]) Vgl. darüber Mommsen unterital. Dial. S. 32. 33.

Actionen der Formularprocess trat, indem in Folge davon das *fas* der *dies fasti* und ihrer Abart der *dies comitiales* mit Ausnahme weniger Fälle sich auf die freiwillige Gerichtsbarkeit beschränkte. Und also nicht minder bedeutende, obgleich sonst anderartige Beschränkung erfuhr etwa um dieselbe Zeit auch das Volksversammlungsrecht, indem die Lex Aelia und Fufia es in die Gewalt der Magistrate und Tribunen legte, durch das verkündigte *de coelo servare* Comitialtage untauglich zu machen, wozu später noch das andre trat, an demselben Zweck Ferien besonders für an haltende Supplicationen anzusagen (oben S. 264). Davon kann aber hier nicht weiter gehandelt werden.

VII. Die Gerichtstage.

1. Die *dies comperendini.*

Macrobius sagt beim Uebergange auf die *dies profesti* 1, 16, 13.: *Nunc de profestis et qui ex his procedunt, loquamur, id est fastis, comitialibus, comperendinis, statis, praeliatibus.* und definiert dann nach Abhandlung der *fasti* und *comitiales:* *comperendini, quibus cadimonium licet dicere.*

Es fragt sich, was darunter zu verstehen und wie man dazu gekommen sei, gerade diese Tage, welche im Kalender nicht bezeichnet werden, neben den *fasti* und *comitiales* besonders zu benennen und hervorzuheben.

Dass *dies comperendinus* von *dies perendinus* und dieses wieder von *perendie*, übermorgen, herkomme, braucht nicht gesagt zu werden, wohl aber, dass und wie beide Ausdrücke von einander verschieden sind: wiewohl auch dieses sehr nahe liegt. Wir wissen aus Gai. 4, 16. und dem daraus herrührenden Bebolium zu Cic. Verr. lib. 1. § 26. p. 164., dass wenn die Parteien nach vollendeter *legis actio* wieder vor die Obrigkeit gekommen waren, um von ihr (seit der Lex Pinaria) sich einen Judex geben zu lassen, was nicht vor dem 30sten Tage geschah (also wenn der 30ste Tag selbst etwa ein Festtag oder *dies nefastus* war, erst am nächsten *fastus* im alten Sinne des Wortes), sie nach Ernennung des Richters *comperendinum diem, ut ad iudicem venirent, denuntiabant.* Gajus nennt diesen Tag gleich nach seiner Eigenthümlichkeit *comperendinus;* ebenso der Scholiast. Dieser definiert jedoch vorher auch, wahrscheinlich aus einer andern juristischen Quelle: *comperendinatio est ab utrisque litigatoribus invicem sibi denunciatio in perendinum diem;* und dass die Parteien selbst in der Denunciationsformel *in diem tertium sive perendinum* sagten [30]), sehen wir aus Valer. Prob. 4. und Cic. pro Mur. 12, 27. Aber auch die

---

[30]) Die Formel wird nehmlich etwa gelautet haben: *in diem tertium sive perendinum hora tertia ut in comitium* (wenn unter Plebejern in contestiert war: *in forum) ad Tribunal iudicem venias, sibi denuntio.* Similiter ego tibi.

*sacerdotes populi Rom. cum condicunt in diem tertium, 'die[m] perendini'
dicunt* (Gell. 10, 24, 9). Hiernach war *perendinus dies* die den Gerichten und den übrigen Lebenskreisen gemeinsame Bezeichnung des
Tages 'über einen.' *Comperendinus* hieß aber nur jener Gerichtstag,
weil er allein durch Zusammenwirken zweier Litiganten bestimmt
wurde, und *comperendinatio* der diesen Verhältniss der Parteien hin
sichtlich des Erscheinens an ihm begründende Act. Dass man dabei
gerade *in diem tertium sive perendinum* sagte, beruhte auf der (von
Cic. l. c. verspotteten) juristischen Genauigkeit, nach welcher in einer
Zeit, wo der Sprachgebrauch für jenen Ausdruck des gemeinen Lebens
sich erst bildete, beim blossen Gebrauch des Worts *perendinus* hätte
behauptet werden können, nach der Rechtssprache gehe das *perren-*,
da der heutige Tag mit gerechnet werden müsse, eben auf dessen
Ende, und *perendie*, 'über Einen Tag', heisse also morgen.

Dass nun die *dies comperendini* zu den *profesti* gehörten, ist selbstverständlich: zum Richter kam man, um vor ihm zu streiten und das
Streiten war an Festtagen unstatthaft. Aber was besagt die Definition
des Macroblus: *quibus vadimonium dicere licet?* Man würde diese ganz
missverstehn, wenn man *vadimonium dicere* sprachwidrig in dem Sinn
von *vadimonium promittere* und dann *quibus* als Dativ (auf oder für
welche) nehmen wollte (wie ich selbst noch im Recht des Nexum
8. 196). Das Richtige haben schon Forcellini im Lexicon und Jan zu
der Stelle angedeutet: *vadimonium dicere* sei ebenso wie *causam dicere*
gebraucht, in welchem Sinne auch Horaz (Sat. 1, 9, 36.) *respondere
vadato* sage, wozu man noch hinzufügen kann das Fragment des Se-
neca (ed. Hasse II. p. 426) aus Augustin. de civ. Dei 6, 10: *sunt
qui ad vadimonia sua deos advocent, sunt qui libellos offerant et illos
causam suam doceant,* und Martial. 8, 67, 3. *raucae vadimonia quartae;*
denn auch da geht *vadimonium* auf die zu einem bestimmten Tage
zu verhandelnde Streitsache. Um aber das Zusammenstimmen dieser
das *vadimonium* einmischenden Definition mit der Stelle des Gajus zu
erkennen, muss man sich erinnern, dass Gell. 16, 10, 8. *vades* und
subvades aus dem alten Civilprocess der zwölf Tafeln anführt. Diese
hatten hier ihre Stelle[324]). Sollte nehmlich die Denunciation *in diem
tertium* und ebenso schon die frühere Condicion eines neuen Termins
vor dem Prätor namentlich auf den 30 sten Tag *ad iudicem accipiundum*
nicht vielleicht vergeblich geschehen, so musste dem Kläger vom
Beklagten (falls nicht in dem Geschäft, aus dem man klagte, darauf
verzichtet war, Varr. 6, 74) ein *vas* gestellt werden, der mit der
Frage *tu pro hoc vas es? Vas sum* auf eine ohne Zweifel in den
zwölf Tafeln noch fest[325]), aber doch wohl auch, wie das Sacramentum, für grosse und kleine Sachen verschieden bestimmte Ab-
schätzungssumme des Erscheinungsinteresses dem Kläger gleichsam
als Pfandbürge (mit Executivklage gegen seine Person) obligiert wurde,

---

[324]) Ueber die Ansichten Andrer vgl. Hartmann Contumacialverf. S. 202 ff.
[325]) Anders später im Edict. Gai. 4, 186.

widrigenfalls dieser den Beklagten von seiner *in ius vocatio* her, die für den ganzen Process ein Zwangsrecht gegen die Person zu sich schloss, bis zur Gestellung im nächsten Termine in seiner Haft behalten konnte [226]). Was hiess dann jedenfalls der zuerst *(ineptis rebus)* für das wiederholte Erscheinen vor dem Prätor namentlich am 30 Tage gegebene Bürge, *subeas* wohl der, der mit etwas veränderter Formel für das Wiedererscheinen vor dem Judex zur *litigatio in diem tertium* an seine Stelle und also doch auch in ein *vadimonium* trat — obgleich man auch aus andern Gründen z. B. wegen Todes oder Vorarmung des *eas* substituierte Bürgen so genannt haben mag — also eine ähnliche Wortbildung wie *subeunt os*, *subcurator*, das plebejische und nur auf Inschriften vorkommende *subheres* = *heres substituus* und die scherzhaften Ausdrücke *Subballio*, *Subaevo*. Da man aber auch von der in die Termine gekommenen Sache sagte *res esse in vadimonium coepit* (Cic. pro Quinct. 6, fin.), was ursprünglich nur auf gerichtlich gemachte Vadimonien sich beziehen konnte, so erklärt sich daraus vollends der Sprachgebrauch *vadimonium dicere* statt *causam dicere* oder *respondere vadato*, nur dass das *dicere* eben auf das Sprechen oder Ausführen der Sache vor dem Judex geht.

Gegen die Beziehung des *subeas* auf das Erscheinen vor dem Judex könnte man zwar einwenden, es habe dem Kläger dafür an einem Interesse gefehlt, da die Vorschrift der zwölf Tafeln *praesenti stlitem addicito*, wonach ihm auch der ausbleibende Beklagte verurtheilt werden konnte, ihn hinreichend geschützt habe. Aber es darf nicht übersehen werden, dass jenen Worten vorangeht: *Ni pacunt, in comitio aut in foro ante meridiem caussam coiciunto. caussam conscito* (oder *cognoscito*) [227]), *com peroranto ambo praesentes*. Nur also, wenn vorher beide Theile die *caussae coniectio* vorgenommen hatten und dann auch in der *caussae peroratio* vom Richter gehört worden waren, konnte dieser auch dem allein gegenwärtig Gebliebenen den Process aussprechen. Auch zeigt unter den vielen späteren Stellen über die *cautio iudicio sisti*, die allerdings auch vom Vadimonium zum Erscheinen vor dem Prätor verstanden werden können, wenigstens eine, die L. 10. § 2. D. si quis caution. (2, 11), dass eine solche nicht blos vor, sondern auch nach der *litis contestatio* vorkommen konnte.

---

[226]) Vgl. darüber meine Schrift über das Nexum S. 52. 196.

[227]) Dieses halte ich jetzt für die richtige Restitution. Die Quellen (bei Schöll XII tabb. p. 118) führen hinter *aut meridiem* theils auf den Singular, theils auf den Plural eines zu *causam* bingestellten Imperativs von einem Verbum, welches *coicere* oder *conicere (c'gnoscere)* sein konnte, so dass schon dadurch die Weglassung eines von beiden Sätzen, weil die Abschreiber darin eine blosse Wiederholung sahen, wahrscheinlich wird. Man kann aber auch beide nicht entbehren, das *causam coiciunto* nicht, weil dieser Theil des Verfahrens ausserdem mehrfach bezeugt ist, das *causam conscito* (an den Judex gerichtet) nicht, weil es nothwendiger Träger des Satzes *com peroranto* etc. ist; denn Schölls Aenderung in *peroranto* erscheint diplomatisch und sachlich (da das *peroranto* blos ein Recht, nicht eine Pflicht der Parteien ist) ganz unzulässig.

Fragt man noch, weshalb die Bestellung auf diesen dritten Tag blos von diesem Tage selbst *comperendinatio*, nicht, wie die frühere, am 30 Tage *ad iudicem capiendum* zu erscheinen, von dieser Verabredung *condictio* hiess — was für die *legis actio per condictionem* aus Gai. 4, 18. feststeht, für die *sacramento* nach meiner Ergänzung von Gai. 4, 17a. auch angenommen werden muss — so liegt wohl der Grund darin, dass jene erste Verabredung geschah, bevor die *litis contestatio* in Kraft getreten war (was immer erst nach Feststellung einer Person, vor der litigiert werden soll, denkbar ist, wenn auch der Act selbst früher geschah), die zweite dagegen nach Bestellung des Judex. Denn durch die in Kraft getretene *litis contestatio* war schon ein Streitverhältniss unter den rei eingetreten und an sich hätte dem jederzeit genügt werden müssen; die Verabredung begründete also hier nicht erst durch sich selbst eine Erscheinungspflicht zum Litigieren, sondern regulierte nur die Zeit für die schon vorhandene nach dem Gesetz, so dass hier der Tag das Prävalierende war: wogegen bei der früheren Verabredung noch kein bindendes Rechtsverhältniss unter den Parteien bestand und nur ihr beiderseits kundgegebener Beschluss, die Sache dahin zu treiben, das Wiedererscheinen begründete, wobei denn der Tag desselben nur ein nebensächliches Moment war. Demnach hatte denn auch der *subras* für die *comperendinatio* eine weniger selbständige Bedeutung als der *cas* für die *condictio*, was dem Sprachgebrauch bei den mit *sub-* gebildeten Substantiven entspricht.

Schon nach dem Bisherigen waren nun *dies comperendini* ebenso die Judicialtage — die zum Litigieren vor dem Richter geeigneten Tage — wie *dies fasti* diejenigen, an welchen man eine *legis actio* vor dem Prätor anstellen konnte. Wir dürfen aber noch weiter behaupten, dass, wenn die Sache an dem ersten *perendinus dies* nicht zur Verhandlung oder doch nicht zu Ende kam, sondern eine abermalige Verhandlung vor dem Judex stattfinden musste, diesen wenigstens in dem alten Process stets auch durch *comperendinatio* und also am dritten Tage darauf geschah, so dass alle Gerichtstage stets *comperendini* waren. So hiess die bekannte Vorschrift der *Lex Servilia de repetundis* — zwar einer *quaestio publica*, die sich aber nur an eine früher auch *sacramento* eingeleitete privatrechtliche *petitio pecuniarum captarum* anknüpfte — dass die Sache vor den Richtern zweimal, an einem ersten Tage und am dritten darauf verhandelt werden sollte, *comperendinatio* (Gaib Gesch. des Röm. Crim.-Pr. S. 372 ff.). Und allgemein erklärt Fest. ep. p. 283: *Res comperendinata significat iudicium in tertium diem constitutum.* Damit ist ferner zu verbinden das Zwölftafelgesetz (Fest. v. Portum p. 233. Schöll p. 121.): *Cui testimonium defuerit, is tertiis diebus ob portum obcagulatum ito.* Des Zeugen bedurfte die Partei zur Verhandlung vor dem Richter. Wollte er nun nicht kommen, so sollte sie nach der Meinung der Decemvirn am Morgen jedes Verhandlungstages ihn durch diesen Ritus dazu bewegen dürfen — eine bei den geringen Ortsentfernungen des alten Staats erklärliche Vorschrift. Gebrauchen

aber die Decemvirn in dieser den Plural *tertiis diebus*, so setzen sie
eine anderweitige Vorschrift voraus, wonach mehrere Tage zur Verhandlung der Sache bestimmt sein konnten. Bekannt ist nun die
Bestimmung der zwölf Tafeln: ... *morbus sonticus* ... *aut status dies
cum hoste* ... *quid horum fuit vitium iudici arbitrove reove, eo dies
diffensus esto* (Schöll p. 120) und mit Recht nimmt man ziemlich allgemein an, dass die hier genannten Gründe nur einige der von den
Decemvirn selbst weit vollständiger angegebenen und schon aus dem
spätern Soldatengestellungseide (Gell. 16, 4, 4.) leicht zu ergänzenden
Verschiebungsgründe sind. Offenbar konnten es aber die Decemvirn
nicht blos bei dieser Bestimmung *dies diffensus esto* belassen; es
musste eine andere unmittelbar darauf folgen, welche angab, an
welchem andern Tage die Verhandlung stattfinden sollte. Wahrscheinlich lautete diese nun: *res eodem iure comperendinato esto* —
so dass die vorhin citierte Stelle des Fest. ep. p. 283. nur einen
Zwölftafelausdruck erläutert — und die Bedeutung war die gesetzliche Fiktion einer *comperendinatio* (wie in dem *furtum manifestum esto*
(Gai. 3, 192. 194.), die das ganze Reecht der ersten wirklichen (einschliesslich der Haftung des *subreus*) auf den neuen Termin übertrag.
Zur Bestätigung dient Gell. 14, 2, 1., wenn er daselbst sagt, dass
er einst von den Prätoren auf die Richterliste für *iudicia privata*
gebracht, *in rerum diffissionibus* [22]) *comperendinationibusque et aliis
quibusdam legitimis ritibus* aus der *lex Julia iudiciaria* selbst und den
Commentaren der Juristen die nöthige Auskunft erhalten habe; denn
daraus folgt, dass die *diffissiones* und *comperendinationes* im Gesetz
unmittelbar mit einander verbunden waren.

Ausser diesen gesetzlichen Diffissionen, welche unabhängig von
der Willkühr des Richters und der Parteien eintraten (L. 2. § 3.
D. si quis cant. 2, 11. L. 60. D. de re iud. 42, 1.) gab es aber
auch richterliche (*diem diffindi isbere* Gell. 14, 2, 11.), hauptsächlich [23]) der bekannte Ausspruch *non liquet: amplius agatur*, an den
jedoch, um Verschleppungen zu verhüten, schon das Gesetz —
und warum nicht auch schon das der zwölf Tafeln? — die Verhandlung am dritten Tage darauf geknüpft haben wird [24]). Beim

---

[22]) Dieses erscheint nach dem von M. Hertz mir mitgetheilten kritischen
Apparat diplomatisch die wahrscheinlichste Lesart. Jedenfalls ist das
Wort im Stamme von *diffrensus*, welches in den Handschriften auch oft
diffensus heisst, nur lautlich verschieden und sammt *efferensus, infrensus,
frensus, defrensus* mit *ἐφρένδην, frenda* und unserm finden, also auch
wahrscheinlich mit *prae-hendo*, so wie mit *fundo, funus* unmittelbar verwandt, indem überall die Bedeutung einer heftigen Bewegung gegen
etwas hin zum Grunde liegt. Ob das *d-* ursprünglich mehr die Bedeutung eines Wegbewegens des Tages von der Verhandlung, wie in
differre, oder des Spaltens, Zerstörens, Nichtigmachens habe (vgl. Varro
de r. r. 1, 2, 5.), wird sich schwerlich noch ermitteln lassen.

[23]) Wegen anderer Gründe hatte es seine Schwierigkeit, dass der Richter
vom Prätor einen Aufschub erlangte. Plin. ep. 1, 18, 6.

[24]) Vgl. Plin. ep. 6, 2, 6. *An nos superstites maioribus nostris? nos legibus ipsis
auctores, quas tot horas, tot dies, tot comperendinationes largiuntur?* Cic. Verr.

Centumviralgericht endlich, an dessen Spitze ein Prätor stand, weil
es die Stelle eines Volksgerichts vertrat, konnte dieser nach Ma-
gistratsrecht (aber auch nur er Plin. ep. 1, 18, 6.) die Verhandlung
aussetzen (Plin. ep. 5, 9, 21.); das Zwölftafelrecht bezog sich aber
auch darauf, weil die Sache durch *legis actio* vor die Centumvirn
gebracht wurde (Gell. 16, 10, 8). Wie dieses aber auch mit der
gesetzlichen Wirkung einer neuen Verhandlung am Ja dritten Tage
geschah, zeigt der Ausdruck des Plinius: *Descenderam in basilicam
Juliam audiurus, quibus proxima comperendinatione respondere
debebam.* Ohne jene Regel hätte er In den einfallenden Verhand-
lungstag nicht *proxima comperendinatio* nennen können. Ebenso ist
ep. 1, 18, 1 (von einem Einzelrichter) zu verstehen: *rogas, ut dilatio-
nem petam, et pauculos dies, certe proximum* (den ersten *tertius) exrasem.*
Auch setzt Gajus solche *tertii dies* bei der *cautio iudicio sisti,* die
doch nur die alte gesetzliche Comperendination in den *iudicia imperio
continentia* nachahmen konnte, allgemein voraus, wenn er zum Pro-
vincialedict sagt (L. 8. D. si quis caut. 2, 11.): *Et si post tres aut
quinque plurisve* (d. h. *septem, novem* etc.) *dies, quam iudicio sisti se
reus promisit, secum agendi potestatem fecerit, nec actoris ius ex mora
deterius factum sit, consequens est dici, defendi eum debere per exceptionem.*
Die Stelle zeigt deutlich, dass die *cautio iudicio sisti* — und ähnlich
die Vadimonien wegen Gestellung *in iure* (8. 814) — entweder un-
gleich auf die dem zunächst darin bezeichneten nachfolgenden *perven-
dini dies* mit bezogen oder, was richtiger und woraus sich auch die
'Garrulität' der Vadimonien erklärt (Ovid. amor. 1, 12, 24. vgl. Cic.
ad Q. fr. 2, 15.), ausdrücklich auf jene eventuell mit verstellt wurde.
Daher wohl die *Veneria vadimonia* im Plural bei Plaut. Curc. 1, 3, 5.
Auch erklärt sich dann, dass nach Cic. pro Quinct. 18, 51. erst
multis vadimoniis desertis zur *postulatio bona possideri* geschritten zu
werden pflegte — mochte die Sache *in iure* oder *in iudicio* liegen
(vgl. L. 10. §u. D. si quis caut. 2, 11).

In dem Repetundenprocess gegen Verres kommt eine Erstreckung
der Anklageverhandlung über mehrere Tage vor, ehe der Angeklagte
darauf wenigstens hauptsächlich antwortet (Cic. Verr. act. 1, 10, 30.
11, 34. Ub. 1, 7, 20 mit dem Schol. p. 153). Möchten diese auch
— was wir nicht wissen — wieder *tertii dies,* nicht ununterbrochen
fortlaufende gewesen sein[201]), und an jedem ein gewisser Rechts-

4, 15, 34. *lege comperendinatus,* wo von der Servilia die Rede ist. Wenn
Tacit. de orat. 38. Im Gegensatz zu seiner Zeit von der früheren sagt:
liberae comperendinationes erant, so heisst dieses nur, dass die völlige Freiheit der Richter, so oft sie wollten, die *ampliatio* auszusprechen, später
beschränkt wurde, worin mittelbar auch eine Beschränkung der *comperendinatio* lag. Ciceros Ausdruck (Verr. act. 1, 11, 34.) *mea (ratio sit),
ut unis primis ludos comperendinem,* will nur sagen, er wolle seine *actio*
so beschleunigen, dass die gesetzliche *comperendinatio,* so viel auf ihn
ankomme, schon vor den ersten Spielen eintrete.

[201]) Für solche fortlaufende spricht jedoch der Process gegen Milo, Ascon.
arg. Milon. p. 37. 40. und das Senatsgericht bei Plin. 2, 11, 15...19. an

kampf durch beiderseitiges Reden und Zeugenfragen (act. 1, 16, 55) stattgefunden haben: es lag darin immer eine Neuerung gegen das Princip des alten Processes, dass beiderseitige Hauptausführung und richterliche Entscheidung wie bei einem Kriegstreffen auf Einen Tag concentrirt sein sollten (Gell. 17, 2, 10). Was aber in demselben Process des Verres von Cicero abzuwehren gesucht wurde, dass die *comperendinatio* nicht wirklich auf den dritten Tag, sondern, weil auf diesen und noch viele folgende Tage Ferien fielen, auf einen viel späteren geschähe (act. 1, 10, 34), das konnte auch im alten Process vorkommen z. B. wenn die Ernennung des Richters und die *comperendinatio a. d. III Idus* geschah. Man könnte nun meinen, dass damals wegen der Unwandelbarkeit der Formen der *legis actio* der Richter nur an einem solchen Tage habe gegeben werden dürfen, mithin auch durch entsprechende Legung des ganzen Vorverfahrens in *iure* ein solcher Tag dazu habe gewählt werden müssen, nach welchem der *dies tertius* kein Feiertag war. Es leuchtet aber ein, wie grosse Inconvenienzen dieses gehabt hätte. Richtiger nimmt man daher an, entweder, dass auch dann auf den dritten Tag schlechthin denuntiirt wurde, und zu den Fällen der gesetzlichen Diffusion und Comperendination auch einfallende *feriae* — gleichviel ob vorherausgehende *maiae* oder andere — gehörten, oder, dass wenn der dritte Tag ein *ferialis* oder *intercina* war, ein Zusatz zu der *denuntiatio in diem tertium* sive *perendinum* gemacht wurde, etwa: *qui est sine (ullis) feriis* [**], und vielleicht rührte daher die sprichwörtliche Redensart *sine ullis feriis*. Dass das Sprachgefühl noch zu Cicero's Zeit bei *comperendinatio* den Begriff des Anschubs mit nur Einem dazwischen liegenden Tage festhielt, womit das Nichtrechnen von Ferientagen, die auf den an sich dritten fielen, wohl vereinbar ist, zeigt sein davon entlehnter bildlicher Ausdruck (Brut. 22, 87.) *quem quasi comperendinatus medium diem fuisse*, und es ist mir keine Stelle bekannt, welche den von manchen Neueren angenommenen Gebrauch des Worts für eine Frist überhaupt bestätigte. Auch scheint wenigstens im späteren Process die Verschiebung auf den dritten Tag nur noch häufiger und namentlich bei den prätorischen Vadimonien üblich geworden zu sein (Gell. 7, 1, 5n.)[***]. Doch konnte diese Sitte auch

[**] drei Tagen nach einander, bei dem man nur dafür sorgte, dass nicht mitten in einer Rede abgebrochen wurde.

[**] Einen viel weitläufigeren Zusatz bei dem späteren Gestellungseide der Angehobenen s. bei Gell. 16, 4, 4. aus Cincius.

[***] Die hier mitgetheilte Erzählung — dass Scipio, als er seinen Soldaten vor Carthago Recht sprach und von einem '*ex more*' gefragt wurde, auf welchen Ort und Tag das Vadimonium gemacht werden solle, auf die Burg der Stadt hinweisend antwortete: 'dorthin übermorgen' — wird erst recht piquant, wenn dieser Verschiebungstermin der gewöhnliche war. Sie kommt aber auch noch in einem zweiten Falle vor, im Spanischen Feldzuge des P. Scipio, wo zwar Valer. Max. 3, 7, 1. in *posterum diem*, aber Plut. apophth. Tom. VI. p. 741. Reisk. richtig *εἰς τρίτην* hat. Eben darauf geht auch wohl Suet. Claud. 15. *Cognoscendi*

gar wohl schon aus der Zeit des alten Processes stammen, wo manche Handlungen z. B. das *vindicias dare*, das Schwören des Eides beim Sacramentsverfahren, das Empfangen von *praedes*, nicht immer an demselben Tage mit der begonnenen *legis actio* geschehen sein werden, und würde dann die Definition des Macrobius in einem weiteren Sinne auch auf solche *dies perendini* gehen. War doch jene Sitte überhaupt nicht auf den Civilprocess beschränkt, sondern beruhte auch da nur auf dem allgemeinen Princip, eine möglichst bald vorzunehmende wichtige Handlung theils auf einen Tag zu concentriren, theils auch eine volle Vorbereitung dazu zu gönnen. Daher finden wir sie nicht nur auch bei der Legung zusammenhängend fortschreitender *feriae statirae* (oben S. 244 f.), bei denen nur auch das Imparilitätsprincip mitwirkte, und bei manchen priesterlichen Indictivferien (Gell. 10, 24, 9. vgl. S. 262) und Augurien (Serv. ad Aen. 3, 117), sondern auch bei der dreimaligen vorläufigen Anklage *intermissa die* im Volksgericht (Cic. pro domo 17, 45. Liv. 26, 8. Appian. de b. c. 1, 74)[224], als Frist auch bei Ausweisungen aus einem nahen Orte (Senec. de morte Claud. 11) bei der Einlegung der Appellation u. s. w.

Die *dies perendini* beruhten auf der Gesetzlichkeit und den kleinen und einfachen Verhältnissen der alten Zeit, in der die autonomen Hausväter einander nahe wohnten und eine Processverhandlung naturgemäss an Einem Tage vollendet wurde. Seitdem in den verwickelteren Staatsverhältnissen der späteren Zeit die natürliche Zeit umgekehrt dem Menschen unterworfen war und die Processe längere Fristen zur Vorbereitung und längere Zeit zur Beendigung in Anspruch nahmen, kamen sie ab und die Processfristen und Termine wurden im ausserordentlichen Verfahren auch von der Obrigkeit angesetzt, auf deren Macht dasselbe überhaupt beruhte.

2. Die dies stati und condicti.

Die *dies stati* erklärt Macrob. 1, 16, 14. folgendermaassen: *stati, qui iudicii causa cum peregrino instituuntur, ut Plautus in Curgalione: Status condictus cum hoste intercessit dies.* offenbar aus Fest. p. 314:

morem cum tenuit, ut continuis actionibus omnibus (die inzwischen bei den Kaisern aufgekommen sein mochten, vgl. Anm. 231) *sigillatim quaeque per vices ageret* (jede Sache wieder übermorgen). Eine ausserordentliche Dilation auf den 30sten Tag kommt bei Liv. 39, 18. vor. Sie ahmte die Frist *ad excipiendum indicem* nach. Ein Vadimonium konnte übrigens, wenn der Praemissor es zufrieden war, auch auf einen Festtag lauten — ein Beispiel *Idibus Septembr.* findet sich bei Cic. pro Quint. 7, 29. — nach dem Princip der L. 1. § 1. 2. D. de feriis (2, 12). S. oben S. 235.

[224]) Nach der ganzen Stellung der Tribunen auf Grund der *lex sacrata* kann ihre Criminalgerichtsbarkeit gegen Patricier nur auf das Verfahren gegen ein fremdes Volk zurückgeführt werden. Wie nun auch da der *dies tertius* seine Bedeutung hatte, werden wir später sehen. Dass übrigens thatsächlich auch bei der tribunicischen Voranklage mitunter

Status dies [115]) *vocatur, qui iudicii causa est constitutus cum peregrino.
eius enim generis ob antiquis hostes appellabantur, quod erant pari
iure cum populo atque hostire ponebatur pro aequare.* Plautus in
Curculione *(1, 1, 1): Si status condictus cum hoste intercedit dies,
tamen est eundum, quo imperant, ingratis.*

Dieser Artikel diente aber wieder, wie der unmittelbar vorhergehende *Statuliber*, zur Erklärung eines Zwölftafelausdrucks und zwar
ohne Zweifel in der von Cic. de off. 1, 12, 37. angeführten Stelle
derselben: *ad status dies cum hoste*, die also die eigentliche Quelle
dieser von den späteren Schriftstellern auch hervorgehobenen Art
von Tagen ist. Dagegen wird die Gleichstellung des *condictus dies*
mit dem *status* in der Stelle des Plautus späteren Ursprungs und von
ihm aus dem Gestellungseide der Soldaten bei Gell. 16, 4, 4.: *vis
hostisve, status condictusve dies cum hoste* entlehnt sein.

Dieser zeitliche Unterschied und der offenbare Gegensatz beider
Ausdrücke wird nun auch am sichersten auf ihre Bedeutung führen.
In *status dies* liegen zwei charakteristisch unterscheidende Begriffe:
subjectiv die einseitige Festsetzung durch eine höhere Macht im Gegensatz zu einer freien Bestimmung der Betheiligten, worauf denn auch
nach den Begriffen der Kaiserzeit die Erklärung bei Festus *constitutus
est* geht (nehmlich wie in *constitutio principis*) [116]): objectiv die Fixierung in einer dauernden Ordnung und daher auf einen bestimmten
alljährlich wiederkehrenden Tag. Das erstere erhellt z. B. aus dem
Wort *statuliber* für den kraft Festsetzung des Testators für einen
gewissen Fall, unabhängig von dem Willen des Erben, freien Sclaven,
status dies (L. 4. § 5. D. de re indic. 42, 1.) für einen *dies per legem
constitutus* (L. 7. D. eod.), aus dem Gebrauch des Ausdrucks im Lateinischen und Oskischen (meine Osk. Spr. S. 4) für religiöse Satzungen,
und aus den Beweisen für das zweite, nehmlich den meisten Anwendungen des Adjectivs *status*, wo es zugleich etwas an bestimmten
Tagen jährlich Wiederkehrendes bezeichnet, weil diesen zugleich auf
höherer Anordnung beruht, z. B. Fest. ep. p. 92. *Feriae statae appellabantur, quod certo statuloque tempore observabantur.* Liv. 27, 23, 7.
ut hi ludi in perpetuum in statam diem voverentur. 23, 25, 3. *Campaniis
omnibus statum sacrificium ad Hamas.* Cic. Tusc. 1, 47. *solemne et
statum sacrificium.* de harusp. resp. 9. *statas solemnesque cerimonias*

---

aus der *intermiss dies* eine längere Frist wurde, zeigt der Process des
Aediles P. Claudius gegen Milo. Cic. ad Q. fr. 2, 7. A. W. Zumpt
Röm. Criminalrecht II. S. 249.

[115]) Mit Recht schliesst Müller aus dem Folgenden, dass hier *cum hoste* ausgefallen sei.

[116]) Dagegen versteht *constituere* im privatrechtlichen Sinne der Uebereinkunft Tac. Germ. 11. *Nec dierum numerum, ut nos, sed noctium computant.
sic constituunt, sic condicunt.* *Constituere* unterscheidet sich dann von con-
dicere dadurch, dass dort der festgesetzte Tag durch die Uebereinkunft
selbst geschaffen wird. Vgl. die von J. F. Gronov ob. 1, 1. ge-
sammelten Stellen.

pontificatu .... contineri[227]). Dass dagegen *condicere* ursprünglich davon gesagt wird, dass Gleichstehende jeder dem andern aus eigenem Recht etwas objectiv Uebereinstimmendes ansagen und damit — gleichviel ob contractlich oder nicht contractlich — festsetzen, und *condictus dies* daher den zu einem Geschäft so festgesetzten Tag bedeutet, erhellt aus dem Worte selbst und aus Stellen wie Fest. ep. p. 39. *Condictum est quod in commune est dictum.* L. 66. pr. D. de contr. emt. 18, 1 (von Kaufbedingungen). Justin. 3, 7 (vom Waffenstillstande). Specieller bezieht es sich aber auf solche Ansagungen ohne Vertrag, bei denen die objective Uebereinstimmung der gleichen Ansagung des Andern auf irgend einer Nothwendigkeit (des Rechts, der Sitte, des Anstands) beruht. Wird es dann auch von einer einseitigen Ansagung gebraucht, wie namentlich vom Kläger, der bei der *legis actio per condictionem* dem Beklagten ansagte, dass er am 30sten Tage *ad iudicem capiendum* wieder erscheinen solle (Gai. 4, 18. vgl. Fest. ep. v. Condictio, Condicere p. 66. 64), so liegt dabei doch die Voraussetzung der nur wegen der Nothwendigkeit des Erscheinens und der daher überflüssigen gleichen Ansagung des Andern[229]), der hier aber ursprünglich oft ebenfalls condicierte[229]), zu Grunde, da, wenn er nicht kam, es auf seine Gefahr geschah[240]): der Ausdruck unterschied sich dann von dem *diem alicui dicere* und *prodicere*

[227]) Man vergleiche ausser den Lexica auch noch Nic. Heins. ad Ovid. F. 1, 310. Burm. ad Valer. Flacc. 2, 488. Duker ad Liv. 39, 13, 8. Ueber das Oskische *statif = statim, stato die anniversaria* meine Osk. Spr. S. 418.

[228]) So bei dem bekannten *cras* oder *ad cras* *alicui condicere*, sich bei Jemand auf einen bestimmten Tag zu Gaste bitten. Plaut. Men. 1, 2, 15. Stich. 3, 1, 38. Suet. Tib. 42. Cic. ad fam. 1, 9, 20.

[229]) Dieses geschah, wie ich glaube, wegen der auch positiv gleichen Stellung des Beklagten bei der *legis actio sacramento*, aus der die *per condictionem* hervorging, mit dem gewöhnlichen *similiter ego ubi*, indem der Richter da auch über das *sacramentum* des Einen und des Andern, ob es *iustum* oder *iniustum* sei, zu sprechen hatte, und wenn sie *in rem* war, wo beide vindicirt und Eigenthum behauptet hatten, auch in der Sache selbst sowohl dem einen als dem andern vom Richter das Eigenthum zugesprochen werden konnte. Besonders im letzteren Falle konnte die beiderseitige *condictio* kaum fehlen. Hierauf beruht sachlich meine Restitution von Gai. 4, 17a. *Observabant enim omnino similem rei aequalem modum caperafi iudicis condicendique, quando ad indicem capiendum erant deberent* etc. Bei der *legis actio per condictionem* gab es weder ein *sacramentum* noch eine Vindication und auch die Wette war nicht nothwendig, sondern konnte nur vom Kläger verlangt werden.

[240]) Die Gefahr lag bei der *legis actio sacramento* und *per condictionem* jedenfalls in der Strafe des Vadimonium, bei der *condictio* des Römischen *pater patratus* zu den des fremden Volks, wovon später, in dem sonst drohenden Kriege, bei der *condictio* des Augur zu einer Inauguration darin, dass diese (z. B. die eines Rex) sonst unterblieb; bei der *condictio* zu gewissen Opfern (Gell. 10, 24, 9.), die wir leider nicht näher kennen — wenn dabei nicht dieselbe Condiction zur Inauguration seitens der Priester gemeint ist — wohl darin, dass der dazu Nichterscheinende am Opfer keinen Antheil hatte.

des anklagenden Römischen Magistrats nur dadurch, dass beim condicere Gleichberechtigte einander gegenüberstehen.

Die beiden Ausdrücke führen uns nun zurück auf die verschiedenen beiden Arten der Rechtsverfolgung, von denen das ganze Römische Processrecht ursprünglich ausgegangen ist, der gütlichen auf
Uebereinkunft der Privaten beruhenden (vgl. L. 1. § 1. D. de feriis 2, 12)
vor einem nur von der Staatsobrigkeit bestätigten Schiedsrichter und
der strengen auch gegen einen Widerwilligen erzwungen eintretenden
ursprünglich vor der Staatsobrigkeit selbst. Für die Processe der
Römischen Bürger unter einander sind diese beiden Processarten im
Allgemeinen durch die Gegensätze des *arbiter* und *iudex*, *arbitrium*
und *iudicium*, und hinsichtlich des Verfahrens selbst durch den der
legis actio sacramento und *per iudicis (arbitrive) postulationem* bezeugt[241]).
Es liegt aber in der Natur der Sache, dass auch Rechtsstreite mit
Ausländern von derselben verschiedenen Behandlungsweise beherrscht
werden mussten.

Denkt man nun zunächst an das Verhältniss nicht durch Vertrag und Frieden verbundener Völker, so konnte ein Rechtsstreit
unter ihnen selbst oder den ihnen angehörigen Privaten gütlich nur
auf rein schiedsrichterlichem Wege erledigt werden, der voraussetzte,
dass man sich auch dem Schiedsspruch noch gutwillig unterwarf:
wie andererseits das strenge Verfahren nach vergeblicher *rerum repetitio*
der abgesandten Fetialen noch lediglich in den Krieg auslief. Für
diese *repetitio* schrieb nur das Fetialrecht, um mit gutem Gewissen
zu einem *iustum piumque bellum* schreiten zu können, bald ein Verfahren, die bekannte *clarigatio*, vor (Liv. 1, 32. Dionys. 2, 72. Serv.
ad Aen. 9, 53.), in welchem man bei einigermaassen aufmerksamer
Vergleichung eine Uebertragung der ursprünglichen Formen des Sacramentsverfahrens im Innern auf die Rechtsverfolgung gegen das
Ausland nicht verkennen kann. Natürlich war es nur das Verfahren
der *personalis actio*, da hier allein von Forderungen die Rede sein kann,
und auch ausserdem brachte das Verhältniss selbständiger Völker
als Parteien statt zweier Privaten desselben Staats von selbst gewisse
besondere unterlei Modificationen mit sich. Dieses vorausgesetzt,
entsprach aber zunächst der *in ius vocatio*, welche im Innern die *actio
in iure* erst möglich machte, hier die eigenmächtige Reise der Fetialen-
gesandtschaft zum Gerichtsplatz des fremden Volks, verbunden mit
dem vorläufigen Aussprechen der Rechtsforderung als Grundes derselben, um damit gleichsam den ganzen Staat (Götter, Menschen,

---

[241]) Man darf mit diesem Unterschied der milden und strengen Process-
weise nicht, wie sehr häufig geschieht (auch meine Darstellung in Serv.
Tull. S. 583 ff. ist davon nicht frei), den der Klagen selbst verwechseln, die nach der verschiedenen Natur des zu Grunde liegenden Anspruchs und Geschäfts theils *bonae fidei*, theils *strich iuris* sein können
und von denen die ersteren in der älteren Zeit nur auch gewöhnlich
per iudicis arbitrive dationem verfolgt wurden, weshalb sie auch wohl den
Namen *arbitria* beibehielten. An sich waren beide Processarten allgemein und auf beide Arten von Klagen anwendbar. Gai. 4. 13. 20.

Boden) auf das an der Gerichtsstätte vorzunehmende Hauptverfahren
hinzurichten. Und wie die in *eas vocatio* sich für alle Fälle in drei
Stufen vollendete *(in ius vocatio* selbst — *ni it, antestatio et captio* —
si calvitur pedemve struit, manus iniectio), so auch dieses Vorverfahren,
bei dem nur die zu überwindende steigende Schwierigkeit zur Gerichtsstätte zu gelangen in dem weiteren Eindringen in den fremden
Staat lag und die Ueberwindung blos durch die die Gesandten hei-
ligenden, den jedesmaligen Umständen angepassten Formulare bewirkt
wurde. Der Pater patratus der Gesandtschaft sprach nehmlich auf
der Reise dreimal nach Anrufung der gemeinsamen Götter des italischen und religiösen Rechts *(Jupiter* und *Fas)* und nach Hervorhebung seiner Gesandtenstellung die Rechtsforderung gegen das fremde
Volk mit hinzugefügtem Sacramentum aus — beim Ueberschreiten
der Grenze, beim ersten Begegnen eines Angehörigen des fremden
Staats und am Thor der fremden Stadt. Wenn er aber endlich auf
dem Marktplatz — der allgemeinen Gerichtsstätte im Alterthum —
angelangt war, stand er still und erhob, nachdem er der Landes-
obrigkeit Kunde von seiner Ankunft und deren Zwecke gegeben, dort
dieselbe Forderung zur Eröffnung des eigentlichen Verfahrens, wiederum
mit Beeidigung aber vor der fremden Obrigkeit oder deren Vertreter (z. B. dem Pater patratus) gleichsam als Processgegnerin, die
natürlich, wenn sie überhaupt die Gesandtschaft annahm (vgl. Liv.
4, 30.), aber auch nicht sofort das Geforderte zugestand (= *confessio
in iure)*, zunächst entsprechend läugnete, und bewilligte ihr auf Verlangen eine erste, eine zweite und eine dritte zehntägige Frist zu
weiterer Ueberlegung, nach deren Ablauf er jedesmal zurückkehrte
und zwar nach Ablauf der ersten und zweiten, um dieselbe Clarigation zu wiederholen. War aber auch die dritte Frist vergeblich
abgelaufen, dann schloss er mit der Bezeugung vor allen Göttern,
dass das fremde Volk ungerecht sei und das Recht verweigere; es
solle daher daheim berathen werden, wie man zu seinem Rechte
kommen werde[841*]). Hiernach waren — abgesehen von der noch

[841*]) Liv. l. c. *Legatus ubi ad fines eorum venit, unde res repetuntur, capite velato
filo (lanae velamen est) Audi, Jupiter, inquit; audite fines (cuiuscunque
gentis sunt, nominat) audiat Fas. Ego sum publicus nuncius populi
Romani, iuste pieque legatus venio, verbisque meis fides sit. Per-
agit deinde postulata. Inde Jovem testem facit: Si ego iniuste inpieque
illos homines illasque res dedier nuncio populi Romani mihi ex-
posco, tum patriae compotem me nunquam sieris esse. Haec quum
fines superscandit, haec, quicunque ei primus vir obvius fuerit, haec, portam in-
grediens, haec forum ingressus, paucis verbis carminis conceptisdeque ter-
minatis, peregit. si non dedantur, quos exposcit, diebus tribus et triginta (tot
enim solemnes sunt) peractis, bellum ita indicit: Audi, Jupiter, et tu, Jane
Quirine, Diique omnes coelestes, vosque terrestres, vosque in-
ferni audite. Ego vos testor, populum illum (quicunque est nominat)
iniustum esse neque ius persolvere. Sed de istis rebus in patria
maiores natu consulemus, quo pacto ius nostrum adipiscemur.
Cum his nuncium Romam ad consulendum redit. Man erkennt leicht, dass
Livius nur das Vor- und das Schlussverfahren wegen ihres dramati-*

schon nur durch Berufung auf die gerechte Forderung mit *sacramentum* ermöglichte Rechtsreise — von der ersten eigentlichen Clarigation auf dem Markte an bis zur Abschiedserklärung, welche den
Kriegsbeschluss in Ansicht stellte, vier gleichmässige contradictori-
sche und mit *sacramentum* bestärkte — wenn das fremde Volk ähnliche Einrichtungen hatte, auch beiderseitige — Actionen, mit jener
vorläufigen zusammen aber fünf[241]). Dem Zeitablauf nach aber
kamen die von Dionysius bezeugten 30 Tage herum, an welche sich
jedoch bis zum Kriegsbeschluss selbst nach der Rückkehr noch eine
Nachfrist von wenigstens drei Tagen anschloss, innerhalb deren das
fremde Volk also jenen noch durch gütliche Mittel abwehren konnte[242]),
gleichwie auch im Sacramentsverfahren nach Ablauf der 30 Tage und
der *litis contestatio* ein *rem ubi pacunt orato* (Schöll XII tabb. p. 118)
erwähnt wird, welches Verlautbaren des Pactum vor dem *dies comperendinus* die *causae coniectio* und den weiteren Process auch noch
ausschloss. Man sieht daraus, dass, wie ein analoges Verfahren auf
der Bantischen Tafel bestätigt[244]), auch im Innern die *sacramenti*
actio nach ihrer ursprünglichen Form — einstmals gewiss auch nach
einer vorgängigen eidlichen *in ius vocatio*, d. h. bei der der Kläger
seinen Anspruch edierte und mit Sacrament bekräftigte, weil sich
sonst die ihm unstatthafte Gewaltübung gegen den Widerstrebenden
kaum erklären liesse[244]) — sodann aber *in iure* selbst in einem vier-

---

aches Interesses gleich darstellt. Für das ganze Verfahren — freilich
aber ohne die werthvollen Formulare — gewähren Dionysius und
Servius eine bessere Uebersicht.

[240]) Unverkennbar hatten diese fünf dem *iustum ac pium bellum* vorangehenden
formalen Acte eine Analogie mit den fünf Thesen der Salier an den
Quinquatrus (oben S. 173), die eben das, was der wirklichen Action
der *dextera Martis* im Kriegsauszuge vorangehen müsse, zur religiösen
Darstellung bringen sollten. Eben deshalb bestanden sie, den beiden
gegenüberstehenden Völkern entsprechend, in Austrustionen und Red-
austrustionen zweier Chöre und vermuthlich verhielten sich davon
vier gegen einen einleitenden ohne Trennung der Chöre ähnlich wie
die obigen fünf Actionen unter einander, oder wie die vier Finger der
dextera Martis gegen den Daumen. Man halte diesen nicht für Spielerei,
sondern erinnere sich lieber, dass der ganze Gottesdienst des Alterthums in bedeutungsvollen Symbolen bestand.

[241]) Man darf sich durch die Angabe der *dies solennes* bei Livius: *diebus
tribus et triginta* nicht verleiten lassen, die dreissigige Frist vor der von
30 Tagen anzunehmen. Livius verwechselte eine andere später zu erwähnende Frist von auch 30 Tagen (die *dies XXX iusti*), die der eigentlichen Kriegsansagung vorausging und auf unsere dreissigige unmittelbar
folgte, so dass diese mit ihr auch zusammengerechnet werden konnte,
mit derjenigen, von welcher wir hier handeln, weil er irrig die Abschiedserklärung des Pater patratus *Audi Juppiter et tu Jane Quirine* etc.
schon als *indictio belli* aufgefasst hatte. Das Richtige hat in dieser Beziehung, wie sich später ergeben wird, Servius l. c.

[242]) Vgl. meine Ork. Spr. S. 102 ff.

[243]) Wie die *in ius vocatio* ursprünglich geschehen, darüber fehlen uns alle
Nachrichten. Der Eingang der zwölf Tafeln *si in ius vocat, ito,* setzt sie

maligen *agere* gegen den wiederholl dazu Wiedererschienenen mit
eidlichem Anspruch und Widerspruch am 1, 10, 20 und 30sten Tage
— um so das Aeusserste, den Krieg Rechtens, wo möglich noch zu
vermeiden — und dann mit *litis contestatio* bestanden hat, nur dass,
da beide Theile nicht blos das *ius gentium* vor den *Dii communes*,
sondern dieselbe Staats- und Rechtsordnung vor Einer Obrigkeit vereinigte, Anspruch und Widerspruch und *litis contestatio* vor dieser
geschahen und die ersteren jedesmal bei den einheimischen Göttern
beeidigt wurden. Die aus den zwölf Tafeln bekannte fünffache Eidesstrafe das *sacramentum* — ohne Zweifel je nach einem Eide bei
Jupiter *quingenarium* (= 5 Rindern) oder bei Dius Fidius *quinquagenarium* (= 5 Schafen) — bekundet dann nur eine spätere verein-
fachte und verschärfte Form des strengen Verfahrens, nehmlich
ausser dem Absehen von einer wirklich durch Eid begründeten *in
ius vocatio*, die bei der *actio sacramenti* nun vorausgesetzt wurde, eine
Zusammenziehung der Ulaligen* viermaligen Actionen und Eidesleistun-
gen, die doch regelmässig den Widerstand des Einen oder Andern
nicht brachen, in eine einzige mit Beibehaltung derselben Gesammt-
frist und mit grösserer Solennisirung des statt der fünf beibehaltenen Einen Eides mittelst vorheriger *provocatio*, welche dem Eide
jene fünffache Kraft beilegte *(quingentum* oder *quinquaginta arris sacramento te provoco)*, und wirklicher Ableistung im Heiligthum des
Schwurgottes selbst (mit Umfassung des Altars), wie es die damals
sinnlicher gewordene Religion erheischte[246]). Doch zurück zum Cla-
rigationsverfahren selbst. Wenn hier in der Formel, mit welcher
der Rex nach der Rückkehr der Fetialen den Kriegsbeschluss im
Senat veranlasste (Liv. l. c.), auf deren Thun bei dem fremden Volke
mit den Worten Bezug genommen wird: *Quarum rerum, litium, causarum
condixit pater patratus populi Rom. Quiritium patri patrato Priscorum
Latinorum hominibusque Priscis Latinis, quas res dari, fieri, solvi opor-
tuit, quas res nec dederunt, nec fecerunt, nec solverunt*, so geht jenes
condixit offenbar auf die gehörige Beobachtung des ganzen Clariga-
tionsverfahrens, d. h. das dreimalige Bestimmen des zehnten Tages,

blos als Bedingung einer Verpflichtung voraus und es lässt sich wohl
denken, dass da die anzustellende *actio* selbst auch eine gütliche sein
konnte, die religiöse Form und der Zwang früher nicht immer Statt
fand, und dass erst die zwölf Tafeln ohne Rücksicht auf jenen Unterschied die *in ius vocatio* schlechthin, wie als auch geschehen mochte,
erzwingbar machten. Wie aber die *patres familias* im Staat und die *patres
patrati* verschiedener Staaten einander bei der Rechtsverfolgung ursprünglich überhaupt viel näher standen, zeigt noch der Anfang des *lanen et lium
furtum quaerere*. Dass jedoch im Innern nicht auch eine dreifache eidliche Behauptung des Anspruchs bei der *in ius vocatio* Statt finden konnte,
ergiebt sich aus dem Gegensatz des Verhältnisses mehrerer Privaten
unter Einer Obrigkeit gegen das mehrerer Staaten von selbst, wogegen
es wohl alte Sitte gewesen sein konnte, nicht eher zur *in ius vocatio* zu
schreiten, als bis man den Gegner wegen der Sache zweimal freund-
lich angesprochen hatte.

[246]) Siehe Beilage F.

an welchem der Pater patratus zu dem fremden Volk zurückgekehrt
war, um seine clarigatio vor dessen Pater patratus und den etwa zu-
gezogenen Privaten, welche die Sache betraf, zu wiederholen, und
wobei die abschlägliche Antwort, wenn das fremde Volk ähnliches
Fetialenrecht hatte, auch in eine ähnliche eidliche Negation gekleidet
werden mochte (Liv. 1, 32. negant Albano); das Folgende aber *quos
res dari ... nec adversnt* enthält die Bedingung der vom Pater patratus
vorbehaltenen Einstimmung der Alten seines Volks zunächst des Rex
selbst in das von jenem schon ausgesprochene eidliche Urtheil *populum
illum injustum esse neque ius persolvere*. War aber das ganze Verfahren
eine Copie des Sacramentsverfahrens im Innern, so dient auch dieses
wieder zur Bestätigung, dass auch beim Sacramentsverfahren ursprünglich dreimal der zehnte, später ein für alle Male der dreißigste Tag
condiciert wurde.

Im Verhältniss zu Völkern, mit denen man in Bündniss getreten
war, konnte allein von Einführung Eines wirklichen Processes mit
Ausländern unter gemeinsamer öffentlicher Autorität die Rede sein,
indem hier der Bundesvertrag die Stelle der Lex für den Process
der Römischen Bürger unter einander vertrat. Hier war es nun aber
offenbar auch zuerst der gütliche Process vor einem vereinbarten
Arbiter, der eine Bundesgarantie fand — also noch vor der eigentlichen *recuperatio* — und zwar für den ursprünglich weitaus wichtigsten Fall des Verkehrs mit Fremden, den auf Messen und Märkten,
der regelmäßig zugleich unter Gottesfrieden stand, da es im höchsten
Interesse der Verbündeten lag, dass der freundliche Verkehr unter
ihren Genossen auch noch in dem Falle, wo sie über die Schlichtung
von Marktstreitigkeiten übereinkamen, gesichert würde: wiewohl sich
dieser Marktschutz bald auch auf den Fall unfreiwilliger Beklagter
erstreckt haben wird. Auf solche völkerrechtliche Mess- und Markt-
gerichte ist nun ohne Zweifel der *status dies eius* Koste zu beziehen.
Wie die *mercatus* in Rom, die sicher auch von den stammverwandten
Völkern besucht wurden, schon von den ältesten Zeiten her auf feststehende Kalendertage fielen, haben wir bereits gesehen: ebenso natürlich auch bei Roms Nachbarn [241]). Noch eher wird man aber an solche
Messen und Märkte zu denken haben, wie sie an ebenfalls feststa-
henden Tagen des Jahrs nicht erst seit Servius Bündniss mit Latium
(Dionys. 4, 26.) beim Tempel der Diana auf dem Aventinus [242]),

---

[241]) Vgl. oben S. 194. Man nannte daher einen solchen *mercatus* selbst auch
einen *status*. Tac. H. 3, 30. von Cremona: *magna pars Italiae stato in
eundem diem mercatus congregata.*

[242]) Vgl. darüber oben S. 252 Beilage C. Das Bündniss, welches nachher
Tarquinius Superbus mit 47 theils Latinischen theils Volskischen Städten
abschloss und worin gemeinschaftliche Opfer und Messen auf dem Albanischen Berge festgesetzt wurden (Dionys. 4, 49.), gehört nicht mehr
hierher, sondern bildet schon den Uebergang zu den beweglichen Ge-
richtstagen der folgenden Periode, da die damit gestifteten *feriae Latinae*,
wie wir früher (S. 236) gesehen, *conceptivae* waren. Aehnlich wandelbarer Art scheinen die übrigens auch von fremden Kaufleuten besuchten

sondern schon unter den ersten Königen bei dem den Römern, Latinern und Sabinern gemeinsamen Heiligthum der Feronia am Soracte
stattfanden und bei deren Festen zugleich von den umliegenden Kaufleuten, Handwerkern und Ackerbauern bis in die Kaiserzeit hinein
besucht worden (Liv. 1, 30, 5. Dionys. 3, 32. Strab. V. p. 226.).
Es liegt nun auch ganz im Geist der alten Zeit, dass ein Tag solcher
Zusammenkünfte, wahrscheinlich der letzte [249]), für die Schlichtung
von dergleichen Rechtsstreiten besonders bestimmt wurde. War doch
in Servius' Bündniss mit den Latinern selbst schon ein Bundesgericht
über die Streitigkeiten der verbündeten Städte unter einander errichtet
(Dionys. 4, 26.) und in Roms erstem Bündniss mit Carthago (Polyb.
3, 22. Dazu J. G. Hinschkii Anal. p. 212.) völlige Rechtsgleichheit
für die Römer in Sicilien bedungen worden. Hinsichtlich der Erle-
digung solcher Messprocesse sieht der von Livius und Dionysius
(ll. cc.) erzählte Vorfall unter Tullus Hostilius, dass Römische Kaufleute an einem jener Messtage von Sabinern mit Wegnahme ihrer
Sachen festgenommen und gefesselt waren, ganz so aus, als sei von
confesi oder Verurtheilten die Rede und habe man darin nur einen
Missbrauch der gegen solche an sich bündnissgemässen Executions-
befugniss gefunden, da sowohl die persönliche Haftnahme als *clarigatio*
d. h. als ursprünglich völkerrechtliche *actio* und zwar als Executivklage gegen Ausländer, entsprechend der *legis actio per manus iniectionem*, mit der Wirkung, dass der Verhaftete mit einer gewissen
Geldsumme gelöst werden musste, auch sonst vorkommt (Liv. 8, 14, 6.),
als auch die von Fest. v. Nancitor p. 166. aus dem Latinischen
Bündniss berichteten Worte *pecuniam quis nancitor habeto* und *si quid
pignoris nancitor sibi habeto* nicht wohl anders als von einer execu-
tiven Pfändung *in causa iudicati vel confessi* verstanden werden können.
Da wir nun aus Dionys. 4, 49. ersehen, dass in solchen Bündnissen
für die Zeit der Zusammenkünfte an dem gemeinsamen Heiligthum
ἐκεχειρίας der Verbündeten unter einander d. h. Enthaltung von aller
Executivgewalt (wie sie unter Bürgern ja auch an den *feriae* galt,
oben S. 235) ausbedungen zu werden pflegten, so bezog sich die
Römische Beschwerde gegen die Sabiner wohl ohne Zweifel eben
auf deren Nichtachtung.

Concilien der Etrusker beim Heiligthum der Voltumna gewesen zu
sein. Liv. 4, 23...25.

[249]) Hierauf mochte die Ansicht des Sabinus beruhen in folgender von
Vennlejus berichteten Streitfrage L. 134. pr. D. de verb. obl. (45, 1.)
*Eum, qui certorum nundinarum diebus dari stipulatur, primo die priore posse,
Sabinus ait. Proculus autem et ceteri diversae scholae auctores quaudru vel
exiguum tempus ex nundinarum spatio supersteit, peti posse existimant: sed ego
cum Proculo sentio.* Dass man mit der Vulgata *peti non posse* lesen muss,
ist aus dem Princip der L. 42 eod. klar. Aber Sabinus Ansicht lässt
sich, wie der Text lautet, auch nicht erklären, namentlich auch nicht
aus der einen ganz andern Fall betreffenden L. 41 pr. D. eod. Ich
lese daher hier wie in L. 101. D. de R. J. *primo* d. h. *postremo* statt
primo, womit auch ein besserer Gegensatz gegen die Ansicht der Pro-
culejaner entsteht.

Wenn dagegen in einem Bündniss allgemein d. h. nicht blos an
mercatus stati und für die an diesen geschlossenen Geschäfte abgesehen von *connubium* und *commercium* gleicher Rechtsschutz für und
gegen den Ausländer *(recuperatio)* aus alten Contracten und Delicten
des *ius gentium* festgesetzt wurde, wie theilweise schon in dem ersten
Bündniss mit Carthago, vollständig in dem mit Latium, so galt dieses
selbstverständlich auch gegen unfreiwillige Gegner und hier übertrug
sich von selbst die bisherige strenge *condictio* des Pater patratus auf
den Privatkläger gegen den Privatbeklagten, dem also jener nach
Behauptung und Widerspruch vor dem Prätor sogleich auch einen
Tag ansagte und darauf mit Zustimmung des Prätors in das Vadimonium stellte, an welchem Tage jener zur Ernennung und Instruie-
rung der Recuperatoren wieder erscheinen sollte, wenn nicht etwa
im einzelnen Falle die Ernennung sofort geschah. Dieses war dann
der *dies condictus cum hoste*. Das Verfahren vor den Recuperatoren
wird zwar an *dies tertii* stattgefunden haben, wenn es nicht gleich
am ersten Tage zu Ende kam; weil dieses aber nicht auf *lex* beruhen
konnte, sondern nur auch auf dem vor dem Prätor nach der *condictio*
geschlossenen *vadimonium*, so wird man auch diese *dies tertii* unter
den *condicti* mit begriffen haben. Nach dem ersten Latinischen Bündniss des Freistaats musste jene Bestellung der Recuperatoren innerhalb zehn Tagen geschehen (Dionys. 6, 95.)[250]) — eine Beschränkung auf die erste der früher dem fremden Pater patratus gesetzten
drei Fristen, wie sie dem Interesse des und gegen den nur vorüber-
gehend am Ort sich aufhaltenden Fremden entsprach. Als im spätern Formularprocess auch für die Recuperationen Anspruch und
Widerspruch vor dem Prätor aufhörten, fiel natürlich auch diese
condictio weg: der Prätor bestimmte seitdem nur selbst den Tag für
das *vadimonium* zur Ernennung der Recuperatoren.

Aus dieser Bedeutung sowohl des *dies status* als des *dies condictus cum hoste* ergiebt sich nun auch, warum die zwölf Tafeln zwar
den ersteren, aber nicht auch den letzteren als Dilationsgrund der
dies comperendini gelten liessen. Jener, ein schlechthin unbeweglicher
und von dem Willen der Privaten unabhängiger Tag, beruhte na-

[250]) Dionysius sagt zwar: ταῖς τ᾽ ἰδιωτικῶν συμβολαίων αἱ κρίσεις ἐν ἡμέραις
γιγνέσθωσαν δέκα, was man wohl so verstünden hat, als sollte das Urtheil innerhalb zehn Tagen gesprochen werden. Das wäre aber in
dieser Allgemeinheit — anders, wenn der Prätor im einzelnen Falle
eine Judicationsfrist setzte L. 2. § 2. L. 32. D. de iudic. (5, 1.) —
eine ganz unverständige Vorschrift gewesen; wir wissen auch, dass
später den Recuperatoren sowohl wie den Einzelrichtern die *emphasis*
zustand (Cic. pro Tull. 1. pro Caec. 4. Liv. 43, 2). Wahrscheinlich
übersetzte Dionysius den Ausdruck *ut recuperationes* oder *iudicis recipera-
torio fierent* — was auf die Bestellung des Gerichts ging. Dass übrigens
die Recuperatoren wenigstens später auch sogleich im ersten Termin
gegeben werden konnten, zeigt Gai. 4, 185. *recuperatoribus suppositis*.
Diese wurden gleich bei Bestellung des Vadimonium für den Fall,
dass der Beklagte nicht erscheinen würde, ernannt und instruiert, ihn
auf die *summa rei dem* zu verurtheilen.

mittelbar auf dem Völkerrecht, dem das innere Civilrecht stets weichen muss; dieser ging, wenn auch entfernter nach dem Völkerrecht, doch unmittelbar von den Parteien im Innern des Staats selbst aus und konnte auf deren Antrag innerhalb der 10 Tage sehr wohl so gelegt werden, dass er mit einem *comperendinus dies*, den der *iudex arbiterve* oder eine der Parteien mit einem Mitbürger hatte, nicht in Conflict kam. Jedenfalls beruhte er auf einem gleich privatrechtlichen Grunde mit diesem und musste ihm selbst noch nachstehen, insofern der letztere ein gesetzlicher Tag war. Ebenso konnte auch ein *dies condictus cum rice*, wenn er mit einem *comperendinus* collidierte, durch wiederholtes Vadimonium hinausgeschoben werden. Für die Soldatengestellung war es dagegen gleich entschuldigend, ob den Ausgehobenen ein *dies status* oder *condictus cum hoste* daran hinderte. Erscheint aber in dem Soldatengestellungseide nicht auch der *dies comperendinus* als Entschuldigungsgrund, so dürfen wir daraus mit Sicherheit schliessen, dass in den zwölf Tafeln unter den Gründen des *dies diffensus* auch die *militia* vorkam. Dass aber so der Kriegsdienst als eine auch noch innere Pflicht den Pflichten der auswärtigen Justiz ebenso nachgesetzt, wie er denen der inneren Justiz, die er mit schützen hilft, vorgezogen wurde, erscheint in gleicher Weise angemessen. Der *dies condictus cum rice* stand weder unter dem Gesetz der Dilisionen, noch entschuldigte er von der militärischen Gestellung; denn er konnte wegen jedes Hindernisses frei oder nach Ermessen des Prätor verlegt werden.

3. Die *dies iusti* und *praeliares*.

Ueber diese sagt Macrob. 1, 16, 16., nachdem er vorher blos die *praeliares*, nicht auch die *iusti* als einzelne Art der *profesti dies* erwähnt hat:

Praeliares ab iustis non segregarerim, si quidem iusti sunt continui triginta dies, quibus exercitui imperato vexillum russi coloris in arce positum est, praeliares autem omnes, quibus fas est rea repetere vel hostem lacessere. 16. *Nam cum Latiar, hoc est Latinarum solenne concipitur, item diebus Saturnaliorum, sed et cum mundus patet, nefas est praelium sumere:* 17. *quia nec Latinorum tempore, quo publice quondam induciae inter populum Romanum Latinosque firmatae sunt, inchoari bellum decebat, nec Saturni festo, qui sine ullo tumultu bellico creditur imperasse, nec patente mundo, quod sacrum Diti patri et Proserpinae dicatum est: meliusque occlusa Plutonis faure rundum ad praelium putacerunt.* 18. *Unde et Varro ita scribit: Mundus cum patet, deorum tristium atque inferum quasi ianua patet: propterea non modo praelium committi, verum etiam dilectum rei militaris causa habere, ac militem proficisci, narem solvere, uxorem liberum quaerendorum causa ducere religiosum est.* 19. *Vitabant ceteros ad viros vocandos etiam dies, qui essent notati rebus adversis. vitabant etiam feriis, sicut Varro in Augurum libris scribit in haec verba: Viros vocare feriis non oportet, si vocabit, piaculum esto.*

Die Quelle des Macrobius war ohne Zweifel auch hier Verrius in dem vollständigen Festus, wie noch die daraus leider allein erhaltenen Auszüge erkennen lassen:

Fest. ep. p. 226. *Praeliares dies appellantur, quibus fas est hostem bello lacessere. Erant enim quaedam feriae publicae, quibus nefas fuit id facere.*

Und p. 103. *Iusti dies dicebantur triginta, quum exercitus vexillum in arce positum.*

Aus Macrobius sieht man, dass die *iusti continui triginta dies* nicht Tage sind, von denen als einzelnen sich fragen liesse, was man an ihnen vornehmen könne oder nicht, sondern eine gesammte Frist, während welcher man etwas nicht vornehmen kann. Denn was diese sei, ergiebt die Entgegensetzung der *praeliores dies*, an denen *fas est res repetere vel hostem lacessere:* man darf während der 30 Tage, an denen die Kriegsfahne auf der Burg ausgesteckt ist, gegen die Ausländer weder mit Worten (*res repetendo*) noch mit den Waffen sein Recht geltend machen. Es ist also auch nicht bloss ein subjectives für angemessen Erachten des Macrobius (wie man ihn jetzt gewöhnlich versteht z. B. Müller ad Fest. p. 103.), wonach er die *praeliores dies* von den *iusti* nicht trennen möchte (etwa weil auch die letzteren auf das Kriegswesen sich bezögen — so Jan ad Macrob. II. p. 135.), sondern beide hängen sachlich so zusammen, dass er, um die allein von ihm zu besprechenden *praeliora* recht verständlich zu machen, sie von den *iusti* nicht absondern durfte. Aus jener negativen Characterisierung der letzteren folgt aber wieder, dass diese 30 Tage nicht diejenigen sein können, welche bei der *clarigatio* der Fetialen durch die dreimalige *condictio* auf den zehnten Tag herauskamen; denn diese dienten ja eben dem *res repetere*. Welche 30 Tage zu verstehen sind, ergiebt sich unzweifelhaft, wenn wir mit Recht früher behauptet haben, dass das Rechtsverfahren nach Fetialrecht gegen ein fremdes Volk dem der Römischen Bürger unter einander nachgebildet gewesen sei. Auch in diesem giebt es nehmlich nach den zwölf Tafeln[361] *dies XXX iusti* und zwar da für den bestimmten Geldbetrag, welcher gegen die Beklagten durch Einbekenntniss vor dem Prätor oder durch richterliche Aburtelung festgestellt ist, wie Caecilius bei Gellius diese Tage erklärt (20, 1, 43.), *velut quoddam iustitium i. e. iuris inter eos quasi intercessionem quandam et cessationem, quibus diebus nihil cum iis agi iure posset* — also ganz entsprechend dem *quibus res repetere vel hostem lacessere fas non est.* Laufen nun diese 30 Rechtstage im Innern — von dem *aes confessum* abgesehen — gleich von der Verurtheilung an, welche regelmässig am *dies tertius* nach den ersten 30 Tagen des Sacramentsverfahrens stattfand[362], so ße gegen das rechtsverweigernde Ausland von da ab, wo, nachdem der Pater patratus, der als Fetiale zugleich *index* und *orator* ist (Cic. de leg. 2, 9.), wegen vergeblicher Clarigation gleichsam *litem* contestiert d. h. vor Jupiter, Janus, Quirinus und allen Göttern wider den Vertreter des fremden Volks zum Abschiede erklärt hat (Liv. 1, 32.): *ego vos testor, populum illum iniustum esse, neque ius persolvere*. *Sed de istis rebus in patria maiores natu consulemus, quo pacto ius nostrum persequamur*, und diese die Entzweiung (*duellum*) schon involvierende Erklärung nach ihrer Rückkehr vom König und Senat (erst später auch vom Volk) durch Kriegsbeschluss zustimmend bestätigt und da mit zum gemeinsamen Urtheil und Beschluss (*pactum*) des Römischen Staats selbst erhoben worden ist[233]), was nach Livius sofort (*confestim*) geschah. Von da an war dann *bellum consensu* oder (nach andrer Lesart) *consensum* (Liv. l. c.), das fremde Volk *perduelles* (L. 118, 234 pr. D. de verb. sign. 50, 16. L. 24. D. de captiv. 49, 15.); auch nennt Livius und ähnlich Serv. ad Aen. 9, 51. jene Erklärung, obgleich sie den formellen Krieg nur in Aussicht stellte (vgl. Dionys. exc. T. IV. p. 2325. Reisk.), abusiv schon *bellum indicere*; aber es war noch kein thatsächlicher Krieg, kein *bellum indictum et factum*; dieses begann erst mit dem bekannten Ritus, dass die Fetialen unter Aussprechung der mit den Worten *bellum indico facioque* schliessenden Formel (Liv. 1. c. Gell. 16, 4, 1.) einen Speer über die feindliche Grenze warfen[234]), was Livius (l. c.) auch wieder *bellum indictum*

Rechts zur Executionsklage geschritten werden konnte, sind die zweimal 30 Tage zu betrachten, die von Anstellung der Executivklage bis zur Capitalstrafe gegen den *iudicatus* nach den 12 Tafeln liefen. Mein Recht des Nexum S. 83 ff. Es liegt hier nemlich ein bestrittenes Executivrecht des Klägers vor, welches als solches freilich, von dem Falle des Auftretens eines Vindex abgesehen, nicht mehr durch *iudicatum* (daher der *tertius dies* wegfällt), aber doch durch *pactum* bis zum Ende der ersten 30 Tage erledigt werden kann; sind diese aber fruchtlos verflossen, so geht die Sache in den zweiten 30 Tagen wie gegen einen *perduellis* aus, nachdem das Volk in den drei letzten *nundinae* ihn der Auslösung unwerth erachtet hat.

[233]) Man beachte, dass auch der Römische Judex sein Urtheil für den Kläger nur in der Form sprach, dass er dessen eidliche Behauptung für recht (*iustum sacramentum*) erklärte und *litem secundum actorem* gab, also dessen bei der *litis contestatio* gleichsam in eigener Sache abgegebenes Urtheil durch seine Autorität bestätigte.

[234]) Bei Varro 5, 86 ... *per hos (fetiales) fiebat, ut iustum conciperetur bellum et inde desitum ut foedere felis pacis constitueretur* wird man auch statt der sinnlosen Worte *et inde desitum ut* lesen müssen *et indiceretur et*. Ob er aber unter *conciperetur* die frühere in Aussichtstellung des Krieges nebst veranlasstem Kriegsbeschluss oder das mit dem *bellum indico* verbundene *facioque* versteht — also in dem Sinn der *Compitalia concepta* oben S. 253 — ist aus der Stelle nicht klar. Livius selbst scheint das *bellum consensum* von dem, *quod fiebat*, bestimmt zu unterscheiden. Denn wenn er 1, 32. nach dem *bellum erat consensum* fortfährt: *Fieri solitum, ut fetiales hastam .... ad fines eorum ferret et .... diceret*, so deutet man das *fieri solitum* zu matt, wenn es blos heissen soll: es pflegte zu geschehen. Richtiger versteht man dazu *bellum*, so dass dann das *fieri bellum* dem

nennt. Wie lange nach jenem *bellum conscanum* dieses eigentliche *bellum indicere et facere* geschah, sagt Livius nicht und mochte auch ihm selbst nicht klar sein. Wir erfahren es aber aus Serv. ad Aen. 9, 53., wonach das Werfen des Speers *post tertium et trigesimum diem*, nehmlich nach dem (vollendeten) *res repetere* geschah. Davon sind denn offenbar drei Tage auf die Zeit zwischen der Abschiedserklärung des Pater patratus von dem fremden Volk und dem Kriegsbeschluss zu rechnen, während welcher jenes diesen noch hätte abwenden können, die übrigen 30 müssen als *iusti* bis zum Anfange der Feindseligkeiten verfliessen, weil der Kriegsbeschluss selbst auf ein *purum piumque bellum* lautete. Auch kann nur diese letztere Frist gemeint sein, wenn Livius beim Kriege des Tullus Hostillus gegen die Albaner 1, 22. sagt: *tantisper Romani et res repetierant priores et neganti Albano bellum in trigesimum diem indixerant, haec renuntiant Tullo.* Offenbar ist da von der vorläufigen Ansagung die Rede, die ebenso uneigentlich *belli indictio* heisst, wie auch der dreissigste Tag nicht wirklich angesagt wurde, sondern nur aus dem *ius fetiale* folgte, und auch da nur von dem daheim zu fassenden Kriegsbeschluss zu gerechnet werden darf[306]). Auch versteht es sich doch von selbst, dass man nicht gleich nach dem Kriegsbeschluss auch den Krieg wirklich anfangen konnte, indem man dazu selbst noch der Vorbereitung bedurfte[306]). Diese lag nun — später nur noch formell — in der öffentlichen Signalisierung des eingetretenen Kriegszustandes dadurch, dass man die heiligen Schilder und dann den Speer in der Hand des Mars selbst in der Regia mit dem Rufe *Mars vigila* bewegte[307]) und dem aufgebotenen städtischen Heer die Kriegsfahne auf der Burg aussteckte (Macrob. l. c. Serv. ad Aen. 8, 1. vgl. Cic. Phil. 5, 11, 29. ad Att. 10, 15, 2.). So kann es also keinem Zweifel unterliegen, dass die *dies XXX iusti*, während welcher man den Feind nicht beunruhigen durfte, eben die von dem Kriegsbeschluss bis zur eigentlichen *indictio belli* laufenden waren.

---

consentiri gegenübersteht und (lies *ita* oder *item*) es die nothwendige Modalität dieses wirklichen Kriegsanfangs bezeichnet. Serv. ad Aen. 9, 53. Lässt ganz ähnlich auf die *clarigatio*, zu der er auch noch die vorläufige *belli indictio* rechnet, das *indicere pugnas principium* durch die *hasta missa* folgen.

[305]) Livius hat sich 1, 22. 32. dadurch verwirren lassen, dass man — um gleich von dem uns geläufigeren Verfahren der *legis actio* zu sprechen — die zwischen den 30 Tagen der *sacramenti actio* und den 30 Tagen bis zur *actio per manus iniectionem* liegenden (*civiliter* gezählt) 3 Tage, welche von der *indicii datio* bis zu seiner *indicatio* (die *tertio*) vergehen, sowohl als ein Zusatz zu den ersten, wie als eine Einleitung zu den zweiten 30 Tagen betrachtet werden können.

[306]) Manche scheinen diese 30 Tage selbst so aufgefasst zu haben, als seien sie hierzu bestimmt, also um des Berechtigten willen vorgeschrieben, und beriefen sich dann darauf wohl bei Veruolgung der älteren und seltsam erscheinenden Streitfrage, ob der *indicatus* während der 30 Tage noch durch irgend welche Leistung an den Kläger der Execution vorbeugen könne. Vgl. Gaius in L. 7. D. de re iudic. (42, 1).

[307]) Siehe Beilage II.

War aber der Perduellionsprocess vor dem Volk wieder von dem Fetialenverfahren entlehnt (Anm. 234), so werden wir als wahrscheinlich annehmen müssen, dass auch zwischen dem *perduellionem indicare* — entsprechend dem Kriegsbeschluss — und dem eigentlichen *iudicium* der Centuriatcomitien — entsprechend der wirklichen *belli indictio* — *dies XXX iusti* ablaufen mussten [295]), falls der Angeklagte nicht auf die volle Frist Verzicht leistete (wie bei Liv. 43, 16. vgl. I. Anm. 160) und dass auch hier nicht, wie sonst bei Centuriatcomitien (Liv. 30, 15. Dio 37, 28.) die weisse (Serv. ad Aen. 8, 3.), sondern die rothe Fahne, und vielleicht, weil nur *dicis gratia*, auch blos am Volksversammlungstage. ausgesteckt wurde[296]); denn es war

[295]) Man behauptete früher diese Frist allgemein für alle Centuriatcomitien (mein Serv. Tull. S. 415. Becker Röm. Alt. II. 3. S. 56), wogegen sich jetzt A. W. Zumpt Criminalr. II. S. 196. 458. mit Recht erklärt hat. Die Stellen der Alten bekunden blos, dass der Tag zu den Perduellionscomitien vom Prätor erbeten werden musste (Liv. 26, 3. 43, 16. Gell. 7, 9.) und einzelne Beispiele von Centuriatcomitien nicht zum Zwecke des Urtheils über Perduellion, die innerhalb einer kürzeren Frist angesagt wurden. Liv. 4, 24. 24, 7. 25, 2. 24. 41, 14. Daher die bestimmte Leugnung Zumpts, dass die *dies XXX iusti* ausser bei wirklichem Kriege gegolten hätten, auch wieder zu weit greift.

[296]) Die Neuerung, dass während der Comitien später auf dem Janiculum statt auf der Burg die Fahne ausgesteckt wurde, was Dio 37, 27. für den Perduellionsprocess gegen C. Rabirius (691) bezeugt und dann als altherkömmliches Recht aller Centuriatcomitien darstellt (37, 28.), während Liv. 39, 15. dafür noch von der Burg spricht, wird auf den Perduellionsprocess gegen Manlius zurückzuführen sein (Liv. 6, 20. Plut. Cam. 36.), in welchem zuerst noch die Veränderung eintrat, dass das Volk nicht auf dem Marsfelde, sondern im Pötelinischen Hain vor dem Flumentanischen Thor versammelt, wo es nicht mehr das vom Angeklagten gerettete Capitolium (die Burg) vor Augen hatte, das Urtheil fällte. Man hat hierin eine grosse topographische Schwierigkeit gefunden, weil von der Gegend vor jenem Thor aus das Capitolium wenigstens ebenso gut wie vom Marsfelde aus gesehen werden konnte und auch die Bäume des Haines nicht aushelfen, da eine Centurienversammlung jedenfalls einen einigermaassen freien Raum fordert (Becker Röm. Alt. I. 3. 156). Bedenkt man aber 1) dass auch die Aufsteckung der Fahne auf dem Janiculum statt auf der Burg einer Erklärung bedarf, da es an sich viel natürlicher gewesen wäre, die letztere wie das Lager, aus dem man ausrückte, durch die Schutzwache mit der Fahne zu decken; 2) dass es für das Sehen einer hohen Localität wie das Capitolium in Roms unmittelbarer Nähe Seitens der Volksversammlung immer nur darauf ankommen konnte, ob diese ihr zu- oder abgekehrt stand; 3) dass der Zweck der Kriegsfahne war, dass das Volk zu ihr Hineilen (Macrob. l. c. Cic. II. cc.), also sie vor Augen haben sollte; 4) dass die Gegend vor der *porta Flumentana* gerade zwischen dem Capitolium und dem Janiculum liegt, während man vom Marsfelde aus beide links und rechts vor Augen hat, so wird es wohl mehr als wahrscheinlich, dass zuerst und unter irgend einem Vorwande (vielleicht Besorgniss vor den erst eben besiegten Antiaten und Etruskern Liv. 6, 7 seq. Diodor. 15, 35.) in jenem Manlischen Perduellionsprocess die Schutzwache mit der Fahne auf das Janiculum verlegt und in der Annalistenangabe der veränderten Abhaltung der Volksversammlung: *in luco Poetelino ad portam Flumentanam Janiculum cernas* der letztere

Ja formell auch hier wider den *perduellis* ein Kriegsstand eingetreten
(vgl. Liv. 3, 25, 3.).

Aus dem Bisherigen ist nun vollends klar geworden, weshalb
Macrobius sich nicht berechtigt halten durfte, die *dies proeliares*, an
denen man (thatsächlich) *res repetere et hostem lacessere* durfte, von
den *dies XXX iusti* zu trennen: jene folgten so auf diese, dass sie
deren vorherigen Ablauf voraussetzten, und der Tag der eigentlichen
Kriegsansansgang durch die Fetialen mit Werfung des Speers in das
feindliche Land war eben der erste *dies proeliaris* (das *inchoare bellum*
nach Macrobius) durch den zugleich nach Fetialrecht jeder folgende
Schlachttag als ebenfalls *proeliaris* gebilligt und dem einheimischen
Sacralrecht unterworfen wurde; jedoch galt diesen, wie auch Macrob.
1, 16, 20. bemerkt, nur dann, wenn man selbst angriff, weil sonst
nur die Regel des natürlichen Rechts *vim vi repellere licet* eintrat.

Was nun die nach Sacralrecht unlässigen *dies proeliares* betrifft,
so hat die Darstellung des Macrobius schwerlich correct. Man erkennt
aus ihr selbst leicht, dass abgesehen von den *XXX dies iusti* und der
ihnen vertragsmässig nachgebildeten Zeit der *induciae*, die als Fristen
der Friedenszeit gleichstanden, und deshalb keine Schlachtlieferung
gestatteten, wirkliches *nefas* mit *piaculum* nur der Angriff des Fein-
des an einem *dies feriatus* war, nach dem allgemeinen Rechte der
feriae und seiner gleichen Anwendung auf den Rechtsstreit im Innern
des Staats und nach aussen (oben S. 235). Nur dieses bezeugt die
von Macrobius mitgetheilte Stelle des Varro, in welcher das *viros
vocare* auf die aus Serv. et Inc. interpr. ad Aen. 10, 241. bekannte
Formel geht, mit der der Römische Feldherr das Antreten zum *proelium inire* anordnete. Aus diesem Grunde allein und nicht mehr als
an andern Feiertagen war ursprünglich auch an den Latinischen
Ferien und an denen des Saturn das Schlagen *nefas*. Was Macrobius
dafür weiter zur Begründung anführt, ist Zuthat aus dem Bewusstsein einer viel späteren Zeit, welche, dem alten Sacralrecht schon
völlig entfremdet, nur noch an gewissen Tagen das Liefern von
Schlachten nach ganz andern subjectiven Motiven für bedenklich
hielt[340]). Von den drei Tagen — 24 August, 5 October, 8 November

Zumal von den späteren Historikern als eine überflüssig genaue Orts-
bestimmung betrachtet, und weggelassen worden sol. Längere Zeit
mochte nun blos in Perduellionsprocessen die Fahne dort wehen, bis
sie später allgemein auf dem Janiculum aufgepflanzt wurde.

[340]) Bei dem, was Macrobius von den Latinischen Ferien sagt, ist wahrscheinlich an die Bestimmung des Bündnisses des Tarquinius gedacht,
nach welchem (Dionys. 4, 49.) an den Latinen *πανηγύρεις* aller Verbündeten unter einander sein sollten (S. 827). Was ging das aber andere
Völker an? Man konnte diese Tage nur deshalb hervorheben, weil an
ihnen die Ferienrückkehlt für das (nothwendig Römisch-Latinische) Heer
sich verdoppelte und dieses einzige gemeinschaftliche Jahresfest der
Verbündeten jedenfalls gefeiert sein musste, bevor man ohne Versäch-
lässigung der Götter in den Krieg ziehen konnte. Interessant ist aber
die Stelle des Macrobius, weil sie zeigt, dass das von Dionysius mit
πανηγύρεις übersetzte Bündnisswort *induciae* war. Natürlich konnte damit

(Fest. et Paul. p. 156. 154. 142. 144.) — an welchen *mundus patebat*, indem dann der diesen Eingang zur Römischen Unterwelt schliessende Manenstein weggenommen (Fest. ep. v. Manalem lapidem p. 128) und dabei das von Macrobius erwähnte Opfer an Dispater und Proserpina gebracht wurde, sagt Varro in der ersten Stelle selbst und ähnlich Fest. ep. p. 156. nur, dass sie religiös gewesen und an ihnen überhaupt nichts Oeffentliches im Staat vorgenommen worden sei. Vielleicht waren sie aber wegen jenes Opfers von Mittag an *dies atri*, womit sich ihre comitiale Eigenschaft wegen des Morgens immer noch verträgen würde. Alsdann würde doch ein gewisser objectiver Grund ihrer Untauglichkeit zu *dies praetiares* eingetreten sein; nicht zwar zu Ihnen als solchen, sondern weil am Schlachttage vor dem *circus vocare* den siegverleihenden oberen Göttern [161]) geopfert wurde (Ino. Interpr. ad Aen. 10, 241. Liv. 5, 38. 7, 6. 8, 9. 9, 14. u. s. w.), was einen *dies purus* voraussetzte und mit einem *ater* in Widerspruch stand.

Dasselbe geschah aber, wie aus Liv. 6, 1. erhellt, auch schon am dritten Tage vorher, offenbar in demselben Interesse, für ein so wichtiges Unternehmen sich schon zum Voraus der Gunst der Götter und eines ihnen genehmen Tages zu versichern, wonach auch wichtige Indictivferien, bei deren Ansagung man auch ein ähnliches consultatorisches Opfer bringen mochte, *in diem tertium* condiciert wurden (S. 319). Durch jenes Opfer wurde nun zwar nicht auch dieser

nicht 'Waffenstillstand' bezeichnet werden, da dieser einen unter Verbündeten undenkbaren Kriegszustand voraussetzen würde. Bezieht er sich aber auf die unter Privaten beider Völker während einer gewissen Zeit ausgeschlossene Geltendmachung des Rechts (N. 327), in welchem Sinne er auch in der Rechtssprache der späteren Kaiserzeit wieder hervortritt (Dirksen manuale Latin. s. v.), so giebt er einen neuen Beweis dafür, wie in der alten Zeit das Rechtsverfahren zwischen Völkern und Einzelnen von gleichen Begriffen ausging. Unedll scheint man aber diese *indutiae* auch noch auf die beiden Tage nach den Latinischen Ferien — offenbar zur Sicherung der Rückreise der Verbündeten in ihre Heimath — ausgedehnt zu haben, da man diese für das Heirathen auch noch wie Ferientage behandelte. Cfe. ad Q. fr. 2, 4, 2. Oben Anm. 191.

[161]) Ausser der Natur der Sache selbst und Macrob. 1, 16, 25. ergiebt dies auch die Anrufung dieser Götter (Janus, Jupiter, Mars pater, Quirinus u. s. w.) am Schlachttage in der Devotionsformel bei Liv. 8, 10., deren Hauptzweck ist, nur durch ein kostbareres Sühnopfer als das gewöhnliche, Sieg für die Römer zu erlangen: *si populo Rom. Quiritium rite victoriamque prosperassis.* Die *Dii Manes* werden da nur accessorisch mit angerufen, weil zu ihnen die Selbstdevotion sammt der der Feinde geschieht. An ganz andre hohe Götter (Dispater, Vejovis) richtet sich dagegen die blosse Devotion der Feinde mit *ara Acotios* in der Formel bei Macrob. 3, 9, 10., bei der die Erhaltung des Römischen Heeres nur folgeweise in Betracht kommt. Es ist also auch durchaus kein Grund, mit Marquardt Röm. Alt. IV. S. 312. den Dispater in der ersten Formel zu vermissen und aus seinem Fehlen zu schliessen, dass er nicht alt Römisch, sondern nur ein erst durch die Sibyllinische Religion aufgekommener Gott sei.

Vortag *dies proeliaris*. Er trat aber doch insofern, als er wegen des gleichen Opfers auch nicht *dies ater* sein durfte und in dem Opfer gleichsam ein vorbereitender Angriff auf den Feind vor den Göttern lag, unter dasselbe Recht und daraus wird erklärlich, wie sich über den *dies Alliensis* so verschiedene Traditionen bilden konnten: man war darüber unsicher, ob das damals den Göttern missfällige Opfer das des eigentlichen *dies proeliaris* an der Allia oder das des *tertius dies* vorher gewesen sei, und, wie es scheint, auch darüber, ob der Schlachttag oder, was wahrscheinlicher, der Tag der Einnahme Roms in Folge der Schlacht im Kalender mit *dies Alliensis* bezeichnet sei[***]). Beschlossen aber damals die Pontifices, dass die *postriduani dies neque proeliares neque puri neque comitiales essent* (Macrob. 1, 16, 24.), so stellte der zweite Ausdruck gewiss hauptsächlich auf deren Untaug-lichkeit zu einem *dies tertius* vor dem *proeliaris*, als einer Art von Tagen, die nur durch das Opfer, zu dessen Voraussetzungen der *dies purus* gehörte, ausgezeichnet war.

Nach Gell. 5, 17, 3. (abgeschrieben von Macrob. 1, 16, 26.) wurde auch der *dies quartus Calendas vel Nonas vel Idus* von den Meisten als Inominal betrachtet und im Kriege gemieden; aus welchem Grunde, dafür weiss er selbst weiter nichts anzuführen, als das ihm selbst mit Recht nicht Genügende, dass er bei dem Annalisten Q. Claudius Quadrigarius gelesen habe, die Schlacht bei Cannä sei *a. d. IV Non. Sext.* geliefert. Die ganze Stelle hat auf den ersten Blick etwas sehr Auffälliges. Gellius scheint, wenn er diese Tage als a u c h noch bedenkliche hinter den eben behandelten *postriduani* angiebt, nicht bedacht zu haben, dass unter ihnen gerade die *d. IV Non.* selbst *postriduani*, nehmlich *postridie Cal.* sind; die Nachricht des Claudius über das Datum der Schlacht bei Cannä ist aber auch sehr ver-dächtig. Es ist ebenso schwer zu glauben, dass die Römer, welche erst im Jahr vorher auch die grössten religiösen Anstrengungen ge-macht hatten, sich die Gunst der Götter wieder zuzuwenden, und die nichts zwang, gerade an diesem Tage zu schlagen, eine Entschei-dungsschlacht auf einen *dies postriduanus* angesetzt und damit die Vorschrift der Pontifices gröblich übertreten, als dass, wenn es doch geschehen, auch nicht ein einziger unter den alten Schriftstellern, die sonst so eifrig sind, dergleichen hervorzuheben, diese grösste Niederlage der Römer als einen sprechenden Beweis von der lieblig-keit der priesterlichen Vorschrift angeführt haben sollte: wozu noch kommt, dass das Datum auch mit der wirklichen Zeit der Schlacht nach dem damaligen Römischen Kalender nicht übereinstimmt (s. oben S. 83. 154.). Dagegen lässt die Nachricht des Gellius selbst über die verbreitete Inominalität der *d. IV Cal. Non.* und *Idus* sich nicht bestreiten und die Regel, auch diese Tage im Kriege zu meiden, muss wohl mit dem Decret der Pontifices über die *dies postriduani* in irgend einer Verbindung gestanden haben, da sie sich eben auch auf alle

***) Siehe Beilage J.

Monatstichtage bezog. Wahrscheinlich beruhte sie nur überhaupt darauf, dass jeder solcher *dies quartus* immer zugleich ein zweiter rückwärts liegender *dies tertius* des *postriduanus* ist, nehmlich der *dies tertius* vor dem *pridie Cal. Non. Idus*, der selbst wieder der *dies tertius* vor dem *postriduanus* ist. Beachtet man aber weiter, dass bei Verrius Flaccus (Gell. l. c.) im Gegensatz zu dem Opfer, welches der Römische Feldherr *ad Alliam pugnaturus dimicandi gratia* am Schlachttage selbst *postridie Idus* gebracht hatte, in dem daran angeknüpften Berichte der Senatoren von *belli gerendi gratia res divina postridie Cal. Non. Idus facta*, worauf *proximum deinde proelium* unglücklich abgelaufen sei, die Rede ist, und dass doch auch die Gewichtlegung auf die Einnahme Roms *post diem tertium* nach der Alliaschlacht nicht blos aus einer Beziehung des *dies tertius* auf die übermorgen beabsichtigte Schlacht erklärt werden kann, so muss der *dies tertius*, an dem der Feldherr opferte, eine weitere Bedeutung für die Kriegführung überhaupt gehabt haben und ein mehrmaliger gewesen sein, wie die *dies tertii* in dem Zwölftafelgesetz über die Zeugen (S. 315), oder, was näher liegt, in dem Perduellionsverfahren (S. 319). Die striciere ältere Observanz, wie sie später nur noch ein Fabius Cunctator üben mochte, wird also nicht mit Einem Voropfer am dritten Tage vor der Schlacht sich begnügt, sondern das ganze Kriegsverfahren wider den Feind unter die Analogie der mit drei Concionalanklagen *intermissa die* eingeleiteten *indicatio perduellionis* — natürlich aber hier der ursprünglichen (ohne *provocatio ad populum*), welche mit sofortiger Vollstreckung des Urtheils verbunden war (Liv. 1, 26.), gestellt haben: oder vielmehr, dieses älteste Perduellionsverfahren im Innern war selbst auch in diesem Stück nur ein Abbild des auf Fetialenrecht beruhenden *parum pumque duellum* (Liv. 1, 32). Der Feldherr musste noch in diesem den Schlachttag als einen Gerichtstag vor den siegverleihenden Göttern betrachten und um des Sieges gewiss zu sein, wenigstens schon dreimal *tertiis diebus* vor dem *dies proeliaris* sich ihres günstigen Urtheils in einem *parum sacrificium* versichert haben. Hatten nun die Pontifices alle *postriduani* zunächst für das Opfer, welches dem *proximum proelium* vorherging, für *atri* erklärt, so ergab sich daraus für den Feldherrn die Regel, dass er schon am *IV dies Cal. Non. Idus* von der Einleitung des Schlachtverfahrens durch Opfer abstehen müsse, weil dieser Tag der erste, der *pridie* der zweite des drei vorgängigen *dies tertii* des *dies proeliaris* war, und dieser Regel verdankte es auch wohl der ebenfalls älter sie *pril. Non. Oct.* 649 angesetzte Tag der unglücklichen Schlacht des Cäpio gegen die Cimbern als *dies ater* ausgezeichnet zu werden (Plut. Luc. 27.), während doch der Tag von Cannä unbeachtet blieb. Natürlich nahm man aber bei Bildung dieser Regel wegen des im Ganzen verschiedenen Gesichtspunkts darauf keine Rücksicht, dass der *d. IV Non.* auch schon als *postriduanus* weder *proeliaris* noch *purus* war. Das Interesse des Resultats, dass die Römer in ältester Zeit das Kriegsverfahren auch bis in diese

Minotien hinein dem Rechtsverfahren im Innern gleichgemirilt haben, rechtfertigt wohl unsre etwas amständliche Untersuchung eines Punktes, der sonst nur als Ausfluss eines blinden Aberglaubens betrachtet zu werden pflegt.

4. Der rerum actus oder die dies iudiciarii.

Die *dies iudiciarii* oder *iuridici* gehören nicht mehr der alten Verfassung an und kommen daher auch nicht unter den Arten von Tagen vor, auf welche sich die antiquarischen Darstellungen der Lehre von den Tagen bei Varro, Ovid, Macrobius und Isidorus beziehen. Es werden sie selbst erst in der spätern Kaiserzeit[363]) diejenigen Tage genannt, welche seit der neuen Einrichtung des Gerichtswesens in Rom durch die *leges iudiciariae* des Augustus dem *rerum actus* zugewiesen waren, so dass dieser Ausdruck oder *cum res aguntur* und dgl., der wiederum der ältern Zeit fremd ist, sie in der frühern Kaiserzeit technisch bezeichnete[364]).   Auch bezweifele ich nicht, dass er selbst jenen *leges* seinen Ursprung verdankt, indem in diesen das Verzeichniss der für die Gerichtsbarkeit und die Gerichte bestimmten Tage des Jahrs eben mit diesem Ausdruck eröffnet worden sein wird (etwa: *Res aguntur his diebus*).   Dass sie aber ein solches Verzeichniss wirklich enthielten, darf mit vollem Vertrauen aus folgender Stelle des Macrob. 1, 10, 4. geschlossen werden, wenn wir auch den darin als Gewährsmann angeführten Mallius sonst nicht kennen: *Sed Mallius ait, eos qui se, ut supra diximus* (1, 7, 27), *Saturni nomine et religione defenderant, per triduum festos instituisse dies et Saturnalia vocavisse: unde et Augustus huius, inquit, rei opinionem secutus in legibus iudiciariis triduo ferari ferias iussit.* Denn es versteht sich von selbst, · dass jene Gesetze, welche gar

---

[363]) Capitolin. M. Anton. 10.   *Iudiciariae rei singularem diligentiam adhibuit: fastis dies iudiciarios addidit, ita ut ducentos triginta dies annuos rebus agendis litibusque iisceptandis constitueret.*   L. 19 (2) Th. C. de feriis (2, 8) von 389:   *Omnes dies imberum esse iuridicos.   Illos tantum manere feriarum dies fas erit quos etc.*

[364]) Senec. ep. 18, 1. *tanquam quicquam inter Saturnalia intersit et dies rerum agendarum.*   Plin. epi 4, 29. *Eia te, cum proxime res agentur, quoquo modo ad iudicandum ream.*   9, 25, 3. *Nunc me rerum actus modice, sed tamen distringit, quia finita etc.*   Sueton. Aug. 32. *At plerisque iudicandi munus detrectantibus vix concessit, ut singulis decuriis per vices annua vacatio esset et ut solitae agi Novembri ac Decembri mense res omitterentur.*   Claud. 15. *Cum decurias rerum actu expungeret.*   23. *Rerum actum dierum autem in hibernos aestivosque menses cumurum.*   Ner. 17. *atque rerum actu ab aerario commune ad forum ac recuperatores transferrentur.*   Gal. 2, 279. *Item de fideicommissis semper in urbe tus dicitur; de legatis vero, cum res aguntur.*   Auch bei Serv. ad Aen. 2, 102. *uno ordine: uno remo lai statt den letzten Worts wohl zu lesen rer. actu* d. h. *rerum actu.*   Nicht technisch nennt Tac. A. 13, 41 (oben S. 242) diese Tage *negotiosi.*   Der Ausdruck ἀγοραῖος (sc. ἡμέρα) ἄγονται Act. 19. 88. geht auf die Provinzen, wo aber das *forum* oder *conventus agere* allerdings die ganz entsprechende Einrichtung des italischen *rerum actus* ist.

Manches den *iudicia publica* und *privata* Gemeinsame gleichlautend
enthielten (vgl. Fr. VaL. 197. 198.) nicht blos eine vereinzelte Bestimmung über die Saturnalien getroffen haben können. Und so muss
auch, was Suet. Aug. 32. erzählt: *Ne quod autem maleficium nego-
tiumve* (Criminal- oder Civilsache) *impunitate vel mora elaberetur, triginta
amplius dies, qui honorariis ludis occupabantur, actui rerum accommo-
davit*, jenen beiden *leges* zugeschrieben werden. Der Ursprung des
rerum actus fällt demnach in 727 [?], das Jahr, von wo ab man die
Jahre der Augusti (Censorin. 21) und die feste Begründung der
republikanisch-kaiserlichen Verfassung (*ium, quis pace et principe
ulterius* Tac. A. 3, 28) rechnete, wovon der *rerum actus* selbst ein
wesentlicher Bestandtheil war.

Aus dieser Festsetzung der Tage des *rerum actus* durch die
beiden *leges iudiciorum* folgt schon von selbst, dass sie die für die
processuale Thätigkeit und zwar sowohl der Magistrate als der
Richter [?], sowohl in Criminal- als in Civilsachen in Rom gesetzlich bestimmten Tage waren und das bringt auch der Ausdruck *res
agere* mit sich. Er schliesst sich an den schon früher üblichen der
res prolatae und *res redeuntes* an, womit man die wegen längerer Unterbrechung z. B. durch die Sommerferien (oben S. 263) vom Prätor ver-
schobene und dann wieder aufgenommene Process- oder richterliche
Thätigkeit bezeichnete [?], und deren ersteren noch Tacitus (A. 2, 35.

[?]) Cassiodor. Chron.: *C. Caesar VI* (eigentlich *VII*, wenn man seinen
Consulat von 711, wo er *suffectus* war, mitzählt) *et M. Agrippa III.
His coss. Caesar leges protulit, indicto ordinavit, provincias disposuit et ideo
Augustus cognominatus est.* Vellei. 2, 80. von eben dieser Zeit ... *restituta
vis legibus, iudiciis auctoritas...* Eigentlich gehören die beiden Jahre 720
= das der s. g. resp. oder *libertas restituta* (Vellei. 2, 80. Ovid. F. 1, 589),
Hygin. de limit. p. 177. Grabrede auf die Turia II. 25) — und 727
mit ihren gegenseitigen Anstauschungen der wichtigsten öffentlichen
Rechte und Ehren zwischen Augustus und dem Senat zur festen Begründung der neuen Verfassung zusammen, wie sie auch das Monum.
Ancyr. col. VI. lat. 6. gr. 17. dafür zusammennimmt (p. 58. ed. Mommsen).

[?]) Wegen der der Magistrate (*iurisdictio*) vgl. die Stelle des Gajus, wegen
der der Richter — *indicta* und *recuperatores* — fast alle übrigen Stellen
in Anm. 264. Capitolinus (Anm. 263) will offenbar mit *rebus agendis*
vornehmlich die erstere, mit *litibus decerpandis* die zweite ausdrücklich
hervorheben, damit nicht der von ihm gebrauchte und gewiss damals
allgemein gebräuchliche Ausdruck *dies iudiciarii* blos auf die letzteren
bezogen werden möchte. Nach Aufhebung des *ordo iudiciorum* war es
passend, diese Tage nach der nun ausschliesslichen Bestimmung für
die rechtsprechenden Behörden *iudici* zu nennen. Gegen die allgemeine Lehre der neueren Rechtshistoriker (auch v. Bethmann-Hollweg
Civilproc. II. S. 169), wonach der *rerum actus* sich eigentlich nur auf
die Thätigkeit der Geschworenen bezog, hat sich schon Hartmann Ordo
S. 126 erklärt.

[?]) Aelteste Erwähnung derselben bei Plaut. Capt. I, 1, 10—19 (oder 1, 73
seq.) *Ubi res prolatae sunt, quum res homines cesat, Simul prolatae res sunt
nostris dentibus. Quasi quum caletur... Prolatis rebus parasiti venatici Sumus;
quando res redierunt, molossici...* Ausserdem Cic. pro Mur. 13, 28. ad
Att. 7, 12, 2. 14, 5, 2. ad Q. fr. 8, 8, 4. Ueber *res redeuntes* Cic. post
red. in sen. 11, 27. pro Sext. 62, 129.

22*

vgl. Senec. de brev. vit. 7, 8. Lucan. ad Pis. 73. 74.) mit den *res
agendae* in Gegensatz stellt. Mittelbar bezogen sie sich auch auf die
Abhaltung von Comitien aber nur weil diese von Jeher eine in dieser
Hinsicht der Jurisdiction gleichstehende Thätigkeit der Magistrate
war [207]. So verblieben sich die Tage des *rerum actus* in der kaiserlichen Staatsverfassung ganz ebenso wie die *dies fasti* in der des
Numa. Auch bei diesen dachte man vor Allem an die zulässige
Jurisdictionsthätigkeit: die damals noch seltenen Comitien waren
jedoch ebenfalls in diesem *fas* begriffen. Jetzt war wiederum die
Thätigkeit der Gerichte das regelmäsig allein noch hervortretende
öffentliche Leben geworden und für sie musste die Zeit ausdrücklich
genau bestimmt werden; eben diese bezog sich stillschweigend aber
auch auf die uns zurückgetretenen Comitien [208]. Dagegen hatte der
rerum actus mit den auch jetzt noch aus jener alten Verfassung
übrig gebliebenen *dies fasti* ob wenig etwas zu schaffen, wie der
jetzige Process mit dem der alten *iurgia* oder *legis actiones*. Nur
darin berührten sich beide noch, dass wenn eine *legis actio* für
Centumviralprocesse stattfinden sollte, diese zugleich als *legis actio*
nicht an einem *dies nefastus*, sondern nur an einem *fastus*, *comitialis*
oder *intercisus* und als processualische Handlung nicht an einem
Ferientage und daher nur zur Zeit des *rerum actus* vorgenommen
werden konnte. Und wie der jetzige Process grösstentheils nicht
mehr auf dem alten *ius civile*, sondern auf den prätorischen Edicten
und neuen *leges* beruhte, so waren auch die Tage des *rerum actus*
und ihr Gegensatz nicht mehr als civilrechtliche Tage die noch in
dem — seiner Grundlage nach stets alt sacral bleibenden — Kalender hätten Aufnahme finden können [209]. Diese ganze Gerichtszeit
mit ihrem Gegensatze hatte sich aber adoh schon längst angebahnt.
Neu war nur ihre nunmehrige *gesetzliche* Fixirung, bei welcher
denn auch materiell in den Tagen Manches geändert wurde.

Den Gegensatz zu den *dies rerum agendarum* bildeten nun, auch

[207] Vgl. Cic. ad Att. 7, 12, 2. *Nec cum rerum prolatio, nec tractus magistra-
tuumque discessus, nec aerarium clausum tardabit.* Eine Aufschiebung der
Comitien bis zu den *res reducentes* s. bei Cic. post red. in sen. und pro
Sext. II. cc.

[208] Nicht so war es mit dem Senat, auf den vielmehr die meisten Rechte
des Volks übergingen und der auch ausserdem für viele andre Geschäfte ein regelmässiges Organ der Regierung geworden war und
stets im Kaiserstaat blieb. Für ihn bestimmte daher auch Augustus
jedoch erst 745 regelmässige Versammlungstage, zu denen nun auch
kein Gericht gehalten werden sollte, bekanntlich die *Calendae* und *Idus*,
als die Tage, an welchen man schon bisher am ersten auf einen
frequens senatus rechnen konnte (vgl. Cic. ad fam. 1, 9, 8), Suet. Aug. 35.
Dio 55, 3. Gell. 4, 10, 1. Ueber deren fernere Geschichte vgl. Mommsen
I. L. A. p. 374.

[209] Es ist also auch nur ideal zu verstehen, wenn Capitolinus [Anm. 263]
von dem Hinzuthun neuer Gerichtstage in den '*fasti*' spricht. Gegen
die Neuern, welche hier unter *fasti* sprachwidrig gar die *dies fasti* verstehen wollen, s. Hartmann S. 151.

wenn man von unvorhergesehen angesagten ausserordentlichen Ferientagen absieht, nur noch zum kleineren Theile die alten *feriae legitimae*,
zusammen ungefähr 63 Tage, nehmlich theils die *statae*, also die
11 Idustage (S. 273), die 38 eigentlichen Jahresfesttage (S. 244)
und die ihnen gleichstehenden wahrscheinlich 6 nefasten alten Busstage mit Namen (S. 244), wozu noch die *Idus Januae* kommen, theils
die jährlichen *conceptirae*, von denen die *Latinae* 4 Tage einnahmen
(Dionys. 4, 49. 6, 95. Plut. Cam. 42), die Compitalien gesetzlich
nur einen Tag (Fest. v. Quinquatrus p. 254. Varr. 6, 25), und ebenso
später wohl auch die *Sementivae* (Varr. 6, 26. de r. r. 1, 2, 1.) und
die *Paganalia*. Weil zahlreicher waren die Imperativferien, theils
die für Erndte und Weinlese, theils für gewisse im Laufe der Zeit
aufgekommene anniversäre stehende Solennitäten, vor Allem die
immer mehr erweiterten und vermehrten Spiele, wozu nun auch seit
Cäsar noch die neuen kaiserlichen *N*-Tage kamen. Es ist nicht
mehr möglich, die Zahl der Tage des Augustischen *rerum actus* genau
anzugeben, weil es uns dafür an dem nöthigen Quellen-Material fehlt.
Doch hat auch eine annähernde Feststellung ein gewisses Interesse.
Besonders kommen hier die Spiele in Betracht. Unzweifelhaft mit
Ferien verbundene Spiele konnten natürlich nur die von den Magistraten im Namen und auf Kosten des Staats gefeierton sein (Hartmann Ordo S. 124) und von diesen wahren *ludi publici* gehören auch
nur wieder diejenigen hierher, welche vor 727 stehende geworden
waren. Von ihnen haben wir aber für unsern Zweck als schon aus
andern Gründen dem *rerum actus* entzogen auch auszuscheiden theils
die alten Festtage, welche selbst von jeher mit Spielen verbunden
waren, wie die Equirrien, oder auf welche spätere Spieltage fallen,
theils die seit Cäsar aufgekommenen blossen *N*-Tage, an denen meist
auch Spiele gegeben wurden. Die übrigbleibenden Spiele sind nun
nach den Monaten geordnet jedenfalls folgende, für welche theils ihr
hohes Ansehen und ihr von einer Gottheit entlehnter Name, theils
die hinzugefügten ausdrücklichen Zeugnisse verbürgen, dass sie gegen
Ende der Republik mit Gerichtsferien verbunden waren[871].

Vom 4—10 April die *Megalesia*, 7 Tage (Cic. pro Coel. 1, 1. 32, 78.
Ovid. F. 4, 187. und oben Anm. 162). Von ihnen waren der erste
(sammt den folgenden) scenische und der letzte (allein circensische)
Tag zugleich Opfertage.

Vom 12—19 April die *ludi Ceriales*, von welchen 8 Tagen
aber die Idus, die *Fordicidia* und die *Cerialia* (der 19te) als schon
alte Ferientage abgehn, bleiben 5 Tage. Blos der erste und der
letzte Tag hatten circensische Spiele, der erste wahrscheinlich auch
ein Opfer, wie bei den Megalesien.

Vom 21 April — 3 Mai die *ludi Florales*, 6 Tage, davon nur
der letzte circensisch.

[871] Die Nachweise für diese Uebersicht geben z. B. Marquardt Röm. Alt.
IV. S. 446 ff. und Mommsen in den *commentarii diurni* der l. L. A.
p. 350 seq.

Vom 6—13 Juli die *ludi Apollinares*, 8 Tage, der erste und letzte circensisch, am letzten auch Opfer.

Vom 20—30 Juli die *ludi Veneris genitricis* oder *victoriae Caesaris*, 11 Tage, aber mit drei einfallenden alten Festtagen, bleiben 8; davon der erste und die vier letzten circensisch.

Vom 4—19 September die *ludi Romani*, indem zu den ältern 15 Tagen vom 5—19ten (Cic. Verr. 1, 10, 81. lib. 2, 52, 130) nach Caesars Tode noch ein sechszehnter, der 4 Sept., hinzugekommen war. Doch gebt ein Tag auf die Idus ab, bleiben 15 Tage (Cic. Verr. 1, 10). Die 10 ersten sind scenisch, am 13 *epulum Jovis*, am 14 *equorum probatio* und dann 5 circensische Tage.

Vom 26 October — 1 November die *ludi Victoriae Sullae*, 6 Tage (Cic. l. c.), wovon der erste und der letzte (Siegestag) circensisch.

Vom 4—17 November die *ludi plebeii*, von welchen 13 Tagen nur die Idus abgehn, bleiben 12 Tage (Cic. l. c.). Die 9 ersten Tage scenisch, an den Idus *epulum Jovis*, dann *equorum probatio* und 3 circensische Tage.

Also zusammen 67 Tage, wozu nur noch etwa 8 seit 708 bis 727 aufgekommene *dies* N² treten, der 27 März, 1, 2, 9, 28 August, 2, 3, 23 Sept.; denn der 6 April fällt in die Megalesien.

Nehmen wir ferner nach S. 359. Bell. F. an, dass die Erndteferien vom 29 Juni an 30 Tage, also bis zum 28 Juli dauerten, so dürfen davon doch nur die ersten 7 und die 6 vom 14 bis 19 Juli gezählt werden, da die übrigen auch von den später auf diese Tage gelegten Apollinarischen und Siegesspielen eingenommen wurden. Rechnen wir ferner noch auf die Weinleseferien etwa drei Wochen im September und October mit Abzug von 3 Festtagen (S. 359. 245)[273], so würden wir ausser den alten *feriae legitimae*, die wir mit 63 Tagen ansetzten, noch 67 + 8 + 13 + 21 = 109, also zusammen 172 Ferientage erhalten, zu denen wir aber doch noch 1 Tag von den 3 hinzurechnen müssen, welche Augustus den Saturnalien doch gewiss nur deshalb zugab, weil er eine thatsächliche Feier derselben auch an dem Zwischentage zwischen den Saturnalien und Opalien schon vorfand und ungeachtet seines Bestrebens den *rerum actus* zu erweitern diesos den damaligen Römern liebste Fest nicht zu beschränken wagte. Diese ungefähre Zahl von 173 stehenden Feiertagen, welche den Geschäften nur 192 Tage übrig liess, ist nun theils an

[273] Warum diese in der Kaiserzeit den Erndteferien ganz gleichgestellten Ferien bei Cic. Verr. act. 1, 10, 31. wenigstens noch nicht ausdrücklich als Hinderniss der richterlichen Thätigkeit erscheinen, darüber vgl. S. 297. Mittelbar mochte er sie bei den für diesen Theil des Jahres gebrauchten Worten *durare et dicendo et errumndo ad ludos Victoriae* im Auge haben, indem wegen der Weinlese leicht excusiert wurde. Wir wissen freilich auch nicht bestimmt, ob schon Augustus diese Ferien in seine Gerichtsgesetze aufgenommen hat, was nur wahrscheinlich ist, und so gehört dieses, wie manches Andere z. B. die Frage, wie er die Parentalien behandelt hat, zur Unsicherheit unsrer Berechnung.

sich, theils in Vergleich zu den 230 Tagen, die Mark Aurel nach einer abermaligen Ueberladung des Jahres mit Feiertagen herstellte (Anm. 263), so auffällig gross, dass wir gewiss die Ferien eher zu reichlich gerechnet, als irgend welche ausgelassen haben. Die von Sueton dem Augustus beigelegte Reform, dass er (8. 339) *triginta amphius dies, qui honorariis ludis occupabantur, actui rerum addidit*, ist also ohne Zweifel auch auf die angeführten grossen acht Hauptspielfeiern zu beziehen. Aber auf welche Tage derselben? Man hat diese *honorarii ludi* sehr verschieden aber noch nicht befriedigend erklärt[273]. Sicher hat deren hier zu verstehender Sinn unmittelbar nichts mit dem vulgären Sprachgebrauch zu thun, wonach sie auch *Liberalia* hiessen (Fest. ep. v. Honorarios p. 102). Doch aber wird dieses Zeugniss für ihre Natur sachlich um so wichtiger, als Tertullian (de spect. 5. 10) diese *Liberalia* vom *Liber pater* ableitet, sie mit den Griechischen Dionysien zusammenstellt und den Ausdruck in seiner gewöhnlichen weiteren Bedeutung auf alle scenischen Spiele — nur in einem vagen allgemeineren Sinne auch auf öffentliche Spiele überhaupt — bezieht[274]), und eine besonnene Deutung kann nur davon ausgehn, dass nach diesen Zeugnissen die *ludi honorarii* die scenischen Spiele waren, die, wie wir gesehen haben, bei jenen acht Hauptspielen bei weitem den grössten Theil der Tage neben den wenigen, an welchen die alt Römischen Circusspiele stattfanden, einnahmen. Auch passt dazu Suetons Zahl von 'mehr als 30 Tagen.' Denn rechnet man die sämmtlichen Tage mit bloss scenischen Spielen aus allen jenen Hauptspielen zusammen, so ergeben sich 44, wovon aber wieder die 6 der *ludi Apollinares* und die 3 der *ludi victoriae Caesaris* abgehen, weil sie in die Erndteferien fielen und deshalb von ihnen nicht gesagt werden konnte, dass sie dem *rerum actus* hinzugefügt seien. Es bleiben also 35 Tage, welche, zu den obigen 192 addiert, 227 für den Augustischen *rerum actus* ergeben, eine auch deshalb wahrscheinliche Zahl, weil sie von den 230 des Mark Aurel nicht weit absteht, zu dessen Zeit die 8 blossen *N*-Tage, welche Augustus noch anerkannte, zwar inzwischen sehr vermehrt,

[273] Man vergleiche besonders Casaubonus und Ernesti zu Suet. l. c. Merkel ad Ovkl. F. p. VII. seq. Hartmann Ordo S, 143 ff. Es ist unmöglich ohne zu grosse Weitläufigkeit auf alle dabei eingemengte Irrthümer Rücksicht zu nehmen.

[274] Den Cult des *Liber pater* stiftete Caesar in Rom auch auf dem Capitol, Serv. ad Virg. ecl. 5, 29. vgl. Cardinal. dipl. IV. und zwar am Tage der alten Liberalien, Cal. Farn. ad Mart. 17. mit Spielen, die man danach später auch *ludi Liberales*, *Liberalici*, *Liberalia* nannte und für Dionysisch erklärte, Cal. Philoc. Silv. ad Mart. 17. Auson. de feriis 29, aber wohl mehr noch deshalb, weil der schon früh nach Italien gekommene Dionysosdienst mit seinen Theaterspielen dort auch mit dem Namen *Liberalia* bezeichnet wurde. Fest. ep. p. 116. Serv. ad Georg. 2, 381, 383. Vgl. Marquardt Röm. Alt. IV. 3. 809. Caesar abusiv so genannte *Liberalia* mögen, da sie circensische waren, Anlass geworden sein, den Ausdruck im allgemeinen Sinne auch auf festliche Spiele überhaupt zu beziehn.

dann aber weggefallen waren (S. 242), so dass seine Reform hauptsächlich die inzwischen aufgekommenen neuen Spieltage betroffen
haben wird. Wie konnten nun aber gerade jene scenischen Spieltage officiell *honorarii* heissen und warum nahm Augustus gerade
diesen die Ferieneigenschaft?

Nach technischem Sprachgebrauch können *honorarii ludi* nur
solche sein, welche keine andre Bestimmung und Legitimation haben,
als dass man mit ihnen die Götter besonders ehren wollte. Wie
nehmlich z. B. unter den Opfern der Arvalacten (Tav. XLI a) eine
vacca honoraria ausser den nach dem Sacralrecht allein nothwendigen
porciliae piaculares vorkommt und *honor* (im Umbr. *eris*, melue Igav.
Taf. 8. 170) oder *sacrum honorarium* (vgl. Serv. ad Aen. 1, 632)
im Sacralrecht überhaupt eine besondere Ehrenerweisung bezeichnet
über das hinaus, was das *ius sacrum* eigentlich erfordert, so muss
es auch mit den *ludi scenici* als *honorarii* eine ähnliche Bewandtniss
haben, was denn auch schon das mehrfache Zeugniss des Augustin.
de civ. D. 2, 8. (vgl. c. 12. 13) bestätigt, wenn er von ihnen sagt:
*illos ludos .... ipsos deos ut sibi solenniter ederentur et honori suo
conservarentur, acerbe imperando et quodammodo extorquendo fecisse*
(durch Pest, auch nach der gewöhnlichen, aber falschen Annahme
über die Apollinarspiele Liv. 25, 12. vgl. Fest. p. 326). Noch mehr
führt darauf die Sache selbst. Es ist bekannt (Preller Röm. Myth.
S. 195 ff.), dass die beiden ältesten und lange Zeit einzigen stehenden Spiele, die Römischen und plebejischen ursprünglich blos circensische waren, je ein Tag für jede der drei capitolinischen Gottheiten,
bis bei den Römischen 387 noch ein vierter Gesammttag hinzukam
(Liv. 6, 42) und dass diese an das *epulum Jovis* an den blos nur
mit einem der *equorum probatio* gewidmeten Zwischentage sich
anschlossen, während die wahrscheinlich erst seit der dritten Periode
aufgekommenen, auch noch an dieser Feier gehörigen Griechisch-
scenischen Spiele (zuerst erwähnt bei Liv. 24, 43. vgl. 7, 2) zur
Einleitung derselben dienten, indem sie ihr in allmählich wachsender
Zahl der Tage vorangingen. Wenn daher Dio 51, 1 allgemein von
den Spielen sagt, dass nur die mit einem *epulum* verbundenen,
welches früher die Pontifices, später gewöhnlich die Epulonen besorgten (Cic. de orat. 3, 19, 73. Dio 48, 32), heilige Spiele (*ludi
sacri*) seien[275]), so bezieht sich dieses offenbar nicht, wie man
gewöhnlich annimmt, auf die Römischen und plebejischen in der
Gesammtheit ihrer Tage, sondern auch bei ihnen nur auf jene circensischen und beruhte darauf, dass, wie man zu dem *epulum* Götter
und Menschen lud, auch zu diesen Spielen als einer nothwendigen

___

[275]) Ursprünglich unterschied man *ludi sacri* und *funebres* (Tertull. de spect. 6)
weil blos jene, die allein auch in Pferderennen im Circus bestanden,
zu Ehren der oberen Götter gefeiert wurden. Die Griechischen Theater-
spiele waren lange selbst verboten, Tertull. de spect. 10. Als sie aber
zu Ehren der oberen Götter auch zugelassen wurden, erhielt der Ausdruck *ludi sacri* in ihnen als blossen *honorarii* noch einen neuen Gegensatz.

Nachfeier der Lust des Mahls in der bekannten *pompa* ausser Jupiters
Quadriga auch seiner beiden Mitgötter Insignien auf *tensae* als Symbol
ihrer persönlichen Theilnahme mit auf den Circus gefahren wurden
(Fest. v. Tensam p. 364. Serv. ad Aen. 1, 17. Schol. in Cic. Verr.
p. 300). Da aber die später zu Ehren andrer Götter gewidmeten
Spiele ohne Zweifel wieder nach Analogie dieser ältesten, wenn auch
sonst mit manchen Modificationen, eingerichtet wurden, der Gebrauch
der *pompa* und der *tensae* für die circensischen Spiele überhaupt
und insbesondere auch bei den später gestifteten bezeugt ist (Cic.
Verr. lib. 5, 72. Ovid. F. 4, 391. bei den Cerialien Varr. de r. r.
1, 2, 11. Fest. l. c.) und ein *epulum* wenigstens auch am Circustage
der Apollinarspiele vorkommt (Liv. 25, 12), so werden wir auch für
die übrigen Spiele denselben Unterschied annehmen müssen. Waren
nun aber die *ludi scenici*, deren Griechische dem alten Römer ver-
ächtliche Art schon auf einen Ansatz von aussen und auf eine freie
Leistung der damals immer mehr der Griechischen Bildung zuneigen-
den Vornehmen hindeutet, nicht *sacri* d. h. kein nach den Vorschriften
des ältern *ius sacrum* nothwendiger Bestandtheil der Götterverehrung,
so konnte man sie nur *honorarii* im obigen Sinne nennen, um so mehr
als sie von den Magistraten, wahrscheinlich schon nach dem Vorbilde der ersten curulischen Aedilen (Liv. 6, 42) auf eigene Kosten
und wenn auch alljährlich doch nur als *translaticii*, um gegen den
Amtsvorgänger nicht zurückzustehen, und in dieser Art als stehende
gegeben wurden [176]). Der letztere Umstand kann bewirkt haben,
dass dem Ausdruck *honorarii* in der gemeinen Vorstellung zugleich
der Begriff der *magistratualen* Ehre, die man ja damit hauptsächlich
suchte (wie in *ius honorarium*), dem Ausdruck *Liberalia* für dieselbe
Sache der der *Liberalität* sich anhängte [177]. Ursprünglich lag aber
gewiss weder der eine noch der andre Begriff den Ausdrücken zu
Grunde. Bei dem grossen Gewicht, welches die Nobilität auf ihre
sie selbst am meisten verherrlichenden Spiele legte, wird sie frühzeitig dafür gesorgt haben, dass die Prätoren sie ebenso wie die
heiligen circensischen durch Feriensagung auszeichneten, wie es
später Caligula bei seinen Theaterspielen that (Dio 59, 7): es lag
das ja in ihrer Hand. Wie es aber mit solchen Ferien eine andere

<hr>

[176]) Ueber die Bestreitung der Spiele aus den eigenen Mitteln der Magistrate, wobei aber übersehen wird, dass sie sich hauptsächlich auch
auf die scenischen bezog, vgl. Schubert de aedil. p. 452. Friedländer
bei Marquardt Röm. Alt. IV. S. 474.

[177]) So sagt Tertull. de spect. 30. *Ut totas species* (Augenweiden des christlichen Glaubens) *si talibus ezundiet, quae alia praetor aut consul aut aerarios
de iure liberalitate praestat?* Wenn übrigens Augustus später (732) zur
Beschränkung des Luxus die Besorgung aller Spiele den Prätoren dergestalt übertrug, dass ihnen dafür eine bestimmte Summe aus dem
Schatz bewilligt wurde, deren Alterum tantum sie durch Zulegung
von dem Ihrigen nicht überschreiten durften (Dio 54, 2), so bezog sich
dieses zwar gewiss auch ganz besonders auf die scenischen Spiele,
änderte aber deren Recht nicht.

Bewandtniss hatte, als mit den für circensische Spiele, und dass sie
nur für diese als heilige Spiele angesagt werden mussten, kann
man aus dem Umstande schliessen, dass Claudius, der überhaupt
Vorschriften traf, um den zu seiner Zeit übermässig beengten *rerum*
actus zu erweitern (Dio 60, 17) zunächst verordnete, dass bei der
nothwendigen Instauration circensischer Spiele diese nur an
Einem Tage wiederholt werden sollten (Dio 60, 6). Eine Instauration
von scenischen Spielen als blossen *honorarii* konnte nehmlich niemals
nothwendig sein, weil sie keinen Theil des vorgeschriebenen Götter-
dienstes bildeten, während die circensischen bekanntlich wie die
Opfer durch das geringste Versehen vitlos wurden. Wurden nun
die Tage mit scenischen Spielen auch durch Ansagung von Ferien
keine heiligen, so konnte Augustus diese Tage ohne Verletzung des
ius sacrum gar wohl dem *rerum actus* zuschlagen. Dass er diesen
übrigens auch unbeschadet des Vergnügens des Volks that, zeigt die
von den Kalendarien bekundete Fortdauer der Spiele selbst.

Noch unter Augustus (seit 727) und unter den folgenden Kaisern
wuchs die Zahl der Ferientage so bedeutend, dass unter Claudius
(im J. 43) der 'grösste Theil des Jahres' davon eingenommen wurde
(Dio 60, 17). Nach dem Stande unsrer Nachrichten können wir
auch hieraus wenigstens einigermaassen eine Probe für die Richtigkeit
oder Unrichtigkeit unserer obigen Berechnung des Augustischen
rerum actus auf 227 Tage hernehmen.

Zunächst hatte Augustus den Richtern zwar ungern, aber doch,
ihre Amtsverrichtung in den beiden ganzen Monaten November und
December erlassen (Suet. Aug. 32), wodurch, da in jenem schon
6 Tage als circensische Spieltage, im letzteren 8 als schon frühere
Ferientage abgehn, 24 + 23 = 47 neue Tage, wenn auch nicht in
Form von Imperativferien für Prätor und Gerichte, dem *rerum actus*
entzogen wurden. Dazu kommen als wirkliche Ferien etwa 14 neue
kaiserliche N⁰-Tage einschliesslich der Augustalien. Endlich scheinen
von den freilich meist erst durch die jüngsten Kalendarien bezeugten
circensischen Spielen, welche neue Ferien bewirkten, wenigstens
folgende schon in diese Zeit gesetzt werden zu müssen: am 7 Januar
für Janus, am 3 April für Quirinus, am 8 April für die Castoren,
am 29 Mai für Honos und Virtus[116]), am 18 October für Jupiter

---

[116]) Sollte das räthselhafte Wort *sinea*, welches das Cal. Philoc. zu *Honos*
et Virtus hinzufügt, nicht eine blosse noch weitere Corruption von *deum*
statt *teua* sein? Die circensischen Spiele für diese beiden Gottheiten
stiftete allem Anschein nach erst Augustus, als er den Cult derselben
auf diesen Tag verlegte, und bei ihnen mochte ille überhaupt für besonders heilig gehaltene und daher von *Bulos* abgeleitete *teua* noch eine
ausgezeichnete Bedeutung haben — vielleicht, dass sie beide auf Einer
teua gegen die sonstige Regel (vgl. Liv. 27, 25. Valer. Max. 1, 1, 8)
diesen circensischen Cultus genossen — wonach man sie mit den auf
ihr gefahrenen Götterbildern gleichsam identificirte (wie in Tibur eine
Juno curulis verehrt wurde, Serv. ad Aen. 1, 17. vgl. 1, 10). Am 19 Mai,
den Philoc. mit *Aeauiorius* bezeichnet, fand denn wahrscheinlich eine Art
Lustration der Götterwagen, dem alten *Tubilustrium* entsprechend, statt.

Liberator, am 22 October für Sol, also 6. Sieht man dann auch ab
von den Ferien des Caligula für seine scenischen Spiele, welche
wahrscheinlich ihn selbst nicht überdauerten, so betrugen die hinzugekommenen Ferientage 47 + 14 + 6 = 67, welche von 227 abgerechnet allerdings nur die weit kleinere Hälfte des Jahres von
160 Tagen für die Geschäfte übrig liessen. Auch die Kalenden als
Senatstage (Anm. 269) ausser den schon früher ausgenommenen *Cal.
Mart.* abgerechnet, bleiben selbst nur 149.

Schwierig ist die Frage, wie der *rerum actus* der *leges Juliae*
in das ältere, wie wir oben (S. 42) sahen, vom März an in zwei
Semester zerfallende Processjahr eingriff. Dass Augustus dieses im
Allgemeinen so bestehen liess, darf nicht blos aus dem Schweigen
von einer Veränderung bei den Schriftstellern, sondern auch daraus
geschlossen werden, dass erst Claudius nach Sueton (Claud. 22)
rerum actum divisum antea in hibernos aestivosque menses coniunxit.
Man möchte in diesem Bericht aus der Voranstellung ·der Wintermonate entnehmen wollen, dass der *rerum actus* schon vor Claudius
nicht mit dem März begonnen haben könne. Aber es ist zu beachten,
dass Augustus später den November und December dem Gerichtsjahr
entzogen hatte (S. 346), eine wahrscheinlich von den folgenden
Kaisern beibehaltene Einrichtung; denn da Caligula der dadurch
herbeigeführten Verschleppung der Sachen oder Ueberlastung der
Richter nur durch Creirung einer fünften Richterdecurie· abzuhelfen
suchte (Sueton. Calig. 16), so hat wahrscheinlich erst Claudius bei
den von ihm zu Gunsten einer schleunigeren Justiz ergriffenen Maassregeln jene Beschränkung der Geschäftszeit wieder beseitigt, jedoch
so, dass er nachher doch für den December und den Anfang des
Jahres, also wohl für die drei ersten Tage des Januars wieder eine
Vacanzzeit nachgab [279]. Begann also unter Claudius und schon
lange vorher die richterliche Thätigkeit im Januar nach einer langen
Unterbrechung wieder, so ist das *coniungere rerum actum quica dici-
arum* zu einem fortlaufenden Jahre doch wahrscheinlich zugleich so
zu verstehen, dass dieses vom Januar anfangen sollte und aus dem

---

[279]) Sueton. Galb. 14. *Jadicibus ... descrim adiici precantibus non modo
negavit, sed etiam concessum a Claudio beneficium, ne hirms initioque anni ad
indicandum vocarentur, eripuit.* Dass unter der *hirms* der December zu
verstehen ist, ersieht man aus Senec. ep. 18, 1. (aus der Zeit des Nero)
*December est mensis. cum maxime civitas sudat: ius luxuriae publicae datum
est: ingenti adparatu sonant omnia, tamquam quicquam inter Saturnalia* (auf
die man zurücktrete) *intersit et dies rerum agendarum: adeo nihil interest, ut
non videatur mihi errasse, qui dixit, olim mensem Decembrem fuisse, nunc
annum.* Wenn dagegen sein Ind. de morte Cl. 12. die Advocaten über
den Tod des Claudius trauern, die Juristen aber sich freuen und einen
von diesen jenen zurufen lässt *cerebus robis: 'non semper Saturnalia crunt,'*
so geht das wohl auf die ebenso würdelose Indulgenz gegen die
Advocaten (vgl. L. 8. § 2. D. de offic. procons. 1, 16), die bisher wie
die Sclaven an den Saturnalien über auf gewesen waren, wie auf die
vielen allerhöchsten albernen Urtheile, wodurch Claudius sich verächt-
lich machte. Suet. Claud. 14. 15.

Gesichtspunkt dieser von Claudius getroffenen neuen Einrichtung
stellt Sueton die Wintermonate (vom Januar an) voranf. Auf diese
neue Einrichtung, bei der Claudius selbst in fleissiger Rechtsprechung
sogar in der Ferienzeit mit gutem Beispiel voranging (Suet. Claud. 14.
Dio 60, 4)[280], scheinen auch die Verse der verspottenden Nänia
in Senecas lud. de morte Cl. 13, 2, 43—45. zu gehen: (quis nunc
iudex toto lites audiet anno? — die aber auch beweisen, dass sie nach
seinem Tode wieder wegfiel. Zugleich wirft diess ein Licht auf
die wahrscheinliche concrete Bedeutung des rerum actus divinus und
der zeitweise bestandenen 'Conjunction' desselben.

Die alte Eintheilung des Rechtsjahres (S. 52) brachte von selbst
mit sich, dass aus der alljährlich erneuerten Richterliste (Dio 54, 18.
Suet. Claud. 15) andre Richter für die mit dem März-, andre für die
mit dem Septembersemester beginnende Reihe von Rechtssachen eintraten, und vermuthlich doch so, dass wenigstens schon gegen Ende
der Republik die Hälfte der Zahl jeder Decurie für das erste, die
andre Hälfte für das zweite Semester geloost wurde, was seit
Augustus auf dem Forum Augustum zu Anfang des März geschah
(Suet. Aug. 29) offenbar zu Ehren des dort von Augustus errichteten
Tempels des Mars Ultor[281]), der, nachdem seit den Bürgerkriegen
das wirkliche Kriegswesen auf das Kaiserthum übergegangen war
und dagegen das Gerichtswesen im Innern eine militärische Grundlage erhalten hatte, nun auch der dem alten Staat allein gebliebenen

---

[280]) Ihre Auslegung erhalten diese Stellen durch Senec. lud. de mort. Cl. 7, 4,
wo Claudius zu Hercules, der ihn vor den Göttern im Nothfall reco-
gnosciren soll, sagt: nam si memoria repetis, ego eram, qui tibi ante templum
tuum ius dicebam totos diebus mense Julio et Augusto. Also in den häufigen
Processen wegen Erfüllung eines Gelübdes an Hercules sprach Claudius
selbst im Juli (während der Erndteferien S. 342) und im August Recht
und zwar auch an alten feriae legitimae dieser Monate, ohne Zweifel mit
der Entschuldigung, dass es ja gelte, den Göttern selbst zu ihrem
Rechte zu verhelfen. Die kaiserlichen Hausfeste im August (S. 241)
scheint er dagegen geschont zu haben, da Suetons Ausdruck debus
suis nerumque solennibus eher auf Geburts-, Hochzeit- und dergleichen
Tage in seiner Familie sich bezieht. Vgl. Dio 60, 5. Suet. Aug. 58.

[281]) Bekanntlich war der Tempel von Augustus im Philippischen Bürgerkriege wider die Mörder seines Adoptivvaters pro ultione paterna gelobt
worden. Preller Röm. Myth. S. 325. Unter den merkwürdigen Geschäften der 752 vollzogenen Weihe desselben (Suet. 29. Dio 55, 10. ed.
Bekker) bezieht sich allem Anschein nach auf das Rechtsjahr die Einschlagung des Jahresnagels durch censores (vergl. oben S. 74), die
ursprünglich an den Id. Sept. geschah (S. 71), nun aber beim Tempel
des Mars wahrscheinlich auch an denen des März vorgenommen wurde
(der Plural significavere könnte auf diese Verdoppelung gehen. Denn
auf diesem Idus fiel von Alters her auch die religiöse Feier der bürgerlichen jetzt auch militärischen Mündigkeit (S. 44) und zu den Weihe-
geschäften gehörte auch das, dass die, welche mündig geworden, in diesem
Tempel sich vorstellen sollten. Ebenso war der auch vorgeschriebene
Auszug derer, welche mit Imperium zum Rechtsprechen in eine Provinz
ausgingen, von diesem Tempel und diesem neuen Forum aus — eine
offenbare Copie des alten zierslich Kriegsauszugs vom Comitium aus,
und daher doch wohl auch, wie diese, an den März geknüpft.

Rechtsübung im Innern, namentlich der durch Obrigkeit und Gerichte mit seinem Monat vorstehen sollte. In Folge dieser Theilung hatte jede Hälfte der Richter je ein Semester Vacanzzeit[301b]), die auch für schwebende Sachen besonders seit Augustus, wo das Richteramt mehr eine gemiedene Last als ein gesuchtes Recht, zugleich aber auch die Zahl der Richter ausserordentlich vergrössert wurde, eingetreten sein wird und dann eine Verschiebung z. B. der in dem einen Sommersemester begonnenen aber nicht beendigten Processe bis ins nächste Sommersemester nothwendig machte. Auf diese Sistierung der Processe mit dem Endo des August als dem Ende des Haupt semesters wird uns zu beziehen sein, was Cic. ad Att. 1, 1. sagt: *cum Romae a iudiciis forum refrixerit, excurremus mense Septembri legati ad Pisonem;* und wahrscheinlich brauchte man auch die Ausdrücke *res prolatae, res redeuntes* (S. 339) *rerum actus finitus* Anm. 264) noch mehr von dem abgelaufenen semestralen *rerum actus*, als von der Unterbrechung in diesem durch die Sommer- beziehungsweise Herbstferien. Auch weist auf eine solche semestrale Gerichtsthätigkeit die Bestimmung der *Lex Julia iudiciaria* hin, dass die *legitima iudicia* vor einem Judex[301]) — im Ganzen genommen unter den Civilsachen vorwiegend der Geschäftskreis des Prätor urbanus — in einem Jahr und sechs Monaten erlöschen sollten, wenn sie bis dahin nicht abgeurtheilt wären (Gai. 4, 104). Die damit offenbar zwecks der Beschleunigung beabsichtigte ungefähre Gleichstellung ihrer früher beständigen Dauer mit der der *iudicia imperio continentia*, welche mit dem Imperium, also in der Regel mit dem Amtsjahr des Magistrats, der sie angeordnet hatte, ihre Gültigkeit verloren, hätte eigentlich ein Jahr erfordert. Wenn aber die Richter des Märzsemesters am Ende desselben in ihre halbjährige Vacanz gingen und die noch schwebenden Sachen ein halbes Jahr lang liegen blieben, so musste man, um ein Jahr für alle Sachen herauszubringen, die Dauer von 18 Monaten setzen. Da das reenperatorische Verfahren, für welches der Wintercursus bestimmt war (oben S. 42), ursprünglich den Fremdenprocessen angehörte, so werden im Civilprocess die beiden Semester im Ganzen auch, wie eben angedeutet wurde, die Thätigkeit des Prätor urbanus und peregrinus geschieden haben, ohne dass wir freilich im Stande wären, die späteren gegenseitigen Uebertragungen des civilen Processmoments des Judex auf die Peregrineprocesse und des peregrinischen der Recuperatoren auf die Processe unter den Römischen Bürgern mit ihren Folgen für den *rerum actus* näher zu bestimmen[302]).

[301b]) Abgesehen von Augustus jähriger Entbindung je einer Decurie Anm. 264.

[301]) Dazu gehörten also die Centumviralprocesse ebenso wie die *iudicia publica* nicht, da die gleichsam den Prätor vertretende Lex dem Römischen Volk, dessen Stelle hier die Richtercollegien einnahmen, wegen der Zeit der Aburtheilung nichts vorschreiben konnte. Sie blieben an sich beständig dauernde Processe. Buet. Vesp. 10.

[302]) Gewiss wissen wir, dass auch der Prätor urbanus für schleunige Sachen

·•

Später musste sich aber dieser Gegensatz auch local ausprägen. Wenn unter den drei Fora der früheren Kaiserzeit das jüngste, das Forum Augusti, für die *iudicia publica* und die hier gleichsam local unpartellsche Loesung der Richter auch für die Civilprocesse bestimmt war (Suet. Aug. 29. Becker Röm. Alt. I. S. 373), so mussten die andern beiden sich in die städtische und peregrinische Jurisdiction theilen und zwar so, dass wenigstens im Ganzen der Prätor urbanus naturgemäss das alte Forum Romanum behielt [264], wie auch die dort verhandelten Centumviralprocesse bestätigen (Plin. ep. 5, 21. 2, 14. 6, 33. Becker S. 342), das Forum Julium aber, welches Cäsar selbst nach peregrinischem Vorbilde, nehmlich 'so wie es bei den Persern einen Markt für die Recht Suchenden und die Rechte Leruenden gab,' eingerichtet hatte (Appian. de h. c. 2, 102), überwiegend dem Prätor peregrinus zufiel. Dieses vorausgesetzt, hing aber auch der seit der Kaiserzeit förmlicher werdende Lehrunterricht im Recht und selbst der damalige Schulengegensatz der Juristen sehr wahrscheinlich mit dem getheilten *rerum actus* zusammen. Wie konnte ein Jurist von so grossem Ansehn wie Labeo bei dem damaligen engen Zusammenhange zwischen theoretischer und praktischer Rechtsbelehrung das Jahr so eintheilen, 'dass er sechs Monate mit den Studiosen in Rom sich aufhielt, sechs Monate (auf sein Landgut Gallianum in den Samnitern) fortging, um Bücher zu schreiben' (L. 2. § 47. D. de orig. iur. 1, 2), wenn jene erstgedachten sechs Monate nicht ein abgeschlossener Cursus der Gerichtsthätigkeit waren, nach dessen Ablauf auch die dabei betheiligten Richter ausser Wirksamkeit traten? Gewiss aber waren diese Monate das Wintersemester des *rerum actus*, die dem Bücherschreiben gewidmeten das Sommersemester, da kein vornehmer Römer leicht den Winter auf dem Lande zubrachte. So zogen also Labeo seine politische Gesinnung wie seine Griechisch-wissenschaftliche Richtung nicht zum alten Forum, der Ehrenstätte der Nobilität, mit der sich Augustus verständigt hatte, sondern mehr zum Forum des Demokratenhaupts Cäsar, der daselbst nach der obigen Stelle des Appian auch für die Bedürf-

Recuperatoren gab, wie umgekehrt der peregrinus auch einen Judex (z. B. Gai. 4, 37). Die Ausgleichung scheint aber später noch weiter gegangen zu sein, wenn der Fremdenprätor auch in einer Centumviralsache, mithin in einer *legis actio* (vielleicht für Provincialbürger) competent sein konnte (Gai. 4, 31). Auch wird gewiss der städtische Prätor so wenig im Winter- wie der Fremdenprätor im Sommersemester gänzlich unthätig gewesen sein und dafür auch Richter haben ernennen können.

[264]) Es ist keine unbefangene Geschichtschreibung, wenn I. I. Ampère l'empire Romain à Rome T. 1. p. 228 (1867) den von Sueton angegebenen Grund der Einrichtung eines neuen Forum — dass die bisherigen beiden für die Processe nicht hingereicht hätten — nicht genügend findet, sondern ihm den andern unterschiebt, dem Forum Romanum wegen seiner republicanischen Erinnerungen ebenso die Justizverwaltung wie dem Röm. Volk die Freiheit zu entziehn.

nisse den juristischen Unterrichts durch *stationes ius publice docentium*
aut *respondentium* gesorgt hatte, wie sie erst nach diesem Vorbilde
gewiss aber sehr bald auch auf den übrigen Foris eingerichtet wurden und jedenfalls später in grösserer Zahl bestanden (*pleraeque
Romae stationes etc.* Gell. 13, 13) und es begreift sich so leichter,
theils dass Labeo, so viel wir wissen, zuerst und vielleicht auch
allein in einem umfänglichen eigenen Werke über das Edict des
Prätor peregrinus schrieb (L. 9. § 4. D. do dolo malo 4, 3.[241])
vgl. L. 19. D. de V. S. 50, 16. meine iurispr. antel. p. 87), theils
dass aus jener eigenthümlichen politischen und wissenschaftlichen
Richtung desselben im Gegensatz zu Capito eine die Römische Jurisprudenz beherrschende Bildung verschiedener Schulen hervorgehn
konnte, indem der Gegensatz beider zum auch äusserlich von einem
örtlich und zeitlieb gesonderten Beruf der Juristischen Lehrthätigkeit,
innerlich von den verschiedenen Bedürfnissen und Tendenzen des
althergebrachten Römischen Rechts in der *iurisdictio urbana* und des
mehr internationalen (Römisch-Griechischen) in der *iurisdictio pere-
grina* getragen wurde.

Die während der Regierung des Claudius getroffene Aenderung
bestand nun aber darin, dass er alle Gerichte beider Jurisdictionen[242])
sammt den dafür bestimmten Hälften der Decurien gleichzeitig im
Januar und von da im Ganzen ununterbrochen das ganze Jahr durch
(bis Ende November) in Thätigkeit treten liess. Offenbar wurden
dadurch Zeit und Kräfte zur Bewältigung der Processe verdoppelt,
aber auch die schöne Vacanzzeit für die jedesmalige Hälfte der
Richter verloren, an die man schon so sehr gewöhnt war, dass eben
deshalb die Einrichtung sich nicht gehalten haben wird. Dass sichere
Spuren eines ungetheilten und so mit dem Januar beginnenden Rechtsjahres erst nach Aufhebung des *ordo iudiciorum* nachweisbar sind,
haben wir anderwärts bemerkt (S. 43). Doch hatte dieser Anfang

[241]) Mommsens Conjectur in seiner Pandectenausgabe *posteriorum* statt *praetoris peregrini* ist nicht nur diplomatisch gewaltsam (*per.* ist keine beglaubigte Abkürzung von *posteriorum*), sondern auch sachlich um so
willkührlicher und unberechtigter, als sich schwer begreifen lässt, wie
ein Abschreiber darauf gekommen wäre, das Citat eines bekannten,
obendrein noch so eben in L. 9. § 3. D. cit. vorgekommenen Werks
des Labeo in das eines sonst unbekannten zu verwandeln. Für Hudorff
(Zeitschr. f. RGesch. VI. S. 442) ist sie freilich 'um so übersengender,
da ein Commentar zum Edict des Peregrinenprätors im Florentiner
Index gar nicht vorkommt.' Wäre aber das ein triftiger Grund, so
müssten noch viele Pandectencitate älterer Juristenwerke geändert
werden, da die Unvollständigkeit des Florentiner Index sogar für die
in den Pandecten excerptirten geschwelge die blos citierten Schriften
allbekannt ist.

[242]) Wie sich die Thätigkeit der Criminalprätoren und ihrer Richter zu der
der übrigen verhielt, darüber lässt sich auch nicht einmal eine irgendwie sichere Vermuthung aufstellen. Nur das wissen wir, dass auch
wegen öffentlicher Verbrechen theils gewählte *iudices*, theils Recuperatoren eintreten konnten.

ann für die Processe, die *extra ordinem* jeder Zeit angestellt werden
konnten und wieder beständig dauerten, überhaupt nicht mehr die
frühere Bedeutung.

Blicken wir in die concrete Gestalt jedes der beiden Semester,
so fiel im Sommersemester die Hauptthätigkeit der Gerichte vor
Augustus in den Mai, Juni und August, da im März der für die
legitima iudicia erst erforderliche Ablauf von 30 Tagen bis zur *iudicii
ordinatio* gar keine, im April die Megalesien, Cerialien und Floralien
nicht viel Tage übrig liessen, der Juli aber von den Erndteferien
und den Apollinarien, später auch von Cäsars Siegespielen eingenommen wurde (S. 341 f.). Im Wintersemester waren dagegen die
Hauptmonate der December, Januar und Februar, denn im September
nahmen die Römischen Spiele, im October die Weinleseferien und
Sullas Siegespiele, im November die plebejischen Spiele viele Tage
in Anspruch. Augustus Aenderung kam hauptsächlich im Sommersemester dem April, im Wintersemester dem September, wo auch
schon an sich die hier häufigsten recuperatorischen Gerichte nicht
durch den Ablauf von 30 Tagen verzögert wurden, und dem November
zu Gute. Seine spätere Exemtion des ganzen Novembers und Decembers zu Gunsten der im Wintersemester berufenen Richter mochte
als ein Gegenstück zum März und Juli des Sommersemesters motiviert
werden, zumal da auch der August viele kaiserliche Festtage erhalten
hatte, welche die Weinleseferien einigermassen aufwogen.

Der *annus litium* und *rerum actus*, dem in den Provinzen der
conventus entsprach, gehörte, zu der ursprünglichen durch die republikanischen Rechtsquellen nur fortgebildeten ordentlichen Gerichts-
verfassung des Römischen Staats, dem *ordo iudiciorum*, welcher Ausdruck sich aber freilich nicht blos auf die zulässige Gerichtszeit,
sondern auch auf das, was das alte Recht hinsichtlich des Princips
der Theilung des Verfahrens *in iure* und *in iudicio*, der Competenz
der Magistrate, der Bestellung der Richter, der zulässigen Klagen
und des ganzen Verfahrens selbst mit sich brachte, bezieht. In
allen diesen Bezichungen und so denn auch hinsichtlich der Zeit
der *res agendae* konnte die Ordnung oder Regel aus besonderen
Gründen durchbrochen, mithin *extra ordinem* verfahren werden, und
hinsichtlich der zulässigen Tage, wovon man den Ausdruck vornehmlich verstand, findet sich dieses schon in der spätern Zeit der Republik
in Criminalfällen, die einer besonderen Beschleunigung bedurften [201]..

---

[201] Der Ausdruck *extra ordinem* kommt davon vor bei Cic. pro Mil. 6, 14.
Decembri enim, ut veteribus legibus tantummodo extra ordinem quaereretur.
Schol. Gron. in Cic. or. pro Mil. p. 443. *Demde Pompeius iusserat, ut de morte
Clodii extra ordinem quaereretur, hoc est eo tempore, quo iudicia nscebant.* Schol.
Bob. ibidem p. 278. Vgl. oben S. 206. Kaum geht auf *ordo* in diesem
Sinn Ovid. Trist. 3, 12, 17. *Otia nunc illie iunctisque ex ordine ludis
Cedant erebari garrula bella fori.* Der Ausdruck *extra ordinem* beschränkt
sich aber auch nicht auf die alte Justizverwaltung; er geht ebenso-
wohl auf alle andern Theile der alten Verfassung u. B. in dem *extra-
ordinarium imperium* Cic. pro dom. 9, 9.

Doch setzte man sich damit wohl nur über die Imperativferien hinweg, auf die (namentlich die Spiele) sich auch die Zeugnisse beziehn,
(S. 266 und Anm. 287) nicht auch über die alten *legitimae* (vgl. S. 236);
denn diese banden als *ius sacrum* den alten Staat auch in seiner
ganzen Gesetzgebung (Cic. pro Balb. 14. Val. Prob. de not. 3, 12.
Jurispr. antei. p. 71). Anders in der Kaiserzeit, wo das kaiserliche
Imperium für alle Interessen, *res divinae et humanae, publicae et privatae*
(SC. de imp. Vesp. v. 17) über die alte Verfassung und deren Ord-
nungen hinausgehoben war. So konnte Claudius (in Votivsachen
S. 348. Anm. 280) auch an *festi antiquitas* dies Recht sprechen. Und
Ansprüche, welche nicht nach dem Recht der alten *civitas* und ihrer
Verfassungsorgane durch *actio* und *iudicium* klagbar waren, sondern
nach Zugeständnissen des jetzigen Kaiserstaats verfolgbar wurden,
mochten sie vor kaiserlichen Präfecten oder alten Magistraten verhandelt werden, wie die *crimina extraordinaria*, oder Private betreffen,
wie z. B. die Fideicommisse, Alimente, Dotierung u. s. w., waren
schon als solche dem *rerum actus* entnommen. Wenn es aber von
ihnen heisst, dass darüber *semper ius dicitur* (S. 338. Anm. 264), so
ist bei *semper* zunächst allerdings daran gedacht, dass der Kläger
hier nicht genöthigt war, den Anfang des Process-Jahrs, beziehungsweise Semesters abzuwarten, in welchem die bis dahin schriftlich
angemeldeten Sachen durchs Loos für ihre Vornahme *in iure* hinter-
einander eine Tagesordnung und von Feststellung der Formel an
nach 30 Tagen (ausser in recuperatorischen Processen) auch ihre
Richter erhielten (Juvenal. 16, 42. Serv. ad Aen. 2, 101. 6, 431.
Senec. ep. 106), sondern in dieser Hinsicht jederzeit Gehör erwarten
konnte. Ausserdem war aber streng genommen die Behörde in
solchen Sachen auch nicht an die einzelnen Tage des *rerum actus*
gebunden, sondern konnte auch an den nicht darin begriffenen Tagen
cognosciren. Der Sache nach bestand jedoch ohne Zweifel ein
Unterschied zwischen Tagen religiöser Feier und blos gesetzlichen
Vacanztagen der Gerichte, da selbst die ausnahmsweise ausserordentliche Jurisdiction des Kaisers Claudius an alten Festtagen auffiel
und was er sich herausnahm, den gewöhnlichen Behörden, zumal als
später das Kaiserthum sich selbst der alten Verfassung und den
Gesetzen unterworfen hatte, nicht zustehen konnte[280]. Ueberall
wird daher unter Römischen Bürgern an allen alt gesetzlichen Festtagen und ausserdem in Rom an sämmtlichen Tagen des *rerum actus*
mit Imperativferien, in den Provinzen an den dort indicierten Ferientagen alle Rechtsprechung, auch die ausserordentliche — mit den
schon früher (S. 235) angegebenen Ausnahmen — geruht haben, so

[280] Man kann auf das Verhältniss der kaiserlichen Verfassung zum alten
ius sacrum gewisser Massen anwenden, was Gal. 2, 7. von dem der
Römischen Jurisprudenz zu den heiligen oder religiösen Oertern in den
Provinzen sagt: *licet non sit religiosus (sacer), tamen pro religioso (pro sacro)
habetur;* nur dass die alte Römische Verfassung auch *ipso iure* — aber
antiquo — fortbestand.

dass nur die blosse Ruhezeit der Decurien in Rom, wie im März, November und December, in den Provinzen die ganze Zwischenzeit zwischen den *fora acta* den ausserordentlichen Cognitionen auch zu Gebote stand. Nur so erklärt sich auch, dass, nachdem endlich der *rerum actus* in Rom und die *conventus* in den Provinzen sammt dem ganzen Princip der Rechtsverfolgung auf Grund des alten Volksstaats d. h. mit Actionen kraft eignen Rechts und mit dem Anspruch auf Urtheilsfällung durch Geschworne aus dem Volk weggefallen und alle Processe ausserordentliche geworden waren, doch die Ferienordnung mit dem Recht die processuale Thätigkeit auszuschliessen, bestehen blieb und nur die Ferientage selbst hauptsächlich in Folge der öffentlichen Aufnahme des Christenthums andre wurden.

Beilagen.

Beilage A, zu S. 173.

An einem richtigen Verständnis dieses Festes fehlt es fast noch völlig (vgl. z. B. Preller Röm. Myth. S. 260 ff. Mommsen I. L. A. p. 315). — Hauptstellen: Varr. 5, 85. *Salii a salitando, quod facere in comitio in sacris quotannis et solent et debent.* Verr. Fl. ad F. Praenest. Mart. 19 (Mommsen I. L. A. l. c.) bei Gelegenheit der Ableitung des Wortes *Quinquatrus* und dem Sinne nach zu ergänzen: .... *Salii V faciunt in comitio salt… sacrificantibus po-…* *… it trib. celer-um.* Vgl. Dionys. 2, 70. Die Ableitung des Wortes von einem zu diesem Zweck erfundenen Wort *quinquare*, angeblich = *saltare*, ist auch einem Grammatiker wie Charis. I. p. 62. Putsch. nicht zu verzeihen, obwohl er richtig und vielleicht mit bewusster gleichzeitiger Beziehung auf den 19 October (s. Anm. 16.) sagt: *quod so die arma ancilia lustrari mos solito*; denn schwand für Männer und Waffen (*arf armo*, wie es in den Iguv. Tafeln S. 123 heisst) — letztere hier repräsentiert durch die heiligen *ancilia* des Mars — waren selbstverständlich Waffentanz und Opfer. Aber auch die vermeintliche Bedeutungslosigkeit von *-trus* (Heil. 2, 21.) oder die Ableitung blos davon, dass diese Tänze am fünften Tage nach den Idus, wie bei den Faliskern am zehnten (*decimatrus*), bei noch andern am dritten, sechsten, siebenten (*trintrus, saratrus, septimatrus*) stattfanden (Fest. v. Quinquatrus p. 254. Varr. 6, 14), ist sprachwidrig; sie hätten dann *Quintatus* heissen müssen. Das *-strus* kommt ohne Zweifel von dem *em-tru-ere* der Salier her (Fest. v. Redantruare p. 270. ep. p. 9.) mit Umbrisch-Sabinischer Wegbannung des m oder n (Iguv. Tafeln S. 661. 576.), wie denn auch der Umlaut des *t* in *d* in *andruore* und *drus* (Fest. ep. p. 9.) Umbrisch-Sabinisch ist (Iguv. Taf. S. 571). Die fünf Rüstmeuten zum Kriege begeisternden Tänze mit der am Schild angeschlagenen Waffe in der Hand (vgl. Θύρβος, *turbo* u. s. w.) hatten aber ohne Zweifel Bezug theils auf die *dextra* des Mars, in deren irdischem Abbilde der alte Staat all sein Heil erblickte (vgl. *manus* in *manubiae, mancipium, manipulus* u. s. w.), theils und hauptsächlich auf Jupiters den Kriegsauszug bedingende Rechtsordnung in fünf vorgängigen Clarigationen (vgl. Anm. 242), die von seinen Idus ab in fünf Tagen, auf deren jeden gleichsam ein Tanz gerechnet wurde, zur Darstellung kamen (Ovid. F. 3, 810. *Nomenaque a iunctis quinque diebus habent.* vgl. Porphyr. ad Horat. ep. 2, 2, 197. — was wenigstens mittelbar auch von den ursprünglichen Quinquatrus sachlich richtig ist). In Falerii hatte ohne Zweifel der Mars in Griechischer Weise verwandte Minerva, welche 616 in Rom auf dem Cölius (der Stätte der *dii adrentivi*) als *Minerva capta* recipiert ward (Ovid. 3, 835 seq.), vielleicht mit Mars zusammen (wie die Nerienc in Rom) ihre *decimatrus* (die sich demnach zu den Römischen *quin-* *quatrus* verhielten, wie der auch um jene Zeit in Rom recipierte Faliskische

Janus quadrifrons zu dem alt Römischen *geminus* oder *bifrons*, Preller Röm.
Myth. S. 154. 157.), bei Minerva bezüglich auf die Hand als das Organ des
χειραψία (Hechnerm Liv. 7, 3. Serv. ad Georg. 1, 277.) und aller Künste
und Wissenschaften des Friedens, wie besonders das Epitheton *capta* zeigt,
welches in Verbindung mit einer bekannten Falliskischen Inschrift und der
lex aedis bei Ovid. F. 3, 845. der die lernende Jugend schützenden und rächenden Göttin ohne Zweifel aus Anlass der Geschichte des Fallskischen
Schulmeisters (Liv. 5, 27.) beigelegt war, als dieser sie um ihr Heiligthum,
die lernenden Kinder, hatte bringen *(capere)* wollen. Bei ihrer Reception in
Rom legte man nun ihr Fest sinnreich auf die *Quinquatrus*, so dass es an
diesem und den folgenden vier Tagen von den Opfern und Ferien der
verschiedenen sie verehrenden Stände (Preller a. a. O.) eingenommen wurde
(Fest. l. c. *Quinquatrus* ... a numero dierum qui feriis — so ist statt *fere his* zu
lesen — *celebrantur* geht wohl hierauf und ist so richtig. Vgl. Liv. 44, 20.).
Minerva hatte nun gewissermaassen mit Mars zusammen auch in Rom ihre
decimatrus; die von den Saliern angezogenen *Saliae virgines* (Fest. p. 329.)
suchten sich auf sie (wenn nicht schon auf die Neriene) beziehen. Diese in
gebildeter Zeit sehr beliebten *Quinquatrus* der Minerva verdunkelten nun aber
die ursprüngliche Bedeutung der *Quinquatrus* immer mehr; man dachte sie
sich nur noch als Panatheuäen (Dionys. 2, 70) und erst in der Kaiserzeit
erhielten sie in Gladiatorenspielen, ohne Zweifel vermittelt durch das *quinquatrus* (Fest. a. v. p. 257), auch wieder eine kriegerische Richtung. — Die
nur im Munde des Volks s. g. *Quinquatrus minores* oder *minusculae* der Minerva
auf dem Latinischen Aventinus am 19 Juni, deren Stiftungstag manche
Autoren (Varr. Fl. ad Fast. Praen. Mart. 19. und Fest. p. 257.) mit dem der
Minerva capta verwechselten (das Richtige haben ausser Ovid Cal. Esquil.
und Amit.), waren lediglich eine Feier der Latinischen Pfeifer (Varr. 6, 17.
Fest. l. c. Ovid. F. 6, 645 seq. vgl. Cic. pro Mur. 12.), einer aus Tibur ein-
gewanderten Musikantenzunft (wie man aus dem *recrudui* bei Ovid. 6, 659.
sieht) und dieser Minervacult derselben war vermuthlich nach Tiburtischem
Vorbilde aus Anlass ihrer bekannten Secession (443), die die Römer in so
grosse Verlegenheit setzte (Liv. 9, 30. Valer. Max. 2, 5, 4.) als sicheres Mittel,
um sie in Zukunft steral an Rom zu binden, gestiftet worden. Sie bildeten
aber, da die Feier auch schon von den Idus an gerechnet wurde, nicht
blos in der Tageszahl von da ab, also mit zwei nicht mitgezählten Ruhetagen,
sondern auch in den Umzügen in der Stadt und wahrscheinlich auch in
Tänzen, die hier nur keine eigentlichen *astruationes* waren, eine wirkliche
Nachahmung der alten *Quinquatrus,* so dass man diese Feier auch wohl auf
Numa zurückführte (O. ec. Censor. 12. Plut. qu. Rom. 55).

Beilage B, zu S. 178.

Dass die Feste einander auch innerlich entsprechen, macht die Vergleichung sofort klar. Waren die *Lupercalia* das Entbindungsfest des Volks
als *partus* vom Mutterleibe am *dies lustricus* (oben S. 35), so wurde es au den
Liberalia im März in seiner während des letzten Jahrs mündig gewordenen
Jugend, die nun die Toga erhielt, von der (Gebundenheit im häuslichen

Leben und der Vormundschaft zur Theilnahme am öffentlichen Leben befreit.
Galten die *Quirinalia* dem in die väterliche Erziehung zum zukünftigen Waffen-
dienst übergegangenen Knaben, so im März die *Quinquatrus* den mit den
Waffen betrauten jungen Männern — wie denn überhaupt Quirinus gleich-
sam der künstliche, noch friedliche Mars ist, der die zarte Myrthe, wie Mars
den Lorbeer zum Sinnbilde hat, und zwar beide vor ihrem Tempel in der
Zweizahl (Preller S. 329); denn wie die *Quinquatrus* zu Ehren des Mars und
der Nerieue (der Vorsteherin der heimischen Künste zur Unterstützung des
Waffenheeres, oben S. 171) gefeiert wurden, so die *Quirinalia* zu Ehren des
Quirinus und der Hora Quirini, die den aufwachsenden, sich zeitigenden
Knaben bildet und pflegt (vgl. Preller S. 328). Da aber zugleich das Jahr
in der ländlichen Natur in dieselben Stadien tritt, worauf sich beim Quirinus
die grünen machenden *Virites Quirini* beziehen (Preller S. 328), so erklärt sich
auch, warum für die, welche die Fornacalien das Fest des Gramsee vom
vorigen Erndtejahr in gerüstetem Pur, an ihrem eigentlichen Tage zu feiern
versäumt hatten, es spätestens noch mit den dummen Knaben an den Quirinalien (daher *stultorum feriae*, was man meist anders erklärt) feiern mussten;
denn nun fing schon die Hoffnung der neuen Erndte an zu grünen (Varr. 6, 13.
Fest. v. Popularia p. 254. epit. v. Quirinalia. Fornacalia p. 83. 93. Ovid.
F. 2, 511 seq. Plin. 18, 2, 2. Lactant. 1, 20, 85.). Von den *Parentalia* und
Feralia wird weiterhin die Rede sein.

Beilage C. zu S. 252.

Beiläufig die Bemerkung, dass dieses das einzige Fest des Numanischen
Kalenders ist, welches auf Seehandel hindeutet — obgleich doch auch nur
insofern, als das Volk durch ihn im Nothfalle vor dem Verhungern geschützt
wird, und also auf einen reinen Passivhandel. Gewiss wurde also Rom
nicht als Emporium von Latium angelegt. In der Folge wurde Volturnus
freilich oft — lautlich und sachlich — mit Vortumnus verwechselt, einem
im Vicus Tuscus verehrten Dämon (Preller Röm. Myth. S. 397) anfangs
auch nur *dés omnes rerum* und daher der gezeitigten Früchte, — die man
aber auch verkaufen und so umsetzen (*vertere*) kann. Nach dieser Seite
seiner Bedeutung stiftete ihm wahrscheinlich Servius Tullius, unter dem
Geld und Verkehr im Dienst des Ackerbaus als Nationalerwerbs ihren ersten
Ursprung nahmen, auch im August (*Idibus* nach Cal. Amit. Vall.) und gleichzeitig mit dem Bundesheiligthum der Diana Hain und Jahresopfer auf dem
Aventinus (Becker Röm. Alt. 1. 8, 154. 489) offenbar nach dem Vorbilde
des Heiligthums und der Messe der Voltumna der Etruskischen Zwölfstädte
(Liv. 4, 23. 25. 61. 5, 17. — Cluver. Ital. ant. 2, 8. p. 563), mit Rücksicht
vermuthlich auf die an das Bundesopfer desselben Tages sich anschliessende
Römisch-Latinische Messe (Dionys. 4, 26. Fest. v. Servorum p. 343. Martial.
12, 67. Plut. qu. Rom. 100); daher er denn auch *deus invertendarum rerum est*
i. e. *mercaturae* (Schol. in Cic. Verr. lib. 1. 154. p. 199), *sermibus diris* heisst
(Colum. 10, 308) und auch eine Beziehung auf die Krümmung des die Waaren
herbeiführenden Tiber erhielt (Propert. 4, 2, 10. Ovid. F. 6, 403. Serv. ad
Aen. 8, 90).

Beilage D, zu S. 261.

So die Compitalien (687 gefeiert am 29 Dec. Ann. 143, 696 am 1 Jan. Cic. Pison. 4, 8), deren Spiele wenigstens die späteren Kalendarien feststehend am 3...5 Jan. erwähnen (Mommsen I. L. A. p. 382.), so dass Augustus bei seiner Restauration der Compitalien (Sueton. Aug. 31) auch diese Neuerung eingeführt haben wird. Ebenso scheinen nach der Darstellung des Ovid. F. 1, 657...704. die Sementinae, wie er und Varro sie nennen, Ferien mit Opfer zu Ehren der Ceres und Tellus, zu seiner Zeit schon regelmässig gegen Ende des Januars gesetzt worden zu sein, wo die lange Comitialzeit den besten Raum für sie bot, wohin sie aber ihrem ursprünglichen Sinne nach freilich passten wie die Faust aufs Auge, wenn man nicht mit Preller S. 404. meint, dass die Aussaat 'im Herbst ihren Anfang nahm und bis in den Januar hinein dauerte.' Denn sie galten der ἀρχὴ σπόρου mit der Verschiedenheit von den stehenden Festen der Consualia und Opeconsiva, welche den Segen für die durch die Erndte auch gewonnene Erneuerung derselben überhaupt erflehen sollten (S. 261), dass sie nur für das Werk der Aussaat den dazu verbundenen Pagi (zuerst des Numa, später des Servius Tullius) in jedem Jahr die passende Zeit, die nach der Witterung früher oder später eintreten konnte (also ähnlich wie bei der Erndte und Weinlese und dem imperium conarium S. 265) bestimmen sollten (Lyd. de mens. 3, 6) und waren ohne Zweifel mit der gleichzeitigen Daps für die Ackersmänner doppelte Ferien, die einen für die Sommer- die andren für die Winersaat (Cato 131. 132. Fest. ep. v. Daps p. 68). Natürlich entzog sich der Ackerbau bald — schon local der ausserhalb der alten Pagi — dieser Bevormundung. Der Landmann bestimmte sich die Zeit selbst und Cato giebt ihm für die Frühlingsbestellung und deren Daps die Zeit der Birnblüthe an. Die Opfervorschrift daselbst (c. 132) ist in den Handschriften und Ausgaben bis zum Unsinn entstellt — angeblich eine Daps ohne Opferfleisch (das Opfer war aber ein catulus Colum. 2, 31. 4) und — was sich in Einem Athem widerspricht — culignam vini quantam vis! Man lese hier: Dapem hoc modo fieri oportet: Iovi dapali culignam, vini quantam vis pollucto. Und nachher im Hauptgebet: Jupiter dapalis, quod tibi fieri oportet in domo familia mea, catulinam tibi de dapem omnis conarendi agri mei ergo, macte illace dape pollucenda esto. Wollte der Landmann dieses Opfer der Vesta bringen (damit sie das Saatkorn aus der Penus für die künftige Penus segne), so musste das des Jupiter eine daps perona astaria, urna vini sein. — Als nun in Rom die vielen neuen Ferien den Ansatz zur passenden Zeit immer schwieriger machten, brachte man endlich die wenigstens diris gratis beizubehaltenden wahrscheinlich nun aber auch in eins zusammengezogenen Sementivferien in den Januar, vermuthlich nun auch auf bestimmte Tage, und zwar, wie wir später schon werden, Nundini desselben, immer aber auch noch so, dass am ersten Tage der Ceres, am neunten der Tellus geopfert wurde. Dass die Feier sich nun sowohl auf die schon im Herbst geschehene als auch auf die im Frühjahr noch bevorstehende Aussaat bezog, erkennt man aus den beiden Versen des Ovid, in der Stelle, wo er die Feier deutet, l. c. v. 662: Sementibus iactis est ubi fetus ager, und doch auch v. 681: cum serimus, cuncum gratis aperite serenis.

Beilage E, zu S. 283.

Sie müssen hiernach, obgleich ursprünglich wohl frei (die Weinlese auch später noch durch Augurium vgl. S. 206, bestimmt) später mit andern Indictivfesten in eine gewisse zeitliche Beziehung gebracht sein, und zwar die Erndteferien wahrscheinlich mit dem Opfer der Dea Dia (29 Mai 1. S. 130) und mittelbar den Floralien (1. Anm. 145), so dass sie vielleicht nach 30 Tagen von dem ersten Fest an auch wieder am 29 Juni begannen und das Consualopfer *Nonis Juliis*, wahrscheinlich doch ein Erndtefest, auf ihren achten Tag fiel, da ein altes Tetrastichon auf den Juni (Auson. ed. Souchay p. 419) in seiner zweiten Hälfte lautet: *Idem maturas Cereris designat aristas Floralesque fugas hinc fana docent*, worauf vom Juli folgt .... *crines emi rutilos spicea serta bigens*, und Plin. ep. 8, 21. sagt: *Julio mense, quo maxime litus interquiescunt*. Zwar können die Erndteferien schon VIII K. Jul. am 24 Juni begonnen haben nach folgenden Stellen: Fulgent. mythol. 1, 10: *lampadarum dies Cereri dedicatus est illa vulelicet ratione, quod hoc tempore cum lampadibus, id est cum solis fervore, seges ad maturam cum gaudio requiritur*, verglichen mit der Aeusserung in einer Predigt von unbekanntem Verfasser, abgedruckt unter den Lateinisch übersetzten Werken des Chrysostomus ed. Paris. 1588. T. II. p. 1086. 1088. (nach Mommsen I. L. A. p. 399 ad Aug. 12), wo vom VIII K. Jul. gesagt wird: *quam lampadem appellant, quo tempore messis tritici caeditur*. Diese Stellen sind aber deshalb nicht entscheidend, weil sie mit diesem Tage der Sonnenwende nach dem Griechisch-Chaldäischen Kalender (Colum. 11, 2, 49) auf provinciello Institutionen zu geben scheinen, zumal Columella 11, 2, 60. 64. um diese Zeit erst die Gersteerndte, die Haupterndte dagegen '*loco temperatis et maritimis*' gegen Ende Juli setzt. Einer noch kälteren Gegend muss das Menol. rust. (Mommsen I. L. A. p. 359) angehören, welches im Juli anmerkt *messes hordeae et faboriae*, im August *messes frumentar*. Auf die von Plinius bezeichneten Gerichtsferien müssen sich nun auch hauptsächlich beziehn die heissen 'Sommerferien' bei Gell. 9, 15, 1. vgl. Plaut. Capt. 1, 1, 10. 12, *res prolatae* .... *quum caletur*. und Stat. sylv. 4, 4, 89 sqq. (unter Domitian). Der 4 Sextilis (August) 697, an welchem die Cicero aus dem Exil zurückrufenden Centuriatcomitien gehalten wurden (Drumann Gesch. Roms II. S. 296. Fischer Zeittafeln S. 242) war *ad res rudentes* angesetzt (Cic. post red. in sen. 11, 27. pro Sext. 62, 129. vgl. mit ad Attic. 4, 1, 4), also kurz nach Beendigung der Sommerferien — zugleich eine schlagende Bestätigung dafür, dass die damalige Kalenderverschiebung die Ansetzung der Erndteferien mit sich zog. Auch erwähnt Valentinians II Ferienordnung (389) L. 2 (jetzt 19) Th. C. de feriis (2, 8) für Erndte und Weinlese Ferien *geminis mensibus*, was man am passendsten von zwei von Alters her bekannten Kalendermonaten versteht (für die Weinlese vom October, von dem das Tetrastichon (Auson. l. c.) nach der Bemerkung im vorhergehenden Monat: *Surgentes acrios varios et praetexit uvas September* also lautet: *Dat pronum leporem* — also auch Eröffnung der Jagd — *cernere ipse palude foetus* .... *Jam Bromio spumare lacus et musta tonare Appuret*. *Vina vae colet seca novo*, ein anderes Monostichon (ibid. p. 418) sagt: *Fundit et October vva Falerni laris* und das Menol. rust. *vindemiae*), wenn sie auch nicht diese Monate genau einnahmen und (wie J. Gothofredus will) jede 30 Tage dauerten. M. Aurels Verordnung über die Ferien (L. 1. pr. § 2. L. 2. D. de feriis 2, 12) scheint weniger die Zeit dieser Ferien beschränkt oder verändert als im Zusammenhange mit andern Maassregeln zur Beförderung der Justiz nur näher bestimmt zu haben, was man während der Ferien vornehmen dürfe. Von der Zeit der Provincialerndte- und Weinleseferien (L. 4. D. eod.) z. B. bei den Römischen Westgoten vom *VIII Cal. Jul.* bis *Cal. Aug.* und für die Weinlese vom *X Cal. Sept.* bis *Id. Oct.* (vgl. Interpr. ad L. 2. Th. C. cit. und Gothofredus daselbst) darf man natürlich auf die altitalischen nicht zurückschliessen. Doch vgl. man über die *Idus Oct.* als deren wahrscheinlichen Schluss Mommsen I. L. A. p. 404. ad Oct. 15.

Beilage F, zu S. 325.

Nur so erklärt sich genügend die beiderseitige *provocatio* (Heraus- und Hinausforderung durch zu leistenden Schwur, den man damit im Wort gleichsam schon beginnt, in den Tempel, wie sonst z. B. gegen ein *imperium ad populum* in die Comitien des Volks pro-vocirt wird), die nichts Ursprüngliches sein kann, — so wenig wie die ähnliche spätere *ex iure manum consertum vocatio* und *revocatio* (Zeitschr. für Rechtsgesch. VII. 8. 161 f.) — da naturgemäss und an sich auf die Behauptung und Gegenbehauptung oder Läugnung auch nur gleich die zu gleicher Beekligung des Gegentheils herausfordernde Beeldigung selbst folgen konnte, wie später die mit *spondesne?* die *restipulato* herausfordernde *sponsio*. Nur so erklärt sich auch die Charakterisierung des Eides in der *provocatio* als *sacr. quinquagenarium (quinquagum.)* statt naturgemäss als *sacr. per Jovem (per Diem Fidium)*, da somit und an sich die Eidesstrafe und deren Höhe als blosse Folge des *falsum sacr.* nicht in die Formel der Eidesbietzung gehörte. Das Niederlegen der Sacramenta-asse *ad pontem* (Varr. 5, 180) d. h. an der Brücke von der Stadt auf die Tiberinsel, der einzigen festen Tiberbrücke, welche es in alter Zeit gab und die allein mit der über den andern Tiberarm nach dem Janiculum an auch *pons* schlechthin hiess (Becker Röm. Alt. I. S. 652. 699), war allem Anschein nach nicht gesetzlich vorgeschrieben, wie die *praedes sacramenti*, sondern nur eine bravierende Sitte der Parteien, um damit ihr Vertrauen auf die *iustitia* ihres *sacramentum* zu beweisen, und geschah ohne Zweifel — *sapratibus praesentibus* — auf dem Gange zum Schwur auf jener 'heiligen Insel,' sobald sie dieselbe betraten. Denn auf ihr befand sich erstens das später auch durch einen Tempel geschmückte Heiligthum des *Jupiter iurarius* (Orelli-Henzen 5633 a) — dieser ohne Zweifel identisch mit dem auch sonst (Anm. 89) altbabar riechenden Vejovis als Schwurgott (Cal. Praen. ad Jan. 1. Ovid. F. 1, 289 seq. Liv. 31, 21. 34, 53), dem hier gewiss lange vor dem erst später neben ihm gestifteten Tempel des Aeskulap (Preller Röm. Myth. S. 606) gleich zu Anfang des priesterlichen Jahrs geopfert wurde, weil der Eid die ganze Staatsordnung religiös trägt und Numa durch Gelübde erlangt hatte, dass alle Götter den falschen Eid riechen wollten (Jurispr. antei. p. 44. a. 6). Es befand sich dort zweitens auch das kleinere Heiligthum des Dius Fidius (Becker a. a. O. Preller S. 633—7), nach denen von Numa gestifteten Eiden 'Obrigkeiten und

Richter die meisten Processe entschieden' (Dionys. 2, 75); darunter vermuthet aber, wenn auch nicht Dionysius selbst, der vielleicht an Schieds- oder auf gelegte Beweiseide dachte, doch die Quelle, aus der er schöpfte, eben die Sacramentsprocesse im Betrage von unter 1000 Assen, indem sowohl der Prätor der schwörenden Partei das Behauptete sogleich zusprach, wenn der Gegner den Eid verweigerte, als auch der Richter, wenn beide geschworen hatten, *utrius iustum esset sacramentum* urtheilte und dem den Process zuerkannte. Eben dieser Gott wird aber auf den Iguvischen Tafeln (R. 149. 153) auch nur für den Sklaven- und Viehstand (das Vermögen) wie Jupiter für Stadt und Volk angerufen und ihm nur ein Opfer von Kleinvieh dargebracht, während Jupiter IIländer erhält, woraus sich das verschiedene spätere gleich in Assen abgeschätzte *sacramentum* erklärt. Die ursprünglich gewiss nicht wegen Aeskulaps, sondern wegen der Schwurgottheiten heilige Insel mag selbst in der Zeit der Spannung zwischen Patriciern und Plebejern, die zugleich die der Vereinfachung und Verschärfung der *sacramenti actio* war und in der man natürlich die Besorgniss vor Parteilichkeit auch auf die bisher nur in den städtischen Regionen den einen Volkstheile verehrten Schwurgötter, des Vejovis auf dem Capitol, des Dius Fidius auf dem Quirinal, übertrug, als unparteiischer Ort mitten in dem Flusse, der das *peregre* und Rom (entsprechend den Plebejern und Patriciern und überhaupt den streitenden Theilen) schied, unter Begünstigung des bekannten Umstandes (Liv. 2, 5, Dionys. 5, 13. Plut. Popl. 8) dass dort vor eben so unparteiisch helfenden und rächenden Göttern heilige Rechtseide geleistet würden, wie er sich denn auch besonders dazu eignete, den aus diesen Eidcontrakten erwachsenen sehr bedeutenden Schatz, den man erst später ins Aerar zog (Fest. v. Sacramentum p. 347. Varr. l. c.) sicher aufzubewahren.

Beilage G, zu S. 330.

Acris confusal rebusque iure indicatis irigitata dues iusti venio. Schöll p. 122.

Einspruch aber müssen wir thun, wenn dieser (p. 106) die Aechtheit der vollkommen beglaubigten Worte *rebusque iure* anfecht. Wenn auch sonst kein Beispiel des ablat. absol. aus den 12 Tafeln erwähnt würde (vgl. jedoch Schöll VI. p. 135), so wäre dieses doch selbstverständlich kein Beweis, dass er damals noch nicht existiert habe. Bleiben aber jene Worte weg, so entsteht ein mehrfacher Anstoss. Erstens fällt der Genitiv des Geldes statt des Accusativs bei *indicatis* auf (vgl. z. B. nur Gai. 4, 21), zweitens erhalten wir für ein bekanntes Geld ein Judical gegen den Grundsatz *confessus pro indicato est* d. h. die *in iure confessio* schliesst die *iudicatio*, die richterliche Thätigkeit aus (ausser zur Aestimation, die aber für ein bekanntes *aes* unmöglich ist). Drittens wäre es höchst seltsam und gegen die Anslegung der Stelle bei den Alten (Gell. 20, 1, 42), dass die 12 Tafeln hier nicht auch den weit häufigeren Fall der gewöhnlichen richterlichen Verurtheilung des Läugnenden erwähnt haben sollten. Viertens wäre *indicatis* als Dativ der Person (besonders im Plural, vgl. Schöll p. 77) hier, wo von der Execution die Rede ist, sachlich nicht richtig. Die richtige Anslegung ist, dass *serri* von *XXX dies inci* abhängt und *rebumpu inra indicatio* kurz für *einque aeria, quad ex rubus i. i.* steht: das *aes* muss entweder einbekannt oder ein solches sein, welches durch die geordnete richterliche Thätigkeit entstanden ist, indem nehmlich der Richter nach Verschiedenheit der Sache (daher der Plural) entweder wegen einer Geldschuld blos *secundum aetorem bium dedi* oder, wenn die Klage auf etwas Anderes als Geld geht und dieses nicht geleistet wurde, die *is* auch noch in Gelde abgeschätzt hat. Der Genitiv des Objects der Forderung ist aber erforderlich, weil nach altem Recht die vor Gericht entstandene Forderung für den Kläger als executive noch eine objective dem absoluten Recht an der Sache sich nähernde und daher, sobald sie auf *aes* geht, zur *manus iniectio* berechtigende Natur hat, weshalb auch der Richter das Object, * bem, secundum eum debet*, nicht ihn zu einem *dare* oder sonstigen Handeln verurtheilte. Er wurde daher zwar durch das dem Kläger gegebene Recht auch persönlich *indicatus sive damnatus*, die Execution geschah aber nach ihrem Grunde nicht durch *iudicatae*, sondern *iudicari* (des sächlichen Objects) *manus iniecto*. Vgl. mein Recht des Nexum S. 13. 'Gajus' S. 119. So konnten also die 12 Tafeln nur das *aes* selbst gegen die *manus iniectio* unter den Schutz der 80 Tage stellen.

Beilage H, zu S. 332.

Serv. ad Aen. 7, 611. *Nam moris fuerat indicto bello in Martis sacrario* (cf. Holl. 4, 6) *ancilia commovere.* 8, 3 … *Est autem sacrorum. Nam is qui belli susceptrai curam, sacrorum Martis ingressus, primo ancilia commovebat, post hastam simulacri ipsius dicens: Mars vigila.* Durch diese Stellen fällt zugleich ein Licht auf die stehenden sacralen Tage, *quibus ancilia moventur*, die man als religiös für Eingehung einer Ehe (Ovid. F. 3, 260. 391—96, beim 1 März) und für den Heeres-Auszug oder Aufbruch ansah Liv. 37, 33. (vgl. Polyb. 21, 10.) Suet. Otho 8. Tac. H. 1, 89. Aus Ovid und den letzten beiden Stellen geht hervor, dass sie im März eine Reihe von Tagen umfassten, während welcher die Salier singend ihre Umzüge mit den Ancilien hielten (vgl. oben S. 166. 174), von dem *movere ancilia* an bis zum *condere* und dass das letztere am 24 März (dem Trauertage des spätern Festes der *Mater Deum* Marquardt Röm. Alt. IV. S. 317) noch nicht geschehen war, was aber auch aus der Mitwirkung der Salier bei dem alten Comitialopfer dieses Tages (S. 166) folgt. Wir wissen ferner, dass deren Umzüge in drei Hauptabsätzen geschehen, indem das *arma movere* ausser beim 1 März (Lyd. 3, 15. 4, 29) auch am 9ten (Cal. Philoc.) und 23sten (Lyd. 4, 42) erwähnt wird. Da man der Umzug viele Tage dauerte (Dionys. 2, 70), das Heirathsverbot im Allgemeinen auf den ganzen März bezogen wird (oben S. 174), Polybius in der übrigens lückenhaften Stelle von einer Verpflichtung der Salier redet, um die Zeit des Opfers (κατὰ τὸν καιρὸν τῆς θυσίας) 30 Tage lang von dem Ort, wo sie sich gerade befinden, nicht an welchen und auch die Stellen des Festus von 30tägiger Enthaltung gewisser Dinge (v. Parimenstrio p. 253. ep. v. Denariae p. 71 oben in Anm. 82) auf sie zu geben scheinen, so fand das *arma condere* vermuthlich erst am 31sten statt und dauerten also die Umzüge 30 Tage, zumal da durch wahrscheinlich der schliessende Umzug

vom 23sten an ebenso wie der einleitende vom 1sten an, gerade eine
Woche einnahm. Ein allgemeiner Irrthum der Neueren (z. B. Preller Röm.
Myth. S. 319. Mommsen L. L. A. p. 357) ist es aber, dass sie auch die
Stelle des Livius und Polybius auf den März beziehn. Diese sprechen
vom Zuge des Consul und Sallus L. Cornelius Scipio wider Antiochus im
J. 564 (wo der Römische Kalender mit dem natürlichen Jahr fast schon in
Uebereinstimmung gebracht war, S. 82) und zwar von der Zeit lange nach den
Id. Quintiles, an oder nach welchen er sein Heer in Brundusium einschiffte
(Liv. 37, 4), und nicht lange vor der im Spätherbst gelieferten Schlacht bei
Magnesia (Liv. 37, 37. 39), so dass die 30 Tage, welche ihn damals als
Salier beim Uebergang über den Hellespont festhielten und von seinem
Heere trennten, in den October fallen müssen. Dass nun auch da ein
gewisses *ancile movere* stattfand, natürlich aber nicht, um damit die Waffen
des Staats zum jetzigen Gebrauch zu weihen, sondern um sie beim Uebergang zum Landbau nach gemachtem Gebrauch zu reponieren und sie für
das künftige Jahr zu lustrieren (S. 173. 252), ergiebt Varr. 6, 22. *Armilustrium*
(19 Oct.) *ab eo quod in Armilustrio armati sacra faciunt, nisi locus potius* (vgl. 5, 153)
*dictus ab his; sed quod de his prius, id ab Indrado est lustro, id est quod circumibant
Indrutes ancilibus armati*, wo ohne Zweifel auch die *armati* andre sind als die
Salii, die ja sonst genannt sein würden, vermuthlich Landleute. Die Umzüge
geschahen hier also nicht im ganzen Monat, wiewohl auch nicht bloss am
Tage des *Armilustrium* selbst, welches nur wieder durch *quinquatrus* ausgezeichnet war (S. 355), sondern, da Livius von *dies quibus ancilia movent*
spricht, welche das Heer jedoch kürzere Zeit als den Anführer sein Priesterthum aufhielten, in den fünf Tagen von den Idus mit dem Opfer des Octoberpferdes bis zum Armilustrium (15—19 October), als dem herkömmlichen und
gleichsam passiven Gegenbilde der activen Marsfeier im März speciell der
Quinquatrus (vgl. S. 355): wogegen umgekehrt die 30 Ruhe- und Abstinenz-
tage der Salier 'mit Beziehung auf das Opfer,' wovon Polybius und die andern
ll. cc. sprechen, als das directe Gegentheil ihrer lärmenden Umzüge im März
gewiss auch nur in die Zeit des (1—30) Octobers fallen und das da stattfindende Opfer des kriegerischen Pferdes für die Saaten am Mars als Acker-
gott untersützen sollten, während im März (an den Quinquatrus S. 335) die
tribuni Celerum auf ihren Pferden am Opfer für den bildlich sacralen Auszug
lebensvoll Theil nahmen. Als Bedeutung der 30 Märztage mit dem *ancilia
movere* ergiebt sich nun aber aus dem Vergleich mit den *triginta dies iusti*,
dass jene das allgemeine sacrale Vorbild für die letztern sein sollten bei
einem Volk, welchem das erwachende Jahr regelmässig auch den Krieg in
Aussicht stellte. Natürlich durfte während der Zeit, wo die Salier Mars
und die Bürgerschaft zur Kriegsbereitschaft weckten, weder an Holrathen
noch an Verreisen, noch weniger aber auch an diesen sacralen *iusti dies* an
den wirklichen Kriegsauszug selbst gedacht werden. Zugleich erhellt, wie
passend Servius Tullius das Lustrum, zu dem der *exercitus urbanus* auf das
Marsfeld ausrückte, auf den 31 März legte (S. 65), wofür hier gelegentlich
noch ein äusseres Beweisthum nachgeholt werden mag, die meines Wissens
einzige Stelle, welche sich über die Jahreszeit des Lustrum überhaupt ausspricht. Cic. ad Attic. 1, 19. fin. vom *XI* oder *IX Kal. Febr.* oder *Kal. Febr.* (GXI),

nachdem er Atticus zur Rückkunft aufgefordert: *Nam ne abeas censeres, curabo edicendum et proponendum locis omnibus. Sub lustrum autem censeri germani negociatoris est.* Nach seiner Rückkunft wurde also Atticus nahe vor dem Lustrum censiert. — Die fünf Octobertage hinderten ein Heer nur analog an einem Aufbruch gegen den Feind, da es sacral an diesen Tagen heimwärts zur Vertauschung des Schwerts mit dem Pfluge hätte ziehen sollen; der October überhaupt nöthigte jedem Nalins Habe und Entsagung auf, da es galt, damit und mit dem Opfer des Pferdes das Gedeihen der Saat zu erkaufen.

Beilage J, zu S. 336.

Verrius bei Gell. 5, 17, 2., mit dem die Autoren des Macrob. 1, 16, 22. sachlich im Ganzen übereinstimmen, hielt, wenn man die Stelle unbefangen versteht, ebenso wie Ovid. F. 1, 59. und Plut. qu. Rom. 25. vgl. Cam. 19. den *postridie Idus Quint.* (16 Juli) für den officiell berichteten Schlachttag, dem er dann nach den Berichten andrer Senatoren in derselben Sitzung jeden Opfertag *postridie Cal. Non. Idus* für das *proximum prodrum* als ebenso unglücklich gleichsetzt. Da ihm aber unmöglich unbekannt sein konnte, dass der *dies Alliensis* des Kalenders der 18 Juli war und sein Bericht selbst Gewicht darauf legt, dass *post tertium diem* nach jenem *postridie Idus* Rom eingenommen sei (ebenso Polyb. 2, 18. Serv. ad Aen. 7, 717. Plut. Cam. 19. 28.), so scheint er angenommen zu haben, dass man den Tag dieser schrecklichen Folge der Alliaschlacht *dies Alliensis* genannt habe. Tac. H. 2, 91. und Suet. Vit. 11. bestätigen blos, dass im Kalender der 18 Juli *dies Alliensis* hiess. Dagegen sehen Liv. 6, 1. Serv. ad Aen. 7, 717. Cic. ad Att. 9, 5, 2. den *dies Alliensis* des Kalenders (18 Juli) als den Schlachttag an, offenbar eben nur nach der Autorität des Kalenders, auf dessen richtige Deutung es aber hier ankommt. Unter den übrigen Quellen lässt das Cenot. Pis. (Orell. 643), indem es den Todestag des jungen Cäsar *pro Alliensi lugubrem prodi memoriae notavique* beschliesst und als erste Folge davon angiebt *ne quod sacrificium publicum ... in eum diem fiat* die Ansicht durchblicken, dass der *Alliensis* ein *dies ater* und also *postridianus* (16 Juli) sei. Auch die, welche (nach Tac. A. 15, 41) den Brand der Stadt auf den 19 Juli setzten, rechneten wahrscheinlich die drei Tage nach der Schlacht, die sie also auch am 16 annahmen, nur nach der andern Zählweise vom folgenden Tage an, während Victor de vir. ill. 23 oder seine Quelle durch gewöhnliche Römische Zählweise von dem Brandtage an auf den 17 Juli als Schlachttag kam. Endlich scheint der auf den ersten Blick unbestimmte Varr. 6, 32. *dies Alliensis ab Allia fluvio dictus*; *nam ibi exercitu nostro fugato Galli obiderant Romam*, die Sache doch ebenso wie Verrius aufgefasst zu haben, da er auf die Belagerung Roms (des Capitols) das Hauptgewicht legt. Es streiten also die meisten und gewichtigsten Autoritäten und Gründe für den 16 Juli als Schlachttag. Anders Mommsen Chron. S. 26. Hartmann Ordo S. 73.

Römischer Kalender.

JANVARIVS.	FEBRVARIVS.
1. *A K. JAN. F*	1. *H K. FEB. N*
2. *B iv F*	2. *A iv N*
3. *C iii C*	3. *B iii N*
4. *D pr. C*	4. *C pr. N*
5. *E NON. F*	5. *D NON. N*
6. *F viii F*	6. *E viii N*
7. *G vii C*	7. *F vii N*
8. *H vi C*	8. *G vi N*
9. *A v AGON. (NP)*	9. *H v N*
10. *B iv EN*	10. *A iv N*
11. *C iii CAR. NP*	11. *B iii N*
12. *D pr. C*	12. *C pr. N*
13. *E EID. NP*	13. *D EID. NP parentatio incipit*
14. *F xix EN*	14. *E xvi N*
15. *G xviii CAR.*	15. *F xv LVPER. NP*
16. *H xvii C*	16. *G xiv EN*
17. *A xvi C*	17. *H xiii QVIR. NP*
18. *B xv C*	18. *A xii C*
19. *C xiv C*	19. *B xi C*
20. *D xiii C*	20. *C x C*
21. *E xii C*	21. *D ix FERAL. F*
22. *F xi C*	22. *E viii C Caristia.*
23. *G x C*	23. *F vii TER. NP*
24. *H ix C*	24. *G vi REGIF. N*
25. *A viii C*	25. *H v C*
26. *B vii C*	26. *A iv EN*
27. *C vi C*	27. *B iii EQVIRR. NP*
28. *D v C*	28. *C pr. C*
29. *E iv F*	
30. *F iii NP**	
31. *G pr. C*	

MARTIVS.

1. D K. MAR. N^P
2. E vi F
3. F v C
4. G iv C
5. H iii C
6. A pr. N^P
7. B NON. F
8. C viii F
9. D vii C
10. E vi C
11. F v C
12. G iv C
13. H iii EN
14. A pr. EQVIRR. N^P
15. B EID. N^P
16. C xvii F
17. D xvi LIB. AGON. N^P
18. E xv C
19. F xiv QVIN. N^P*
20. G xiii C
21. H xii C
22. A xi N
23. B x TVBIL. N^P
24. C ix Q. R. C. F
25. D viii C
26. E vii C
27. F vi N^P
28. G v C
29. H iv C
30. A iii C
31. B pr. C

APRILIS.

1. C K. APR. F
2. D iv F
3. E iii C
4. F pr. C   lud. matr. mag.
5. G NON. N lud.
6. H viii N^P lud.
7. A vii N   lud.
8. B vi N   lud.
9. C v N   lud.
10. D iv N   lud. in circo.
11. E iii N
12. F pr. N   lud. Cereri.
13. G EID. N^P   lud.
14. H xviii N   lud.
15. A xvii FORD. N^P lud.
16. B xvi N   lud.
17. C xv N   lud.
18. D xiv N   lud.
19. E xiii CER. N lud. in circo.
20. F xii N
21. G xi PAR. N^P
22. H x N
23. A ix VIN. N^P*
24. D viii C
25. C vii ROB. N^P
26. D vi F
27. E v C
28. F iv N^P lud. Florae.
29. G iii C   lud.
30. H pr. C   lud.

MAIVS.	IVNIVS.
1. *A K. MAI. F lud.*	1. *H K. IVN. N*
2. *B vi F lud.*	2. *A iv F*
3. *C v C lud. in circo.*	3. *B iii C*
4. *D iv C*	4. *C pr. C*
5. *E iii C*	5. *D NON. N*
6. *F pr. C*	6. *E viii N*
7. *G NON. F**	7. *F vii N*
8. *H viii F*	8. *G vi N*
9. *A vii LEM. N*	9. *H v VEST. N*
10. *B vi C*	10. *A iv N*
11. *C v LEM. N*	11. *B iii MATR. N*
12. *D iv N°**	12. *C pr. N*
13. *E iii LEM. N*	13. *D EID. N*
14. *F pr. C*	14. *E xviii N°*
15. *G EID. N°*	15. *F xvii Q. S. D. F*
16. *H xvii F*	16. *G xvi C*
17. *A xvi C*	17. *H xv C*
18. *B xv C*	18. *A xiv C*
19. *C xiv C*	19. *B xiii C*
20. *D xiii C*	20. *C xii C*
21. *E xii AGON. N°*	21. *D xi C*
22. *F xi N*	22. *E x C*
●3. *G x TVB. N°*	23. *F ix C*
24. *H ix Q. R. C. F*	24. *G viii C*
25. *A viii C*	25. *H vii C*
26. *B vii C*	26. *A vi C**
27. *C vi C*	27. *B v C*
28. *D v C*	28. *C iv C*
29. *E iv C*	29. *D iii F*
30. *F iii C*	30. *E pr. C*
31. *G pr. C*	

IVLIVS.

1. F K. IVL. N
2. G ri N
3. H v N
4. A iv NP
5. B iii POPLIF. NP
6. C pr. N   lud. Apoll.
7. D NON. N lud.
8. E viii N   lud.
9. F vii N   lud.
10. G vi C   lud.
11. H v C   lud.
12. A iv NP*   lud.
13. B iii C   lud. in circo.
14. C pr. C   merc.*
15. D EID. NP   merc.
16. E xvii F   merc.
17. F xvi C   merc.
18. G xv C   merc.
19. H xiv LVCAR. NP merc.
20. A xiii C
21. B xii LVCAR. NP
22. C xi C
23. D x NEPT. NP
24. E ix N
25. F viii FVR. NP
26. G vii C
27. H vi C
28. A v C
29. B iv C
30. C iii C
31. D pr. C

AVGVSTVS.

1. E K. AVG. NP
2. F ir NP*
3. G iii C
4. H pr. C
5. A NON. F*
6. D viii F*
7. C vii C
8. D vi C
9. E v NP
10. F iv NP*
11. G iii C
12. H pr. C
13. A EID. NP
14. B xix F
15. C xviii C
16. D xvii C
17. E xii PORT. NP
18. F xr C
19. G xir VIN. F. P.*
20. H xiii C   lud. viet. Caes.
21. A xii CONS. NP lud.
22. B xi EN   lud.
23. C x VOLC. NP lud.
24. D ix C   lud.
25. E viii OPIC. NP lud.
26. F vii C   lud.
27. G vi VOLT. NP lud. in circo.
28. H v NP*   lud. in circo.
29. A iv F   lud. in circo.
30. B iii F   lud. in circo.
31. C pr. C

SEPTEMBER.

1. *D K. SEPT. F*
2. *E iv N⁰*
3. *F iii N⁰*
4. *G pr. C*   *lud. Romani.*
5. *H NON. F lud.*
6. *A viii F lud.*
7. *B vii C lud.*
8. *C vi C lud.*
9. *D v C lud.*
10. *E iv C lud.*
11. *F iii C lud.*
12. *G pr. N⁰ lud.*
13. *H EID. N⁰ Jovi epulum.*
14. *A xviii F equor. prob.*
15. *B xvii N⁰ lud. in circo.*
16. *C xvi C lud. in circo.*
17. *D xv C⁰ lud. in circo.*
18. *E xiv C lud. in circo.*
19. *F xiii C lud. in circo.*
20. *G xii C merc.*
21. *H xi C merc.*
22. *A x C merc.*
23. *D ix N⁰⁰ merc.*
24. *C viii C⁰*
25. *D vii C*
26. *E vi C*
27. *F v C*
28. *G iv C*
29. *H iii F*
30. *A pr. C*

OCTOBER.

1. *B K. OCT. N*
2. *C vi F*
3. *D v C*
4. *E iv C*
5. *F iii C*
6. *G pr. C⁰*
7. *H NON. F*
8. *A viii F⁰*
9. *B vii C*
10. *C vi C*
11. *D v MEDITR. N⁰*
12. *E iv AVGVST. N⁰*
13. *F iii FONT. N⁰*
14. *G pr. EN*
15. *H EID. N⁰*
16. *A xvii F*
17. *B xvi C*
18. *C xv C*
19. *D xiv ARM. N⁰*
20. *E xiii C*
21. *F xii C*
22. *G xi C*
23. *H x C*
24. *A ix C*
25. *B viii C*
26. *C vii C lud. victor. Sull.*
27. *D vi C lud.*
28. *E v C lud.*
29. *F iv C lud.*
30. *G iii C lud.*
31. *H pr. C lud.*

NOVEMBER.   DECEMBER.

1. *A K. NOV. F* lud. in circo.	1. *G K. DEC. N*
2. *D iv F*	2. *H iv N*
3. *C iii C*	3. *A iii N*
4. *D pr. C* lud. plebeii.	4. *B pr. C*
5. *E NON. F* lud.	5. *C NON. F*
6. *F viii F* lud.	6. *D viii F*
7. *G vii C* lud.	7. *E vii C*
8. *H vi C* lud.	8. *F vi C*
9. *A v C* lud.	9. *G v C*
10. *B iv C* lud.	10. *H iv C*
11. *C iii C* lud.	11. *A iii AGON. N*
12. *D pr. C* lud.	12. *B pr. EN*
13. *E EID. N* Jovis epulum.	13. *C EID. N*
14. *F xviii F* equor. probatio.	14. *D xix F*
15. *G xvii C* lud. in circo.	15. *E xviii CONS. N*
16. *H xvi C* lud. in circo.	16. *F xvii C*
17. *A xv C* lud. in circo.	17. *G xvi SAT. N*
18. *B xiv C* merc.	18. *H xv C*
19. *C xiii C* merc.	19. *A xiv OPAL. N*
20. *D xii C* merc.	20. *B xiii C*
21. *E xi C*	21. *C xii DIV. N*
22. *F x C*	22. *D xi C*
23. *G ix C*	23. *E x LAR. N*
24. *H viii C*	24. *F ix C*
25. *A vii C*	25. *G viii C*
26. *B vi C*	26. *H vii C*
27. *C v C*	27. *A vi C*
28. *D iv C*	28. *B v C*
29. *E iii F*	29. *C iv F*
30. *F pr. C*	30. *D iii F*
	31. *E pr. C*

Register.

24 *

www.ingramcontent.com/pod-product-compliance
Lightning Source LLC
Chambersburg PA
CBHW032341280326
41935CB00008B/409